AF292482

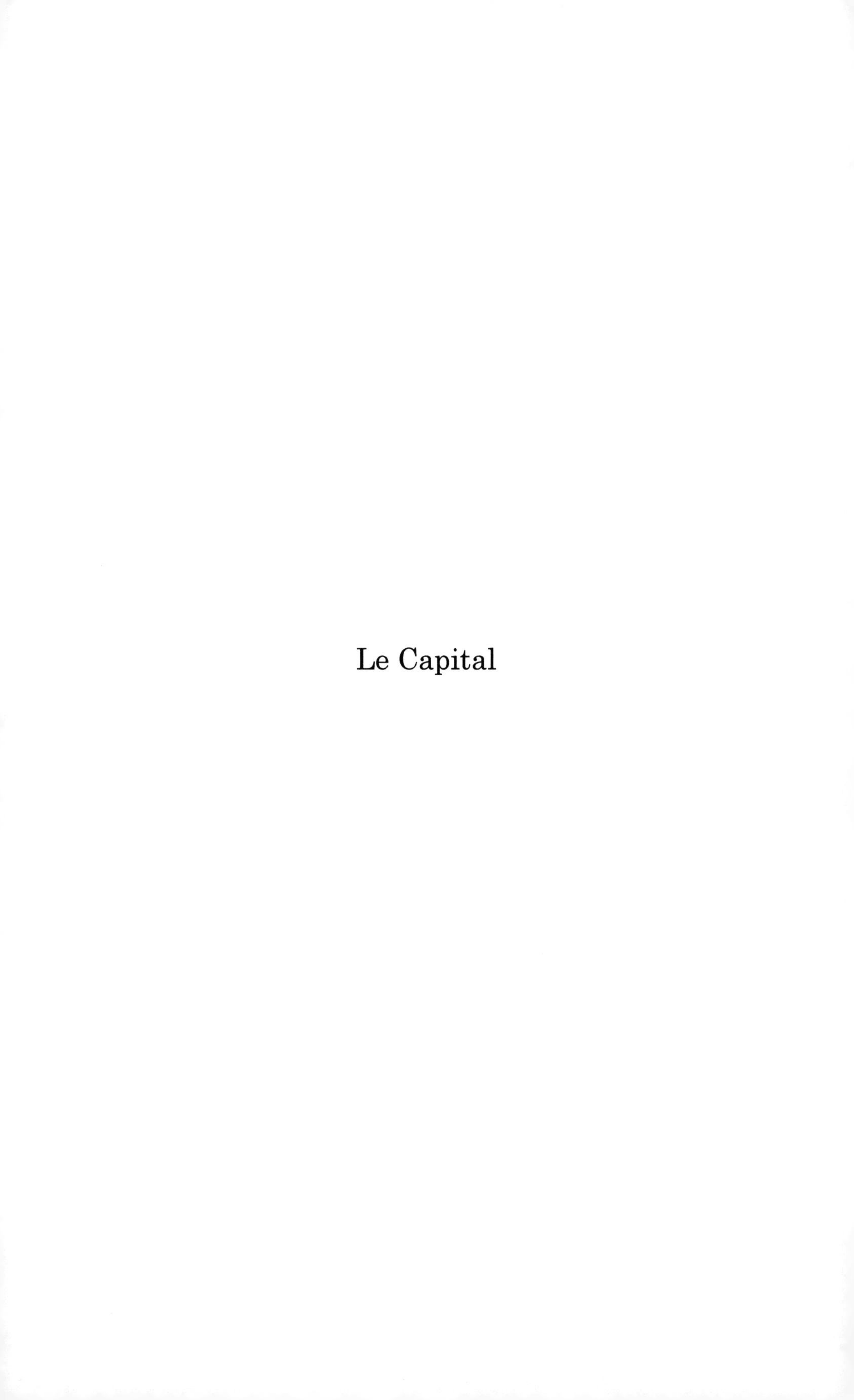

Le Capital

© 2023. Edico
Éditions : Memoria Books pour Edico
77600 Bussy-Saint-Georges

Imprimé par BoD – Books on Demand, Norderstedt, Allemagne

Création et illustration originale couverture : Yoann Laurent-Rouault
(Cat's Society : *yvlr2@outlook.com*)

Créations et illustrations originales : Yoann Laurent-Rouault
(Cat's Society : *yvlr2@outlook.com*)

Préface : Jean-David Haddad

Illustration de couverture : Yoann Laurent-Rouault
Réalisation et conception couverture : Cynthia Skorupa

ISBN : 978-2-38437-012-2
Dépôt légal : février 2023

Karl Marx

Le Capital

Livre I

*DÉVELOPPEMENT DE
LA PRODUCTION CAPITALISTE*

Tome I

Memoria Books

Yoann Laurent Rouault est le directeur littéraire et artistique de la maison d'édition JDH. Maître des Beaux-Arts, ancien des métiers de la publicité et de la communication, il est aujourd'hui illustrateur, auteur, biographe, producteur, éditorialiste et rédacteur en chef de la revue littéraire *L'Édredon* de JDH Éditions.

Les livres illustrés par Yoann Laurent-Rouault pour MEMORIA BOOKS, parus et à paraître :

- MEMORIA BOOKS. **1984,** de George Orwell. VO
- MEMORIA BOOKS. **1984,** de George Orwell. VF
- MEMORIA BOOKS. **1984 : Le Collector**. VF
- MEMORIA BOOKS. **The Time Machine,** d'H. G. Wells. VO
- MEMORIA BOOKS. **La machine à explorer le temps,** d'H.G Wells. VF
- MEMORIA BOOKS. **Reminiscences of a Stock Operator,** d'Edwin Lefèvre. VO
- MEMORIA BOOKS. **Mémoires d'un spéculateur,** d'Edwin Lefèvre. VF
- MEMORIA BOOKS. **24 contes illustrés pour attendre Noël**
- MEMORIA BOOKS. **Œuvres essentielles de Chrétien de Troyes** (à paraître)
- MEMORIA BOOKS. **Le livre des esprits** d'Allan Kardec
- MEMORIA BOOKS. **Le capital** de Karl Marx. VF (2 tomes)
- MEMORIA BOOKS. **Capital,** Karl Marx. VO (2 tomes, à paraître)
- MEMORIA BOOKS. **Gatsby le magnifique,** de F. Scott Fitzgerald. VF (à paraître)
- MEMORIA BOOKS. **The Great Gatsby,** F. Scott Fitzgerald. VO (à paraître)
- MEMORIA BOOKS. **Propos de O. L. Barenton, confiseur,** d'A. Detoeuf (à paraître)
- MEMORIA BOOKS. **The Tragedy of Hamlet, Prince of Denmark,** W. Shakespeare. VO (à paraître)
- MEMORIA BOOKS. **La chèvre de monsieur Seguin,** A. Daudet. VF
- MEMORIA BOOKS. **Psychologie des foules,** G. Le Bon (à paraître)

Introduction aux illustrations du *Capital*

Le Capital... rien que ça... et diffusé à l'international en plus... rien que le jeu de mots m'amuse... vaste programme, Monsieur l'éditeur... Et puis, que n'a-t-on pas dessiné sur Karl Marx ? Que n'a-t-on pas écrit, dit, filmé ? En quoi faire la différence ?

L'affaire n'est pas neuve.

On ne peut évidemment pas envisager un tel chantier, et croyez-moi c'en est un, sans tenir compte de ce qui a été fait sur le sujet, et puisque c'est éditorial, de ce qui se fait aujourd'hui dans le graphisme. Et puis, 89 illustrations pour près de 800 pages de texte réparties sur 2 tomes, c'est un minimum et une folie de consommation de café et de cigarettes. Cela représente aussi quelques centaines d'heures de travail, si on compte les doutes, les « ratés », les retouches et les recherches faites en amont.

La réalisation ce n'est rien en comparaison de la recherche d'idées et de l'obsession que provoque le sujet chez « l'artiste ». Heureusement, dans la même collection, et dans le même temps, au niveau graphique, des contes de Noël, la chèvre d'un certain monsieur Seguin, et les aphorisme et propos d'un certain O.L. Barenton, confiseur de son état, m'ont diverti de ce sujet douloureux. Car *Le Capital*, c'est sérieux. Et douloureux. C'est une histoire mondiale, pro ou anti, peu importe, c'est des révolutions et des rêves, des dictatures et des utopies, des victimes, des morts et des espoirs. Des grèves, des syndicats et de la politique... c'est tout à la fois.

Mais c'est surtout aussi une histoire de famille pour moi. Mon père m'avait offert le manifeste du communiste le jour de mes quinze ans et m'avait dit sur un ton neutre : « *Je l'ai lu à ton âge. En 1954. C'est ton grand-père qui me l'avait offert. On le lui avait donné dans un bistrot de Rungis, un jour où il livrait aux halles avec son camion. Je n'allais déjà plus à l'école. Mais je l'ai lu. Entre Paris et Saint-Malo. Dans la cabine du Berlier. À haute voix. Ton grand-père m'avait dit pour tout commentaire de lecture : "C'est aussi con qu'une bafouille de curé. Ça ne vaut pas la parole de l'autre outil !" Il était un gaulliste de la première heure. "L'autre outil", "l'autre engin", c'était comme ça qu'il appelait le Général. Dans son milieu, il y avait beaucoup de communistes. Il voulait sans doute comprendre pourquoi ils emmerdaient autant les petits patrons comme lui, tous ces "rouges" convertis par un "missel". Alors, il s'était débrouillé pour récupérer le livre. Et se le faire lire. Mais moi j'avais trouvé ça bien. Ça me parlait. Quelques années plus tard, j'ai lu Le Capital. Pour en savoir plus. Et puis j'ai vu. J'ai vécu. J'ai même fait la guerre... J'ai eu le temps de me faire mes propres idées. C'est ton tour.* »

Je me rappelle cette scène comme si c'était hier. Et nous sommes maintenant quelque 30 ans plus tard. Et oui, je les ai lues ces « bibles », ces deux-là et bien d'autres. Moi aussi j'ai voulu comprendre. Comme papy, je suis devenu gaulliste, mais à tendance coluchienne.

Comme mon père, j'ai vécu et j'ai vu. À presque 50 ans, je me suis fait mon idée sur le monde et ses pensées. Et un jour, j'offrirai ce livre à mon fils. Comme eux l'ont fait. Pour qu'il comprenne.

Tout ceci pour expliquer qu'une certaine charge émotionnelle s'est ajoutée naturellement au travail graphique. Car, le marxisme, qu'on le veuille ou non, a marqué nos vies, d'une façon ou d'une autre. Aussi, je me suis dit que la meilleure façon d'illustrer en image la pensée marxiste, c'était encore de coller à l'Histoire. Avec un grand H. De Spinoza à Poutine. En passant par les grands événements liés au communisme mondial. Aussi il fallait choisir « un port d'attache ». La Russie restait l'évidence. C'est elle qui a ouvert le bal après tout.

Du point de vue du « métier », j'ai cherché à réinterpréter graphiquement des situations, passant du clavier au feutre et de l'écran au collage. J'ai voulu, comme je l'avais fait précédemment pour illustrer le *1984* d'Orwell, mêler un graphisme exploité et connu historiquement à quelques visions plus modernes de l'image, tout en jouant sur des cadrages « cinématographiques » de couleurs « web ».

Aussi trouverez-vous sur les pages blanches de textes de cette édition, les penseurs du communisme et du marxisme, ceux qui ont inspiré Karl Marx, les dirigeants qu'a donné cette pensée politique, les dérives du système, l'Asie, l'Amérique, l'Europe… de décembre 1905 à la chute du Mur de Berlin en 89, avec le violoncelle de Mstislav Rostropovitch, en passant par le Printemps de Prague, soljénitsyne, son archipel, Gargarine et Poutine…

Plus d'un siècle d'images : les purges staliniennes, les grandes famines, Cuba, le feu nucléaire, les orgues de Staline, le siège de Stalingrad, le Che, Mao, Hô Chi Minh… une sacrée promenade dans le temps et une vaste galerie de portraits. Qui existent dans des idées, qui mêlent tant de destins, qui ont fait tant de drames et qui ont généré tant de joies et de souffrances. Dans des pensées qui ont définitivement impacté l'Humanité.

Car, enfin, la révolution, qu'est-ce que c'est ?

Une révolution, ce n'est qu'un tour de roue de plus pour avancer sur le chemin de l'Humanité.

Ni plus ni moins.

Reste aux jeunes et futures générations, le soin de donner le coup de pédale supplémentaire pour peut-être aller positivement plus loin. Car, comme disait le Che : « *La révolution, c'est comme une bicyclette : si elle n'avance pas, elle tombe.* »

Et puis l'art n'est-il pas une autre forme de folie de la pensée ?
N'est-il pas en lui-même, « révolution » ?

Yoann Laurent-Rouault

Préface

Il est des livres qui changent le monde. La première publication du *Capital* de Karl Marx, en 1867, à Hambourg, après vingt ans d'écriture, n'a rencontré aucun succès immédiat (voir préface du tome 2), mais a eu, quelques années plus tard, un retentissement croissant dans la Russie des Tsars, allant jusqu'à son renversement quelques décennies après. L'idée phare de ce livre, qui véhicule une pensée simple mais ardue, est que le capitalisme est un système instable, aliénant les êtres humains, générant des conflits entre nations, provoquant troubles et misères sur la base de « l'expropriation de la force de travail des travailleurs » par les bourgeois, via le principe du salariat.

Ce livre, qu'on l'aime ou qu'on le déteste, a profondément bouleversé l'ordre établi, et on en voit encore les conséquences aujourd'hui, en Russie mais aussi en Chine ou en Corée du Nord.

Memoria Books présente une version illustrée du *Capital*, en deux tomes, offrant une double grille de lecture. Le texte original de Marx, d'une part, et parallèlement, 89 illustrations (dont 45 dans le tome 1), qui représentent, au fil de la lecture, les conséquences à travers le temps de ce texte. Les premières illustrations retracent le contexte de l'époque, puis, petit à petit, apparaissent les conséquences que ce livre a eu sur le monde…

La présente édition illustrée en deux tomes concerne ce qui est aujourd'hui appelé le LIVRE I du *Capital*. Mais c'est en fait l'essence même de la pensée marxiste. En effet, dans les livres nommés II et III, on trouve en réalité des brouillons de Marx qui ont été utilisés par son ami et complice Friedrich Engels pour publier ces deux livres, en 1885 et 1894, donc après la mort de Marx (1883).

Vous avez donc entre les mains le texte original de Marx traduit en français, illustré par Yoann Laurent-Rouault, Maître plasticien diplômé des Beaux-Arts de Rennes, qui a aussi illustré *1984* d'Orwell et de nombreux autres livres de Memoria Books (voir biographie en début d'ouvrage).

Karl Marx, petit-fils de rabbin, fils d'un converti au protestantisme et lui-même baptisé protestant en 1824, ayant tenu des propos très ambigus sur le judaïsme, parfois qualifiés d'antisémites (Robert Misrahi, *Marx et la question juive*, 1972), est aujourd'hui considéré à la fois comme philosophe, économiste et sociologue. Sa pensée, basée sur l'ouvrage que vous avez entre les mains, est encore enseignée en Europe dans les programmes des lycées. En France en particulier, où le bonhomme demeure mythique. Tout élève, dans notre pays, qu'il choisisse ou pas d'étudier l'économie, est à un moment donné confronté à la pensée marxiste, que ce soit en philosophie ou en histoire.

Quant aux États-Unis, si le pays est marqué par une longue tradition d'hostilité à l'égard du communisme, et si le socialisme reste, encore, une étiquette rare sur la scène politique, la pensée marxiste connaît aujourd'hui un frémissement indiscutable.

Une pensée qui a été adoptée par toute une partie du monde, et pas la moindre, puisque les deux géants que sont la Russie et la Chine ont déterminé toute leur trajectoire contemporaine en relation avec cette pensée.

Comme indiqué plus haut, la pensée marxiste n'est pas une pensée complexe en ce sens qu'elle n'est pas multidirectionnelle mais va dans un seul sens, par des chemins parfois tortueux et pas toujours aisés à suivre.

« Ce n'est pas la conscience qui détermine la vie, mais la vie qui détermine la conscience » nous dit Marx, faisant de cette proposition phare de son ouvrage, la réponse à la question de la base de l'Histoire. Par « vie », il faut entendre l'activité matérielle ; quant à la conscience, c'est le rapport que l'être conscient entretient par la pensée avec ce qui l'entoure. La conséquence est que les idées n'ont pas d'histoire et que leur mouvement est déterminé par celui de l'activité matérielle, c'est-à-dire la production. Le marxisme se veut ainsi être la science du mode de production capitaliste qui s'inscrit dans une conception matérielle de l'Histoire. Le fondement de cette conception est la théorie de la plus-value. La théorie de la plus-value repose sur une théorie de la valeur formulée en dehors de toute référence aux rapports de production capitalistes ; par conséquent, cette théorie doit être complétée par une théorie de la détermination des prix spécifique de l'économie capitaliste, les prix de production. C'est à partir de cette théorie de la plus-value que sont établies les lois du capital dont le moteur de réalisation est la concurrence, débouchant inévitablement sur la crise. L'activité matérielle, à la base de l'Histoire, est la production des biens, qui est un rapport établi par l'homme lui-même et la nature, à savoir un rapport de transformation.

Cette activité productive spécifie l'homme dans le règne animal ; elle est liée à la pensée abstraite. Cette dernière est inséparable du langage qui émerge d'abord comme moyen de communication rendu nécessaire par la vie en groupe. L'homme est donc un animal social. On ne peut pas penser le rapport de transformation qui relie l'homme à la nature indépendamment du rapport qui le lie aux autres hommes. Ces liens sont imposés par la reproduction de la vie, et en premier lieu la reproduction quotidienne par la création des biens qu'elle exige. Ces liens sont donc ceux noués par l'homme à l'occasion de l'activité de production.

Les forces productives sont l'ensemble des éléments qui établissent le rapport entre l'homme et la nature. Les rapports de production sont les rapports noués entre les hommes lors de la transformation de la nature. L'articulation des forces productives aux rapports de production, formant une unité contradictoire, définit le mode de production.

Le mouvement des modes de production constitue la substance de l'histoire, et ce mouvement est déterminé par la contradiction des forces productives et des rapports de production. Ces derniers peuvent être accélérateurs de l'Histoire comme freins. Ces derniers finissent par être remis en cause pour déterminer un nouveau mode de production.

Cette proposition est identique à celle selon laquelle le moteur de l'Histoire est la lutte des classes.

La structure sociale est en effet caractérisée par la présence de classes. Ces dernières n'existent que dans un rapport de domination parce que leur raison d'être est l'appropriation d'un surplus. Cette appropriation suppose la domination de la classe propriétaire des moyens de production sur la force de travail, dont le vecteur est l'homme.

La notion de rapport de production renvoie donc à celle des classes et à la lutte qui en est inséparable. La lutte des classes est donc une donnée permanente de la vie sociale, que les acteurs en aient conscience ou non. La prise de conscience du caractère objectif de la lutte de classes est un élément dans cette lutte qui renforce la classe dominée. À travers la lutte des classes, les rapports de production impriment leur marque aux forces productives. C'est cette notion de lutte des classes qui a eu un écho si retentissant dans le monde et encore aujourd'hui.

L'application de cette conception générale au mode de production capitaliste, sous une forme qui repose sur la théorie de la plus-value, fait du marxisme la « science » de ce mode de production.

Cependant, selon la pensée marxiste, les idées peuvent rétroagir sur la vie matérielle ; Marx écrit en effet que « la puissance matérielle ne peut pas être abattue que par la puissance matérielle, car la théorie, dès qu'elle s'empare des masses, devient une puissance matérielle ». C'est le concept même de révolution. Et voilà pourquoi les néo-marxistes d'aujourd'hui cherchent à véhiculer des idées simples aux foules : « Vous êtes exploités, il faut vous révolter. »

Mais la pensée de Marx n'est pas sortie de nulle part. Certains commentateurs considèrent que Marx est une sorte de disciple de l'économiste britannique David Ricardo. Schumpeter, par exemple, considère ainsi que Marx fait partie du groupe ricardien car, d'après lui, Marx accepte la théorie ricardienne de la valeur et en fait le fondement de son analyse économique. Or, Ricardo, défenseur inconditionnel du libre-échange entre nations, fait partie des penseurs dits néo-libéraux du début de l'économie politique. Ricardo distingue trois classes : les propriétaires terriens qui perçoivent des rentes, les capitalistes qui perçoivent des profits, et les travailleurs qui perçoivent des salaires. Si la valeur d'usage est nécessaire pour qu'il y ait échange, ce n'est pas elle qui fonde la valeur d'échange, comme le montre le paradoxe de l'eau et du diamant : l'eau a une forte utilité mais une valeur d'échange (prix) très basse ; au contraire, le diamant a une utilité faible mais une valeur d'échange forte. Ricardo distingue également les biens non reproductibles, comme l'eau et le diamant, et les biens reproductibles, c'est-à-dire que l'on peut manufacturer. C'est sur ces biens qu'il centre son attention. Une attention qui a cristallisé celle de Marx, un demi-siècle plus tard.

Comme quoi, en partant d'un paradigme de base, on peut développer des conclusions très divergentes…

Je vous laisse à présent découvrir cette œuvre majeure de l'Humanité, et, à travers les illustrations du Maître Laurent-Rouault, les conséquences de cette œuvre sur la même Humanité.

Jean-David Haddad

professeur Agrégé de Sciences économiques et sociales,
auteur, chroniqueur, éditeur

КРЕМЛЬ

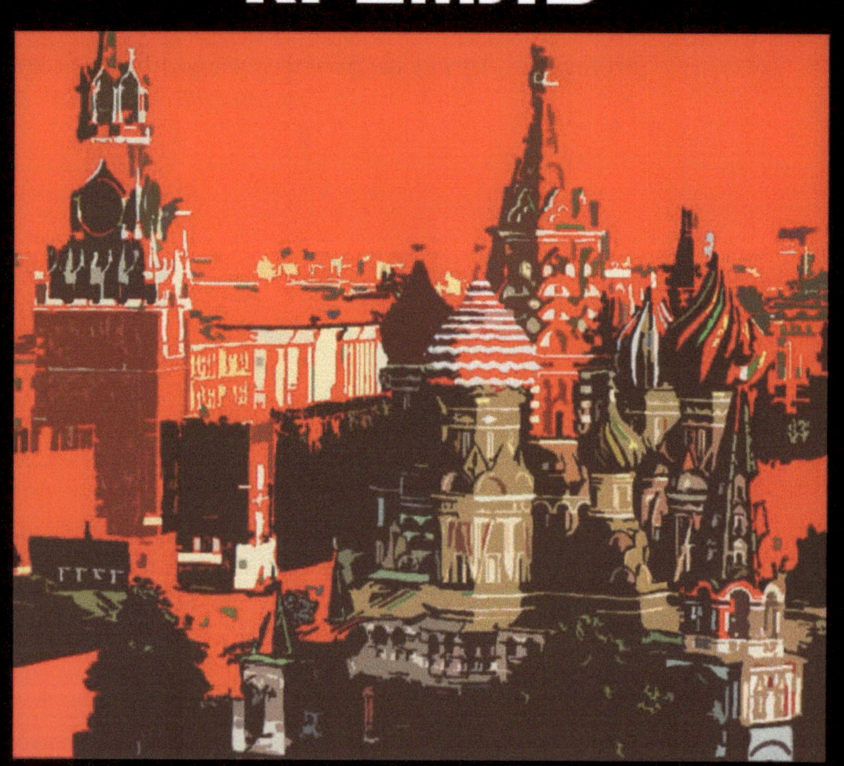

ДВОРЕЦ ЦАРЕЙ

AU CITOYEN MAURICE LACHÂTRE

Londres 18 mars 1872

Cher citoyen,

J'applaudis à votre idée de publier la traduction de « Das Kapital » en livraisons périodiques. Sous cette forme l'ouvrage sera plus accessible à la classe ouvrière et pour moi cette considération l'emporte sur toute autre.

Voilà le beau côté de votre médaille, mais en voici le revers : La méthode d'analyse que j'ai employée et qui n'avait pas encore été appliquée aux sujets économiques, rend assez ardue la lecture des premiers chapitres, et il est à craindre que le public français toujours impatient de conclure, avide de connaître le rapport des principes généraux avec les questions immédiates qui le passionnent, ne se rebute parce qu'il n'aura pu tout d'abord passer outre.

C'est là un désavantage contre lequel je ne puis rien si ce n'est toutefois prévenir et prémunir les lecteurs soucieux de vérité. Il n'y a pas de route royale pour la science et ceux-là seulement ont chance d'arriver à ses sommets lumineux qui ne craignent pas de se fatiguer à gravir ses sentiers escarpés.

Recevez, cher citoyen, l'assurance de mes sentiments dévoués.

KARL MARX

AU CITOYEN KARL MARX

CHER MAÎTRE,

Votre livre « LE CAPITAL » vous a attiré tant de sympathies parmi les classes ouvrières, en ALLEMAGNE, qu'il était naturel qu'un éditeur français eût l'idée de donner à son pays la traduction de cette œuvre magistrale.

La RUSSIE a devancé la FRANCE, il est vrai, pour la reproduction de cet ouvrage important ; mais notre pays aura l'heureuse fortune de posséder la traduction faite sur *le manuscrit de la deuxième édition allemande*, avant même son apparition en ALLEMAGNE, et révisée par l'auteur.

La FRANCE pourra revendiquer la plus large part dans l'initiation des autres peuples à vos doctrines, car ce sera notre texte qui servira pour toutes les traductions qui seront faites du livre, en ANGLETERRE, en ITALIE, en ESPAGNE, en AMÉRIQUE, partout enfin où se rencontreront des hommes de progrès, avides de connaître et désireux de propager les principes qui doivent régir les sociétés modernes dans l'ancien et le nouveau monde.

Le mode de publication que nous avons adopté, par livraisons à DIX CENTIMES, aura cet avantage, de permettre à un plus grand nombre de nos amis de se procurer votre livre, les pauvres ne pouvant payer la science qu'avec l'obole ; votre but se trouvera atteint : rendre votre œuvre accessible à tous.

Quant à la crainte que vous manifestez de voir les lecteurs s'arrêter devant l'aridité des matières économiques traitées dans les premiers chapitres, l'avenir nous apprendra si elle était fondée.

Nous devons espérer que les personnes qui s'abonneront à votre ouvrage, ayant pour objet principal l'étude des doctrines économiques, ne se laisseront pas arrêter dans leur lecture par l'application de vos méthodes analytiques ; chacun comprendra que les premiers chapitres d'un livre d'économie politique doivent être consacrés à des raisonnements abstraits, préliminaires obligés des questions brûlantes qui passionnent les esprits, et qu'on ne peut arriver que graduellement à la solution des problèmes sociaux traités dans les chapitres suivants ; tous les lecteurs voudront vous suivre, — c'est ma conviction, — jusqu'à la conclusion de vos magnifiques théories.

Veuillez agréer, cher maître, l'assurance de toutes mes sympathies.

MAURICE LACHÂTRE

PRÉFACE DE LA PREMIÈRE ÉDITION

L'ouvrage dont je livre au public le premier volume forme la suite d'un écrit publié en 1859, sous le titre de : « *Critique de l'économie politique.* » Ce long intervalle entre les deux publications m'a été imposé par une maladie de plusieurs années.

Afin de donner à ce livre un complément nécessaire, j'y ai fait entrer, en le résumant dans le premier chapitre, l'écrit qui l'avait précédé. Il est vrai que j'ai cru devoir dans ce résumé modifier mon premier plan d'exposition. Un grand nombre de points d'abord simplement indiqués sont ici développés amplement, tandis que d'autres, complétement développés d'abord, ne sont plus qu'indiqués ici. L'*histoire de la théorie de la valeur et de la monnaie*, par exemple, a été écartée ; mais par contre le lecteur trouvera dans les notes du premier chapitre de nouvelles sources pour l'histoire de cette théorie.

Dans toutes les sciences le commencement est ardu. Le premier chapitre, principalement la partie qui contient l'*analyse de la marchandise*, sera donc d'une intelligence un peu difficile. Pour ce qui est de l'analyse de la *substance de la valeur* et de sa *quantité*, je me suis efforcé d'en rendre l'exposé aussi clair que possible et accessible à tous les lecteurs[1].

La *forme de la valeur* réalisée dans la *forme monnaie* est quelque chose de très-simple. Cependant l'esprit humain a vainement cherché depuis plus de deux mille ans à en pénétrer le secret, tandis qu'il est parvenu à analyser, du moins approximativement, des formes bien plus complexes et cachant un sens plus profond. Pourquoi ? Parce que le corps organisé est plus facile à étudier que la cellule qui en est l'élément. D'un autre côté, l'analyse des formes économiques ne peut s'aider du microscope ou des réactifs fournis par la chimie ; l'abstraction est la seule force qui puisse lui servir d'instrument. Or, pour la société bourgeoise actuelle, la *forme marchandise* du produit du travail, ou la *forme valeur* de la marchandise, est la *forme cellulaire économique*. Pour l'homme peu cultivé l'analyse de cette forme paraît se perdre dans des *minuties* ; ce

---

[1] Ceci m'a paru d'autant plus nécessaire que, même l'écrit de *F. Lassalle* contre Schultze-Delitzsch, dans la partie où il déclare donner la « quintessence » de mes idées sur ce sujet, renferme de graves erreurs. C'est sans doute dans un but de propagande que F. Lassalle, tout en évitant d'indiquer sa source, a emprunté à mes écrits, presque mot pour mot, toutes les propositions théoriques générales de ses travaux économiques, sur le *caractère historique* du capital, par exemple, *sur les liens qui unissent les rapports de production et le mode de production*, etc., et même la terminologie créée par moi. Je ne suis, bien entendu, pour rien dans les détails où il est entré, ni dans les conséquences pratiques où il a été conduit et dont je n'ai pas à m'occuper ici.

sont en effet et nécessairement des *minuties*, mais comme il s'en trouve dans l'*anatomie micrologique.*

À part ce qui regarde la *forme de la valeur*, la lecture de ce livre ne présentera pas de difficultés. Je suppose naturellement des lecteurs qui veulent apprendre quelque chose de neuf et par conséquent aussi penser par eux- mêmes.

Le physicien pour se rendre compte des procédés de la nature, ou bien étudie les phénomènes lorsqu'ils se présentent sous la forme la plus accusée, et la moins obscurcie par des influences perturbatrices, ou bien il expérimente dans des conditions qui assurent autant que possible la régularité de leur marche. J'étudie dans cet ouvrage le *mode de production capitaliste* et les *rapports de production et d'échange* qui lui correspondent. L'Angleterre est le lieu classique de cette production. Voilà pourquoi j'emprunte à ce pays les faits et les exemples principaux qui servent d'illustration au développement de mes théories. Si le lecteur allemand se permettait un mouvement d'épaules pharisaïque à propos de l'état des ouvriers anglais, industriels et agricoles, ou se berçait de l'idée optimiste que les choses sont loin d'aller aussi mal en Allemagne, je serais obligé de lui crier : *De te fabula narratur.*

Il ne s'agit point ici du développement plus ou moins complet des antagonismes sociaux qu'engendrent les lois naturelles de la production capitaliste, mais de ces *lois elles-mêmes*, des *tendances* qui se manifestent et se réalisent avec une nécessité de fer. Le pays le plus développé industriellement ne fait que montrer à ceux qui le suivent sur l'échelle industrielle l'image de leur propre avenir.

Mais laissons de côté ces considérations. Chez nous, là où la production capitaliste a pris pied, par exemple dans les fabriques proprement dites, l'état des choses est de beaucoup plus mauvais qu'en Angleterre, parce que le contre-poids des lois anglaises fait défaut. Dans toutes les autres sphères, nous sommes, comme tout l'ouest de l'Europe continentale, affligés et par le développement de la production capitaliste, et aussi par le manque de ce développement. Outre les maux de l'époque actuelle, nous avons à supporter une longue série de maux héréditaires provenant de la végétation continue de modes de production qui ont vécu, avec la suite des rapports politiques et sociaux à *contre-temps* qu'ils engendrent. Nous avons à souffrir non-seulement de la part des vivants, mais encore de la part des morts. Le mort saisit le vif !

Comparée à la statistique anglaise, la statistique sociale de l'Allemagne et du reste du continent européen est réellement misérable. Malgré tout, elle soulève un coin du voile, assez pour laisser entrevoir une tête de Méduse. *Nous serions effrayés de l'état des choses chez nous,* si nos gouvernements et nos parlements établissaient, comme en Angleterre, des commissions d'études périodiques sur la situation économique ; si ces commissions étaient, comme en Angleterre, armées de pleins pouvoirs pour la recherche de la vérité ; si nous réussissions à trouver pour cette haute fonction des hommes aussi experts, aussi impartiaux, aussi rigides et désintéressés que les inspecteurs de fabriques de la Grande-Bretagne, que ses reporters sur la santé publique (Public Health), que ses commissaires d'instruction sur l'exploitation des femmes et des enfants, sur les conditions de logement et de nourriture, etc. Persée se couvrait d'un nuage pour poursuivre les monstres ; nous, pour pouvoir nier l'existence des monstruosités, nous nous plongeons dans le nuage tout entiers, jusqu'aux yeux et aux oreilles.

Il ne faut point se faire d'illusions. De même que la guerre de l'indépendance américaine au dix-huitième siècle a sonné la cloche d'alarme pour la classe moyenne en Europe, de même la guerre civile américaine au dix- neuvième siècle a sonné le tocsin pour la classe ouvrière européenne. En Angleterre, la marche du bouleversement social est visible à tous les yeux ; à une certaine période ce bouleversement aura nécessairement son contre-coup sur le continent. Alors il revêtira dans son allure des formes plus ou moins brutales ou humaines selon le degré de développement de la classe des travailleurs. Abstraction faite de motifs plus élevés, leur propre intérêt commande donc aux classes régnantes actuelles d'écarter tous les obstacles légaux qui peuvent gêner le développement de la classe ouvrière. C'est en vue de ce but que j'ai accordé dans ce volume une place si importante à l'histoire, au contenu et aux résultats de la législation anglaise sur les grandes fabriques. Une nation peut et doit tirer un enseignement de l'histoire d'une autre nation. Lors même qu'une société est arrivée à découvrir la piste de *la loi naturelle qui préside à son mouvement,* — et le but final de cet ouvrage est de dévoiler la loi économique du mouvement de la société moderne, — elle ne peut ni dépasser d'un saut ni abolir par des décrets les phases de son développement naturel ; mais elle peut abréger la période de la gestation, et adoucir les maux de leur enfantement.

Pour éviter des malentendus possibles, encore un mot. Je n'ai pas peint en rose le capitaliste et le propriétaire foncier. Mais il ne s'agit ici des *personnes,* qu'autant qu'elles sont la *personnification de catégories économiques,* les *supports d'intérêts et de rapports de classes déterminés.* Mon point de vue, d'après lequel le *développement de la formation économique de la société* est *assimilable à la marche de la nature et à son histoire,* peut moins que tout autre rendre l'individu responsable de rapports dont il reste socialement la créature, quoi qu'il puisse faire pour s'en dégager.

Sur le terrain de l'économie politique la *libre et scientifique recherche* rencontre bien plus d'ennemis que dans ses autres champs d'exploration. La nature particulière du sujet qu'elle traite soulève contre elle et amène sur le champ de bataille les passions les plus vives, les plus mesquines et les plus haïssables du cœur humain, toutes les furies de l'intérêt privé.

La Haute Église d'Angleterre, par exemple, pardonnera bien plus facilement une attaque contre trente-huit de ses trente-neuf articles de foi que contre un trente-neuvième de ses revenus. Comparé à la critique de la vieille propriété, l'athéisme lui-même est aujourd'hui une *culpa levis*. Cependant il est impossible de méconnaître ici un certain progrès. Il me suffit pour cela de renvoyer le lecteur au livre bleu publié dans ces dernières semaines : « *Correspondence with Her Majesty's missions abroad, regarding Industrial Questions and Trade's Unions.* » Les représentants étrangers de la couronne d'Angleterre y expriment tout net l'opinion qu'en Allemagne, en France, en un mot dans tous les États civilisés du continent Européen, une transformation des rapports existants entre le capital et le travail est aussi sensible et aussi inévitable que dans la Grande-Bretagne. En même temps, par-delà l'océan Atlantique, M. *Wade*, vice- président des États-Unis du Nord de l'Amérique, déclarait ouvertement dans plusieurs meetings publics, qu'après l'abolition de l'esclavage, la question à l'ordre du jour serait celle de la transformation des rapports du capital et de la propriété foncière. Ce sont là des signes du temps, que ni manteaux de pourpre ni soutanes noires ne peuvent cacher. Ils ne signifient point que demain des miracles vont s'accomplir. Ils montrent que même dans les classes sociales régnantes, le pressentiment commence à poindre, que la société actuelle, bien loin d'être un cristal solide, est un organisme susceptible de changement et toujours en voie de transformation.

Le second volume de cet ouvrage traitera de la *circulation du capital* (livre II) et des *formes diverses qu'il revêt dans la marche de son développement* (livre III). Le troisième et dernier volume exposera l'*histoire de la théorie*.

Tout jugement inspiré par une critique vraiment scientifique est pour moi le bienvenu. Vis-à-vis des préjugés de ce qu'on appelle l'*opinion publique* à laquelle je n'ai jamais fait de concessions, j'ai pour devise, après comme avant, la parole du grand Florentin :

Segui il tuo corso, e lascia dir le genti !

Londres, 25 juillet 1867.
KARL MARX.

PREMIÈRE SECTION

MARCHANDISE ET MONNAIE

CHAPITRE PREMIER

LA MARCHANDISE

I

Les deux facteurs de la marchandise : Valeur d'usage
et valeur d'échange ou valeur proprement dite
(Substance de la valeur. Grandeur de la valeur)

La richesse des sociétés dans lesquelles règne le mode de production capitaliste s'annonce comme une « immense accumulation de marchandises[1]. » L'analyse de la marchandise, forme élémentaire de cette richesse, sera par conséquent le point de départ de nos recherches.

La marchandise est d'abord un objet extérieur, une chose qui par ses propriétés satisfait des besoins humains de n'importe quelle espèce. Que ces besoins aient pour origine l'estomac ou la fantaisie, leur nature ne change rien à l'affaire[2]. Il ne s'agit pas non plus ici de savoir comment ces besoins sont satisfaits, soit immédiatement, si l'objet est un moyen de subsistance, soit par une voie détournée, si c'est un moyen de production.

Chaque chose utile, comme le fer, le papier, etc., peut être considérée sous un double point de vue, celui de la qualité et celui de la quantité. Chacune est un ensemble de propriétés diverses et peut par conséquent être utile par différents côtés. Découvrir ces côtés divers et en même temps les divers usages des choses est une œuvre de l'histoire[3]. Telle est

---

[1] Karl Marx : « Zur Kritik der Politischen Œkonomie. », Berlin, 1859, p. 4.

[2] « Le désir implique le besoin ; c'est l'appétit de l'esprit, lequel lui est aussi naturel que la faim l'est au corps. C'est de là que la plupart des choses tirent leur valeur. » Nicholas Barbon : « A Discourse on coining the new money lighter, in answer to Mr. Locke's considerations, etc. », London, 1696, p. 2 et 3.)

[3] « Les choses ont une *vertu* intrinsèque (*virtue*, telle est chez Barbon la désignation spécifique pour *valeur d'usage*) qui en tout lieu ont la même qualité, comme

la découverte de mesures sociales pour la quantité des choses utiles. La diversité de ces mesures des marchandises a pour origine en partie la nature variée des objets à mesurer, en partie la convention.

L'utilité d'une chose fait de cette chose une valeur d'usage[1]. Mais cette utilité n'a rien de vague et d'indécis. Déterminée par les propriétés du corps de la marchandise, elle n'existe point sans lui. Ce corps lui-même, tel que fer, froment, diamant, etc., est conséquemment une valeur d'usage, et ce n'est pas le plus ou moins de travail qu'il faut à l'homme pour s'approprier les qualités utiles qui lui donnent ce caractère. Quand il est question de valeurs d'usage, on sous-entend toujours une quantité déterminée, comme une douzaine de montres, un mètre de toile, une tonne de fer, etc. Les valeurs d'usage des marchandises fournissent le fonds d'un savoir particulier, de la science et de la routine commerciales[2]. Les valeurs d'usage ne se réalisent que dans l'usage ou la consommation. Elles forment la *matière de la Richesse*, quelle que soit la forme sociale de cette richesse. Dans la société que nous avons à examiner, elles sont en même temps les soutiens matériels de la valeur d'échange.

La valeur d'échange apparaît d'abord comme le rapport *quantitatif*, comme la proportion dans laquelle des valeurs d'usage d'espèce différente s'échangent l'une contre l'autre[3], rapport qui change constamment avec le temps et le lieu. La valeur d'échange semble donc quelque chose d'arbitraire et de purement relatif ; une valeur d'échange intrinsèque, immanente à la marchandise, paraît être, comme dit l'école, une *contradictio in adjecto*[4]. Considérons la chose de plus près.

---

l'aimant par exemple attire le fer (l. c. p. 16). La propriété qu'a l'aimant d'attirer le fer ne devient utile que lorsque par son moyen on eût découvert la polarité magnétique. »

[1] « Ce qui fait la valeur naturelle d'une chose, c'est la propriété qu'elle a de satisfaire les besoins ou les convenances de la vie humaine. » John Locke : « Some Considerations on the Consequences of the Lowering of Interest. 1691. » Au dix-septième siècle on trouve encore souvent chez les écrivains anglais le mot *Worth* pour valeur d'usage et le mot *Value* pour valeur d'échange, suivant l'esprit d'une langue qui aime à exprimer la chose *immédiate* en termes germaniques et la chose *réfléchie* en termes romans.

[2] Dans la société bourgeoise « nul n'est censé ignorer la loi. » — En vertu d'une *fictio juris* économique, tout acheteur est censé posséder une connaissance encyclopédique des marchandises.

[3] « La *valeur* consiste dans le *rapport d'échange* qui se trouve entre telle chose et telle autre, entre telle mesure d'une production et telle mesure d'une autre. » (Le Trosne : « *De l'intérêt social.* » *Physiocrates, éd. Daire.* Paris, 1846, p. 889.)

[4] « Rien ne peut avoir une valeur intrinsèque. » (*N. Barbon*, l. c. p. 16) ; ou comme dit Butler :
The value of a thing
Is just as much as it will bring.

Une marchandise particulière, un quarteron de froment, par exemple, s'échange dans les proportions les plus diverses avec d'autres articles. Cependant, sa valeur d'échange reste immuable, de quelque manière qu'on l'exprime, en x cirage, y soie, z or, et ainsi de suite. Elle doit donc avoir un contenu distinct de ces expressions diverses.

Prenons encore deux marchandises, soit du froment et du fer. Quel que soit leur rapport d'échange, il peut toujours être représenté par une équation dans laquelle une quantité donnée de froment est réputée égale à une quantité quelconque de fer, par exemple : 1 quarteron de froment = a kilogramme de fer. Que signifie cette équation ? C'est que dans deux objets différents, dans 1 quarteron de froment et dans a kilogramme de fer, il existe quelque chose de commun. Les deux objets sont donc égaux à un *troisième* qui par lui-même n'est ni l'un ni l'autre. Chacun des deux doit, en tant que valeur d'échange, être réductible au troisième, indépendamment de l'autre.

Un exemple emprunté à la géométrie élémentaire va nous mettre cela sous les yeux. Pour mesurer et comparer les surfaces de toutes les figures rectilignes, on les décompose en triangles. On ramène le triangle lui-même à une expression tout à fait différente de son aspect visible, — au demi-produit de sa base par sa hauteur. — De même les valeurs d'échange des marchandises doivent être ramenées à quelque chose qui leur est commun et dont elles représentent un plus ou un moins.

Ce quelque chose de commun ne peut être une propriété naturelle quelconque, géométrique, physique, chimique, etc., des marchandises. Leurs qualités naturelles n'entrent en considération qu'autant qu'elles leur donnent une utilité qui en fait des valeurs d'usage. Mais d'un autre côté il est évident que l'on fait abstraction de la valeur d'usage des marchandises quand on les échange et que tout rapport d'échange est même caractérisé par cette abstraction. Dans l'échange, une valeur d'utilité vaut précisément autant que toute autre, pourvu qu'elle se trouve en proportion convenable. Ou bien, comme dit le vieux Barbon : « Une espèce de marchandise est aussi bonne qu'une autre, quand sa valeur d'échange est égale ; il n'y a aucune différence, aucune distinction dans les choses chez lesquelles cette valeur est la même[1]. » Comme valeurs d'usage, les marchandises sont avant tout de qualité différente ; comme valeurs d'échange, elles ne peuvent être que de différente quantité.

La valeur d'usage des marchandises une fois mise de côté, il ne leur reste plus qu'une qualité, celle d'être des produits du travail. Mais déjà le produit du travail lui-même est métamorphosé à notre insu. Si nous faisons abstraction de sa valeur d'usage, tous les éléments matériels et formels qui lui donnaient cette valeur disparaissent à la fois.

---

[1] « One sort of wares are as good as another, if the value be equal. There is no difference or distinction in things of equal value. » Barbon ajoute :
« Cent livres sterling en plomb ou en fer ont autant de valeur que cent livres sterling en argent ou en or. » (*N. Barbon*, l. c. p. 7 et 53.)

Ce n'est plus, par exemple, une table, ou une maison, ou du fil, ou un objet utile quelconque ; ce n'est pas non plus le produit du travail du tourneur, du maçon, de n'importe quel travail productif déterminé. Avec les caractères utiles particuliers des produits du travail disparaissent en même temps, et le caractère utile des travaux qui y sont contenus, et les formes concrètes diverses qui distinguent une espèce de travail d'une autre espèce. Il ne reste donc plus que le caractère commun de ces travaux ; ils sont tous ramenés au même travail humain, à une dépense de force humaine de travail sans égard à la forme particulière sous laquelle cette force a été dépensée.

Considérons maintenant le résidu des produits du travail. Chacun d'eux ressemble complétement à l'autre. Ils ont tous une même réalité fantomatique. Métamorphosés en *sublimés* identiques, échantillons du même travail indistinct, tous ces objets ne manifestent plus qu'une chose, c'est que dans leur production une force de travail humaine a été dépensée, que du travail humain y est accumulé. En tant que cristaux de cette substance sociale commune, ils sont réputés valeurs.

Le quelque chose de commun qui se montre dans le rapport d'échange ou dans la valeur d'échange des marchandises est par conséquent leur valeur ; et une valeur d'usage, ou un article quelconque, n'a une valeur qu'autant que du travail humain est matérialisé en lui.

Comment mesurer maintenant la grandeur de sa valeur ? Par le *quantum* de la substance « créatrice de valeur » contenue en lui, du travail. La quantité de travail elle-même a pour mesure sa durée dans le temps, et le temps de travail possède de nouveau sa mesure, dans des parties du temps telles que l'heure, le jour, etc.

On pourrait s'imaginer que si la valeur d'une marchandise est déterminée par le *quantum* de travail dépensé pendant sa production plus un homme est paresseux ou inhabile, plus sa marchandise a de valeur, parce qu'il emploie plus de temps à sa fabrication. Mais le travail qui forme la substance de la valeur des marchandises est du travail égal et indistinct, une dépense de la même force. La force de travail de la société tout entière, laquelle se manifeste dans l'ensemble des valeurs, ne compte par conséquent que comme force unique, bien qu'elle se compose de forces individuelles innombrables. Chaque force de travail individuelle est égale à toute autre, en tant qu'elle possède le caractère d'une force sociale moyenne et fonctionne comme telle, c'est-à-dire n'emploie dans la production d'une marchandise que le temps de travail nécessaire en moyenne ou le temps de travail nécessaire socialement.

Le temps socialement nécessaire à la production des marchandises est celui qu'exige tout travail, exécuté avec le degré moyen d'habileté et d'intensité et dans des conditions qui, par rapport au milieu social donné, sont normales. Après l'introduction en Angleterre du tissage à la vapeur, il fallut peut-être moitié moins de travail qu'auparavant pour transformer en tissu une certaine quantité de fil. Le tisserand anglais, lui, eut toujours besoin du même temps pour opérer cette transformation ; mais dès lors le produit de son heure de travail individuelle ne représenta plus que la moitié d'une heure sociale de travail et ne donna plus que la moitié de la valeur première.

C'est donc seulement le *quantum* de travail, ou le temps de travail nécessaire, dans une société donnée, à la production d'un article qui en détermine la quantité de valeur[1]. Chaque marchandise particulière compte en général comme un exemplaire moyen de son espèce[2]. Les marchandises dans lesquelles sont contenues d'égales quantités de travail, ou qui peuvent être produites dans le même temps, ont, par conséquent, une valeur égale. La valeur d'une marchandise est à la valeur de toute autre marchandise, dans le même rapport que le temps de travail nécessaire à la production de l'une est au temps de travail nécessaire à la production de l'autre.

La quantité de valeur d'une marchandise resterait évidemment constante si le temps nécessaire à sa production restait aussi constant. Mais ce dernier varie avec chaque modification de la force productive du travail, qui, de son côté, dépend de circonstances diverses, entre autres de l'habileté moyenne des travailleurs ; du développement de la science et du degré de son application technologique des combinaisons sociales de la production ; de l'étendue et de l'efficacité des moyens de produire et des conditions purement naturelles. La même quantité de travail est représentée, par exemple, par 8 boisseaux de froment si la saison est favorable, par 4 boisseaux seulement dans le cas contraire. La même quantité de travail fournit une plus forte masse de métal dans les mines riches que dans les mines pauvres, etc. Les diamants ne se présentent que rarement dans la couche supérieure de l'écorce terrestre ; aussi faut-il pour les trouver un temps considérable en moyenne, de sorte qu'ils représentent beaucoup de travail sous un petit volume. Il est douteux que l'or ait jamais payé complètement sa valeur. Cela est encore plus vrai du diamant. D'après *Eschwege*, le produit entier de l'exploitation des mines de diamants du Brésil, pendant 80 ans, n'avait pas encore atteint en 1823 le prix du produit moyen d'une année et demie dans les plantations de sucre ou de café du même pays, bien qu'il représentât

---

[1] « Dans les échanges, la valeur des choses utiles est réglée par la quantité de travail nécessairement exigée et ordinairement employée pour leur production. » (*Some Thoughts on the Interest of Money in general, and particularly in the Public Funds*, etc., London, p. 36.) Ce remarquable écrit anonyme du siècle dernier ne porte aucune date. D'après son contenu, il est évident qu'il a paru sous George II, vers 1739 ou 1740.

[2] « Toutes les productions d'un même genre ne forment proprement qu'une masse, dont le prix se détermine en général et sans égard aux circonstances particulières. » (*Le Trosne*, l. c., p. 893.)

beaucoup plus de travail et, par conséquent plus de valeur. Avec des mines plus riches, la même quantité de travail se réaliserait dans une plus grande quantité de diamants dont la valeur baisserait. Si l'on réussissait à transformer avec peu de travail le charbon en diamant, la valeur de ce dernier tomberait peut-être au-dessous de celle des briques. En général, plus est grande la force productive du travail, plus est court le temps nécessaire à la production d'un article, et plus est petite la masse de travail cristallisée en lui, plus est petite sa valeur. Inversement, plus est petite la force productive du travail, plus est grand le temps nécessaire à la production d'un article, et plus est grande sa valeur. La quantité de valeur d'une marchandise varie donc en raison directe du *quantum* et en raison inverse de la force productive du travail qui se réalise en elle.

Nous connaissons maintenant la substance de la valeur : c'est le travail. Nous connaissons la mesure de sa quantité : c'est la durée du travail.

Une chose peut être une valeur d'usage sans être une valeur. Il suffit pour cela qu'elle soit utile à l'homme sans qu'elle provienne de son travail. Tels sont l'air, des prairies naturelles, un sol vierge, etc. Une chose peut être utile et produit du travail humain, sans être marchandise. Quiconque, par son produit, satisfait ses propres besoins ne crée qu'une valeur d'usage personnelle. Pour produire des marchandises, il doit non seulement produire des valeurs d'usage, mais des valeurs d'usage pour d'autres, des valeurs d'usage sociales. Enfin, aucun objet ne peut être une valeur s'il n'est une chose utile. S'il est inutile, le travail qu'il renferme est dépensé inutilement et conséquemment ne crée pas valeur.

II

Double caractère du travail présenté par la marchandise

Au premier abord, la marchandise nous est apparue comme quelque chose à double face, valeur d'usage et valeur d'échange. Ensuite nous avons vu que tous les caractères qui distinguent le travail productif de valeurs d'usage disparaissent dès qu'il s'exprime dans la valeur proprement dite. J'ai, le premier, mis en relief ce double caractère du travail représenté dans la marchandise[1]. Comme l'économie politique pivote autour de ce point, il nous faut ici entrer dans de plus amples détails.

Prenons deux marchandises, un habit, par exemple, et 10 mètres de toile ; admettons que la première ait deux fois la valeur de la seconde, de sorte que si 10 mètres de toile $= x$, l'habit $= 2\,x$.

L'habit est une valeur d'usage qui satisfait un besoin particulier. Il provient d'un genre particulier d'activité productive, déterminée par son

---

[1] L. c., p. 12, 13 et *passim*.

but, par son mode d'opération, son objet, ses moyens et son résultat. Le travail qui se manifeste dans l'utilité ou la valeur d'usage de son produit, nous le nommons tout simplement travail utile. À ce point de vue, il est toujours considéré par rapport à son rendement.

De même que l'habit et la toile sont deux choses utiles différentes, de même le travail du tailleur, qui fait l'habit, se distingue de celui du tisserand, qui fait de la toile. Si ces objets n'étaient pas des valeurs d'usage de qualité diverse et, par conséquent, des produits de travaux utiles de diverse qualité, ils ne pourraient se faire vis-à-vis comme marchandises. L'habit ne s'échange pas contre l'habit, une valeur d'usage contre la même valeur d'usage.

À l'ensemble des valeurs d'usage de toutes sortes correspond un ensemble de travaux utiles également variés, distincts de genre, d'espèce, de famille — une division sociale du travail. — Sans elle pas de production de marchandises, bien que la production des marchandises ne soit point réciproquement indispensable à la division sociale du travail. Dans la vieille communauté indienne, le travail est socialement divisé sans que les produits deviennent pour cela marchandises. Ou, pour prendre un exemple plus familier, dans chaque fabrique le travail est soumis à une division systématique ; mais cette division ne provient pas de ce que les travailleurs échangent réciproquement leurs produits individuels. Il n'y a que les produits de travaux privés et indépendants les uns des autres qui se présentent comme marchandises réciproquement échangeables.

C'est donc entendu : la valeur d'usage de chaque marchandise recèle un travail utile spécial ou une activité productive qui répond à un but particulier. Des valeurs d'usage ne peuvent se faire face comme marchandises que si elles contiennent des travaux utiles de qualité différente. Dans une société dont les produits prennent en général la forme marchandise, c'est-à-dire dans une société où tout producteur doit être marchand, la différence entre les genres divers des travaux utiles qui s'exécutent indépendamment les uns des autres pour le compte privé de producteurs libres se développe en un système fortement ramifié, en une division sociale du travail.

Il est d'ailleurs fort indifférent à l'habit qu'il soit porté par le tailleur ou par ses pratiques. Dans les deux cas, il sert de valeur d'usage. De même le rapport entre l'habit et le travail qui le produit n'est pas le moins du monde changé parce que sa fabrication constitue une profession particulière, et qu'il devient un anneau de la division sociale du travail. Dès que le besoin de se vêtir l'y a forcé, pendant des milliers d'années, l'homme s'est taillé des vêtements sans qu'un seul homme devînt pour cela un tailleur. Mais toile ou habit, n'importe quel élément de la richesse matérielle non fourni par la nature, a toujours dû son existence à un travail productif spécial ayant pour but d'approprier des matières naturelles à des besoins humains. En tant qu'il produit des valeurs d'usage, qu'il est utile, le travail, indépendamment de toute forme de société, est la condition indispensable de l'existence de l'homme, une nécessité éternelle, le médiateur de la circulation matérielle entre la nature et l'homme.

Les valeurs d'usage, toile, habit, etc., c'est-à-dire les corps des marchandises, sont des combinaisons de deux éléments, matière et travail. Si l'on en soustrait la somme totale des divers travaux utiles qu'ils recèlent, il reste toujours un résidu matériel, un quelque chose fourni par la nature et qui ne doit rien à l'homme.

L'homme ne peut point procéder autrement que la nature elle-même, c'est-à-dire il ne fait que changer la forme des matières[1]. Bien plus, dans cette œuvre de simple transformation, il est encore constamment soutenu par des forces naturelles. Le travail n'est donc pas l'unique source des valeurs d'usage qu'il produit, de la richesse matérielle. Il en est le père, et la terre, la mère, comme dit *William Petty*.

Laissons maintenant la marchandise en tant qu'objet d'utilité et revenons à sa valeur.

D'après notre supposition, l'habit vaut deux fois la toile. Ce n'est là cependant qu'une différence *quantitative* qui ne nous intéresse pas encore. Aussi observons-nous que si un habit est égal à deux fois 10 mètres de toile, 20 mètres de toile sont égaux à un habit. En tant que valeurs, l'habit et la toile sont des choses de même substance, des expressions objectives d'un travail identique. Mais la confection des habits et le tissage sont des travaux différents. Il y a cependant des états sociaux dans lesquels le même homme est tour à tour tailleur et tisserand, où par conséquent ces deux espèces de travaux sont de simples modifications du travail d'un même individu, au lieu d'être des fonctions fixes d'individus différents, de même que l'habit que notre tailleur fait aujourd'hui et le pantalon qu'il fera demain ne sont que des variations de son travail individuel. On voit encore au premier coup d'œil que dans notre société capitaliste, suivant la direction variable de la demande du travail, une portion donnée de travail humain doit s'offrir tantôt sous la forme de

---

[1] « Tous les phénomènes de l'univers, qu'ils émanent de l'homme ou des lois générales de la nature, ne nous donnent pas l'idée de création réelle, mais seulement d'une modification de la matière. Réunir et séparer — voilà les seuls éléments que l'esprit humain saisisse en analysant l'idée de la reproduction. C'est aussi bien une reproduction de valeur (*valeur d'usage*, bien qu'ici Verri, dans sa polémique contre les physiocrates, ne sache pas lui-même de quelle sorte de valeur il parle) et de richesse, que la terre, l'air et l'eau se transforment en grain, ou que la main de l'homme convertisse la glutine d'un insecte en soie, ou lorsque des pièces de métal s'organisent par un arrangement de leurs atomes. » (*Pietro Verri : Meditazioni sulla Economia politica* ; imprimé pour la première fois en 1773 dans l'édition des économistes italiens de Custodi, parte moderna, 1804, t. XV, p. 22.)

confection de vêtements, tantôt sous celle de tissage. Quel que soit le frottement causé par ces mutations de forme du travail, elles s'exécutent quand même.

En fin de compte, toute activité productive, abstraction faite de son caractère utile, est une dépense de force humaine. La confection des vêtements et le tissage, malgré leur différence, sont tous deux une dépense productive du cerveau, des muscles, des nerfs, de la main de l'homme, et en ce sens du travail humain au même titre. La force, humaine de travail, dont le mouvement ne fait que changer de forme dans les diverses activités productives, doit assurément être plus ou moins développée pour pouvoir être dépensée sous telle ou telle forme. Mais la valeur des marchandises représente purement et simplement le travail de l'homme, une dépense de force humaine en général. Or, de même que dans la société civile un général ou un banquier joue un grand rôle, tandis que l'homme pur et simple fait triste figure[1], de même en est-il du travail humain. C'est une dépense de la force simple que tout homme ordinaire, sans développement spécial, possède dans l'organisme de son corps. Le travail simple moyen change, il est vrai, de caractère dans différents pays et suivant les époques ; mais il est toujours déterminé dans une société donnée. Le travail complexe (*skilled labour*, travail qualifié) n'est qu'une puissance du travail simple, ou plutôt n'est que le travail simple multiplié, de sorte qu'une quantité donnée de travail complexe correspond à une quantité plus grande de travail simple. L'expérience montre que cette réduction se fait constamment. Lors même qu'une marchandise est le produit du travail le plus complexe, sa valeur la ramène, dans une proportion quelconque, au produit d'un travail simple, dont elle ne représente par conséquent qu'une quantité déterminée[2]. Les proportions diverses, suivant lesquelles différentes espèces de travail sont réduites au travail simple comme à leur unité de mesure, s'établissent dans la société à l'insu des producteurs et leur paraissent des conventions traditionnelles. Il s'ensuit que, dans l'analyse de la valeur, on doit traiter chaque variété de force de travail comme une force de travail simple.

De même donc que dans les valeurs toile et habit la différence de leurs valeurs d'usage est éliminée, de même, disparaît dans le travail que ces valeurs représentent la différence de ses formes utiles taille de vêtements et tissage. De même que les valeurs d'usage toile et habit sont des combinaisons d'activités productives spéciales avec le fil et le drap, tandis que les valeurs de ces choses sont de pures cristallisations d'un

---

[1] Comparez Hegel, *Philosophie du droit*, Berlin, 1840, p. 250, ff. 190.

[2] Le lecteur doit remarquer qu'il ne s'agit pas ici du *salaire* ou de la valeur que l'ouvrier reçoit pour une journée de travail, mais de la *valeur* de la marchandise dans laquelle se réalise cette journée de travail. Aussi bien la catégorie du salaire n'existe pas encore au point où nous en sommes de notre exposition.

travail identique, de même, les travaux fixés dans ces valeurs n'ont plus de rapport productif avec le fil et le drap, mais expriment simplement une dépense de la même force humaine. Le tissage et la taille forment la toile et l'habit, précisément parce qu'ils ont des qualités différentes ; mais ils n'en forment les valeurs que par leur qualité commune de travail humain.

L'habit et la toile ne sont pas seulement des valeurs en général mais des valeurs d'une grandeur déterminée ; et, d'après notre supposition, l'habit vaut deux fois autant que 10 mètres de toile. D'où vient cette différence ? De ce que la toile contient moitié moins de travail que l'habit, de sorte que pour la production de ce dernier la force de travail doit être dépensée pendant le double du temps qu'exige la production de la première.

Si donc, quant à la valeur d'usage, le travail contenu dans la marchandise ne vaut que qualitativement, par rapport à la grandeur de la valeur, il ne compte que quantitativement. Là, il s'agit de savoir comment le travail se fait et ce qu'il produit ; ici, combien de temps il dure. Comme la grandeur de valeur d'une marchandise ne représente que le *quantum* de travail contenu en elle, il s'ensuit que toutes les marchandises, dans une certaine proportion, doivent être des valeurs égales.

La force productive de tous les travaux utiles qu'exige la confection d'un habit reste-t-elle constante, la quantité de la valeur des habits augmente avec leur nombre. Si un habit représente x journées de travail, deux habits représentent $2x$, et ainsi de suite. Mais, admettons que la durée du travail nécessaire à la production d'un habit augmente ou diminue de moitié ; dans le premier cas un habit a autant de valeur qu'en avaient deux auparavant, dans le second deux habits n'ont pas plus de valeur que n'en avait précédemment un seul, bien que, dans les deux cas, l'habit rende après comme avant les mêmes services et que le travail utile dont il provient soit toujours de même qualité. Mais le *quantum* de travail dépensé dans sa production n'est pas resté le même.

Une quantité plus considérable de valeurs d'usage forme évidemment une plus grande *richesse matérielle* ; avec deux habits on peut habiller deux hommes, avec un habit on n'en peut habiller qu'un seul, et ainsi de suite. Cependant, à une masse croissante de la richesse matérielle peut correspondre un décroissement simultané de sa valeur. Ce mouvement contradictoire provient du double caractère du travail. L'efficacité, dans un temps donné, d'un travail utile dépend de sa force productive. Le travail utile devient donc une source plus ou moins abondante de produits en raison directe de l'accroissement ou de la diminution de sa force productive. Par contre une variation de cette dernière force n'atteint jamais directement le travail représenté dans la valeur. Comme la force productive appartient au travail concret et utile, elle ne saurait plus toucher le travail dès qu'on fait abstraction de sa forme utile. Quelles que soient les variations de sa force productive, le même travail, fonctionnant durant le même temps, se fixe toujours dans la même valeur. Mais il fournit dans un temps déterminé plus de valeurs d'usage, si sa force productive augmente, moins, si elle diminue. Tout changement dans la force productive, qui augmente la fécondité du travail et par conséquent la masse des valeurs d'usage livrées par lui, diminue la valeur de cette masse ainsi augmentée, s'il raccourcit le temps total de travail nécessaire à sa production, et il en est de même inversement.

Il résulte de ce qui précède que s'il n'y a pas, à proprement parler, deux sortes de travail dans la marchandise, cependant le même travail y est opposé à lui- même, suivant qu'on le rapporte à la valeur d'usage de la marchandise comme à son produit, ou à la valeur de cette marchandise comme à sa pure expression objective. Tout travail est d'un côté dépense, dans le sens physiologique, de force humaine, et, à ce titre de travail humain égal, il forme la valeur des marchandises. De l'autre côté, tout travail est dépense de la force humaine sous telle ou telle forme productive, déterminée par un but particulier, et à ce titre de travail concret et utile, il produit des valeurs d'usage ou utilités. De même que la marchandise doit avant tout être une utilité pour être une valeur, de même, le travail doit être avant tout utile, pour être censé dépense de force humaine, travail humain, dans le sens abstrait du mot[1].

La substance de la valeur et la grandeur de valeur sont maintenant déterminées. Reste à analyser la forme de la valeur.

---

[1] Pour démontrer que « le travail... est la seule mesure réelle et définitive qui puisse servir dans tous les temps et dans tous les lieux à apprécier et à comparer la valeur de toutes les marchandises », A. Smith dit : « Des quantités égales de travail doivent nécessairement, dans tous les temps et dans tous les lieux, être d'une valeur égale pour celui qui travaille. Dans son état habituel de santé, de force et d'activité, et d'après le degré ordinaire d'habileté ou de dextérité qu'il peut avoir, il faut toujours qu'il donne la même portion de son repos, de sa liberté, de son bonheur. » (*Wealth of nations*, l. 1, ch. v.) D'un côté, A. Smith confond ici (ce qu'il ne fait pas toujours) la détermination de la valeur de la marchandise par le quantum de travail dépensé dans sa production, avec la détermination de sa valeur par la valeur du travail, et cherche par conséquent à prouver que d'égales quantités de travail ont toujours la même valeur. D'un autre côté, il pressent, il est vrai, que tout travail n'est qu'une dépense de force humaine de travail, en tant qu'il se représente dans la valeur de la marchandise ; mais il comprend cette dépense exclusivement comme abnégation, comme sacrifice de repos, de liberté et de bonheur, et non, en même temps, comme affirmation normale de la vie. Il est vrai aussi qu'il a en vue le travailleur salarié moderne. Un des prédécesseurs de A. Smith, cité déjà par nous, dit avec beaucoup plus de justesse : « Un homme s'est occupé pendant une semaine à fournir une chose nécessaire à la vie... et celui qui lui en donne une autre en échange ne peut pas mieux estimer ce qui en est l'équivalent qu'en calculant ce que lui a coûté exactement le même travail et le même temps. Ce n'est en effet que l'échange du travail d'un homme dans une chose durant un certain temps contre le travail d'un autre homme dans une autre chose durant le même temps. » (*Some Thoughts on the interest of money in general*, etc., p. 39.)

III

Forme de la valeur

Les marchandises viennent au monde sous la forme de valeurs d'usage ou de matières marchandes, telles que fer, toile, laine, etc. C'est là tout bonnement leur forme naturelle. Cependant, elles ne sont marchandises que parce qu'elles sont deux choses à la fois, objets d'utilité et porte- valeur. Elles ne peuvent donc entrer dans la circulation qu'autant qu'elles se présentent sous une double forme : leur forme de nature et leur forme de valeur[1].

La réalité que possède la valeur de la marchandise diffère en ceci de l'amie de Falstaff, la veuve l'Éveillé, qu'on ne sait où la prendre. Par un contraste des plus criants avec la grossièreté du corps de la marchandise, il n'est pas un atome de matière qui pénètre dans sa valeur. On peut donc tourner et retourner à volonté une marchandise prise à part ; en tant qu'objet de valeur, elle reste insaisissable. Si l'on se souvient cependant que les valeurs des marchandises n'ont qu'une réalité purement sociale, qu'elles ne l'acquièrent qu'en tant qu'elles sont des expressions de la même unité sociale, du travail humain, il devient évident que cette réalité sociale ne peut se manifester aussi que dans les transactions sociales, dans les rapports des marchandises les unes avec les autres. En fait, nous sommes partis de la valeur d'échange ou du rapport d'échange des marchandises pour trouver les traces de leur valeur qui y est cachée. Il nous faut revenir maintenant à cette forme sous laquelle la valeur nous est d'abord apparue.

Chacun sait, lors même qu'il ne sait rien autre chose, que les marchandises possèdent une forme valeur particulière qui contraste de la manière la plus éclatante avec leurs formes naturelles diverses : la forme monnaie. Il s'agit maintenant de faire ce que l'économie bourgeoise n'a jamais essayé ; il s'agit de fournir la genèse de la forme monnaie, c'est-à-dire de développer l'expression de la valeur contenue dans le rapport de valeur des marchandises depuis son ébauche la plus simple et la moins apparente jusqu'à cette forme monnaie qui saute aux yeux de tout le monde. En même temps, sera résolue et disparaîtra l'énigme de la monnaie.

---

[1] Les économistes peu nombreux qui ont cherché, comme Bailey, à faire l'analyse de la forme de la valeur, ne pouvaient arriver à aucun résultat : premièrement, parce qu'ils confondent toujours la valeur avec sa forme ; secondement, parce que sous l'influence grossière de la pratique bourgeoise, ils se préoccupent dès l'abord exclusivement de la quantité.

« The command of quantity... constitutes value [Le pouvoir de disposer de la quantité... constitue la valeur]. » (*Money and its vicissitudes*, London, 1837, p. 11. S. Bailey)

En général, les marchandises n'ont pas d'autre rapport entre elles qu'un rapport de valeur, et le rapport de valeur le plus simple est évidemment celui d'une marchandise avec une autre marchandise d'espèce différente, n'importe laquelle. Le rapport de valeur ou d'échange de deux marchandises fournit donc pour une marchandise l'expression de valeur la plus simple.

A. *Forme simple ou accidentelle de la valeur.*
x *marchandise* A = y *marchandise* B, ou x *marchandise*
A *vaut y marchandise* B.
(20 mètres de toile = 1 habit, ou 20 mètres de toile ont la valeur d'un habit.)
Le mystère de toute forme de valeur gît dans cette forme simple. Aussi c'est dans son analyse, que se trouve la difficulté.

a) *Les deux pôles de l'expression de la valeur : sa forme relative et sa forme équivalent.*

Deux marchandises différentes A et B, et, dans l'exemple que nous avons choisi, la toile et l'habit, jouent ici évidemment deux rôles distincts. La toile exprime sa valeur dans l'habit et celui-ci sert de matière à cette expression. La première marchandise joue un rôle actif, la seconde un rôle passif. La valeur de la première est exposée comme valeur relative, la seconde marchandise fonctionne comme *équivalent.*

La forme relative et la forme équivalent sont deux aspects corrélatifs, inséparables, mais, en même temps, des *extrêmes opposés, exclusifs l'un de l'autre,* c'est-à-dire des pôles de la même expression de la valeur. Ils se distribuent toujours entre les diverses marchandises que cette expression met en rapport. Cette équation : 20 *mètres de toile* = 20 mètres de toile, exprime seulement que 20 mètres de toile ne sont pas autre chose que 20 mètres de toile, c'est-à-dire ne sont qu'une certaine somme d'une valeur d'usage. La valeur de la toile ne peut donc être exprimée que dans une autre marchandise, c'est-à-dire relativement. Cela suppose que cette autre marchandise se trouve en face d'elle sous forme d'équivalent. D'un autre côté, la marchandise qui figure comme *équivalent* ne peut se trouver à la fois sous forme de valeur relative. Elle n'exprime pas sa valeur, mais fournit seulement la matière pour l'expression de la valeur de la première marchandise.

L'expression : 20 *mètres de toile* = un habit, ou : 20 *mètres de toile valent un habit*, renferme, il est vrai, la réciproque : 1 *habit* = 20 *mètres de toile*, ou : 1 *habit vaut* 20 *mètres de toile*. Mais il me faut alors renverser l'équation pour exprimer relativement la valeur de l'habit, et dès que je le fais, la toile devient équivalent à sa place. Une même marchandise ne peut donc revêtir simultanément ces deux formes dans la même expression de la valeur. Ces deux formes s'excluent polariquement.

b)   *La forme relative de la valeur.*

c)   *Contenu de cette forme.*

Pour trouver comment l'expression simple de la valeur d'une marchandise est contenue dans le rapport de valeur de deux marchandises, il faut d'abord l'examiner, abstraction faite de son côté *quantitatif*. C'est le contraire qu'on fait en général en envisageant dans le rapport de valeur exclusivement la proportion dans laquelle des quantités déterminées de deux sortes de marchandises sont dites égales entre elles. On oublie que des choses différentes ne peuvent être comparées *quantitativement* qu'après avoir été ramenées à la même unité. Alors seulement elles ont le même dénominateur et deviennent commensurables.

Que 20 mètres de toile = 1 habit, ou = 20, ou x habits, c'est-à-dire qu'une quantité donnée de toile vaille plus ou moins d'habits, une proportion de ce genre implique toujours que l'habit et la toile, comme grandeurs de valeur, sont des expressions de la même unité. Toile = habit, voilà le fondement de l'équation.

Mais les deux marchandises dont la qualité égale, l'essence identique, est ainsi affirmée, n'y jouent pas le même rôle. Ce n'est que la valeur de la toile qui s'y trouve exprimée : Et comment ? En la comparant à une marchandise d'une espèce différente, l'habit comme son équivalent, c'est-à-dire une chose qui peut la remplacer ou est échangeable avec elle. Il est d'abord évident que l'habit entre dans ce rapport exclusivement comme forme d'existence de la valeur, car ce n'est qu'en exprimant de la valeur qu'il peut figurer comme valeur vis-à-vis d'une autre marchandise. De l'autre côté, le propre valoir de la toile se montre ici ou acquiert une expression distincte. En effet, la valeur habit pourrait-elle être mise en équation avec la toile ou lui servir d'équivalent, si celle-ci n'était pas elle-même valeur ?

Empruntons une analogie à la chimie. L'acide butyrique et le formiate de propyle sont deux corps qui diffèrent d'apparence aussi bien que de qualités physiques et chimiques. Néanmoins, ils contiennent les mêmes éléments : carbone, hydrogène et oxygène. En outre, ils les contiennent dans la même proportion de $C_4H_8O_2$. Maintenant, si l'on mettait le formiate de propyle en équation avec l'acide butyrique ou si l'on en faisait l'équivalent, le formiate de propyle ne figurerait dans ce rapport que comme forme d'existence de $C_4H_8O_2$, c'est-à- dire de la substance qui lui est commune avec l'acide. Une équation où le formiate de propyle jouerait le rôle d'équivalent de l'acide butyrique serait donc une manière un peu gauche d'exprimer la substance de l'acide comme quelque chose de tout à fait distinct de se forme corporelle.

Si nous disons : en tant que valeurs toutes les marchandises ne sont que du travail humain cristallisé, nous les ramenons par notre analyse à l'abstraction valeur, mais, avant comme après, elles ne possèdent qu'une seule forme, leur forme naturelle d'objets utiles. Il en est tout autrement dès qu'une marchandise est mise en rapport de valeur avec une autre marchandise. Dès ce moment, son caractère de valeur ressort et s'affirme comme sa propriété inhérente qui détermine sa relation avec l'autre marchandise.

L'habit étant posé l'équivalent de la toile, le travail contenu dans l'habit est affirmé être identique avec le travail contenu dans la toile. Il est vrai que la taille se distingue du tissage. Mais son équation, avec le tissage la ramène par le fait à ce qu'elle a de réellement commun avec lui, à son caractère de travail humain. C'est une manière détournée d'exprimer que le tissage, en tant qu'il tisse de la valeur, ne se distingue en rien de la taille des vêtements, c'est-à-dire est du travail humain abstrait. Cette équation exprime donc le caractère spécifique du travail qui constitue la valeur de la toile.

Il ne suffit pas cependant d'exprimer le caractère spécifique du travail qui fait la valeur de la toile. La force de travail de l'homme à l'état fluide ou le travail humain forme bien de la valeur, mais n'est pas valeur. Il ne devient valeur qu'à l'état coagulé sous la forme d'un objet. Ainsi, les conditions qu'il faut remplir pour exprimer la valeur de la toile paraissent se contredire elles-mêmes. D'un côté, il faut la représenter comme une pure condensation du travail humain abstrait, car en tant que valeur la marchandise n'a pas d'autre réalité. En même temps cette condensation doit revêtir la forme d'un objet visiblement distinct de la toile elle-même et qui, tout en lui appartenant, lui soit commune avec une autre marchandise. Ce problème est déjà résolu.

En effet, nous avons vu que dès qu'il est posé comme équivalent, l'habit n'a plus besoin de passeport pour constater son caractère de valeur. Dans ce rôle sa propre forme d'existence devient une forme d'existence de la valeur ; cependant l'habit, le corps de la marchandise habit, n'est qu'une simple valeur d'usage ; un habit exprime aussi peu de valeur que le premier morceau de toile venu. Cela prouve tout simplement que dans le rapport de valeur de la toile il signifie plus qu'en dehors de ce rapport ; de même que maint personnage important dans un costume galonné devient tout à fait insignifiant si les galons lui manquent.

Dans la production de l'habit, de la force humaine a été dépensée en fait sous une forme particulière. Du travail humain est donc accumulé en lui. À ce point de vue, l'habit est porte-valeur, bien qu'il ne laisse pas percer cette qualité à travers la transparence de ses fils, si râpé qu'il soit. Et, dans le rapport de valeur de la toile, il ne signifie pas autre chose. Malgré son extérieur si bien boutonné, la toile a reconnu en lui une âme sœur pleine de valeur. C'est le côté platonique de l'affaire. En réalité l'habit ne peut point représenter dans ses relations extérieures la valeur, sans que la valeur prenne en même temps l'aspect d'un habit. C'est ainsi que le particulier A ne saurait représenter pour l'individu B une majesté, sans que la majesté aux yeux de B revête immédiatement et la figure et le corps de A; c'est pour cela probablement qu'elle change avec chaque nouveau père du peuple, de visage, de cheveux et de mainte autre chose.

Le rapport qui fait de l'habit l'équivalent de la toile, métamorphose donc la forme habit en forme valeur de la toile ou exprime la valeur de la toile dans la valeur d'usage de l'habit. En tant que valeur d'usage, la toile est un objet sensiblement différent de l'habit; en tant que valeur, elle est chose égale à l'habit et en a l'aspect; comme cela est clairement prouvé par l'équivalence de l'habit avec elle. Sa propriété de valoir apparaît dans son égalité avec l'habit, comme la nature moutonnière du chrétien dans sa ressemblance avec l'agneau de Dieu.

Comme on le voit, tout ce que l'analyse de la valeur nous avait révélé auparavant, la toile elle-même le dit, dès qu'elle entre en société avec une autre marchandise, l'habit. Seulement elle ne trahit ses pensées que dans le langage qui lui est familier, le langage des marchandises. Pour exprimer que sa valeur vient du travail humain, dans sa propriété abstraite, elle dit que l'habit en tant qu'il vaut autant qu'elle, c'est-à-dire est valeur, se compose du même travail qu'elle-même. Pour exprimer que sa réalité sublime comme valeur est distincte de son corps raide et filamenteux, elle dit que la valeur a l'aspect d'un habit, et que par conséquent elle-même, comme chose valable, ressemble à l'habit, comme un œuf à un autre. Remarquons en passant que la langue des marchandises possède, outre l'hébreu, beaucoup d'autres dialectes et patois plus ou moins corrects. Le mot allemand « Werthsein, » par exemple, exprime moins nettement que le verbe roman *Valere, valer*, et le français valoir, que l'affirmation de l'équivalence de la marchandise B avec la marchandise A est l'expression propre de la valeur de cette dernière. Paris vaut bien une messe.

En vertu du rapport de valeur, la forme naturelle de la marchandise B devient la forme de valeur de la marchandise A, ou bien le corps de B devient pour A le miroir de sa valeur[1]. La valeur de la marchandise A ainsi exprimée dans la valeur d'usage de la marchandise B, acquiert la forme de valeur relative.

2) *Détermination quantitative de la valeur relative.*

Toute marchandise, dont la valeur doit être exprimée, est un certain *quantum* d'une chose utile, par exemple : 15 boisseaux de froment, 100 livres de café, etc., qui contient un *quantum* déterminé de travail. La forme de la valeur a donc à exprimer non-seulement de la valeur en général, mais une valeur d'une certaine grandeur. Dans le rapport de

---

[1] Sous un certain rapport il en est de l'homme comme de la marchandise. Comme il ne vient point au monde avec un miroir, ni en philosophe à la Fichte dont le Moi n'a besoin de rien pour s'affirmer, il se mire et se reconnaît d'abord seulement dans un autre homme. Aussi cet autre, avec peau et poil, lui semble-t-il la forme phénoménale du genre homme.

valeur de la marchandise A avec la marchandise B, non- seulement la marchandise B est déclarée égale à A au point de vue de la qualité, mais encore un certain *quantum* de B équivaut au quantum donné de A.

L'équation : 20 mètres de toile = 1 habit, ou 20 mètres de toile *valent* un habit, suppose que les deux marchandises coûtent autant de travail l'une que l'autre, ou se produisent dans le même temps ; mais ce temps varie pour chacune d'elles avec chaque variation de la force productive du travail qui la crée. Examinons maintenant l'influence de ces variations sur l'expression relative de la grandeur de valeur.

I.   Que la valeur de la toile change pendant que la *valeur de l'habit* reste constante[1]. — Le temps de travail nécessaire à sa production double-t-il, par suite, je suppose, d'un moindre rendement du sol qui fournit le lin, alors sa valeur double. Au lieu de 20 *mètres de toile* = 1 *habit*, nous aurions : 20 *mètres de toile* = 2 *habits*, parce que 1 *habit* contient maintenant moitié moins de travail. Le temps nécessaire à la production de la toile diminue-t-il au contraire de moitié par suite d'un perfectionnement apporté aux métiers à tisser, sa valeur diminue dans la même proportion. Dès lors 20 *mètres de toile* = 1/2 *habit*. La *valeur relative* de la marchandise A, c'est-à-dire sa valeur exprimée dans la marchandise B, hausse ou baisse par conséquent en raison directe de la valeur de la marchandise A si celle de la marchandise B reste constante. Que la valeur de la toile reste constante pendant que la valeur de l'habit varie. — Le temps nécessaire à la production de l'habit double-t-il dans ces circonstances, par suite, je suppose, d'une tonte de laine peu favorable, au lieu de 20 *mètres de toile* = 1 *habit*, nous avons maintenant 20 *mètres de toile* = 1/2 *habit*. La valeur de l'habit tombe-t-elle au contraire de moitié, alors 20 mètres de toile = 2 habits. La valeur de la marchandise A demeurant constante, on voit que sa valeur relative exprimée dans la marchandise B hausse ou baisse en raison inverse du changement de valeur de B.

Si l'on compare les cas divers compris dans I et II, il est manifeste que le même changement de grandeur de la valeur relative peut résulter de causes tout opposées. Ainsi l'équation : 20 *mètres de toile* = 1 *habit* devient : 20 *mètres de toile* = 2 *habits*, soit parce que la valeur de la toile double ou que la valeur des habits diminue de moitié, et 20 mètres de toile = 1/2 habit, soit parce que la valeur de la toile diminue de moitié ou que la valeur de l'habit devient double.

II.   Les quantités de travail nécessaires à la production de la toile et de l'habit changent-elles simultanément, dans le même sens et dans la même proportion ? Dans ce cas, 20 *mètres de toile* = 1 *habit* comme auparavant, quels que soient leurs changements de valeur. On découvre

---

[1] L'expression *valeur* est employée ici, comme plusieurs fois déjà de temps à autre, pour *quantité de valeur*.

ces changements par comparaison avec une troisième marchandise dont la valeur reste la même. Si les valeurs de toutes les marchandises augmentaient ou diminuaient simultanément et dans la même proportion, leurs valeurs relatives n'éprouveraient aucune variation. Leur changement réel de valeur se reconnaîtrait à ce que dans un même temps de travail il serait maintenant livré en général une quantité de marchandises plus ou moins grande qu'auparavant.

III.   Les temps de travail nécessaires à la production et de la toile et de l'habit, ainsi que leurs valeurs, peuvent simultanément changer dans le même sens, mais à un degré différent, ou dans un sens opposé, etc. L'influence de toute combinaison possible de ce genre sur la valeur relative d'une marchandise, se calcule facilement par l'emploi des cas I, II et III.

Les changements réels dans la grandeur de la valeur ne se reflètent point, comme on le voit, ni clairement ni complétement dans leur expression relative. La valeur relative d'une marchandise peut changer, bien que sa valeur reste constante ; elle peut rester constante, bien que sa valeur change, et, enfin, des changements dans la quantité de valeur et dans son expression relative peuvent être simultanés sans correspondre exactement[1].

c) *La forme d'équivalent et ses particularités.*

On l'a déjà vu : En même temps qu'une marchandise A (la toile) exprime sa valeur dans la valeur d'usage d'une marchandise différente B (l'habit), elle imprime à cette dernière une forme particulière de valeur, celle d'équivalent. La toile manifeste son propre caractère de valeur par un rapport dans lequel une autre marchandise, l'habit, tel qu'il est dans

---

[1] Dans un écrit dirigé principalement contre la théorie de la valeur de Ricardo, on lit : « Vous n'avez qu'à admettre que le travail nécessaire à sa production restant toujours le même, A baisse parce que B, avec lequel il s'échange, hausse, et votre principe général au sujet de la valeur tombe. — En admettant que B baisse relativement à A, quand la valeur de A hausse relativement à B, Ricardo détruit lui-même la base de son grand axiome que la valeur d'une marchandise est toujours déterminée par la quantité de travail incorporée en elle ; car si un changement dans les frais de A change non-seulement sa valeur relativement à B, avec lequel il s'échange, mais aussi la valeur de B relativement à A, quoique aucun changement n'ait eu lieu dans la quantité de travail exigé pour la production de B : alors tombent non-seulement la doctrine qui fait de la quantité de travail appliqué à un article la mesure de sa valeur, mais aussi la doctrine qui affirme que la valeur est réglée par les frais de production. » (J. Broadhurst : *Political Economy*, London, 1842, p. 11, 14). Maître Broadhurst pouvait aussi bien dire : Que l'on considère les fractions $\frac{10}{20}$, $\frac{10}{50}$, $\frac{10}{100}$; le nombre 10 reste toujours le même, et cependant sa valeur proportionnelle décroît constamment parce que la grandeur des dénominateurs augmente. Ainsi tombe le grand principe d'après lequel la grandeur des nombres entiers est déterminée par la quantité des unités qu'ils contiennent.

sa forme naturelle, lui fait équation. Elle exprime donc qu'elle-même vaut quelque chose, par ce fait qu'une autre marchandise, l'habit, est immédiatement échangeable avec elle.

En tant que valeurs toutes les marchandises sont des expressions égales d'une même unité, le travail humain, remplaçables les unes par les autres. Une marchandise est par conséquent échangeable avec une autre marchandise, dès qu'elle possède une forme, qui l'a fait apparaître comme valeur.

Une marchandise est immédiatement échangeable avec toute autre dont elle est l'équivalent, c'est-à-dire : la place qu'elle occupe dans le rapport de valeur, fait de sa forme naturelle la forme valeur de l'autre marchandise. Elle n'a pas besoin de revêtir une forme différente de sa forme naturelle pour se manifester comme valeur à l'autre marchandise, pour valoir comme telle et par conséquent pour être échangeable avec elle. La forme d'équivalent est donc pour une marchandise la forme sous laquelle elle est immédiatement échangeable avec une autre.

Quand une marchandise, comme des habits, par exemple, sert d'équivalent à une autre marchandise, telle que la toile, et acquiert ainsi la propriété caractéristique d'être immédiatement échangeable avec celle-ci, la proportion n'est pas le moins du monde donnée dans laquelle cet échange peut s'effectuer. Comme la quantité de valeur de la toile est donnée, cela dépendra de la quantité de valeur des habits. Que dans le rapport de valeur, l'habit figure comme équivalent et la toile comme valeur relative, ou que ce soit l'inverse, la proportion, dans laquelle se fait l'échange, reste la même. La quantité de valeur respective des deux marchandises, mesurée par la durée comparative du travail nécessaire à leur production, est par conséquent une détermination tout à fait indépendante de la forme de valeur.

La marchandise dont la valeur se trouve sous la forme relative est toujours exprimée comme quantité de valeur, tandis qu'au contraire il n'en est jamais ainsi de l'*équivalent* qui figure toujours dans l'équation comme simple quantité d'une chose utile. 40 mètres de toile, par exemple, *valent* — quoi ? 2 habits. La marchandise habit jouant ici le rôle d'équivalent, donnant ainsi un corps à la valeur de la toile, il suffit d'un certain *quantum* d'habits pour exprimer le *quantum* de valeur qui appartient à la toile. Donc 2 habits peuvent exprimer la quantité de valeur de 40 mètres de toile, mais non la leur propre. L'observation superficielle de ce fait, que dans l'équation de la valeur, l'équivalent ne figure jamais que comme simple *quantum* d'un objet d'utilité, a induit en erreur S. Bailey ainsi que beaucoup d'économistes avant et après lui. Ils n'ont vu dans l'expression de la valeur qu'un rapport de quantité. Or sous la forme d'équivalent une marchandise figure comme simple quantité d'une matière quelconque précisément parce que la quantité de sa valeur n'est pas exprimée.

Les contradictions que renferme la forme d'équivalent exigent maintenant un examen plus approfondi de ses particularités.

Première particularité de la forme d'équivalent :

La valeur d'usage devient la forme de manifestation de son contraire, la valeur.

La forme naturelle des marchandises devient leur forme de valeur. Mais, en fait, ce *quid pro quo* n'a lieu pour une marchandise B (habit, froment, fer, etc.) que dans les limites du rapport de valeur, dans lequel une autre marchandise A (toile, etc.) entre avec elle, et seulement dans ces limites. Considéré isolément, l'habit, par exemple, n'est qu'un objet d'utilité, une valeur d'usage, absolument comme la toile ; sa forme n'est que la forme naturelle d'un genre particulier de marchandise. Mais comme aucune marchandise ne peut se rapporter à elle-même comme équivalent, ni faire de sa forme naturelle la forme de sa propre valeur, elle doit nécessairement prendre pour équivalent une autre marchandise dont la valeur d'usage lui sert ainsi de forme valeur.

Une mesure appliquée aux marchandises en tant que matières, c'est-à-dire en tant que valeurs d'usage, va nous servir d'exemple pour mettre ce qui précède directement sous les yeux du lecteur. Un pain de sucre, puisqu'il est un corps, est pesant et par conséquent a du poids ; mais il est impossible de voir ou de sentir ce poids rien qu'à l'apparence. Nous prenons maintenant divers morceaux de fer de poids connu. La forme matérielle du fer, considérée en elle-même, est aussi peu une forme de manifestation de la pesanteur que celle du pain de sucre. Cependant pour exprimer que ce dernier est pesant, nous le plaçons en un rapport de poids avec le fer. Dans ce rapport le fer est considéré comme un corps qui ne représente rien que de la pesanteur. Des quantités de fer employées pour mesurer le poids du sucre, représentent donc vis-à-vis de la matière sucre une simple forme, la forme sous laquelle la pesanteur se manifeste. Le fer ne peut jouer ce rôle qu'autant que le sucre ou n'importe quel autre corps, dont le poids doit être trouvé, est mis en rapport avec lui à ce point de vue. Si les deux objets n'étaient pas pesants, aucun rapport de cette espèce ne serait possible entre eux, et l'un ne pourrait point servir d'expression à la pesanteur de l'autre. Jetons-les tous deux dans la balance et nous voyons en fait qu'ils sont la même chose comme pesanteur, et que par conséquent dans une certaine proportion ils sont aussi du même poids. De même que le corps fer, comme mesure de poids, vis-à-vis du pain de sucre ne représente que pesanteur, de même dans notre expression de valeur, le corps habit vis-à-vis de la toile ne représente que valeur.

Ici cependant cesse l'analogie. Dans l'expression de poids du pain de sucre, le fer représente une qualité naturelle commune aux deux corps, leur pesanteur, tandis que dans l'expression de valeur de la toile, le corps habit représente une qualité surnaturelle des deux objets, leur valeur, un caractère d'empreinte purement sociale.

Du moment que la forme relative exprime la valeur d'une marchandise, de la toile, par exemple, comme quelque chose de complétement différent de son corps lui-même et de ses propriétés, comme quelque chose qui ressemble à un habit, par exemple, elle fait entendre que sous cette expression un rapport social est caché.

C'est l'inverse qui a lieu avec la forme d'équivalent. Elle consiste précisément en ce que le corps d'une marchandise, un habit par exemple, en ce que cette chose telle quelle exprime de la valeur, et par conséquent possède naturellement forme de valeur. Il est vrai que ceci n'est juste qu'autant qu'une autre marchandise, comme la toile, se rapporte à elle comme équivalent[1]. Mais, de même que les propriétés matérielles d'une chose ne font que se confirmer dans ses rapports extérieurs avec d'autres choses au lieu d'en découler, de même l'habit semble tirer de la nature et non du rapport de valeur de la toile sa forme d'équivalent, sa propriété d'être immédiatement échangeable, au même titre que sa propriété d'être pesant ou de tenir chaud. De là le côté énigmatique de l'équivalent, côté qui ne frappe les yeux de l'économiste bourgeois que lorsque cette forme se montre à lui tout achevée, dans la monnaie. Pour dissiper ce caractère mystique de l'argent et de l'or, il cherche ensuite à les remplacer sournoisement par des marchandises moins éblouissantes ; il fait et refait avec un plaisir toujours nouveau le catalogue de tous les articles qui, dans leur temps, ont joué le rôle d'équivalent. Il ne pressent pas que l'expression la plus simple de la valeur, telle que 20 mètres de toile valent un habit, contient déjà l'énigme et que c'est sous cette forme simple qu'il doit chercher à le résoudre.

Deuxième particularité de la forme d'équivalent :

Le travail concret devient la forme de manifestation de son contraire, le travail humain abstrait.

Dans l'expression de la valeur d'une marchandise, le corps de l'équivalent figure toujours comme matérialisation du travail humain abstrait, et est toujours le produit d'un travail particulier, concret et utile. Ce travail concret ne sert donc ici qu'à exprimer du travail abstrait. Un habit, par exemple, est-il une simple réalisation, l'activité du tailleur qui se réalise en lui n'est aussi qu'une simple forme de réalisation du travail abstrait. Quand on exprime la valeur de la toile dans l'habit, l'utilité du travail du tailleur ne consiste pas en ce qu'il fait des habits et, selon le proverbe allemand, des hommes, mais en ce qu'il produit un corps, transparent de valeur, échantillon d'un travail qui ne se distingue en rien du travail réalisé dans la valeur de la toile. Pour pouvoir s'incorporer dans un tel miroir de valeur, il faut que le travail du tailleur ne reflète lui-même rien que sa propriété de travail humain.

---

[1] Dans un autre ordre d'idées il en est encore ainsi. Cet homme, par exemple, n'est roi que parce que d'autres hommes se considèrent comme ses sujets et agissent en conséquence. Ils croient au contraire être sujets parce qu'il est roi.

РАСПУТИН

Les deux formes d'activité productive, tissage et confection de vêtements, exigent une dépense de force humaine. Toutes deux possèdent donc la propriété commune d'être du travail humain, et dans certains cas, comme, par exemple, lorsqu'il s'agit de la production de valeur, on ne doit les considérer qu'à ce point de vue. Il n'y a là rien de mystérieux ; mais dans l'expression de valeur de la marchandise, la chose est prise au rebours. Pour exprimer, par exemple, que le tissage, non comme tel, mais en sa qualité de travail humain en général, forme la valeur de la toile, on lui oppose un autre travail, celui qui produit l'habit, l'équivalent de la toile, comme la forme expresse dans laquelle le travail humain se manifeste. Le travail du tailleur est ainsi métamorphosé en simple expression de sa propre qualité abstraite.

Troisième particularité de la forme équivalent :

Le travail concret qui produit l'équivalent, dans notre exemple, celui de tailleur, en servant simplement d'expression au travail humain indistinct, possède la forme de l'égalité avec un autre travail, celui que recèle la toile, et devient ainsi quoique travail privé, comme tout autre travail productif de marchandises, travail sous forme sociale immédiate. C'est pourquoi il se réalise par un produit qui est immédiatement échangeable avec une autre marchandise.

Les deux particularités de la forme équivalent, examinées en dernier lieu, deviennent encore plus faciles à saisir, si nous remontons au grand penseur qui a analysé le premier la forme valeur, ainsi que tant d'autres formes, soit de la pensée, soit de la société, soit de la nature : nous avons nommé Aristote.

D'abord Aristote exprime clairement que la forme argent de la marchandise n'est que l'aspect développé de la forme valeur simple, c'est-à-dire de l'expression de la valeur d'une marchandise dans une autre marchandise quelconque, car il dit :

« 5 *lits* = 1 *maison* (Κλivat πέv7ε ὰv7ì oἰMίaς) ne diffère pas » de :

« 5 *lits* = *tant et tant d'argent.* » (Κλivat πέv7ε ὰv7ì... ὄσou aἱ πέv7ε Μλivat.)

Il voit de plus que le rapport de valeur qui contient cette expression de valeur suppose, de son côté, que la maison est déclarée égale au lit au point de vue de la qualité, et que ces objets, sensiblement différents, ne pourraient se comparer entre eux comme des grandeurs commensurables sans cette égalité d'essence. « L'échange, dit-il, ne peut avoir lieu sans l'égalité, ni l'égalité sans la commensurabilité » (oὔ7'ἰσo7bς μὴ oὔσbς σuμμε7pίaς). Mais ici il hésite et renonce à l'analyse de la forme valeur. « Il est, ajoute-t-il, impossible en vérité (7ῇ μὲv oὖv ὰλbθείᾳ ὰδύva7ov) que des choses si dissemblables soient commensurables entre elles, » c'est-à-dire de qualité égale. L'affirmation de leur égalité ne peut être que contraire à la nature des choses ; « on y a seulement recours pour le besoin pratique. »

Ainsi Aristote nous dit lui-même où son analyse vient échouer, — contre l'insuffisance de son concept de valeur. Quel est le « je ne sais quoi » d'égal, c'est-à-dire la substance commune que représente la maison pour le lit dans l'expression de la valeur de ce dernier ? « Pareille chose, dit Aristote, ne peut en vérité exister. » Pourquoi ? La maison représente vis-à-vis du lit quelque chose d'égal, en tant qu'elle représente ce qu'il y a de réellement égal dans tous les deux. Quoi donc ? Le travail humain.

Ce qui empêchait Aristote de lire dans la forme valeur des marchandises, que tous les travaux sont exprimés ici comme travail humain indistinct et par conséquent égaux, c'est que la société grecque reposait sur le travail des esclaves, et avait pour base naturelle l'inégalité des hommes et de leurs forces de travail. Le secret de l'expression de la valeur, l'égalité et l'équivalence de tous les travaux, parce que et en tant qu'ils sont du travail humain, ne peut être déchiffré que lorsque l'idée de l'égalité humaine a déjà acquis la ténacité d'un préjugé populaire. Mais cela n'a lieu que dans une société où la forme marchandise est devenue la forme générale des produits du travail, où par conséquent le rapport des hommes entre eux comme producteurs et échangistes de marchandises est le rapport social dominant. Ce qui montre le génie d'Aristote, c'est qu'il a découvert dans l'expression de la valeur des marchandises un rapport d'égalité. L'état particulier de la société dans laquelle il vivait l'a seul empêché de trouver quel était le contenu réel de ce rapport.

d) *Ensemble de la forme valeur simple.*

La forme simple de la valeur d'une marchandise est contenue dans son rapport de valeur ou d'échange avec un seul autre genre de marchandise quel qu'il soit. La valeur de la marchandise A est exprimée qualitativement par la propriété de la marchandise B d'être immédiatement échangeable avec A. Elle est exprimée quantitativement par l'échange toujours possible d'un quantum déterminé de B avec le quantum donné de A. En d'autres termes, la valeur d'une marchandise est exprimée par cela seul qu'elle se pose comme valeur d'échange. Si donc au début de ce chapitre, pour suivre la manière de parler ordinaire, nous avons dit : la marchandise est valeur d'usage et valeur d'échange, pris à la lettre c'était faux. La marchandise est valeur d'usage ou objet d'utilité, et valeur. Elle se présente pour ce qu'elle est, chose double, dès que sa *valeur* possède une forme phénoménale propre, distincte de sa forme naturelle, celle de valeur d'échange ; et elle ne possède jamais cette forme, si on la considère isolément. Dès qu'on sait cela, la vieille locution n'a plus de malice et sert pour l'abréviation.

Il ressort de notre analyse que c'est de la nature de la valeur des marchandises que provient sa forme, et que ce n'est pas au contraire de la manière de les exprimer par un rapport d'échange que découlent la valeur et sa grandeur. C'est là pourtant l'erreur des mercantilistes et de leurs modernes zélateurs, les Ferrier, les Ganilh, etc.[1], aussi bien que de leurs antipodes, les commis voyageurs du libre-échange, tels que Bastiat et consorts. Les mercantilistes appuient surtout sur le côté qualitatif de l'expression de la valeur, conséquemment sur la forme équivalent de la marchandise, réalisée à l'œil, dans la forme argent ; les modernes champions du libre-échange, au contraire, qui veulent se débarrasser à tout prix de leur marchandise, font ressortir exclusivement le côté quantitatif de la forme relative de la valeur. Pour eux il n'existe donc ni valeur ni grandeur de valeur en dehors de leur expression par le rapport d'échange, ce qui veut dire pratiquement en dehors de la cote quotidienne du prix courant. L'Écossais Mac Leod, qui s'est donné pour fonction d'habiller et d'orner d'un si grand luxe d'érudition le fouillis des préjugés économiques de Lombardstreet, — la rue des grands banquiers de Londres, — forme la synthèse réussie des mercantilistes superstitieux et des esprits forts du libre-échange.

Un examen attentif de l'expression de la valeur de A en B, a montré que dans ce rapport la forme naturelle de la marchandise A ne figure que comme forme de valeur d'usage, et la forme naturelle de la marchandise B que comme forme de valeur. L'opposition intime entre la valeur d'usage et la valeur d'une marchandise, se montre ainsi par le rapport de deux marchandises, rapport dans lequel A, dont la valeur doit être exprimée, ne se pose immédiatement que comme valeur d'usage, tandis que B au contraire, dans laquelle la valeur est exprimée, ne se pose immédiatement que comme valeur d'échange. La forme valeur simple d'une marchandise est donc la simple forme d'apparition des contrastes qu'elle recèle, c'est-à-dire de la valeur d'usage et de la valeur.

Le produit du travail est dans n'importe quel état social valeur d'usage ou objet d'utilité ; mais il n'y a qu'une époque déterminée dans le développement historique de la société, qui transforme généralement le produit du travail en marchandise, c'est celle où le travail dépensé dans la production des objets utiles revêt le caractère d'une qualité inhérente à ces choses, de leur valeur.

Le produit du travail acquiert la forme marchandise, dès que sa valeur acquiert la forme de la valeur d'échange, opposée à sa forme naturelle ; dès que par conséquent il est représenté comme l'unité dans laquelle se fondent ces contrastes. Il suit de là que la forme simple que revêt la valeur de la marchandise est aussi la forme primitive dans laquelle le produit du travail se présente comme marchandise et que le développement de la forme marchandise marche du même pas que celui de la forme valeur.

---

[1] F. L. A. Ferrier (sous-inspecteur des douanes) : *Du gouvernement considéré dans ses rapports avec le commerce*, Paris, 1805 ; et Charles Ganilh : *Des systèmes de l'Économie politique*, 2ᵉ édit., Paris, 1821.

À première vue on s'aperçoit de l'insuffisance de la forme valeur simple, ce germe qui, doit subir une série de métamorphoses avant d'arriver à la forme prix.

En effet la forme simple ne fait que distinguer entre la valeur et la valeur d'usage d'une marchandise et la mettre en rapport d'échange avec une seule espèce de n'importe quelle autre marchandise, au lieu de représenter son égalité qualitative et sa proportionnalité quantitative avec toutes les marchandises. Dès que la valeur d'une marchandise est exprimée dans cette forme simple, une autre marchandise revêt de son côté la forme d'équivalent simple. Ainsi, par exemple, dans l'expression de la valeur relative de la toile, l'habit ne possède la forme équivalent, forme qui indique qu'il est immédiatement échangeable, que par rapport à une seule marchandise, la toile.

Néanmoins, la forme valeur simple passe d'elle-même à une forme plus complète. Elle n'exprime, il est vrai, la valeur d'une marchandise A que dans un seul autre genre de marchandise. Mais le genre de cette seconde marchandise peut être absolument tout ce qu'on voudra, habit, fer, froment, et ainsi de suite. Les expressions de la valeur d'une marchandise deviennent donc aussi variées que ses rapports de valeur avec d'autres marchandises. L'expression isolée de sa valeur se métamorphose ainsi en une série d'expressions simples que l'on peut prolonger à volonté.

B.   Forme valeur totale ou développée.

z *marchandise* A = u *marchandise* B, *ou* = v *marchandise* C, *ou* = x *marchandise* E, *ou* = etc.

20 *mètres de toile* = 1 *habit, ou* = 10 *livres de thé, ou* = 40 *livres de café, ou* = 2 onces d'or, ou = 1/2 tonne de fer, ou* = etc.

a. *La forme développée de la valeur relative.*

La valeur d'une marchandise, de la toile, par exemple, est maintenant représentée dans d'autres éléments innombrables. Elle se reflète dans tout autre corps de marchandise comme en un miroir[1].

---

[1] Voilà pourquoi l'on parle de la valeur habit de la toile quand on exprime sa valeur en habits, de sa valeur blé, quand on l'exprime en blé, etc. Chaque expression semblable donne à entendre que c'est sa propre valeur qui se manifeste dans ces diverses valeurs d'usage.

« La valeur d'une marchandise dénote son rapport d'échange ; nous pouvons donc parler de sa valeur blé, sa valeur habit, par rapport à la marchandise à laquelle elle est comparée ; et alors il y a des milliers d'espèces de valeur, autant d'espèces de valeur qu'il y a des genres de marchandises, et toutes sont également réelles et également nominales. » (*A Critical Dissertation on the Nature, Measure and Causes of value : chiefly in reference to the writings of Mr. Ricardo and his followers. By the author of Essays on the Formation, etc., of Opinions.* London, 1825, p. 39.) S. Bailey, l'auteur de cet écrit anonyme qui fit dans son temps beaucoup de bruit en Angleterre, se figure avoir anéanti tout concept

Tout autre travail, quelle qu'en soit la forme naturelle, taille, ensemençage, extraction de fer ou d'or, etc., est maintenant affirmé égal au travail fixé dans la valeur de la toile qui manifeste ainsi son caractère de travail humain. La forme totale de la valeur relative met une marchandise en rapport social avec toutes. En même temps la série interminable de ses expressions démontre que la valeur des marchandises revêt indifféremment toute forme particulière de valeur d'usage.

Dans la première forme : 20 *mètres de toile* = 1 habit, il peut sembler que ce soit par hasard que ces deux marchandises sont échangeables dans cette proportion déterminée.

Dans la seconde forme, au contraire, on aperçoit immédiatement ce que cache cette apparence. La valeur de la toile reste la même, qu'on l'exprime en vêtements, en café, en fer, au moyen de marchandises sans nombre appartenant à des échangistes les plus divers. Il devient évident que ce n'est pas l'échange qui règle la quantité de valeur d'une marchandise, mais au contraire la quantité de valeur de la marchandise qui règle ses rapports d'échange.

b)   *La forme équivalent particulière.*

Chaque marchandise, habit, froment, thé, fer, etc., sert d'équivalent dans l'expression de la valeur de la toile. La forme naturelle de chacune de ces marchandises est maintenant une forme équivalente particulière à côté de beaucoup d'autres. De même les genres variés de travaux utiles, contenus dans les divers corps de marchandises, représentent autant de formes particulières de réalisation ou de manifestation du travail humain pur et simple.

c)   *Défauts de la forme valeur totale ou développée.*

D'abord, l'expression relative de valeur est inachevée parce que la série de ses termes n'est jamais close. La chaîne dont chaque comparaison de valeur forme un des anneaux, peut s'allonger à volonté à mesure qu'une nouvelle espèce de marchandise fournit la matière d'une expression nouvelle. Si, de plus, comme cela doit se faire, on généralise cette forme en l'appliquant à tout genre de marchandise, on obtiendra, au bout du compte, autant de séries diverses et interminables d'expressions de valeur qu'il y aura de marchandises. — Les défauts de la forme développée de la valeur relative se reflètent dans la forme équivalent qui lui correspond. Comme la forme naturelle de chaque espèce de marchandises fournit ici une forme équivalent particulière à côté d'autres en nombre infini, il n'existe en général que des formes équivalent fragmen-

---

positif de valeur par cette énumération des expressions relatives variées de la valeur d'une même marchandise. Quelle que fût l'étroitesse de son esprit, il n'en a pas moins parfois mis à nu les défauts de la théorie de Ricardo. Ce qui le prouve, c'est l'animosité avec laquelle il a été attaqué par l'école Ricardienne, par exemple dans le *Westminster Review.*

taires, dont chacune exclut l'autre. De même le genre de travail utile, concret, contenu dans chaque équivalent, n'y présente qu'une forme particulière, c'est-à- dire une manifestation incomplète du travail humain. Ce travail possède bien, il est vrai, sa forme complète ou totale de manifestation dans l'ensemble de ses formes particulières. Mais l'unité de forme et d'expression fait défaut.

La forme totale ou développée de la valeur relative ne consiste cependant qu'en une somme d'expressions relatives simples ou d'équations de la première forme telles que :

20 *mètres de toile* = 1 *habit*,

20 *mètres de toile* = 10 *livres de thé*, etc.,

dont chacune contient réciproquement l'équation identique :

1 *habit* = 20 *mètres de toile*,

10 *livres de thé* = 20 *mètres de toile*, etc.

En fait : le possesseur de la toile l'échange-t-il contre beaucoup d'autres marchandises et exprime-t-il conséquemment sa valeur dans une série d'autant de termes, les possesseurs des autres marchandises doivent les échanger contre la toile et exprimer les valeurs de leurs marchandises diverses dans un seul et même terme, la toile.

— Si donc nous retournons la série : 20 mètres de toile = 1 habit, ou = 10 livres de thé, ou = etc., c'est-à-dire si nous exprimons la réciproque qui y est déjà implicitement contenue, nous obtenons :

C.   *Forme valeur générale.*

1 *habit*	=	
10 *livres de thé*	=	
40 *livres de café*	=	
2 *onces d'or*	=	} 20 *mètres de toile*
1/2 *tonne de fer*	=	
x *marchandise* A	=	
etc.	=	

a)   *Changement de caractère de la forme valeur.*

Les marchandises expriment maintenant leurs valeurs : 1° d'une manière simple, parce qu'elles l'expriment dans une seule espèce de marchandise ; 2° avec ensemble, parce qu'elles l'expriment dans la même espèce de marchandises.

Leur forme valeur est simple et commune, conséquemment générale.

Les formes I et II ne parvenaient à exprimer la valeur d'une marchandise que comme quelque chose de distinct de sa propre valeur d'usage ou de sa propre matière. La première forme fournit des équations telles que celle-ci : 1 *habit* = 20 *mètres de toile*, 10 *livres de thé* = 1/2 *tonne de fer*, etc. La valeur de l'habit est exprimée comme quelque chose d'égal à la toile, la valeur du thé comme quelque chose d'égal au fer, etc. ; mais ces expressions de la valeur de l'habit et du thé sont aussi différentes l'une de l'autre que la toile et le fer. Cette forme ne se présente évidemment dans la pratique qu'aux époques primitives où les produits du travail n'étaient transformés en marchandises que par des échanges accidentels et isolés.

La seconde forme exprime plus complétement que la première la différence qui existe entre la valeur d'une marchandise, par exemple, d'un habit, et sa propre valeur d'usage. En effet, la valeur de l'habit y prend toutes les figures possibles vis-à-vis de sa forme naturelle ; elle ressemble à la toile, au thé, au fer, à tout, excepté à l'habit. D'un autre côté, cette forme rend impossible toute expression commune de la valeur des marchandises, car, dans l'expression de valeur d'une marchandise quelconque, toutes les autres figurent comme ses équivalents, et sont par conséquent incapables d'exprimer leur propre valeur. Cette forme valeur développée se présente dans la réalité dès qu'un produit du travail, le bétail, par exemple, est échangé contre d'autres marchandises différentes, non plus par exception, mais déjà par habitude.

Dans l'expression générale de la valeur relative, au contraire, chaque marchandise, telle qu'habit, café, fer, etc., possède une seule et même forme valeur, par exemple, la forme toile, différente de sa forme naturelle. En vertu de cette ressemblance avec la toile, la valeur de chaque marchandise est maintenant distincte non-seulement de sa propre valeur d'usage, mais encore de toutes les autres valeurs d'usage, et par cela même représentée comme le caractère commun et indistinct de toutes les marchandises. Cette forme est la première qui mette les marchandises en rapport entre elles comme valeurs, en les faisant apparaître l'une vis-à-vis de l'autre comme valeurs d'échange.

Les deux premières formes expriment la valeur d'une marchandise quelconque, soit en une autre marchandise différente, soit en une série de beaucoup d'autres marchandises. Chaque fois c'est, pour ainsi dire, l'affaire particulière de chaque marchandise prise à part de se donner une forme valeur, et elle y parvient sans que les autres marchandises s'en mêlent. Celles-ci jouent vis-à-vis d'elle le rôle purement passif d'équivalent. La forme générale de la valeur relative ne se produit au contraire que comme l'œuvre commune des marchandises dans leur ensemble. Une marchandise n'acquiert son expression de valeur générale que parce que, en même temps, toutes les autres marchandises expriment leurs valeurs dans le même équivalent, et chaque espèce de marchandise nouvelle qui se présente doit faire de même. De plus, il devient évident que les marchandises qui, au point de vue de la valeur, sont des choses purement sociales, ne peuvent aussi exprimer cette existence sociale que par une série embrassant tous leurs rapports réciproques ; que leur forme valeur doit, par conséquent, être une forme socialement validée.

La forme naturelle de la marchandise qui devient l'équivalent commun, la toile, est maintenant la forme officielle des valeurs. C'est ainsi que les marchandises se montrent les unes aux autres non-seulement leur égalité qualitative, mais encore leurs différences quantitatives de valeur. Les quantités de valeur projetées comme sur un même miroir, la toile, se reflètent réciproquement.

Exemple : 10 livres de thé = 20 mètres de toile, et 40 livres de café = 20 mètres de toile. Donc 10 livres de thé = 40 livres de café, ou bien il n'y a dans 1 livre de café que 1/4 du travail, contenu dans 1 livre de thé.

La forme générale de la valeur relative embrassant le monde des marchandises imprime à la marchandise équivalent qui en est exclue le caractère d'équivalent général. La toile est maintenant immédiatement échangeable avec toutes les autres marchandises. Sa forme naturelle est donc en même temps sa forme sociale. Le tissage, le travail privé qui produit la toile, acquiert par cela même le caractère de travail social, la forme d'égalité avec tous les autres travaux. Les innombrables équations dont se compose la forme générale de la valeur identifient le travail réalisé dans la toile avec le travail contenu dans chaque marchandise qui lui est tour à tour comparée, et fait du tissage la forme générale dans laquelle se manifeste le travail humain. De cette manière le travail réalisé dans la valeur des marchandises n'est pas seulement représenté négativement, c'est-à-dire comme une abstraction où s'évanouissent les formes concrètes et les propriétés utiles du travail réel ; sa nature positive s'affirme nettement. Elle est la réduction de tous les travaux réels à leur caractère commun de travail humain, de dépense de la même force humaine de travail.

La forme générale de la valeur montre, par sa structure même, qu'elle est l'expression sociale du monde des marchandises. Elle révèle par conséquent que dans ce monde le caractère humain ou général du travail forme son caractère social spécifique.

b) *Rapport de développement de la forme valeur relative et de la forme équivalent.*

La forme équivalent se développe simultanément et graduellement avec la forme relative ; mais, et c'est là ce qu'il faut bien remarquer, le développement de la première n'est que le résultat et l'expression du développement de la seconde. C'est de celle-ci que part l'initiative.

La forme valeur relative simple ou isolée d'une marchandise suppose une autre marchandise quelconque comme équivalent accidentel. La forme développée de la valeur relative, cette expression de la valeur d'une marchandise dans toutes les autres, leur imprime à toutes la forme d'équivalents particuliers d'espèce différente. Enfin, une marchandise spécifique acquiert la forme d'équivalent général, parce que toutes les autres marchandises en font la matière de leur forme générale de valeur relative.

À mesure cependant que la forme valeur en général se développe, se développe aussi l'opposition entre ses deux pôles, valeur relative et équivalent. De même la première forme valeur, 20 *mètres de toile* = 1 *habit*, contient cette opposition, mais ne la fixe pas. Dans cette équation, l'un des termes, la toile, se trouve sous la forme valeur relative, et le terme opposé, l'habit, sous forme équivalent. Si maintenant on lit à rebours cette équation, la toile et l'habit changent tout simplement de rôle, mais la forme de l'équation reste la même. Aussi est-il difficile de fixer ici l'opposition entre les deux termes.

Sous la forme II, une espèce de marchandise peut développer complètement sa valeur relative, revêt la forme totale de la valeur relative, parce que, et en tant que toutes les autres marchandises se trouvent vis-à-vis d'elle sous la forme équivalent.

Ici l'on ne peut déjà plus renverser les deux termes de l'équation sans changer complétement son caractère, et la faire passer de la forme valeur totale à la forme valeur générale.

Enfin, la dernière forme, la forme III, donne à l'ensemble des marchandises une expression de valeur relative générale et uniforme, parce que et en tant qu'elle exclut de la forme équivalent toutes les marchandises, à l'exception d'une seule. Une marchandise, la toile, se trouve conséquemment sous forme d'échangeabilité immédiate avec toutes les autres marchandises, parce que et en tant que celles-ci ne s'y trouvent pas[1].

Sous cette forme III, le monde des marchandises ne possède donc une forme valeur relative sociale et générale, que parce que toutes les marchandises qui en font partie sont exclues de la forme équivalent ou de la forme sous laquelle elles sont immédiatement échangeables. Par contre, la marchandise qui fonctionne comme équivalent général, la toile, par exemple, ne saurait prendre part à la forme générale de la valeur relative ; il faudrait pour cela qu'elle pût se servir à elle-même d'équivalent. Nous obtenons alors : 20 *mètres de toile* = 20 *mètres de toile*, tautologie qui n'exprime ni valeur ni quantité de valeur. Pour exprimer la valeur

---

[1] La forme d'échangeabilité immédiate et universelle n'indique pas le moins du monde au premier coup d'œil qu'elle est une forme polarisée, renfermant en elle des oppositions, et tout aussi inséparable de la forme contraire sous laquelle l'échange immédiat n'est pas possible, que le rôle positif d'un des pôles d'un aimant l'est du rôle négatif de l'autre pôle. On peut donc s'imaginer qu'on a la faculté de rendre toutes les marchandises immédiatement échangeables, comme on peut se figurer que tous les catholiques peuvent être faits papes en même temps. Mais en réalité la forme valeur relative générale et la forme équivalent générale sont les deux pôles opposés, se supposant et se repoussant réciproquement du même rapport social des marchandises.
Cette impossibilité d'échange immédiat entre les marchandises est un des principaux inconvénients attachés à la forme actuelle de la production dans laquelle cependant l'économiste bourgeois voit le *nec-plus-ultra* de la liberté humaine et de l'indépendance individuelle. Bien des efforts inutiles, utopiques, ont été tentés pour vaincre cet obstacle. J'ai fait voir ailleurs que Proudhon avait été précédé dans cette tentative par Bray, Gray et d'autres encore.

relative de l'équivalent général, il nous faut lire à rebours la forme III. Il ne possède aucune forme relative commune avec les autres marchandises, mais sa valeur s'exprime relativement dans la série interminable de toutes les autres marchandises. La forme développée de la valeur relative, ou forme II, nous apparaît ainsi maintenant comme la forme spécifique dans laquelle l'équivalent général exprime sa propre valeur.

c)   *Transition de la forme valeur générale à la forme argent.*

La forme équivalent général est une forme de la valeur en général. Elle peut donc appartenir à n'importe quelle marchandise. D'un autre côté, une marchandise ne peut se trouver sous cette forme (forme III), que parce qu'elle est exclue elle-même par toutes les autres marchandises comme équivalent. Ce n'est qu'à partir du moment où ce caractère exclusif vient s'attacher à un genre spécial de marchandise, que la forme valeur relative prend consistance, se fixe dans un objet unique, et acquiert une authenticité sociale.

La marchandise spéciale avec la forme naturelle de laquelle la forme équivalent s'identifie peu à peu dans la société, devient marchandise monnaie ou fonctionne comme monnaie. Sa fonction sociale spécifique, et conséquemment son monopole social, est de jouer le rôle de l'équivalent universel dans le monde des marchandises. Parmi les marchandises qui, dans la forme II, figurent comme équivalents particuliers de la toile, et qui, sous la forme III, expriment ensemble dans la toile leur valeur relative, c'est l'or, qui a conquis historiquement ce privilège. Mettons donc dans la forme III la marchandise or à la place de la marchandise toile, et nous obtenons :

D.   *Forme monnaie ou argent*[1]

20 *mètres de toile*	=	
1 *habit*	=	
10 *livres de thé*	=	
40 *livres de café*	=	} 2 *onces d'or.*
1/2 *tonne de fer*	=	
x *marchandise* A	=	
etc.	=	

---

[1] La traduction exacte des mots allemands « Geld, Geldform » présente une difficulté. L'expression : « forme argent » peut indistinctement s'appliquer à toutes les marchandises sauf les métaux précieux. On ne saurait pas dire, par exemple, sans amener une certaine confusion dans l'esprit des lecteurs : « forme argent de l'argent » ou bien « l'or devient argent. » Maintenant l'expression « forme monnaie » présente un autre inconvénient qui vient de ce qu'en français le mot « monnaie » est souvent employé dans le sens de pièces monnayées. Nous employons alternativement les mots « forme monnaie » et « forme argent » suivant les cas, mais toujours dans le même sens.

Карл и Дженни Маркс

Des changements essentiels ont lieu dans la transition de la forme I à la forme II, et de la forme II à la forme III. La forme IV, au contraire, ne diffère en rien de la forme III, si ce n'est que maintenant c'est l'or qui possède à la place de la toile la forme équivalent général. Le progrès consiste tout simplement en ce que la forme d'échangeabilité immédiate et universelle, ou la forme d'équivalent général, s'est incorporée définitivement dans la forme naturelle et spécifique de l'or.

L'or ne joue le rôle de monnaie vis-à-vis des autres marchandises que parce qu'il jouait déjà auparavant vis-à- vis d'elles le rôle de marchandise. De même qu'elles toutes il fonctionnait aussi comme équivalent, soit accidentellement dans des échanges isolés, soit comme équivalent particulier à côté d'autres équivalents. Peu à peu il fonctionna dans des limites plus ou moins larges comme équivalent général. Dès qu'il a conquis le monopole de cette position dans l'expression de la valeur du monde marchand, il devient marchandise monnaie, et c'est seulement à partir du moment où il est déjà devenu marchandise monnaie, que la forme IV se distingue de la forme III, ou que la forme générale de valeur se métamorphose en forme monnaie ou argent.

L'expression de valeur relative simple d'une marchandise, de la toile, par exemple, dans la marchandise qui fonctionne déjà comme monnaie, par exemple, l'or, est forme prix. La forme prix de la toile est donc :

20 *mètres de toile* = 2 *onces d'or,*

ou, si 2 liv. sterling sont le nom de monnaie de 2 onces d'or, 20 *mètres de toile* = 2 *liv. sterling.*

La difficulté dans le concept de la forme argent, c'est tout simplement de bien saisir la forme équivalent général, c'est- à-dire la forme valeur générale, la forme III. Celle-ci se résout dans la forme valeur développée, la forme II, et l'élément constituant de cette dernière est la forme I :

20 *mètres de toile* = 1 *habit, ou* x *marchandise* A = y *marchandise* B.

La forme simple de la marchandise est par conséquent le germe de la forme argent[1].

---

[1] L'économie politique classique n'a jamais réussi à déduire de son analyse de la marchandise, et spécialement de la valeur de cette marchandise, la forme sous laquelle elle devient valeur d'échange, et c'est là un de ses vices principaux. Ce sont précisément ses meilleurs représentants tels qu'Adam Smith et Ricardo, qui traitent la forme valeur comme quelque chose d'indifférent ou n'ayant aucun rapport intime avec la nature de la marchandise elle-même. Ce n'est pas seulement parce que la valeur comme quantité absorbe leur attention. La raison en est plus profonde. La forme valeur du produit du travail est la forme la plus abstraite et la plus générale du mode de production actuel, qui acquiert par cela même un caractère historique, celui d'un mode particulier de production sociale. Si on commet l'erreur de la prendre pour la forme naturelle, éternelle, de toute production dans toute société, on perd nécessairement de vue le côté spécifique de la forme valeur, puis de la forme marchandise, et à un degré plus développé, de la forme argent,

IV

Le caractère fétiche de la marchandise et son secret

Une marchandise paraît au premier coup d'œil quelque chose de trivial et qui se comprend de soi-même. Notre analyse a montré au contraire que c'est une chose très- complexe, pleine de subtilités métaphysiques et d'arguties théologiques. En tant que valeur d'usage, il n'y a en elle rien de mystérieux, soit qu'elle satisfasse les besoins de l'homme par ses propriétés, soit que ses propriétés soient produites par le travail humain. Il est évident que l'activité de l'homme transforme les matières fournies par la nature de façon à les rendre utiles. La forme du bois, par exemple, est changée, si l'on en fait une table. Néanmoins la table reste bois, une chose ordinaire et qui tombe sous les sens.

Mais dès qu'elle se présente comme marchandise, c'est une tout autre affaire. À la fois saisissable et insaisissable, il ne lui suffit pas de poser ses pieds sur le sol ; elle se dresse, pour ainsi dire, sur sa tête de bois en face des autres marchandises et se livre à des caprices plus bizarres que si elle se mettait à danser.

Le caractère mystique de la marchandise ne provient donc pas de sa valeur d'usage. Il ne provient pas davantage des caractères qui déterminent la valeur. D'abord, en effet, si variés que puissent être les travaux utiles ou les activités productives, c'est une vérité physiologique qu'ils sont avant tout des fonctions de l'organisme humain, et que toute fonction pareille, quels que soient son contenu et sa forme, est essentiellement une dépense du cerveau, des nerfs, des muscles, des organes, des sens, etc., de l'homme. En second lieu, pour ce qui sert à déterminer la quantité de la valeur, c'est-à-dire la durée de cette dépense ou la quantité de travail, on ne saurait nier que cette quantité de travail se distingue visiblement de sa qualité. Dans tous les états sociaux le temps qu'il faut pour produire les

---

forme capital, etc. C'est ce qui explique pourquoi on trouve chez des économistes complétement d'accord entre eux sur la mesure de la quantité de valeur par la durée de travail, les idées les plus diverses et les plus contradictoires sur l'argent, c'est-à-dire sur la forme fixe de l'équivalent général. On remarque cela surtout dès qu'il s'agit de questions telles que celle des banques par exemple ; c'est alors à n'en plus finir avec les définitions de la monnaie et les lieux communs constamment débités à ce propos. — Je fais remarquer une fois pour toutes que j'entends par économie politique classique toute économie qui, à partir de William Petty, cherche à pénétrer l'ensemble réel et intime des rapports de production dans la société bourgeoise, par opposition à l'économie vulgaire qui se contente des apparences, rumine sans cesse pour son propre besoin et pour la vulgarisation des plus grossiers phénomènes les matériaux déjà élaborés par ses prédécesseurs, et se borne à ériger pédantesquement en système et à proclamer comme vérités éternelles les illusions dont le bourgeois aime à peupler son monde à lui, le meilleur des mondes possibles.

57

moyens de consommation a dû intéresser l'homme, quoiqu'inégalement, suivant les divers degrés de la civilisation[1]. Enfin dès que les hommes travaillent d'une manière quelconque les uns pour les autres, leur travail acquiert aussi une forme sociale.

D'où provient donc le caractère énigmatique du produit du travail, dès qu'il revêt la forme d'une marchandise ? Évidemment de cette forme elle-même.

Le caractère d'égalité des travaux humains acquiert la forme de valeur des produits du travail ; la mesure des travaux individuels par leur durée acquiert la forme de la grandeur de valeur des produits du travail ; enfin les rapports des producteurs, dans lesquels s'affirment les caractères sociaux de leurs travaux, acquièrent la forme d'un rapport social des produits du travail. Voilà pourquoi ces produits se convertissent en marchandises, c'est-à-dire en choses qui tombent et ne tombent pas sous les sens, ou choses sociales. C'est ainsi que l'impression lumineuse d'un objet sur le nerf optique ne se présente pas comme une excitation subjective du nerf lui-même, mais comme la forme sensible de quelque chose qui existe en dehors de l'œil. Il faut ajouter que dans l'acte de la vision la lumière est réellement projetée d'un objet extérieur sur un autre objet, l'œil ; c'est un rapport physique entre des choses physiques. Mais la forme valeur et le rapport de valeur des produits du travail n'ont absolument rien à faire avec leur nature physique. C'est seulement un rapport social déterminé des hommes entre eux qui revêt ici pour eux la forme fantastique d'un rapport des choses entre elles. Pour trouver une analogie à ce phénomène, il faut la chercher dans la région nuageuse du monde religieux. Là les produits du cerveau humain ont l'aspect d'êtres indépendants, doués de corps particuliers, en communication avec les hommes et entre eux. Il en est de même des produits de la main de l'homme dans le monde marchand. C'est ce qu'on peut nommer le fétichisme attaché aux produits du travail, dès qu'ils se présentent comme des marchandises, fétichisme inséparable de ce mode de production.

En général, des objets d'utilité ne deviennent des marchandises que parce qu'ils sont les produits de travaux privés, exécutés indépendamment les uns des autres. L'ensemble de ces travaux privés forme le travail social. Comme les producteurs n'entrent socialement en contact que par l'échange de leurs produits, ce n'est que dans les limites de cet échange que s'affirment d'abord les caractères sociaux de leurs travaux privés. Ou bien les travaux privés ne se manifestent en réalité comme divisions du travail social que par les rapports que l'échange établit entre les produits du travail et indirectement entre les producteurs. Il en

---

[1] Chez les anciens Germains la grandeur d'un arpent de terre était calculé d'après le travail d'un jour, et de là son nom *Tagerwerk, Mannewerk, etc.* (Jurnale ou jurnalis, terra jurnalis ou diurnalis). D'ailleurs l'expression de « journal » de terre subsiste encore dans certaines parties de la France.

résulte que pour ces derniers les rapports de leurs travaux privés apparaissent ce qu'ils sont, c'est-à- dire non des rapports sociaux immédiats des personnes dans leurs travaux même, mais bien plutôt des rapports sociaux entre les choses.

C'est seulement dans leur échange que les produits du travail acquièrent comme valeurs une existence sociale identique et uniforme, distincte de leur existence matérielle et multiforme comme objets d'utilité. Cette scission du produit du travail en objet utile et en objet de valeur, s'élargit dans la pratique dès que l'échange a acquis assez d'étendue et d'importance pour que des objets utiles soient produits en vue de l'échange, de sorte que le caractère de valeur de ces objets est déjà pris en considération dans leur production même. À partir de ce moment, les travaux privés des producteurs acquièrent en fait un double caractère social. D'un côté ils doivent être travail utile, satisfaire des besoins sociaux et s'affirmer ainsi comme parties intégrantes du travail général, d'un système de division sociale du travail qui se forme spontanément ; de l'autre côté ils ne satisfont les besoins divers des producteurs eux-mêmes, que parce que chaque espèce de travail privé utile est échangeable avec toutes les autres espèces de travail privé utile, c'est-à-dire est réputé leur égal. L'égalité de travaux qui diffèrent *toto cœlo* les uns des autres ne peut consister que dans une abstraction de leur inégalité réelle, que dans la réduction à leur caractère commun de dépense de force humaine, de travail humain en général, et c'est l'échange seul qui opère cette réduction en mettant en présence les uns des autres sur un pied d'égalité les produits des travaux les plus divers.

Le double caractère social des travaux privés ne se réfléchit dans le cerveau des producteurs que sous la forme que leur imprime le commerce pratique, l'échange des produits. Lorsque les producteurs mettent en présence et en rapport les produits de leur travail à titre de valeurs, ce n'est pas qu'ils voient en eux une simple enveloppe sous laquelle est caché un travail humain identique ; tout au contraire : en réputant égaux dans l'échange leurs produits différents, ils établissent par le fait que leurs différents travaux sont égaux. Ils le font sans le savoir[1]. La valeur ne porte donc pas écrit sur le front ce qu'elle est. Elle fait bien plutôt de chaque produit du travail un hiéroglyphe. Ce n'est qu'avec le temps que l'homme cherche à déchiffrer le sens de du hiéroglyphe, à pénétrer les secrets de l'œuvre sociale à laquelle il contribue, et la transformation des objets utiles en valeurs est un produit de la société, tout aussi bien que le langage.

---

[1] Quand donc Galiani dit : la valeur est un rapport entre deux personnes, « la Richezza è una ragione tra due persone » (Galiani : *Della Moneta*, p. 220, t. III du recueil de Custodi des *Scritori classici Italiani di Economia politica. — Parte moderna*, Milan 1803), il aurait dû ajouter : un rapport caché sous l'enveloppe des choses.

La découverte scientifique faite plus tard que les produits du travail, en tant que valeurs, sont l'expression pure et simple du travail humain dépensé dans leur production[1], marque une époque dans l'histoire du développement de l'humanité, mais ne dissipe point la fantasmagorie qui fait apparaître le caractère social du travail comme un caractère des choses, des produits eux-mêmes. Ce qui n'est vrai que pour cette forme de production particulière, la production marchande, à savoir : que le caractère social des travaux les plus divers consiste dans leur égalité comme travail humain, et que ce caractère social spécifique revêt ne forme objective, la forme valeur des produits du travail, ce fait pour l'homme engrené dans les rouages et les rapports de la production des marchandises, paraît, après comme avant la découverte de la nature de la valeur, tout aussi invariable et d'un ordre tout aussi naturel que la forme gazeuse de l'air qui est restée la même après comme avant la découverte de ses éléments chimiques.

Ce qui intéresse tout d'abord pratiquement les échangistes, c'est de savoir combien ils obtiendront en échange de leurs produits, c'est-à-dire la proportion dans laquelle les produits s'échangent entre eux. Dès que cette proportion a acquis une certaine fixité habituelle, elle leur parait provenir de la nature même des produits du travail. Il semble qu'il réside dans ces choses une propriété de s'échanger en proportions déterminées comme les substances chimiques se combinent en proportions fixes.

Le caractère de valeur des produits du travail ne ressort en fait que lorsqu'ils se déterminent comme quantités de valeur. Ces dernières changent sans cesse, indépendamment de la volonté et des prévisions des producteurs aux yeux desquels leur propre mouvement social prend ainsi la forme d'un mouvement des choses, mouvement qui les mène, bien loin qu'ils puissent le diriger. Il faut que la production marchande se soit complétement développée avant que de l'expérience même se dégage cette vérité scientifique : que les travaux privés exécutés indépendamment les uns des autres, bien qu'ils s'entrelacent comme ramifications du système social et spontané de la division du travail, sont constamment ramenés à leur mesure sociale proportionnelle. Et comment ? Parce que dans les rapports d'échange accidentels et toujours variables de leurs produits, le temps de travail social nécessaire à leur production l'emporte de haute lutte comme loi naturelle régulatrice, de même que la loi de la pesanteur se fait sentir à n'importe qui lorsque sa maison s'écroule sur sa tête[1]. La détermination de la quantité de valeur

---

[1] « Que doit-on penser d'une loi qui ne peut s'exécuter que par des révolutions périodiques ? C'est tout simplement une loi naturelle fondée sur l'inconscience de ceux qui la subissent. » Friedrich Engels : *Umrisse zu einer Kritik der Nationalökonomie*, p. 103, *dans les Deutsch-Französische Jahrbücher, édités par*

par la durée de travail est donc un secret caché sous le mouvement apparent des valeurs des marchandises; mais sa solution, tout en montrant que la quantité de valeur ne se détermine pas au hasard, comme il semblerait, ne fait pas pour cela disparaître la forme qui représente cette quantité comme un rapport de grandeur entre les choses, entre les produits eux- mêmes du travail.

La réflexion sur les formes de la vie sociale, et par conséquent leur analyse scientifique, suit une route complétement opposée au mouvement réel. Elle commence, après coup, avec des données déjà tout établies, avec les résultats du développement. Les formes qui impriment aux produits du travail le cachet de marchandises et qui par conséquent président déjà à leur circulation, possèdent aussi déjà la fixité de formes naturelles de la vie sociale, avant que les hommes cherchent à se rendre compte, non du caractère historique de ces formes, qui leur paraissent bien plutôt immuables, mais de leur sens intime. Ainsi c'est seulement l'analyse du prix des marchandises qui a conduit à la détermination de leur valeur quantitative, et c'est seulement l'expression commune des marchandises en argent qui a amené la fixation de leur caractère valeur. Or cette forme acquise et fixe du monde des marchandises, leur forme argent, au lieu de révéler les caractères sociaux des travaux privés et les rapports sociaux des producteurs, ne fait que les voiler. Quand je dis que du froment, un habit, des bottes se rapportent à la toile comme à l'incarnation générale du travail humain abstrait, la fausseté et l'étrangeté de cette expression sautent immédiatement aux yeux. Mais quand les producteurs de ces marchandises les rapportent à la toile, à l'or ou à l'argent, ce qui revient au même, comme à l'équivalent général, les rapports entre leurs travaux privés et l'ensemble du travail social leur apparaissent précisément sous cette forme bizarre.

Les catégories de l'économie bourgeoise sont des formes de l'intellect qui ont une vérité objective, en tant qu'elles reflètent des rapports sociaux réels, mais ces rapports n'appartiennent qu'à cette époque historique déterminée, où la production marchande est le mode de production social. Si donc nous envisageons d'autres formes de production, nous verrons disparaître aussitôt tout ce mysticisme qui obscurcit les produits du travail dans la période actuelle.

Puisque l'économie politique aime les Robinsonades[1], visitons d'abord Robinson dans son île.

Arnold Ruge et Karl Marx. Paris 1844.

[1] Ricardo lui-même a sa Robinsonade. Le chasseur et le pêcheur primitif sont pour lui des marchands qui échangent le poisson et le gibier en raison de la durée du travail réalisé dans leurs valeurs. À cette occasion il commet ce singulier anachronisme, que le chasseur et le pêcheur consultent pour le calcul de leurs instruments de travail, les tableaux d'annuités en usage à la Bourse de Londres en 1817. « Les parallélogrammes de M. Owen » paraissent être la seule forme de société qu'il connaisse en dehors de la société bourgeoise.

Friedrich Engels

Modeste, comme il l'est naturellement, il n'en a pas moins divers besoins à satisfaire, et il lui faut exécuter des *travaux utiles de genre différent*, fabriquer des meubles, par exemple, se faire des outils, apprivoiser des animaux, pêcher, chasser, etc. De ses prières et autres bagatelles semblables nous n'avons rien à dire, puisque notre Robinson y trouve son plaisir et considère une activité de cette espèce comme une distraction fortifiante. Malgré la variété de ses fonctions productives, il sait qu'elles ne sont que les formes diverses par lesquelles s'affirme le même Robinson, c'est-à-dire tout simplement des modes divers de travail humain. La nécessité même le force à partager son temps entre ses occupations différentes. Que l'une prenne plus, l'autre moins de place dans l'ensemble de ses travaux, cela dépend de la plus ou moins grande difficulté qu'il a à vaincre pour obtenir l'effet utile qu'il a en vue.

L'expérience lui apprend cela, et notre homme qui a sauvé du naufrage montre, grand-livre, plume et encre, ne tarde pas, en bon Anglais qu'il est, à mettre en note tous ses actes quotidiens. Son inventaire contient le détail des objets utiles qu'il possède, des différents modes de travail exigés par leur production, et enfin du temps de travail que lui coûtent en moyenne des quantités déterminées de ces divers produits. Tous les rapports entre Robinson et les choses qui forment la richesse qu'il s'est créée lui-même, sont tellement simples et transparents que M. Baudrillart pourrait les comprendre sans une trop grande tension d'esprit. Et cependant toutes les déterminations essentielles de la valeur y sont contenues.

Transportons-nous maintenant de l'île lumineuse de Robinson dans le sombre moyen âge européen. Au lieu de l'homme indépendant nous trouvons ici tout le monde dépendant, serfs et seigneurs, vassaux et suzerains, laïques et clercs. Cette dépendance personnelle caractérise aussi bien les rapports sociaux de la production matérielle que toutes les autres sphères de la vie auxquelles elle sert de fondement. Et c'est précisément parce que la société est basée sur la dépendance personnelle que tous les rapports sociaux apparaissent comme des rapports entre les personnes. Les travaux divers et leurs produits n'ont en conséquence pas besoin de prendre une figure fantastique distincte de leur réalité. Ils se présentent comme services, prestations et livraisons en nature. La forme naturelle du travail, sa particularité — et non sa généralité, son caractère abstrait, comme dans la production marchande — en est aussi la forme sociale. La corvée est tout aussi bien mesurée par le temps que le travail qui produit des marchandises ; mais chaque corvéable sait fort bien, sans recourir à un Adam Smith, que c'est une quantité déterminée de sa force de travail personnelle qu'il dépense au service de son maître. La dîme à fournir au prêtre est plus claire que la bénédiction du prêtre. De quelque manière donc qu'on juge les masques que portent les hommes dans cette société, les rapports sociaux des personnes dans leurs travaux respectifs s'affirment nettement comme leurs propres rapports personnels, au lieu de se déguiser en rapports sociaux des choses, des produits du travail.

Pour rencontrer le travail commun, c'est-à-dire l'association immédiate, nous n'avons pas besoin de remonter à sa forme naturelle primitive, telle qu'elle nous apparaît au seuil de l'histoire de tous les peuples civilisés[1]. Nous en avons un exemple tout près de nous dans l'industrie rustique et patriarcale d'une famille de paysans qui produit pour ses propres besoins, bétail, blé, toile, lin, vêtements, etc. Ces divers objets se présentent à la famille comme les produits divers de son travail et non comme des marchandises qui s'échangent réciproquement. Les différents travaux d'où dérivent ces produits, agriculture, élève du bétail, tissage, confection de vêtements, etc., possèdent de prime abord la forme de fonctions sociales, parce qu'ils sont des fonctions de la famille qui a sa division de travail tout aussi bien que la production marchande. Les conditions naturelles variant avec le changement des saisons ainsi que les différences d'âge et de sexe, règlent dans la famille la distribution du travail et sa durée pour chacun. La mesure de la dépense des forces individuelles par le temps de travail apparaît ici directement comme caractère social des travaux eux- mêmes, parce que les forces de travail individuelles ne fonctionnent que comme organes de la force commune de la famille.

Représentons-nous enfin une réunion d'hommes libres travaillant avec des moyens de production communs, et dépensant, d'après un plan concerté, leurs nombreuses forces individuelles comme une seule et même force de travail social. Tout ce que nous avons dit du travail de Robinson se reproduit ici, mais socialement et non individuellement. Tous les produits de Robinson étaient son produit personnel et exclusif et conséquemment objets d'utilité immédiate pour lui. Le produit total des travailleurs unis est un produit social. Une partie sert de nouveau comme moyen de production et reste sociale ; mais l'autre partie est consommée et, par conséquent, doit se répartir entre tous. Le mode de répartition variera suivant l'organisme producteur de la société et le degré de développement historique des travailleurs. Supposons, pour

---

[1] C'est un préjugé ridicule répandu dans ces derniers temps que la forme primitive de la propriété commune est une forme spécialement slave ou exclusivement russe. C'est une forme que l'on rencontre chez les Romains, les Germains, les Celtes, et dont, aujourd'hui encore, on peut trouver une carte modèle avec différents échantillons, quoique par fragments et en débris, chez les Indiens. Une étude approfondie des formes de la propriété indivise dans l'Asie et surtout dans l'Inde montrerait comment il en est sorti diverses formes de dissolution. Ainsi, par exemple, les différents types originaux de la propriété privée à Rome et chez les Germains peuvent être dérivés des formes diverses de la propriété commune indienne.

mettre cet état de choses en parallèle avec la production marchande, que la part accordée à chaque travailleur soit en raison de son temps de travail. Le temps de travail jouerait ainsi un double rôle. D'un côté, sa distribution dans la société règle le rapport exact des diverses fonctions aux divers besoins ; de l'autre, il mesure la part individuelle de chaque producteur dans le travail commun, et en même temps la portion qui lui revient dans la partie du produit commun réservée à la consommation. Les rapports sociaux des hommes dans leurs travaux et avec les objets utiles qui en proviennent restent ici simples et transparents dans la production aussi bien que dans la distribution.

Le monde religieux n'est que le reflet du monde réel. Une société où le produit du travail prend généralement la forme de marchandise, et où, par conséquent, le rapport le plus général entre les producteurs consiste à comparer les valeurs de leurs produits et, sous cette enveloppe de choses, à comparer les uns aux autres leurs travaux privés à titre de travail humain égal, une telle société trouve dans le christianisme avec son culte de l'homme abstrait, et surtout dans ses types bourgeois, protestantisme, déisme, etc., le complément religieux le plus convenable. Dans les modes de production de la vieille Asie, de l'antiquité en général, la transformation du produit en marchandise ne joue qu'un rôle subalterne, qui cependant acquiert plus d'importance à mesure que les communautés approchent de leur dissolution. Des peuples marchands proprement dits n'existent que dans les intervalles du monde antique, à la façon des dieux d'Épicure, ou comme les Juifs dans les pores de la société polonaise. Ces vieux organismes sociaux sont, sous le rapport de la production, infiniment plus simples et plus transparents que la société bourgeoise ; mais ils ont pour base l'immaturité de l'homme individuel — dont l'histoire n'a pas encore coupé, pour ainsi dire, le cordon ombilical qui l'unit à la communauté naturelle d'une tribu primitive — ou des conditions de despotisme et d'esclavage. Le degré inférieur de développement des forces productives du travail qui les caractérise, et qui par suite imprègne tout le cercle de la vie matérielle, l'étroitesse des rapports des hommes, soit entre eux soit avec la nature, se reflète idéalement dans les vieilles religions nationales. En général, le reflet religieux du monde réel ne pourra disparaître que lorsque les conditions du travail et de la vie pratique présenteront à l'homme des rapports transparents et rationnels avec ses semblables et avec la nature. La vie sociale, dont la production matérielle et les rapports qu'elle implique forment la base, ne sera dégagée du nuage mystique qui en voile l'aspect, que le jour où s'y manifestera l'œuvre d'hommes librement associés, agissant consciemment et maîtres de leur propre mouvement social. Mais cela exige dans la société un ensemble de conditions d'existence matérielle qui ne peuvent être elles-mêmes le produit que d'un long et douloureux développement.

L'économie politique a bien, il est vrai, analysé la valeur et la grandeur de valeur[1], quoique d'une manière très- imparfaite. Mais elle ne

<hr>

[1] Un des premiers économistes qui après William Petty a ramené la *valeur* à son véritable contenu, le célèbre Franklin, peut nous fournir un exemple de la manière dont l'économie bourgeoise procède dans son analyse. Il dit : « Comme le commerce en général n'est pas autre chose qu'un échange de travail contre travail, c'est par le travail qu'on estime le plus exactement la valeur de toutes choses. » (*The Works of Benjamin Franklin, etc. edited by Sparks*, Boston 1836, t. II, p. 267.) Franklin trouve tout aussi naturel que les choses aient de la valeur, que le corps de la pesanteur. À son point de vue, il s'agit tout simplement de trouver comment cette *valeur* sera estimée le plus exactement possible. Il ne remarque même pas qu'en déclarant que « c'est par le travail qu'on estime le plus exactement la valeur de toute chose, » il fait abstraction de la différence des travaux échangés et les réduit à un travail humain égal. Autrement il aurait dû dire : puisque l'échange de bottes ou de souliers contre des tables n'est pas autre chose qu'un échange de cordonnerie contre menuiserie, c'est par le travail du menuisier qu'on estimera avec le plus d'exactitude la valeur des bottes ! En se servant du mot travail en général il fait abstraction du caractère utile et de la forme concrète des divers travaux.
L'insuffisance de l'analyse que Ricardo a donnée de la grandeur de la valeur — et c'est la meilleure, — sera démontrée dans les livres III et IV de cet ouvrage. Pour ce qui est de la valeur en général, l'économie politique classique ne distingue jamais clairement ni expressément le travail représenté dans la valeur du même travail en tant qu'il se représente dans la valeur d'usage du produit. Elle fait bien en réalité cette distinction, puisqu'elle considère le travail tantôt au point de vue de la qualité, tantôt à celui de la quantité. Mais il ne lui vient pas à l'esprit qu'une différence simplement quantitative des travaux suppose leur unité ou leur égalité qualitative, c'est-à-dire leur réduction au travail humain abstrait. Ricardo, par exemple, se déclare d'accord avec Destutt de Tracy quand celui-ci dit : « Puisqu'il est certain que nos facultés physiques et morales sont notre seule richesse originaire, que l'emploi de ces facultés, le travail quelconque, est notre seul trésor primitif, et que c'est toujours de cet emploi que naissent toutes les choses que nous appelons des biens… il est certain de même que tous ces biens ne font que représenter le travail qui leur a donné naissance et que, s'ils ont une valeur, ou même deux distinctes, ils ne peuvent tirer ces valeurs que de celle du travail dont ils émanent. » (Destutt de Tracy : *Éléments d'idéologie*, IVe et Ve parties. Paris, 1826, p. 35, 36.) Ajoutons seulement que Ricardo prête aux paroles de Destutt un sens trop profond. Destutt dit bien d'un côté que les choses qui forment la richesse représentent le travail qui les a créées ; mais de l'autre il prétend qu'elles tirent leurs deux valeurs différentes (valeur d'usage et valeur d'échange) de la valeur du travail. Il tombe ainsi dans la platitude de l'économie vulgaire qui admet préalablement la valeur d'une marchandise (du travail, par exemple) pour déterminer la valeur des autres.
Ricardo le comprend comme s'il disait que le travail (non sa valeur) se représente aussi bien dans la valeur d'usage que dans la valeur d'échange. Mais lui-même distingue si peu le caractère à double face du travail que dans tout son chapitre : *Valeur et Richesse*, il est obligé de discuter les unes après les autres les trivialités d'un J. B. Say. Aussi est-il à la fin tout étonné de se trouver d'accord avec Destutt sur le travail comme source de valeur, tandis que celui-ci,

s'est jamais demandé pourquoi le travail se représente dans la valeur, et la mesure du travail par sa durée dans la grandeur de valeur des produits. Des formes qui manifestent au premier coup d'œil qu'elles appartiennent à une période sociale dans laquelle la production et ses rapports régissent l'homme au lieu d'être régis par lui, paraissent à sa conscience bourgeoise une nécessité tout aussi naturelle que le travail productif lui- même. Rien d'étonnant qu'elle traite les formes de production sociale qui ont précédé la production bourgeoise, comme les Pères de l'Église traitaient les religions qui avaient précédé le christianisme[1].

---

d'un autre côté, se fait de la valeur la même idée que Say.

[1] « Les économistes ont une singulière manière de procéder. Il n'y a pour eux que deux sortes d'institutions, celles de l'art et celles de la nature. Les institutions de la féodalité sont des institutions artificielles, celles de la bourgeoisie sont des institutions naturelles. Ils ressemblent en ceci aux théologiens qui, eux aussi, établissent deux sortes de religions. Toute religion qui n'est pas la leur est une invention des hommes, tandis que leur propre religion est une émanation de Dieu. — Ainsi il y a eu de l'histoire, mais il n'y en a plus. » (Karl Marx : *Misère de la Philosophie. Réponse à la Philosophie de la misère*, par M. Proudhon, 1847, p. 113.) Le plus drôle est Bastiat, qui se figure que les Grecs et les Romains n'ont vécu que de rapine. Mais quand on vit de rapine pendant plusieurs siècles, il faut pourtant qu'il y ait toujours quelque chose à prendre ou que l'objet des rapines continuelles se renouvelle constamment. Il faut donc croire que les Grecs et les Romains avaient leur genre de production à eux, conséquemment une économie, qui formait la base matérielle de leur société, tout comme l'économie bourgeoise forme la base de la nôtre. Ou bien Bastiat penserait-il qu'un mode de production fondé sur le travail des esclaves est un système de vol ? Il se place alors sur un terrain dangereux. Quand un géant de la pensée, tel qu'Aristote, a pu se tromper dans son appréciation du travail esclave, pourquoi un nain comme Bastiat serait-il infaillible dans son appréciation du travail salarié ? — Je saisis cette occasion pour dire quelques mots d'une objection qui m'a été faite par un journal allemand-américain à propos de mon ouvrage : *Critique de l'économie politique*, paru en 1859. Suivant lui, mon opinion que le mode déterminé de production et les rapports sociaux qui en découlent, en un mot, que la structure économique de la société est la base réelle sur laquelle s'élève ensuite l'édifice juridique et politique, de telle sorte que le mode de production de la vie matérielle domine en général le développement de la vie sociale, politique et intellectuelle, suivant lui cette opinion est juste pour le monde moderne dominé par les intérêts matériels, mais non pour le moyen âge où régnait le catholicisme, ni pour Athènes et Rome où régnait la politique. Tout d'abord il est étrange qu'il plaise à certaines gens de supposer que quelqu'un ignore ces manières de parler vieillies et usées sur le moyen âge et l'antiquité. Ce qui est clair, c'est que ni le premier ne pouvait vivre du catholicisme, ni la seconde de la politique. Les conditions économiques d'alors expliquent au contraire pourquoi là le catholicisme et ici la politique jouaient le rôle principal. La moindre connaissance de l'histoire de la république romaine, par exemple, fait voir que le secret de cette histoire c'est l'histoire de la propriété foncière. D'un autre côté, personne n'ignore que déjà Don Quichotte a eu à se repentir pour avoir cru que la chevalerie errante était compatible avec toutes les formes éco-

Ce qui fait voir, entre autres choses, l'illusion produite sur la plupart des économistes par le fétichisme inhérent au monde marchand, ou par l'apparence matérielle des attributs sociaux du travail, c'est leur longue et insipide querelle à propos du rôle de la nature dans la création de la valeur d'échange. Cette valeur n'étant pas autre chose qu'une manière sociale particulière de compter le travail employé dans la production d'un objet, ne peut pas plus contenir d'éléments matériels que le cours du change, par exemple.

Dans notre société, la forme économique la plus générale et la plus simple qui s'attache aux produits du travail, la forme marchandise, est si familière à tout le monde que personne n'y voit malice. Considérons d'autres formes économiques plus complexes. D'où proviennent, par exemple, les illusions du système mercantile ? Évidemment du caractère fétiche que la forme monnaie imprime aux métaux précieux. Et l'économie moderne, qui fait l'esprit fort et ne se fatigue pas de ressasser ses fades plaisanteries contre le fétichisme des mercantilistes, est-elle moins la dupe des apparences ? N'est-ce pas son premier dogme que des choses, des instruments de travail, par exemple, sont, par nature, capital, et, qu'en voulant les dépouiller de ce caractère purement social, on commet un crime de lèse- nature ? Enfin, les physiocrates, si supérieurs à tant d'égards, n'ont-ils pas imaginé que la rente foncière n'est pas un tribut arraché aux hommes, mais un présent fait par la nature même aux propriétaires ? Mais n'anticipons pas et contentons-nous encore d'un exemple à propos de la forme marchandise elle-même.

Les marchandises diraient, si elles pouvaient parler : notre valeur d'usage peut bien intéresser l'homme ; pour nous, en tant qu'objets, nous nous en moquons bien. Ce qui nous regarde c'est notre valeur. Notre rapport entre nous comme choses de vente et d'achat le prouve. Nous ne nous envisageons les unes les autres que comme valeurs d'échange. Ne croirait-on pas que l'économiste emprunte ses paroles à l'âme même de la marchandise quand il dit : « la valeur (valeur d'échange), est une propriété des choses, la richesse (valeur d'usage), est une propriété de l'homme. La valeur dans ce sens suppose nécessairement l'échange, la richesse, non[1]. » « La richesse (valeur utile), est un attribut de l'homme, la valeur, un attribut des marchandises. Un homme ou bien une communauté est riche, une perle ou un diamant possèdent de la valeur et la possèdent comme tels[2]. » Jusqu'ici aucun chimiste n'a découvert de valeur

---

nomiques de la société.

[1] « *Value is a property of things*, riches of man. Value, in this sense, necessarily implies exchanges, riches do not. » (*Observations on certain verbal Disputes in Pol. Econ. particularly relating to value and to offer and demand*, London, 1821, p. 16.)

[2] « Riches are the attribute of man, value is the attribute of commodities. A man or a community is rich, a pearl or a diamond is valuable... A pearl or a diamond

d'échange dans une perle ou dans un diamant. Les économistes qui ont découvert ou inventé des substances chimiques de ce genre, et qui affichent une certaine prétention à la profondeur, trouvent, eux, que la valeur utile des choses leur appartient indépendamment de leurs propriétés matérielles, tandis que leur valeur leur appartient en tant que choses. Ce qui les confirme dans cette opinion, c'est cette circonstance étrange que la valeur utile des choses se réalise pour l'homme sans échange, c'est-à-dire dans un rapport immédiat entre la chose et l'homme, tandis que leur valeur, au contraire, ne se réalise que dans l'échange, c'est-à-dire dans un rapport social. Qui ne se souvient ici du bon Dogberry et de la leçon qu'il donne au veilleur de nuit Seacoal : « Être un homme bien fait est un don des circonstances, mais savoir lire et écrire, cela nous vient de la nature[1]. » « *To be a well favoured man is the gift of fortune; but to write and read comes by nature.* » (Shakespeare.)

CHAPITRE II

DES ÉCHANGES

Les marchandises ne peuvent point aller elles-mêmes au marché ni s'échanger elles-mêmes entre elles. Il nous faut donc tourner nos regards vers leurs gardiens et conducteurs, c'est-à-dire vers leurs possesseurs. Les marchandises sont des choses et conséquemment n'opposent à l'homme aucune résistance. Si elles manquent de bonne volonté, il peut employer la force, en d'autres termes s'en emparer[2].

Pour mettre ces choses en rapport les unes avec les autres à titre de marchandises, leurs gardiens doivent eux-mêmes se mettre en rapport entre eux à titre de personnes dont la volonté habite dans ces choses

---

is *valuable as a pearl or diamond.* » (*S. Bailey,* l. c. p. 165.)

[1] L'auteur des *Observations* et S. Bailey accusent Ricardo d'avoir fait de la valeur d'échange chose purement relative, quelque chose d'absolu. Tout au contraire, il a ramené la relativité apparente que ces objets, tels que perle et diamant, par exemple, possèdent comme valeurs d'échange, au vrai rapport caché sous cette apparence, à leur relativité comme simples expressions de travail humain. Si les partisans de Ricardo n'ont su répondre à Bailey que d'une manière grossière et pas du tout concluante, c'est tout simplement parce qu'ils n'ont trouvé chez Ricardo lui-même rien qui les éclairât sur le rapport intime qui existe entre la valeur et sa forme, c'est-à-dire la valeur d'échange.

[2] Dans le douzième siècle si renommé pour sa piété on trouve souvent parmi les marchandises des choses très-délicates. Un poète français de cette époque signale, par exemple, parmi les marchandises qui se voyaient sur le marché du Landit, à côté des étoffes, des chaussures, des cuirs, des instruments d'agriculture, « des femmes folles de leurs corps. »

mêmes, de telle sorte que la volonté de l'un est aussi la volonté de l'autre et que chacun s'approprie la marchandise étrangère en abandonnant la sienne, au moyen d'un acte volontaire commun. Ils doivent donc se reconnaître réciproquement comme propriétaires privés. Ce rapport juridique, qui a pour forme le contrat, légalement développé ou non, n'est que le rapport des volontés dans lequel se reflète le rapport économique. Son contenu est donné par le rapport économique lui-même[1]. Les personnes n'ont affaire ici les unes aux autres qu'autant qu'elles mettent certaines choses en rapport entre elles comme marchandises. Elles n'existent les unes pour les autres qu'à titre de représentants de la marchandise qu'elles possèdent. Nous verrons d'ailleurs dans le cours du développement que les masques divers dont elles s'affublent suivant les circonstances, ne sont que les personnifications des rapports économiques qu'elles maintiennent les unes vis-à-vis des autres.

Ce qui distingue surtout l'échangiste de sa marchandise, c'est que pour celle-ci toute autre marchandise n'est qu'une forme d'apparition de sa propre valeur. Débauchée et cynique, naturellement elle est toujours sur le point d'échanger son âme et même son corps avec n'importe quelle autre marchandise, cette dernière fût-elle aussi dépourvue d'attraits que Maritorne. Ce sens qui lui manque pour apprécier le côté concret de ses sœurs, l'échangiste le compense et le développe par ses propres sens à lui, au nombre de cinq et plus. Pour lui, la marchandise n'a aucune valeur utile immédiate ; s'il en était autrement, il ne la mènerait pas au marché. La seule valeur utile qu'il lui trouve, c'est qu'elle est porte-valeur, utile à d'autres et par conséquent, un instrument d'échange[2]. Il

---

[1] Bien des gens puisent leur idéal de justice dans les rapports juridiques qui ont leur origine dans la société basée sur la production marchande, ce qui, soit dit en passant, leur fournit agréablement la preuve que ce genre de production durera aussi longtemps que la justice elle-même. Ensuite dans cet idéal, tiré de la société actuelle, ils prennent leur point d'appui pour réformer cette société et son droit. Que penserait-on d'un chimiste qui au lieu d'étudier les lois des combinaisons matérielles et de résoudre sur cette base des problèmes déterminés, voudrait transformer ces combinaisons d'après les « idées éternelles de l'affinité et de la naturalité ? » Sait-on quelque chose de plus sur « l'usure, » par exemple, quand on dit qu'elle est en contradiction avec la « justice éternelle » et « l'équité éternelle, » que n'en savaient les Pères de l'Église quand ils en disaient autant en proclamant sa contradiction avec la « grâce éternelle, la foi éternelle et la volonté éternelle de Dieu ? »

[2] « Car l'usage de chaque chose est de deux sortes : l'une est propre à la chose comme telle, l'autre non ; une sandale, par exemple, sert de chaussure et de moyen d'échange. Sous ces deux points de vue, la sandale est une valeur d'usage, car celui qui l'échange pour ce qui lui manque, la nourriture, je suppose, se sert aussi de la sandale comme sandale, mais non dans son genre d'usage naturel, car elle n'est pas là précisément pour l'échange. » (Aristote, *De Rep.*, l. I, c. 9.)

veut donc l'aliéner pour d'autres marchandises dont la valeur d'usage puisse le satisfaire. Toutes les marchandises sont des non- valeurs d'usage pour ceux qui les possèdent et des valeurs d'usage pour ceux qui ne les possèdent pas. Aussi faut-il qu'elles passent d'une main dans l'autre sur toute la ligne. Mais ce changement de mains constitue leur échange, et leur échange les rapporte les unes aux autres comme valeurs et les réalise comme valeurs. Il faut donc que les marchandises se manifestent comme valeurs, avant qu'elles puissent se réaliser comme valeurs d'usage.

D'un autre côté, il faut que leur valeur d'usage soit constatée avant qu'elles puissent se réaliser comme valeurs ; car le travail humain dépensé dans leur production ne compte qu'autant qu'il est dépensé sous une forme utile à d'autres. Or, leur échange seul peut démontrer si ce travail est utile à d'autres, c'est-à-dire si son produit peut satisfaire des besoins étrangers.

Chaque possesseur de marchandise ne veut l'aliéner que contre une autre dont la valeur utile satisfait son besoin. En ce sens, l'échange n'est pour lui qu'une affaire individuelle. En outre, il veut réaliser sa marchandise comme valeur dans n'importe quelle marchandise de même valeur qui lui plaise, sans s'inquiéter si sa propre marchandise a pour le possesseur de l'autre une valeur utile ou non. Dans ce sens, l'échange est pour lui un acte social général. Mais le même acte ne peut être simultanément pour tous les échangistes de marchandises simplement individuel et, en même temps, simplement social et général.

Considérons la chose de plus près : pour chaque possesseur de marchandises, toute marchandise étrangère est un équivalent particulier de la sienne ; sa marchandise est, par conséquent, l'équivalent général de toutes les autres. Mais comme tous les échangistes se trouvent dans le même cas, aucune marchandise n'est équivalent général, et la valeur relative des marchandises ne possède aucune forme générale sous laquelle elles puissent être comparées comme quantités de valeur. En un mot, elles ne jouent pas les unes vis-à-vis des autres le rôle de marchandises mais celui de simples produits ou de valeurs d'usage.

Dans leur embarras, nos échangistes pensent comme Faust : au commencement était l'action. Aussi ont-ils déjà agi avant d'avoir pensé, et leur instinct naturel ne fait que confirmer les lois provenant de la nature des marchandises. Ils ne peuvent comparer leurs articles comme valeurs et, par conséquent, comme marchandises qu'en les comparant à une autre marchandise quelconque qui se pose devant eux comme équivalent général. C'est ce que l'analyse précédente a déjà démontré. Mais cet équivalent général ne peut être le résultat que d'une action sociale. Une marchandise spéciale est donc mise à part par un acte commun des autres marchandises et sert à exposer leurs valeurs réciproques. La forme naturelle de cette marchandise devient ainsi la forme équivalent socialement valide. Le rôle d'équivalent général est désormais la fonction sociale spécifique de la marchandise exclue, et elle devient argent. « *Illi unum consilium habent et virtutem et potestatem suam bestiæ tradunt. Et ne quis possit emere aut vendere, nisi qui habet characterem aut nomen bestiæ, aut numerum nominis ejus.* » (Apocalypse).

L'argent est un cristal qui se forme spontanément dans les échanges par lesquels les divers produits du travail sont en fait égalisés entre eux et, par cela même, transformés en marchandises. Le développement historique de l'échange imprime de plus en plus aux produits du travail le caractère de marchandises et développe en même temps l'opposition que recèle leur nature, celle de valeur d'usage et de valeur. Le besoin même du commerce force à donner un corps à cette antithèse, tend à faire naître une forme valeur palpable et ne laisse plus ni repos ni trêve jusqu'à ce que cette forme soit enfin atteinte par le dédoublement de la marchandise en marchandise et en argent. À mesure donc que s'accomplit la transformation générale des produits du travail en marchandises, s'accomplit aussi la transformation de la marchandise en argent[1].

Dans l'échange immédiat des produits, l'expression de la valeur revêt d'un côté la forme relative simple et de l'autre ne la revêt pas encore. Cette forme était : x marchandise A = y marchandise B. La forme de l'échange immédiat est : x objets d'utilité A = y objets d'utilité B[2]. Les objets A et B ne sont point ici des marchandises avant l'échange, mais le deviennent seulement par l'échange même. Dès le moment qu'un objet utile dépasse par son abondance les besoins de son producteur, il cesse d'être valeur d'usage pour lui et, les circonstances données, sera utilisé comme valeur d'échange. Les choses sont par elles-mêmes extérieures à l'homme et, par conséquent, aliénables. Pour que l'aliénation soit réciproque, il faut tout simplement que des hommes se rapportent les uns aux autres, par une reconnaissance tacite, comme propriétaires privés de ces choses aliénables et, par là même, comme personnes indépendantes. Cependant, un tel rapport d'indépendance réciproque n'existe pas encore pour les membres d'une communauté primitive, quelle que soit sa forme, famille patriarcale, communauté indienne, État inca comme au Pérou, etc. L'échange des marchandises commence là où les communautés finissent, à leurs points de contact avec des communautés étrangères ou avec des membres de ces dernières communautés. Dès que

---

[1] On peut d'après cela apprécier le socialisme bourgeois qui veut éterniser la production marchande et, en même temps, abolir « l'opposition de marchandise et argent », c'est-à-dire l'argent lui-même, car il n'existe que dans cette opposition. V. sur ce sujet dans ma *Critique de l'économie politique*, p. 61 et suiv.

[2] Tant que deux objets utiles différents ne sont pas encore échangés, mais qu'une masse chaotique de choses est offerte comme équivalent pour une troisième, ainsi que nous le voyons chez les sauvages, l'échange immédiat des produits n'est lui-même qu'à son berceau.

les choses sont une fois devenues des marchandises dans la vie commune avec l'étranger, elles le deviennent également par contrecoup dans la vie commune intérieure. La proportion dans laquelle elles s'échangent est d'abord purement accidentelle. Elles deviennent échangeables par l'acte volontaire de leurs possesseurs qui se décident à les aliéner réciproquement. Peu à peu, le besoin d'objets utiles provenant de l'étranger se fait sentir davantage et se consolide. La répétition constante de l'échange en fait une affaire sociale régulière, et, avec le cours du temps, une partie au moins des objets utiles est produite intentionnellement en vue de l'échange. À partir de cet instant, s'opère d'une manière nette la séparation entre l'utilité des choses pour les besoins immédiats et leur utilité pour l'échange à effectuer entre elles, c'est à-dire entre leur valeur d'usage et leur valeur d'échange. D'un autre côté, la proportion dans laquelle elles s'échangent commence à se régler par leur production même. L'habitude les fixe comme quantités de valeur.

Dans l'échange immédiat des produits, chaque marchandise est moyen d'échange immédiat pour celui qui la possède, mais pour celui qui ne la possède pas, elle ne devient équivalent que dans le cas où elle est pour lui une valeur d'usage. L'article d'échange n'acquiert donc encore aucune forme valeur indépendante de sa propre valeur d'usage ou du besoin individuel des échangistes. La nécessité de cette forme se développe à mesure qu'augmentent le nombre et la variété des marchandises qui entrent peu à peu dans l'échange, et le problème éclot simultanément avec les moyens de le résoudre. Des possesseurs de marchandises n'échangent et ne comparent jamais leurs propres articles avec d'autres articles différents, sans que diverses marchandises soient échangées et comparées comme valeurs par leurs maîtres divers avec une seule et même troisième espèce de marchandise. Une telle troisième marchandise, en devenant équivalent pour diverses autres, acquiert immédiatement, quoique dans d'étroites limites, la forme équivalent général ou social. Cette forme générale naît et disparaît avec le contact social passager qui l'a appelée à la vie, et s'attache rapidement et tour à tour tantôt à une marchandise, tantôt à l'autre. Dès que l'échange a atteint un certain développement, elle s'attache exclusivement à une espèce particulière de marchandise, ou se cristallise sous forme argent. Le hasard décide d'abord sur quel genre de marchandises elle reste fixée ; on peut dire cependant que cela dépend en général de deux circonstances décisives. La forme argent adhère ou bien aux articles d'importation les plus importants qui révèlent en fait les premiers la valeur d'échange des produits indigènes, ou bien aux objets ou plutôt à l'objet utile qui forme l'élément principal de la richesse indigène aliénable, comme le bétail, par exemple. Les peuples nomades développent les premiers la forme argent parce que tout leur bien et tout leur avoir se trouve sous forme mobilière, et par conséquent immédiatement aliénable. De plus, leur genre de vie les met constamment en contact avec des sociétés étrangères, et les sollicite par cela même à l'échange des produits. Les hommes ont souvent fait de l'homme même, dans la figure de l'esclave, la matière primitive de leur argent ; il n'en a jamais été ainsi du sol. Une telle idée ne pouvait naître que dans une société bourgeoise déjà développée. Elle date du dernier tiers du dix-septième siècle ; et sa réalisation n'a été essayée sur une grande échelle, par toute une nation, qu'un siècle plus tard, dans la révolution de 1789, en France. À mesure que l'échange brise ses liens purement locaux, et que par suite la valeur des marchandises représente de plus en plus le travail humain en général, la forme argent passe à des marchandises que leur nature rend aptes à remplir la fonction sociale d'équivalent général, c'est-à-dire aux métaux précieux.

Que maintenant « bien que, l'argent et l'or ne soient pas par nature monnaie, la monnaie soit cependant par nature argent et or[1] », c'est ce que montrent l'accord et l'analogie qui existent entre les propriétés naturelles de ces métaux et les fonctions de la monnaie[2]. Mais jusqu'ici nous ne connaissons qu'une fonction de la monnaie, celle de servir comme forme de manifestation de la valeur des marchandises, ou comme matière dans laquelle les quantités de valeur des marchandises s'expriment socialement. Or, il n'y a qu'une seule matière qui puisse être une forme propre à manifester la valeur ou servir d'image concrète du travail humain abstrait et conséquemment égal, c'est celle dont tous les exemplaires possèdent la même qualité uniforme. D'un autre côté, comme des valeurs ne diffèrent que par leur quantité, la marchandise monnaie doit être susceptible de différences purement quantitatives ; elle doit être divisible à volonté et pouvoir être recomposée avec la somme de toutes ses parties. Chacun sait que l'or et l'argent possèdent naturellement toutes ces propriétés.

La valeur d'usage de la marchandise monnaie devient double. Outre sa valeur d'usage particulière comme marchandise — ainsi l'or, par exemple, sert de matière première pour articles de luxe, pour boucher les dents creuses, etc. — elle acquiert une valeur d'usage formelle qui a pour origine sa fonction sociale spécifique.

Comme toutes les marchandises ne sont que des équivalents particuliers de l'argent, et que ce dernier est leur équivalent général, il joue vis-à-vis d'elles le rôle de marchandise universelle, et elles ne représentent vis-à-vis de lui que des marchandises particulières[3].

---

[1] Karl Marx, l. c., p. 135, « Les métaux précieux sont naturellement monnaie » (Galiani : *Della Monetta*, dans le recueil de Custodi, *parte moderna*, t. III, p. 172).

[2] V. de plus amples détails à ce sujet dans mon ouvrage déjà cité, ch. *Les métaux précieux*.

[3] « L'argent est la marchandise universelle. » (Verri, l. c., p. 16.)

NAPOLEON III

On a vu que la forme argent ou monnaie n'est que le reflet des rapports de valeur de toute sorte de marchandises dans une seule espèce de marchandise. Que l'argent lui- même soit marchandise, cela ne peut donc être une découverte que pour celui qui prend pour point de départ sa forme tout achevée pour en arriver à son analyse ensuite[1]. Le mouvement des échanges donne à la marchandise qu'il transforme en argent non pas sa valeur, mais sa forme valeur spécifique. Confondant deux choses aussi disparates, on a été amené à considérer l'argent et l'or comme des valeurs purement imaginaires[2]. Le fait que l'argent dans certaines de ses fonctions peut être remplacé par de simples signes de lui-même a fait naître cette autre erreur qu'il n'est qu'un simple signe.

D'un autre côté, il est vrai, cette erreur faisait pressentir que, sous l'apparence d'un objet extérieur, la monnaie déguise en réalité un rapport social. Dans ce sens, toute marchandise serait un signe, parce qu'elle n'est valeur que comme enveloppe matérielle du travail humain dépensé dans sa production[3]. Mais dès qu'on ne voit plus que de simples

---

[1] « L'argent et l'or eux-mêmes, auxquels nous pouvons donner le nom général de lingots, sont… des marchandises… dont la valeur… hausse et baisse. Le lingot a une plus grande valeur là où, avec un moindre poids, on achète une plus grande quantité de produits ou de marchandises du pays. » (*A. Discourse on the general notions of Money, Trade and Exchange, as they stand in relations to each other, by a Merchant, London*, 1695, p. 7.) « L'argent et l'or, monnayés ou non, quoiqu'ils servent de mesure à toutes les autres choses, sont des marchandises tout aussi bien que le vin, l'huile, le tabac, le drap et les étoffes. » (*As Discourse concerning Trade, and that in particular of the East Indies*, etc., *London*, 1689, p. 2.) « Les fonds et les richesses du royaume ne peuvent pas consister exclusivement en monnaie, et l'or et l'argent ne doivent pas être exclus du nombre des marchandises. » (The East India Trade, a most profitable Trade…, London, 1677, p. 4.)

[2] « L'or et l'argent ont leur valeur comme métaux avant qu'ils deviennent monnaie. » (Galiani, l. c.) Locke dit : « Le commun consentement des hommes assigna une valeur imaginaire à l'argent, à cause de ses qualités qui le rendaient propre à la monnaie. » Law, au contraire : « Je ne saurais concevoir comment différentes nations pourraient donner une valeur imaginaire à aucune chose… ou comment cette valeur imaginaire pourrait avoir été maintenue ? » Mais il n'entendait rien lui-même à cette question, car ailleurs il s'exprime ainsi :
« L'argent s'échangeait sur le pied de ce qu'il était évalué pour les usages », c'est-à-dire d'après sa valeur réelle ; par son adoption comme monnaie il reçut une valeur additionnelle. » (Jean Law : *Considérations sur le numéraire et le commerce*. Daire. Édition des *Économistes* financiers du dix-huitième siècle, p. 470.)

[3] « L'argent en (des denrées) est le signe » (V. de Forbonnais : *Eléments du commerce*, Nouv. édit. Leyde, 1766, t. II, p. 143). « Comme signe il est attiré par les denrées. » (L. c., p. 155). « L'argent est un signe d'une chose et la représente

signes dans les caractères sociaux que revêtent les choses, ou dans les caractères matériels que revêtent les déterminations sociales du travail sur la base d'un mode particulier de production, on leur prête le sens de fictions conventionnelles, sanctionnées par le prétendu consentement universel des hommes. C'était là le mode d'explication en vogue au dix-huitième siècle ; ne pouvant encore déchiffrer ni l'origine ni le développement des formes énigmatiques des rapports sociaux, on s'en débarrassait en déclarant qu'elles étaient d'invention humaine et non pas tombées du ciel.

Nous avons déjà fait la remarque que la forme équivalent d'une marchandise ne laisse rien savoir sur le montant de sa quantité de valeur. Si l'on sait que l'or est monnaie, c'est-à- dire échangeable contre toutes les marchandises, on ne sait point pour cela combien valent par exemple 10 livres d'or. Comme toute marchandise, l'argent ne peut exprimer sa propre quantité de valeur que, relativement, dans d'autres marchandises. Sa valeur propre est déterminée par le temps de travail nécessaire à sa production, et s'exprime dans le quantum de toute autre marchandise qui a exigé un travail de même durée[1]. Cette fixation de sa quantité

» (Montesquieu, *Esprit des lois.*) « L'argent n'est pas simple signe, car il est lui-même richesse ; il ne représente pas les valeurs, il les équivaut. » (*Le Trosne*, l. c., p. 910). Longtemps avant les économistes, les juristes avaient mis en vogue cette idée que l'argent n'est qu'un simple signe et que les métaux précieux n'ont qu'une valeur imaginaire. Valets et sycophantes du pouvoir royal, ils ont pendant tout le Moyen Age appuyé le droit des rois à la falsification des monnaies sur les traditions de l'Empire romain et sur le concept du rôle de l'argent tel qu'il se trouve dans les Pandectes. « Que aucun puisse ne doit faire doute, dit leur habile disciple Philippe de Valois dans un décret de 1346, que à nous et à notre majesté royale, n'appartienne seulement... le mestier, le fait, la provision et toute l'ordonnance des monnaies, de donner tel cours, et pour tel prix comme il nous plaît et bon nous semble. » C'était un dogme du droit romain que l'empereur décrétât la valeur de l'argent. Il était défendu expressément de le traiter comme une marchandise. « Pecunias veto nulli emere fas erit, nam in usu publico constitutas oportet non esse mercem. » On trouve d'excellents commentaires là-dessus dans G. F. Pagnini : *Saggio sopra il giusto pregio delle cose*, 1741. « Custodi, *parte moderna*, t. II. Dans la seconde partie de son écrit notamment, Pagnini dirige sa polémique contre les juristes.

[1] « Si un homme peut livrer à Londres une once d'argent extraite des mines du Pérou, dans le même temps qu'il lui faudrait pour produire un boisseau de grain, alors l'un est le prix naturel de l'autre. Maintenant, si un homme, par l'exploitation de mines plus nouvelles et plus riches, peut se procurer aussi facilement deux onces d'argent qu'auparavant une seule, le grain sera aussi bon marché à 10 shillings le boisseau qu'il l'était auparavant à 5 shillings, *caeteris paribus* (William Petty : *A Treatise of Taxes and Contributions*, London, 1667, p. 31).

de valeur relative a lieu à la source même de sa production dans son premier échange. Dès qu'il entre dans la circulation comme monnaie, sa valeur est donnée. Déjà dans les dernières années du XVIIe siècle, on avait bien constaté que la monnaie est marchandise ; l'analyse n'en était cependant qu'à ses premiers pas. La difficulté ne consiste pas à comprendre que la monnaie est marchandise, mais à savoir comment et pourquoi une marchandise devient monnaie[1].

Nous avons déjà vu que dans l'expression de valeur la plus simple : x marchandise A $= y$ marchandise B, l'objet dans lequel la quantité de valeur d'un autre objet est représentée semble posséder sa forme équivalent, indépendamment de ce rapport, comme une propriété sociale qu'il tire de la nature. Nous avons poursuivi cette fausse apparence jusqu'au moment de sa consolidation. Cette consolidation est accomplie dès que la forme équivalent général s'est attachée exclusivement à une marchandise particulière ou s'est cristallisée sous forme argent. Une marchandise ne paraît point devenir argent parce que les autres marchandises expriment en elle réciproquement leurs valeurs ; tout au contraire, ces dernières paraissent exprimer en elle leurs valeurs parce qu'elle est argent. Le mouvement qui a servi d'intermédiaire s'évanouit dans son propre résultat et ne laisse aucune trace. Les marchandises trouvent, sans paraître y avoir contribué en rien, leur propre valeur représentée et fixée dans le corps d'une marchandise qui existe à côté et en dehors d'elles. Ces simples choses, argent et or, telles qu'elles sortent des entrailles de la terre, figurent aussitôt comme incarnation immédiate de tout travail humain. De là la magie de l'argent.

---

[1] Maître Roscher, le professeur, nous apprend d'abord : « Que les fausses définitions de l'argent peuvent se diviser en deux groupes principaux : il y a celles d'après lesquelles il est plus et celles d'après lesquelles il est moins qu'une marchandise. » Puis il nous fournit un catalogue des écrits les plus bigarrés sur la nature de l'argent, ce qui ne jette pas la moindre lueur sur l'histoire réelle de la théorie. À la fin, arrive la morale : « On ne peut nier, dit-il, que la plupart des derniers économistes ont accordé peu d'attention aux particularités qui distinguent l'argent des autres marchandises (il est donc plus ou moins qu'une marchandise ?)... En ce sens, la réaction mi-mercantiliste de Ganilh, etc., n'est pas tout à fait sans fondement. » (Wilhelm Roscher : *Les fondements de l'économie nationale*, 3e édit., 1858, p. 207 et suiv.) Plus — moins — trop peu — en ce sens — pas tout à fait — quelle clarté et quelle précision dans les idées et le langage ! Et c'est un tel fatras d'éclectisme professoral que maître Roscher baptise modestement du nom de « méthode anatomico- physiologique » de l'économie politique ! On lui doit cependant une découverte, à savoir que l'argent est « une marchandise agréable. »

Goethe
Goethe

CHAPITRE III

LA MONNAIE
OU LA CIRCULATION DES MARCHANDISES

I

Mesure des valeurs

Dans un but de simplification, nous supposons que l'or est la marchandise qui remplit les fonctions de monnaie.

La première fonction de l'or consiste à fournir à l'ensemble des marchandises la matière dans laquelle elles expriment leurs valeurs comme grandeurs de la même dénomination, de qualité égale et comparables sous le rapport de la quantité. Il fonctionne donc comme mesure universelle des valeurs. C'est en vertu de cette fonction que l'or, la marchandise équivalent, devient monnaie.

Ce n'est pas la monnaie qui rend les marchandises commensurables : au contraire. C'est parce que les marchandises en tant que valeurs sont du travail matérialisé, et par suite commensurables entre elles, qu'elles peuvent mesurer toutes ensemble leurs valeurs dans une marchandise spéciale, et transformer cette dernière en monnaie, c'est-à-dire en faire leur mesure commune. Mais la mesure des valeurs par la monnaie est la forme que doit nécessairement revêtir leur mesure immanente, la durée de travail[1].

L'expression de valeur d'une marchandise en or : x marchandise A = y marchandise monnaie, est sa forme monnaie ou son prix. Une équation isolée telle que : 1 tonne de fer = 2 onces d'or, suffit maintenant pour

---

[1] Poser la question de savoir pourquoi la monnaie ne représente pas immédiatement le temps de travail lui-même, de telle sorte, par exemple, qu'un billet représente un travail de x heures, revient tout simplement à ceci : pourquoi, étant donné la production marchande, les produits du travail doivent-ils revêtir la forme de marchandises ? Ou à cette autre : pourquoi le travail privé ne peut-il pas être traité immédiatement comme travail social, c'est-à-dire comme son contraire ? J'ai rendu compte ailleurs avec plus de détails de l'utopie d'une « monnaie ou bon de travail » dans le milieu actuel de production (l. c., p. 61 et suiv.). Remarquons encore ici que le bon de travail d'Owen, par exemple, est aussi peu de l'argent qu'une contremarque de théâtre. Owen suppose d'abord un travail socialisé, ce qui est une forme de production diamétralement opposée à la production marchande. Chez lui le certificat de travail constate simplement la part individuelle du producteur au travail commun et son droit individuel à la fraction du produit commun destinée à la consommation. Il n'entre point dans l'esprit d'Owen de supposer d'un côté la production marchande et de vouloir de l'autre échapper à ses conditions inévitables par des bousillages d'argent.

exposer la valeur du fer d'une manière socialement valide. Une équation de ce genre n'a plus besoin de figurer comme anneau dans la série des équations de toutes les autres marchandises, parce que la marchandise équivalent, l'or, possède déjà le caractère monnaie. La forme générale de la valeur relative des marchandises a donc maintenant regagné son aspect primitif, sa forme simple.

La marchandise monnaie de son côté n'a point de prix. Pour qu'elle pût prendre part à cette forme de la valeur relative, qui est commune à toutes les autres marchandises, il faudrait qu'elle pût se servir à elle-même d'équivalent. Au contraire la forme où la valeur d'une marchandise était exprimée dans une série interminable d'équations, devient pour l'argent la forme exclusive de sa valeur relative. Mais cette série est maintenant déjà donnée dans les prix des marchandises. Il suffit de lire à rebours la cote d'un prix courant pour trouver la quantité de valeur de l'argent dans toutes les marchandises possibles.

Le prix ou la forme monnaie des marchandises est comme la forme valeur en général distincte de leur corps ou de leur forme naturelle, quelque chose d'idéal. La valeur du fer, de la toile, du froment, etc., réside dans ces choses mêmes, quoiqu'invisiblement. Elle est représentée par leur égalité avec l'or, par un rapport avec ce métal, qui n'existe, pour ainsi dire, que dans la tête des marchandises. L'échangiste est donc obligé soit de leur prêter sa propre langue soit de leur attacher des inscriptions sur du papier pour annoncer leur prix au monde extérieur[1].

L'expression de la valeur des marchandises en or étant tout simplement idéale, il n'est besoin pour cette opération que d'un or idéal ou qui n'existe que dans l'imagination.

Il n'y a pas épicier qui ne sache fort bien qu'il est loin d'avoir fait de l'or avec ses marchandises quand il a donné à leur valeur la forme prix ou la forme or en imagination, et qu'il n'a pas besoin d'un grain d'or réel pour estimer en or des millions de valeurs en marchandises. Dans sa

---

[1] Le sauvage ou le demi sauvage se sert de sa langue autrement. Le capitaine Parry remarque, par exemple, des habitants de la côte ouest de la baie de Baffin : « Dans ce cas (l'échange des produits) ils passent la langue deux fois sur la chose présentée à eux, après quoi ils semblent croire que le traité est dûment conclu. » Les Esquimaux de l'est léchaient de même les articles qu'on leur vendait à mesure qu'ils les recevaient. Si la langue est employée dans le nord comme organe d'appropriation, rien d'étonnant que dans le sud le ventre passe pour l'organe de la propriété accumulée et que le Caffre juge de la richesse d'un homme d'après son embonpoint et sa bedaine. Ces Caffres sont des gaillards très clairvoyants, car tandis qu'un rapport officiel de 1864 sur la santé publique en Angleterre s'apitoyait sur le manque de substances adipogènes facile à constater dans la plus grande partie de la classe ouvrière, un docteur Harvey, qui pourtant n'a pas inventé la circulation du sang, faisait sa fortune dans la même année avec des recettes charlatanesques qui promettaient à la bourgeoisie et à l'aristocratie de les délivrer de leur superflu de graisse.

fonction de mesure des valeurs, la monnaie n'est employée que comme monnaie idéale. Cette circonstance a donné lieu aux théories les plus folles[1]. Mais quoique la monnaie en tant que mesure de valeur ne fonctionne qu'idéalement et que l'or employé dans ce but ne soit par conséquent que de l'or imaginé, le prix des marchandises n'en dépend pas moins complètement de la matière de la monnaie. La valeur, c'est-à-dire le quantum de travail humain qui est contenu, par exemple, dans une tonne de fer, est exprimée en imagination par le quantum de la marchandise monnaie qui coûte précisément autant de travail. Suivant que la mesure de valeur est empruntée à l'or, à l'argent, ou au cuivre, la valeur de la tonne de fer est exprimée en prix complètement différents les uns des autres, ou bien est représentée par des quantités différentes de cuivre, d'argent ou d'or. Si donc deux marchandises différentes, l'or et l'argent, par exemple, sont employées en même temps comme mesure de valeur, toutes les marchandises possèdent deux expressions différentes pour leur prix ; elles ont leur prix or et leur prix argent qui courent tranquillement l'un à côté de l'autre, tant que le rapport de valeur de l'argent à l'or reste immuable, tant qu'il se maintient, par exemple, dans la proportion de un à quinze. Toute altération de ce rapport de valeur altère par cela même la proportion qui existe entre les prix or et les prix argent des marchandises et démontre ainsi par le fait que la fonction de mesure des valeurs est incompatible avec sa duplication[2].

---

[1] V. Karl Marx : *Critique de l'économie politique*, etc., la partie intitulée : Théories sur l'unité de mesure de l'argent.

[2] Partout où l'argent et l'or se maintiennent légalement l'un à côté de l'autre comme monnaie, c'est-à-dire comme mesure de valeurs, c'est toujours en vain qu'on a essayé de les traiter comme une seule et même matière. Supposer que la même quantité de travail se matérialise immuablement dans la même proportion d'or et d'argent, c'est supposer en fait que l'argent et l'or sont la même matière et qu'un quantum donné d'argent, du métal qui a la moindre valeur, est une fraction immuable d'un quantum donne d'or. Depuis le règne d'Édouard III jusqu'aux temps de George II, l'histoire de l'argent en Angleterre présente une série continue de perturbations provenant de la collision entre le rapport de valeur légale de l'argent et de l'or et les oscillations de leur valeur réelle. Tantôt c'était l'or qui était estimé trop haut, tantôt c'était l'argent. Le métal estimé au-dessous de sa valeur était dérobé à la circulation, refondu et exporté. Le rapport de valeur des deux métaux était de nouveau légalement changé ; mais, comme l'ancienne, la nouvelle valeur nominale entrait bientôt en conflit avec le rapport réel de valeur.

À notre époque même, une baisse faible et passagère de l'or par rapport à l'argent, provenant d'une demande d'argent dans l'Inde et dans la Chine, a produit en France le même phénomène sur la plus grande échelle, exportation de l'argent et son remplacement par l'or dans la circulation. Pendant les années 1855, 1856 et 1857, l'importation de l'or en France dépassa son exportation de 41 580 000 l. st., tandis que l'exportation de l'argent dépassa son importation de 14 740 000. En fait, dans les pays comme la France où les deux métaux sont des

Les marchandises dont le prix est déterminé, se présentent toutes sous la forme : a marchandise A = x or ; b marchandise B = z or ; c marchandise C = y or, etc., dans laquelle a, b, c, sont des quantités déterminées des espèces de marchandises A, B, C ; x, z, y, des quantités d'or déterminées également. En tant que grandeurs de la même dénomination, ou en tant que quantités différentes d'une même chose, l'or, elles se comparent et se mesurent entre elles, et ainsi se développe la nécessité technique de les rapporter à un *quantum* d'or fixé et déterminé comme unité de mesure. Cette unité de mesure se développe ensuite elle- même et devient étalon par sa division en parties aliquotes. Avant de devenir monnaie, l'or, l'argent, le cuivre possèdent déjà dans leurs mesures de poids des étalons de ce genre, de telle sorte que la livre, par exemple, sert d'unité de mesure, unité qui se subdivise ensuite en onces, etc., et s'additionne en quintaux et ainsi de suite[1]. Dans toute circulation métallique, les noms préexistants de l'étalon de poids forment ainsi les noms d'origine de l'étalon monnaie.

Comme mesure des valeurs et comme étalon des prix, l'or remplit deux fonctions entièrement différentes. Il est mesure des valeurs en tant qu'équivalent général, étalon des prix en tant que poids de métal fixe. Comme mesure de valeur il sert à transformer les valeurs des marchandises en prix, en quantités d'or imaginées. Comme étalon des prix il mesure ces quantités d'or données contre un *quantum* d'or fixe et subdivisé en parties aliquotes. Dans la mesure des valeurs, les marchandises expriment leur valeur propre : l'étalon des prix ne mesure au contraire que des *quanta* d'or contre un *quantum* d'or et non la valeur d'un *quantum* d'or contre le poids d'un autre. Pour l'étalon des prix, il faut qu'un poids d'or déterminé soit fixé comme unité de mesure. Ici comme dans toutes les déterminations de mesure entre grandeurs de même nom, la fixité de l'unité de mesure est chose d'absolue nécessité. L'étalon des prix

---

mesures de valeurs légales et ont tous deux un cours forcé, de telle sorte que chacun peut payer à volonté soit avec l'un, soit avec l'autre, le métal en hausse porte un agio et mesure son prix, comme toute autre marchandise, dans le métal surfait, tandis que ce dernier est employé seul comme mesure de valeur. L'expérience fournie par l'histoire à ce sujet se réduit tout simplement à ceci, que là où deux marchandises remplissent légalement la fonction de mesure de valeur, il n'y en a en fait qu'une seule qui se maintienne à ce poste. (Karl Marx, l. c., p. 52, 53.)

[1] Ce fait étrange que l'unité de mesure de la monnaie anglaise, l'once d'or, n'est pas subdivisée en parties aliquotes, s'explique de la manière suivante : « À l'origine notre monnaie était adaptée exclusivement à l'argent, et c'est pour cela qu'une once d'argent peut toujours être divisée dans un nombre de pièces aliquotes ; mais l'or n'ayant été introduit qu'à une période postérieure dans un système de monnayage exclusivement adapté à l'argent, une once d'or ne saurait pas être monnayée en un nombre de pièces aliquotes. (*Maclaren : History of the Currency*, etc., p. 16. London, 1838.)

remplit donc sa fonction d'autant mieux que l'unité de mesure et ses subdivisions sont moins sujettes au changement. De l'autre côté, l'or ne peut servir de mesure de valeur, que parce qu'il est lui-même un produit du travail, c'est-à-dire une valeur variable.

Il est d'abord évident qu'un changement dans la valeur de l'or n'altère en rien sa fonction comme étalon des prix. Quels que soient les changements de la valeur de l'or, différentes quantités d'or restent toujours dans le même rapport les unes avec les autres. Que cette valeur tombe de 100%, 12 onces d'or vaudront après comme avant 12 fois plus qu'une once, et dans les prix il ne s'agit que du rapport de diverses quantités d'or entre elles. D'un autre côté, attendu qu'une once d'or ne change pas le moins du monde de poids par suite de la hausse ou de la baisse de sa valeur, le poids de ses parties aliquotes ne change pas davantage ; il en résulte que l'or comme étalon fixe des prix, rend toujours le même service de quelque façon que sa valeur change.

Le changement de valeur de l'or ne met pas non plus obstacle à sa fonction comme mesure de valeur. Ce changement atteint toutes les marchandises à la fois et laisse par conséquent, *cœteris paribus*, leurs quantités relatives de valeur réciproquement dans le même état[1].

Dans l'estimation en or des marchandises, on suppose seulement que la production d'un *quantum* déterminé d'or coûte, à une époque donnée, un *quantum* donné de travail. Quant aux fluctuations des prix des marchandises, elles sont réglées par les lois de la valeur relative simple développées plus haut.

Une hausse générale des prix des marchandises exprime une hausse de leurs valeurs, si la valeur de l'argent reste constante, et une baisse de la valeur de l'argent si les valeurs des marchandises ne varient pas. Inversement, une baisse générale des prix des marchandises exprime une baisse de leurs valeurs si la valeur de l'argent reste constante et une hausse de la valeur de l'argent si les valeurs des marchandises restent les mêmes. Il ne s'ensuit pas le moins du monde qu'une hausse de la valeur de l'argent entraîne une baisse proportionnelle des prix des marchandises et une baisse de la valeur de l'argent une hausse proportionnelle des prix des marchandises. Cela n'a lieu que pour des marchandises de valeur immuable. Les marchandises, par exemple, dont la valeur monte et baisse en même temps et dans la même mesure que la valeur de l'argent, conservent les mêmes prix. Si la hausse ou la baisse de leur valeur s'opère plus lentement ou plus rapidement que celles de la valeur de l'argent, le degré de hausse ou de baisse de leur prix dépend de la différence entre la fluctuation de leur propre valeur et celle de l'argent, etc.

---

[1] « L'argent peut continuellement changer de valeur et néanmoins servir de mesure aussi bien que s'il restait parfaitement stationnaire. » (*Baiseley : Money and its vicissitudes*. London, 1837, p. 11.

Revenons à l'examen de la forme prix.

On a vu que l'étalon en usage pour les poids des métaux sert aussi avec son nom et ses subdivisions comme étalon des prix. Certaines circonstances historiques amènent pourtant des modifications; ce sont notamment : 1º l'introduction d'argent étranger chez des peuples moins développés, comme lorsque, par exemple, des monnaies d'or et d'argent circulaient dans l'ancienne Rome comme marchandises étrangères. Les noms de cette monnaie étrangère différent des noms de poids indigènes; 2º le développement de la richesse qui remplace dans sa fonction de mesure des valeurs le métal le moins précieux par celui qui l'est davantage, le cuivre par l'argent et ce dernier par l'or, bien que cette succession contredise la chronologie poétique. Le mot livre était, par exemple, le nom de monnaie employé pour une véritable livre d'argent. Dès que l'or remplace l'argent comme mesure de valeur, le même nom s'attache peut-être à $\frac{1}{15}$ de livre d'or suivant la valeur proportionnelle de l'or et de l'argent. Livre comme nom de monnaie et livre comme nom ordinaire de poids d'or, sont maintenant distincts[1]; 3º la falsification de l'argent par les rois et roitelets prolongée pendant des siècles, falsification qui du poids primitif des monnaies d'argent n'a en fait conservé que le nom[2].

La séparation entre le nom monétaire et le nom ordinaire des poids de métal est devenue une habitude populaire par suite de ces évolutions historiques. L'étalon de la monnaie étant d'un côté purement conventionnel et de l'autre ayant besoin de validité sociale, c'est la loi qui le règle en dernier lieu. Une partie de poids déterminée du métal précieux, une once d'or, par exemple, est divisée officiellement en parties aliquotes qui reçoivent des noms de baptême légaux tels que livre, écu, etc. Une partie aliquote de ce genre employée alors comme unité de mesure proprement dite, est à son tour subdivisée en d'autres parties ayant chacune leur nom légal. Shilling, Penny, etc.[3]. Après comme avant ce

---

[1] « Les monnaies qui sont aujourd'hui idéales, sont les plus anciennes de toute nation, et toutes étaient à une certaine période réelles (cette dernière assertion n'est pas juste dans une aussi large mesure), et parce qu'elles étaient réelles, elles servaient de monnaie de compte. » (*Galiani*, l. c. p. 153).

[2] C'est ainsi que la livre anglaise ne désigne à peu près que 1/4 de son pouls primitif, la livre écossaise avant l'Union de 1701 1/36 seulement, la livre française 1/94, le maravédi espagnol moins de 1/100, le réis portugais une fraction encore bien plus petite. M. David Urquhart remarque dans ses « Familiar Words. » à propos de ce lait qui le terrifie, que la livre anglaise (L. St.) comme unité de mesure monétaire ne vaut plus que 1/4 d'once d'or : « C'est falsifier une mesure et non pas établit un étalon. » Dans cette fausse dénomination de l'étalon monétaire il voit, comme par tout, la main falsificatrice de la civilisation.

[3] Dans différents pays, l'étalon légal des prix est naturellement différent. En Angleterre, par exemple, l'once comme poids de métal est divisée en Pennyweights, Grains et Karats Troy; mais 1 once comme unité de mesure

sont des poids déterminés de métal qui restent étalons de la monnaie métallique. Il n'y a de changé que la subdivision et la nomenclature.

Les prix ou les *quanta* d'or, en lesquels sont transformées idéalement les marchandises, sont maintenant exprimés par les noms monétaires de l'étalon d'or. Ainsi, au lieu de dire, le quart de froment est égal à une once d'or, on dirait en Angleterre : il est égal à 3 liv. 17 sch. 1/2 d. Les marchandises se disent dans leurs noms d'argent ce qu'elles valent, et la monnaie sert comme monnaie de compte toutes les fois qu'il s'agit de fixer une chose comme valeur, et par conséquent sous forme monnaie[1].

Le nom d'une chose est complètement étranger à sa nature. Je ne sais rien d'un homme quand je sais qu'il s'appelle Jacques. De même, dans les noms d'argent : livre, thaler, franc, ducat, etc., disparaît toute trace du rapport de valeur. L'embarras et la confusion causés par le sens que l'on croit caché sous ces signes cabalistiques sont d'autant plus grands que les noms monétaires expriment en même temps la valeur des marchandises et des parties aliquotes d'un poids d'or[2]. D'un autre côté, il est nécessaire que la valeur, pour se distinguer des corps variés des marchandises, revête cette forme bizarre, mais purement sociale[3].

---

monétaire est divisée en 3 7/8 sovereigns, le sovereign en 20 shillings, le shilling en 12 pence, de sorte que 100 livies d'or à 22 karats (1200 onces) = 4672 sovereigns et 10 shillings.

[1] « Comme on demandait à Anacharsis, de quel usage était l'argent chez les Grecs, il répondit : ils s'en servent pour compter. » (Athenæus, Deipn, l. IV.)

[2] L'or possédant comme étalon des prix les mêmes noms que les prix des marchandises, et de plus étant monnayé suivant les parties aliquotes de l'unité de mesure, que ces noms désignent, de l'once, par exemple, de sorte qu'une once d'or peut être exprimée tout aussi bien que le prix d'une tonne de fer par 3 l. 17 s, 10 1/2 d., on a donné à ces expressions le nom de prix de monnaie. C'est ce qui a fait naître l'idée merveilleuse que l'or pouvait être estimé en lui-même, sans comparaison avec aucune autre marchandise, et qu'à la différence de toutes les autres marchandises il recevait de l'État un prix fixe. On a confondu la fixation des noms de monnaie de compte pour des poids d'or déterminés avec la fixation de la valeur de ces poids. La littérature anglaise possède d'innombrables écrits dans lesquels ce quiproquo est délayé à l'infini. Ils ont inoculé la même folie à quelques auteurs de l'autre côté du détroit.

[3] Comparez « Théories sur l'unité de mesure de l'argent » dans l'ouvrage déjà cité, *Critique de l'économie politique*, p. 53 et suiv.). — Les fantaisies à propos de l'élévation ou de l'abaissement du « prix de monnaie » qui consistent de la part de l'État à donner les noms légaux déjà fixés pour des poids déterminés d'or ou d'argent à des poids supérieurs ou inférieurs, c'est-à-dire, par exemple, à frapper 1/4 d'once d'or en 40 sh. au lieu de 20, de telles fantaisies, en tant qu'elles ne sont point de maladroites opérations financières contre les créanciers de l'État ou des particuliers, mais ont pour but d'opérer des « cures merveilleuses » économiques, ont été traitées d'une manière si complète par W. Petty, dans son ouvrage : « *Quantulumcumque concerning money. To the Lord Marquis of Halifax*, » 1682, que ses successeurs immédiats, Sir Dudley North et John

Le prix est le nom monétaire du travail réalisé dans la marchandise. L'équivalence de la marchandise et de la somme d'argent, exprimée dans son prix, est donc une tautologie[1], comme en général l'expression relative de valeur d'une marchandise est toujours l'expression de l'équivalence de deux marchandises. Mais si le prix comme exposant de la grandeur de valeur de la marchandise est l'exposant de son rapport d'échange avec la monnaie, il ne s'ensuit pas inversement que l'exposant de son rapport d'échange avec la monnaie soit nécessairement l'exposant de sa grandeur de valeur. Supposons qu'un quart de froment se produise dans le même temps de travail que deux onces d'or, et que 2 liv. st. soient le nom de deux onces d'or. Deux liv. sterl. sont alors l'expression monnaie de la valeur du quart de froment, ou son prix. Si maintenant les circonstances permettent d'estimer le quart de froment à 3 liv. st., ou forcent de l'abaisser à 1 liv. st., dès lors 1 liv. st. et 3 liv. st. sont des expressions qui diminuent ou exagèrent la valeur du froment, mais elles restent néanmoins ses prix, car premièrement elles sont sa forme monnaie et secondement elles sont les exposants de son rapport d'échange avec la monnaie. Les conditions de production ou la force productive du travail demeurant constantes, la reproduction du quart de froment exige après comme avant la même dépense en travail. Cette circonstance ne dépend ni de la volonté du producteur de froment ni de celle des possesseurs des autres marchandises. La grandeur de valeur exprime donc un rapport de production, le lien intime qu'il y a entre un article quelconque et la portion du travail social qu'il faut pour lui donner naissance. Dès que la valeur se transforme en prix, ce rapport nécessaire apparaît comme rapport d'échange d'une marchandise usuelle avec la marchandise monnaie qui existe en dehors d'elle. Mais le rapport d'échange peut exprimer ou la valeur même de la marchandise, ou le plus ou le moins que son aliénation, dans des circonstances données, rapporte accidentellement. Il est donc possible qu'il y ait un écart, une différence quantitative entre le prix d'une marchandise et sa grandeur de valeur, et cette possibilité gît dans la forme prix elle-même. C'est une ambiguïté, qui au lieu de constituer un défaut, est au contraire, une des beautés de cette forme, parce qu'elle l'adapte à un système de production où la règle ne fait loi que par le jeu aveugle des irrégularités qui, en moyenne, se compensent, se paralysent et se détruisent mutuellement.

Locke, pour ne pas parler des plus récents, n'ont pu que délayer et affaiblir ses explications. « Si la richesse d'une nation pouvait être décuplée par de telles proclamations, il serait étrange que nos maîtres ne les eussent pas faites depuis longtemps, » dit-il entre autres, l. c. p. 36.

[1] « Ou bien il faut consentir à dire qu'une valeur d'un million en argent vaut plus qu'une valeur égale en marchandises. » (Le Trosne, l. c. p. 922), ainsi qu'une valeur vaut plus qu'une valeur égale.

Мартин Лютер

La forme prix n'admet pas seulement la possibilité d'une divergence quantitative entre le prix et la grandeur de valeur, c'est-à-dire entre cette dernière et sa propre expression monnaie, mais encore elle peut cacher une contradiction absolue, de sorte que le prix cesse tout-à-fait d'exprimer de la valeur, quoique l'argent ne soit que la forme valeur des marchandises. Des choses qui, par elles-mêmes, ne sont point des marchandises, telles que, par exemple, l'honneur, la conscience, etc., peuvent devenir vénales et acquérir ainsi par le prix qu'on leur donne la forme marchandise. Une chose peut donc avoir un prix formellement sans avoir une valeur. Le prix devient ici une expression imaginaire comme certaines grandeurs en mathématiques. D'un autre côté, la forme prix imaginaire, comme par exemple le prix du sol non cultivé, qui n'a aucune valeur, parce qu'aucun travail humain n'est réalisé en lui, peut cependant cacher des rapports de valeur réels, quoique indirects.

De même que la forme valeur relative en général, le prix exprime la valeur d'une marchandise, par exemple, d'une tonne de fer, de cette façon qu'une certaine quantité de l'équivalent, une once d'or, si l'on veut, est immédiatement échangeable avec le fer, tandis que l'inverse n'a pas lieu ; le fer, de son côté, n'est pas immédiatement échangeable avec l'or.

Dans le prix, c'est-à-dire dans le nom monétaire des marchandises, leur équivalence avec l'or est anticipée, mais n'est pas encore un fait accompli. Pour avoir pratiquement l'effet d'une valeur d'échange, la marchandise doit se débarrasser de son corps naturel et se convertir d'or simplement imaginé en or réel, bien que cette transsubstantiation puisse lui coûter plus de peine qu'à « l'Idée » hégélienne son passage de la nécessité à la liberté, au crabe la rupture de son écaille, au Père de l'église Jérôme, le dépouillement du vieil Adam[1]. À côté de son apparence réelle, celle de fer, par exemple, la marchandise peut posséder dans son prix une apparence idéale ou une apparence d'or imaginé ; mais elle ne peut être en même temps fer réel et or réel. Pour lui donner un prix, il suffit de la déclarer égale à de l'or purement idéal ; mais il faut la remplacer par de l'or réel, pour qu'elle rende à celui qui la possède le service d'équivalent général. Si le possesseur du fer, s'adressant au possesseur d'un élégant article de Paris, lui faisait valoir le prix du fer sous prétexte qu'il est forme argent, il en recevrait la réponse que saint Pierre dans le paradis adresse à Dante qui venait de lui réciter les formules de la foi :

---

[1] Si dans sa jeunesse saint Jérôme avait beaucoup à lutter contre la chair matérielle, parce que des images de belles femmes obsédaient sans cesse son imagination, il luttait de même dans sa vieillesse contre la chair spirituelle. Je me figurai, dit-il, par exemple, en présence du souverain juge. « Qui es-tu ? » Je suis un chrétien. « Non, tu mens, répliqua le juge d'une voix de tonnerre, *tu n'es qu'un Cicéronien.* »

« Assai bene è trascorsa

Desta moneta già la lega e'l peso,

Ma dimmi se tu l'hai nella tua borsa[1]. »

La forme prix renferme en elle-même l'aliénabilité des marchandises contre la monnaie et la nécessité de cette aliénation. D'autre part, l'or ne fonctionne comme mesure de valeur idéale que parce qu'il se trouve déjà sur le marché à titre de marchandise monnaie. Sous son aspect tout idéal de mesure des valeurs se tient donc déjà aux aguets l'argent réel, les espèces sonnantes.

II. *Moyen de circulation*

A. *La métamorphose des marchandises*

L'échange des marchandises ne peut, comme on l'a vu, s'effectuer qu'en remplissant des conditions contradictoires, exclusives les unes des autres. Son développement qui fait apparaître la marchandise comme chose à double face, valeur d'usage et valeur d'échange, ne fait pas disparaître ces contradictions, mais crée la forme dans laquelle elles peuvent se mouvoir. C'est d'ailleurs la seule méthode pour résoudre des contradictions réelles. C'est par exemple une contradiction qu'un corps tombe constamment sur un autre et cependant le fuie constamment. L'ellipse est une des formes de mouvement par lesquelles cette contradiction se réalise et se résout à la fois.

L'échange fait passer les marchandises des mains dans lesquelles elles sont des non-valeurs d'usage aux mains dans lesquelles elles servent de valeurs d'usage. Le produit d'un travail utile remplace le produit d'un autre travail utile. C'est la circulation sociale des matières. Une fois arrivée au lieu où elle sert de valeur d'usage, la marchandise tombe de la sphère des échanges dans la sphère de consommation. Mais cette circulation matérielle ne s'accomplit que par une série de changements de forme ou une métamorphose de la marchandise que nous avons maintenant à étudier.

Ce côté morphologique du mouvement est un peu difficile à saisir, puisque tout changement de forme d'une marchandise s'effectue par l'échange de deux marchandises. Une marchandise dépouille, par exemple, sa forme usuelle pour revêtir sa forme monnaie. Comment cela arrive-t-il ? Par son échange avec l'or. Simple échange de deux marchandises, voilà le fait palpable ; mais il faut y regarder de plus près.

L'or occupe un pôle, tous les articles utiles le pôle opposé. Des deux côtés, il y a marchandise, unité de valeur d'usage et de valeur d'échange. Mais cette unité de contraires se représente inversement aux deux extrêmes. La forme usuelle de la marchandise en est la forme réelle, tandis que sa valeur d'échange n'est exprimée qu'idéalement, en or imaginé,

---

[1] « L'alliage et le poids de cette monnaie sont très-bien examinés, mais, dis-moi, l'as-tu dans ta bourse ? »

par son prix. La forme naturelle, métallique de l'or est au contraire sa forme d'échangeabilité générale, sa forme valeur, tandis que sa valeur d'usage n'est exprimée qu'idéalement dans la série des marchandises qui figurent comme ses équivalents. Or, quand une marchandise s'échange contre de l'or, elle change du même coup sa forme usuelle en forme valeur. Quand l'or s'échange contre une marchandise, il change de même sa forme valeur en forme usuelle.

Après ces remarques préliminaires, transportons-nous maintenant sur le théâtre de l'action — le marché. — Nous y accompagnons un échangiste quelconque, notre vieille connaissance le tisserand, par exemple. Sa marchandise, 20 mètres de toile, a un prix déterminé, soit de 2 l. st. Il l'échange contre 2 l. st., et puis, en homme de vieille roche qu'il est, échange les 2 l. st. contre une bible d'un prix égal. La toile qui, pour lui, n'est que marchandise, porte valeur, est aliénée contre l'or, et cette figure de sa valeur est aliénée de nouveau contre une autre marchandise, la bible. Mais celle-ci entre dans la maisonnette du tisserand pour y servir de valeur d'usage et y porter réconfort à des âmes modestes.

L'échange ne s'accomplit donc pas sans donner lieu à deux métamorphoses opposées et qui se complètent l'une l'autre transformation de la marchandise en argent et sa retransformation d'argent en marchandise[1]. — Ces deux métamorphoses de la marchandise présentent à la fois, au point de vue de son possesseur, deux actes — vente, échange de la marchandise contre l'argent ; — achat, échange de l'argent contre la marchandise — et l'ensemble de ces deux actes : vendre pour acheter.

Ce qui résulte pour le tisserand de cette affaire, c'est qu'il possède maintenant une bible et non de la toile, à la place de sa première marchandise une autre d'une valeur égale, mais d'une utilité différente. Il se procure de la même manière ses autres moyens de subsistance et de production. De son point de vue, ce mouvement de vente et d'achat ne fait en dernier lieu que remplacer une marchandise par une autre ou qu'échanger des produits.

L'échange de la marchandise implique donc les changements de forme que voici :

$$Marchandise — Argent — Marchandise$$
$$M. \underline{\hspace{3cm}} A. \underline{\hspace{3cm}} M.$$

---

[1] « Ἐκ δὲ 7οῦ... πυρὸς ἀν7αμείβεσθατ πάν7α, φϸσὶν ὁ ἩράΜλετ7ος, Μαὶ πῦρ ἁπάν7ων, ὥσπερ χρυσοῦ χρήμα7α Μαὶ χρϸμά7ων χρυσός » F. Lassalle, *la philosophie d'Héraclite l'obscur*. Berlin, 1858, t. I, p. 222.
« Le feu, comme dit Héraclite, se convertit en tout, et tout se convertit en feu, de même que les marchandises en or et l'or en marchandises. »

Considéré sous son aspect purement matériel, le mouvement aboutit à M.—M., échange de marchandise contre marchandise, permutation de matières du travail social. Tel est le résultat dans lequel vient s'éteindre le phénomène.

Nous aurons maintenant à examiner à part chacune des deux métamorphoses successives que la marchandise doit traverser.

M.—A. *Première métamorphose de la marchandise ou vente.* La valeur de la marchandise saute de son propre corps dans celui de l'or. C'est son saut périlleux. S'il manque, elle ne s'en portera pas plus mal, mais son possesseur sera frustré. Tout en multipliant ses besoins, la division sociale du travail a du même coup rétréci sa capacité productive. C'est précisément pourquoi son produit ne lui sert que de valeur d'échange ou d'équivalent général. Toutefois, il n'acquiert cette forme qu'en se convertissant en argent et l'argent se trouve dans la poche d'autrui. Pour le tirer de là, il faut avant tout que la marchandise soit valeur d'usage pour l'acheteur, que le travail dépensé en elle l'ait été sous une forme socialement utile ou qu'il soit légitimé comme branche de la division sociale du travail. Mais la division du travail crée un organisme de production spontané dont les fils ont été tissés et se tissent encore à l'insu des producteurs échangistes. Il se peut que la marchandise provienne d'un nouveau genre de travail destiné à satisfaire ou même à provoquer des besoins nouveaux. Entrelacé, hier encore, dans les nombreuses fonctions dont se compose un seul métier, un travail parcellaire peut aujourd'hui se détacher de cet ensemble, s'isoler et envoyer au marché son produit partiel à titre de marchandise complète sans que rien garantisse que les circonstances soient mûres pour ce fractionnement.

Un produit satisfait aujourd'hui un besoin social ; demain, il sera peut-être remplacé en tout ou en partie par un produit rival. Lors même que le travail, comme celui de notre tisserand, est un membre patenté de la division sociale du travail, la valeur d'usage de *ses* 20 mètres de toile n'est pas pour cela précisément garantie. Si le besoin de toile dans la société, et ce besoin a sa mesure comme toute autre chose, est déjà rassasié par des tisserands rivaux, le produit de notre ami devient superflu et conséquemment inutile. Supposons cependant que la valeur utile de son produit soit constatée et que l'argent soit attiré par la marchandise. Combien d'argent ? Telle est maintenant la question. Il est vrai que la réponse se trouve déjà par anticipation dans le prix de la marchandise, l'exposant de sa grandeur de valeur. Nous faisons abstraction du côté faible du vendeur, de fautes de calcul plus ou moins intentionnelles, lesquelles sont sans pitié corrigées sur le marché. Supposons qu'il n'ait dépensé que le temps socialement nécessaire pour faire son produit. Le prix de sa marchandise n'est donc que le nom monétaire du quantum de travail qu'exige en moyenne tout article de la même sorte. Mais à l'insu et sans la permission de notre tisserand, les vieux procédés employés pour le tissage ont été mis sens dessus-dessous ; le temps de travail socialement nécessaire hier pour la production d'un mètre de toile ne l'est plus aujourd'hui ; comme l'homme aux écus s'empresse de le lui démontrer par le tarif de ses concurrents. Pour son malheur, il y a beaucoup de tisserands au monde.

Supposons enfin que chaque morceau de toile qui se trouve sur le marché n'ait coûté que le temps de travail socialement nécessaire. Néanmoins, la « somme totale de ces morceaux peut représenter du travail dépensé en pure perte. Si l'estomac du marché ne peut pas absorber toute la toile au prix normal de deux shillings par mètre, cela prouve qu'une trop grande partie du travail social a été dépensée sous forme de tissage. L'effet est le même que si chaque tisserand en particulier avait employé pour son produit individuel plus que le travail nécessaire socialement. C'est le cas de dire ici, selon le proverbe allemand : « Pris ensemble, ensemble pendus. » Toute la toile sur le marché ne constitue qu'un seul article de commerce dont chaque morceau n'est qu'une partie aliquote.

Comme on le voit, la marchandise aime l'argent, mais « the course of true love runs never smooth[1]. »

L'organisme social de production, dont les membres disjoints — membra disjecta — naissent de la division du travail, porte l'empreinte de la spontanéité et du hasard, que l'on considère ou les fonctions mêmes de ses membres ou leurs rapports de proportionnalité. Aussi nos échangistes découvrent-ils que la même division du travail, qui fait d'eux des producteurs privés indépendants, rend la marche de la production sociale, et les rapports qu'elle crée, complètement indépendants de leurs volontés, de sorte que l'indépendance des personnes les unes vis-à-vis des autres trouve son complément obligé en un système de dépendance réciproque, imposée par les choses.

La division du travail transforme le produit du travail en marchandise, et nécessite par cela même sa transformation en argent. Elle rend en même temps la réussite de cette transsubstantiation accidentelle. Ici cependant nous avons à considérer le phénomène dans son intégrité, et nous devons donc supposer que sa marche est normale. Du reste, si la marchandise n'est pas absolument invendable, son changement de forme a toujours lieu quel que soit son prix de vente.

Ainsi, le phénomène qui, dans l'échange, saute aux yeux, c'est que marchandise et or, 20 mètres de toile par exemple, et 2 l. st., changent de main ou de place. Mais avec quoi s'échange la marchandise ? Avec sa forme de valeur d'échange ou d'équivalent général. Et avec quoi l'or ? Avec une forme particulière de sa valeur d'usage. Pourquoi l'or se présente-t-il comme monnaie à la toile ? Parce que le nom monétaire de la toile, son prix de 2 l. st., la rapporte déjà à l'or en tant que monnaie. La

---

[1] « Le véritable amour est toujours cahoté dans sa course. » (Shakespeare)

marchandise se dépouille de sa forme primitive en s'aliénant, c'est-à-dire au moment où sa valeur d'usage attire réellement l'or qui n'est que représenté dans son prix.

La *réalisation du prix* ou de la forme valeur purement idéale de la marchandise est en même temps la réalisation inverse de la valeur d'usage purement idéale de la monnaie. La transformation de la marchandise en argent est la transformation simultanée de l'argent en marchandise. La même et unique transaction est bipolaire ; vue de l'un des pôles, celui du possesseur de marchandise, elle est vente ; vue du pôle opposé, celui du possesseur d'or, elle est achat. Ou bien *vente est achat*, M—A est en même temps A— M[1].

Jusqu'ici nous ne connaissons d'autre rapport économique entre les hommes que celui d'échangistes, rapport dans lequel ils ne s'approprient le produit d'un travail étranger qu'en livrant le leur. Si donc l'un des échangistes se présente à l'autre comme possesseur de monnaie, il faut de deux choses l'une : Ou le produit de son travail possède par nature la forme monnaie, c'est-à-dire que son produit à lui est or, argent, etc., en un mot, matière de la monnaie ; ou sa marchandise a déjà changé de peau, elle a été vendue, et par cela même elle a dépouillé sa forme primitive. Pour fonctionner en qualité de monnaie, l'or doit naturellement se présenter sur le marché en un point quelconque. Il entre dans le marché à la source même de sa production, c'est-à-dire là où il se troque comme produit immédiat du travail contre un autre produit de même valeur.

Mais à partir de cet instant, il représente toujours un *prix de marchandise réalisé*[2]. Indépendamment du troc de l'or contre des marchandises, à sa source de production, l'or est entre les mains de chaque producteur échangiste le produit d'une vente ou de la première métamorphose de sa marchandise, M—A[3]. L'or est devenu monnaie idéale ou mesure des valeurs, parce que les marchandises exprimaient leurs valeurs en lui et en faisaient ainsi leur figure valeur imaginée, opposée à leurs formes naturelles de produits utiles. Il devient monnaie réelle par l'aliénation universelle des marchandises. Ce mouvement les convertit toutes en or, et fait par cela même de l'or leur figure métamorphosée, non plus en imagination, mais en réalité. La dernière trace de leurs formes usuelles et des travaux concrets dont elles tirent leur origine ayant ainsi disparu, il ne reste plus que des échantillons uniformes et indistincts du même travail social. À voir une pièce de monnaie on ne

---

[1] « Toute vente est achat. » (Dr Quesnay, *Dialogues sur le commerce et les travaux des artisans. Physiocrates*, éd. Daire, Ire partie, Paris, 1846, p. 170), ou, comme le dit le même auteur, dans ses *Maximes générales* : Vendre est acheter.

[2] « Le prix d'une marchandise ne pouvant être payé que par le prix d'une autre marchandise. » (Mercier de la Rivière, l'*Ordre naturel et essentiel des sociétés politiques. Physiocrates*, éd. Daire, IIe partie, p. 554.)

[3] « Pour avoir cet argent, il faut avoir vendu. » (l. c., p. 545.)

saurait dire quel article a été converti en elle. La monnaie peut donc être de la boue, quoique la boue ne soit pas monnaie.

Supposons maintenant que les deux pièces d'or contre lesquelles notre tisserand a aliéné sa marchandise proviennent de la métamorphose d'un quart de froment. La vente de la toile, M—A est en même temps son achat, A—M. En tant que la toile est vendue, cette marchandise commence un mouvement qui finit par son contraire, l'*achat de la bible* ; en tant que *la toile* est achetée, elle finit un mouvement qui a commencé par son contraire, la vente du froment. M—A (toile argent), cette première phase de M—A—M (toile argent bible), est en même temps A—M (argent toile), la dernière phase d'un autre mouvement M— A—M (froment argent toile). La *première métamorphose d'une marchandise*, son passage de la forme marchandise à la forme argent est toujours *seconde métamorphose* tout *opposée d'une autre marchandise*, son retour de la forme argent à la forme marchandise[1].

A—M *Métamorphose deuxième et finale—Achat*. L'argent est la marchandise qui a pour caractère l'aliénabilité absolue, parce qu'il est le produit de l'aliénation universelle de toutes les autres marchandises. Il lit tous les prix à rebours et se mire ainsi dans les corps de tous les produits, comme dans la matière qui se donne à lui pour qu'il devienne valeur d'usage lui-même. En même temps, les prix, qui sont pour ainsi dire les œillades amoureuses que lui lancent les marchandises, indiquent la limite de sa faculté de conversion, c'est-à-dire sa propre quantité. La marchandise disparaissant dans l'acte de sa conversion en argent, l'argent dont dispose un particulier ne laisse entrevoir ni comment il est tombé sous sa main ni quelle chose a été transformée en lui. Impossible de sentir, *non olet*, d'où il tire son origine. Si d'un côté, il représente des marchandises vendues, il représente de l'autre des marchandises à acheter[2].

A—M, l'achat, est en même temps vente, M—A, la dernière métamorphose d'une marchandise, la première d'une autre. Pour notre tisserand, la carrière de sa marchandise se termine à la bible, en laquelle il a converti ses 2 l. st. Mais le vendeur de la bible dépense cette somme en eau-de-vie.

A—M, la dernière phase de M—A—M (toile argent bible) est en même temps M—A, la première phase de M— A—M (bible argent eau de vie).

La division sociale du travail restreint chaque producteur- échangiste à la confection d'un article spécial qu'il vend souvent en gros. De l'autre

---

[1] Ici, comme nous l'avons déjà fait remarquer, le producteur d'or ou d'argent fait exception ; il vend son produit sans avoir préalablement acheté.

[2] « Si l'argent représente, dans nos mains, les choses que nous pouvons désirer d'*acheter*, il y représente aussi les choses que nous avons *vendues* pour cet argent. » (Mercier de la Rivière, l. c., p. 586.)

côté, ses besoins divers et toujours renaissants le forcent d'employer l'argent ainsi obtenu à des achats plus ou moins nombreux. Une seule vente devient le point de départ d'achats divers. La métamorphose finale d'une marchandise forme ainsi une somme de métamorphoses premières d'autres marchandises.

Examinons maintenant la métamorphose complète, l'ensemble des deux mouvements M—A et A—M Ils s'accomplissent par deux transactions inverses de l'échangiste, la vente et l'achat, qui lui impriment le double caractère de vendeur et d'acheteur. De même que dans chaque changement de forme de la marchandise, ses deux formes, marchandise et argent, existent simultanément, quoique à des pôles opposés, de même dans chaque transaction de vente et d'achat les deux formes de l'échangiste, vendeur et acheteur, se font face. De même qu'une marchandise, la toile par exemple, subit alternativement deux transformations inverses, de marchandise devient argent et d'argent marchandise, de même son possesseur joue alternativement sur le marché les rôles de vendeur et d'acheteur. Ces caractères, au lieu d'être des attributs fixes, passent donc tour à tour d'un échangiste à l'autre.

La métamorphose complète d'une marchandise suppose dans sa forme la plus simple quatre termes. Marchandise et argent, possesseur de marchandise et possesseur d'argent, voilà les deux extrêmes qui se font face deux fois. Cependant un des échangistes intervient d'abord dans son rôle de vendeur, possesseur de marchandise, et ensuite dans son rôle d'acheteur, possesseur d'argent. Il n'y a donc que trois *persona dramatis*[1]. Comme terme final de la première métamorphose, l'argent est en même temps le point de départ de la seconde. De même, le vendeur du premier acte devient l'acheteur dans le second, où un troisième possesseur de marchandise se présente à lui comme vendeur.

Les deux mouvements inverses de la métamorphose d'une marchandise décrivent un cercle : forme marchandise, effacement de cette forme dans l'argent, retour à la forme marchandise.

Ce cercle commence et finit par la forme marchandise. Au point de départ, elle s'attache à un produit qui est non-valeur d'usage pour son possesseur, au point de retour à un autre produit qui lui sert de valeur d'usage. Remarquons encore que l'argent aussi joue là un double rôle. Dans la première métamorphose, il se pose en face de la marchandise, comme la figure de sa valeur qui possède ailleurs, dans la poche d'autrui, une réalité dure et sonnante. Dès que la marchandise est changée en chrysalide d'argent, l'argent cesse d'être un cristal solide. Il n'est plus que la forme transitoire de la marchandise, sa forme équivalente qui doit s'évanouir et se convertir en valeur d'usage.

---

[1] « Il y a donc quatre termes et trois contractants, dont l'un intervient deux fois. » (Le Trosne, l. c., p. 908.)

Les deux métamorphoses qui constituent le mouvement circulaire *d'une marchandise* forment simultanément des métamorphoses partielles et inverses de deux autres marchandises.

La première métamorphose de la toile, par exemple (toile-argent), est la seconde et dernière métamorphose du froment (froment argent toile). La dernière métamorphose de la toile (argent bible) est la première métamorphose de, bible (bible-argent). Le cercle que forme la série des métamorphoses de chaque marchandise s'engrène ainsi dans les cercles que forment les autres. L'ensemble de tous ces cercles constitue la *circulation des marchandises*.

La circulation des marchandises se distingue essentiellement de l'échange immédiat des produits. Pour s'en convaincre, il suffit de jeter un coup d'œil sur ce qui s'est passé. Le tisserand a bien échangé sa toile contre une bible, sa propre marchandise contre une autre ; mais ce phénomène n'est vrai que pour lui. Le vendeur de bibles, qui préfère le chaud au froid, ne pensait point échanger sa bible contre de la toile ; le tisserand n'a peut-être pas le moindre soupçon que c'était du froment qui s'est échangé contre sa toile, etc.

La marchandise de B est substituée à la marchandise de A ; mais A et B n'échangent point leurs marchandises réciproquement. Il se peut bien que A et B achètent l'un de l'autre ; mais c'est un cas particulier, et point du tout un rapport nécessairement donné par les conditions générales de la circulation. La circulation élargit au contraire la sphère de la permutation matérielle du travail social, en émancipant les producteurs des limites locales et individuelles, inséparables de l'échange immédiat de leurs produits. De l'autre côté, ce développement même donne lieu à un ensemble de rapports sociaux, indépendants des agents de la circulation, et qui échappent à leur contrôle. Par exemple, si le tisserand peut vendre sa toile, c'est que le paysan a vendu du froment ; si Pritchard vend sa bible, c'est que le tisserand a vendu sa toile ; le distillateur ne vend son eau brûlée que parce que l'autre a déjà vendu l'eau de la vie éternelle, et ainsi de suite.

La circulation ne s'éteint pas non plus, comme l'échange immédiat, dans le changement de place ou de main des produits. L'argent ne disparaît point, bien qu'il s'élimine à la fin de chaque série de métamorphoses d'une marchandise. Il se précipite toujours sur le point de la circulation qui a été évacué par la marchandise. Dans la métamorphose complète de la toile par exemple, toile argent bible, c'est la toile qui sort la première de la circulation. L'argent la remplace. La bible sort après elle ; l'argent la remplace encore, et ainsi de suite. Or, quand la marchandise d'un échangiste remplace celle d'un autre, l'argent reste toujours aux doigts d'un troisième. La circulation sue l'argent par tous les pores.

Rien de plus niais que le dogme d'après lequel la circulation implique nécessairement l'équilibre des achats et des ventes, vu que toute vente est achat, et réciproquement. Si cela veut dire que le nombre des ventes réellement effectuées est égal au même nombre d'achats, ce n'est qu'une plate tautologie. Mais ce qu'on prétend prouver, c'est que le vendeur amène au marché son propre acheteur. Vente et achat sont un acte *identique* comme rapport réciproque de *deux personnes polariquement opposées*, du possesseur de la marchandise et du possesseur de l'argent. Ils forment *deux actes polariquement opposés* comme actions *de la même personne*. L'identité de vente et d'achat entraîne donc comme conséquence que la marchandise devient *inutile*, si, une fois jetée dans la cornue alchimique de la circulation, elle n'en sort pas *argent*. Si l'un n'achète pas, l'autre ne peut vendre. Cette identité suppose de plus que le succès de la transaction forme un point d'arrêt, un intermède dans la vie de la marchandise, intermède qui peut durer plus ou moins longtemps. La première métamorphose d'une marchandise étant à la fois vente et achat, est par cela même séparable de sa métamorphose complémentaire. L'acheteur a la marchandise, le vendeur a l'argent, c'est-à-dire une marchandise douée d'une forme qui la rend toujours la bienvenue au marché, à quelque moment qu'elle y réapparaisse. Personne ne peut vendre sans qu'un autre achète ; mais personne n'a besoin d'acheter immédiatement, parce qu'il a vendu.

La circulation fait sauter les barrières par lesquelles le temps, l'espace et les relations d'individu à individu rétrécissent le troc des produits. Mais comment ? Dans le commerce en troc, personne ne peut aliéner son produit sans que simultanément une autre personne aliène le sien. L'identité immédiate de ces deux actes, la circulation la scinde en y introduisant l'antithèse de la vente et de l'achat. Après avoir vendu, je ne suis forcé d'acheter ni au même lieu, ni au même temps, ni de la même personne à laquelle j'ai vendu. Il est vrai que l'achat est le complément obligé de la vente, mais il n'est pas moins vrai que leur unité est l'unité de contraires. Si la séparation des deux phases complémentaires l'une de l'autre de la métamorphose des marchandises se prolonge, si la scission entre la vente et l'achat s'accentue, leur liaison intime s'affirme par — une crise. — Les contradictions que recèle la marchandise, de valeur usuelle et valeur échangeable, de travail privé qui doit à la fois se représenter comme travail social, de travail concret qui ne vaut que comme travail abstrait ; ces contradictions immanentes à la nature de la marchandise acquièrent dans la circulation leurs formes de mouvement. Ces formes impliquent la possibilité, mais aussi seulement la possibilité des crises. Pour que cette possibilité devienne réalité, il faut tout un ensemble de circonstances qui, au point de vue de la circulation simple des marchandises, n'existent pas encore[1].

---

[1] V. mes remarques sur *James Mill*, l. c, p. 74-76. Deux points principaux caractérisent à ce sujet la méthode apologétique des économistes. D'abord ils

B. Cours de la monnaie

Le mouvement M—A—M, ou la métamorphose complète d'une marchandise, est circulatoire en ce sens qu'une même valeur, après avoir subi des changements de forme, revient à sa forme première, celle de marchandise. Sa forme argent disparaît au contraire dès que le cours de sa circulation est achevé. Elle n'en a pas encore dépassé la première moitié, tant qu'elle est retenue sous cette forme d'équivalent par son vendeur. Dès qu'il complète la vente par l'achat, l'argent lui glisse aussi des mains. Le mouvement imprimé à l'argent par la circulation des marchandises n'est donc pas circulatoire. Elle l'éloigne de la main de son possesseur sans jamais l'y ramener. Il est vrai que si le tisserand, après avoir vendu 20 mètres de toile et puis acheté la bible, vend de nouveau de la toile, l'argent lui reviendra. Mais il ne proviendra point de la circulation des 20 premiers mètres de toile. Son retour exige le *renouvellement* ou la répétition du même mouvement circulatoire pour une marchandise nouvelle et se termine par le même résultat qu'auparavant. Le mouvement que la circulation des marchandises imprime à l'argent l'éloigne donc constamment de son point de départ, pour le faire passer sans relâche d'une main à l'autre : c'est ce que l'on a nommé le cours de la monnaie (*currency*).

Le cours de la monnaie, c'est la répétition constante et monotone du même mouvement. La marchandise est toujours du côté du vendeur, l'argent toujours du côté de l'acheteur, comme *moyen d'achat*. À ce titre sa fonction est de réaliser le prix des marchandises. En réalisant leurs prix, il les fait passer du vendeur à l'acheteur, tandis qu'il passe lui-même de ce dernier au premier, pour recommencer la même marche avec une autre marchandise.

À première vue ce mouvement unilatéral de la monnaie ne paraît pas provenir du mouvement bilatéral de la marchandise. La circulation même engendre l'apparence contraire. Il est vrai que dans la première métamorphose, le mouvement de la marchandise est aussi apparent que celui de la monnaie avec laquelle elle change de place, mais sa deuxième

---

identifient la circulation des marchandises et l'échange immédiat des produits, en faisant tout simplement abstraction de leurs différences. En second lieu, ils essaient d'effacer les contradictions de la *production capitaliste* en réduisant les rapports de ses agents aux rapports simples qui résultent de la circulation des marchandises. Or, circulation des marchandises et production des marchandises sont des phénomènes qui appartiennent aux modes de production les plus différents, quoique dans une mesure et une portée qui ne sont pas les mêmes. On ne sait donc encore rien de la différence spécifique des modes de production, et on ne peut les juger, si l'on ne connaît que les catégories abstraites de la circulation des marchandises qui leur sont communes. Il n'est pas de science où, avec des lieux communs élémentaires, l'on fasse autant l'important que dans l'économie politique. *J. B. Say*, par exemple, se fait fort de juger les *crises*, parce qu'il sait que la marchandise est un *produit*.

métamorphose se fait sans qu'elle y apparaisse. Quand elle commence ce mouvement complémentaire de sa circulation, elle a déjà dépouillé son corps naturel et revêtu sa larve d'or. La continuité du mouvement échoit ainsi à la monnaie seule. C'est la monnaie qui paraît faire circuler des marchandises immobiles par elles-mêmes et les transférer de la main où elles sont des non-valeurs d'usage à la main où elles sont des valeurs d'usage dans une direction toujours opposée à la sienne propre. Elle éloigne constamment les marchandises de la sphère de la circulation, en se mettant constamment à leur place et en abandonnant la sienne. Quoique le mouvement de la monnaie ne soit que l'expression de la circulation des marchandises, c'est au contraire la circulation des marchandises qui semble ne résulter que du mouvement de la monnaie[1].

D'un autre côté la monnaie ne fonctionne comme moyen de circulation que parce qu'elle est la forme valeur des marchandises réalisée. Son mouvement n'est donc en fait que leur propre mouvement de forme, lequel par conséquent doit se refléter et devenir palpable dans le cours de la monnaie. C'est aussi ce qui arrive. La toile, par exemple, change d'abord sa forme marchandise en sa forme monnaie. Le dernier terme de sa première métamorphose (M—A), la forme monnaie, est le premier terme de sa dernière métamorphose, sa reconversion en marchandise usuelle, en bible (A—M). Mais chacun de ces changements de forme s'accomplit par un échange entre marchandise et monnaie ou par leur déplacement réciproque. Les mêmes pièces d'or changent, dans le premier acte, de place avec la toile et dans le deuxième, avec la bible. Elles sont déplacées deux fois. La première métamorphose de la toile les fait entrer dans la poche du tisserand et la deuxième métamorphose les en fait sortir. Les deux changements de forme inverses, que la même marchandise subit, se reflètent donc dans le double changement de place, en direction opposée, des mêmes pièces de monnaie.

Si la marchandise ne passe que par une métamorphose partielle, par un seul mouvement qui est vente, considéré d'un pôle, et achat, considéré de l'autre, les mêmes pièces de monnaie ne changent aussi de place qu'une seule fois. Leur second changement de place exprime toujours la seconde métamorphose d'une marchandise, le retour qu'elle fait de sa forme monnaie à une forme usuelle. Dans la répétition fréquente du déplacement des mêmes pièces de monnaie ne se reflète plus seulement la série de métamorphoses d'une seule marchandise, mais encore l'engrenage de pareilles métamorphoses les unes dans les autres[2].

---

[1] « Il (l'argent) n'a d'autres mouvements que celui qui lui est imprimé par les productions. » (Le Trosne, l. c., p. 885.)

[2] Il faut bien remarquer que le développement donné dans le texte n'attrait qu'à la forme simple de la circulation, la seule que nous étudions à présent.

СПИНОЗА

Chaque marchandise, à son premier changement de forme, à son premier pas dans la circulation, en disparaît pour y être sans cesse remplacée par d'autres. L'argent, au contraire, en tant que moyen d'échange, habite toujours la sphère de la circulation et s'y promène sans cesse. Il s'agit maintenant de savoir quelle est la quantité de monnaie que cette sphère peut absorber.

Dans un pays il se fait chaque jour simultanément et à côté les unes des autres des ventes plus ou moins nombreuses ou des métamorphoses partielles de diverses marchandises. La valeur de ces marchandises est exprimée par leurs prix, c'est-à-dire en sommes d'or imaginé. La quantité de monnaie qu'exige la circulation de toutes les marchandises présentes au marché est donc déterminée par la somme totale de leurs prix. La monnaie ne fait que représenter réellement cette somme d'or déjà exprimée idéalement dans la somme des prix des marchandises. L'égalité de ces deux sommes se comprend donc d'elle- même. Nous savons cependant que si les valeurs des marchandises restent *constantes*, leurs prix varient avec la valeur de l'or, (de la matière monnaie), montant proportionnellement à sa baisse et descendant proportionnellement à sa hausse. De telles variations dans la somme des prix à réaliser entraînent nécessairement des changements proportionnels dans la quantité de la monnaie courante. Ces changements proviennent en dernier lieu de la monnaie elle-même, mais, bien entendu, non pas en tant qu'elle fonctionne comme instrument de circulation, mais en tant qu'elle fonctionne comme mesure de la valeur. Dans de pareils cas il y a d'abord des changements dans la valeur de la monnaie. Puis le prix des marchandises varie en raison inverse de la valeur de la monnaie, et enfin la masse de la monnaie courante varie en raison directe du prix des marchandises.

On a vu que la circulation a une porte par laquelle l'or (ou toute autre matière monnaie) entre comme marchandise. Avant de fonctionner comme mesure des valeurs, sa propre valeur est donc déterminée. Vient-elle maintenant à changer, soit à baisser, on s'en apercevra d'abord à la source de la production du métal précieux, là où il se troque contre d'autres marchandises. Leurs prix monteront tandis que beaucoup d'autres marchandises continueront à être estimées dans la valeur passée et devenue illusoire du métal monnaie. Cet état de choses peut durer plus ou moins longtemps selon le degré de développement du marché universel. Peu à peu cependant une marchandise doit influer sur l'autre par son rapport de valeur avec elle ; les prix or ou argent des marchandises se mettent graduellement en équilibre avec leurs valeurs comparatives jusqu'à ce que les valeurs de toutes les marchandises soient enfin estimées d'après la valeur nouvelle du métal monnaie. Tout ce mouvement est accompagné d'une augmentation continue du métal précieux qui vient remplacer les marchandises troquées contre lui. À mesure donc que le tarif corrigé des prix des marchandises se généralise et qu'il y a par conséquent hausse générale des prix, le surcroît de métal qu'exige leur réalisation, se trouve aussi déjà disponible sur le marché. Une observation imparfaite des faits qui suivirent la découverte des nouvelles mines d'or et d'argent, conduisit au dix-septième et notamment au dix-huitième siècle, à cette conclusion erronée, que les prix des marchandises s'étaient élevés, parce qu'une plus grande quantité d'or et d'argent fonctionnait comme instrument de circulation. Dans les considérations qui suivent, la valeur de l'or est supposée *donnée,* comme elle l'est en effet au moment de la fixation des prix.

Cela une fois admis, la masse de l'or circulant sera donc déterminée par le prix total des marchandises à réaliser. Si le prix de chaque espèce de marchandise est donné, la somme totale des prix dépendra évidemment de la masse des marchandises en circulation. On peut comprendre sans se creuser la tête que si un quart de froment coûte 2 l. st., 100 quarts coûteront 200 l. st. et ainsi de suite, et qu'avec la masse du froment doit croître la quantité d'or qui, dans la vente, change de place avec lui.

La masse des marchandises étant donnée, les fluctuations de leurs prix peuvent réagir sur la masse de la monnaie circulante. Elle va monter ou baisser selon que la somme totale des prix à réaliser augmente ou diminue. Il n'est pas nécessaire pour cela que les prix de toutes les marchandises montent ou baissent simultanément. La hausse ou la baisse d'un certain nombre d'articles principaux suffit pour influer sur la somme totale des prix à réaliser. Que le changement de prix des marchandises reflète des changements de valeur réels ou provienne de simples oscillations du marché, l'effet produit sur la quantité de la monnaie circulante reste le même.

Soit un certain nombre de ventes sans lien réciproque, simultanées et par cela même s'effectuant les unes à côté des autres, ou de métamorphoses partielles, par exemple, de 1 quart de froment, 20 mètres de toile, 1 bible, 4 fûts d'eau-de-vie. Si chaque article coûte 2 l. st., la somme de leurs prix est 8 l. st. et, pour les réaliser, il faut jeter 8 l. st. dans la circulation. Ces mêmes marchandises forment elles au contraire la série de métamorphoses connue : 1 quart de froment — 2 l. st. — 20 mètres de toile — 2 l. st. — 1 bible — 2 l. st. — 4 fûts d'eau-de-vie — 2 l. st., alors *les mêmes* 2 l. st. font circuler dans l'ordre indiqué ces marchandises diverses, en réalisant successivement leurs prix et s'arrêtent enfin dans la main du distillateur. Elles accomplissent ainsi quatre tours.

Le déplacement quatre fois répété des 2 l. st. résulte des métamorphoses complètes, entrelacées les unes dans les autres, du froment, de la toile et de la bible, qui finissent par la première métamorphose de l'eau-de-vie[1]. Les mouvements opposés et complémentaires les uns des autres

---

[1] « Ce sont les productions qui le mettent en mouvement (l'argent) et le font circuler... La célérité de son mouvement supplée à sa quantité. Lorsqu'il en est

dont se forme une telle série, ont lieu successivement et non simultanément. Il leur faut plus ou moins de temps pour s'accomplir. La vitesse du cours de la monnaie se mesure donc par le nombre de tours des mêmes pièces de monnaie dans un temps donné. Supposons que la circulation des quatre marchandises dure un jour. La somme des prix à réaliser est de 8 l. st., le nombre de tours de chaque pièce pendant le jour : 4, la masse de la monnaie circulante : 2 l. st. et nous aurons donc :

Somme des prix des marchandises divisée par le nombre des tours des pièces de la même dénomination dans un temps donné = Masse de la monnaie fonctionnant comme instrument de circulation.

Cette loi est générale. La circulation des marchandises dans un pays, pour un temps donné, renferme bien des ventes isolées (ou des achats), c'est-à-dire des métamorphoses partielles et simultanées où la monnaie ne change qu'une fois de place ou ne fait qu'un seul tour. D'un autre côté, il y a des séries de métamorphoses plus ou moins ramifiées, s'accomplissant côte à côte ou s'entrelaçant les unes dans les autres où les mêmes pièces de monnaie font des tours plus ou moins nombreux. Les pièces particulières dont se compose la somme totale de la monnaie en circulation fonctionnent donc à des degrés d'activité très divers, mais le total des pièces de chaque dénomination réalise, pendant une période donnée, une certaine somme de prix. Il s'établit donc une vitesse moyenne du cours de la monnaie.

La masse d'argent qui, par exemple, est jetée dans la circulation à un moment donné est naturellement déterminée par le prix total des marchandises vendues à côté les unes des autres. Mais dans le courant même de la circulation chaque pièce de monnaie est rendue, pour ainsi dire, responsable pour sa voisine. Si l'une active la rapidité de sa course, l'autre la ralentit, ou bien est rejetée complètement de la sphère de la circulation, attendu que celle-ci ne peut absorber qu'une masse d'or qui, multipliée par le nombre moyen de ses tours, est égale à la somme des prix à réaliser. Si les tours de la monnaie augmentent, sa masse diminue ; si ses tours diminuent, sa masse augmente. La vitesse moyenne de la monnaie étant donnée, la masse qui peut fonctionner comme instrument de la circulation se trouve déterminée également. Il suffira donc, par exemple, de jeter dans la circulation un certain nombre de billets de banque d'une livre pour en faire sortir autant de livres st. en or, — truc bien connu par toutes les banques.

De même que le cours de la monnaie en général reçoit son impulsion et sa direction de la circulation des marchandises, de même la rapidité de son mouvement ne reflète que la rapidité de leurs changements de forme, la rentrée continuelle des séries de métamorphoses les unes dans

---

besoin, il ne fait que glisser d'une main dans l'autre sans s'arrêter un instant. (Le Trosne l. c, p. 915, 916.)

les autres, la disparition subite des marchandises de la circulation et leur remplacement aussi subit par des marchandises nouvelles. Dans le cours accéléré de la monnaie apparaît ainsi l'*unité fluide* des phases opposées et complémentaires, transformation de l'aspect usage des marchandises en leur aspect valeur et retransformation de leur aspect valeur en leur aspect usage, ou l'unité de la vente et de l'achat comme deux actes alternativement exécutés par les mêmes échangistes. Inversement, le ralentissement du cours de la monnaie fait apparaître la *séparation* de ces phénomènes et leur *tendance à s'isoler en opposition l'un de l'autre*, l'interruption des changements de forme et conséquemment des permutations de matières. La circulation naturellement ne laisse pas voir d'où provient cette interruption ; elle ne montre que le phénomène. Quant au vulgaire qui, à mesure que la circulation de la monnaie se ralentit, voit l'argent se montrer et disparaître moins fréquemment sur tous les points de la périphérie de la circulation, il est porté à chercher l'explication du phénomène dans l'insuffisante quantité du métal circulant[1].

---

[1] « L'argent étant la mesure commune des ventes et des achats, quiconque a quelque chose à vendre et ne peut se procurer des acheteurs est enclin à penser que le manque d'argent dans le royaume est la cause qui fait que ses articles ne se vendent pas, et dès lors chacun de s'écrier que l'argent manque, ce qui est une grande méprise... Que veulent donc ces gens qui réclament de l'argent à grands cris ?... Le fermier se plaint, il pense que s'il y avait plus d'argent dans le pays il trouverait un prix pour ses denrées. Il semble donc que ce n'est pas l'argent, mais un prix qui fait défaut pour son blé et son bétail... et pourquoi ne trouve-t-il pas de prix ? ... 1° Ou bien il y a trop de blé et de bétail dans le pays, de sorte que la plupart de ceux qui viennent au marché ont besoin de vendre comme lui et peu ont besoin d'acheter ; 2° ou bien le débouché ordinaire par exportation fait défaut... ou bien encore 3° la consommation diminue, comme lorsque bien des gens, pour raison de pauvreté, ne peuvent plus dépenser autant dans leur maison qu'ils le faisaient auparavant. Ce ne serait donc pas l'accroissement d'argent qui ferait vendre les articles du fermier, mais la disparition d'une de ces trois causes. C'est de la même façon que le marchand et le boutiquier manquent d'argent, c'est-à-dire qu'ils manquent d'un débouché pour les articles dont ils trafiquent, par la raison que le marché leur fait défaut... Une nation n'est jamais plus prospère que lorsque les richesses ne font qu'un bond d'une main à l'autre. » (Sir Dudley North : Discourses upon Trade, London, 1691, p. 11-15 *passim*.)
Toutes les élucubrations d'*Herrenschwand* se résument en ceci, que les antagonismes qui résultent de la nature de la marchandise et qui se manifestent nécessairement dans la circulation pourraient être écartés en y jetant une masse plus grande de monnaie. Mais si c'est une illusion d'attribuer un ralentissement ou un arrêt dans la marche de la production et de la circulation au manque de monnaie, il ne s'ensuit pas le moins du monde qu'un manque réel de moyens de circulation provenant de limitations législatives ne puisse pas de son côté provoquer des stagnations.

Le *quantum* total de l'argent qui fonctionne comme instrument de circulation dans une période donnée est donc déterminé d'un côté par la *somme des prix* de toutes les marchandises circulantes, de l'autre par la vitesse relative de leurs métamorphoses. Mais le prix total des marchandises dépend et de la masse et des prix de chaque espèce de marchandise. Ces trois facteurs : *mouvement des prix, masse des marchandises circulantes et enfin vitesse du cours de la monnaie*, peuvent changer dans des proportions diverses et dans une direction différente ; la *somme des prix à réaliser* et par conséquent la *masse* des moyens de circulation qu'elle exige, peuvent donc également subir des combinaisons nombreuses dont nous ne mentionnerons ici que les plus importantes dans l'histoire des prix.

Les prix restant les mêmes, la masse des moyens de circulation peut augmenter, soit que la masse des marchandises circulantes augmente, soit que la vitesse du cours de la monnaie diminue ou que ces deux circonstances agissent ensemble. Inversement la masse des moyens de circulation peut diminuer si la masse des marchandises diminue ou si la monnaie accélère son cours.

Les prix des marchandises subissant une hausse générale, la masse des moyens de circulation peut rester la même, si la masse des marchandises circulantes diminue dans la même proportion que leur prix s'élève, ou si la vitesse du cours de la monnaie augmente aussi rapidement que la hausse des prix, tandis que la masse des marchandises en circulation reste la même. La masse des moyens de circulation peut décroître, soit que la masse des marchandises décroisse, soit que la vitesse du cours de l'argent croisse plus rapidement que leurs prix.

Les prix des marchandises subissant une baisse générale, la masse des moyens de circulation peut rester la même, si la masse des marchandises croît dans la même proportion que leurs prix baissent ou si la vitesse du cours de l'argent diminue dans la même proportion que les prix. Elle peut augmenter si la masse des marchandises croît plus vite, ou si la rapidité de la circulation diminue plus promptement que les prix ne baissent.

Les variations des différents facteurs peuvent se compenser réciproquement, de telle sorte que malgré leurs oscillations perpétuelles la somme totale des prix à réaliser reste constante et par conséquent aussi la masse de la monnaie courante. En effet, si on considère des périodes d'une certaine durée, on trouve les déviations du niveau moyen bien moindres qu'on s'y attendrait à première vue, à part toutefois de fortes perturbations périodiques qui proviennent presque toujours de crises industrielles et commerciales, et exceptionnellement d'une variation dans la valeur même des métaux précieux.

Cette loi, que la quantité des moyens de circulation est déterminée par la somme des prix des marchandises circulantes et par la vitesse moyenne du cours de la monnaie[1], revient à ceci : étant donné et la somme de valeur des marchandises et la vitesse moyenne de leurs métamorphoses, la quantité du métal précieux en circulation dépend de sa propre valeur. L'illusion d'après laquelle les prix des marchandises sont au contraire déterminés par la masse des moyens de circulation et cette masse par l'abondance des métaux précieux dans un pays[2], repose origi-

---

[1] « Il y a une certaine mesure et une certaine proportion de monnaie nécessaire pour faire marcher le commerce d'une nation, au-dessus ou au-dessous desquelles ce commerce éprouverait un préjudice. Il faut de même une certaine proportion de farthings (liards) dans un petit commerce de détail pour échanger la monnaie d'argent et surtout pour les comptes qui ne pourraient être réglés complètement avec les plus petites pièces d'argent... De même que la proportion du nombre de farthings exigée par le commerce doit être calculée d'après le nombre des marchands, la fréquence de leurs échanges, et surtout d'après la valeur des plus petites pièces de monnaie d'argent ; de même la proportion de monnaie (argent ou or) requise par notre commerce doit être calculée sur le nombre des échanges et la grosseur des payements à effectuer. » (William Petty, *A Treatise on Taxes and Contributions*, London, 1667, p. 17.)

La théorie de Hume, d'après laquelle « les prix dépendent de l'abondance de l'argent », fut défendue contre Sir James Steuart et d'autres par A. Young, dans sa Political Arithmetic, London, 1774, p. 112 et suiv. Dans mon livre : Zur Kritik, etc., p. 183, j'ai dit qu'Adam Smith passa sous silence cette question de la quantité de la monnaie courante. Cela n'est vrai cependant qu'autant qu'il traite la question de l'argent *ex professo*. À l'occasion, par exemple dans sa critique des systèmes antérieurs d'économie politique, il s'exprime correctement à ce sujet :

« La quantité de monnaie dans chaque pays est réglée par la valeur des marchandises qu'il doit faire circuler... La valeur des articles achetés et vendus annuellement dans un pays requiert une certaine quantité de monnaie pour les faire circuler et les distribuer à leurs consommateurs et ne peut en employer davantage. Le canal de la circulation attire nécessairement une somme suffisante pour le remplir et n'admet jamais rien de plus. »

Adam Smith commence de même son ouvrage, *ex professo*, par une apothéose de la division du travail. Plus tard, dans le dernier livre sur les sources du revenu de l'Etat, il reproduit les observations de A. Ferguson, son maître, contre la division du travail. (Wealth of Nations, l. IV, c. 1.)

[2] « Les prix des choses s'élèvent dans chaque pays à mesure que l'or et l'argent augmentent dans la population ; si donc l'or et l'argent diminuent dans un pays, les prix de toutes choses baisseront proportionnellement à cette diminution de monnaie. » (Jacob Vanderlint, *Money answers all things*, London, 1734, p. 5.) — Une comparaison plus attentive de l'écrit de Vanderlint et de l'essai de Hume ne me laisse pas le moindre doute que ce dernier connaissait l'œuvre de son prédécesseur et en tirait parti. On trouve aussi chez Barbon et beaucoup d'autres écrivains avant lui cette opinion que la masse des moyens de circulation détermine les prix. « Aucun inconvénient, dit-il, ne peut provenir de la liberté absolue du commerce, mais au contraire un grand avantage... puisque si l'argent comptant d'une nation en éprouve une diminution, ce que les prohibitions sont chargées de prévenir, les autres nations qui acquièrent l'argent verront certai-

nellement sur l'hypothèse absurde que les marchandises et l'argent entrent dans la circulation, les unes sans prix, l'autre sans valeur, et qu'une partie aliquote du tas des marchandises s'y échange ensuite contre la même partie aliquote de la montagne de métal[1].

C. Le numéraire ou les espèces. — Le signe de valeur

Le numéraire tire son origine de la fonction que la monnaie remplit comme instrument de circulation. Les poids d'or, par exemple, exprimés selon l'étalon officiel dans les prix où les noms monétaires des marchan-

---

nement les prix de toutes choses s'élever chez elles, à mesure que la monnaie y augmente et nos manufactures parviendront à livrer à assez bas prix, pour faire incliner la balance du commerce en notre faveur et faire revenir ainsi la monnaie chez nous (l. c., p. 44).

[1] Il est évident que chaque espèce de marchandise forme, *par son prix*, un élément *du prix total de toutes les marchandises en circulation*. Mais il est impossible de comprendre comment un tas de *valeurs d'usage* incommensurables entre elles peut s'échanger contre la masse d'or ou d'argent qui se trouve dans un pays. Si l'on réduisait l'ensemble des marchandises à une *marchandise générale unique*, dont chaque marchandise ne formerait qu'une partie aliquote, on obtiendrait cette équation absurde : Marchandise générale = x quintaux d'or, marchandise A = partie aliquote de la marchandise générale = même partie aliquote de x quintaux d'or. Ceci est très naïvement exprimé par Montesquieu : « Si l'on compare la masse de l'or et de l'argent qui est dans le monde, avec la somme des marchandises qui y sont, il est certain que chaque denrée ou marchandise, en particulier, pourra être comparée à une certaine portion de l'autre. *Supposons qu'il n'y ait qu'une seule denrée ou marchandise dans le monde*, ou qu'il n'y en ait qu'une seule qui s'achète, et qu'elle *se divise comme l'argent* ; une partie de cette marchandise répondra à une partie de la masse d'argent ; la moitié du total de l'une à la moitié du total de l'autre, etc. L'établissement du prix des choses dépend toujours fondamentalement de la raison du total des choses au total des signes. » (Montesquieu, l. c., t. III, p. 12, 13.) Pour les développements donnés à cette théorie par Ricardo, par son disciple James Mill, Lord Overstone, etc., V. mon écrit : *Zur Kritik*, etc., p. 140- 146 et p. 150 et suiv. M. J. St. Mill, avec la logique éclectique qu'il manie si bien, s'arrange de façon à être tout à la fois de l'opinion de son père James Mill et de l'opinion opposée. Si l'on compare le texte de son traité : *Principes d'économie politique*, avec la préface de la première édition dans laquelle il se présente lui-même comme l'Adam Smith de notre époque, on ne sait quoi le plus admirer, de la naïveté de l'homme ou de celle du public qui l'a pris, en effet, pour un Adam Smith, bien qu'il ressemble à ce dernier comme le général Williams de Kars au duc de Wellington. Les recherches originales, d'ailleurs peu étendues et peu profondes de M. J. Si. Mill dans le domaine de l'économie politique, se trouvent toutes rangées en bataille dans son petit écrit paru en 1844, sous le titre : *Some unsettled questions of political economy*. — Quant à Locke, il exprime tout crûment la liaison entre sa théorie de la non-valeur des métaux précieux et la détermination de leur valeur par leur seule quantité. « L'humanité ayant consenti à accorder à l'or et à l'argent une valeur imaginaire... la valeur intrinsèque considérée dans ces métaux n'est rien autre chose que quantité. » (*Locke*, « Some Considerations, etc. », 1691. Ed. de 1777, vol. 11, p. 15.)

dises, doivent leur faire face sur le marché comme espèces d'or de la même dénomination ou comme numéraire. De même que l'établissement de l'étalon des prix, le monnayage est une besogne qui incombe à l'État. Les divers uniformes nationaux que l'or et l'argent revêtent, en tant que numéraire, mais dont ils se dépouillent sur le marché du monde, marquent bien la séparation entre les sphères intérieures ou nationales et la sphère générale de la circulation des marchandises.

L'or monnayé et l'or en barre ne se distinguent de prime abord que par la figure, et l'or peut toujours passer d'une de ces formes à l'autre[1]. Cependant en sortant de la Monnaie le numéraire se trouve déjà sur la voie du creuset. Les monnaies d'or ou d'argent s'usent dans leurs cours, les unes plus, les autres moins. À chaque pas qu'une guinée, par exemple, fait dans sa route, elle perd quelque chose de son poids tout en conservant sa dénomination. Le titre et la matière, la substance métallique et le nom monétaire commencent ainsi à se séparer. Des espèces de même nom deviennent de valeur inégale, n'étant plus de même poids. Le poids d'or indiqué par l'étalon des prix ne se trouve plus dans l'or qui circule, lequel cesse par cela même d'être l'équivalent réel des marchandises dont il doit réaliser les prix. L'histoire des monnaies au moyen âge et dans les temps modernes jusqu'au dix-huitième siècle n'est guère que l'histoire de cet embrouillement. La tendance naturelle de la circulation à transformer les espèces d'or en un semblant d'or, ou le numéraire en symbole de son poids métallique officiel, est reconnue par les lois les plus récentes sur le degré de perte de métal qui met les espèces hors de cours ou les démonétise.

Le cours de la monnaie, en opérant une scission entre le contenu réel et le contenu nominal, entre l'existence métallique et l'existence fonctionnelle des espèces, implique déjà, sous forme latente, la possibilité de les remplacer dans leur fonction de numéraire par des jetons de billon, etc. Les difficultés techniques du monnayage de parties de poids d'or ou

---

[1] Je n'ai pas à m'occuper ici du droit de seigneuriage et d'autres détails de ce genre. Je mentionnerai cependant à l'adresse du sycophante *Adam Muller*, qui admire « la grandiose libéralité avec laquelle le gouvernement anglais monnaye gratuitement », le jugement suivant de Sir Dudley North : « L'or et l'argent, comme les autres marchandises, ont leur flux et leur reflux. En arrive-t-il des quantités d'Espagne... on le porte à la Tour et il est aussitôt monnayé. Quelque temps après vient une demande de lingots pour l'exportation. S'il n'y en a pas et que tout soit en monnaie, que faire ? Eh bien ! qu'on refonde tout de nouveau ; il n'y a rien à y perdre, puisque cela ne coûte rien au possesseur. C'est ainsi qu'on se moque de la nation et qu'on lui fait payer le tressage de la paille à donner aux ânes. Si le marchand (North lui-même était un des premiers négociants du temps de Charles II) avait à payer le prix du monnayage, il n'enverrait pas ainsi son argent à la Tour sans plus de réflexion, et la monnaie conserverait toujours une valeur supérieure à celle du métal non monnayé. » (North, l. c., p. 18.)

d'argent tout à fait diminutives, et cette circonstance que des métaux inférieurs servent de mesure de valeur et circulent comme monnaie jusqu'au moment où le métal précieux vient les détrôner, expliquent historiquement leur rôle de monnaie symbolique. Ils tiennent lieu de l'or monnayé dans les sphères de la circulation où le roulement du numéraire est le plus rapide, c'est-à-dire où les ventes et les achats se renouvellent incessamment sur la plus petite échelle. Pour empêcher ces satellites de s'établir à la place de l'or, les proportions dans lesquelles ils doivent être acceptés en payement sont déterminées par des lois. Les cercles particuliers que parcourent les diverses sortes de monnaie s'entrecroisent naturellement. La monnaie d'appoint, par exemple, apparaît pour payer des fractions d'espèces d'or ; l'or entre constamment dans la circulation de détail, mais il en est constamment chassé par la monnaie d'appoint échangée contre lui[1].

La substance métallique des jetons d'argent ou de cuivre est déterminée arbitrairement par la loi. Dans leur cours ils s'usent encore plus rapidement que les pièces d'or. Leur fonction devient donc par le fait complètement indépendante de leur poids, c'est à-dire de toute valeur.

Néanmoins, et c'est le point important, ils continuent de fonctionner comme remplaçants des espèces d'or. La fonction numéraire de l'or entièrement détachée de sa valeur métallique est donc un phénomène produit par les frottements de sa circulation même. Il peut donc être remplacé dans cette fonction par des choses relativement sans valeur aucune, telles que des billets de papier. Si dans les jetons métalliques le caractère purement symbolique est dissimulé jusqu'à un certain point, il se manifeste sans équivoque dans le papier monnaie. Comme on le voit, ce n'est que le premier pas qui coûte.

Il ne s'agit ici que de *papier monnaie d'État avec cours forcé*. Il naît spontanément de la circulation métallique. La *monnaie de crédit*, au contraire, suppose un ensemble de conditions qui, du point de vue de la circulation simple des marchandises, nous sont encore inconnues. Remarquons en passant que si le papier monnaie proprement dit provient de la fonction de l'argent comme *moyen de circulation, la monnaie de*

---

[1] « Si l'argent ne dépassait jamais ce dont on a besoin pour les petits payements, il ne pourrait être ramassé en assez grande quantité pour les payements plus importants... L'usage de l'or dans les gros payements implique donc son usage dans le commerce de détail. Ceux qui ont de la monnaie d'or l'offrent pour de petits achats et reçoivent avec la marchandise achetée un solde d'argent en retour. Par ce moyen, le surplus d'argent qui sans cela encombrerait le commerce de détail est dispersé dans la circulation générale. Mais, s'il y a autant d'argent qu'en exigent les petits payements, indépendamment de l'or, le marchand en détail recevra alors de l'argent pour les petits achats et le verra nécessairement s'accumuler dans ses mains. » (David Buchanan, *Inquiry into the Taxation and commercial Policy of Great Britain.* Edinburgh, 1844, p. 248, 249.)

crédit a sa racine naturelle dans la fonction de l'argent comme *moyen de payement*[1].

L'État jette dans la circulation des billets de papier sur lesquels sont inscrits des dénominations de numéraire tels que 1 l. st., 5 l. st., etc. En tant que ces billets circulent réellement à la place du poids d'or de la même dénomination, leur mouvement ne fait que refléter les lois du cours de la monnaie réelle. Une loi spéciale de la circulation du papier ne peut résulter que de son rôle de représentant de l'or ou de l'argent, et cette loi est très simple ; elle consiste en ce que l'émission du papier monnaie doit être proportionnée à la quantité d'or (ou d'argent dont il est le symbole et qui devrait réellement circuler. La quantité d'or que la circulation peut absorber oscille bien constamment au-dessus ou au-dessous d'un certain niveau moyen ; cependant elle ne tombe jamais au-dessous d'un minimum que l'expérience fait connaître en chaque pays. Que cette masse *minima* renouvelle sans cesse ses parties intégrantes, c'est-à-dire qu'il y ait un va et vient des espèces particulières qui y entrent et en sortent, cela ne change naturellement rien ni à ses proportions ni à son roulement continu dans l'enceinte de la circulation. Rien n'empêche donc de la remplacer par des symboles de papier. Si au contraire les canaux de la circulation se remplissent de papier monnaie jusqu'à la limite de leur faculté d'absorption pour le métal précieux, alors la moindre oscillation dans le prix des marchandises pourra les faire déborder. Toute mesure est dès lors perdue.

Abstraction faite d'un discrédit général, supposons que le papier monnaie dépasse sa proportion légitime. Après comme avant, il ne représentera dans la circulation des marchandises que le *quantum* d'or qu'elle exige selon ses lois immanentes et qui, par conséquent, est seul représentable. Si, par exemple, la masse totale du papier est le double de ce qu'elle devrait être, un billet de 1 l. st., qui représentait 1/4 d'once

---

[1] Le mandarin des finances *Wan-mao-in* s'avisa un jour de présenter au fils du ciel un projet dont le but caché était de transformer les assignats de l'Empire chinois en billets de banque convertibles. Le comité des assignats d'avril 1854 se chargea de lui laver la tête, et proprement. Lui fit il administrer la volée de coups de bambous traditionnelle, c'est ce qu'on ne dit pas. « Le comité », telle est la conclusion du rapport, « a examiné ce projet avec attention et trouve que tout en lui a uniquement en vue l'intérêt des marchands, mais que rien n'y est avantageux pour la couronne. » (*Arbeiten der Kaiserlich Russischen Gesandtschaft zu Peking fiber China. Aus dem Russischen von Dr. K. Abel und F. A. Mecklenburg. Erster Band.* Berlin, 1858, p. 47 et suiv.) Sur la perte métallique éprouvée par les monnaies d'or dans leur circulation, voici ce que dit le gouverneur de la Banque d'Angleterre, appelé comme témoin devant la Chambre des lords (Bank-acts Committee). — « Chaque année, une nouvelle classe de souverains (non politique — le souverain est le nom d'une l. st.) est trouvée trop légère. Cette classe qui telle année possède le poids légal perd assez par le frottement pour faire pencher, l'année après, le plateau de la balance contre elle. »

d'or, n'en représentera plus que 1/8. L'effet est le même que si l'or, dans sa fonction d'étalon de prix, avait été altéré.

Le papier monnaie est signe d'or ou signe de monnaie. Le rapport qui existe entre lui et les marchandises consiste tout simplement en ceci, que les mêmes quantités d'or qui sont exprimées idéalement dans leurs prix sont représentées symboliquement par lui. Le papier monnaie n'est donc signe de valeur qu'autant qu'il représente des quantités d'or qui, comme toutes les autres quantités de marchandises, sont aussi des quantités de valeur[1].

On demandera peut-être pourquoi l'or peut être remplacé par des choses sans valeur, par de simples signes. Mais il n'est ainsi remplaçable qu'autant qu'il fonctionne exclusivement comme numéraire ou instrument de circulation. Le caractère exclusif de cette fonction ne se réalise pas, il est vrai, pour les monnaies d'or ou d'argent prises à part, quoiqu'il se manifeste dans le fait que des espèces usées continuent néanmoins à circuler. Chaque pièce d'or n'est simplement instrument de circulation qu'autant qu'elle circule. Il n'en est pas ainsi de la masse d'or *minima* qui peut être remplacée par le papier monnaie. Cette masse appartient toujours à la sphère de la circulation, fonctionne sans cesse comme son instrument et existe exclusivement comme soutien de cette fonction. Son roulement ne représente ainsi que l'alternation continuelle des mouvements inverses de la métamorphose M—A—M où la figure valeur des marchandises ne leur fait face que pour disparaître aussitôt après, où le remplacement d'une marchandise par l'autre fait glisser la monnaie sans cesse d'une main dans une autre. Son existence fonctionnelle absorbe, pour ainsi dire, son existence matérielle. Reflet fugitif des prix des marchandises, elle ne fonctionne plus que comme signe d'elle-même et peut par conséquent être remplacée par des signes[2]. Seulement il faut que le

---

[1] Le passage suivant, emprunté à Fullarton, montre quelle idée confuse se font même les meilleurs écrivains de la nature de l'argent et de ses fonctions diverses. « Un fait qui, selon moi, n'admet point de dénégation, c'est que pour tout ce qui concerne nos échanges à l'intérieur, les fonctions monétaires que remplissent ordinairement les monnaies d'or et d'argent peuvent être remplies avec autant d'efficacité par des billets inconvertibles, n'ayant pas d'autre valeur que cette valeur factice et conventionnelle qui leur vient de la loi. Une valeur de ce genre peut être réputée avoir tous les avantages d'une valeur intrinsèque et permettra même de se passer d'un étalon de valeur, à la seule condition qu'on en limitera, comme il convient, le nombre des émissions. » (John Fuilarton, *Regulation of Currencies*, 2e éd., London, 1845, p. 21.) — Ainsi donc, parce que la marchandise argent peut être remplacée dans la circulation par de simples signes de valeur, son rôle de mesure des valeurs et d'étalon des prix est déclaré superflu !

[2] De ce fait, que l'or et l'argent en tant que numéraire ou dans la fonction exclusive d'instrument de circulation arrivent à n'être que des simples signes d'eux-mêmes, Nicolas Barbon fait dériver le droit des gouvernements « *to raise money* », c'est-à-dire de donner à un quantum d'argent, qui s'appellerait franc, le nom

signe de la monnaie soit comme elle socialement valable, et il le devient par le cours forcé. Cette action coercitive de l'État ne peut s'exercer que dans l'enceinte nationale de la circulation, mais là seulement aussi peut s'isoler la fonction que la monnaie remplit comme numéraire.

III. *La monnaie ou l'argent*

Jusqu'ici nous avons considéré le métal précieux sous le double aspect de mesure des valeurs et d'instrument de circulation. Il remplit la première fonction comme monnaie idéale, il peut être représenté dans la deuxième par des symboles. Mais il y a des fonctions où il doit se présenter dans son corps métallique comme équivalent réel des marchandises ou comme marchandise monnaie. Il y a une autre fonction encore qu'il peut remplir ou en personne ou par des suppléants, mais où il se dresse toujours en face des marchandises usuelles comme l'unique incarnation adéquate de leur valeur. Dans tous ces cas, nous dirons qu'il fonctionne comme monnaie ou argent proprement dit par opposition à ses fonctions de mesure des valeurs et de numéraire.

A. *Thésaurisation*

Le mouvement circulatoire des deux métamorphoses inverses des marchandises ou l'alternation continue de vente et d'achat se manifeste par le cours infatigable de la monnaie ou dans sa fonction de *perpetuum mobile*, de moteur perpétuel de la circulation. Il s'immobilise ou se transforme, comme dit *Boisguillebert*, de *meuble en immeuble*, de numéraire en *monnaie* ou *argent*, dès que la série des métamorphoses est interrompue, dès qu'une vente n'est pas suivie d'un achat subséquent.

Dès que se développe la circulation des marchandises, se développent aussi la nécessité et le désir de fixer et de conserver le produit de la première métamorphose, la marchandise changée en chrysalide d'or ou d'argent[1]. On vend dès lors des marchandises non seulement pour en acheter d'autres, mais aussi pour remplacer la forme marchandise par la forme argent. La monnaie arrêtée à dessein dans sa circulation se pétrifie, pour ainsi dire, en devenant trésor, et le vendeur se change en thésauriseur.

---

d'un quantum plus grand, tel qu'un écu, et de ne donner ainsi à leurs créanciers qu'un franc, au lieu d'un écu. « La monnaie s'use et perd de son poids en passant par un grand nombre de mains... C'est sa dénomination et son cours que l'on regarde dans les marches et non sa qualité d'argent. Le métal n'est fait monnaie que par l'autorité publique. » (N. Barbon, l. c., p. 29, 30, 45.)

[1] « Une richesse en argent n'est que... richesse en productions, converties en argent. » (Mercier de la Rivière, l. c., p. 557.) « Une valeur en productions n'a fait que changer de forme. » (*Id.*, p. 485.)

Moses Hess

C'est surtout dans l'enfance de la circulation qu'on n'échange que le superflu en valeurs d'usage contre la marchandise monnaie. L'or et l'argent deviennent ainsi d'eux-mêmes l'expression sociale du superflu et de la richesse. Cette forme naïve de thésaurisation s'éternise chez les peuples dont le mode traditionnel de production satisfait directement un cercle étroit de besoins stationnaires. Il y a peu de circulation et beaucoup de trésors. C'est ce qui a lieu chez les Asiatiques, notamment chez les Indiens. Le vieux Vanderlint, qui s'imagine que le taux des prix dépend de l'abondance des métaux précieux dans un pays, se demande pourquoi les marchandises indiennes sont à si bon marché ? Parce que les Indiens, dit-il, enfouissent l'argent. Il remarque que de 1602 à 1734 ils enfouirent ainsi cent cinquante millions de livres sterling en argent, qui étaient venues d'abord d'Amérique en Europe[1]. De 1856 à 1866, dans une période de dix ans, l'Angleterre exporta dans l'Inde et dans la Chine (et le métal importé en Chine tenue en grande partie dans l'Inde), 120 millions de livres sterl en argent qui avaient été auparavant échangées contre de l'or australien.

Dès que la production marchande a atteint un certain développement, chaque producteur doit faire provision d'argent. C'est alors le « gage social », le *nervus rerum*, le nerf des choses[2]. En effet, les besoins du producteur se renouvellent sans cesse et lui imposent sans cesse l'achat de marchandises étrangères, tandis que la production et la vente des siennes exigent plus ou moins de temps et dépendent de mille hasards. Pour acheter sans vendre, il doit d'abord avoir vendu sans acheter. Il semble contradictoire que cette opération puisse s'accomplir d'une manière générale. Cependant les métaux précieux se troquent à leur source de production contre d'autres marchandises. Ici la vente a lieu (du côté du possesseur de marchandises) sans achat (du côté du possesseur d'or et d'argent)[3]. Et des ventes postérieures qui ne sont pas complétées par des achats subséquents ne font que distribuer les métaux précieux entre tous les échangistes. Il se forme ainsi sur tous les points en relation d'affaires des réserves d'or et d'argent dans les proportions les plus diverses. La possibilité de retenir et de conserver la marchandise comme valeur d'échange ou la valeur d'échange comme marchandise éveille la passion de l'or. À mesure que s'étend la circulation des marchandises grandit aussi la puissance de la monnaie, forme absolue et toujours dis-

---

[1] « C'est grâce à cet usage qu'ils maintiennent leurs articles et leurs manufactures à des taux aussi bas. » (Vanderlint, l. c., p. 95, 96.)

[2] « Money is a pledge. » (John Bellers, *Essay about the Poor, manufactures, trade, plantations and immorality*, London, 1699, p. 13.)

[3] *Achat*, dans le sens catégorique, suppose en effet que l'or ou l'argent dans les mains de l'échangiste proviennent, non pas directement de son industrie, mais de la vente de sa marchandise.

ponible de la richesse sociale. « L'or est une chose merveilleuse ! Qui le possède est maître de tout ce qu'il désire. Au moyen de l'or on peut même ouvrir aux âmes les portes du Paradis. » (*Colomb, lettre de la Jamaïque*, 1503.)

L'aspect de la monnaie ne trahissant point ce qui a été transformé en elle, tout, marchandise ou non, se transforme en monnaie. Rien qui ne devienne vénal, qui ne se fasse vendre et acheter ! La circulation devient la grande cornue sociale où tout se précipite pour en sortir transformé en cristal monnaie. Rien ne résiste à cette alchimie, pas même les os des saints et encore moins des choses sacrosaintes, plus délicates, *res sacrosanctoe, extra commercium hominum*[1]. De même que toute différence de qualité entre les marchandises s'efface dans l'argent, de même lui, niveleur radical, efface toutes les distinctions[2]. Mais l'argent est lui-même marchandise, une chose qui peut tomber sous les mains de qui que ce soit. La puissance sociale devient ainsi puissance privée des particuliers. Aussi la société antique le dénonce-t-elle comme l'agent subversif,

---

[1] Henri III, roi très chrétien de France, dépouille les cloîtres, les monastères, etc., de leurs reliques pour en faire de l'argent. On sait quel rôle a joué dans l'histoire grecque le pillage des trésors du temple de Delphes par les Phocéens. Les temples, chez les anciens, servaient de demeure au dieu des marchandises. C'étaient des « banques sacrées ». Pour les Phéniciens, peuple marchand par excellence, l'argent était l'aspect transfiguré de toutes choses. Il était donc dans l'ordre que les jeunes filles qui se livraient aux étrangers pour de l'argent dans les fêtes d'Astarté offrissent à la déesse les pièces d'argent reçues comme emblème de leur virginité immolée sur son autel.

[2] Gold, yellow, glittering precious Gold !

Thus much of this will make black white ; foul, fair ; Wrong, right ; base, noble ; old, young ; coward, valiant

… What this, you Gods ! why ibis

Will lug your priests and servants front your sides ; This yellow slave

Will knit and break religions ; bless the accursed ; Make the hoar leprosy adored ; place thieves

And give them, title, knee and approbation, With senators of the bench ; this is it,

That makes, the wappend widow wed again

… Come damned earth,

Thou common whore of mankind

« Or précieux, or jaune et luisant en voici assez pour rendre le noir blanc, le laid beau, l'injuste juste, le vil noble, le vieux jeune, le lâche vaillant ! … Qu'est-ce, cela, ô dieux immortels ? Cela, c'est ce qui détourne de vos autels vos prêtres et leurs acolytes Cet esclave jaune bâtit et démolit vos religions, fait bénir les maudits, adorer la lèpre blanche ; place les voleurs au banc des sénateurs et leur donne titres, hommages et génuflexions. C'est lui qui fait une nouvelle mariée de la veuve vieille et usée. Allons, argile damnée, catin du genre humain… » (Shakespeare, *Timon of Athens*.)

comme le dissolvant le plus actif de son organisation économique et de ses mœurs populaires[1].

La société moderne qui, à peine née encore, tire déjà par les cheveux le dieu Plutus des entrailles de la terre[2], salue dans l'or, son saint Graal, l'incarnation éblouissante du principe même de sa vie.

La marchandise, en tant que valeur d'usage, satisfait un besoin particulier et forme un élément particulier de la richesse matérielle. Mais la valeur de la marchandise mesure le degré de sa force d'attraction sur tous les éléments de cette richesse, et par conséquent la *richesse sociale* de celui qui la possède. L'échangiste plus ou moins barbare, même le paysan de l'Europe occidentale, ne sait point séparer la valeur de sa forme. Pour lui, accroissement de sa réserve d'or et d'argent veut dire accroissement de valeur. Assurément la valeur du métal précieux change par suite des variations survenues soit dans sa propre valeur soit dans celle des marchandises. Mais cela n'empêche pas d'un côté, que 200 onces d'or contiennent après comme avant plus de valeur que 100, 300 plus que 200, etc., ni d'un autre côté, que la forme métallique de la monnaie reste la forme équivalente générale de toutes les marchandises, l'incarnation sociale de tout travail humain. Le penchant à thésauriser n'a, de sa nature, ni règle ni mesure. Considéré au point de vue de la qualité ou de la forme, comme représentant universel de la richesse matérielle, l'argent est sans limite parce qu'il est immédiatement transformable en toute sorte de marchandise. Mais chaque somme d'argent réelle a sa limite quantitative et n'a donc qu'une puissance d'achat restreinte. Cette contradiction entre la quantité toujours définie et la qualité de puissance infinie de l'argent ramène sans cesse le thésauriseur au travail de Sisyphe. Il en est de lui comme du conquérant que chaque conquête nouvelle ne mène qu'à une nouvelle frontière.

Pour retenir et conserver le métal précieux en qualité de monnaie, et par suite d'élément de la thésaurisation, il faut qu'on l'empêche de circuler ou de se résoudre comme moyen d'achat en moyens de jouissance. Le thésauriseur sacrifie donc à ce fétiche tous les penchants de sa chair. Personne plus que lui ne prend au sérieux l'évangile du renoncement. D'un autre côté, il ne peut dérober en monnaie à la, circulation que ce qu'il lui donne en marchandises. Plus il produit, plus il peut vendre. In-

---

[1] « Rien n'a, comme l'argent, suscité parmi les hommes de mauvaises lois et tic mauvaises mœurs ; c'est lui qui met la discussion dans les villes et chasse les habitants de leurs demeures ; c'est lui qui détourne les âmes les plus belles vers tout ce qu'il y a de honteux et de funeste à l'homme et leur apprend à extraire de chaque chose le mal et l'impiété. » (Sophocle, *Antigone.*)

[2] « Ἐλπt(ούσbς 7ῆς πλεονεδιας ἀνάδετν ἐM 7ῶν μυχῶν 7ῆς Υῆς αύ7òν 7òν Πλού7ωva. » (Athen Deiponos. (Traduite dans le texte)

dustrie, économie, avarice, telles sont ses vertus cardinales ; beaucoup vendre, peu acheter, telle est la somme de son économie politique[1].

Le trésor n'a pas seulement une forme brute : il a aussi une forme esthétique. C'est l'accumulation d'ouvrages d'orfèvrerie qui se développe avec l'accroissement de la richesse sociale. « Soyons riches ou paraissons riches. » (Diderot.) Il se forme ainsi d'une part un marché toujours plus étendu pour les métaux précieux, de l'autre une source latente d'approvisionnement à laquelle on puise dans les périodes de crise sociale.

Dans l'économie de la circulation métallique, les trésors remplissent des fonctions diverses. La première tire son origine des conditions qui président au cours de la monnaie. On a vu comment la masse courante du numéraire s'élève ou s'abaisse avec les fluctuations constantes qu'éprouve la circulation des marchandises sous le rapport de l'étendue, des prix et de la vitesse. Il faut donc que cette masse soit capable de contraction et d'expansion.

Tantôt une partie de la monnaie doit sortir de la circulation, tantôt elle y doit rentrer. Pour que la masse d'argent courante corresponde toujours au degré où la sphère de la circulation se trouve saturée, la quantité d'or ou d'argent qui réellement circule ne doit former qu'une partie du métal précieux existant dans un pays. C'est par la forme trésor de l'argent que cette condition se trouve remplie. Les réservoirs des trésors servent à la fois de canaux de décharge et d'irrigation, de façon que les canaux de circulation ne débordent jamais[2].

---

[1] « Accroître autant que possible le nombre des vendeurs de toute marchandise, diminuer autant que possible le nombre des acheteurs, tel est le résumé des opérations de l'économie politique. » (Verri, l. c., p. 52.)

[2] « Pour faire marcher le commerce d'une nation, il faut une somme de monnaie déterminée, qui varie et se trouve tantôt plus grande, tantôt plus petite... Ce flux et reflux de la monnaie s'équilibre de lui-même, sans le secours des politiques... Les pistons travaillent alternativement ; si la monnaie est rare, on monnaye les lingots ; si les lingots sont rares, on fond la monnaie. » (Sir D. North, l. c., p. 22.) John Stuart Mill, longtemps fonctionnaire de la Compagnie des Indes, confirme ce fait que les ornements et bijoux en argent sont encore employés dans l'Inde comme réserves. « On sort les ornements d'argent et on les monnaye quand le taux de l'intérêt est élevé, et ils retournent à leurs possesseurs quand le taux de l'intérêt baisse. » (J. St. Mill, *Evidence, Reports on Bankacts*, 1857, n°2084). D'après un document parlementaire de 1864 sur l'importation et l'exportation de l'or et de l'argent dans l'Inde, l'importation en 1863 dépassa l'exportation de 19,367,764 l. st. Dans les huit années avant 1864, l'excédent de l'importation des métaux précieux sur leur exportation atteignit 109 652 917 l. st. Dans le cours de ce siècle, il a été monnayé dans l'Inde plus de 200 000 000 l. st.

B.   Moyen de payement.

Dans la forme immédiate de la circulation des marchandises examinée jusqu'ici, la même valeur se présente toujours double, marchandise à un pôle, monnaie à l'autre. Les producteurs-échangistes entrent en rapport comme représentants d'équivalents qui se trouvent déjà en face les uns des autres. À mesure cependant que se développe la circulation, se développent aussi des circonstances tendant à séparer par un intervalle de temps l'aliénation de la marchandise et la réalisation de son prix. Les exemples les plus simples nous suffisent ici. Telle espèce de marchandise exige plus de temps pour sa production, telle autre en exige moins. Les saisons de production ne sont pas les mêmes pour des marchandises différentes. Si une marchandise prend naissance sur le lieu même de son marché, une autre doit voyager et se rendre à un marché lointain. Il se peut donc que l'un des échangistes soit prêt à vendre, tandis que l'autre n'est pas encore à même d'acheter. Quand les mêmes transactions se renouvellent constamment entre les mêmes personnes les conditions de la vente et de l'achat des marchandises se régleront peu à peu d'après les conditions de leur production. D'un autre côté, l'usage de certaines espèces de marchandise, d'une maison, par exemple, est aliéné pour une certaine période, et ce n'est qu'après l'expiration du terme que l'acheteur a réellement obtenu la valeur d'usage stipulée. Il achète donc avant de payer. L'un des échangistes vend une marchandise présente, l'autre achète comme représentant d'argent à venir. Le vendeur devient créancier, l'acheteur débiteur. Comme la métamorphose de la marchandise prend ici un nouvel aspect, l'argent lui aussi acquiert une nouvelle fonction. Il devient moyen de payement.

Les caractères de créancier et de débiteur proviennent ici de la circulation simple. Le changement de sa forme imprime au vendeur et à l'acheteur leurs cachets nouveaux. Tout d'abord, ces nouveaux rôles sont donc aussi passagers que les anciens et joués tour à tour par les mêmes acteurs, mais ils n'ont plus un aspect aussi débonnaire, et leur opposition devient plus susceptible de se solidifier[1]. Les mêmes caractères peuvent aussi se présenter indépendamment de la circulation des marchandises. Dans le monde antique, le mouvement de la lutte des classes a surtout la forme d'un combat, toujours renouvelé entre créanciers et débiteurs, et se termine à Rome par la défaite et la ruine du débiteur plébéien qui est remplacé par l'esclave. Au moyen âge, la lutte se ter-

---

[1] Voici quels étaient les rapports de créanciers à débiteurs en Angleterre au commencement du XVIIIe siècle : « Il règne ici, en Angleterre, un tel esprit de cruauté parmi les gens de commerce qu'on ne pourrait rencontrer rien de semblable dans aucune autre société d'hommes, ni dans aucun autre pays du monde. » (*An Essay on Credit and the Bankrupt Act*, London, 1707, p. 2).

mine par la ruine du débiteur féodal. Celui-là perd la puissance politique dès que croule la base économique qui en faisait le soutien. Cependant ce rapport monétaire de créancier à débiteur ne fait à ces deux époques que réfléchir à la surface des antagonismes plus profonds.

Revenons à la circulation des marchandises. L'apparition simultanée des équivalents marchandise et argent aux deux pôles de la vente a cessé. Maintenant l'argent fonctionne en premier lieu comme mesure de valeur dans la fixation du prix de la marchandise vendue. Ce prix établi par contrat, mesure l'obligation de l'acheteur, c'est-à-dire la somme d'argent dont il est redevable à terme fixe.

Puis il fonctionne comme moyen d'achat idéal. Bien qu'il n'existe que dans la promesse de l'acheteur, il opère cependant le déplacement de la marchandise. Ce n'est qu'à l'échéance du terme qu'il entre, comme moyen de payement, dans la circulation, c'est-à-dire qu'il passe de la main de l'acheteur dans celle du vendeur. Le moyen de circulation s'était transformé en trésor, parce que le mouvement de la circulation s'était arrêté à sa première moitié. Le moyen de payement entre dans la circulation, mais seulement après que la marchandise en est sortie. Le vendeur transformait la marchandise en argent pour satisfaire ses besoins, le thésauriseur pour la conserver sous forme d'équivalent général, l'acheteur débiteur enfin pour pouvoir payer. S'il ne paye pas, une vente forcée de son avoir a lieu. La conversion de la marchandise en sa figure valeur, en monnaie, devient ainsi une nécessité sociale qui s'impose au producteur échangiste indépendamment de ses besoins et de ses fantaisies personnelles.

Supposons que le paysan achète du tisserand 20 mètres de toile au prix de 2 l. st., qui est aussi le prix d'un quart de froment, et qu'il les paye un mois après. Le paysan transforme son froment en toile avant de l'avoir transformé en monnaie. Il accomplit donc la dernière métamorphose de sa marchandise avant la première. Ensuite il vend du froment pour 2 l. st., qu'il fait passer au tisserand au terme convenu. La monnaie réelle ne lui sert plus ici d'intermédiaire pour substituer la toile au froment. C'est déjà fait. Pour lui la monnaie est au contraire le dernier mot de la transaction en tant qu'elle est la forme absolue de la valeur qu'il doit fournir, la marchandise universelle. Quant au tisserand, sa marchandise a circulé et a réalisé son prix, mais seulement au moyen d'un titre qui ressortit du droit civil. Elle est entrée dans la consommation d'autrui avant d'être transformée en monnaie. La première métamorphose de sa toile reste donc suspendue et ne s'accomplit que plus tard, au terme d'échéance de la dette du paysan[1].

---

[1] La citation suivante empruntée à mon précédent ouvrage, *Critique de l'économie politique*, 1859, montre pourquoi je n'ai pas parlé dans le texte d'une forme opposée. « Inversement, dans le procédé A—M, l'argent peut être mis

Les obligations échues dans une période déterminée représentent le prix total des marchandises vendues. La quantité de monnaie exigée pour la réalisation de cette somme dépend d'abord de la vitesse du cours des moyens de payement. Deux circonstances la règlent : 1. l'enchaînement des rapports de créancier à débiteur, comme lorsque A, par exemple, qui reçoit de l'argent de son débiteur B, le fait passer à son créancier C, et ainsi de suite ; l'intervalle de temps qui sépare les divers termes auxquels les payements s'effectuent. La série des payements consécutifs ou des premières métamorphoses supplémentaires se distingue tout à fait de l'entrecroisement des séries de métamorphoses que nous avons d'abord analysé.

Non seulement la connexion entre vendeurs et acheteurs s'exprime dans le mouvement des moyens de circulation. Mais cette connexion naît dans le cours même de la monnaie. Le mouvement du moyen de payement au contraire exprime un ensemble de rapports sociaux préexistants.

La simultanéité et contiguïté des ventes (ou achats), qui fait que la quantité des moyens de circulation ne peut plus être compensée par la vitesse de leur cours, forme un nouveau levier dans l'économie des moyens de payement. Avec la concentration des payements sur une même place se développent spontanément des institutions et des méthodes pour les balancer les uns par les autres. Tels étaient, par exemple, à Lyon, au moyen âge, les virements. Les créances de A sur B, de B sur C, de C sur A, et ainsi de suite, n'ont besoin que d'être confrontées pour s'annuler réciproquement, dans une certaine mesure, comme quantités positives et négatives. Il ne reste plus ainsi qu'une balance de compte à solder. Plus est grande la concentration des payements, plus est relativement petite leur balance, et par cela même la masse des moyens de payement en circulation.

La fonction de la monnaie comme moyen de payement implique une contradiction sans moyen terme. Tant que les payements se balancent, elle fonctionne seulement d'une manière idéale, comme monnaie de compte et mesure des valeurs. Dès que les payements doivent s'effectuer réellement, elle ne se présente plus comme simple moyen de circulation, comme forme transitive servant d'intermédiaire au déplacement des produits, mais elle intervient comme incarnation individuelle du travail social, seule réalisation de la valeur d'échange, marchandise absolue.

---

dehors comme moyen d'achat et le prix de la marchandise être ainsi réalisé avant que la valeur d'usage de l'argent soit réalisée ou la marchandise aliénée. C'est ce qui a lieu tous les jours, par exemple, sous forme de prénumération, et c'est ainsi que le gouvernement anglais achète dans l'Inde l'opium des Ryots. Dans ces cas cependant, l'argent agit toujours comme moyen d'achat et n'acquiert aucune nouvelle forme particulière... Naturellement, le capital est aussi avancé sous forme argent ; mais il ne se montre pas encore à l'horizon de la circulation simple. » (L. c., p. 112-120.)

Cette contradiction éclate dans le moment des crises industrielles ou commerciales auquel on a donné le nom de crise monétaire[1].

Elle ne se produit que là où l'enchaînement des payements et un système artificiel destiné à les compenser réciproquement se sont développés. Ce mécanisme vient-il, par une cause quelconque, à être dérangé, aussitôt la monnaie, par un revirement brusque et sans transition, ne fonctionne plus sous sa forme purement idéale de monnaie de compte. Elle est réclamée comme argent comptant et ne peut plus être remplacée par des marchandises profanes. L'utilité de la marchandise ne compte pour rien et sa valeur disparaît devant ce qui n'en est que la forme. La veille encore, le bourgeois, avec la suffisance présomptueuse que lui donne la prospérité, déclarait que l'argent est une vaine illusion. La marchandise seule est argent, s'écriait-il. L'argent seul est marchandise ! Tel est maintenant le cri qui retentit sur le marché du monde. Comme le cerf altéré brame après la source d'eau vive, ainsi son âme appelle à grands cris l'argent, la seule et unique richesse[2]. L'opposition qui existe entre la marchandise et sa forme valeur est, pendant la crise, poussée à l'outrance. Le genre particulier de la monnaie n'y fait rien. La disette monétaire reste la même, qu'il faille payer en or ou en monnaie de crédit, en billets de banque, par exemple[3].

---

[1] Il faut distinguer la crise monétaire dont nous parlons ici, et qui est une phase de n'importe quelle crise, de cette espèce de crise particulière, à laquelle on donne le même nom, mais qui peut former néanmoins un phénomène indépendant, de telle sorte que son action n'influe que par contrecoup sur l'industrie et le commerce. Les crises de ce genre ont pour pivot le capital argent et leur sphère immédiate est aussi celle de ce capital, — la Banque, la Bourse et la Finance.

[2] « Le revirement subit du système de crédit en système monétaire ajoute l'effroi théorique à la panique pratique, et les agents de la circulation tremblent devant le mystère impénétrable de leurs propres rapports. » (Karl Marx, l. c., p. 126.) — « Le pauvre reste morne et étonne de ce que le riche n'a plus d'argent pour le faire travailler, et cependant le même soi et les mêmes mains qui fournissent la nourriture et les vêtements, sont toujours là — et c'est là ce qui constitue la véritable richesse d'une nation, et non pas l'argent. » (John Bellers, *Proposals for raising a College of Industry*, London, 1696, p. 33.)

[3] Voici de quelle façon ces moments-là sont exploités : « Un jour (1839), un vieux banquier de la Cité causant avec un de ses amis dans son cabinet, souleva le couvercle du pupitre devant lequel il était assis et se mit à déployer des rouleaux de billets de banque. En voilà, dit-il d'un air tout joyeux, pour cent mille livres sterling. Ils sont là en réserve pour tendre la situation monétaire (to make the money tight) et ils seront tous dehors à 3 heures, cet après-midi. » (*The Theory of the Exchanges, the Bank Charter Art of 1844*, London, 1864 p. 81.) L'organe semi officiel, l'*Observer*, publiait à la date du 28 avril 1864 : « Il court certains bruits vraiment curieux sur les moyens auxquels on a eu recours pour créer une disette de billets de banque. Bien qu'il soit fort douteux, qu'on ait eu recours à quelque artifice de ce genre, la rumeur qui s'en est répandue a été si générale qu'elle mérite réellement d'être mentionnée. »

MAZZINI

Si nous examinons maintenant la somme totale de la monnaie qui circule dans un temps déterminé, nous trouverons qu'étant donné la vitesse du cours des moyens de circulation et des moyens de payement, elle est égale à la somme des prix des marchandises à réaliser, plus la somme des payements échus, moins celle des payements qui se balancent, moins enfin l'emploi double ou plus fréquent des mêmes pièces pour la double fonction de moyen de circulation et de moyen de payement. Par exemple, le paysan a vendu son froment moyennant 2 l. st. qui opèrent comme moyen de circulation. Au terme d'échéance, il les fait passer au tisserand. Maintenant elles fonctionnent comme moyen de payement. Le tisserand achète avec elles une bible, et dans cet achat elles fonctionnent de nouveau comme moyen de circulation, et ainsi de suite.

Étant donné la vitesse du cours de la monnaie, l'économie des payements et les prix des marchandises, on voit que la masse des marchandises en circulation ne correspond plus à la masse de la monnaie courante dans une certaine période, un jour, par exemple. Il court de la monnaie qui représente des marchandises depuis longtemps dérobées à la circulation. Il court des marchandises dont l'équivalent en monnaie ne se présentera que bien plus tard. D'un autre côté, les dettes contractées et les dettes échues chaque jour sont des grandeurs tout à fait incommensurables[1].

La monnaie de crédit a sa source immédiate dans la fonction de l'argent comme moyen de payement. Des certificats constatant les dettes contractées pour des marchandises vendues circulent eux-mêmes à leur tour pour transférer à d'autres personnes les créances. À mesure que s'étend le système de crédit, se développe de plus en plus la fonction que la monnaie remplit comme moyen de payement. Comme tel, elle revêt des formes d'existence particulières dans lesquelles elle hante la sphère des grandes transactions commerciales, tandis que les espèces d'or et d'argent sont refoulées principalement dans la sphère du commerce de détail[2].

---

[1] « Le montant des ventes ou achats contractés dans le cours d'un jour quelconque n'affectera en rien la quantité de la monnaie en circulation ce jour-là même, mais pour la plupart des cas, il se résoudra en une multitude de traites sur la quantité d'argent qui peut se trouver en circulation à des dates ultérieures plus ou moins éloignées. — Il n'est pas nécessaire que les billets signés ou les crédits ouverts aujourd'hui aient un rapport quelconque relativement, soit à la quantité, au montant ou à la durée, avec ceux qui seront signés ou contractés demain ou après-demain ; bien plus, beaucoup de billets et de crédits d'aujourd'hui se présentent à l'échéance avec une masse de payements, dont l'origine embrasse une suite de dates antérieures absolument indéfinies ; ainsi, souvent des billets à douze, six, trois et un mois, réunis ensemble, entrent dans la masse commune des payements à effectuer le même jour. » (*The Currency question reviewed ; a letter to the Scotch people by a banker in England*, Edimburg, 1845, p. 29, 30, passim.)

[2] Pour montrer par un exemple dans quelle faible proportion l'argent comptant

Plus la production marchande se développe et s'étend, moins la fonction de la monnaie comme moyen de payement est restreinte à la sphère de la circulation des produits. La monnaie devient la marchandise générale des contrats[1]. Les rentes, les impôts, etc., payés jusqu'alors en nature, se payent désormais en argent. Un fait qui démontre, entre autres, combien ce changement dépend des conditions générales de la production, c'est que l'empire romain échoua par deux fois dans sa tentative de lever toutes les contributions en argent. La misère énorme de la population agricole en France sous Louis XIV, dénoncée avec tant d'éloquence par Boisguillebert, le maréchal Vauban, etc., ne provenait pas seulement de l'élévation de l'impôt, mais aussi de la substitution de sa forme monétaire à sa forme naturelle[2]. En Asie, la rente foncière

---

entre dans les opérations commerciales proprement dites, nous donnons ici le tableau des recettes et des dépenses annuelles d'une des plus grandes maisons de commerce de Londres. Ses transactions dans l'année 1856, lesquelles comprennent bien des millions de livres sterling, sont ici ramenées à l'échelle d'un million :

Recettes

Traites de banquiers et de marchands payables à terme	L. st.	533 596
Chèques de banquiers, etc., payables à vue	//	357 715
Billets des banques provinciales	//	9 627
Billets de la Banque d'Angleterre	//	68 554
Or	//	28 089
Argent et cuivre	//	1 486
Mandats de poste	//	933
Total	**L. st.**	**1 000 000**

Dépenses

Traites payables à terme	L. st.	302 674
Chèques sur des banquiers de Londres	//	663 672
Billets de la Banque d'Angleterre	//	22 743
Or	//	9 427
Argent et cuivre	//	1 484
Total	**L. st.**	**1 000 000**

(*Report from the select Committee on the Bank acts*, juillet 1858, p. 71.)

[1] « Dès que le train du commerce est ainsi changé, qu'on n'échange plus marchandise contre marchandise, mais qu'on vend et qu'on paie, tous les marchés s'établissant sur le pied d'un prix en monnaie. » (*An Essay upon Publick Credit*, 2e éd., London, 1710, p. 8.)

[2] « L'argent est devenu le bourreau de toutes choses. » « La finance est l'alambic qui a fait évaporer une quantité effroyable de biens et de denrées pour faire ce fatal précis. L'argent déclarc la guerre à tout le genre humain. » (Boisguillebert, *Dissertation sur la nature des richesses, de l'argent et des tributs*, édit. Daire ; *Économistes financiers*, Paris, 1843, p. 413, 417, 419.)

constitue l'élément principal des impôts et se paye en nature. Cette forme de la rente, qui repose là sur des rapports de production stationnaires, entretient par contrecoup l'ancien mode de production. C'est un des secrets de la conservation de l'empire turc. Que le libre commerce, octroyé par l'Europe au Japon, amène dans ce pays la conversion de la rente nature en rente argent, et c'en est fait de son agriculture modèle, soumise à des conditions économiques trop étroites pour résister à une telle révolution.

Il s'établit dans chaque pays certains termes généraux où les payements se font sur une grande échelle. Si quelques-uns de ces termes sont de pure convention, ils reposent en général sur les mouvements périodiques et circulatoires de la reproduction liés aux changements périodiques des saisons, etc. Ces termes généraux règlent également l'époque des payements qui ne résultent pas directement de la circulation des marchandises, tels que ceux de la rente, du loyer, des impôts, etc. La quantité de monnaie qu'exigent à certains jours de l'année ces payements disséminés sur toute la périphérie d'un pays occasionne des perturbations périodiques, mais tout à fait superficielles[1].

Il résulte de la loi sur la vitesse du cours des moyens de payement, que pour tous les payements périodiques, quelle qu'en soit la source, la masse des moyens de payement nécessaire est en raison inverse de la longueur des périodes[2].

---

[1] « Le lundi de la Pentecôte 1824, raconte M. Kraig à la Commission d'enquête parlementaire de 1826, il y eut une demande si considérable de billets de banque à Edimbourg, qu'à 11 heures du matin nous n'en avions plus un seul dans notre portefeuille. Nous en envoyâmes chercher dans toutes les banques, les unes après les autres, sans pouvoir en obtenir, et beaucoup d'affaires ne purent être conclues que sur des morceaux de papier. À 3 heures de l'après-midi, cependant, tous les billets étaient de retour aux banques d'où ils étaient partis ; ils n'avaient fait que changer de mains. » Bien que la circulation effective moyenne des billets de banque en Écosse n'atteigne pas trois millions de livres sterling, il arrive cependant qu'à certains termes de payement dans l'année, tous les billets qui se trouvent entre les mains des banquiers, à peu près sept millions de livres sterling, sont appelés à l'activité. « Dans les circonstances de ce genre, les billets n'ont qu'une seule fonction à remplir, et dès qu'ils s'en sont acquittés, ils reviennent aux différentes banques qui les ont émis. » (John Fullarton, *Regulation of Currencies*, 2ᵉ éd., London, 1845, p. 86, note.) Pour faire comprendre ce qui précède il est bon d'ajouter qu'au temps de Fullarton les banques d'Écosse donnaient contre les dépôts, non des chèques, mais des billets.

[2] « Dans un cas où il faudrait quarante millions par an, les mêmes six millions (en or) pourraient-ils suffire aux circulations et aux évolutions commerciales ? » « Oui répond Petty avec sa supériorité habituelle. Si les évolutions se font dans des cercles rapprochés, chaque semaine par exemple, comme cela a lieu pour les pauvres ouvriers et artisans qui reçoivent et payent tous les samedis, alors 40/52 de un million en monnaie, permettront d'atteindre le but. Si les cercles d'évolution sont trimestriels, suivant notre coutume de payer la rente ou de

La fonction que l'argent remplit comme moyen de payement nécessite l'accumulation des sommes exigées pour les dates d'échéance. Tout en éliminant la thésaurisation comme forme propre d'enrichissement, le progrès de la société bourgeoise la développe sous la forme de réserve des moyens de payement.

C. *La monnaie universelle*

À sa sortie de la sphère intérieure de la circulation, l'argent dépouille les formes locales qu'il y avait revêtues, forme de numéraire, de monnaie d'appoint, d'étalon des prix, de signe de valeur, pour retourner à sa forme primitive de barre ou lingot. C'est dans le commerce entre nations que la valeur des marchandises se réalise universellement. C'est là aussi que leur figure valeur leur fait vis-à-vis, sous l'aspect de monnaie universelle — monnaie du monde (money of the world), comme l'appelle James Steuart, monnaie de la grande république commerçante, comme disait après lui Adam Smith. C'est sur le marché du monde et là seulement que la monnaie fonctionne dans toute la force du terme, comme la marchandise dont la forme naturelle est en même temps l'incarnation sociale du travail humain en général. Sa manière d'être y devient adéquate à son idée.

Dans l'enceinte nationale de la circulation, ce n'est qu'une seule marchandise qui peut servir de mesure de valeur et par suite de monnaie. Sur le marché du monde règne une double mesure de valeur, l'or et l'argent[1].

La monnaie universelle remplit les trois fonctions de moyen de payement, de moyen d'achat et de matière sociale de la richesse, en général (universal wealth). Quand il s'agit de solder les balances internationales, la première fonction prédomine. De là le mot d'ordre du système mercantile – balance de commerce[2]. L'or et l'argent servent essentiellement de moyen

---

percevoir l'impôt, 10 millions seront nécessaires. Donc si nous supposons que les payements en général s'effectuent entre une semaine et trois, il faudra alors ajouter 10 millions à 40/52, dont la moitié est 5 millions 1/2 de sorte que si nous avons 5 millions 1/2, nous avons assez. » (William Petty, *Political anatomy of Ireland*, 1672, édit., London, 1691, p. 13, 14.)

[1] C'est ce qui démontre l'absurdité de toute législation qui prescrit aux banques nationales de ne tenir en réserve que le métal précieux qui fonctionne comme monnaie dans l'intérieur du pays. Les difficultés que s'est ainsi créées volontairement la banque d'Angleterre, par exemple, sont connues. Dans le Bank act de 1844, Sir Robert Peel chercha à remédier aux inconvénients, en permettant à la banque d'émettre des billets sur des lingots d'argent, à la condition cependant que la réserve d'argent ne dépasserait jamais d'un quart la réserve d'or. Dans ces circonstances, la valeur de l'argent est estimée chaque fois d'après son prix en or sur le marché de Londres. Sur les grandes époques historiques du changement de la valeur relative de l'or et de l'argent, V. Karl Marx, l. c., p. 136 et suiv.

[2] Les adversaires du système mercantile, d'après lequel le but du commerce international n'est pas autre chose que le solde en or ou en argent de l'excédent d'une

d'achat international toutes les fois que l'équilibre ordinaire dans l'échange des matières entre diverses nations se dérange. Enfin, ils fonctionnent comme forme absolue de la richesse, quand il ne s'agit plus ni d'achat ni de payement, mais d'un transfert de richesse d'un pays à un autre, et que ce transfert, sous forme de marchandise, est empêché, soit par les éventualités du marché, soit par le but même qu'on veut atteindre[1].

Chaque pays a besoin d'un fonds de réserve pour son commerce étranger, aussi bien que pour sa circulation intérieure. Les fonctions de ces réserves se rattachent donc en partie à la fonction de la monnaie comme moyen de circulation et de payement à l'intérieur, et en partie à sa fonction de monnaie universelle[2]. Dans cette dernière fonction, la monnaie matérielle, c'est-à-dire l'or et l'argent, est toujours exigée ; c'est pourquoi James Steuart, pour distinguer l'or et l'argent de leurs remplaçants purement locaux, les désigne expressément sous le nom de *money of the world*.

---

balance de commerce sur l'autre, méconnaissaient complètement de leur côté la fonction de la monnaie universelle. La fausse interprétation du mouvement international des métaux précieux, n'est que le reflet de la fausse interprétation des lois qui règlent la masse des moyens de la circulation intérieure, ainsi que je l'ai montré par l'exemple de Ricardo (l. c., p. 150). Son dogme erroné : « Une balance de commerce défavorable ne provient jamais que de la surabondance de la monnaie courante... » « l'exportation de la monnaie est causée par son bas prix, et n'est point l'effet, mais la cause d'une balance défavorable » se trouve déjà chez Barbon : « *La balance du commerce, s'il y en a une, n'est point la cause de l'exportation de la monnaie d'une nation ci l'étranger*, mais elle provient *de la différence de valeur de l'or ou de l'argent en lingots dans chaque pays.* » (N. Barbon, l. c., p. 59, 60.) Mac Culloch, dans sa *Literature of Political Economy, a classified catalogue*, London, 1845, loue Barbon pour cette anticipation, mais évite avec soin de dire un seul mot des formes naïves sous lesquelles se montrent encore chez ce dernier les suppositions absurdes du « currency principle ». L'absence de critique et même la déloyauté de ce catalogue éclatent surtout dans la partie qui traite de l'histoire de la théorie de l'argent. La raison en est que le sycophante Mac Culloch fait ici sa cour à Lord Overstone (l'ex-banquier Loyd), qu'il désigne sous le nom de « facile princeps argentariorum ».

[1] Par exemple, la forme monnaie de la valeur peut être de rigueur dans les cas de subsides, d'emprunts contractés pour faire la guerre ou mettre une banque à même de reprendre le payement de ses billets, etc.

[2] « Il n'est pas, selon moi, de preuve plus convaincante de l'aptitude des fonds de réserve à mener à bon terme toutes les affaires internationales, sans aucun recours à la circulation générale, que la facilité avec laquelle la France, à peine revenue du choc d'une invasion étrangère, compléta dans l'espace de vingt-sept mois le payement d'une contribution forcée de près de vingt millions de livres exigés par les Puissances alliées, et en fournit la plus grande partie en espèces, sans le moindre dérangement dans son commerce intérieur et même sans fluctuations alarmantes dans ses échanges. » (Fullarton, l. c., p. 141.)

Le fleuve aux vagues d'argent et d'or possède un double courant. D'un côté, il se répand à partir de sa source sur tout le marché du monde où les différentes enceintes nationales le détournent en proportions diverses, pour qu'il pénètre leurs canaux de circulation intérieure, remplace leurs monnaies usées, fournisse la matière des articles de luxe, et enfin se pétrifie sous forme de trésor[1]. Cette première direction lui est imprimée par les pays dont les marchandises s'échangent directement avec l'or et l'argent aux sources de leur production. En même temps, les métaux précieux courent de côté et d'autre, sans fin ni trêve, entre les sphères de circulation des différents pays, et ce mouvement suit les oscillations incessantes du cours du change[2].

Les pays dans lesquels la production a atteint un haut degré de développement restreignent au minimum exigé par leurs fonctions spécifiques les trésors entassés dans les réservoirs de banque[3]. À part certaines exceptions, le débordement de ces réservoirs par trop au-dessus de leur niveau moyen est un signe de stagnation dans la circulation des marchandises ou d'une interruption dans le cours de leurs métamorphoses[4].

---

[1] « L'argent se partage entre les nations relativement au besoin qu'elles en ont… étant toujours attiré par les productions. » (Le Trosne, l. c., p. 916.) « Les mines qui fournissent continuellement de l'argent et de l'or en fournissent assez pour subvenir aux besoins de tous les pays. » (Vanderlint, l. c., p. 80.)

[2] « Le change subit chaque semaine des alternations de hausse et de baisse ; il se tourne à certaines époques de l'année contre un pays et se tourne en sa faveur à d'autres époques. » (N. Barbon, l. c., p. 39.).

[3] Ces diverses fonctions peuvent entrer en un conflit dangereux, dès qu'il s'y joint la fonction d'un fonds de conversion pour les billets de banque.

[4] « Tout ce qui, en fait de monnaie, dépasse le strict nécessaire pour un commerce intérieur, est un *capital mort* et ne porte aucun profit au pays dans lequel il est retenu. » (John Bellers, l. c., p 12.) « Si nous avons trop de monnaie, que faire ? Il faut fondre celle qui a le plus de poids et la transformer en vaisselle splendide, en vases ou ustensiles d'or et d'argent, ou l'exporter comme une marchandise là où on la désire, ou la placer à intérêt là où l'intérêt est élevé. » (W. Petty, *Quantulumcunque*, p. 39.) « La monnaie n'est, pour ainsi dire, que la graisse du corps politique ; trop nuit à son agilité, trop peu le rend malade… de même que la graisse lubréfie les muscles et favorise leurs mouvements, entretient le corps quand la nourriture fait défaut, remplit les cavités et donne un aspect de beauté à tout l'ensemble ; de même la monnaie, dans un État accélère son action, le fait vivre du dehors dans un temps de disette au dedans, règle les comptes… et embellit le tout, *mais plus spécialement*, ajoute Petty avec ironie, les particuliers qui la possèdent en abondance. » (W. Petty, *Political anatomy of Ireland*, p. 14.)

DEUXIÈME SECTION

LA TRANSFORMATION DE L'ARGENT EN CAPITAL

CHAPITRE IV

LA FORMULE GÉNÉRALE DU CAPITAL

La circulation des marchandises est le point de départ du capital. Il n'apparaît que là où la production marchande et le commerce ont déjà atteint un certain degré de développement. L'histoire moderne du capital date de la création du commerce et du marché des deux mondes au XVIe siècle.

Si nous faisons abstraction de l'échange des valeurs d'usage, c'est-à-dire du côté matériel de la circulation des marchandises, pour ne considérer que les formes économiques qu'elle engendre, nous trouvons pour dernier résultat l'argent. Ce produit final de la circulation est la première forme d'apparition du capital.

Lorsqu'on étudie le capital historiquement, dans ses origines, on le voit partout se poser en face de la propriété foncière sous forme d'argent, soit comme fortune monétaire, soit comme capital commercial et comme capital usuraire[1]. Mais nous n'avons pas besoin de regarder dans le passé, il nous suffira d'observer ce qui se passe aujourd'hui même sous nos yeux. Aujourd'hui comme jadis, chaque capital nouveau entre en scène, c'est-à-dire sur le marché — marché des produits, marché du travail, marché de la monnaie — sous forme d'argent, d'argent qui par des procédés spéciaux doit se transformer en capital.

L'argent en tant qu'argent et l'argent en tant que capital ne se distinguent de prime abord que par leurs différentes formes de circulation.

La forme immédiate de la circulation des marchandises est M—A—M, transformation de la marchandise en argent et retransformation de

---

[1] L'opposition qui existe entre la puissance de la propriété foncière basée sur des rapports personnels de domination et de dépendance et la puissance impersonnelle de l'argent se trouve clairement exprimée dans les deux dictons français « Nulle terre sans seigneur. » « L'argent n'a pas de maître. »

l'argent en marchandise, vendre pour acheter. Mais, à côté de cette forme, nous en trouvons une autre, tout à fait distincte, la forme A—M—A (argent— marchandise—argent), transformation de l'argent en marchandise et retransformation de la marchandise en argent, acheter pour vendre. Tout argent qui dans son mouvement décrit ce dernier cercle se transforme en capital, devient capital et est déjà par destination capital.

Considérons de plus près la circulation A—M—A. Comme la circulation simple, elle parcourt deux phases opposées. Dans la première phase A—M, achat, l'argent est transformé en marchandise. Dans la seconde M—A, vente, la marchandise est transformée en argent. L'ensemble de ces deux phases s'exprime par le mouvement qui échange monnaie contre marchandise et de nouveau la même marchandise contre de la monnaie, achète pour vendre, ou bien, si on néglige les différences formelles d'achat et de vente, achète avec de l'argent la marchandise et avec la marchandise l'argent[1].

Ce mouvement aboutit à l'échange d'argent contre argent, A—A. Si j'achète pour 100 l. st. 2000 livres de coton, et qu'ensuite je vende ces 2000 livres de coton pour 110 l. st., j'ai en définitive échangé 100 l. st. contre 110 liv. st., monnaie contre monnaie.

Il va sans dire que la circulation A—M—A serait un procédé bizarre, si l'on voulait par un semblable détour échanger des sommes d'argent équivalentes, 100 l. st., par exemple, contre 100 l. st. Mieux vaudrait encore la méthode du thésauriseur qui garde solidement ses 100 l. st. au lieu de les exposer aux risques de la circulation. Mais, d'un autre côté, que le marchand revende pour 110 l. st. le coton qu'il a acheté avec 100 l. st. ou qu'il soit obligé de le livrer à 100 et même à 50 l. st, dans tous ces cas son argent décrit toujours un mouvement particulier et original, tout à fait différent de celui que parcourt par exemple l'argent du fermier qui vend du froment et achète un habit. Il nous faut donc tout d'abord constater les différences caractéristiques entre les deux formes de circulation A—M—A et M—A—M. Nous verrons en même temps quelle différence réelle gît sous cette différence formelle.

Considérons en premier lieu ce que les deux formes ont de commun.

Les deux mouvements se décomposent dans les deux mêmes phases opposées, M—A, vente, et A—M, achat.

Dans chacune des deux phases les deux mêmes éléments matériels se font face, marchandise et argent, ainsi que deux personnes sous les mêmes masques économiques, acheteur et vendeur. Chaque mouvement est l'unité des mêmes phases opposées, de l'achat et de la vente, et chaque fois il s'accomplit par l'intervention de trois contractants dont

---

[1] « Avec de l'argent on achète des marchandises, et avec des marchandises, on achète de l'argent. » (Mercier de la Rivière, *L'ordre naturel et essentiel des sociétés politiques*, p. 543.)

l'un ne fait que vendre, l'autre qu'acheter, tandis que le troisième achète et vend tour à tour.

Ce qui distingue cependant tout d'abord les mouvements M—A—M et A—M—A, c'est l'ordre inverse des mêmes phases opposées. La circulation simple commence par la vente et finit par l'achat ; la circulation de l'argent comme capital commence par l'achat et finit par la vente. Là, c'est la marchandise qui forme le point de départ et le point de retour ; ici, c'est l'argent. Dans la première forme, c'est l'argent qui sert d'intermédiaire ; dans la seconde, c'est la marchandise.

Dans la circulation M—A—M, l'argent est enfin converti en marchandise qui sert de valeur d'usage ; il est donc définitivement — dépensé. Dans la forme inverse A—M— A, l'acheteur donne son argent pour le reprendre comme vendeur. Par l'achat de la marchandise, il jette dans la circulation de l'argent, qu'il en retire ensuite par la vente de la même marchandise. S'il le laisse partir, c'est seulement avec l'arrière-pensée perfide de le rattraper. Cet argent est donc simplement *avancé*[1].

Dans la forme M—A—M, la même pièce de monnaie change deux fois de place. Le vendeur la reçoit de l'acheteur et la fait passer à un autre vendeur. Le mouvement commence par une recette d'argent pour marchandise et finit par une livraison d'argent pour marchandise. Le contraire a lieu dans la forme A—M—A. Ce n'est pas la même pièce de monnaie, mais la même marchandise qui change ici deux fois de place. L'acheteur la reçoit de la main du vendeur et la transmet à un autre acheteur. De même que, dans la circulation simple, le changement de place par deux fois de la même pièce de monnaie a pour résultat son passage définitif d'une main dans l'autre, de même ici le changement de place par deux fois de la même marchandise a pour résultat le reflux de l'argent à son premier point de départ.

Le reflux de l'argent à son point de départ ne dépend pas de ce que la marchandise est vendue plus cher qu'elle a été achetée. Cette circonstance n'influe que sur la grandeur de la somme qui revient. Le phénomène du reflux lui-même a lieu dès que la marchandise achetée est de nouveau vendue, c'est-à-dire dès que le cercle A—M—A est complètement décrit. C'est là une différence palpable entre la circulation de l'argent comme capital et sa circulation comme simple monnaie.

Le cercle M—A—M est complètement parcouru dès que la vente d'une marchandise apporte de l'argent que remporte l'achat d'une autre marchandise. Si, néanmoins, un reflux d'argent a lieu ensuite, ce ne peut-être que parce que le parcours tout entier du cercle est de nouveau dé-

---

[1] « Quand une chose est achetée pour être vendue ensuite, la somme employée à l'achat est dite monnaie avancée ; si elle n'est pas achetée pour être vendue, la somme peut être dite dépensée » (James Steuart : *Works, etc., edited by General sir James Steuart, his son*, London, 1805, v. I, p. 274.)

crit. Si je vends un quart de froment pour 3 l. st. et que j'achète des habits avec cet argent, les 3 l. st. sont pour moi définitivement dépensées. Elles ne me regardent plus ; le marchand d'habits les a dans sa poche. J'ai beau vendre un second quart de froment, l'argent que je reçois ne provient pas de la première transaction, mais de son renouvellement, il s'éloigne encore de moi si je mène à terme la seconde transaction et que j'achète de nouveau. Dans la circulation M—A—M, la dépense de l'argent n'a donc rien de commun avec son retour. C'est tout le contraire dans la circulation A—M—A. Là, si l'argent ne reflue pas, l'opération est manquée ; le mouvement est interrompu ou inachevé, parce que sa seconde phase, c'est-à-dire la vente qui complète l'achat, fait défaut.

Le cercle M—A—M a pour point initial une marchandise et pour point final une autre marchandise qui ne circule plus et tombe dans la consommation. La satisfaction d'un besoin, une valeur d'usage, tel est donc son but définitif. Le cercle A—M—A, au contraire, a pour point de départ l'argent et y revient ; son motif, son but déterminant est donc la valeur d'échange.

Dans la circulation simple, les deux termes extrêmes ont la même forme économique ; ils sont tous deux marchandise. Ils sont aussi des marchandises de même valeur. Mais ils sont en même temps des valeurs d'usage de qualité différente, par exemple, froment et habit. Le mouvement aboutit à l'échange des produits, à la permutation des matières diverses dans lesquelles se manifeste le travail social. La circulation A—M—A, au contraire, parait vide de sens au premier coup d'œil, parce qu'elle est tautologique. Les deux extrêmes ont la même forme économique. Ils sont tous deux argent. Ils ne se distinguent point qualitativement, comme valeurs d'usage, car l'argent est l'aspect transformé des marchandises dans lequel leurs valeurs d'usage particulières sont éteintes. Échanger 100 l. st. contre du coton et de nouveau le même coton contre 100 l. st., c'est-à-dire échanger par un détour argent contre argent, idem contre idem, une telle opération semble aussi sotte qu'inutile[1]. Une somme d'argent, en tant qu'elle représente de la valeur,

---

[1] « On n'échange pas de l'argent contre de l'argent », crie Mercier de la Rivière aux mercantilistes (l. c. p. 486). Voici ce qu'on lit dans un ouvrage qui traite ex professo [d'un point de vue technique] du commerce et de la spéculation : « Tout commerce consiste dans l'échange de choses d'espèce différente ; et le profit (pour le marchand ?) provient précisément de cette différence. Il n'y aurait aucun profit... à échanger une livre de pain contre une livre de pain..., c'est ce qui explique le contraste avantageux qui existe entre le commerce et le jeu, ce dernier n'étant que l'échange d'argent contre argent. » (Ch. Corbet, *An Inquiry into the Causes and Modes of the Wealth of Individuals ; or the Principles of Trade and Speculation explained*, London, 1841) Bien que Corbet ne voie pas que A—A, l'échange d'argent contre argent, est la forme de circulation caractéristique non seulement du capital commercial, mais encore de tout capital, il admet ce-

ne peut se distinguer d'une autre somme que par sa quantité. Le mouvement A— M—A ne tire sa raison d'être d'aucune différence qualitative de ses extrêmes, car ils sont argent tous deux, mais seulement de leur différence quantitative. Finalement il est soustrait à la circulation plus d'argent qu'il n'y en a été jeté. Le coton acheté 100 l. st. est revendu 100+10 ou 110 l. st. La forme complète de ce mouvement est donc A—M—A', dans laquelle , c'est-à-dire égale la somme primitivement avancée plus un excédent. Cet excédent ou ce surcroît, je l'appelle *plus-value* (en anglais *surplus value*). Non seulement donc la valeur avancée se conserve dans la circulation, mais elle y change encore sa grandeur, y ajoute un plus, se fait valoir davantage, et c'est ce mouvement qui la transforme en capital.

Il se peut aussi que les extrêmes M, M, de la circulation M—A—M, froment — argent — habit par exemple, soient aussi de valeur inégale. Le fermier peut vendre son froment au-dessus de sa valeur ou acheter l'habit au-dessous de la sienne. À son tour, il peut être floué par le marchand d'habits. Mais l'inégalité des valeurs échangées n'est qu'un accident pour cette forme de circulation. Son caractère normal, c'est l'équivalence de ses deux extrêmes, laquelle au contraire enlèverait tout sens au mouvement A—M—A.

Le renouvellement ou la répétition de la vente de marchandises pour l'achat d'autres marchandises rencontre, en dehors de la circulation, une limite dans la consommation, dans la satisfaction de besoins déterminés. Dans l'achat pour la vente, au contraire, le commencement et la fin sont une seule et même chose, argent, valeur d'échange, et cette identité même de ses deux termes extrêmes fait que le mouvement n'a pas de fin. Il est vrai que A est devenu , que nous avons 100 + 10 l. st., au lieu de 100 ; mais, sous le rapport de la qualité, 110 l. st. sont la même chose que 100 l. st., c'est-à-dire argent, et sous le rapport de la quantité, la première somme n'est qu'une valeur limitée aussi bien que la seconde. Si les 100 l. st. sont dépensées comme argent, elles changent aussitôt de rôle et cessent de fonctionner comme capital. Si elles sont dérobées à la circulation, elles se pétrifient sous forme trésor et ne grossiront pas d'un

---

pendant que cette forme d'un genre de commerce particulier, de la spéculation, est la forme du jeu ; mais ensuite vient Mac Culloch, qui trouve qu'acheter pour vendre, c'est spéculer, et qui fait tomber ainsi toute différence entre la spéculation et le commerce : « Toute transaction dans laquelle un individu achète des produits pour les revendre est, en fait, une spéculation. » (Mac Culloch, *A Dictionary practical, etc., of Commerce*, London, 1847, p. 1056.) Bien plus naïf sans contredit est Pinto, le Pindare de la Bourse d'Amsterdam : « *Le commerce est un jeu* (proposition empruntée à Locke) ; et ce n'est pas avec des gueux qu'on peut gagner. Si l'on gagnait longtemps en tout avec tous, il faudrait rendre de bon accord les plus grandes parties du profit, pour recommencer le jeu. » (Pinto, *Traité de la circulation et du crédit*, Amsterdam, 1771, p. 231.)

liard quand elles dormiraient là jusqu'au jugement dernier. Dès lors que l'augmentation de la valeur forme le but final du mouvement, 110 l. st. ressentent le même besoin de s'accroître que 100 l. st.

La valeur primitivement avancée se distingue bien, il est vrai, pour un instant de la plus-value qui s'ajoute à elle dans la circulation ; mais cette distinction s'évanouit aussitôt. Ce qui, finalement, sort de la circulation, ce n'est pas d'un côté la valeur première de 100 l. st., et de l'autre la plus-value de 10 l. st. ; c'est une valeur de 110 l. st., laquelle se trouve dans la même forme et les mêmes conditions que les 100 premières l. st., prête à recommencer le même jeu[1]. Le dernier terme de chaque cercle A—M—A, acheter pour vendre, est le premier terme d'une nouvelle circulation du même genre. La circulation simple — vendre pour acheter — ne sert que de moyen d'atteindre un but situé en dehors d'elle-même, c'est-à-dire l'appropriation de valeurs d'usage, de choses propres à satisfaire des besoins déterminés. La circulation de l'argent comme capital possède au contraire son but en elle-même ; car ce n'est que par ce mouvement toujours renouvelé que la valeur continue à se faire valoir. Le mouvement du capital n'a donc pas de limites[2].

---

[1] « Le capital se divise en deux parties, le capital primitif et le gain, le surcroît du capital... Mais dans la pratique le gain est réuni de nouveau au capital et mis en circulation avec lui. » (F. Engels, *Umrisse zu einer Kritik der Nationalökonomie* dans les Deustch-Franzosische Iahrbücher herausgegeben von Arnold Ruge und Karl Marx, Paris, 1844, p. 99.)

[2] *Aristote* oppose l'*Économique* à la *Chrématistique*. La première est son point de départ. En tant qu'elle est l'art d'acquérir, elle se borne à procurer les biens nécessaires à la vie et utiles soit au foyer domestique, soit à l'État. « La vraie richesse (ὁ ἀλbθtvὸς πλoῦ7oς) consiste en des valeurs d'usage de ce genre, car la quantité des choses qui peuvent suffire pour rendre la vie heureuse n'est pas illimitée. Mais il est un autre art d'acquérir auquel on peut donner à juste titre le nom de *Chrématistique*, qui fait qu'il semble n'y avoir aucune limite à la richesse et à la possession. Le commerce des marchandises (ἡ Maπbλtmἡ, mot à mot : commerce de détail, (et Aristote adopte cette forme parce que la valeur d'usage y prédomine) n'appartient pas de sa nature à la Chrématistique, parce que l'échange n'y a en vue que ce qui est nécessaire aux acheteurs et aux vendeurs. » Plus loin, il démontre que le troc a été la forme primitive du commerce, mais que son extension a fait naître l'argent. À partir de la découverte de l'argent, l'échange dut nécessairement se développer, devenir maπbλtmἡ ou commerce de marchandises, et celui-ci, en contradiction avec sa tendance première, se transforma en Chrématistique ou en art de faire de l'argent. La Chrématistique se distingue de l'économique en ce sens que « pour elle la circulation est la source de la richesse (πotb7tmἡ χpbμά7ων... δtà χpbμά7ων δtaβoλbς) et elle semble pivoter autour de l'argent, car l'argent est le commencement et la fin de ce genre d'échange (7ò γàp vόμtoμa σ7otχεῖov Maì πέpaς 7ῆς ἀλλaγῆς ἐσ7ív). C'est pourquoi aussi la richesse, telle que l'a en vue la Chrématistique, est illimitée. De même que tout art qui a son but en lui- même, peut être dit infini dans sa tendance, parce qu'il cherche toujours à s'approcher de plus en plus de ce but, à la différence des arts dont le

C'est comme représentant, comme support conscient de ce mouvement que le possesseur d'argent devient capitaliste. Sa personne, ou plutôt sa poche, est le point de départ de l'argent et son point de retour. Le contenu objectif de la circulation A—M—A', c'est-à-dire la plus-value qu'enfante la valeur, tel est son but subjectif, intime. Ce n'est qu'autant que l'appropriation toujours croissante de la richesse abstraite est le seul motif déterminant de ses opérations, qu'il fonctionne comme capitaliste, ou, si l'on veut, comme capital personnifié, doué de conscience et de volonté. La valeur d'usage ne doit donc jamais être considérée comme le but immédiat du capitaliste, pas plus que le gain isolé ; mais bien le mouvement incessant du gain toujours renouvelé[1]. Cette tendance absolue à l'enrichissement, cette chasse passionnée à la valeur d'échange[2] lui sont communes avec le thésauriseur. Mais, tandis que celui-ci n'est qu'un capitaliste maniaque, le capitaliste est un thésauriseur rationnel. La vie éternelle de la valeur que le thésauriseur croit s'assurer en sauvant l'argent des dangers de la circulation[3], plus habile, le capitaliste la gagne en lançant toujours de nouveau l'argent dans la circulation[4].

Les formes indépendantes, c'est-à-dire les formes argent ou monnaie que revêt la valeur des marchandises dans la circulation simple, servent seulement d'intermédiaire pour l'échange des produits et disparaissent dans le résultat final du mouvement. Dans la circulation A—M—A', au contraire, marchandise et argent ne fonctionnent l'une et l'autre que comme des formes différentes de la valeur elle- même, de manière que

---

but tout extérieur est vite atteint, de même la Chrématistique est infinie de sa nature, car ce qu'elle poursuit est la richesse absolue. L'économique est limitée, la Chrématistique, non... ; la première se propose autre chose que l'argent, la seconde poursuit son augmentation... C'est pour avoir confondu ces deux formes que quelques-uns ont cru à tort que l'acquisition de l'argent et son accroissement à l'infini étaient le but final de l'économique. » (Aristote : *de Rep. édit. Bekker*, lib. I, chap. 8 et 9, passim.)

[1] « Le marchand ne compte pour rien le bénéfice présent ; il a toujours en vue le bénéfice futur. » (A. Genovesi : *Lezioni di Economia civile* (1765), édit. des économistes italiens de *Custodi, Parte moderna*, t. VIII, p. 139.)

[2] « La soif insatiable du gain, l'auri sacra fames, caractérise toujours le capitaliste. » (Mac Culloch, *The Principles of Politic Econ.*, London. 1830 p. 179.) — Cet aphorisme n'empêche pas naturellement le susdit Mac Culloch et consorts, à propos de difficultés théoriques, quand il s'agit, par exemple, de traiter la question de l'encombrement du marché, de transformer le capitaliste en un bon citoyen qui ne s'intéresse qu'à la valeur d'usage, et qui même a une vraie faim d'ogre pour les œufs, le coton, les chapeaux, les bottes et une foule d'autres articles ordinaires.

[3] Σῴ(ειν, sauver, est une des expressions caractéristiques des Grecs pour la manie de thésauriser. De même le mot anglais *to save* signifie « sauver » et épargner.

[4] « Cet infini que les choses n'atteignent pas dans la progression, elles l'atteignent dans la rotation » (Galiani)

l'un en est la forme générale, l'autre la forme particulière et, pour ainsi dire, dissimulée[1]. La valeur passe constamment d'une forme à l'autre sans se perdre dans ce mouvement. Si l'on s'arrête soit à l'une soit à l'autre de ces formes, dans lesquelles elle se manifeste tour à tour, on arrive aux deux définitions : le capital est argent, le capital est marchandise[2] mais, en fait, la valeur se présente ici comme une substance automatique, douée d'une vie propre, qui, tout en échangeant ses formes sans cesse, change aussi de grandeur, et, spontanément, en tant que valeur mère, produit une pousse nouvelle, une plus- value, et finalement s'accroît par sa propre vertu. En un mot, la valeur semble avoir acquis la propriété occulte d'enfanter de la valeur parce qu'elle est valeur, de faire des petits, ou du moins de pondre des œufs d'or.

Comme la valeur, devenue capital, subit des changements continuels d'aspect et de grandeur, il lui faut avant tout une forme propre au moyen de laquelle son identité avec elle- même soit constatée. Et cette forme propre, elle ne la possède que dans l'argent. C'est sous la forme argent qu'elle commence, termine et recommence son procédé de génération spontanée. Elle était 100 l. st., elle est maintenant 110 l. st., et ainsi de suite. Mais l'argent lui- même n'est ici qu'une forme de la valeur, car celle-ci en a deux. Que la forme marchandise soit mise de côté et l'argent ne devient pas capital. C'est le changement de place par deux fois de la même marchandise : premièrement dans l'achat où elle remplace l'argent avancé, secondement dans la vente où l'argent est repris de nouveau ; c'est ce double déplacement seul qui occasionne le reflux de l'argent à son point de départ, et de plus d'argent qu'il n'en avait été jeté dans la circulation. L'argent n'a donc point ici une attitude hostile, vis-à-vis de la marchandise, comme c'est le cas chez le thésauriseur. Le capitaliste sait fort bien que toutes les marchandises, quelles que soient leur apparence et leur odeur, « sont dans la foi et dans la vérité » de l'argent, et de plus des instruments merveilleux pour faire de l'argent.

Nous avons vu que : dans la circulation simple, il s'accomplit une séparation formelle entre les marchandises et leur valeur, qui se pose en face d'elles sous l'aspect argent. Maintenant, la valeur se présente tout à coup comme une substance motrice d'elle-même, et pour laquelle marchandise et argent ne sont que de pures formes. Bien plus, au lieu de représenter des rapports entre marchandises, elle entre, pour ainsi dire, en rapport privé avec elle-même. Elle distingue en soi sa valeur primitive de sa plus-value, de la même façon que Dieu distingue en sa

---

[1] « Ce n'est pas la matière qui fait le capital, mais la valeur de cette matière. » (J. B. Say, *Traité de l'Économie politique*, 3e édit., Paris, 1817, t. I, p. 428)

[2] « L'argent (*currency* !) employé dans un but de production est capital. » (Mac Leod, *The Theory and Practice of Banking*, London, 1855, v. I, ch. I.) « Le capital est marchandise. » (James Mill, *Elements of Pol. Econ.*, London, 1821, p. 74.)

personne le père et le fils, et que tous les deux ne font qu'un et sont du même âge, car ce n'est que par la plus-value de 10 l. st. que les 100 premières l. st. avancées deviennent capital; et dès que cela est accompli, dès que le fils a été engendré par le père et réciproquement, toute différence s'évanouit et il n'y a plus qu'un seul être : 110 l. st.

La valeur devient donc valeur progressive, argent toujours bourgeonnant, poussant et, comme tel, capital. Elle sort de la circulation, y revient, s'y maintient et s'y multiplie, en sort de nouveau accrue et recommence sans cesse la même rotation[1]. A—A', argent qui pond de l'argent, monnaie qui fait des petits — money which begets money — telle est aussi la définition du capital dans la bouche de ses premiers interprètes, les mercantilistes.

Acheter pour vendre, ou mieux, acheter pour vendre plus cher, A—M—A', voilà une forme qui ne semble propre qu'à une seule espèce de capital, au capital commercial. Mais le capital industriel est aussi de l'argent qui se transforme en marchandise et, par la vente de cette dernière, se retransforme en plus d'argent. Ce qui se passe entre l'achat et la vente, en dehors de la sphère de circulation, ne change rien à cette forme de mouvement. Enfin, par rapport au capital usuraire, la forme A—M—A' est réduite à ses deux extrêmes sans terme moyen; elle se résume, en style lapidaire, en A—A', argent qui vaut plus d'argent, valeur qui est plus grande qu'elle-même.

A—M—A' est donc réellement la formule générale du capital, tel qu'il se montre dans la circulation.

CHAPITRE V

LES CONTRADICTIONS
DE LA FORMULE GÉNÉRALE DU CAPITAL

La forme de circulation par laquelle l'argent se métamorphose en capital contredit toutes les lois développées jusqu'ici sur la nature de la marchandise, de la valeur, de l'argent et de la circulation elle-même. Ce qui distingue la circulation du capital de la circulation simple, c'est l'ordre de succession inverse des deux mêmes phases opposées, vente et achat. Comment cette différence purement formelle pourrait-elle opérer dans la nature même de ces phénomènes un changement aussi magique ?

Ce n'est pas tout. L'inversion des phases complémentaires n'existe que pour un seul des trois « amis du commerce » qui trafiquent ensemble.

---

[1] « Capital... valeur permanente, multipliante... » (Sismondi : *Nouveaux principes d'économie politique*, Paris, 1819, t. I, p. 89.)

François Guizot

Comme capitaliste, j'achète de A une marchandise que je vends à B, tandis que, comme simple échangiste, je vends de la marchandise à B et en achète de A. A et B n'y font pas de distinction, ils fonctionnent seulement comme acheteurs ou vendeurs. En face d'eux, je suis moi-même ou simple possesseur d'argent ou simple possesseur de marchandise, et, à vrai dire, dans les deux séries de transactions, je fais toujours face à une personne comme acheteur, à une autre comme vendeur, au premier comme argent, au second comme marchandise. Pour aucun d'eux je ne suis ni capital, ni capitaliste, ni représentant de n'importe quoi de supérieur à la marchandise ou à l'argent. À mon point de vue, mon achat de A et ma vente à B constituent une série, mais l'enchaînement de ces termes n'existe que pour moi. A ne s'inquiète point de ma transaction avec B, ni B de ma transaction avec A. Si j'entreprenais de leur démontrer le mérite particulier que je me suis acquis par le renversement de l'ordre des termes, ils me prouveraient qu'en cela même je suis dans l'erreur, que la transaction totale n'a pas commencé par un achat et fini par une vente, mais tout au contraire. En réalité, mon premier acte, l'achat, était, au point de vue de A, une vente, et mon second acte, la vente, était, au point de vue de B, un achat. Non contents de cela, A et B finiront par déclarer que l'ensemble de la transaction n'a été qu'une simagrée, et désormais le premier vendra directement au second, et le second achètera directement du premier. Tout se réduit alors à un seul acte de circulation ordinaire, simple vente du point de vue de A et simple achat du point de vue de B. Le renversement de l'ordre de succession de ses phases ne nous a donc pas fait dépasser la sphère de la circulation des marchandises, et il nous reste forcément à examiner si, par sa nature, elle permet un accroissement des valeurs qui y entrent, c'est-à-dire la formation d'une plus-value.

Prenons le phénomène de la circulation dans une forme sous laquelle il se présente comme simple échange de marchandises. Cela arrive toutes les fois que deux producteurs-échangistes achètent l'un de l'autre et que leurs créances réciproques s'annulent au jour de l'échéance. L'argent n'y entre qu'idéalement comme monnaie de compte pour exprimer les valeurs des marchandises par leurs prix. Dès qu'il s'agit de la valeur d'usage, il est clair que nos échangistes peuvent gagner tous les deux. Tous deux aliènent des produits qui ne leur sont d'aucune utilité et en acquièrent d'autres dont ils ont besoin. De plus, A qui vend du vin et achète du blé produit peut-être plus de vin que n'en pourrait produire B dans le même temps de travail, et B dans le même temps de travail plus de blé que n'en pourrait produire A. Le premier obtient ainsi pour la même valeur d'échange plus de blé et le second plus de vin que si chacun des deux, sans échange, était obligé de produire pour lui-même les deux objets de consommation. S'il est question de la valeur d'usage, on est donc fondé à dire que « l'échange est une transaction dans laquelle on

gagne des deux côtés[1]. » Il n'en est plus de même pour la valeur
d'échange. « Un homme qui possède beaucoup de vin et point de blé
commerce avec un autre homme qui a beaucoup de blé et point de vin :
entre eux se fait un échange d'une valeur de 50 en blé, contre une valeur
de 50 en vin. Cet échange n'est accroissement de richesses ni pour l'un ni
pour l'autre car chacun d'eux avant l'échange, possédait une valeur égale
à celle qu'il s'est procurée, par ce moyen[2]. » Que l'argent, comme instrument de circulation, serve d'intermédiaire entre les marchandises, et que
les actes de la vente et de l'achat soient ainsi séparés, cela ne change pas
la question[3]. La valeur est exprimée dans les prix des marchandises
avant qu'elles entrent dans la circulation, au lieu d'en résulter[4].

Si l'on fait abstraction des circonstances accidentelles qui ne proviennent point des lois immanentes à la circulation, il ne s'y passe, en dehors
du remplacement d'un produit utile par un autre, rien autre chose
qu'une métamorphose ou un simple changement de forme de la marchandise. La même valeur, c'est-à-dire le même quantum de travail
social réalisé, reste toujours dans la main du même échangiste, quoiqu'il
la tienne tour à tour sous la forme de son propre produit, de l'argent et
du produit d'autrui. Ce changement de forme n'entraîne aucun changement de la quantité de valeur. Le seul changement qu'éprouve la valeur
de la marchandise se borne à un changement de sa forme argent. Elle se
présente d'abord comme prix de la marchandise offerte à la vente, puis
comme la même somme d'argent exprimée dans ce prix, enfin comme
prix d'une marchandise équivalente. Ce changement de forme n'affecte
pas plus la quantité de valeur que le ferait le change d'un billet de cent
francs contre quatre louis et quatre pièces de cent sous. Or, comme la
circulation, par rapport à la valeur des marchandises, n'implique qu'un
changement de forme, il n'en peut résulter qu'un échange d'équivalents.
C'est pourquoi même l'économie vulgaire, toutes les fois qu'elle veut étudier le phénomène dans son intégrité, suppose toujours que l'offre et la
demande s'équilibrent, c'est-à-dire que leur effet sur la valeur est nul. Si
donc, par rapport à la valeur d'usage, les deux échangistes peuvent gagner, ils ne peuvent pas gagner tous deux par rapport à la valeur
d'échange. Ici s'applique, au contraire, le dicton : « Là où il y a égalité, il

---

[1] « L'échange est une transaction admirable dans laquelle les deux contractants
gagnent toujours (!). » (Destuit de Tracy : *Traité de la volonté et de ses effets.*
Paris, 1826, p. 68.) Ce livre a paru plus tard sous le titre de *Traité d'éc. pol.*
[2] Mercier de la Rivière, l. c. p. 544.
[3] « Que l'une de ces deux valeurs soit argent, ou qu'elles soient toutes deux marchandises usuelles, rien de plus indifférent en sol. » (Mercier de la Rivière, l. c.
p. 543.)
[4] « Ce ne sont pas les contractants qui prononcent sur la valeur ; elle est décidée
avant la convention. » (Le Trosne, p. 906.)

n'y a pas de lucre[1]. » Des marchandises peuvent bien être vendues à des prix qui s'écartent de leurs valeurs ; mais cet écart apparaît comme une infraction de la loi de l'échange[2]. Dans sa forme normale, l'échange des marchandises est un échange d'équivalents, et ne peut être par conséquent un moyen de bénéficier[3].

Les tentatives faites pour démontrer que la circulation des marchandises est source de plus-value trahissent presque toujours chez leurs auteurs un quiproquo, une confusion entre la valeur d'usage et la valeur d'échange, témoin Condillac : « Il est faux, dit cet écrivain, que, dans les échanges, on donne valeur égale pour valeur égale. Au contraire, chacun des contractants en donne toujours une moindre pour une plus grande... En effet, si on échangeait toujours valeur égale pour valeur égale, il n'y aurait de gain à faire pour aucun des contractants. Or, tous les deux en font, ou en devraient faire. Pourquoi ? C'est que les choses n'ayant qu'une valeur relative à nos besoins, ce qui est plus pour l'un est moins pour l'autre, et réciproquement... Ce ne sont pas les choses nécessaires à notre consommation que nous sommes censés mettre en vente : c'est notre surabondant... Nous voulons livrer une chose qui nous est inutile, pour nous en procurer une qui nous est nécessaire. » Il fut « naturel de juger qu'on donnait, dans les échanges, valeur égale pour valeur égale, toutes les fois que les choses qu'on échangeait étaient estimées égales en valeur chacune à une même quantité d'argent... il y a encore une considération qui doit entrer dans le calcul ; c'est de savoir si nous échangeons tous deux un surabondant pour une chose nécessaire[4]. » Non-seulement Condillac confond l'une avec l'autre, valeur d'usage et valeur d'échange, mais encore il suppose avec une simplicité enfantine, que, dans une société fondée sur la production marchande, le producteur doit produire ses propres moyens de subsistance, et ne jeter dans la circulation que ce qui dépasse ses besoins personnels, le superflu[5]. On trouve néanmoins

---

[1] « *Dove è eguaglità, non è lucro.* » (Galiani : *Della Moneta,* — *Custodi, parte moderna,* t. IV, p. 244.)

[2] L'échange « devient désavantageux pour l'une des parties lorsque quelque chose étrangère vient diminuer ou exagérer le prix : alors l'égalité est blessée, mais la lésion procède de cette cause et non de l'échange. » (Le Trosne, l. c. p. 904.)

[3] « L'échange est de sa nature un contrat d'égalité qui se fait de valeur pour valeur égale. Il n'est donc pas un moyen de s'enrichir, puisque l'on donne autant que l'on reçoit. » (Le Trosne, l. c. p. 903.)

[4] Condillac : *Le Commerce et le gouvernement* (1776), édit. Daire et Molinari, dans les *Mélanges d'économie politique,* Paris, 1847, p. 267.

[5] Le Trosne répond avec beaucoup de justesse à son ami Condillac : « Dans la société formée, il n'y a pas de surabondant en aucun genre. » En même temps, il le taquine en lui faisant remarquer que : « Si les deux échangistes reçoivent également plus pour également moins, ils reçoivent tous deux autant l'un que l'autre. » C'est parce que Condillac n'a pas la moindre idée de la nature de la

l'argument de Condillac souvent reproduit par des économistes modernes, quand ils essayent de prouver que la forme développée de l'échange, c'est-à-dire le commerce, est une source de plus-value. « Le commerce, est-il dit, par exemple, ajoute de la valeur aux produits, car ces derniers ont plus de valeur dans les mains du consommateur que dans celles du producteur, on doit donc le considérer rigoureusement (*strictly*) comme un acte de production[1]. » Mais on ne paye pas les marchandises deux fois, une fois leur valeur d'usage et l'autre fois leur valeur d'échange. Et si la valeur d'usage de la marchandise est plus utile à l'acheteur qu'au vendeur, sa forme argent est plus utile au vendeur qu'à l'acheteur. Sans cela la vendrait- il ? On pourrait donc dire tout aussi bien que l'acheteur accomplit *rigoureusement* un acte de production, quand il transforme par exemple les chaussettes du bonnetier en monnaie.

Tant que des marchandises, ou des marchandises et de l'argent de valeur égale, c'est-à-dire des équivalents, sont échangés, il est évident que personne ne tire de la circulation plus de valeur qu'il y en met. Alors aucune formation de plus-value ne peut avoir lieu. Mais quoique la circulation sous sa forme pure n'admette d'échange qu'entre équivalents, on sait bien que dans la réalité les choses se passent rien moins que purement. Supposons donc qu'il y ait échange entre non-équivalents.

Dans tous les cas, il n'y a sur le marché qu'échangiste en face d'échangiste, et la puissance qu'exercent ces personnages les uns sur les autres n'est que la puissance de leurs marchandises. La différence matérielle qui existe entre ces dernières est le motif matériel de l'échange et place les échangistes en un rapport de dépendance réciproque les uns avec les autres, en ce sens qu'aucun d'eux n'a entre les mains l'objet dont il a besoin et que chacun d'eux possède l'objet des besoins d'autrui. À part cette différence entre leurs utilités, il n'en existe plus qu'une autre entre les marchandises, la différence entre leur forme naturelle et leur forme valeur, l'argent. De même les échangistes ne se distinguent entre eux qu'à ce seul point de vue : les uns sont vendeurs, possesseurs de marchandises, les autres acheteurs, possesseurs d'argent.

Admettons maintenant que, par on ne sait quel privilège mystérieux, il soit donné au vendeur de vendre sa marchandise au-dessus de sa valeur, 110 par exemple quand elle ne vaut que 100, c'est-à-dire avec un enchérissement de 10 %. Le vendeur encaisse donc une plus-value de 10. Mais après avoir été vendeur, il devient acheteur. Un troisième échangiste se présente à lui comme vendeur et jouit à son tour du privilège de vendre la marchandise 10 % trop cher. Notre homme a donc gagné 10

---

valeur d'échange que le professeur Roscher l'a pris pour patron de ses propres notions infantines. V. son livre : Die Grundlagen der National OEkonomie, 3e édition, 1858.

[1] P. P. Newman : *Elements of polit. econ.*, Andover and New York, 1835. p. 85.

d'un côté pour perdre 10 de l'autre[1]. Le résultat définitif est en réalité que tous les échangistes se vendent réciproquement leurs marchandises 10 % au-dessus de leur valeur ce qui est la même chose que s'ils les vendaient à leur valeur réelle. Une semblable hausse générale des prix produit le même effet que si les valeurs des marchandises, au lieu d'être estimées en or, l'étaient, par exemple, en argent. Leurs noms monétaires c'est-à-dire leurs prix nominaux s'élèveraient, mais leurs rapports de valeur resteraient les mêmes.

Supposons, au contraire, que ce soit le privilège de l'acheteur de payer les marchandises au-dessous de leur valeur. Il n'est pas même nécessaire ici de rappeler que l'acheteur redevient vendeur. Il était vendeur avant de devenir acheteur. Il a perdu déjà 10 % dans sa vente : qu'il gagne 10 % dans son achat et tout reste dans le même état[2].

La formation d'une plus-value et, conséquemment, la transformation de l'argent en capital ne peuvent donc provenir ni de ce que les vendeurs vendent les marchandises au-dessus de ce qu'elles valent, ni de ce que les acheteurs les achètent au-dessous[3].

Le problème n'est pas le moins du monde simplifié quand on y introduit des considérations étrangères, quand on dit, par exemple, avec Torrens : «La demande effective consiste dans le pouvoir et dans l'inclination (!) des consommateurs, que l'échange soit immédiat ou ait lieu par un intermédiaire, à donner pour les marchandises une certaine portion de tout ce qui compose le capital plus grande que ce que coûte leur production[4].» Producteurs et consommateurs ne se présentent les uns aux autres dans la circulation que comme vendeurs et acheteurs. Soutenir que la plus-value résulte, pour les producteurs, de ce que les consommateurs payent les marchandises plus cher qu'elles ne valent, c'est vouloir déguiser cette proposition : les échangistes ont, en tant que vendeurs, le privilège de vendre trop cher. Le vendeur a produit lui-même la marchandise ou il en représente le producteur ; mais l'acheteur, lui aussi, a produit

---

[1] « L'augmentation de la valeur nominale des produits… n'enrichit pas les vendeurs puisque ce qu'ils gagnent comme vendeurs, ils le perdent précisément en qualité d'acheteurs. » (*The essential principles of the wealth of nations*, etc. London, 1797, p. 66.)

[2] « Si l'on est forcé de donner pour 18 livres une quantité de telle production qui en valait 24, lorsqu'on emploiera ce même argent à acheter, on aura également pour 18 livres ce que l'on payait 24 livres. » (Le Trosne, l. c. p. 897.)

[3] « Chaque vendeur ne peut donc parvenir à renchérir habituellement ses marchandises, qu'en se soumettant aussi à payer habituellement plus cher les marchandises des autres vendeurs ; et, par la même raison, chaque consommateur se peut parvenir à payer habituellement moins cher ce qu'il achète, qu'en se soumettant aussi à une diminution semblable sur le prix des choses qu'il vend. » (Mercier de la Rivière, l. c. p. 555.)

[4] R. Torrens : *An Essay on the Production of Wealth*, London, 1821, p. 349.

la marchandise convertie en argent, ou il tient la place de son producteur. Il y a donc aux deux pôles des producteurs ; ce qui les distingue, c'est que l'un achète et que l'autre vend. Que le possesseur de marchandises, sous le nom de producteur, vende les marchandises plus qu'elles valent, et que, sous le nom de consommateur, il les paye trop cher, cela ne fait pas faire un pas à la question[1].

Les défenseurs conséquents de cette illusion, à savoir que la plus-value provient d'une surélévation nominale des prix, ou du privilège qu'aurait le vendeur de vendre trop cher sa marchandise, sont donc forcés d'admettre une classe qui achète toujours et ne vend jamais, ou qui consomme sans produire. Au point de vue où nous sommes arrivés, celui de la circulation simple, l'existence d'une pareille classe est encore inexplicable. Mais anticipons ! L'argent avec lequel une telle classe achète constamment doit constamment revenir du coffre des producteurs dans le sien, gratis, sans échange, de gré ou en vertu d'un droit acquis. Vendre à cette classe les marchandises au-dessus de leur valeur, c'est recouvrer en partie de l'argent dont on avait fait son deuil[2]. Les villes de l'Asie Mineure, par exemple, payaient chaque année, à l'ancienne Rome, leurs tributs en espèces. Avec cet argent, Rome leur achetait des marchandises et les payait trop cher. Les Asiatiques écorchaient les Romains, et reprenaient ainsi par la voie du commerce une partie du tribut extorqué par leurs conquérants. Mais, en fin de compte, ils n'en restaient pas moins les derniers dupés. Leurs marchandises étaient, après comme avant, payées avec leur propre monnaie. Ce n'est point là une méthode de s'enrichir ou de créer une plus-value.

Force nous est donc de rester dans les limites de l'échange des marchandises où les vendeurs sont acheteurs, et les acheteurs vendeurs. Notre embarras provient peut-être de ce que, ne tenant aucun compte des caractères individuels des agents de circulation, nous en avons fait des catégories personnifiées. Supposons que l'échangiste A soit un fin matois qui mette dedans ses collègues B et C, et que ceux-ci, malgré la meilleure volonté du monde, ne puissent prendre leur revanche. A vend à B du vin dont la valeur est de 40 l. st., et obtient en échange du blé pour une valeur de 50 l. st. Il a donc fait avec de l'argent plus d'argent,

---

[1] « L'idée de profits payés par les consommateurs est tout à fait absurde. Quels sont les consommateurs ? » (G. Ramsey : *An Essay on the Distribution of Wealth*, Edinburgh, 1836, p. 184.)

[2] « Si un homme manque d'acheteurs pour ses marchandises. Mr Malthus lui recommandera-t-il de payer quelqu'un pour les acheter ? » demande un ricardien abasourdi à Malthus qui, de même que son élève, le calotin Chalmers, n'a pas assez d'éloges, au point de vue économique, pour la classe des simples acheteurs ou consommateurs. (V. *An Inquiry into those principles respecting the nature of demand and the necessity of consumption, lately advocated by M. Malthus*, etc., London. 1821. p. 55.)

et transformé sa marchandise en capital. Examinons la chose de plus près. Avant l'échange nous avions pour 40 l. st. de vin dans la main de A, et pour 50 l. st. de blé dans la main de B, une valeur totale de 90 l. st. Après l'échange, nous avons encore la même valeur totale. La valeur circulante n'a pas grossi d'un atome ; il n'y a de changé que sa distribution entre A et B. Le même changement aurait eu lieu si A avait volé sans phrase à B 10 l. st. Il est évident qu'aucun changement dans la distribution des valeurs circulantes ne peut augmenter leur somme, pas plus qu'un Juif n'augmente dans un pays la masse des métaux précieux, en vendant pour une guinée un liard de la reine Anne. La classe entière des capitalistes d'un pays ne peut pas bénéficier sur elle-même[1].

Qu'on se tourne et retourne comme on voudra, les choses restent au même point. Échange-t-on des équivalents ? Il ne se produit point de plus-value ; il ne s'en produit pas non plus si l'on échange des non-équivalents[2]. La circulation ou l'échange des marchandises ne crée aucune valeur[3].

On comprend maintenant pourquoi, dans notre analyse du capital, ses formes les plus populaires et pour ainsi dire antédiluviennes, le capital commercial et le capital usuraire, seront provisoirement laissées de côté.

La forme A—M—A', acheter pour vendre plus cher, se révèle le plus distinctement dans le mouvement du capital commercial. D'un autre côté, ce mouvement s'exécute tout entier dans l'enceinte de la circulation. Mais comme il est impossible d'expliquer par la circulation elle-même la transformation de l'argent en capital, la formation d'une plus-value, le capital commercial paraît impossible dès que l'échange se fait entre équivalents[4]. Il ne semble pouvoir dériver que du double bénéfice

---

[1] Destutt de Tracy, quoique, ou peut-être parce que, membre de l'institut, est d'un avis contraire. D'après lui, les capitalistes tirent leurs profits « en vendant tout ce qu'ils produisent plus cher que cela ne leur a coûté à produire », et à qui vendent-ils ? « À eux-mêmes ». (l. c. p. 239.)

[2] « L'échange qui se fait de deux valeurs égales n'augmente ni ne diminue la masse des valeurs existantes dans la société. L'échange de deux valeurs inégales... ne change rien non plus à la somme des valeurs sociales, bien qu'il ajoute à la fortune de l'un ce qu'il ôte de la fortune de l'autre. » (J. B. Say, l. c. t. I, p. 434, 435.) Say, qui ne s'inquiète point naturellement des conséquences de cette proposition, l'emprunte presque mot pour mot aux physiocrates. On peut juger par l'exemple suivant de quelle manière il augmenta sa propre valeur en pillant les écrits de ces économistes passés de mode à son époque. L'aphorisme le plus célèbre de J. B. Say : « On n'achète des produits qu'avec des produits » possède dans l'original physiocrate la forme suivante : « Les productions ne se payent qu'avec des productions. » (Le Trosne, l. c. p. 899.)

[3] « L'échange ne confère aucune valeur aux produits. » (F. Wayland : *The Elements of Polit. Econ.*, Boston, 1853. p. 168.)

[4] « Le commerce serait impossible s'il avait pour règle l'échange d'équivalents invariables. (G. Opdyke : *A treatise on Polit. Econ.*, New York, 1851, p. 69). « La

conquis sur les producteurs de marchandises dans leur qualité d'acheteurs et de vendeurs, par le commerçant qui s'interpose entre eux comme intermédiaire parasite. C'est dans ce sens que Franklin dit : « La guerre n'est que brigandage, le commerce que fraude et duperie[1]. »

Ce que nous venons de dire du capital commercial est encore plus vrai du capital usuraire. Quant au premier, les deux extrêmes, c'est-à-dire l'argent jeté sur le marché et l'argent qui en revient plus ou moins accru, ont du moins pour intermédiaire l'achat et la vente, le mouvement même de la circulation. Pour le second, la forme A—M—A' se résume sans moyen terme dans les extrêmes A—A', argent qui s'échange contre plus d'argent, ce qui est en contradiction avec sa nature et inexplicable au point de vue de la circulation des marchandises. Aussi lisons-nous dans Aristote : « La chrématistique est une science double ; d'un côté elle se rapporte au commerce, de l'autre à l'économie ; sous ce dernier rapport, elle est nécessaire et louable ; sous le premier, qui a pour base la circulation, elle est justement blâmable (car elle se fonde non sur la nature des choses, mais sur une duperie réciproque) ; c'est pourquoi l'usurier est haï à juste titre, parce que l'argent lui-même devient ici un moyen d'acquérir et ne sert pas à l'usage pour lequel il avait été inventé. Sa destination était de favoriser l'échange des marchandises ; mais l'intérêt fait avec de l'argent plus d'argent. De là son nom Τόϰος, né, engendré), car les enfants sont semblables aux parents. De toutes les manières d'acquérir, c'est celle qui est le plus contre nature[2]. »

Nous verrons dans la suite de nos recherches que le capital usuraire et le capital commercial sont des formes dérivées, et alors nous expliquerons aussi pourquoi ils se présentent dans l'histoire avant le capital sous sa forme fondamentale, qui détermine l'organisation économique de la société moderne.

Il a été démontré que la somme des valeurs jetée dans la circulation n'y peut s'augmenter, et que, par conséquent, en dehors d'elle, il doit se passer quelque chose qui rende possible la formation d'une plus-value[3]. Mais celle-ci peut-elle naître en dehors de la circulation qui, après tout, est la somme totale des rapports réciproques des producteurs-échangistes ? En dehors d'elle, l'échangiste reste seul avec sa marchan-

---

différence entre la valeur réelle et la valeur d'échange se fonde sur ce fait : que la valeur d'une chose diffère du prétendu équivalent qu'on donne pour elle dans le commerce, ce qui veut dire que cet équivalent n'en est pas un. » (F. Engels, l. c. p. 96.)

[1] Benjamin Franklin : *Works*, vol. II, édit. Sparks dans : *Positions to be examined concerning national Wealth.*

[2] Aristote, l. c. p. 10.

[3] « Le profit, dans les conditions usuelles du marché, ne provient pas de l'échange. S'il n'avait pas existé auparavant, il ne pourrait pas exister davantage après cette transaction. » (Ramsay, l. c. p. 184.)

dise qui contient un certain *quantum* de son propre travail mesuré d'après des lois sociales fixes. Ce travail s'exprime dans la valeur du produit, comme cette valeur s'exprime en monnaie de compte, soit par le prix de 10 l. st. Mais ce travail ne se réalise pas, et dans la valeur du produit et dans un excédent de cette valeur, dans un prix de 10 qui serait en même temps un prix de 11, c'est-à-dire une valeur supérieure à elle-même. Le producteur peut bien, par son travail, créer des valeurs, mais non point des valeurs qui s'accroissent par leur propre vertu, il peut élever la valeur d'une marchandise en ajoutant par un nouveau travail une valeur nouvelle à une valeur présente, en faisant, par exemple, avec du cuir des bottes. La même matière vaut maintenant davantage parce qu'elle a absorbé plus de travail. Les bottes ont donc plus de valeur que le cuir ; mais la valeur du cuir est restée ce qu'elle était, elle ne s'est point ajouté une plus-value pendant la fabrication des bottes. Il paraît donc tout à fait impossible qu'en dehors de la circulation, sans entrer en contact avec d'autres échangistes, le producteur-échangiste puisse faire valoir la valeur, ou lui communiquer la propriété d'engendrer une plus-value. Mais sans cela, pas de transformation de son argent ou de sa marchandise en capital.

Nous sommes ainsi arrivés à un double résultat.

La transformation de l'argent en capital doit être expliquée en prenant pour base les lois immanentes de la circulation des marchandises, de telle sorte que l'échange d'équivalents serve de point de départ[1]. Notre possesseur d'argent, qui n'est encore capitaliste qu'à l'état de

---

[1] D'après les explications qui précèdent, le lecteur comprend que cela veut tout simplement dire : la formation du capital doit être possible lors même que le prix des marchandises est égal à leur valeur. Elle ne peut pas être expliquée par une différence, par un écart entre ces valeurs et ces prix. Si ceux-ci diffèrent de celles-là, il faut les y ramener, c'est-à-dire faire abstraction de cette circonstance comme de quelque chose de purement accidentel, afin de pouvoir observer le phénomène de la formation du capital dans son intégrité, sur la base de l'échange des marchandises, sans être troublé par des incidents qui se font que compliquer le problème. On sait du reste que cette réduction n'est pas un procédé purement scientifique. Les oscillations continuelles des prix du marché, leur baisse et leur hausse se compensent et s'annulent réciproquement et se réduisent d'elles-mêmes au prix moyen comme à leur règle intime. C'est cette règle qui dirige le marchand ou l'industriel dans toute entreprise qui exige un temps un peu considérable, il sait que si l'on envisage une période assez longue, les marchandises ne se vendent ni au-dessus ni au-dessous, mais à leur prix moyen. Si donc l'industriel avait intérêt à y voir clair, il devrait se poser le problème de la manière suivante : Comment le capital peut-il se produire si les prix sont réglés par le prix moyen, c'est-à-dire, en dernière instance, par la valeur des marchandises ? Je dis « en dernière instance », parce que les prix moyens ne coïncident pas directement avec les valeurs des marchandises, comme le croient A. Smith, Ricardo et d'autres.

chrysalide, doit d'abord acheter des marchandises à leur juste valeur, puis les vendre ce qu'elles valent, et cependant, à la fin, retirer plus de valeur qu'il en avait avancé. La métamorphose de l'homme aux écus en capitaliste doit se passer dans la sphère de la circultion et en même temps doit ne point s'y passer. Telles sont les conditions du problème. *Hic Rhodus, hic salta !*

CHAPITRE VI

ACHAT ET VENTE DE LA FORCE DE TRAVAIL

L'accroissement de valeur par lequel l'argent doit se transformer en capital, ne peut pas provenir de cet argent lui-même. S'il sert de moyen d'achat ou de moyen de payement, il ne fait que réaliser le prix des marchandises qu'il achète ou qu'il paye.

S'il reste tel quel, s'il conserve sa propre forme, il n'est plus, pour ainsi dire, qu'une valeur pétrifiée[1].

Il faut donc que le changement de valeur exprimé par A—M—A', conversion de l'argent en marchandise et reconversion de la même marchandise en plus d'argent, provienne de la marchandise. Mais il ne peut pas s'effectuer dans le deuxième acte M—A', la revente, où la marchandise passe tout simplement de sa forme naturelle à sa forme argent. Si nous envisageons maintenant le premier acte A— M, l'achat, nous trouvons qu'il y a échange entre équivalents et que, par conséquent, la marchandise n'a pas plus de valeur échangeable que l'argent converti en elle. Reste une dernière supposition, à savoir que le changement procède de la valeur d'usage de la marchandise c'est-à-dire de son usage ou sa consommation. Or, il s'agit d'un changement dans la valeur échangeable, de son accroissement. Pour pouvoir tirer une valeur échangeable de la valeur usuelle d'une marchandise, il faudrait que l'homme aux écus eût l'heureuse chance de découvrir au milieu de la circulation, sur le marché même, une marchandise dont la valeur usuelle possédât la vertu particulière d'être source de valeur échangeable, de sorte que la consommer, serait réaliser du travail et par conséquent, créer de la valeur.

Et notre homme trouve effectivement sur le marché une marchandise douée de cette vertu spécifique, elle s'appelle puissance de travail ou force de travail.

Sous ce nom il faut comprendre l'ensemble des facultés physiques et intellectuelles qui existent dans le corps d'un homme dans sa personna-

---

[1] « Sous forme de monnaie... le capital ne produit aucun profit. » (Ricardo, *Princ. of Pol. it. Econ.*, p. 267)

lité vivante, et qu'il doit mettre en mouvement pour produire des choses utiles.

Pour que le possesseur d'argent trouve sur le marché la force de travail à titre de marchandise, il faut cependant que diverses conditions soient préalablement remplies. L'échange des marchandises, par lui-même, n'entraine pas d'autres rapports de dépendance que ceux qui découlent de sa nature. Dans ces données, la force de travail ne peut se présenter sur le marché comme marchandise, que si elle est offerte ou vendue par son propre possesseur. Celui-ci doit par conséquent pouvoir en disposer, c'est-à-dire être libre propriétaire de sa puissance de travail, de sa propre personne[1]. Le possesseur d'argent et lui se rencontrent sur le marché et entrent en rapport l'un avec l'autre comme échangistes au même titre. Ils ne diffèrent qu'en ceci : l'un achète et l'autre vend, et par cela même, tous deux sont des personnes juridiquement égales.

Pour que ce rapport persiste, il faut que le propriétaire de la force de travail ne la vende jamais que pour un temps déterminé, car s'il la vend en bloc, une fois pour toutes, il se vend lui-même, et de libre qu'il était se fait esclave, de marchand, marchandise. S'il veut maintenir sa personnalité, il ne doit mettre sa force de travail que temporairement à la disposition de l'acheteur, de telle sorte qu'en l'aliénant il ne renonce pas pour cela à sa propriété sur elle[2].

---

[1] On trouve souvent chez les historiens cette affirmation aussi erronée qu'absurde, que dans l'antiquité classique le capital était complètement développé, à l'exception près que « le travailleur libre et le système de crédit faisaient défaut. » M. Mommsen lui aussi, dans son *Histoire romaine*, entasse de semblables quiproquos les uns sur les autres.

[2] Diverses législations établissent un maximum pour le contrat du travail. Tous les codes des peuples chez lesquels le travail est libre règlent les conditions de résiliation de ce contrat. Dans différents pays, notamment au Mexique, l'esclavage est dissimulé sous une forme qui porte le nom de *péonage* (Il en était ainsi dans les territoires détachés du Mexique avant la guerre civile américaine et, sinon de nom au moins de fait, dans les provinces danubiennes jusqu'au temps de Couza). Au moyen d'avances qui sont à déduire sur le travail et qui se transmettent d'une génération à l'autre, non seulement le travailleur mais encore sa famille, deviennent la propriété d'autres personnes et de leurs familles. Juarez avait aboli le péonage au Mexique. Le soi-disant empereur Maximilien le rétablit par un décret que la Chambre des représentants à Washington dénonça à juste titre comme un décret pour le rétablissement de l'esclavage au Mexique. « Je puis aliéner à un autre, pour un temps déterminé, l'usage de mes aptitudes corporelles et intellectuelles et de mon activité possible, parce que dans cette limite elles ne conservent qu'un rapport extérieur avec la totalité et la généralité de mon être ; mais l'aliénation de tout mon temps réalisé dans le travail et de la totalité de ma production ferait de ce qu'il y a là-dedans de substantiel, c'est-à-dire de mon activité générale et de ma personnalité, la propriété d'autrui. » (Hegel, *Philosophie du droit*, Berlin, 1870, p. 104, § 67.)

Das Kapital.

Kritik der politischen Oekonomie.

Von

Karl Marx.

Erster Band.

Buch I: Der Produktionsprocess des Kapitals.

Hamburg

Verlag von Otto Meissner.

1867.

New-York: L. W. Schmidt, 24 Barclay-Street.

La seconde condition essentielle pour que l'homme aux écus trouve à acheter la force de travail, c'est que le possesseur de cette dernière, au lieu de pouvoir vendre des marchandises dans lesquelles son travail s'est réalisé, soit forcé d'offrir et de mettre en vente, comme une marchandise, sa force de travail elle-même, laquelle ne réside que dans son organisme.

Quiconque veut vendre des marchandises distinctes de sa propre force de travail doit naturellement posséder des moyens de production tels que matières premières, outils, etc. Il lui est impossible, par exemple, de faire des bottes sans cuir, et de plus il a besoin de moyens de subsistance. Personne, pas même le musicien de l'avenir, ne peut vivre des produits de la postérité, ni subsister au moyen de valeurs d'usage dont la production n'est pas encore achevée ; aujourd'hui, comme au premier jour de son apparition sur la scène du monde, l'homme est obligé de consommer avant de produire et pendant qu'il produit. Si les produits sont des marchandises, il faut qu'ils soient vendus pour pouvoir satisfaire les besoins du producteur. Au temps nécessaire à la production, s'ajoute le temps nécessaire à la vente.

La transformation de l'argent en capital exige donc que le possesseur d'argent trouve sur le marché le travailleur libre, et libre à un double point de vue. Premièrement le travailleur doit être une personne libre, disposant à son gré de sa force de travail comme de sa marchandise à lui ; secondement, il doit n'avoir pas d'autre marchandise à vendre ; être, pour ainsi dire, libre de tout, complètement dépourvu des choses nécessaires à la réalisation de sa puissance travailleuse.

Pourquoi ce travailleur libre se trouve-t-il dans la sphère de la circulation ? C'est là une question qui n'intéresse guère le possesseur d'argent pour lequel le marché du travail n'est qu'un embranchement particulier du marché des marchandises ; et pour le moment elle ne nous intéresse pas davantage. Théoriquement nous nous en tenons au fait, comme lui pratiquement. Dans tous les cas il y a une chose bien claire : la nature ne produit pas d'un côté des possesseurs d'argent ou de marchandises et de l'autre des possesseurs de leurs propres forces de travail purement et simplement. Un tel rapport n'a aucun fondement naturel, et ce n'est pas non plus un rapport social commun à toutes les périodes de l'histoire. Il est évidemment le résultat d'un développement historique préliminaire, le produit d'un grand nombre de révolutions économiques, issu de la destruction de toute une série de vieilles formes de production sociale.

De même les catégories économiques que nous avons considérées précédemment portent un cachet historique. Certaines conditions historiques doivent être remplies pour que le produit du travail puisse se transformer en marchandise. Aussi longtemps par exemple qu'il n'est destiné qu'à satisfaire immédiatement les besoins de son producteur, il ne devient pas marchandise. Si nous avions poussé plus loin nos recherches, si nous nous étions demandé, dans quelles circonstances tous les produits ou du moins la plupart d'entre eux prennent la forme de marchandises, nous aurions trouvé que ceci n'arrive que sur la base d'un mode de production tout à fait spécial, la production capitaliste. Mais une telle étude eût été tout à fait en dehors de la simple analyse de la marchandise. La production et la circulation marchandes peuvent avoir lieu, lors même que la plus grande partie des produits, consommés par leurs producteurs mêmes, n'entrent pas dans la circulation à titre de marchandises. Dans ce cas-là, il s'en faut de beaucoup que la production sociale soit gouvernée dans toute son étendue et toute sa profondeur par la valeur d'échange. Le produit, pour devenir marchandise, exige dans la société une division du travail tellement développée que la séparation entre la valeur d'usage et la valeur d'échange, qui ne commence qu'à poindre dans le commerce en troc, soit déjà accomplie. Cependant un tel degré de développement est, comme l'histoire le prouve, compatible avec les formes économiques les plus diverses de la société.

De l'autre côté, l'échange des produits doit déjà posséder la forme de la circulation des marchandises pour que la monnaie puisse entrer en scène. Ses fonctions diverses comme simple équivalent, moyen de circulation, moyen de payement, trésor, fonds de réserve, etc., indiquent à leur tour, par la prédominance comparative de l'une sur l'autre, des phases très diverses de la production sociale. Cependant l'expérience nous apprend qu'une circulation marchande relativement peu développée suffit pour faire éclore toutes ces formes. Il n'en est pas ainsi du capital. Les conditions historiques de son existence ne coïncident pas avec la circulation des marchandises et de la monnaie. Il ne se produit que là où le détenteur des moyens de production et de subsistance rencontre sur le marché le travailleur libre qui vient y vendre sa force de travail et cette unique condition historique recèle tout un monde nouveau. Le capital s'annonce dès l'abord comme une époque de la production sociale[1].

Il nous faut maintenant examiner de plus près la force de travail. Cette marchandise, de même que toute autre, possède une valeur[2]. Comment la détermine-t-on ? Par le temps de travail nécessaire à sa production.

En tant que valeur, la force de travail représente le quantum de travail social réalisé en elle. Mais elle n'existe en fait que comme puissance

---

[1] Ce qui caractérise l'époque capitaliste, c'est donc que la force de travail acquiert pour le travailleur lui-même la forme d'une marchandise qui lui appartient, et son travail, par conséquent, la forme de travail salarié. D'autre part, ce n'est qu'à partir de ce moment que la forme marchandise des produits devient la forme sociale dominante.

[2] « La valeur d'un homme est, comme celle de toutes les autres choses, son prix, c'est-à-dire autant qu'il faudrait donner pour l'usage de sa puissance. » *Th. Hobbes : Leviathan*, dans ses œuvres, édit. Molesworth. *London*, 1839-1844, v. III, p. 76.

ou faculté de l'individu vivant. L'individu étant donné, il produit sa force vitale en se reproduisant ou en se conservant lui-même. Pour son entretien ou pour sa conservation, il a besoin d'une certaine somme de moyens de subsistance. Le temps de travail nécessaire à la production de la force de travail se résout donc dans le temps de travail nécessaire à la production de ces moyens de subsistance ; ou bien la force de travail a juste la valeur des moyens de subsistance nécessaires à celui qui la met en jeu.

La force de travail se réalise par sa manifestation extérieure. Elle s'affirme et se constate par le travail, lequel de son côté nécessite une certaine dépense des muscles, des nerfs, du cerveau de l'homme, dépense qui doit être compensée. Plus l'usure est grande, plus grands sont les frais de réparation[1]. Si le propriétaire de la force de travail a travaillé aujourd'hui, il doit pouvoir recommencer demain dans les mêmes conditions de vigueur et de santé. Il faut donc que la somme des moyens de subsistance suffise pour l'entretenir dans son état de vie normal.

Les besoins naturels, tels que nourriture, vêtements, chauffage, habitation, etc., diffèrent suivant le climat et autres particularités physiques d'un pays. D'un autre côté le nombre même de soi-disant besoins naturels, aussi bien que le mode de les satisfaire, est un produit historique, et dépend ainsi, en grande partie, du degré de civilisation atteint. Les origines de la classe salariée dans chaque pays, le milieu historique où elle s'est formée, continuent longtemps à exercer la plus grande influence sur les habitudes, les exigences et par contrecoup les besoins qu'elle apporte dans la vie[2]. La force de travail renferme donc, au point de vue de la valeur, un élément moral et historique ; ce qui la distingue des autres marchandises. Mais pour un pays et une époque donnés, la mesure nécessaire des moyens de subsistance est aussi donnée.

Les propriétaires des forces de travail sont mortels. Pour qu'on en rencontre toujours sur le marché, ainsi que le réclame la transformation continuelle de l'argent en capital, il faut qu'ils s'éternisent, « comme s'éternise chaque individu vivant, par la génération[3]. » Les forces de travail, que l'usure et la mort viennent enlever au marché, doivent être constamment remplacées par un nombre au moins égal. La somme des moyens de subsistance nécessaires à la production de la force de travail comprend donc les moyens de subsistance des remplaçants, c'est-à-dire

---

[1] Dans l'ancienne Rome, le *villicus*, l'économe qui était à la tête des esclaves agricoles, recevait une ration moindre que ceux-ci, parce que son travail était moins pénible. V. *Th. Mommsen : Hist. Rom.*, 1856, p. 810.

[2] Dans son écrit : *Overpopulation and its remedy*, London, 1846, W. Th. Thornton fournit à ce sujet des détails intéressants.

[3] *Petty.*

des enfants des travailleurs, pour que cette singulière race d'échangistes se perpétue sur le marché[1].

D'autre part, pour modifier la nature humaine de manière à lui faire acquérir aptitude, précision et célérité dans un genre de travail déterminé, c'est-à-dire pour en faire une force de travail développée dans un sens spécial, il faut une certaine éducation qui coûte elle-même une somme plus ou moins grande d'équivalents en marchandises. Cette somme varie selon le caractère plus ou moins complexe de la force de travail. Les frais d'éducation, très minimes d'ailleurs pour la force de travail simple, rentrent dans le total des marchandises nécessaires à sa production.

Comme la force de travail équivaut à une somme déterminée de moyens de subsistance, sa valeur change donc avec leur valeur, c'est-à-dire proportionnellement au temps de travail nécessaire à leur production.

Une partie des moyens de subsistance, ceux qui constituent, par exemple, la nourriture, le chauffage, etc., se détruisent tous les jours par la consommation et doivent être remplacés tous les jours. D'autres, tels que vêtements, meubles, etc., s'usent plus lentement et n'ont besoin d'être remplacés qu'à de plus longs intervalles. Certaines marchandises doivent être achetées ou payées quotidiennement, d'autres chaque semaine, chaque semestre, etc. Mais de quelque manière que puissent se distribuer ces dépenses dans le cours d'un an, leur somme doit toujours être couverte par la moyenne de la recette journalière. Posons la masse des marchandises exigée chaque jour pour la production de la force de travail =A, celle exigée chaque semaine =B, celle exigée chaque trimestre =C, et ainsi de suite, et la moyenne de ces marchandises, par jour, sera

$$= \frac{(365A + 52B + 4C)}{365} \quad \text{etc.}$$

La valeur de cette masse de marchandises nécessaire pour le jour moyen ne représente que la somme de travail dépensée dans leur production, mettons six heures. Il faut alors une demi-journée de travail pour produire chaque jour la force de travail. Ce *quantum* de travail qu'elle exige pour sa production quotidienne détermine sa valeur quotidienne. Supposons encore que la somme d'or qu'on produit en moyenne, pendant une demi-journée de six heures, égale trois shillings ou un écu[2]. Alors le prix d'un écu exprime la valeur journalière de la force de travail. Si son propriétaire la vend chaque jour pour un écu, il la vend donc à sa

---

[1] « Le prix naturel du travail consiste en une quantité des choses nécessaires à la vie, telle que la requièrent la nature du climat et les habitudes du pays, qui puisse entretenir le travailleur et lui permettre d'élever une famille suffisante pour que le nombre des travailleurs demandés sur le marché n'éprouve pas de diminution. » R. Torrens : *An Essay on the external Corn Trade*. London, 1815, p.62 — Le mot travail est ici employé à faux pour force de travail.

[2] Un écu allemand vaut 3 shillings anglais.

juste valeur, et, d'après notre hypothèse, le possesseur d'argent en train de métamorphoser ses écus en capital s'exécute et paye cette valeur.

Le prix de la force de travail atteint son *minimum* lorsqu'il est réduit à la valeur des moyens de subsistance physiologiquement indispensables, c'est-à-dire à la valeur d'une somme de marchandises qui ne pourrait être moindre sans exposer la vie même du travailleur. Quand il tombe à ce minimum, le prix est descendu au-dessous de la valeur de la force de travail qui alors ne fait plus que végéter. Or, la valeur de toute marchandise est déterminée par le temps de travail nécessaire pour qu'elle puisse être livrée en qualité normale.

C'est faire de la sentimentalité mal à propos et à très bon marché que de trouver grossière cette détermination de la valeur de la force de travail et de s'écrier, par exemple, avec Rossi : « Concevoir la puissance de travail en faisant abstraction des moyens de subsistance des travailleurs pendant l'œuvre de la production, c'est concevoir un être de raison. Qui dit travail, qui dit puissance de travail, dit à la fois travailleurs et moyens de subsistance, ouvrier et salaire[1]. » Rien de plus faux. Qui dit puissance de travail ne dit pas encore travail, pas plus que puissance de digérer ne signifie pas digestion. Pour en arriver là, il faut, chacun le sait, quelque chose de plus qu'un bon estomac. Qui dit puissance de travail ne fait point abstraction des moyens de subsistance nécessaires à son entretien ; leur valeur est au contraire exprimée par la sienne. Mais que le travailleur ne trouve pas à la vendre, et au lieu de s'en glorifier, il sentira au contraire comme une cruelle nécessité physique que sa puissance de travail qui a déjà exigé pour sa production un certain quantum de moyens de subsistance, en exige constamment de nouveaux pour sa reproduction. Il découvrira alors avec Sismondi, que cette puissance, si elle n'est pas vendue, n'est rien[2].

Une fois le contrat passé entre acheteur et vendeur, il résulte de la nature particulière de l'article aliéné que sa valeur d'usage n'est pas encore passée réellement entre les mains de l'acheteur. Sa valeur, comme celle de tout autre article, était déjà déterminée avant qu'il entrât dans la circulation, car sa production avait exigé la dépense d'un certain quantum de travail social ; mais la valeur usuelle de la force de travail consiste dans sa mise en œuvre qui naturellement n'a lieu qu'ensuite. L'aliénation de la force et sa manifestation réelle ou son service comme valeur utile, en d'autres termes sa vente et son emploi ne sont pas simultanés. Or, presque toutes les fois qu'il s'agit de marchandises de ce genre dont la valeur d'usage est formellement aliénée par la vente sans être réellement transmise en même temps à l'acheteur, l'argent de celui-ci fonctionne comme moyen de payement, c'est-à-dire le vendeur ne le reçoit qu'à un terme plus

---

[1] *Rossi : Cours d'Econ. Polit.*, Bruxelles, 1842, p. 370.
[2] *Sismondi : Nouv. Princ.*, etc., t. I, p. 112.

ou moins éloigné, quand sa marchandise a déjà servi de valeur utile. Dans tous les pays où règne le mode de production capitaliste, la force de travail n'est donc payée que lorsqu'elle a déjà fonctionné pendant un certain temps fixé par le contrat, à la fin de chaque semaine, par exemple[1]. Le travailleur fait donc partout au capitaliste l'avance de la valeur usuelle de sa force ; il la laisse consommer par l'acheteur avant d'en obtenir le prix ; en un mot il lui fait partout crédit[2]. Et ce qui prouve que ce crédit n'est pas une vaine chimère, ce n'est point seulement la perte du salaire quand le capitaliste fait banqueroute, mais encore une foule d'autres conséquences moins accidentelles[3]. Cependant que l'argent fonctionne comme moyen

---

[1] « Tout travail est payé quand il est terminé. » *An inquiry into those Principles respecting the Nature of demand*, etc., p. 104. « Le crédit commercial a dû commencer au moment où l'ouvrier, premier artisan de la production, a pu, au moyen de ses économies, attendre le salaire de son travail, jusqu'à la fin de la semaine, de la quinzaine, du mois, du trimestre, etc. » (*Ch. Ganilh : Des systèmes de l'Écon. Polit.*, 2e édit. Paris, 1821, t. I, p. 150.)

[2] « L'ouvrier prête son industrie », Mais, ajoute Storch cauteleusement, « il ne risque rien, excepté de perdre son salaire… l'ouvrier ne transmet rien de matériel. » (*Storch : Cours d'Écon. Polit.*, Pétersbourg, 1815, t. II, p, 37)

[3] Un exemple entre mille. Il existe à Londres deux sortes de boulangers, ceux qui vendent le pain à sa valeur réelle, les full priced, et ceux qui le vendent au-dessous de cette valeur, les undersellers. Cette dernière classe forme plus des trois quarts du nombre total des boulangers (p. XXXII dans le « Report » du commissaire du gouvernement *H. S. Tremenheere* sur les « *Grievances complained of by the journeymen bakers* », etc., London 1862). Ces *undersellers*, presque sans exception, vendent du pain falsifié avec des mélanges d'alun, de savon, de chaux, de plâtre et autres ingrédients semblables, aussi sains et aussi nourrissants. (V. le livre bleu cité plus haut, le rapport du « Comittee of 1855 on the adulteration of bread » et celui du *Dr. Hassal : Adulterations detected*, 2e édit., London, 1862.) *Sir John Gordon* déclarait devant le Comité de 1855 que « par suite de ces falsifications, le pauvre qui vit journellement de deux livres de pain, n'obtient pas maintenant le quart des éléments nutritifs qui lui seraient nécessaires, sans parler de l'influence pernicieuse qu'ont de pareils aliments sur sa santé. » Pour expliquer comment une grande partie de la classe ouvrière, bien que parfaitement au courant de ces falsifications, les endure néanmoins, *Tremenheere* donne cette raison (l. c., p. XLVII) « que c'est une nécessité pour elle de prendre le pain chez le boulanger ou dans la boutique du détaillant, tel qu'on veut bien le lui donner. » Comme les ouvriers ne sont payés qu'à la fin de la semaine, ils ne peuvent payer eux-mêmes qu'à ce terme le pain consommé pendant ce temps par leur famille, et *Tremenheere* ajoute, en se fondant sur l'affirmation de témoins oculaires : « Il est notoire que le pain préparé avec ces sortes mixtures est fait expressément pour ce genre de pratiques. » (It is notorious that bread composed of those mixtures is made expressly for sale in this manner.) « Dans beaucoup de districts agricoles en Angleterre (mais bien plus en Écosse) le salaire est payé par quinzaine et même par mois. L'ouvrier est obligé d'acheter ses marchandises à crédit en attendant sa paye. On lui vend tout à des prix très élevés, et il se trouve, en fait, lié à la boutique qui l'exploite,

d'achat ou comme moyen de payement, cette circonstance ne change rien à la nature de l'échange des marchandises. Comme le loyer d'une maison, le prix de la force de travail est établi par contrat, bien qu'il ne soit réalisé que postérieurement. La force de travail est vendue, bien qu'elle ne soit payée qu'ensuite. Provisoirement, nous supposerons, pour éviter des complications inutiles, que le possesseur de la force de travail en reçoit, dès qu'il la vend, le prix contractuellement stipulé.

Nous connaissons maintenant le mode et la manière dont se détermine la valeur payée au propriétaire de cette marchandise originale, la force de travail. La valeur d'usage qu'il donne en échange à l'acheteur ne se montre que dans l'emploi même, c'est-à-dire dans la consommation de sa force. Toutes les choses nécessaires à l'accomplissement de cette œuvre, matières premières, etc., sont achetées sur le marché des produits par l'homme aux écus et payées à leur juste prix. La consommation de la force de travail est en même temps production de marchandises et de plus-value. Elle se fait comme la consommation de toute autre marchandise, en dehors du marché ou de la sphère de circulation. Nous allons donc, en même temps que le possesseur d'argent et le possesseur de force de travail, quitter cette sphère bruyante où tout se passe à la surface et aux regards de tous, pour les suivre tous deux dans le laboratoire secret de la production, sur le seuil duquel il est écrit : *No admittance except on business*[1]. Là, nous allons voir non seulement comment le capital produit, mais encore comment il est produit lui-même. La fabrication de la plus-value, ce grand secret de la société moderne, va enfin se dévoiler.

---

et le met à sec. C'est ainsi que, par exemple, à Horningsham in Wilts, où il n'est payé que par mois, la même quantité de farine (8 liv.) que partout ailleurs il a pour 1 sh 10 d., lui coûte 2 sh. 4 d. » (*Sixth Report on Public Health by The Medical Officer of the Privy Council*, etc., 1864, p. 264)

« En 1853, les ouvriers imprimeurs de Paisley et de Kilmarnoch (ouest de l'Écosse) eurent recours à une grève pour forcer leurs patrons à les payer tous quinze jours au lieu de tous les mois. » (*Reports of The Inspectors of Factories for 31 st.* Oct. 1853, p.34.) Comme exemple de l'exploitation qui résulte pour l'ouvrier du crédit qu'il donne au capitaliste, on peut citer encore la méthode employée en Angleterre par un grand nombre d'exploiteurs de mines de charbon. Comme ils ne payent les travailleurs qu'une fois par mois, ils leur font en attendant le terme des avances, surtout en marchandises que ceux-ci sont obligés d'acheter au-dessus du prix courant (*Truck system*). « C'est une pratique usuelle chez les propriétaires de mines de houille de payer leurs ouvriers une fois par mois et de leur avancer de l'argent à la fin de chaque semaine intermédiaire. Cet argent leur est donné dans le *tommy shop*, c'est à-dire dans la boutique de détail qui appartient au maître, de telle sorte que ce qu'ils reçoivent d'une main ils le rendent de l'autre. » (*Children's Employment Commission*, III Report, London, 1864, p. 38, n. 192.)

[1] On n'entre pas ici, sauf pour affaires !

La sphère de la circulation des marchandises, où s'accomplissent la vente et l'achat de la force de travail, est en réalité un véritable Eden des droits naturels de l'homme et du citoyen. Ce qui y règne seul, c'est Liberté, Égalité, Propriété et Bentham. *Liberté* ! car ni l'acheteur ni le vendeur d'une marchandise n'agissent par contrainte ; au contraire ils ne sont déterminés que par leur libre arbitre. Ils passent contrat ensemble en qualité de personnes libres et possédant les mêmes droits. Le contrat est le libre produit dans lequel leurs volontés se donnent une expression juridique commune. *Égalité* ! car ils n'entrent en rapport l'un avec l'autre qu'à titre de possesseurs de marchandise, et ils échangent équivalent contre équivalent. *Propriété* ! car chacun ne dispose que de ce qui lui appartient. *Bentham* ! car pour chacun d'eux il ne s'agit que de lui- même. La seule force qui les mette en présence rapport est celle de leur égoïsme, de leur profit particulier, de leurs intérêts privés. Chacun ne pense qu'à lui, personne ne s'inquiète de l'autre, et c'est précisément pour cela qu'en vertu d'une harmonie préétablie des choses, ou sous les auspices d'une providence tout ingénieuse, travaillant chacun pour soi, chacun chez soi, ils travaillent du même coup à l'utilité générale, à l'intérêt commun.

Au moment où nous sortons de cette sphère de la circulation simple qui fournit au libre-échangiste vulgaire ses notions, ses idées, sa manière de voir et le critérium de son jugement sur le capital et le salariat, nous voyons, à ce qu'il semble, s'opérer une certaine transformation dans la physionomie des personnages de notre drame. Notre ancien homme aux écus prend les devants et, en qualité de capitaliste, marche le premier ; le possesseur de la force de travail le suit par-derrière comme son travailleur à lui ; celui-là le regard narquois, l'air important et affairé ; celui- ci timide, hésitant, rétif, comme quelqu'un qui a porté sa propre peau au marché, et ne peut plus s'attendre qu'à une chose : à être tanné.

1905
Красное воскресенье

TROISIÈME SECTION

LA PRODUCTION
DE LA PLUS-VALUE ABSOLUE

CHAPITRE VII

PRODUCTION DE VALEURS D'USAGE
ET PRODUCTION DE LA PLUS-VALUE

I

Production de valeurs d'usage

L'usage ou l'emploi de la force de travail, c'est le travail. L'acheteur de cette force la consomme en faisant travailler le vendeur. Pour que celui-ci produise des marchandises, son travail doit être utile, c'est-à-dire se réaliser en valeurs d'usage. C'est donc une valeur d'usage particulière, un article spécial que le capitaliste fait produire par son ouvrier. De ce que la production de valeurs d'usage s'exécute pour le compte du capitaliste et sous sa direction, il ne s'ensuit pas, bien entendu, qu'elle change de nature. Aussi, il nous faut d'abord examiner le mouvement du travail utile en général, abstraction faite de tout cachet particulier que peut lui imprimer telle ou telle phase du progrès économique de la société.

Le travail est de prime abord un acte qui se passe entre l'homme et la nature L'homme y joue lui-même vis-à-vis de la nature le rôle d'une puissance naturelle. Les forces dont son corps est doué, bras et jambes, tête et mains, il les met en mouvement afin de s'assimiler des matières en leur donnant une forme utile à sa vie. En même temps qu'il agit par ce mouvement, sur la nature extérieure et la modifie, il modifie sa propre nature, et développe les facultés qui y sommeillent. Nous ne nous arrêterons pas à cet état primordial du travail où il n'a pas encore dépouillé son mode purement instinctif. Notre point de départ, c'est le travail sous une forme qui appartient exclusivement à l'homme. Une araignée fait des opérations qui ressemblent à celles du tisserand, et l'abeille confond par la structure de ses cellules de cire l'habileté de plus d'un architecte. Mais ce qui distingue dès l'abord le plus mauvais architecte de l'abeille la plus experte, c'est qu'il a construit la cellule dans sa tête avant de la construire dans la ruche. Le résultat auquel le travail aboutit préexiste idéalement dans l'imagination du travailleur. Ce n'est pas qu'il opère seulement un changement de forme dans les matières naturelles ; il y réalise du même coup son propre but, dont il a conscience, qui détermine comme loi son mode d'action, et auquel il doit subordonner sa volonté. Et cette subordination n'est pas momentanée. L'œuvre exige pendant toute sa durée, outre l'effort des organes qui agissent, une attention soutenue, laquelle ne peut elle-même résulter que d'une tension constante de la volonté. Elle l'exige d'autant plus que par son objet et son mode d'exécution, le travail entraîne moins le travailleur, qu'il se fait moins sentir à lui, comme le libre jeu de ses forces corporelles et intellectuelles ; en un mot, qu'il est moins *attrayant*.

Voici les éléments simples dans lesquels le *procès de travail*[1] se décompose : 1° activité personnelle de l'homme, ou travail proprement dit ; 2° objet sur lequel le travail agit ; 3° moyen par lequel il agit.

La terre (et sous ce terme, au point de vue économique, on comprend aussi l'eau), de même qu'elle fournit à l'homme, dès le début, des vivres tout préparés[2], est aussi l'objet universel de travail qui se trouve là sans son fait. Toutes les choses que le travail ne fait que détacher de leur connexion immédiate avec la terre sont des objets de travail de par la grâce de la nature. Il en est ainsi du poisson que la pêche arrache à son élément de vie, l'eau ; du bois abattu dans la forêt primitive ; du minerai extrait de sa veine. L'objet déjà filtré par un travail antérieur, par exemple, le minerai lavé, s'appelle matière première. Toute matière première est objet de travail, mais tout objet de travail n'est point matière première ; il ne le devient qu'après avoir subi déjà une modification quelconque effectuée par le travail.

---

[1] En allemand *Arbeits Process* (Procès de travail). Le mot « *process* », qui exprime un développement considéré dans l'ensemble de ses conditions réelles, appartient depuis longtemps à la langue scientifique de toute l'Europe. En France on l'a d'abord introduit d'une manière timide sous sa forme latine — *processus*. Puis il s'est glissé, dépouillé de ce déguisement pédantesque, dans les livres de chimie, physiologie, etc., et dans quelques œuvres de métaphysique. Il finira par obtenir ses lettres de grande naturalisation. Remarquons en passant que les Allemands, comme les Français, dans le langage ordinaire, emploient le mot « procès » dans son sens juridique.

[2] « Les productions spontanées de la terre ne se présentent qu'en petite quantité et tout à fait indépendamment de l'homme. Il semblerait qu'elles ont été fournies par la nature de la même manière que l'on donne à un jeune homme une petite somme d'argent pour le mettre à même de se frayer une route dans l'industrie et de faire fortune. » (James Steuart : *Principles of Polit. Econ.*, Edit. Dublin, 1770, v. I, p. 116.)

Le moyen de travail est une chose ou un ensemble de choses que l'homme interpose entre lui et l'objet de son travail comme constructeurs de son action. Il se sert des propriétés mécaniques, physiques, chimiques de certaines choses pour les faire agir comme forces sur d'autres choses, conformément à son but[1]. Si nous laissons de côté la prise de possession de subsistances toutes trouvées - la cueillette des fruits par exemple, où ce sont les organes de l'homme qui lui servent d'instrument, - nous voyons que le travailleur s'empare immédiatement, non pas de l'objet, mais du moyen de son travail. Il convertit ainsi des choses extérieures en organes de sa propre activité, organes qu'il ajoute aux siens de manière à allonger, en dépit de la Bible, sa stature naturelle. Comme la terre est son magasin de vivres primitif, elle est aussi l'arsenal primitif de ses moyens de travail. Elle lui fournit, par exemple, la pierre dont il se sert pour frotter, trancher, presser, lancer, etc. La terre elle-même devient moyen de travail, mais ne commence pas à fonctionner comme tel dans l'agriculture, sans que toute une série d'autres moyens de travail soit préalablement donnée[2]. Dès qu'il est tant soit peu développé, le travail ne saurait se passer de moyens déjà travaillés. Dans les plus anciennes cavernes on trouve des instruments et des armes de pierre. À côté des coquillages, des pierres, des bois et des os façonnés, on voit figurer au premier rang parmi les moyens de travail primitifs l'animal dompté et apprivoisé, c'est-à-dire déjà modifié par le travail[3]. L'emploi et la création de moyens de travail, quoiqu'ils se trouvent en germe chez quelques espèces animales, caractérisent éminemment le travail humain.

Aussi Franklin donne-t-il cette définition de l'homme : l'homme est un animal fabricateur d'outils « a toolmaking animal ». Les débris des anciens moyens de travail ont pour l'étude des formes économiques des sociétés disparues la même importance que la structure des os fossiles pour la connaissance de l'organisation des races éteintes. Ce qui distingue une époque économique d'une autre, c'est moins ce que l'on fabrique, que la manière de fabriquer, les moyens de travail par lesquels on fabrique[4]. Les

---

[1] « La raison est aussi puissante que rusée. Sa ruse consiste en général, dans cette activité entremetteuse qui en laissant agir les objets les uns sur les autres conformément à leur propre nature, sans se mêler directement à leur action réciproque, en arrive néanmoins à atteindre uniquement le but qu'elle se propose. » (Hegel : Encyclopédie, *Erster Theil. Die Logik.* Berlin, 1840, p.382)

[2] Dans son ouvrage d'ailleurs pitoyable : *Théorie de l'Écon. Polit*, Paris, 1815, Ganilh objecte aux physiocrates, et énumère très bien la grande série de travaux qui forment la base préliminaire de l'agriculture proprement dite.

[3] Dans ses *Réflexions sur la formation et la distribution des richesses*, 1776, Turgot fait parfaitement ressortir l'importance de l'animal apprivoisé et dompté pour les commencements de la culture.

[4] De toutes les marchandises, les marchandises de luxe proprement dites sont les plus insignifiantes pour ce qui concerne la comparaison technologique des

moyens de travail sont les gradimètres du développement du travailleur, et les exposants des rapports sociaux dans lesquels il travaille. Cependant les moyens mécaniques, dont l'ensemble peut être nommé le système osseux et musculaire de la production, offrent des caractères bien plus distinctifs d'une époque économique que les moyens qui ne servent qu'à recevoir et à conserver les objets ou produits du travail, et dont l'ensemble forme comme le système vasculaire de la production, tels que, par exemple, vases, corbeilles, pots et cruches, etc. Ce n'est que dans la fabrication chimique qu'ils commencent à jouer un rôle plus important.

Outre les choses qui servent d'intermédiaires, de conducteurs de l'action de l'homme sur son objet, les moyens du travail comprennent, dans un sens plus large, toutes les conditions matérielles qui, sans rentrer directement dans ses opérations, sont cependant indispensables ou dont l'absence le rendrait défectueux. L'instrument général de ce genre est encore la terre, car elle fournit au travailleur le *locus standi*, sa base fondamentale, et à son activité le champ où elle peut se déployer, son *field of employment*. Des moyens de travail de cette catégorie, mais déjà dus à un travail antérieur, sont les ateliers, les chantiers, les canaux, les routes, etc.

Dans le procès de travail, l'activité de l'homme effectue donc à l'aide des moyens de travail une modification voulue de son objet. Le procès s'éteint dans le produit, c'est-à-dire dans une valeur d'usage, une matière naturelle assimilée aux besoins humains par un changement de forme. Le travail, en se combinant avec son objet, s'est matérialisé et la matière est travaillée. Ce qui était du mouvement chez le travailleur apparaît maintenant dans le produit comme une propriété en repos. L'ouvrier a tissé et le produit est un tissu.

Si l'on considère l'ensemble de ce mouvement au point de vue de son résultat, du produit, alors tous les deux, moyen et objet de travail, se présentent comme moyens de production[1], et le travail lui-même comme travail productif[2].

---

différentes époques de production. Bien que les histoires écrites jusqu'ici témoignent d'une profonde ignorance de tout ce qui regarde la production matérielle, base de toute vie sociale, et par conséquent de toute histoire réelle, on a néanmoins par suite des recherches scientifiques des naturalistes qui n'ont rien de commun avec les recherches soi-disant historiques, caractérisé les temps préhistoriques d'après leur matériel d'armes et d'outils, sous les noms d'âge de pierre, d'âge de bronze et d'âge de fer.

[1] Il semble paradoxal d'appeler par exemple le poisson qui n'est pas encore pris un moyen de production pour la pêche. Mais jusqu'ici on n'a pas encore trouvé le moyen de prendre des poissons dans les eaux où il n'y en a pas.

[2] Cette détermination du travail productif devient tout à fait insuffisante dès qu'il s'agit de la production capitaliste.

Si une valeur d'usage est le produit d'un procès de travail, il y entre comme moyens de production d'autres valeurs d'usage, produits elles-mêmes d'un travail antérieur. La même valeur d'usage, produit d'un travail, devient le moyen de production d'un autre. Les produits ne sont donc pas seulement des résultats, mais encore des conditions du procès de travail.

L'objet du travail est fourni par la nature seule dans l'industrie extractive, — exploitation des mines, chasse, pêche, etc., — et même dans l'agriculture en tant qu'elle se borne à défricher des terres encore vierges. Toutes les autres branches d'industrie manipulent des matières premières, c'est-à-dire des objets déjà filtrés par le travail, comme, par exemple, les semences en agriculture. Les animaux et les plantes que d'habitude on considère comme des produits naturels sont, dans leurs formes actuelles, les produits non seulement du travail de l'année dernière, mais encore, d'une transformation continuée pendant des siècles sous la surveillance et par l'entremise du travail humain. Quant aux instruments proprement dits, la plupart d'entre eux montrent au regard le plus superficiel les traces d'un travail passé.

La matière première peut former la substance principale d'un produit ou n'y entrer que sous la forme de matière auxiliaire. Celle-ci est alors consommée par le moyen de travail, comme la houille, par la machine à vapeur, l'huile par la roue, le foin par le cheval de trait ; ou bien elle est jointe à la matière première pour y opérer une modification, comme le chlore à la toile écrue, le charbon au fer, la couleur à la laine, ou bien encore elle aide le travail lui- même à s'accomplir, comme, par exemple, les matières usées dans l'éclairage et le chauffage de l'atelier. La différence entre matières principales et matières auxiliaires se confond dans la fabrication chimique proprement dite, où aucune des matières employées ne reparaît comme substance du produit[1].

Comme toute chose possède des propriétés diverses et prête, par cela même, à plus d'une application, le même produit est susceptible de former la matière première de différentes opérations. Les grains servent ainsi de matière première au meunier, à l'amidonnier, au distillateur, à l'éleveur de bétail, etc. ; ils deviennent, comme semence, matière première de leur propre production. De même le charbon sort comme produit de l'industrie minière et y entre comme moyen de production.

Dans la même opération, le même produit peut servir et de moyen de travail et de matière première ; — dans l'engraissement du bétail, par exemple, — l'animal, la matière travaillée, fonctionne aussi comme moyen pour la préparation du fumier. Un produit, qui déjà existe sous

---

[1] Storch distingue la matière première proprement dite qu'il nomme simplement « matière », des matières auxiliaires qu'il désigne sous le nom de « matériaux », et que Cherbuliez appelle « matières instrumentales ».

une forme qui le rend propre à la consommation, peut cependant devenir à son tour matière première d'un autre produit ; le raisin est la matière première du vin. Il y a aussi des travaux dont les produits sont impropres à tout autre service que celui de matière première. Dans cet état, le produit n'a reçu, comme on dit, qu'une demi-façon et il serait mieux de dire qu'il n'est qu'un produit sériel ou gradué, comme, par exemple, le coton, les filés, le calicot, etc. La matière première originaire, quoique produit elle-même, peut avoir à parcourir toute une échelle de remaniements dans lesquels, sous une forme toujours modifiée, elle fonctionne toujours comme matière première jusqu'à la dernière opération qui l'élimine comme objet de consommation ou moyen de travail.

On le voit : le caractère de produit, de matière première ou de moyen de travail ne s'attache à une valeur d'usage que suivant la position déterminée qu'elle remplit dans le procès de travail, que d'après la place qu'elle y occupe, et son changement de place change sa détermination.

Toute valeur d'usage entrant dans des opérations nouvelles comme moyen de production, perd donc son caractère de produit, et ne fonctionne plus que comme facteur du travail vivant. Le fileur traite les broches et le lin simplement comme moyen et objet de son travail. Il est certain qu'on ne peut filer sans instruments et sans matière ; aussi l'existence de ces produits est-elle déjà sous-entendue, au début du filage. Mais, dans ce dernier acte, il est tout aussi indifférent que lin et broches soient des produits d'un travail antérieur, qu'il est indifférent dans l'acte de la nutrition que le pain soit le produit des travaux antérieurs du cultivateur, du meunier, du boulanger, et ainsi de suite. Tout au contraire, ce n'est que par leurs défauts qu'une fois l'œuvre mise en train, les moyens de production font valoir leur caractère de produits. Des couteaux qui ne coupent pas, du fil qui se casse à tout moment, éveillent le souvenir désagréable de leurs fabricants. Le bon produit ne fait pas sentir le travail dont il tire ses qualités utiles.

Une machine qui ne sert pas au travail est inutile. Elle se détériore en outre sous l'influence destructive des agents naturels. Le fer se rouille, le bois pourrit, la laine non travaillée est rongée par les vers. Le travail vivant doit ressaisir ces objets, les ressusciter des morts et les convertir d'utilités possibles en utilités efficaces. Léchés par la flamme du travail, transformés en ses organes, appelés par son souffle à remplir leurs fonctions propres, ils sont aussi consommés, mais pour un but déterminé, comme éléments formateurs de nouveaux produits.

Or, si des produits sont non seulement le résultat, mais encore la condition d'existence du procès de travail, ce n'est qu'en les y jetant, qu'en les mettant en contact avec le travail vivant, que ces résultats du travail passé peuvent être conservés et utilisés.

Le travail use ses éléments matériels, son objet et ses moyens, et est par conséquent un acte de consommation. Cette consommation productive se distingue de la consommation individuelle en ce que celle-ci consomme les produits comme moyens de jouissance de l'individu, tandis que celle-là les consomme comme moyens de fonctionnement du travail. Le produit de la consommation individuelle est, par conséquent, le consommateur lui-même ; le résultat de la consommation productive est un produit distinct du consommateur.

En tant que ses moyens et son objet sont déjà des produits, le travail consomme des produits pour créer des produits, ou bien emploie les produits comme moyens de production de produits nouveaux. Mais le procès de travail qui primitivement se passe entre l'homme et la terre — qu'il trouve en dehors de lui — ne cesse jamais non plus d'employer des moyens de production de provenance naturelle, ne représentant aucune combinaison entre les éléments naturels et le travail humain.

Le procès de travail tel que nous venons de l'analyser dans ces moments simples et abstraits, — l'activité qui a pour but la production de valeurs d'usage, l'appropriation des objets extérieurs aux besoins — est la condition générale des échanges matériels entre l'homme et la nature, une nécessité physique de la vie humaine, indépendante par cela même de toutes ses formes sociales, ou plutôt également commune à toutes. Nous n'avions donc pas besoin de considérer les rapports de travailleur à travailleur. L'homme et son travail d'un côté, la nature et ses matières de l'autre, nous suffisaient. Pas plus que l'on ne devine au goût du froment qui l'a cultivé, on ne saurait, d'après les données du travail utile, conjecturer les conditions sociales dans lesquelles il s'accomplit. A-t-il été exécuté sous le fouet brutal du surveillant d'esclaves ou sous l'œil inquiet du capitaliste ? Avons-nous affaire à Cincinnatus labourant son lopin de terre ou au sauvage abattant du gibier d'un coup de pierre ? Rien ne nous l'indique[1].

Revenons à notre capitaliste en herbe. Nous l'avons perdu de vue au moment où il vient d'acheter sur le marché tous les facteurs nécessaires à l'accomplissement du travail, les facteurs objectifs — moyens de production — et le facteur subjectif — force de travail. Il les a choisis en connaisseur et en homme avisé, tels qu'il les faut pour son genre d'opération particulier, filage, cordonnerie, etc. Il se met donc à consommer la marchandise qu'il a achetée, la force de travail, ce qui revient à

---

[1] C'est probablement pour cela que, par un procédé de « haute » logique, le colonel Torrens a découvert dans la pierre du sauvage, *l'origine du capital*. « Dans la première pierre que le sauvage lance sur le gibier qu'il poursuit, dans le premier bâton qu'il saisit pour abattre le fruit qu'il ne peut atteindre avec la main, nous voyons l'appropriation d'un article dans le but d'en acquérir un autre, et nous découvrons ainsi l'origine du capital. » (R. Torrens : *An Essay on the Production of Wealth*, etc. p. 79.) C'est probablement aussi grâce à ce premier bâton, en vieux français *estoc*, en allemand *stock*, qu'en anglais *stock* devient le synonyme de capital.

dire qu'il fait consommer les moyens de production par le travail. La nature générale du travail n'est évidemment point du tout modifiée, parce que l'ouvrier accomplit son travail non pour lui-même, mais pour le capitaliste. De même l'intervention de celui-ci ne saurait non plus changer soudainement les procédés particuliers par lesquels on fait des bottes ou des filés. L'acheteur de la force de travail doit la prendre telle qu'il la trouve sur le marché, et par conséquent aussi le travail tel qu'il s'est développé dans une période où il n'y avait pas encore de capitalistes. Si le mode de production vient lui- même à se transformer profondément en raison de la subordination du travail au capital, cela n'arrive que plus tard, et alors seulement nous en tiendrons compte.

Le procès de travail, en tant que consommation de la force de travail par le capitaliste, ne montre que deux phénomènes particuliers.

L'ouvrier travaille sous le contrôle du capitaliste auquel son travail appartient. Le capitaliste veille soigneusement à ce que la besogne soit proprement faite et les moyens de production employés suivant le but cherché, à ce que la matière première ne soit pas gaspillée et que l'instrument de travail n'éprouve que le dommage inséparable de son emploi.

En second lieu, le produit est la propriété du capitaliste et non du producteur immédiat, du travailleur. Le capitaliste paie, par exemple, la valeur journalière de la force de travail, dont, par conséquent, l'usage lui appartient durant la journée, tout comme celui d'un cheval qu'il a loué à la journée. L'usage de la marchandise appartient à l'acheteur et en donnant son travail, le possesseur de la force de travail ne donne en réalité que la valeur d'usage qu'il a vendue. Dès son entrée dans l'atelier, l'utilité de sa force, le travail, appartenait au capitaliste. En achetant la force de travail, le capitaliste a incorporé le travail comme ferment de vie aux éléments passifs du produit, dont il était aussi nanti. À son point de vue, le procès de travail n'est que la consommation de la force de travail, de la marchandise qu'il a achetée, mais qu'il ne saurait consommer sans lui ajouter moyens de production. Le procès de travail est une opération entre choses qu'il a achetées, qui lui appartiennent. Le produit de cette opération lui appartient donc au même titre que le produit de la fermentation dans son cellier[1].

---

[1] « Les produits sont appropriés avant d'être transformés en capital ; leur transformation ne les dérobe pas à cette appropriation. » (Cherbuliez : *Riche ou Pauvre*, édit. Paris 1841, p. 53, 54.) « Le prolétaire en vendant son travail contre un quantum déterminé d'approvisionnement, renonce complètement à toute participation au produit. L'appropriation des produits reste la même qu'auparavant ; elle n'est modifiée en aucune sorte par la convention mentionnée. Le produit appartient exclusivement au capitaliste qui a livré les matières premières et l'approvisionnement. C'est là une conséquence rigoureuse de la loi d'appropriation dont le *principe fondamental* était au contraire le droit de propriété exclusif de chaque travailleur à son produit. » (l. c., p. 58.) « Quand les

II

Production de la plus-value

Le produit — propriété du capitaliste — est une valeur d'usage, telle que des filés, de la toile, des bottes, etc. Mais bien que des bottes, par exemple, fassent en quelque sorte marcher le monde, et que notre capitaliste soit assurément homme de progrès, s'il fait des bottes, ce n'est pas par amour des bottes. En général, dans la production marchande, la valeur d'usage n'est pas chose qu'on aime pour elle-même. Elle n'y sert que de porte-valeur. Or, pour notre capitaliste, il s'agit d'abord de produire un objet utile qui ait une valeur échangeable, un article destiné à la vente, une marchandise. Et, de plus, il veut que la valeur de cette marchandise surpasse celle des marchandises nécessaires pour la produire, c'est-à-dire la somme de valeurs des moyens de production et de la force de travail, pour lesquels il a dépensé son cher argent. Il veut produire non seulement une chose utile, mais une valeur, et non seulement une valeur, mais encore une plus-value.

En fait, jusqu'ici nous n'avons considéré la production marchande qu'à un seul point de vue, celui de la valeur d'usage. Mais de même que la marchandise est à la fois valeur d'usage et valeur d'échange, de même sa production doit être à la fois formation de valeurs d'usage et formation de valeur.

Examinons donc maintenant la production au point de vue de la valeur.

On sait que la valeur d'une marchandise est déterminée par le quantum de travail matérialisé en elle, par le temps socialement nécessaire à sa production. Il nous faut donc calculer le travail contenu dans le produit que notre capitaliste a fait fabriquer, soit dix livres de filés.

Pour produire les filés, il avait besoin d'une matière première, mettons dix livres de coton. Inutile de chercher maintenant quelle est la valeur de ce coton, car le capitaliste l'a acheté sur le marché ce qu'il valait, par exemple dix shillings. Dans ce prix le travail exigé par la production du coton est déjà représenté comme travail social moyen.

Admettons encore que l'usure des broches - et elles nous représentent tous les autres moyens de travail employés — s'élève à deux shillings. Si une masse d'or de douze shillings est le produit de vingt-quatre heures de travail, il s'ensuit qu'il y a deux journées de travail réalisées dans les filés.

---

ouvriers travaillent pour un salaire, le capitaliste est propriétaire non seulement du capital (moyens de production), mais encore du travail (of labour also). Si l'on comprend, comme c'est l'usage, dans la notion de capital, ce qui est payé pour salaire, il est absurde de parler séparément du capital et du travail. Le mot capital dans ce sens renferme deux choses, capital et travail » (James Mill : *Elements of Polit. Econ.*, etc. p.15)

1905

Cette circonstance, que le coton a changé de forme et que l'usure a fait disparaître une quote-part des broches, ne doit pas nous dérouter. D'après la loi générale des échanges, dix livres de filés sont l'équivalent de dix livres de coton et un quart de broche, si la valeur de quarante livres de filés égale la valeur de quarante livres de coton, plus une broche entière, c'est-à-dire si le même temps de travail est nécessaire pour produire l'un ou l'autre terme de cette équation. Dans ce cas le même temps de travail se représente une fois en filés, l'autre fois en coton et broche. Le fait que broche et coton, au lieu de rester en repos l'un à côté de l'autre, se sont combinés pendant le filage qui, en changeant leurs formes usuelles, les a convertis en filés, n'affecte pas plus leur valeur que ne le ferait leur simple échange contre un équivalent en filés.

Le temps de travail nécessaire pour produire les filés, comprend le temps de travail nécessaire pour produire leur matière première, le coton. Il en est de même du temps nécessaire pour reproduire les broches usées[1].

En calculant la valeur des filés, c'est-à-dire le temps nécessaire à leur production, on doit donc considérer les différents travaux, — séparés par le temps et l'espace qu'il faut parcourir, d'abord pour produire coton et broches, ensuite pour faire des filés — comme des phases successives de la même opération. Tout le travail contenu dans les filés est du travail passé, et peu importe que le travail exigé pour produire leurs éléments constitutifs soit écoulé avant le temps dépensé dans l'opération finale, le filage. S'il faut trente journées, par exemple, pour construire une maison, la somme de travail qui y est incorporée ne change pas de grandeur, bien que la trentième journée de travail n'entre dans la production que vingt-neuf jours après la première. De même le temps de travail contenu dans la matière première et les instruments du filage doit être compté comme s'il eût été dépensé durant le cours de cette opération même.

Il faut, bien entendu, que deux conditions soient remplies : en premier lieu, que les moyens aient réellement servi à produire une valeur d'usage, dans notre cas des filés. Peu importe à la valeur le genre de valeur d'usage qui la soutient, mais elle doit être soutenue par une valeur d'usage. Secondement, il est sous-entendu qu'on n'emploie que le temps de travail nécessaire dans les conditions normales de la production. Si une livre de coton suffit en moyenne pour faire une livre de filés, ce n'est que la valeur d'une livre de coton qui sera imputée à la valeur d'une livre de filés. Le capitaliste aurait la fantaisie d'employer des broches d'or, qu'il ne serait néanmoins compté dans la valeur des filés que le temps de travail nécessaire pour produire l'instrument de fer.

---

[1] « Non seulement le travail appliqué aux marchandises affecte leur valeur, mais encore le travail incorporé dans les fournitures, les outils et les constructions sans lesquels un tel travail ne pourrait avoir lieu. » (*Ricardo*, l. c., p. 16).

Nous connaissons à présent la valeur que le coton et l'usure des broches donnent aux filés. Elle est égale à douze shillings — l'incorporation de deux journées de travail. Reste donc à chercher combien la valeur que le travail du fileur ajoute au produit.

Ce travail se présente maintenant sous un nouvel aspect. D'abord c'était l'art de filer. Plus valait le travail, plus valaient les filés, toutes les autres circonstances restant les mêmes. Le travail du fileur se distinguait d'autres travaux productifs par son but, ses procédés techniques, les propriétés de son produit et ses moyens de production spécifiques. Avec le coton et les broches qu'emploie le fileur, on ne saurait faire des canons rayés. Par contre, en tant qu'il est source de valeur, le travail du fileur ne diffère en rien de celui du foreur de canons, ou, ce qui vaut mieux, de celui du planteur de coton ou du fabricant de broches, c'est-à-dire des travaux réalisés dans les moyens de production des filés. Si ces travaux, malgré la différence de leurs formes utiles, n'étaient pas d'une essence identique, ils ne pourraient pas constituer des portions, indistinctes quant à leur qualité, du travail total réalisé dans le produit. Dès lors les valeurs coton et broches ne constitueraient pas non plus des parties intégrantes de la valeur totale des filés. En effet, ce qui importe ici, ce n'est plus la qualité mais la quantité du travail ; c'est elle seule qui entre en ligne de compte. Admettons que le filage soit du travail simple, moyen. On verra plus tard que la supposition contraire ne changerait rien à l'affaire.

Pendant le procès de la production, le travail passe sans cesse de la forme dynamique à la forme statique. Une heure de travail par exemple, c'est-à-dire la dépense en force vitale du fileur durant une heure, se représente dans une quantité déterminée de filés.

Ce qui est ici d'une importance décisive, c'est que pendant la durée de la transformation du coton en filés, il ne se dépense que le temps de travail socialement nécessaire. Si dans les conditions normales, c'est-à-dire sociales, moyennes de la production, il faut que durant une heure de travail A livres de coton soient converties en B livres de filés, on ne compte comme journée de travail de douze heures que la journée de travail qui convertit 12 x A livres de coton en 12 x B livres de filés. Le temps de travail socialement nécessaire est en effet le seul qui compte dans la formation de la valeur.

On remarquera que non seulement le travail, mais aussi les moyens de production et le produit ont maintenant changé de rôle. La matière première ne fait que s'imbiber d'une certaine quantité de travail. Il est vrai que cette absorption la convertit en filés, attendu que la force vitale de l'ouvrier a été dépensée sous forme de filage, mais le produit en filés ne sert que de gradimètre indiquant la quantité de travail imbibée par le coton, - par exemple dix livres de filés indiqueront six heures de travail, s'il faut une heure pour filer une livre deux tiers de coton. Certaines quantités de produit déterminées d'après les données de l'expérience ne représentent que des masses de travail solidifié - la matérialité d'une heure, de deux heures, d'un jour de travail social.

Que le travail soit précisément filage, sa matière coton et son produit filé, cela est tout à fait indifférent, comme il est indifférent que l'objet même du travail soit déjà matière première, c'est-à-dire un produit. Si l'ouvrier, au lieu d'être occupé dans une filature, était employé dans une houillère, la nature lui fournirait son objet de travail. Néanmoins un *quantum* déterminé de houille extrait de sa couche, un quintal par exemple, représenterait un *quantum* déterminé de travail absorbé.

Lors de la vente de la force de travail, il a été sous- entendu que sa valeur journalière = 3 shillings, — somme d'or dans laquelle six heures de travail sont incorporées — et que, par conséquent, il faut travailler six heures pour produire la somme moyenne de subsistances nécessaires à l'entretien quotidien du travailleur. Comme notre fileur convertit pendant une heure une livre deux tiers de coton en une livre deux tiers de filés, il convertira en six heures dix livres de coton en dix livres de filés[1]. Pendant la durée du filage le coton absorbe donc six heures de travail. Le même temps de travail est fixé dans une somme d'or de trois shillings. Le fileur a donc ajouté au coton une valeur de trois shillings.

Faisons maintenant le compte de la valeur totale du produit. Les dix livres de filés contiennent deux journées et demie de travail ; coton et broche contiennent deux journées ; une demi-journée a été absorbée durant le filage.

La même somme de travail est fixée dans une masse d'or de quinze shillings. Le prix de quinze shillings exprime donc la valeur exacte de dix livres de filés ; le prix de un shilling six pence celle d'une livre.

Notre capitaliste reste ébahi. La valeur du produit égale la valeur du capital avancé. La valeur avancée n'a pas fait de petits ; elle n'a point enfanté de plus-value et l'argent, par conséquent, ne s'est pas métamorphosé en capital. Le prix de dix livres de filés est de quinze shillings et quinze shillings ont été dépensés sur le marché pour les éléments constitutifs du produit, ou, ce qui revient au même, pour les facteurs du procès de travail, dix shillings pour le coton, deux shillings pour l'usure des broches, et trois shillings pour la force de travail. Il ne sert de rien que la valeur des filés soit enflée, car elle n'est que la somme des valeurs distribuées auparavant sur ces facteurs, et en les additionnant on ne les multiplie pas[2]. Toutes ces

---

[1] Les chiffres sont ici tout à fait arbitraires.

[2] C'est principalement sur cette proposition que les physiocrates fondent leur doctrine de l'improductivité de tout travail non agricole, et elle est irréfutable pour les économistes en titre. « Cette façon d'imputer à une seule chose la valeur de plusieurs autres (par exemple au lin la consommation du tisserand), d'appliquer, pour ainsi dire, couche sur couche, plusieurs valeurs sur une seule, fait que celle-ci grossit d'autant. Le terme d'addition peint très bien la manière

valeurs sont maintenant concentrées sur un objet, mais elles l'étaient aussi dans la somme de quinze shillings avant que le capitaliste les sortît de son gousset pour les subdiviser en trois achats.

Il n'y a rien d'étrange dans ce résultat. La valeur d'une livre de filés revient à un shilling six pence et au marché notre capitaliste aurait à payer quinze shillings pour dix livres de filés. Qu'il achète sa demeure toute faite, ou qu'il la fasse bâtir à ses propres frais, aucune de ces opérations n'augmentera l'argent employé à l'acquisition de sa maison.

Le capitaliste, qui est à cheval sur son économie politique vulgaire, s'écriera peut-être qu'il n'a avancé son argent qu'avec l'intention de le multiplier. Mais le chemin de l'enfer est pavé de bonnes intentions, et personne ne peut l'empêcher d'avoir l'intention de faire de l'argent sans produire[1]. Il jure qu'on ne l'y rattrapera plus ; à l'avenir il achètera, sur le marché, des marchandises toutes faites au lieu de les fabriquer lui-même. Mais si tous ses compères capitalistes font de même, comment trouver des marchandises sur le marché ? Pourtant il ne peut manger son argent. Il se met donc à nous catéchiser : on devrait prendre en considération son abstinence, il pouvait faire ripaille avec ses quinze shillings ; au lieu de cela il les a consommés productivement et en a fait des filés. C'est vrai, mais aussi a-t-il des filés et non des remords. Qu'il prenne garde de partager le sort du thésauriseur qui nous a montré où conduit l'ascétisme.

D'ailleurs là où il n'y a rien, le roi perd ses droits. Quel que soit le mérite de son abstinence, il ne trouve pas de fonds pour la payer puisque la valeur de la marchandise qui sort de la production est tout juste égale à la somme des valeurs qui y sont entrées. Que son baume soit cette pensée consolante : la vertu ne se paie que par la vertu. Mais non ! Il devient importun. Il n'a que faire de ses filés ; il les a produits pour la vente. Eh bien, qu'il les vende donc ! Ou ce qui serait plus simple, qu'il ne produise à l'avenir que des objets nécessaires à sa propre consommation : Mac Culloch, son Esculape ordinaire, lui a déjà donné cette panacée contre les excès épidémiques de production. Le voilà qui regimbe. L'ouvrier aurait-il la prétention de bâtir en l'air avec ses dix doigts, de produire des marchandises avec rien ? Ne lui a-t-il pas fourni la matière dans laquelle et avec laquelle seule il peut donner un corps à son travail ? Et, comme la plus grande partie de la société civile se compose de pareils va-nu-pieds, n'a-t-il pas avec ses moyens de production, son coton et ses

---

dont se forme le prix des ouvrages de main-d'œuvre ; ce prix n'est qu'un total de plusieurs valeurs consommées et additionnées ensemble ; or additionner n'est pas multiplier. » (Mercier de la Rivière, l. c., p. 599.)

[1] C'est ainsi par exemple, que de 1844 1847 il retira une partie de son capital de la production pour spéculer sur les actions de chemin de fer. De même, pendant la guerre civile américaine il ferma sa fabrique et jeta ses ouvriers sur le pavé pour jouer sur les cotons bruts à la bourse de Liverpool.

broches, rendu un service immense à la susdite société, et plus particulièrement à l'ouvrier auquel il a avancé par-dessus le marché la subsistance ? Et il ne prendrait rien pour ce service ! Mais est-ce que l'ouvrier ne lui a pas en échange rendu le service de convertir en filés son coton et ses broches ? Du reste, il ne s'agit pas ici de services[1]. Le service n'est que l'effet utile d'une valeur d'usage, que celle-ci soit marchandise ou travail[2]. Ce dont il s'agit c'est de la valeur d'échange. Il a payé à l'ouvrier une valeur de trois shillings. Celui-ci lui en rend l'équivalent exact en ajoutant la valeur de trois shillings au coton, valeur contre-valeur. Notre ami tout à l'heure si gonflé d'outrecuidance capitaliste, prend tout à coup l'attitude modeste d'un simple ouvrier. N'a-t-il pas travaillé lui aussi ? Son travail de surveillance et d'inspection, ne forme-t-il pas aussi de la valeur ? Le directeur de sa manufacture et son contremaître en haussent les épaules. Sur ces entrefaites le capitaliste a repris, avec un sourire malin, sa mine habituelle. Il se gaussait de nous avec ses litanies. De tout cela il ne donnerait pas deux sous. Il laisse ces subterfuges, ces finasseries creuses aux professeurs d'économie politique, ils sont payés pour cela, c'est leur métier. Quant à lui, il est homme pratique et s'il ne réfléchit pas toujours à ce qu'il dit en dehors des affaires, il sait toujours en affaires ce qu'il fait.

Regardons-y de plus près. La valeur journalière de la force de travail revient à trois shillings parce qu'il faut une demi-journée de travail pour produire quotidiennement cette force, c'est-à-dire que les subsistances nécessaires pour l'entretien journalier de l'ouvrier coûtent une demi-journée de travail. Mais le travail passé que la force de travail recèle et le travail actuel qu'elle peut exécuter, ses frais d'entretien journaliers et la dépense qui s'en fait par jour, ce sont là deux choses tout à fait différentes. Les frais de la force en déterminent la valeur d'échange, la

---

[1] « Fais chanter tes louanges, tant que tu voudras… mais quiconque prend plus ou mieux qu'il ne donne, celui-là est un usurier et ceci s'appelle non rendre un service mais faire tort à son prochain, comme qui filoute et pille. N'est pas service ou bienfait tout ce qu'on appelle de ce nom. Un homme et une femme adultères se rendent service l'un à l'autre et se font grand plaisir. Un reître rend à un assassin incendiaire grand service de reître en lui prêtant aide pour faire ses exploits de meurtre et de pillage sur les grands chemins, et pour attaquer les propriétés et les personnes. Les papistes rendent aux nôtres un grand service, en ce qu'ils ne noient pas, ne brûlent pas, ne tuent pas, ne laissent pas pourrir dans les cachots tous les nôtres, et en laissant vivre quelques-uns qu'ils se contentent de chasser en leur prenant d'abord tout ce qu'ils possèdent. Le diable lui-même rend à ses serviteurs un grand, un incommensurable service… En somme, le monde entier regorge de grands, d'excellents, de quotidiens services et bienfaits. » (Martin Luther : *An die Pfarherrn, wider den wucher zu predigen*, etc. Wittemberg, 1540.)

[2] « On comprend le service que la catégorie *service* doit rendre à une espèce d'économistes comme J. B. Say et F. Bastiat. » Karl Marx : « *Zur Kritik* », etc., p.14.

dépense de la force en constitue la valeur d'usage. Si une demi-journée de travail suffit pour faire vivre l'ouvrier pendant vingt-quatre heures, il ne s'ensuit pas qu'il ne puisse travailler une journée tout entière. La valeur que la force de travail possède et la valeur qu'elle peut créer, diffèrent donc de grandeur. C'est cette différence de valeur que le capitaliste avait en vue, lorsqu'il acheta la force de travail. L'aptitude de celle-ci, à faire des filés ou des bottes, n'était qu'une *conditio sine qua non*, car le travail doit être dépensé sous une forme utile pour produire de la valeur. Mais ce qui décida l'affaire, c'était l'utilité spécifique de cette marchandise, d'être source de valeur et de plus de valeur qu'elle n'en possède elle-même. C'est là le service spécial que le capitaliste lui demande. Il se conforme en ce cas aux lois éternelles de l'échange des marchandises. En effet le vendeur de la force de travail, comme le vendeur de toute autre marchandise, en réalise la valeur échangeable et en aliène la valeur usuelle.

Il ne saurait obtenir l'une sans donner l'autre. La valeur d'usage de la force de travail, c'est-à-dire le travail, n'appartient pas plus au vendeur que n'appartient à l'épicier la valeur d'usage de l'huile vendue. L'homme aux écus a payé la valeur journalière de la force de travail ; usage pendant le jour, le travail d'une journée entière lui appartient donc. Que l'entretien journalier de cette force ne coûte qu'une demi-journée de travail, bien qu'elle puisse opérer ou travailler pendant la journée entière, c'est-à-dire que la valeur créée par son usage pendant un jour soit le double de sa propre valeur journalière, c'est là une chance particulièrement heureuse pour l'acheteur, mais qui ne lèse en rien le droit du vendeur.

Notre capitaliste a prévu le cas, et c'est ce qui le fait rire. L'ouvrier trouve donc dans l'atelier les moyens de production nécessaires pour une journée de travail non pas de six mais de douze heures. Puisque dix livres de coton avaient absorbé six heures de travail et se transformaient en dix livres de filés, vingt livres de coton absorberont douze heures de travail et se transformeront en vingt livres de filés. Examinons maintenant le produit du travail prolongé. Les vingt livres de filés contiennent cinq journées de travail dont quatre étaient réalisées dans le coton et les broches consommés, une absorbée par le coton pendant l'opération du filage. Or l'expression monétaire de cinq journées de travail est trente shillings. Tel est donc le prix des vingt livres de filés. La livre de filés coûte après comme avant un shilling six pence. Mais la somme de valeur des marchandises employées dans l'opération ne dépassait pas vingt-sept shillings et la valeur des filés atteint trente shillings. La valeur du produit s'est accrue de un neuvième sur la valeur avancée pour sa production. Les vingt-sept shillings avancés se sont donc transformés en trente shillings. Ils ont enfanté une plus-value de trois shillings. Le tour est fait. L'argent s'est métamorphosé en capital.

Le problème est résolu dans tous ses termes. La loi des échanges a été rigoureusement observée, équivalent contre équivalent. Sur le marché, le capitaliste achète à sa juste valeur chaque marchandise - coton, broches, force de travail. Puis il fait ce que fait tout autre acheteur, il consomme leur valeur d'usage. La consommation de la force de travail, étant en même temps production de marchandises rend un produit de vingt livres de filés, valant trente shillings. Alors le capitaliste qui avait quitté le marché comme acheteur y revient comme vendeur. Il vend les filés à un shilling six pence la livre, pas un liard au-dessus ou au-dessous de leur valeur et cependant il retire de la circulation trois shillings de plus qu'il n'y avait mis. Cette transformation de son argent en capital se passe dans la sphère de la circulation, et ne s'y passe pas. La circulation sert d'intermédiaire. C'est là sur le marché, que se vend la force de travail, pour être exploitée dans la sphère de la production, où elle devient source de plus-value, et tout est ainsi pour le mieux dans le meilleur des mondes possibles.

Le capitaliste, en transformant l'argent en marchandises qui servent d'éléments matériels d'un nouveau produit, en leur incorporant ensuite la force de travail vivant, transforme la valeur - du travail passé, mort, devenu chose - en capital, en valeur grosse de valeur, monstre animé qui se met à travailler comme s'il avait le diable au corps.

La production de plus-value n'est donc autre chose que la production de valeur, prolongée au-delà d'un certain point. Si le procès de travail ne dure que jusqu'au point où la valeur de la force de travail payée par le capital est remplacée par un équivalent nouveau, il y a simple production de valeur ; quand il dépasse cette limite, il y a production de plus-value.

Comparons maintenant la production de valeur avec la production de valeur d'usage. Celle-ci consiste dans le mouvement du travail utile. Le procès de travail se présente ici au point de vue de la qualité. C'est une activité qui, ayant pour but de satisfaire des besoins déterminés, fonctionne avec des moyens de production conformes à ce but, emploie des procédés spéciaux, et finalement aboutit à un produit usuel. Par contre, comme production de valeur, le même procès ne se présente qu'au point de vue de la quantité. Il ne s'agit plus ici que du temps dont le travail a besoin pour son opération, ou de la période pendant laquelle le travailleur dépense sa force vitale en efforts utiles. Les moyens de production fonctionnent maintenant comme simples moyens d'absorption de travail et ne représentent eux-mêmes que la quantité de travail réalisé en eux. Que le travail soit contenu dans les moyens de production ou qu'il soit ajouté par la force de travail, on ne le compte désormais que d'après sa durée ; il est de tant d'heures, de tant de jours, et ainsi de suite.

Et de plus il ne compte qu'autant que le temps employé à la production de la valeur d'usage est le temps socialement nécessaire. Cette condition présente plusieurs aspects différents. La force de travail doit fonctionner dans des conditions normales. Si dans le milieu social donné, la machine à filer est l'instrument normal de la filature, il ne faut pas mettre un rouet entre les mains du fileur. De plus le coton doit être de bonne qualité et non de la pacotille se brisant à chaque instant, Sans cela le travailleur emploierait dans les deux cas plus que le temps nécessaire à la production d'une livre de filés, et cet excès de temps ne créerait ni valeur ni argent. Mais le caractère normal des facteurs matériels du travail dépend du capitaliste et non pas de l'ouvrier. D'autre part, le caractère normal de la force de travail elle-même est indispensable. Elle doit posséder dans la spécialité à laquelle on l'emploie le degré moyen d'habileté, d'adresse et de célérité ; aussi notre capitaliste a pris bien garde de l'acheter telle sur le marché. Cette force doit de plus fonctionner avec le degré d'intensité habituel. Aussi le capitaliste veille-t-il anxieusement à ce que l'ouvrier ne ralentisse pas ses efforts et ne perde pas son temps. Il a acheté cette force pour un temps déterminé ; il tient à avoir son compte. Il ne veut pas être volé. Enfin la consommation des moyens de production doit se faire d'une manière normale, parce que le gaspillage des instruments et des matières premières représente une dépense inutile en travail déjà réalisé, lequel, par conséquent, n'est pas compté dans le produit et ne lui ajoute pas de valeur[1].

---

[1] Cette circonstance est une de celles qui renchérissent la production fondée sur l'esclavage. Là, d'après l'expression frappante des anciens, le travailleur est censé se distinguer seulement comme *instrumentum vocale* de l'*instrumentum semi-vocale*, l'animal, et de l'*instrumentum mutum*, les instruments inanimés. Mais l'esclave lui-même fait bien sentir aux animaux et aux instruments de travail qu'ils sont loin d'être ses égaux, qu'il est homme. Pour se donner cette jouissance, il les maltraite con amore. Aussi est-ce un principe économique, accepté dans ce mode de production, qu'il faut employer les instruments de travail les plus rudes et les plus lourds, parce que leur grossièreté et leur poids les rendent plus difficiles à détériorer. Jusqu'à l'explosion de la guerre civile, on trouvait dans les États à esclaves situés sur le golfe du Mexique des charrues de construction chinoise qui fouillaient le sol comme le porc et la taupe, sans le fendre ni le retourner. V. J. C. Cairns : *The Slave Power*. London, 1862, p.46 et suiv. — Voici en outre ce que raconte Oirnsted dans son ouvrage intitulé *Slave states* : « On m'a montré ici des instruments que chez nous nul homme sensé ne voudrait mettre entre les mains d'un ouvrier ; car leur grossièreté rendrait le travail de dix pour cent au moins plus difficile qu'il ne l'est avec ceux que nous employons. Et je suis persuadé qu'il faut aux esclaves des instruments de ce genre parce que ce ne serait point une économie de leur en fournir de plus légers et de moins grossiers. Les instruments que nous donnons à nos ouvriers et avec lesquels nous trouvons du profit, ne dureraient pas un seul jour dans les champs de blé de la Virginie, bien que la terre y soit plus légère et moins pierreuse que chez nous. De même, lorsque je demande pourquoi les mules sont universellement substituées aux chevaux dans la ferme, la première raison qu'on me donne, et la meilleure assurément, c'est que les chevaux ne peuvent supporter les traitements auxquels ils sont en butte de la part des nègres. Ils

On le voit, la différence entre le travail utile et le travail source de valeur que nous constatons au commencement de nos recherches par l'analyse de la marchandise, vient de se manifester comme différence entre les deux faces de la production marchande. Dès qu'elle se présente non plus simplement comme unité du travail utile et du travail créateur de valeur, mais encore comme unité du travail utile et du travail créateur de plus-value, la production marchande devient production capitaliste, c'est-à-dire production marchande sous la forme capitaliste.

En examinant la production de la plus-value, nous avons supposé que le travail, approprié par le capital, est du travail simple moyen. La supposition contraire n'y changerait rien. Admettons, par exemple, que, comparé au travail du fileur, celui du bijoutier est du travail à une puissance supérieure, que l'un est du travail simple et l'autre du travail complexe où se manifeste une force plus difficile à former et qui rend dans le même temps plus de valeur. Mais quel que soit le degré de différence entre ces deux travaux, la portion de travail où le bijoutier produit de la plus-value pour son maître ne diffère en rien qualitativement de la portion de travail où il ne fait que remplacer la valeur de son propre salaire. Après comme avant, la plus-value ne provient que de la durée prolongée du travail, qu'il soit celui du fileur ou celui du bijoutier[1].

---

sont toujours excédés de fatigue ou estropiés, tandis que les mules reçoivent des volées de coups et se passent de manger de temps à autre sans être trop incommodées. Elles ne prennent pas froid et ne deviennent pas malades quand on les néglige ou qu'on les accable de besogne. Je n'ai pas besoin d'aller plus loin que la fenêtre de la chambre où j'écris pour être témoin à chaque instant des mauvais traitements exercés sur les bêtes de somme, tels qu'aucun fermier du Nord ne pourrait les voir, sans chasser immédiatement valet de ferme. »

[1] La distinction entre le travail complexe et le travail simple (unskilled labour) repose souvent sur de pures illusions, ou du moins sur des différences qui ne possèdent depuis longtemps aucune réalité et ne vivent plus que par une convention traditionnelle. C'est aussi souvent une manière de parler qui prétend colorer le fait brutal que certains groupes de la classe ouvrière, par exemple les laboureurs, sont plus mal placés que d'autres pour arracher la valeur de leur force de travail. Des circonstances accidentelles jouent même ici un si grand rôle que l'on peut voir des travaux du même genre changer tour à tour de place. Là où, par exemple, la constitution physique des travailleurs est affaiblie ou relativement épuisée par le régime industriel, des travaux réellement brutaux, demandant beaucoup de force musculaire, montent sur l'échelle, tandis que des travaux bien plus délicats descendent au rang de travail simple. Le travail d'un maçon (bricklayer) occupe en Angleterre un rang bien plus élevé que celui d'un damassier. D'un autre côté, le travail d'un coupeur (fustian cutter) figure comme travail simple, bien qu'il exige beaucoup d'efforts corporels et de plus qu'il soit très malsain. D'ailleurs il ne faut pas s'imaginer que le travail prétendu supérieur « skilled » occupe une large place dans le travail national. D'après le calcul de Laing, il y avait en 1843, en Angleterre, y compris le pays de Galles, onze millions d'habitants dont l'existence reposait sur le travail simple. Déduc-

D'un autre côté, quand il s'agit de production de valeur, le travail supérieur doit toujours être réduit à la moyenne du travail social, une journée de travail complexe, par exemple, à deux journées de travail simple[1]. Si des économistes comme il faut se sont récriés contre cette « assertion arbitraire », n'est-ce pas le cas de dire, selon le proverbe allemand, que les arbres les empêchent de voir la forêt ! Ce qu'ils accusent d'être un artifice d'analyse, est tout bonnement un procédé qui se pratique tous les jours dans tous les coins du monde. Partout les valeurs des marchandises les plus diverses sont indistinctement exprimées en monnaie, c'est-à-dire dans une certaine masse d'or ou d'argent. Par cela même, les différents genres de travail, représentés par ces valeurs, ont été réduits, dans des proportions différentes, à des sommes déterminées d'une seule et même espèce de travail ordinaire, le travail qui produit l'or ou l'argent.

CHAPITRE VIII

CAPITAL CONSTANT ET CAPITAL VARIABLE

Les différents facteurs du procès de travail prennent une part différente à la formation de la valeur des produits.

L'ouvrier communique une valeur nouvelle à l'objet du travail par l'addition d'une nouvelle dose de travail, quel qu'en soit le caractère utile. D'autre part, nous retrouvons les valeurs des moyens de production consommés comme élément dans la valeur du produit, par exemple la valeur du coton et des broches dans celle des filés. Les valeurs des moyens de production sont donc conservées par leur transmission au

---

tion faite d'un million d'aristocrates et d'un million correspondant de pauvres, de vagabonds, de criminels, de prostituées, etc., sur les dix-sept millions qui composaient la population au moment où il écrivait, il reste quatre millions pour la classe moyenne, y compris les petits rentiers, les employés, les écrivains, les artistes, les instituteurs, etc. Pour obtenir ces quatre millions, il compte dans la partie travailleuse de la classe moyenne, outre les banquiers, les financiers, etc., les ouvriers de fabrique les mieux payés ! Les maçons eux-mêmes figurent parmi les travailleurs élevés à la seconde puissance ; il lui reste alors les onze millions sus mentionnés qui tirent leur subsistance du travail simple. (Laing : National distress, etc., London, 1844.) « La grande classe qui n'a à donner pour sa nourriture que du travail ordinaire, forme la grande masse du peuple. » (James Mill, *Art. Colony, supplément of the Encyclop. Brit.*, 1831).
[1] « Quand on s'en rapporte au travail pour mesurer la valeur, on entend nécessairement un travail d'une certaine espèce... dont la proportion avec les autres espèces est aisément déterminée. » (*Outlines of Polit. Econ.* London, 1832, p.22, 23.)

produit. Cette transmission a lieu dans le cours du travail, pendant la transformation des moyens de production en produit. Le travail en est donc l'intermédiaire. Mais de quelle manière ?

L'ouvrier ne travaille pas doublement dans le même temps, une fois pour ajouter une nouvelle valeur au coton, et l'autre fois pour en conserver l'ancienne, ou, ce qui revient absolument au même pour transmettre au produit, aux filés, la valeur des broches qu'il use et celle du coton qu'il façonne. C'est par la simple addition d'une nouvelle valeur qu'il maintient l'ancienne. Mais comme l'addition d'une valeur nouvelle à l'objet du travail et la conservation des valeurs anciennes dans le produit sont deux résultats tout à fait différents que l'ouvrier obtient dans le même temps, ce double effet ne peut évidemment résulter que du caractère double de son travail. Ce travail doit, dans le même moment, en vertu d'une propriété, créer, et en vertu d'une autre propriété, conserver ou transmettre de la valeur.

Comment l'ouvrier ajoute-t-il du travail et par conséquent de la valeur ? N'est-ce pas sous la forme d'un travail utile et particulier et seulement sous cette forme ? Le fileur n'ajoute de travail qu'en filant, le tisserand qu'en tissant, le forgeron qu'en forgeant. Mais c'est précisément cette forme de tissage, de filage, etc., en un mot la forme productive spéciale dans laquelle la force de travail est dépensée, qui convertit les moyens de production tels que coton et broche, fil et métier à tisser, fer et enclume en éléments formateurs d'un produit, d'une nouvelle valeur d'usage[1]. L'ancienne forme de leur valeur d'usage ne disparaît que pour revêtir une forme nouvelle. Or, nous avons vu que le temps de travail qu'il faut pour produire un article comprend aussi le temps de travail qu'il faut pour produire les articles consommés dans l'acte de sa production. En d'autres termes, le temps de travail nécessaire pour faire les moyens de production consommés compte dans le produit nouveau.

Le travailleur conserve donc la valeur des moyens de production consommés, il la transmet au produit comme partie constituante de sa valeur, non parce qu'il ajoute du travail en général, mais par le caractère utile, par la forme productive de ce travail additionnel. En tant qu'il est utile, qu'il est activité productive, le travail, par son simple contact avec les moyens de production, les ressuscite des morts, en fait les facteurs de son propre mouvement et s'unit avec eux pour constituer des produits.

Si le travail productif spécifique de l'ouvrier n'était pas le filage, il ne ferait pas de filés et, par conséquent, ne leur transmettrait pas les valeurs du coton et des broches. Mais, par une journée de travail, le même ouvrier, s'il change de métier et devient par exemple menuisier, ajoutera, après comme avant, de la valeur à des matières.

---

[1] « Le travail fournit une création nouvelle pour une qui est éteinte. » *An Essay on the polit. Econ. of Nations.* London, 1821, p. 13.

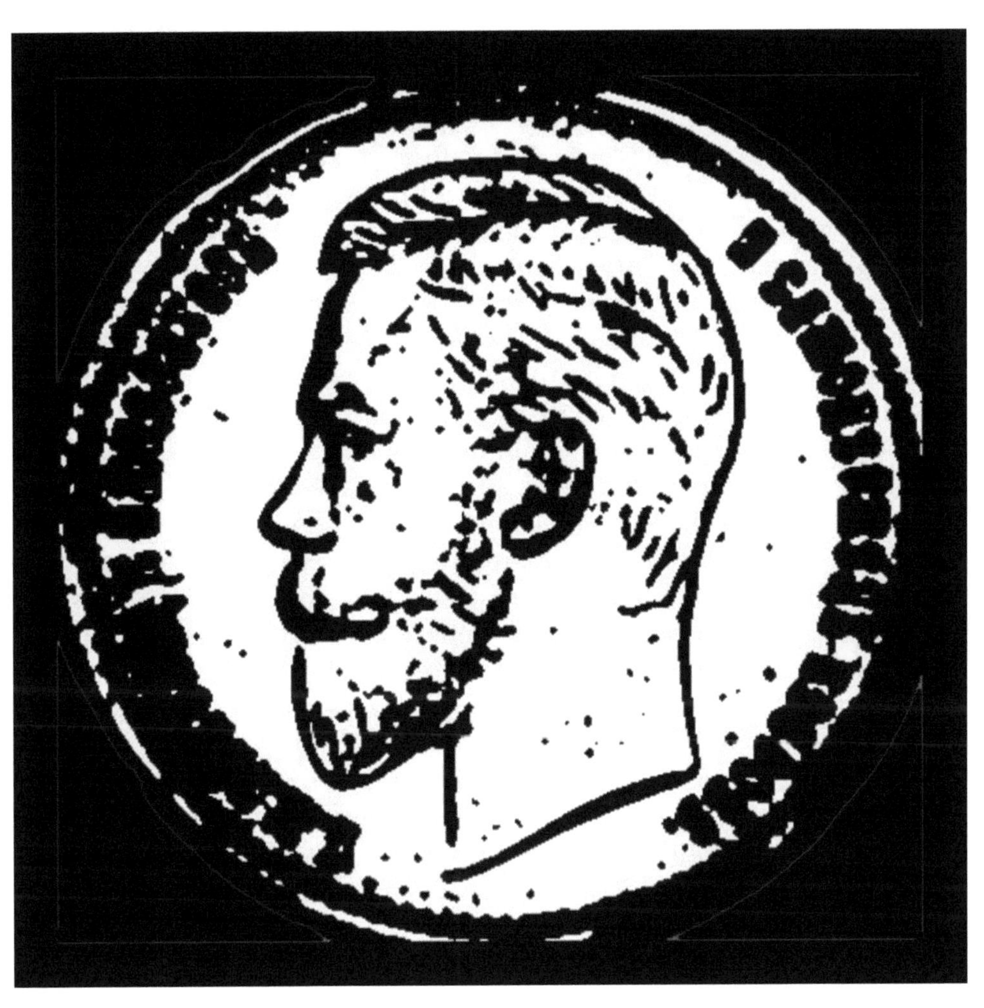

Il l'ajoute donc par son travail considéré non comme travail de tisserand ou de menuisier, mais comme travail humain en général, et il ajoute une quantité déterminée de valeur, non parce que son travail a un caractère utile particulier, mais parce qu'il dure un certain temps. C'est donc en vertu de sa propriété générale, abstraite, comme dépense de force vitale humaine, que le travail du fileur ajoute une valeur nouvelle aux valeurs du coton et des broches, et c'est en vertu de sa propriété concrète, particulière, de sa propriété utile comme filage, qu'il transmet la valeur de ces moyens de production au produit et la conserve ainsi dans celui-ci. De là le double caractère de son résultat dans le même espace de temps.

Par une simple addition, par une quantité nouvelle de travail, une nouvelle valeur est ajoutée ; par la qualité du travail ajouté les anciennes valeurs des moyens de production sont conservées dans le produit. Ce double effet du même travail par suite de, son double caractère devient saisissable dans une multitude de phénomènes.

Supposez qu'une invention quelconque permette à l'ouvrier de filer en six heures autant de coton qu'il en filait auparavant en trente-six. Comme activité utile, productive, la puissance de son travail a sextuplé et son produit est six fois plus grand, trente-six livres de filés au lieu de six. Mais les trente-six livres de coton n'absorbent pas plus de temps de travail que n'en absorbaient six dans le premier cas. Il leur est ajouté seulement un sixième du travail qu'aurait exigé l'ancienne méthode et par conséquent un sixième seulement de nouvelle valeur. D'autre part la valeur sextuple de coton existe maintenant dans le produit, les trente-six livres de filés. Dans les six heures de filage une valeur six fois plus grande en matières premières est conservée et transmise au produit, bien que la valeur nouvelle ajoutée à cette même matière soit six fois plus petite. Ceci montre comment la propriété en vertu de laquelle le travail conserve de la valeur, est essentiellement différente de la propriété en vertu de laquelle, durant le même acte, il crée de la valeur. Plus il se transmet pendant le filage de travail nécessaire à la même quantité de coton, plus grande est la valeur nouvelle ajoutée à celui-ci ; mais plus il se file de livres de coton dans un même temps de travail, plus grande est la valeur ancienne qui est conservée dans le produit.

Admettons au contraire que la productivité du travail reste constante, qu'il faut par conséquent au fileur toujours le même temps pour transformer une livre de coton en filés, mais que Ia valeur d'échange du coton varie et qu'une livre de coton vaille six fois plus ou moins qu'auparavant. Dans les deux cas le fileur continue à ajouter le même quantum de travail à la même quantité de coton, c'est-à-dire la même valeur, et dans les deux cas il produit dans le même temps la même quantité de filés. Cependant la valeur qu'il transmet du coton aux filés, au produit, est dans un cas six fois plus petite et dans l'autre cas six fois plus grande qu'auparavant. Il en est de même quand les instruments du travail renchérissent ou se vendent à meilleur marché, mais rendent cependant toujours le même service.

Si les conditions techniques du filage restent les mêmes et que ses moyens de production n'éprouvent aucun changement de valeur, le fileur continue à consommer dans des temps de travail donnés des quantités données de matière première et de machines dont la valeur reste conséquemment toujours la même. La valeur qu'il conserve dans le produit est alors en raison directe de la valeur nouvelle qu'il ajoute. En deux semaines il ajoute deux fois plus de travail qu'en une, deux fois plus de valeur donc, et en même temps il use deux fois plus de matières et deux fois plus de machines ; il conserve ainsi dans le produit de deux semaines deux fois plus de valeur que dans le produit d'une seule. Dans des conditions invariables l'ouvrier conserve d'autant plus de valeur qu'il en ajoute davantage. Cependant, il ne conserve pas plus de valeur parce qu'il en ajoute davantage, mais parce qu'il l'ajoute dans des circonstances invariables et indépendantes du son travail.

Néanmoins, on peut dire, dans un sens relatif, que l'ouvrier conserve toujours des valeurs anciennes à mesure qu'il ajoute une valeur nouvelle. Que le coton hausse ou baisse d'un shilling, sa valeur conservée dans le produit d'une heure ne sera jamais celle qui se trouve dans le produit de deux heures. De même si la productivité du travail du fileur varie, si elle augmente ou diminue, il filera en une heure par exemple, plus ou moins de coton qu'auparavant, et par suite conservera dans le produit d'une heure la valeur de plus ou moins de coton. Mais dans n'importe quel cas il conservera toujours en deux heures de travail deux fois plus de valeur qu'en une seule.

Abstraction faite de sa représentation purement symbolique par des signes, la valeur n'existe que dans une chose utile, un objet (L'homme lui-même, en tant que simple existence de force de travail, est un objet naturel, un objet vivant et conscient, et le travail n'est que la manifestation externe, matérielle de cette force). Si donc la valeur d'usage se perd, la valeur d'échange se perd également. Les moyens de production qui perdent leur valeur d'usage ne perdent pas en même temps leur valeur, parce que le procès de travail ne leur fait en réalité perdre la forme primitive d'utilité que pour leur donner dans le produit la forme d'une utilité nouvelle. Et, si important qu'il soit pour la valeur d'exister dans un objet utile quelconque, la métamorphose des marchandises nous a prouvé qu'il lui importe peu quel est cet objet. Il suit de là que le produit n'absorbe dans le cours du travail, la valeur du moyen de production, qu'au fur et à mesure que celui-ci, en perdant son utilité, perd aussi sa valeur. Il ne transmet au produit que la valeur qu'il perd comme moyen de production. Mais sous ce rapport les facteurs matériels du travail se comportent différemment.

Le charbon avec lequel on chauffe la machine disparaît sans laisser de trace, de même le suif avec lequel on graisse l'axe de la roue, et ainsi de suite. Les couleurs et d'autres matières auxiliaires disparaissent également, mais se montrent dans les propriétés du produit, dont la matière première forme la substance, mais après avoir changé de forme. Matière première et matières auxiliaires perdent donc l'aspect qu'elles avaient en entrant comme valeurs d'usage dans le procès de travail. Il en est tout autrement des instruments proprement dits. Un instrument quelconque, une machine, une fabrique, un vase ne servent au travail que le temps pendant lequel ils conservent leur forme primitive De même que pendant leur vie, c'est-à-dire pendant le cours du travail, ils maintiennent leur forme propre vis-à-vis du produit, de même ils la maintiennent encore après leur mort. Les cadavres de machines, d'instruments, d'ateliers, etc., continuent à exister indépendamment et séparément des produits qu'ils ont contribué à fabriquer. Si l'on considère la période entière pendant laquelle un instrument de travail fait son service, depuis le jour de son entrée dans l'atelier jusqu'au jour où il est mis au rebut, on voit que sa valeur d'usage pendant cette période a été consommée entièrement par le travail, et que par suite sa valeur s'est transmise tout entière au produit. Une machine à filer, par exemple, a-t-elle duré dix ans, pendant son fonctionnement de dix ans sa valeur totale s'est incorporée aux produits de dix ans. La période de vie d'un tel instrument comprend ainsi un plus ou moins grand nombre des mêmes opérations sans cesse renouvelées avec son aide. Et il en est de l'instrument de travail comme de l'homme. Chaque homme meurt tous les jours de vingt-quatre heures; mais il est impossible de savoir au simple aspect d'un homme de combien de jours il est déjà mort. Cela n'empêche pas cependant les compagnies d'assurances de tirer de la vie moyenne de l'homme des conclusions très sûres, et ce qui leur importe plus, très profitables. On sait de même par expérience combien de temps en moyenne dure un instrument de travail, par exemple une machine à tricoter. Si l'on admet que son utilité se maintient seulement six jours dans le travail mis en train, elle perd chaque jour en moyenne un sixième de sa valeur d'usage et transmet par conséquent un sixième de sa valeur d'échange au produit quotidien. On calcule de cette manière l'usure quotidienne de tous les instruments de travail et ce qu'ils transmettent par jour de leur propre valeur à celle du produit.

On voit ici d'une manière frappante qu'un moyen de production ne transmet jamais au produit plus de valeur qu'il n'en perd lui-même par son dépérissement dans le cours du travail. S'il n'avait aucune valeur à perdre, c'est-à-dire s'il n'était pas lui-même un produit du travail humain, il ne pourrait transférer au produit aucune valeur. Il servirait à former des objets usuels sans servir à former des valeurs. C'est le cas qui se présente avec tous les moyens de production que fournit la nature, sans que l'homme y soit pour rien, avec la terre, l'eau, le vent, le fer dans la veine métallique, le bois dans la forêt primitive, et ainsi de suite.

Nous rencontrons ici un autre phénomène intéressant. Supposons qu'une machine vaille, par exemple, mille livres sterling et qu'elle s'use en mille jours ; dans ce cas un millième de la valeur de la machine se transmet chaque jour à son produit journalier ; mais la machine, quoiqu'avec une vitalité toujours décroissante, fonctionne toujours tout entière dans le procès de travail. Donc quoiqu'un facteur du travail entre tout entier dans la production d'une valeur d'usage, il n'entre que par parties dans la formation de la valeur. La différence entre les deux procès se reflète ainsi dans les facteurs matériels, puisque dans la même opération un seul et même moyen de production compte intégralement comme élément du premier procès et par fractions seulement comme élément du second[1].

Inversement un moyen de production peut entrer tout entier dans la formation de la valeur, quoiqu'en partie seulement dans la production des valeurs d'usage. Supposons que dans l'opération du filage, sur cent quinze livres de coton il y en ait quinze de perdues, c'est-à-dire qui forment au lieu de filés ce que les Anglais appellent la poussière du diable (devil's dust). Si néanmoins, ce déchet de quinze pour cent est normal et inévitable en moyenne dans la fabrication, la valeur des quinze livres de coton, qui ne forment aucun élément des filés entre tout autant dans leur valeur que les cent livres qui en forment la substance. Il faut que

---

[1] Il ne s'agit pas ici de *travaux de réparation* des outils, des machines, des constructions, etc. Une machine qu'on répare ne fonctionne pas comme moyen mais comme *objet de travail*. On ne travaille pas avec elle ; c'est elle même qu'on travaille pour raccommoder sa valeur d'usage. Pour nous de pareil, raccommodages peuvent toujours être censés inclus dans le travail qu'exige la production la de l'instrument. Dans le texte il s'agit de l'*usure* qu'aucun docteur ne peut guérir et qui amène peu à peu la mort, « de ce genre d'usure auquel on ne peut porter remède de temps en temps et qui, s'il s'agit d'un couteau par exemple, le réduit finalement à un état tel que le coutelier dit de lui : il ne vaut plus la peine d'une nouvelle lame. » On a vu plus haut, qu'une machine, par exemple, entre tout entière dans chaque opération productive mais par fractions seulement dans la formation simultanée de la valeur. On peut juger d'après cela du quiproquo suivant : « M. Ricardo parle de la portion du travail de l'ingénieur dans la construction d'une machine à faire des bas, comme contenue, par exemple, dans la valeur d'une paire de bas. Cependant le travail total qui produit chaque paire de bas, renferme le travail entier de l'ingénieur et non une portion ; car une machine fait plusieurs paires et aucune de ces paires n'aurait pu être faite sans employer toutes les parties de la machine. » (*Observations on certain verbal disputes in Pol. Econ. particularly relating to value, and to demand and supply.* London 1821, p.54.) L'auteur, d'ailleurs pédant plein de suffisance, a raison dans sa polémique, jusqu'à un certain point, en ce sens que ni Ricardo ni aucun économiste, avant ou après lui, n'ont distingué exactement les deux côtés du travail et encore moins analysé leur influence diverse sur la formation de la valeur.

quinze livres de coton s'en aillent au diable pour qu'on puisse faire cent livres de filés. C'est précisément parce que cette perte est une condition de la production que le coton perdu transmet aux filés sa valeur. Et il en est de même pour tous les excréments du travail, autant bien entendu qu'ils ne servent plus à former de nouveaux moyens de production et conséquemment de nouvelles valeurs d'usage. Ainsi, on voit dans les grandes fabriques de Manchester des montagnes de rognures de fer, enlevées par d'énormes machines comme des copeaux de bois par le rabot, passer le soir de la fabrique à la fonderie, et revenir le lendemain de la fonderie à la fabrique en blocs de fer massif.

Les moyens de production ne transmettent de valeur au nouveau produit qu'autant qu'ils en perdent sous leurs anciennes formes d'utilité. Le maximum de valeur qu'ils peuvent perdre dans le cours du travail a pour limite la grandeur de valeur originaire qu'ils possédaient en entrant dans l'opération, ou le temps de travail que leur production a exigé. Les moyens de production ne peuvent donc jamais ajouter au produit plus de valeur qu'ils n'en possèdent eux-mêmes. Quelle que soit l'utilité d'une matière première, d'une machine, d'un moyen de production, s'il coûte cent cinquante livres sterling, soit cinq cents journées de travail, il n'ajoute au produit total qu'il contribue à former jamais plus de cent cinquante livres sterling. Sa valeur est déterminée non par le travail où il entre comme moyen de production, mais par celui d'où il sort comme produit. Il ne sert dans l'opération à laquelle on l'emploie que comme valeur d'usage, comme chose qui possède des propriétés utiles ; si avant d'entrer dans cette opération, il n'avait possédé aucune valeur, il n'en donnerait aucune au produit[1].

---

[1] On peut juger d'après cela de l'idée lumineuse de J.B. Say qui veut faire dériver la plus-value (intérêt, profit, rente), des services productifs que les moyens de production : terre, instruments, cuir, etc., rendent au travail par leurs valeurs d'usage. Le professeur Roscher qui ne perd jamais une occasion de coudre noir sur blanc et de présenter des explications ingénieuses faites de pièces et de morceaux, s'écrie à ce propos : « J.B. Say, dans son *Traité*, t. I, ch. IV, fait cette remarque, très juste, que la valeur produite par un moulin à huile, déduction faite de tous frais, est quelque chose de neuf, essentiellement différent du travail par lequel le moulin lui-même a été créé. » (L. c., p. 82, note.) C'est en effet très juste ! « L'huile » produite par le moulin est quelque chose de bien différent du travail que ce moulin coûte. Et sous le nom de « valeur », maître Roscher comprend des choses comme « l'huile », puisque l'huile a de la valeur mais comme « dans la nature » il se trouve de l'huile de pétrole, quoique relativement peu, il en déduit cet autre dogme : « Elle (la nature !) ne produit presque pas de valeurs d'échange. » La nature de M. Roscher, avec sa valeur d'échange, ressemble à la jeune fille qui avouait bien avoir eu un enfant, « mais si petit ! » Le même savant sérieux dit encore en une autre occasion :
« L'école de Ricardo a coutume de faire entrer le capital dans le concept du travail, en le définissant du travail accumulé. Ceci est malhabile (!) parce que

Pendant que le travail productif transforme les moyens de production en éléments formateurs d'un nouveau produit, leur valeur est sujette à une espèce de métempsycose. Elle va du corps consommé au corps nouvellement formé. Mais cette transmigration s'effectue à l'insu du travail réel. Le travailleur ne peut pas ajouter un nouveau travail, créer par conséquent une valeur nouvelle, sans conserver des valeurs anciennes, car il doit ajouter ce travail sous une forme utile et cela ne peut avoir lieu sans qu'il transforme des produits en moyens de production d'un produit nouveau auquel il transmet par cela même leur valeur. La force de travail en activité, le travail vivant a donc la propriété de conserver de la valeur en ajoutant de la valeur ; c'est là un don naturel qui ne coûte rien au travailleur, mais qui rapporte beaucoup au capitaliste ; il lui doit la conservation de la valeur actuelle de son capital[1]. Tant que les affaires vont bien, il est trop absorbé dans la fabrication de la plus-value pour distinguer ce don gratuit du travail. Des interruptions violentes, telles que les crises, le forcent brutalement à s'en apercevoir[2].

---

certes le possesseur du capital a fait évidemment bien plus (!) que le produire simplement (!) et le conserver. » Et qu'a-t-il donc fait ? Eh bien ! « il s'est abstenu de jouir autant qu'il l'aurait pu, c'est pourquoi (!) par exemple, il veut et demande de l'intérêt. » Cette méthode que M. Roscher baptise du nom « d'anatomico physiologique de l'économie politique » qu'elle est habile ! Elle convertit un simple désir de la volonté en source inépuisable de valeur !

[1] De tous les instruments employés par le cultivateur, le travail de l'homme est celui sur lequel il doit le plus faire fonds pour le remboursement de son capital. Les deux autres, d'un côté les bêtes de trait et de labour, de l'autre, les charrues, tombereaux, pioches, bêches et ainsi de suite, ne sont absolument rien sans une portion donnée du premier. » (Edmond Burke : *Thoughts and details on scarcity originally presented to the R. Hon. W. Pitt in the month of November 1695*, Edit. London, 1800, p.10.)

[2] Dans le *Times* du 26 nov. 1862, un fabricant dont la filature occupe huit cents ouvriers et consomme par semaine cent cinquante balles de coton indien en moyenne, ou environ cent trente balles de coton américain, fatigue le public de ses jérémiades sur les frais annuels que lui coûte la suspension intermittente du travail dans sa fabrique. Il les évalue à six mille livres sterling. Parmi ces frais se trouve nombre d'articles dont nous n'avons pas à nous occuper, tels que rente foncière, impôts, prime d'assurance, salaire d'ouvriers engagés à l'année, surveillant, teneur de livres, ingénieur et ainsi de suite. Il compte ensuite cent cinquante livres sterling de charbon pour chauffer la fabrique de temps à autre et mettre la machine à vapeur en mouvement, et de plus le salaire des ouvriers dont le travail est occasionnellement nécessaire. Enfin douze cents livres sterling pour les machines, attendu que « la température et les principes naturels de détérioration ne suspendent pas leur action parce que les machines ne fonctionnent pas. » Il remarque emphatiquement que si son évaluation ne dépasse pas de beaucoup cette somme de douze cents livres sterling c'est que tout son matériel est bien près d'être hors d'usage.

Ce qui se consomme dans les moyens de production, c'est leur valeur d'usage dont la consommation par le travail forme des produits. Pour ce qui est de leur valeur, en réalité elle n'est pas consommée[1] et ne peut pas, par conséquent, être reproduite. Elle est conservée, non en vertu d'une opération qu'elle subit dans le cours du travail, mais parce que l'objet dans lequel elle existe à l'origine ne disparaît que pour prendre une nouvelle forme utile. La valeur des moyens de production reparaît donc dans la valeur du produit ; mais elle n'est pas, à proprement parler, reproduite. Ce qui est produit, c'est la nouvelle valeur d'usage dans laquelle la valeur ancienne apparaît de nouveau[2].

Il en est tout autrement du facteur subjectif de la production, c'est-à-dire de la force du travail en activité. Tandis que, par la forme que lui assigne son but, le travail conserve et transmet la valeur des moyens de production au produit, son mouvement crée à chaque instant une valeur additionnelle, une valeur nouvelle. Supposons que la production s'arrête au point où le travailleur n'a fourni que l'équivalent de la valeur journalière de sa propre force, lorsqu'il a, par exemple, ajouté par un travail de six heures une valeur de trois shillings. Cette valeur forme l'excédent de la valeur du produit sur les éléments de cette valeur provenant des moyens de production. C'est la seule valeur originale qui s'est produite, la seule partie de la valeur du produit qui ait été enfantée dans le procès de sa formation. Elle compense l'argent que le capitaliste avance pour l'achat de la force de travail, et que le travailleur dépense ensuite en subsistances. Par rapport aux trois shillings dépensés, la valeur nouvelle

---

[1] Consommation productive : quand la consommation d'une marchandise fait partie du procédé de production... dans de telles circonstances il n'y a point de consommation de valeur. » (S. P. Newman, l. c., p. 296.)

[2] On lit dans un manuel imprimé aux États Unis et qui est peut-être à sa vingtième édition : « Peu importe la forme sous laquelle le capital réapparaît ». Après une énumération à dormir debout de tous les ingrédients possibles de la production dont la valeur se montre de nouveau dans le produit, on trouve pour conclusion : : « Les différentes espèces d'aliments, de vêtements, de logements nécessaires pour l'existence et le confort de l'être humain sont ainsi transformées. Elles sont consommées de temps en temps et leur valeur réapparaît dans cette nouvelle vigueur communiquée à son corps et à son esprit, laquelle forme un nouveau capital qui sera employé de nouveau dans l'œuvre de la production » (Weyland, l. c., p 31, 32.) Abstraction faite d'autres bizarreries, remarquons que ce n'est pas le prix du pain, mais bien ses substances formatrices du sang qui réapparaissent dans la force renouvelée de l'homme. Ce qui au contraire réapparait comme valeur de la force, ce ne sont pas les moyens de subsistance, mais leur valeur. Les mêmes moyens de subsistance, à moitié prix seulement, produisent tout autant de muscles, d'os, etc., en un mot la même force, mais non pas une force de même valeur. Cette confusion entre « valeur » et « force » et toute cette indécision pharisaïque n'ont pour but que de dissimuler une tentative inutile, celle d'expliquer une plus-value par la simple réapparition de valeurs avancées.

de trois shillings apparait comme une simple reproduction ; mais cette valeur est reproduite en réalité, et non en apparence, comme la valeur des moyens de production. Si une valeur est ici remplacée par une autre, c'est grâce à une nouvelle création.

Nous savons déjà cependant que la durée du travail dépasse le point où un simple équivalent de la valeur de la force de travail serait reproduit et ajouté à l'objet travaillé. Au lieu de six heures qui suffiraient pour cela, l'opération dure douze ou plus. La force de travail en action ne reproduit donc pas seulement sa propre valeur ; mais elle produit encore de la valeur en plus. Cette plus-value forme l'excédent de la valeur du produit sur celle de ses facteurs consommés, c'est-à-dire des moyens de production et de la force de travail.

En exposant les différents rôles que jouent dans la formation de la valeur du produit les divers facteurs du travail, nous avons caractérisé en fait les fonctions des divers éléments du capital dans la formation de la plus-value. L'excédent de la valeur du produit sur la valeur de ses éléments constitutifs est l'excédent du capital accru de sa plus-value sur le capital avancé. Moyens de production aussi bien que force de travail, ne sont que les diverses formes d'existence qu'a revêtues la valeur-capital lorsqu'elle s'est transformée d'argent en facteurs du procès de travail.

Dans le cours de la production, la partie du capital qui se transforme en moyens de production, c'est-à-dire en matières premières, matières auxiliaires et instruments de travail, ne modifie donc pas la grandeur de sa valeur. C'est pourquoi nous la nommons partie constante du capital, ou plus brièvement : *capital constant*.

La partie du capital transformée en force de travail change, au contraire, de valeur dans le cours de la production. Elle reproduit son propre équivalent et de plus un excédent, une plus-value qui peut elle-même varier et être plus ou moins grande. Cette partie du capital se transforme sans cesse de grandeur constante en grandeur variable. C'est pourquoi nous la nommons partie variable du capital, ou plus brièvement : *capital variable*. Les mêmes éléments du capital qui, au point de vue de la production des valeurs d'usage, se distinguent entre eux comme facteurs objectifs et subjectifs, comme moyens de production et force de travail, se distinguent au point de vue de la formation de valeur en capital constant et en capital variable.

La notion de capital constant n'exclut en aucune manière un changement de valeur de ses parties constitutives. Supposons que la livre de coton coûte aujourd'hui un demi-shilling et que demain, par suite d'un déficit dans la récolte de coton, elle s'élève à un shilling. Le coton ancien qui continue à être façonné a été acheté au prix de un demi-shilling ; mais il ajoute maintenant au produit une valeur de un shilling. Et celui qui est déjà filé, et qui circule même peut-être sur le marché sous forme de filés, ajoute également au produit le double de sa valeur première. On voit cependant que ces changements sont indépendants de l'accroissement de valeur qu'obtient le coton par le filage même. Si le coton ancien n'était pas encore en train d'être travaillé, il pourrait être maintenant revendu un shilling au lieu de un demi-shilling. Moins il a subi de façons, plus ce résultat est certain. Aussi, lorsque surviennent de semblables révolutions dans la valeur, est-ce une loi de la spéculation d'agioter sur la matière première dans sa forme la moins modifiée par le travail, sur les filés plutôt que sur le tissu, et sur le coton plutôt que sur les filés. Le changement de valeur prend ici naissance dans le procès qui produit le coton et non dans celui où le coton fonctionne comme moyen de production, et par suite comme capital constant. La valeur, il est vrai, se mesure par le *quantum* de travail fixé dans une marchandise ; mais ce *quantum* lui-même est déterminé socialement. Si le temps de travail social qu'exige la production d'un article subit des variations, — et le même *quantum* de coton, par exemple, représente un *quantum* plus considérable de travail lorsque la récolte est mauvaise que lorsqu'elle est bonne, — alors la marchandise ancienne, qui ne compte jamais que comme échantillon de son espèce[1], s'en ressent immédiatement, parce que sa valeur est toujours mesurée par le travail socialement nécessaire, ce qui veut dire par le travail nécessaire dans les conditions actuelles de la société.

Comme la valeur des matières, la valeur des instruments de travail déjà employés dans la production, machines, constructions, etc., peut changer, et par cela même la portion de valeur qu'ils transmettent au produit. Si, par exemple, à la suite d'une invention nouvelle, telle machine peut être reproduite avec une moindre dépense de travail, la machine ancienne de même espèce perd plus ou moins de sa valeur et en donne par conséquent proportionnellement moins au produit. Mais dans ce cas, comme dans le précédent, le changement de valeur prend naissance en dehors du procès de production où la machine fonctionne comme instrument. Dans ce procès, elle ne transfère jamais plus de valeur qu'elle n'en possède elle-même.

De même qu'un changement dans la valeur des moyens de production, malgré la réaction qu'il opère sur eux, même après leur entrée dans le procès de travail, ne modifie en rien leur caractère de capital constant, de même un changement survenu dans la proportion entre le capital constant et le capital variable n'affecte en rien leur différence fonctionnelle. Admettons que les conditions techniques du travail soient transformées de telle sorte que là où, par exemple, dix ouvriers avec dix instruments de petite valeur façonnaient une masse proportionnellement faible de matière première, un ouvrier façonne maintenant avec une machine coûteuse

---

[1] « Toutes les productions d'un même genre ne forment proprement qu'une masse, dont le prix se détermine en général et sans égard aux circonstances particulières. » (Le Trosne, l. c., p. 893.)

une masse cent fois plus grande. Dans ce cas, le capital constant, c'est-à-dire la valeur des moyens de production employés, serait considérablement accrue, et la partie du capital convertie en force de travail considérablement diminuée. Ce changement ne fait que modifier le rapport de grandeur entre le capital constant et le capital variable, ou la proportion suivant laquelle le capital total se décompose en éléments constants et variables, mais n'affecte pas leur différence fonctionnelle.

CHAPITRE IX

LE TAUX DE LA PLUS-VALUE

I

Le degré d'exploitation de la force de travail

La plus-value que le capital avancé C a engendrée dans le cours de la production se présente d'abord comme excédent de la valeur du produit sur la valeur de ses éléments.

Le capital C se décompose en deux parties : une somme d'argent c (capital constant), qui est dépensée pour les moyens de production, et une autre somme d'argent v (capital variable), qui est dépensée en force de travail. À l'origine donc, C = c + v ou, pour prendre un exemple, le capital avancé de 500 l. st. = 410 l. st. + 90 l. st. L'opération productive terminée, on a pour résultat une marchandise dont la valeur = c + v + p, (p étant la plus-value), soit

$$\begin{array}{ccc} c & v & p \\ 410 \text{ l. st.} + 90 \text{ l. st.} + 90 \text{ l. st.} \end{array}$$

Le capital primitif C s'est transformé en C', de 500 en 590 livres sterling. La différence entre les deux = p, une plus-value de 90. La valeur des éléments de production étant égale à la valeur du capital avancé, c'est une vraie tautologie de dire que l'excédent de la valeur du produit sur la valeur de ses éléments est égale au surcroît du capital avancé, ou à la plus-value produite.

Cette tautologie exige cependant un examen plus approfondi. Ce qui est comparé avec la valeur du produit, c'est la valeur des éléments de production consommés dans sa formation. Mais nous avons vu que cette partie du capital constant employé, qui consiste en instruments de travail, ne transmet qu'une fraction de sa valeur au produit, tandis que l'autre fraction persiste sous son ancienne forme. Comme celle-ci ne joue aucun rôle dans la formation de la valeur, il faut en faire complètement abstraction. Son entrée en ligne de compte ne changerait rien. Supposons que c =

410 livres sterling, soit trois cent douze livres sterling pour matières premières, quarante-quatre livres sterling pour matières auxiliaires et cinquante-quatre livres sterling pour usure de la machine, mais que la valeur de tout l'appareil mécanique employé réellement se monte à mille cinquante-quatre livres sterling. Nous ne comptons comme avance faite que la valeur de cinquante-quatre livres sterling perdues par la machine dans son fonctionnement et transmise par cela même au produit. Si nous voulions compter les mille livres sterling qui continuent à exister sous leur ancienne forme comme machine à vapeur, etc., il nous faudrait les compter doublement, du côté de la valeur avancée et du côté du produit obtenu[1]. Nous obtiendrions ainsi mille cinq cents livres sterling et mille cinq cent quatre-vingt-dix livres sterling de sorte que la plus-value serait, après comme avant, de quatre-vingt-dix livres sterling. Sous le nom de capital constant avancé pour la production de la valeur, et c'est cela dont il s'agit ici, nous ne comprenons donc jamais que la valeur des moyens consommés dans le cours de la production.

Ceci admis, revenons à la formule C = c + v, qui est devenue C' = c + v + p, de sorte que C s'est transformé en C'. On sait que la valeur du capital constant ne fait que réapparaître dans le produit. La valeur réellement nouvelle, engendrée dans le cours de la production même, est donc différente de la valeur du produit obtenu. Elle n'est pas, comme il semblerait au premier coup d'œil,

$$\overset{c}{c} + \overset{v}{v} + \overset{p}{p} \text{ ou } 410 \text{ l. st.} + 90 \text{ l. st.} + 90 \text{ l. st. mais } \overset{v}{v} + \overset{p}{p} \text{ ou } 90 \text{ l. st.} + 90 \text{ l. st.} ;$$

Elle n'est pas 590, mais 180 livres sterling. Si le capital constant c égalait zéro, en d'autres termes s'il y avait des branches d'industrie où le capitaliste n'aurait à employer aucun moyen de production créé par le travail, ni matière première, ni matières auxiliaires, ni instruments, mais seulement la force de travail et des matériaux fournis par la nature, aucune portion constante de valeur ne pourrait être transmise au produit. Cet élément de la valeur du produit, dans notre exemple 410 sterling, serait éliminé, mais la valeur produite de 180 sterling, laquelle contient 90 livres sterling de plus-value, serait tout aussi grande que si c représentait une valeur incommensurable. Nous aurions C = 0 + v = v et C' (le capital accru de la plus-value) = v + p ; C' — C, après comme avant = p. Si, au contraire, p égalait zéro, en d'autres termes si la force de travail, dont la valeur est avancée dans le capital variable, ne produisait que son équivalent, alors C = c + v et C' (la valeur du produit) = c + v + 0 ; par conséquent C = C'. Le capital avancé ne se serait point accru.

---

[1] « Si nous comptons la valeur du capital fixe employé comme faisant partie des avances, nous devons cornpter à la fin de l'année la valeur persistante de ce capital comme faisant partie de ce qui nous revient annuellement. » (Malthus : *Princ. of Pol. Econ.* 2ᵉ édit., London, 1836, p.269.)

РЕВОЛЮЦИЯ КАПИТАЛА

КАРЛ МАРКС

Nous savons déjà que la plus-value est une simple conséquence du changement de valeur qui affecte v (la partie du capital transformée en force de travail) que par conséquent v + p = v + Dv (v plus un incrément de v). Mais le caractère réel de ce changement de valeur ne perce pas à première vue ; cela provient de ce que, par suite de l'accroissement de son élément variable, le total du capital avancé s'accroît aussi. Il était 500 et il devient 590. L'analyse pure exige donc qu'il soit fait abstraction de cette partie de la valeur du produit, où ne réapparaît que la valeur du capital constant et que l'on pose ce dernier = 0. C'est l'application d'une loi mathématique employée toutes les fois qu'on opère avec des quantités variables et des quantités constantes et que la quantité constante n'est liée à la variable que par addition ou soustraction.

Une autre difficulté provient de la forme primitive du capital variable. Ainsi, dans l'exemple précédent, C' = 410 sterling de capital constant, 90 livres sterling de capital variable et 90 livres sterling de plus-value. Or, 90 livres sterling sont une grandeur donnée, constante, qu'il semble absurde de traiter comme variable. Mais 90 livres sterling ou 90 livres sterling de capital variable ne sont qu'un symbole pour la marche que suit cette valeur. En premier lieu deux valeurs constantes sont échangées l'une contre l'autre, un capital de 90 livres sterling contre une force de travail qui vaut aussi 90 livres sterling. Cependant dans le cours de la production les quatre-vingt-dix livres sterling avancées viennent d'être remplacées, non par la valeur de la force de travail, mais par son mouvement, le travail mort par le travail vivant, une grandeur fixe par une grandeur fluide, une constante par une variable. Le résultat est la reproduction de v plus un incrément de v. Du point de vue de la production capitaliste, tout cet ensemble est un mouvement spontané, automatique de la valeur-capital transformée en force de travail. C'est à elle que le procès complet et son résultat sont attribués. Si donc la formule « 90 livres sterling de capital variable », laquelle exprime une valeur qui fait des petits, semble contradictoire, elle n'exprime qu'une contradiction immanente à la production capitaliste.

Il peut paraître étrange au premier coup d'œil que l'on pose ainsi le capital constant = 0, mais c'est là une opération que l'on fait tous les jours dans la vie ordinaire. Quelqu'un veut-il calculer le bénéfice obtenu par la Grande-Bretagne dans l'industrie cotonnière, il commence par éliminer le prix du coton payé aux États-Unis, à l'Inde, à Égypte, etc., c'est-à-dire, il pose = 0 la partie du capital qui ne fait que réapparaître dans la valeur du produit.

Assurément le rapport de la plus-value non seulement avec la partie du capital d'où elle provient immédiatement, et dont elle représente le changement de valeur, mais encore avec le total du capital avancé, a une grande importance économique. Aussi traiterons-nous cette question avec tous les détails dans le troisième livre. Pour qu'une partie du capital gagne en valeur par sa transformation en force de travail, il faut qu'une autre partie du capital soit déjà transformée en moyens de production. Pour que le capital variable fonctionne, il faut qu'un capital constant soit avancé dans des proportions correspondantes, d'après le caractère technique de l'entreprise. Mais parce que, dans toute manipulation chimique, on emploie des cornues et d'autres vases, il ne s'ensuit pourtant pas que dans l'analyse on ne fasse abstraction de ces ustensiles. Dès que l'on examine la création de valeur et la modification de valeur purement en elles-mêmes, les moyens de production, ces représentants matériels du capital constant, ne fournissent que la matière dans laquelle la force fluide, créatrice de valeur, peut se figer. Coton ou fer, peu importent donc la nature et la valeur de cette matière. Elle doit tout simplement se trouver là en quantité suffisante pour pouvoir absorber le travail à dépenser dans le cours de la production. Cette quantité de matière une fois donnée, que sa valeur monte ou baisse, ou même qu'elle n'ait aucune valeur, comme la terre vierge et la mer, la création de valeur et son changement de grandeur n'en seront pas affectés[1].

Nous posons donc tout d'abord la partie constante du capital égale à zéro. Le capital avancé c + v se réduit conséquemment à v, et la valeur du produit c + v + p à la valeur produite v + p. Si l'on admet que celle-ci = 180 livres sterling dans lesquelles se manifeste le travail qui s'écoule pendant toute la durée de la production ; il nous faut soustraire la valeur du capital variable, soit 90 l. st., pour obtenir la plus-value de 90 l. st. Ces 90 l. st. expriment ici la grandeur absolue de la plus-value produite. Pour ce qui est de sa grandeur proportionnelle, c'est-à-dire du rapport suivant lequel le capital variable a gagné en valeur, elle est évidemment déterminée par le rapport de la plus- value au capital variable et s'exprime par p/v. Dans l'exemple qui précède, elle est donc 90/90 = 100 %. Cette grandeur proportionnelle est ce que nous appelons taux de la plus-value[2].

Nous avons vu que l'ouvrier, pendant une partie du temps qu'exige une opération productive donnée, ne produit que la valeur de sa force de travail, c'est-à-dire la valeur des subsistances nécessaires à son entretien. Le milieu dans lequel il produit étant organisé par la division spontanée du travail social, il produit sa subsistance, non pas directement, mais sous la forme d'une marchandise particulière, sous la forme de filés, par exemple, dont la valeur égale celle de ses moyens de subsistance, ou de l'argent

---

[1] Il est évident, comme dit Lucrèce, « *nil posse creari de nihilo* », que rien ne peut être créé de rien. Création de valeur est transformation de force de travail en travail. De son côté la force de travail est avant tout un ensemble de substances naturelles transformées en organisme humain.

[2] On dit de même, taux du profit, taux de l'intérêt, etc., (en anglais, *rate of profit*, etc.). On verra dans le livre III, que le taux du profit est facile à déterminer dès que l'on connaît les lois de la plus-value. Par la voie opposée on ne trouve ni l'un ni l'autre.

avec lequel il les achète. La partie de sa journée de travail qu'il y emploie est plus ou moins grande, suivant la valeur moyenne de sa subsistance journalière ou le temps de travail moyen exigé chaque jour pour la produire. Lors même qu'il ne travaillerait pas pour le capitaliste, mais seulement pour lui- même, il devrait, toutes circonstances restant égales, travailler en moyenne, après comme avant, la même partie aliquote du jour pour gagner sa vie. Mais comme dans la partie du jour où il produit la valeur quotidienne de sa force de travail, soit trois shillings, il ne produit que l'équivalent d'une valeur déjà payée par le capitaliste, et ne fait ainsi que compenser une valeur par une autre, cette production de valeur n'est en fait qu'une simple reproduction. Je nomme donc temps de travail nécessaire, la partie de la journée où cette reproduction s'accomplit, et travail nécessaire le travail dépensé pendant ce temps[1]; nécessaire pour le travailleur, parce qu'il est indépendant de la forme sociale de son travail; nécessaire pour le capital et le monde capitaliste, parce que ce monde a pour base l'existence du travailleur.

La période d'activité, qui dépasse les bornes du travail nécessaire, coûte, il est vrai, du travail à l'ouvrier, une dépense de force, mais ne forme aucune valeur pour lui. Elle forme une plus-value qui a pour le capitaliste tous les charmes d'une création ex nihilo. Je nomme cette partie de la journée de travail, temps extra et le travail dépensé en elle surtravail. S'il est d'une importance décisive pour l'entendement de la valeur en général de ne voir en elle qu'une simple coagulation de temps de travail, que du travail réalisé, il est d'une égale importance pour l'entendement de la plus-value de la comprendre comme une simple coagulation de temps de travail extra, comme du surtravail réalisé. Les différentes formes économiques revêtues par la société, l'esclavage, par exemple, et le salariat, ne se distinguent que par le mode dont ce surtravail est imposé et extorqué au producteur immédiat, à l'ouvrier[2].

---

[1] Nous avons employé jusqu'ici le mot « temps de travail nécessaire » pour désigner le temps de travail socialement nécessaire à la production d'une marchandise quelconque. Désormais nous l'emploierons aussi pour désigner le temps de travail nécessaire à la production de la marchandise spéciale force de travail. L'usage des mêmes termes techniques dans un sens différent a certes des inconvénients; mais cela ne peut être évité dans aucune science. Que l'on compare, par exemple, les parties supérieures et élémentaires des mathématiques.

[2] Maître Wilhelm Thucydides Roscher est vraiment impayable ! Il découvre que si la formation d'une plus-value ou d'un produit net et l'accumulation qui en résulte sont dus aujourd'hui à l'épargne et à l'abstinence du capitaliste, ce qui l'autorise à « exiger des intérêts », « dans un état inférieur de civilisation au contraire, ce sont les faibles qui sont contraints par les forts à économiser et à s'abstenir. » (L. c., p. 78.) À s'abstenir de travailler ? Ou à économiser un excédent de produits qui n'existe pas ? Ce qui entraîne les Roscher et consorts à traiter comme raisons d'être de la plus-value, les raisons plus ou moins plausibles par lesquelles le capitaliste cherche à justifier son appropriation de toute

De ce fait, que la valeur du capital variable égale la valeur de la force de travail qu'il achète ; que la valeur de cette force de travail détermine la partie nécessaire de la journée de travail et que la plus-value de son côté est déterminée par la partie extra de cette même journée, il suit que : la plus-value est au capital variable ce qu'est le surtravail au travail nécessaire ou le taux de la plus-value p/v = surtravail/travail nécessaire. Les deux proportions présentent le même rapport sous une forme différente ; une fois sous forme de travail réalisé, une autre fois, sous forme de travail en mouvement.

Le taux de la plus-value est donc l'expression exacte du degré d'exploitation de la force de travail par le capital ou du travailleur par le capitaliste[1].

D'après notre supposition, la valeur du produit = 410 l. st. (c) + 90 l. st. (v) + 90 l. st. (p), le capital avancé = 500 livres sterling. De ce que la plus-value = 90 livres sterling et le capital avancé = 500 livres sterling, on pourrait conclure d'après le mode ordinaire de calcul, que le taux de la plus- value (que l'on confond avec le taux du profit) = 18 %, chiffre dont l'infériorité relative remplirait d'émotion le sieur Carey et les autres harmonistes du même calibre. Mais en réalité le taux de la plus-value égale non pas p/C ou p/(c+ v) mais p/v c'est-à-dire, il est non pas 90/500 mais 90/90 = 100 %, plus de cinq fois le degré d'exploitation apparent. Bien que dans le cas donné, nous ne connaissions ni la grandeur absolue de la journée de travail, ni la période des opérations (jour, semaine, etc.), ni enfin le nombre des travailleurs que le capital variable de 90 l. st. met en mouvement simultanément, néanmoins le taux de la plus- value p/v par sa convertibilité dans l'autre formule (surtravail / travail nécessaire) nous montre exactement le rapport des deux parties constituantes de la journée de travail l'une avec l'autre. Ce rapport est 100%. L'ouvrier a donc travaillé une moitié du jour pour lui-même et l'autre moitié pour le capitaliste.

Telle est donc, en résumé, la méthode à employer pour le calcul du taux de la plus-value. Nous prenons la valeur entière du produit et nous posons égale à zéro la valeur du capital constant qui ne fait qu'y reparaître ; la somme de valeur qui reste est la seule valeur réellement engendrée pen-

---

plus-value créée, c'est évidemment, outre une ignorance candide, l'appréhension que leur cause toute analyse consciencieuse et leur crainte d'arriver malgré eux à un résultat qui ne satisferait pas la police.

[1] Le taux de la plus-value n'exprime pas la grandeur absolue de l'exploitation bien qu'il en exprime exactement le degré. Supposons par exemple que le travail nécessaire = 5 heures et le surtravail = 5 heures également, le degré d'exploitation est alors de 100% et la grandeur absolue de l'exploitation est de cinq heures. Si au contraire le travail nécessaire = 6 heures et que le surtravail – 6 heures, le degré d'exploitation reste le même, c'est-à-dire de 100% ; mais la grandeur de l'exploitation s'est accrue de 20% de 5 à 6 heures.

dant la production de la marchandise. Si la plus-value est donnée, il nous faut la soustraire de cette somme pour trouver le capital variable. C'est l'inverse qui a lieu si ce dernier est donné et que l'on cherche la plus-value. Tous les deux sont-ils donnés, il ne reste plus que l'opération finale, le calcul de p/v du rapport de la plus-value au capital variable.

Si simple que soit cette méthode, il convient d'y exercer le lecteur par quelques exemples qui lui en faciliteront l'application.

Entrons d'abord dans une filature. Les données suivantes appartiennent à l'année 1871 et m'ont été fournies par le fabricant lui-même. La fabrique met en mouvement 10 000 broches, file avec du coton américain des filés n°32, et produit chaque semaine une livre de filés par broche. Le déchet du coton se monte à 6%. Ce sont donc par semaine 10 600 livres de coton que le travail transforme en 10 000 livres de filés et 600 livres de déchet. En avril 1871, ce coton coûtait 7 3/4 d. (pence) par livre et conséquemment pour 10 600 livres, la somme ronde de 342 l. st. Les 10 000 broches, y compris la machine à filer et la machine à vapeur, coûtent une livre sterling la pièce, c'est-à-dire 10 000 l. st. Leur usure se monte à 10 % = 1 000 l. st., ou chaque semaine 20 l. st. La location des bâtiments est de 300 l. st. ou de 6 l. st. par semaine. Le charbon (4 livres par heure et par force de cheval, sur une force de 100 chevaux donnée par l'indicateur[1] et 60 heures par semaine, y compris le chauffage du local) atteint par semaine le chiffre de 11 tonnes et à 8 sh. 6 d. par tonne, coûte chaque semaine 4 l. st. 10 sh. ; la consommation par semaine est également pour le gaz de 1 l. st., pour l'huile de 4 l. st. 10 sh., pour toutes les matières auxiliaires de 10 l. st. — La portion de valeur constante par conséquent = 378 l. st. Puisqu'elle ne joue aucun rôle dans la formation de la valeur hebdomadaire, nous la posons égale à zéro.

Le salaire des ouvriers se monte à 52 l. st. par semaine ; le prix des filés, à 12 d. 1/4 la livre, est, pour 10 000 livres, de 510 l. st. La valeur produite chaque semaine est par conséquent = 510 l. st. - 378 l. st., ou = 132 l. st. Si maintenant nous en déduisons le capital variable (salaire des ouvriers) = 52 l. st., il reste une plus-value de 80 l. st.

Le taux de la plus-value est donc = 80/52 = 153 11/13 %. Pour une journée de travail moyenne de dix heures par conséquent, le travail nécessaire = 3 h 31/33 et le surtravail = 6 h 2/33.

Voici un autre calcul, très défectueux, il est vrai, parce qu'il y manque plusieurs données, mais suffisant pour notre but. Nous empruntons les faits à un livre de Jacob à propos des lois sur les céréales (1815). Le prix du froment est de quatre-vingts shillings par quart (8 boisseaux), et le rendement moyen de l'arpent est de 22 boisseaux, de sorte que l'arpent rapporte 11 l. st.

---

[1] Il est à remarquer qu'en Angleterre l'ancienne force de cheval était calculée d'après le diamètre du cylindre, et que la nouvelle au contraire se calcule sur la force réelle que montre l'indicateur.

Production de valeur par arpent.

Semences (froment)	1 l. st. 9 sh.
Engrais	2 l. st. 10 sh.
Salaires	3 l. st. 10 sh.
Somme	7 l. st. 9 sh.

Dimes, taxes	1 l. st. 1 sh.
Rente foncière	1 l. st. 8 sh.
Profit du fermer et intérêts	1 l. st. 2 sh.
Somme	3 l. st. 11 sh.

La plus-value, toujours en admettant que le prix du produit est égal à sa valeur, se trouve ici répartie entre diverses rubriques, profit, intérêt, dîmes, etc. Ces rubriques nous étant indifférentes, nous les additionnons toutes ensemble et obtenons ainsi une plus-value de 3 l. st. 11 sh. Quant aux 3 l. st. 19 sh. pour semence et engrais nous les posons égales à zéro comme partie constante du capital. Reste le capital variable avancé de 3 l. st. 10 sh., à la place duquel une valeur nouvelle de 3 l. st. 10 sh. + 3 l. st. 11 sh. a été produite. Le taux de la plus-value p/v égale :

$$\frac{3 \; livres \; sterling \; 11 \; shillings}{3 \; livres \; sterling \; 10 \; shillings} = plus \; de \; 100 \; \%$$

Le laboureur emploie donc plus de la moitié de sa journée de travail à la production d'une plus-value que diverses personnes se partagent entre elles sous divers prétextes[1].

II

Expression de la valeur du produit
en parties proportionnelles du même produit

Reprenons l'exemple qui nous a servi à montrer comment le capitaliste transforme son argent en capital. Le travail nécessaire de son fileur se montait à six heures, de même que le surtravail ; le degré d'exploitation du travail s'élevait donc à cent pour cent.

---

[1] Ces chiffres n'ont de valeur qu'à titre d'explication. En effet, il a été supposé que les prix = les valeurs. Or, on verra dans le livre III que cette égalisation, même pour les prix moyens, ne se fait pas d'une manière aussi simple.

Le produit de la journée de douze heures est vingt livres de filés d'une valeur de 30 sh. Pas moins des 8/10 de cette valeur, ou 24 sh., sont formés par la valeur des moyens de production consommés, des 20 livres de coton à vingt shillings, des broches à quatre shillings, valeur qui ne fait que réapparaître ; autrement dit huit dixièmes de la valeur des filés consistent en capital constant. Les deux dixièmes qui restent sont la valeur nouvelle de six shillings engendrée pendant le filage, dont une moitié remplace la valeur journalière de la force de travail qui a été avancée, c'est-à-dire le capital variable de trois shillings et dont l'autre moitié forme la plus-value de trois shillings. La valeur totale de vingt livres de filés est donc composée de la manière suivante : Valeur en filés de 30 shillings = 24 shillings + 3 shillings + 3 shillings

Puisque cette valeur totale se représente dans le produit de vingt livres de filés, il faut que les divers éléments de cette valeur puissent être exprimés en parties proportionnelles du produit.

S'il existe une valeur de trente shillings dans vingt livres de filés, huit dixièmes de cette valeur, ou sa partie constante de vingt-quatre shillings, existeront dans huit dixièmes du produit, ou dans seize livres de filés. Sur celles-ci treize livres un tiers représentent la valeur de la matière première, des vingt livres de coton qui ont été filées, soit vingt shillings, et deux livres deux tiers la valeur des matières auxiliaires et des instruments de travail consommés, broches, etc., soit 4 shillings.

Dans treize livres un tiers de filés, il ne se trouve, à vrai dire, que treize livres un tiers de coton d'une valeur de treize shillings un tiers ; mais leur valeur additionnelle de six shillings deux tiers forme un équivalent pour le coton contenu dans les six livres deux tiers de filés qui restent. Les treize livres un tiers de filés représentent donc tout le coton contenu dans le produit total de vingt livres de filés, la matière première du produit total, mais aussi rien de plus. C'est donc comme si tout le coton du produit entier eût été comprimé dans treize livres un tiers de filés et qu'il ne s'en trouvât plus un brin dans les six livres deux tiers restantes. Par contre, ces treize livres un tiers de filés ne contiennent dans notre cas aucun atome ni de la valeur des matières auxiliaires et des instruments de travail consommés, ni de la valeur nouvelle créée par le filage.

De même les autres deux livres deux tiers de filés qui composent le reste du capital constant = 4 shillings, ne représentent rien autre chose que la valeur des matières auxiliaires et des instruments de travail consommés pendant tout le cours de la production.

Ainsi donc huit dixièmes du produit ou seize livres de filés, bien que formés, en tant que valeurs d'usage, par le travail du fileur, tout comme les parties restantes du produit, ne contiennent dans cet ensemble pas le moindre travail absorbé pendant l'opération même du filage. C'est comme si ces huit dixièmes s'étaient transformés en filés sans l'intermédiaire du travail, et que leur forme filés ne fût qu'illusion. Et en fait, quand le capitaliste les vend vingt-quatre shillings et rachète avec cette somme ses moyens de production, il devient évident que seize livres de filés ne sont que coton, broches, charbon, etc., déguisés. D'un autre côté, les deux dixièmes du produit qui restent, ou quatre livres de filés, ne représentent maintenant rien autre chose que la valeur nouvelle de six shillings produite dans les douze heures qu'a duré l'opération. Ce qu'ils contenaient de la valeur des matières et des instruments de travail consommés leur a été enlevé pour être incorporé aux seize premières livres de filés. Le travail du fileur, matérialisé dans le produit de vingt livres de filés, est maintenant concentré dans quatre livres, dans deux dixièmes du produit. C'est comme si le fileur avait opéré le filage de ces quatre livres dans l'air, ou bien avec du coton et des broches, qui, se trouvant là gratuitement, sans l'aide du travail humain, n'ajouteraient aucune valeur au produit. Enfin de ces quatre livres de filés, où se condense toute la valeur produite en douze heures de filage, une moitié ne représente que l'équivalent de la force de travail employée, c'est-à-dire que les trois shillings de capital variable avancé, l'autre moitié que la plus-value de trois shillings.

Puisque douze heures de travail du fileur se matérialisent en une valeur de six shillings, la valeur des filés montant à trente shillings représente donc soixante heures de travail. Elles existent dans vingt livres de filés dont huit dixièmes ou seize livres sont la matérialisation de quarante-huit heures de travail qui ont précédé l'opération du filage, du travail contenu dans les moyens de production des filés ; et dont deux dixièmes ou quatre livres de filés sont la matérialisation des douze heures de travail dépensées dans l'opération du filage.

Nous avons vu plus haut comment la valeur totale des filés égale la valeur enfantée dans leur production plus les valeurs déjà préexistantes dans leurs moyens de production. Nous venons de voir maintenant comment les éléments fonctionnellement différents de la valeur peuvent être exprimés en parties proportionnelles du produit.

Cette décomposition du produit — du résultat de la production — en une quantité qui ne représente que le travail contenu dans les moyens de production, ou la partie constante du capital, en un autre quantum qui ne représente que le travail nécessaire ajouté pendant le cours de la production, ou la partie variable du capital, et en un dernier quantum, qui ne représente que le surtravail ajouté dans ce même procédé, ou la plus-value : cette décomposition est aussi simple qu'importante, comme le montrera plus tard son application à des problèmes plus complexes et encore sans solution.

Au lieu de décomposer ainsi le produit total obtenu dans une période, par exemple une journée, en quotes-parts représentant les divers éléments de sa valeur, on peut arriver au même résultat en représentant les produits partiels comme provenant de quote-parts de la journée de travail. Dans le premier cas nous considérons le produit entier comme donné, dans l'autre nous le suivons dans ses phases d'évolution.

Le fileur produit en douze heures vingt livres de filés, en une heure par conséquent une livre deux tiers et en huit heures treize livres un tiers, c'est-à-dire un produit partiel valant à lui seul tout le coton filé pendant la journée. De la même manière le produit partiel de l'heure et des trente-six minutes suivantes égale deux livres deux tiers de filés, et représente par conséquent la valeur des instruments de travail consommés pendant les douze heures de travail ; de même encore le fileur produit dans les soixante-quinze minutes qui suivent deux livres de filés valant trois shillings — une valeur égale à toute la valeur qu'il crée en six heures de travail nécessaire. Enfin, dans les dernières soixante-quinze minutes il produit également deux livres de filés dont la valeur égale la plus-value produite par sa demi- journée de surtravail. Le fabricant anglais se sert pour son usage personnel de ce genre de calcul ; il dira, par exemple, que dans les huit premières heures ou deux tiers de la journée de travail il couvre les frais de son coton. Comme on le voit, la formule est juste ; c'est en fait la première formule transportée de l'espace dans le temps ; de l'espace où les parties du produit se trouvent toutes achevées et juxtaposées les unes aux autres, dans le temps, où elles se succèdent. Mais cette formule peut en même temps être accompagnée de tout un cortège d'idées barbares et baroques, surtout dans la cervelle de ceux qui, intéressés en pratique à l'accroissement de la valeur, ne le sont pas moins en théorie à se méprendre sur le sens de ce procès. On peut se figurer, par exemple, que notre fileur produit ou remplace dans les huit premières heures de son travail la valeur du coton, dans l'heure et les trente-six minutes suivantes la valeur des moyens de production consommés, dans l'heure et les douze minutes qui suivent le salaire, et qu'il ne consacre au fabricant pour la production de la plus- value que la célèbre « Dernière heure ». On attribue ainsi au fileur un double miracle, celui de produire coton, broches, machine à vapeur, charbon, huile, etc., à l'instant même où il file au moyen d'eux, et de faire ainsi d'un jour de travail cinq. Dans notre cas, par exemple, la production de la matière première et des instruments de travail exige quatre journées de travail de douze heures, et leur transformation en filés exige de son côté une autre journée de travail de douze heures. Mais la soif du lucre fait croire aisément à de pareils miracles et n'est jamais en peine de trouver le sycophante doctrinaire qui se charge de démontrer leur rationalité. C'est ce que va nous prouver l'exemple suivant d'une célébrité historique.

WHERE THERE
IS A WILL,
THERE IS A WAY.

III

La Dernière heure *de Senior*

Par un beau matin de l'année 1836, Nassau W. Senior, que l'on pourrait appeler le normalien des économistes anglais, également fameux par sa science économique et « son beau style », fut invité à venir apprendre à Manchester l'économie politique qu'il professait à Oxford. Les fabricants l'avaient élu leur défenseur contre le *Factory Act* nouvellement promulgué, et l'agitation des dix heures qui allait encore au-delà. Avec leur sens pratique ordinaire, ils avaient cependant reconnu que M. le professeur « wanted a good deal of finishing », avait grand besoin du coup de pouce de la fin pour être un savant accompli. Ils le firent donc venir à Manchester. Le professeur mit en style fleuri la leçon que lui avaient faite les fabricants, dans le pamphlet intitulé : *Letters on the Factory act, as it affects the cotton manufacture.* London, 1837. Il est d'une lecture récréative comme on peut en juger par le morceau suivant :

« Avec la loi actuelle, aucune fabrique qui emploie des personnes au-dessous de dix-huit ans, ne peut travailler plus de 11 heures et ½ par jour, c'est-à-dire 12 heures pendant les 5 premiers jours de la semaine et 9 heures le samedi. Eh bien, l'analyse (!) suivante démontre que, dans une fabrique de ce genre, tout le profit net provient de la dernière heure. Un fabricant dépense 100 000 l. st. : 80 000 liv. st. en bâtiments et en machines, 20 000 liv. st. en matière première et en salaire. En supposant que le capital fasse une seule évolution par an et que le profit brut atteigne 15%, la fabrique doit livrer chaque année des marchandises pour une valeur de 115 000 liv. st. Chacune des 23 demi-heures de travail produit chaque jour 1/115 ou 1/23 de cette somme. Sur ces 23/24 qui forment l'entier des 115 000 liv. st. (*constituting the whole* 115 000 l. st.), c'est-à-dire 100 000 liv. st. sur les 115 000 remplacent ou compensent seulement le capital ; ou 5000 liv. st. Sur les 15 000 de profit brut couvrent l'usure de la fabrique et des machines. Les 2/23 qui restent, les deux dernières demi-heures de chaque jour produisent le profit net de 10%. Si donc, les prix restant les mêmes, la fabrique pouvait travailler 13 heures au lieu de 11 ½, et qu'on augmentât le capital circulant d'environ 2600 liv. st., le profit net serait plus que doublé. D'un autre côté, si les heures de travail étaient réduites d'une heure par jour, le profit net disparaîtrait ; si la réduction allait jusqu'à une 1 et ½, le profit brut disparaîtrait également[1]. »

---

[1] Senior, l. c., p.12, 13 Nous n'entrons pas dans les détails plus ou moins curieux, mais indifférents à notre but. Nous n'examinons point, par exemple, cette assertion que les fabricants font entrer la compensation de l'usure des machines, etc., c'est à dire d'une partie constitutive du capital, dans leur profit,

206

Et voilà ce que M. le professeur appelle une analyse ! S'il ajoutait foi aux lamentations des fabricants, s'il croyait que les travailleurs consacrent la meilleure partie de la journée à la reproduction ou au remplacement de la valeur des bâtiments, des machines, du coton, du charbon, etc., alors toute analyse devenait chose oiseuse. « Messieurs, avait-il à répondre tout simplement, si vous faites travailler dix heures au lieu de onze heures et demie, la consommation quotidienne du coton, des machines, etc., toutes circonstances restant égales, diminuera de une heure et demie. Vous gagnerez donc tout juste autant que vous perdrez. Vos ouvriers dépenseront à l'avenir une heure et demie de moins à la reproduction ou au remplacement du capital avancé. » Pensait-il au contraire que les paroles de ces messieurs demandaient réflexion, et jugeait-il en qualité d'expert une analyse nécessaire ; alors il devait avant tout, dans une question qui roule exclusivement sur le rapport du bénéfice net à la grandeur de la journée de travail, prier les fabricants de ne pas mettre ensemble dans le même sac des choses aussi disparates que machines, bâtiments, matière première et travail, et de vouloir bien être

---

brut ou net, propre ou malpropre. Nous ne contrôlons pas non plus l'exactitude ou la fausseté des chiffres avancés. Leonhard Horner dans « A letter to Mr. Senior, etc., London, 1837 », a démontré qu'ils n'avaient pas plus de valeur que la prétendue « analyse ». Leonhard Horner, un des Factory Inquiry Commissioners de 1833, inspecteur, ou plutôt en réalité censeur des fabriques jusqu'en 1859, s'est acquis des droits immortels à la reconnaissance de la classe ouvrière anglaise. Sa vie n'a été qu'un long combat non seulement contre les fabricants exaspérés, mais encore contre les ministres qui trouvaient infiniment plus important de compter « les voix » des maîtres fabricants dans la Chambre des communes que les heures de travail des « bras » dans la fabrique.

L'exposition de Senior est confuse, indépendamment de la fausseté de son contenu. Voici, à proprement parler, ce qu'il voulait dire :

Le fabricant occupe les ouvriers 11 h. ½ ou 23 demi-heures chaque jour. Le travail de l'année entière comme celui de chaque journée particulière, consiste en 11 h. ½ ou 23 demi-heures (c'est à dire en 23s demi-heures multipliées par le nombre des jours de travail pendant l'année). Ceci admis, les 23 demi-heures de travail donnent le produit annuel de 115 000 liv. st., ½ heure de travail produit $\frac{1}{23}$ x 115 000 l. st., 20/2 heures de travail produisent $\frac{20}{23}$ x 115 000 l. = 115 000 l., c'est à dire compensent seulement le capital avancé. Restent 3 demi-heures de travail qui produisent $\frac{3}{23}$ x 115 000 l. = 15 000 l., le profit brut. Sur ces 3 demi-heures de travail une ½ produit $\frac{1}{23}$ x 115 000 l. = 5 000 l., ou compense seulement l'usure de la fabrique et des machines. Les deux dernières demi-heures, c'est-à-dire la dernière heure de travail produit $\frac{2}{23}$ x 115 000 l. = 10 000 l. qui forment le profit net. Dans le texte, Senior transforme les vingt troisièmes parties du produit, en parties de la journée de travail elle-même.

assez bons pour poser le capital constant contenu dans ces machines, matières premières, etc., d'un côté, et le capital avancé en salaires, de l'autre. S'il trouvait ensuite par hasard, que d'après le calcul des fabricants le travailleur reproduit ou remplace le salaire dans deux vingt-troisièmes de sa journée, ou dans une heure, l'analyste avait alors à continuer ainsi :

« Suivant vos données, le travailleur produit dans l'avant- dernière heure son salaire et dans la dernière votre plus- value ou bénéfice net. Puisqu'il produit des valeurs égales dans des espaces de temps égaux, le produit de l'avant- dernière heure est égal au produit de la dernière. De plus, il ne produit de valeur qu'autant qu'il dépense de travail, et le quantum de son travail a pour mesure sa durée. Cette durée, d'après vous, est de onze heures et demie par jour. Il consomme une partie de ces onze heures et demie pour la production ou le remboursement de son salaire, l'autre partie pour la production de votre profit net. Il ne fait rien de plus tant que dure la journée de travail. Mais puisque, toujours d'après vous, son salaire et la plus-value qu'il vous livre sont des valeurs égales, il produit évidemment son salaire en cinq heures trois quarts et votre profit net dans les autres cinq heures trois quarts. Comme de plus les filés produits en deux heures équivalent à son salaire plus votre profit net, cette valeur doit être mesurée par onze heures et demie de travail, le produit de l'avant-dernière heure par cinq heures trois quarts, celui de la dernière également.

Nous voici arrivés à un point délicat ; ainsi, attention ! L'avant-dernière heure de travail est une heure de travail tout comme la première. Ni plus ni moins. Comment donc le fileur peut-il produire en une heure de travail une valeur qui représente cinq heures trois quarts ? En réalité, il n'accomplit point un tel miracle. Ce qu'il produit en valeur d'usage dans une heure de travail est un quantum déterminé de filés. La valeur de ces filés est mesurée par cinq heures trois quarts de travail, dont quatre heures trois quarts sont contenues, sans qu'il y soit pour rien, dans les moyens de production, coton, machines, etc., consommés, et dont quatre quarts ou une heure a été ajoutée pour lui-même. Puisque son salaire est produit en cinq heures et trois quarts, et que les filés qu'il fournit en une heure contiennent la même somme de travail, il n'y a pas la moindre sorcellerie à ce qu'il ne produise en cinq heures et trois quarts de filage qu'un équivalent des filés qu'il produit dans une seule heure. Mais vous êtes complètement dans l'erreur, si vous vous figurez que l'ouvrier perde un seul atome de son temps à reproduire ou à remplacer la valeur du coton, des machines, etc. Par cela même que son travail convertit coton et broches en filés, par cela même qu'il file, la valeur du coton et des broches, passe dans les filés. Ceci n'est point dû à la quantité, mais à la qualité de son travail. Assurément il transmettra une plus grande valeur de coton, etc., en une heure qu'en une demi-heure, mais tout simplement parce qu'il file plus de coton dans le premier cas que dans le second. Comprenez-le donc bien une fois pour toutes : quand vous dites que l'ouvrier, dont la journée compte onze heures et demie, produit dans l'avant-dernière heure la valeur de son salaire et dans la dernière le bénéfice net, cela veut dire tout bonnement que dans son produit de deux heures, que celles-ci se trouvent au commencement ou à la fin de la journée, juste autant d'heures de travail sont incorporées, qu'en contient sa journée de travail entière. Et quand vous dites qu'il produit dans les premières cinq heures trois quarts son salaire et dans les dernières cinq heures trois quarts votre profit net, cela veut dire encore tout simplement que vous payez les premières et que pour les dernières vous ne les payez pas. Je parle de payement du travail au lieu de payement de la force de travail, pour me conformer à votre jargon. Si maintenant vous examinez le rapport du temps de travail que vous payez au temps de travail que vous ne payez point, vous trouverez que c'est demi-journée pour demi-journée, c'est-à-dire cent pour cent, ce qui assurément est le taux d'un bénéfice assez convenable. Il n'y a pas non plus le moindre doute que si vous faites travailler vos bras treize au lieu de onze heures et demie et que vous annexiez simplement cet excédent au domaine du surtravail, ce dernier comprendra sept un quart au lieu de cinq heures trois quarts, et le taux de la plus-value s'élèvera de cent pour cent à cent vingt-six pour cent. Mais vous allez par trop loin, si vous espérez que l'addition de cette heure et demie élèvera votre profit de cent à deux cents pour cent ou davantage, ce qui ferait « plus que le doubler ». D'un autre côté, — le cœur de l'homme est quelque chose d'étrange, surtout quand l'homme le porte dans sa bourse — votre pessimisme frise la folie si vous craignez que la réduction de la journée de onze heures et demie à dix heures et demie fasse disparaître tout votre profit net.

Toutes circonstances restant les mêmes, le surtravail tombera de cinq heures trois quarts à quatre heures trois quarts, ce qui fournira encore un taux de plus-value tout à fait respectable, à savoir quatre-vingt-deux quatorze vingt- troisièmes pour cent. Les mystères de cette « Dernière heure[1] » sur laquelle vous avez débité plus de contes que les Chiliastes

---

[1] Si Senior a prouvé que le bénéfice net des fabricants, l'existence de l'industrie cotonnière anglaise et le marché de la Grande Bretagne dépendent « de la Dernière heure de travail » le docteur Andrew Ure a par-dessus le marché démontré pour sa part, que si au lieu d'exténuer de travail les enfants et les adolescents au-dessous de huit ans dans l'atmosphère brûlante mais morale de la fabrique, on les renvoyait une heure plus tôt dans le monde extérieur aussi froid que frivole, l'oisiveté et le vice leur feraient perdre le salut de leurs âmes. Depuis 1848 les inspecteurs ne se lassent jamais dans leurs rapports semestriels de railler et d'agacer les fabricants avec « la dernière, la fatale dernière heure ».
On lit, par exemple, dans le rapport de M. Howell, du 31 mai 1855 :

sur la fin du monde, tout cela est « all bosh », de la blague. Sa perte n'aura aucune conséquence funeste ; elle n'ôtera, ni à vous votre profit net, ni aux enfants des deux sexes, que vous consommez productivement,

---

« Si l'ingénieux calcul suivant (il cite Senior) était juste, toutes les fabriques de coton dans le Royaume Uni auraient travaillé avec perte depuis 1850. » (*Reports of the Insp. of Fact. for the half year ending 30 th. April 1855*, p. 19,20.) Lorsque le bill des dix heures passa au Parlement en 1848, les fabricants firent signer par quelques travailleurs des localités disséminées entre les comtés de Dorset et de Sommerset une contre-pétition dans laquelle on lit entre autres choses ce qui suit : « Vos pétitionnaires, tous pères de familles, croient qu'une heure de loisir additionnelle n'aurait d'autre effet que de démoraliser leurs enfants, car l'oisiveté est la mère de tous les vices. » Le rapport de fabrique du 31 octobre 1848 fait à ce propos quelques observations : « L'atmosphère des filatures de lin, dans lesquelles travaillent les enfants de ces tendres et vertueux parents, est remplie d'une si énorme quantité de particules de poussière, de fil et autres matières qu'il est extraordinairement désagréable d'y passer seulement dix minutes ; on ne le peut même pas sans éprouver la sensation la plus pénible, car les yeux, les oreilles, les narines et la bouche se remplissent aussitôt de nuages de poussière de lin, dont il est impossible de se garer. Le travail lui-même exige, en raison de la marche vertigineuse de la machine, une dépense continue de mouvements rapides et faits à propos, soumis à une attention infatigable, et il semble assez cruel de faire appliquer par des parents le terme de « fainéantise » à leurs enfants qui, déduction faite du temps des repas, sont cloués dix heures entières à une pareille occupation et dans une telle atmosphère... Ces enfants travaillent plus longtemps que les garçons de ferme des villages voisins. Ces propos sans cesse rebattus sur « l'oisiveté et la paresse » sont du chant le plus pur et doivent être flétris comme l'hypocrisie la plus éhontée... La partie du public qui, il y a quelques années, fut si stupéfaite de l'assurance avec laquelle on proclama ouvertement et publiquement, sous la sanction des plus hautes autorités, que le « bénéfice net » des fabricants provenait tout entier du travail de la dernière heure, de sorte qu'une réduction d'une heure sur la journée de travail anéantirait ce bénéfice, cette partie du public en croira à peine ses yeux quand elle verra quels progrès, a fait depuis cette théorie qui comprend maintenant dans les vertus de la dernière heure la morale et le profit ex aequo, si bien que la réduction du travail des enfants à dix heures pleines ferait aller à la dérive la morale des petits enfants et le profit net de leurs patrons, morale et profit qui dépendent tous deux de cette heure fatale. » (*Rpts Insp. of Fact. 31 st. Oct. 1848*, p. 101.) Le même rapport nous fournit ensuite des échantillons de la « morale » et de la « vertu » de messieurs les fabricants ; il mentionne tout au long les intrigues, les détours, les menées, les ruses, les séductions, les menaces, les falsifications, etc., qu'ils emploient pour faire signer des pétitions de ce genre par un petit nombre d'ouvriers intimidés et les présenter ensuite au Parlement comme pétitions de toute une branche d'industrie et de tout un comté ou de plusieurs. Reste un fait qui caractérise fort bien l'état actuel de la « science » soi-disant économique ; c'est que ni Senior lui- même qui, à son honneur, se déclara plus tard énergiquement pour la limitation légale de la journée de travail, ni ses premiers et récents contradicteurs n'ont su découvrir les paralogismes de la « découverte originale ». Force leur a été d'en appeler à l'expérience pour toute solution. Le comment et le pourquoi sont restés un mystère.

cette « pureté d'âme » qui vous est si chère[1]. Quand, une bonne fois, votre dernière heure sonnera, pensez au professeur d'Oxford. Et maintenant, c'est dans un monde meilleur que je désire faire avec vous plus ample connaissance. Salut. » C'est en 1836 que Senior avait fait la découverte de sa « Dernière heure ». Huit ans plus tard, le 15 avril 1848, un des principaux mandarins de la science économique officielle, James Wilson, dans l'*Économiste*, de Londres, à propos de la loi des dix heures, entonna la même ritournelle sur le même air.

IV

Le produit net

Nous nommons produit net (*surplus produce*) la partie du produit qui représente la plus-value. De même que le taux de celle-ci se détermine par son rapport, non avec la somme totale, mais avec la partie variable du capital, de même le montant du produit net est déterminé par son rapport, non avec la somme restante, mais avec la partie du produit qui représente le travail nécessaire. De même que la production d'une plus-value est le but déterminant de la production capitaliste, de même le degré d'élévation de la richesse se mesure, non d'après la grandeur absolue du produit brut, mais d'après la grandeur relative du produit net[2].

---

[1] M. le professeur a pourtant tiré quelque profit de sa brillante campagne à Manchester. Dans ses « *Letters on the Factory Act* » le bénéfice net tout entier « profit » et « intérêt » et même « quelque chose de plus » dépendent d'une heure de travail non payée de l'ouvrier. Une année auparavant, dans son livre intitulé : *Outlines of Political Economy*, composé pour la délectation des étudiants d'Oxford et des « classes éclairées », il avait « découvert », contrairement à la doctrine de Ricardo, suivant laquelle la valeur est déterminée par le temps de travail, que le profit provient du travail du capitaliste et l'intérêt de son *abstinence*. La bourde était vieille, mais le mot nouveau. Maître Roscher l'a assez bien traduit et germanisé par le mot Enthaltung qui a le même sens. Ses compatriotes moins frottés de latin, les Wirth, les Schulze et autres Michel, l'ont vainement encapuchonné. L'abstinence (*Enthaltung*) est devenue renoncement (*Enisagung*).

[2] « Pour un individu qui possède un capital de 20 000 l. st. et dont les profits se montent annuellement à 2000 l. st., ce serait chose absolument indifférente, si son capital occupait 200 ou 1000 ouvriers et si les marchandises produites se vendaient à 10 000 ou à 20 000 l. st., pourvu que dans tous les cas ses profits ne tombassent pas au-dessous de 2000 l. st. Est ce qu'il n'en est pas de même de l'intérêt réel d'une nation ? En supposant que ses revenus nets, ses rentes et ses profits restent les mêmes, il n'y a pas la moindre importance à ce que la nation se compose de 10 ou 12 millions d'habitants. » (Ricardo, l. c., p. 416.) Longtemps avant Ricardo, un fanatique du produit net, Arthur Young, écrivain aussi prolixe et bavard que dépourvu de jugement, dont la renommée est en raison inverse de son mérite, disait entre autres : « De quelle utilité serait dans un pays moderne une province entière dont le sol serait cultivé, selon l'ancien mode

211

La somme du travail nécessaire et du surtravail, des parties de temps dans lesquelles l'ouvrier produit l'équivalent de sa force de travail et la plus-value, cette somme forme la grandeur absolue de son temps de travail, c'est-à-dire la journée de travail (*working day*).

CHAPITRE X

LA JOURNÉE DE TRAVAIL

I

Limite de journée de travail

Nous sommes partis de la supposition que la force de travail est achetée et vendue à sa valeur. Cette valeur, comme celle de toute autre marchandise, est déterminée par le temps de travail nécessaire à sa production. Si donc la production des moyens de subsistance journaliers, tels qu'il les faut en moyenne pour le travailleur, coûte six heures, il doit travailler en moyenne six heures par jour pour produire journellement sa force de travail, ou pour reproduire la valeur qu'il a obtenue en la vendant. La partie nécessaire de sa journée comprend alors six heures ; toutes circonstances restant égales, c'est une grandeur donnée. Mais il ne s'ensuit pas que la grandeur de la journée elle-même soit donnée.

Admettons que la ligne a——————b représente la durée ou la longueur du temps de travail nécessaire, soit six heures. Suivant que le travail sera prolongé au-delà de ab de 1, de 3 ou de 6 heures, nous obtiendrons trois lignes différentes :

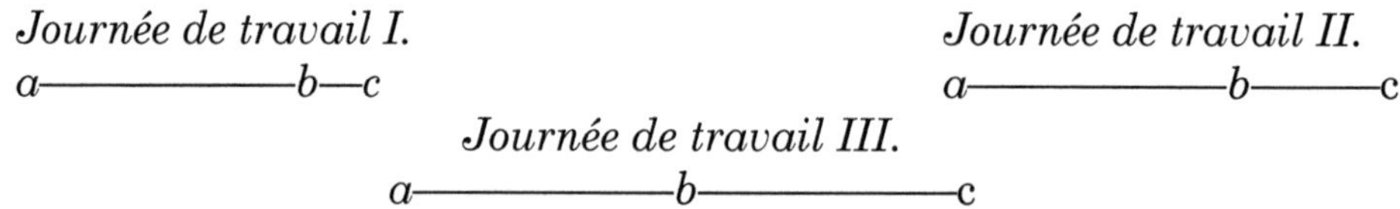

qui représentent trois journées de travail différentes de sept, de neuf et de douze heures. La ligne de prolongation bc représente la longueur du

---

romain, par de petites paysans indépendants, fût-il même le mieux cultivé possible ? À quoi cela aboutirait-il ? sinon uniquement à élever des hommes (*the mere purpose of breeding men*) ce qui en soi n'a pas le moindre but (*is a useless purpose*). » Arthur Young : *Political arithmetic*, etc., London, 1774, p.47.) Hopkins fait cette remarque fort juste : « Il est étrange que l'on soit si fortement enclin à représenter le produit net comme avantageux pour la classe ouvrière, parce qu'il permet de la faire travailler. Il est pourtant bien évident que s'il a ce pouvoir, ce n'est point parce qu'il est net. » (Thomas Hopkins : *On Rent of Land*, etc., London, 1828, p. 126.)

travail extra. Puisque la journée de travail = $ab + bc$ ou bien est ac, elle varie avec la grandeur variable de bc. Puisque ab nous est donné, le rapport de bc à ab peut toujours être mesuré. Ce rapport s'élève dans la journée de travail I à 1/6 ; dans la journée de travail Il à 3/4, et dans la journée de travail III à 6/6, de ab. Enfin, puisque la proportion

$$\frac{temps\ de\ travail\ extra}{temps\ de\ travail\ nécessaire}$$

détermine le taux de la plus-value, ce taux est donné par le rapport ci-dessus. Il est respectivement dans les trois différentes journées de travail de 16 2/3, de 50 et de 100%. Mais le taux de la plus-value seul ne nous donnerait point réciproquement la grandeur de la journée de travail. S'il était, par exemple, de 100%, la journée de travail pourrait être de son côté de 8, de 10, de 12 heures, et ainsi de suite. Il indiquerait que les deux parties constitutives de la journée, travail nécessaire et surtravail, sont de grandeur égale ; mais il n'indiquerait pas la grandeur de chacune de ces parties.

La journée de travail n'est donc pas une grandeur constante, mais une grandeur variable. Une de ses parties est bien déterminée par le temps de travail qu'exige la reproduction continue de l'ouvrier lui-même ; mais sa grandeur totale varie suivant la longueur ou la durée du surtravail. La journée de travail est donc déterminable ; mais, par elle-même, elle est indéterminée[1].

Bien que la journée de travail ne soit rien de fixe, elle ne peut néanmoins varier que dans certaines limites. Sa limite minima, cependant, ne peut être déterminée. Assurément, si nous posons la ligne de prolongation bc, ou le surtravail = 0, nous obtenons ainsi une limite minima, c'est-à-dire la partie de la journée pendant laquelle l'ouvrier doit nécessairement travailler pour sa propre conservation. Mais le mode de production capitaliste une fois donné, le travail nécessaire ne peut jamais former qu'une partie de la journée de travail, et cette journée elle-même ne peut, par conséquent, être réduite à ce minimum. Par contre, la journée de travail possède une limite maxima. Elle ne peut être prolongée au-delà d'un certain point. Cette limite maxima est doublement déterminée, et d'abord par les bornes physiques de la force de travail. Un homme ne peut dépenser pendant le jour naturel de 24 heures qu'un certain quantum de sa force vitale. C'est ainsi qu'un cheval ne peut, en moyenne, travailler que 8 heures par jour. Pendant une partie du jour, la force doit se reposer, dormir ; pendant une autre partie, l'homme a des besoins physiques à satisfaire ; il lui faut se nourrir, se vêtir, etc. Cette limitation purement physique n'est pas la seule. La prolongation de la

---

[1] « Travail d'un jour, c'est très vague ; ça peut être long ou court. » (*An Essay on Trade and Commerce, containing Observations on Taxation*, etc., London, 1770, p.73.)

journée de travail rencontre des limites morales. Il faut au travailleur du temps pour satisfaire ses besoins intellectuels et sociaux, dont le nombre et le caractère dépendent de l'état général de la civilisation. Les variations de la journée de travail ne dépassent donc pas le cercle formé par ces limites qu'imposent la nature et la société. Mais ces limites sont par elles-mêmes très élastiques et laissent la plus grande latitude. Aussi trouvons-nous des journées de travail de 10, 12, 14, 16, 18 heures, c'est-à-dire avec les plus diverses longueurs.

Le capitaliste a acheté la force de travail à sa valeur journalière. Il a donc acquis le droit de faire travailler pendant tout un jour le travailleur à son service. Mais qu'est-ce qu'un jour de travail[1] ? Dans tous les cas, il est moindre qu'un jour naturel. De combien ? Le capitaliste a sa propre manière de voir sur cette *ultima Thule*, la limite nécessaire de la journée de travail. En tant que capitaliste, il n'est que capital personnifié ; son âme et l'âme du capital ne font qu'un. Or le capital n'a qu'un penchant naturel, qu'un mobile unique ; il tend à s'accroître, à créer une plus-value, à absorber, au moyen de sa partie constante, les moyens de production, la plus grande masse possible de travail extra[2]. Le capital est du travail mort, qui, semblable au vampire, ne s'anime qu'en suçant le travail vivant, et sa vie est d'autant plus allègre qu'il en pompe davantage. Le temps pendant lequel l'ouvrier travaille, est le temps pendant lequel le capitaliste consomme la force de travail qu'il lui a achetées[3]. Si le salarié consomme pour lui-même le temps qu'il a de disponible, il vole le capitaliste[4].

Le capitaliste en appelle donc à la loi de l'échange des marchandises. Il cherche, lui, comme tout autre acheteur, à tirer de la valeur d'usage de sa marchandise le plus grand parti possible. Mais tout à coup s'élève la voix du travailleur qui jusque-là était comme perdu dans le tourbillon de la production :

---

[1] Cette question est infiniment plus importante que la célèbre question de Sir Robert Peel à la Chambre de commerce de Birmingham : « *Qu'est-ce qu'une livre sterling ?* » question qui ne pouvait être posée, que parce que Robert Peel n'en savait pas plus sur la nature de la monnaie que les « *little shilling men* » auxquels il s'adressait.

[2] « C'est la tâche du capitaliste d'obtenir du capital dépensé la plus forte somme de travail possible. » (J. G. Courcelle Seneuil : *Traité théorique et pratique des entreprises industrielles.* 2ᵉ édit., Paris, 1857. p. 63.)

[3] « Une heure de travail perdue par jour porte un immense préjudice à un état commercial. » — « Il se fait une consommation de luxe extraordinaire parmi les pauvres travailleurs du royaume et particulièrement dans la populace manufacturière : elle consiste dans la consommation de leur temps, consommation la plus fatale de toutes. » (*An Essay on Trade and Commerce*, etc., p. 47 et 153.)

[4] « Si le manouvrier libre prend un instant de repos, l'économie sordide qui le suit des yeux avec inquiétude, prétend qu'il la vole. » (N. Linguet : *Théorie des lois civiles*, etc. Londres, 1767, t. II, p. 466.)

La marchandise que je t'ai vendue se distingue de la tourbe des autres marchandises, parce que son usage crée de la valeur, et une valeur plus grande qu'elle ne coûte elle-même. C'est pour cela que tu l'as achetée. Ce qui pour toi semble accroissement de capital, est pour moi, excédant de travail. Toi et moi, nous ne connaissons sur le marché qu'une loi, celle de l'échange des marchandises. La consommation de la marchandise appartient non au vendeur qui l'aliène, mais à l'acheteur qui l'acquiert. L'usage de ma force de travail t'appartient donc. Mais par le prix quotidien de sa vente, je dois chaque jour pouvoir la reproduire et la vendre de nouveau. Abstraction faite de l'âge et d'autres causes naturelles de dépérissement, je dois être aussi vigoureux et dispos demain qu'aujourd'hui, pour reprendre mon travail avec la même force. Tu me prêches constamment l'évangile de « l'épargne », de « l'abstinence » et de « l'économie ». Fort bien ! Je veux, en administrateur sage et intelligent, économiser mon unique fortune, ma force de travail, et m'abstenir de toute folle prodigalité. Je veux chaque jour n'en mettre en mouvement, n'en convertir en travail, en un mot n'en dépenser que juste ce qui sera compatible avec sa durée normale et son développement régulier. Par une prolongation outre mesure de la journée de travail, tu peux en un seul jour mobiliser une plus grande quantité de ma force que je n'en puis remplacer en trois. Ce que tu gagnes en travail je le perds en substance. Or, l'emploi de ma force et sa spoliation sont deux choses entièrement différentes. Si la période ordinaire de la vie d'un ouvrier, étant donné une moyenne raisonnable de travail, est de trente ans, la valeur moyenne de ma force que tu me payes par jour, forme $\frac{1}{365*30}$ ou $\frac{1}{10950}$ de sa valeur totale. La consommes-tu dans dix ans, eh bien ! Tu ne payes, dans ce cas, chaque jour, que $\frac{1}{10950}$ au lieu de $\frac{1}{3650}$ de sa valeur entière, c'est-à-dire tu ne me payes que 1/3 de sa valeur journalière, tu me voles donc chaque jour 2/3 de ma marchandise. Tu payes une force de travail d'un jour quand tu en uses une de trois. Tu violes notre contrat et la loi des échanges. Je demande donc une journée de travail de durée normale, et je la demande sans faire appel à ton cœur, car, dans les affaires, il n'y a pas de place pour le sentiment. Tu peux être un bourgeois modèle, peut-être membre de la société protectrice des animaux, et, par-dessus le marché, en odeur de sainteté ; peu importe. La chose que tu représentes vis-à-vis de moi n'a rien dans la poitrine ; ce qui semble y palpiter, ce sont les battements de mon propre cœur. J'exige la journée de travail normal, parce que je veux la valeur de ma marchandise, comme tout autre vendeur[1].

---

[1] Pendant la grande agitation des ouvriers en bâtiment à Londres, 1860- 61, pour la réduction de la journée de travail à 9 heures, leur comité publia un manifeste qui contient à peu de chose près le plaidoyer de notre travailleur. Il y est fait allusion, non sans ironie, à ce que Sir M. Peto, le maître entrepreneur le plus âpre au gain, devenu depuis célèbre par sa gigantesque banqueroute, était en odeur de sainteté.

9 МАЯ
ПОБЕДА

Comme on le voit, à part des limites tout élastiques, la nature même de l'échange des marchandises n'impose aucune limitation à la journée de travail, et au travail extra. Le capitaliste soutient son droit comme acheteur, quand il cherche à prolonger cette journée aussi longtemps que possible et à faire deux jours d'un. D'autre part, la nature spéciale de la marchandise vendue exige que sa consommation par l'acheteur ne soit pas illimitée, et le travailleur soutient son droit comme vendeur quand il veut restreindre la journée de travail à une durée normalement déterminée. Il y a donc ici une antinomie, droit contre droit, tous deux portent le sceau de la loi qui règle l'échange des marchandises. Entre deux droits égaux qui décide ? La Force. Voilà pourquoi la réglementation de la journée de travail se présente dans l'histoire de la production capitaliste comme une lutte séculaire pour les limites de la journée de travail, lutte entre le capitaliste, c'est-à-dire la classe capitaliste, et le travailleur, c'est-à-dire la classe ouvrière.

II

Le Capital affamé de surtravail — Boyard et fabricant

Le capital n'a point inventé le surtravail. Partout où une partie de la société possède le monopole des moyens de production, le travailleur, libre ou non, est forcé d'ajouter au temps de travail nécessaire à son propre entretien un surplus destiné à produire la subsistance du possesseur des moyens de production[1]. Que ce propriétaire soit καλος κἀγαθός athénien, théocrate étrusque, citoyen romain, baron normand, maître d'esclaves américain, boyard valaque, seigneur foncier ou capitaliste moderne, peu importe[2] ! Avant d'aller plus loin, constatons d'abord un fait. Quand la forme d'une société est telle, au point de vue économique, que ce n'est point la valeur d'échange mais la valeur d'usage qui y prédomine, le surtravail est plus ou moins circonscrit par le cercle de besoins déterminés ; mais le caractère de la production elle-même n'en fait point naître un appétit dévorant. Quand il s'agit d'obtenir la valeur d'échange sous sa forme spécifique, par la production de l'or et de l'argent, nous trouvons déjà dans l'antiquité le travail le plus excessif et le plus effroyable. Travailler jusqu'à ce que mort s'ensuive devient alors

---

[1] « Ceux qui travaillent… nourrissent en réalité tout à la fois et les pensionnaires qu'on appelle les riches et eux-mêmes. » (Edmond Burke, l.c., p.2.)

[2] Niebuhr, dans son *Histoire romaine*, laisse échapper cette naïve remarque : « On ne peut se dissimuler que des ouvrages, comme ceux des Étrusques, dont les ruines nous étonnent encore aujourd'hui, supposent dans les petits États des seigneurs et des serfs. » Sismondi est bien plus dans le vrai quand il dit que les « dentelles de Bruxelles » supposent des capitalistes et des salariés.

la loi. Qu'on lise seulement à ce sujet Diodore de Sicile[1]. Cependant dans le monde antique ce sont là des exceptions. Mais dès que des peuples, dont la production se meut encore dans les formes inférieures de l'esclavage et du servage, sont entraînés sur un marché international dominé par le mode de production capitaliste, et qu'à cause de ce fait la vente de leurs produits à l'étranger devient leur principal intérêt, dès ce moment les horreurs du surtravail, ce produit de la civilisation, viennent s'enter sur la barbarie de l'esclavage et du servage. Tant que la production dans les États du Sud de l'Union américaine était dirigée principalement vers la satisfaction des besoins immédiats, le travail des nègres présentait un caractère modéré et patriarcal. Mais à mesure que l'exportation du coton devint l'intérêt vital de ces États, le nègre fut surmené et la consommation de sa vie en sept années de travail devint partie intégrante d'un système froidement calculé. Il ne s'agissait plus d'obtenir de lui une certaine masse de produits utiles. Il s'agissait de la production de la plus-value quand même. Il en a été de même pour le serf, par exemple dans les principautés danubiennes.

Comparons maintenant le surtravail dans les fabriques anglaises avec le surtravail dans les campagnes danubiennes où le servage lui donne une forme indépendante et qui tombe sous les sens.

Étant admis que la journée de travail compte 6 heures de travail nécessaire et 6 heures de travail extra, le travailleur libre fournit au capitaliste 6 x 6 ou 36 heures de surtravail par semaine. C'est la même chose que s'il travaillait trois jours pour lui-même et 3 jours gratis pour le capitaliste. Mais ceci ne saute pas aux yeux ; surtravail et travail nécessaire se confondent l'un dans l'autre. On pourrait, en effet, exprimer le même rapport en disant, par exemple, que l'ouvrier travaille dans chaque minute 30 secondes pour le capitaliste et 30 pour lui-même. Il en est autrement avec la corvée. L'espace sépare le travail nécessaire que le paysan valaque, par exemple, exécute pour son propre entretien, de son travail extra pour le boyard. Il exécute l'un sur son champ à lui et l'autre sur la terre seigneuriale. Les deux parties du temps de travail existent ainsi l'une à côté de l'autre d'une manière indépendante. Sous la forme de corvée, le surtravail est rigoureusement distinct du travail nécessaire. Cette différence de forme ne modifie assurément en rien le rapport quantitatif des deux travaux. Trois jours de surtravail par semaine restent toujours trois jours d'un travail qui ne forme aucun équivalent pour

---

[1] « Il est impossible de voir ces malheureux (dans les mines d'or situées entre l'Égypte, l'Éthiopie et l'Arabie) qui ne peuvent pas même entretenir la propreté de leur corps, ni couvrir leur nudité, sans être forcés de s'apitoyer sur leur lamentable destin. Là point d'égards ni de pitié pour les malades, les estropiés, les vieillards, ni même pour la faiblesse des femmes. Tous, forcés par les coups, doivent travailler et travailler encore jusqu'à ce que la mort mette un terme à leur misère et à leurs tourments. » (*Diod. Sic. Bibliothèque historique*, liv. III, ch. 13.)

le travailleur lui-même, quel que soit leur nom, corvée ou profit. Chez le capitaliste, cependant, l'appétit de surtravail se manifeste par son âpre passion à prolonger la journée de travail outre mesure ; chez le boyard, c'est tout simplement une chasse aux jours corvéables[1].

Dans les provinces danubiennes, la corvée se trouvait côte à côte des rentes en nature et autres redevances ; mais elle formait le tribut essentiel payé à la classe régnante. Dans de pareilles conditions, la corvée provient rarement du servage ; mais le servage, au contraire, a la plupart du temps la corvée pour origine. Ainsi en était-il dans les provinces roumaines. Leur forme de production primitive était fondée sur la propriété commune, différente cependant des formes slaves et indiennes. Une partie des terres était cultivée comme propriété privée, par les membres indépendants de la communauté ; une autre partie — l'*ager publicus* — était travaillée par eux en commun. Les produits de ce travail commun servaient d'une part comme fonds d'assurance contre les mauvaises récoltes et autres accidents ; d'autre part, comme trésor public pour couvrir les frais de guerre, de culte et autres dépenses communales. Dans le cours du temps, de grands dignitaires de l'armée et de l'Église usurpèrent la propriété commune et avec elle les prestations en usage. Le travail du paysan, libre cultivateur du sol commun, se transforma en corvée pour les voleurs de ce sol. De là naquirent et se développèrent des rapports de servage, qui ne reçurent de sanction légale que lorsque la libératrice du monde, la Sainte Russie, sous prétexte d'abolir le servage, l'érigea en loi. Le *Code de la corvée*, proclamé en 1831 par le général russe Kisseleff, fut dicté par les boyards. La Russie conquit ainsi du même coup les magnats des provinces du Danube et les applaudissements du crétinisme libéral de l'Europe entière.

D'après le *Règlement organique*, tel est le nom que porte ce code, tout paysan valaque doit au soi-disant propriétaire foncier, outre une masse très détaillée de prestations en nature : 1° 12 jours dc travail en général, 2° 1 jour pour le travail des champs, et 3° 1 jour pour le charriage du bois. En tout 14 jours par an. Or, avec une profonde sagacité économique, on a eu besoin d'entendre par journée de travail non pas ce qu'on entend ordinairement par ce mot, mais la journée de travail nécessaire pour obtenir un produit journalier moyen, et ce produit journalier moyen a été déterminé avec tant de rouerie, qu'un cyclope n'en viendrait pas à bout en 24 heures. Le « règlement » lui-même déclare donc, avec un sans-façon d'ironie vraiment russe, qu'il faut entendre par douze jours de travail le produit d'un travail manuel de trente-six jours ; par un jour de travail des champs, trois jours ; et par un jour de charriage de bois, trois jours également. Total : 42 jours de corvée Mais il faut ajouter à ceci ce

---

[1] Ce qui suit se rapporte aux conditions des provinces roumaines avant les changements opérés depuis la guerre de Crimée.

qu'on appelle la *jobagie*, ensemble de prestations dues au propriétaire foncier pour services agricoles extraordinaires. Chaque village, en raison de sa population, doit fournir pour la jobagie un contingent annuel. Ce travail de corvée supplémentaire est estimé à 14 jours pour chaque paysan valaque. Ces 14 jours, ajoutés aux 42 ci-dessus, forment ainsi 56 jours de travail par an. Mais l'année agricole ne compte, en Valachie, que 210 jours, à cause du climat. Si l'on en déduit 40 jours pour dimanches et fêtes, 30 en moyenne pour mauvais temps, soit 70 jours, il en reste 140. Le rapport du travail de corvée au travail nécessaire 56/84 ou 66 2/3 % exprime un taux de plus-value beaucoup moins élevé que celui qui règle le travail des ouvriers manufacturiers et agricoles de l'Angleterre. Mais ce n'est encore là que la corvée prescrite légalement. Et le « règlement organique », dans un esprit encore plus « libéral » que la législation manufacturière anglaise, a su faciliter sa propre violation. Ce n'était pas assez d'avoir fait 54 jours avec 12, on a de nouveau déterminé de telle sorte l'œuvre nominale qui incombe à chacun des 54 jours de corvée, qu'il faut toujours un supplément à prendre sur les jours suivants. Tel jour, par exemple, une certaine étendue de terre doit être sarclée, et cette opération, surtout dans les plantations de maïs, exige le double de temps. Pour quelques travaux agricoles particuliers, la besogne légale de la journée se prête à une interprétation si large, que souvent cette journée commence en mai et finit en octobre. Pour la Moldavie, les conditions sont encore plus dures. Aussi un boyard s'est-il écrié, dans l'enivrement du triomphe : « Les douze jours de corvée du *Règlement organique* s'élèvent à trois cent soixante-cinq jours par an ! »[1].

Si le Règlement organique des provinces danubiennes atteste et légalise article par article une faim canine de surtravail, les *Factory acts* (lois de fabriques), en Angleterre, révèlent la même maladie, mais d'une manière négative. Ces lois refrènent la passion désordonnée du capital à absorber le travail en imposant une limitation officielle à la journée de travail et cela au nom d'un État gouverné par les capitalistes et les landlords. Sans parler du mouvement des classes ouvrières, de jour en jour plus menaçant, la limitation du travail manufacturier a été dictée par la nécessité, par la même nécessité qui a fait répandre le guano sur les champs de l'Angleterre. La même cupidité aveugle qui épuise le sol, attaquait jusqu'à sa racine la force vitale de la nation. Des épidémies périodiques attestaient ce dépérissement d'une manière aussi claire que le fait la diminution de la taille du soldat en Allemagne et en France[2].

---

[1] Pour plus de détails consulter E. Regnault : *Histoire politique et sociale des principautés Danubiennes*. Paris, 1855.

[2] « En général et dans de certaines limites, c'est un témoignage en faveur de la bonne venue et de la prospérité des êtres organisés, quand ils dépassent la taille moyenne de leur espèce. Pour ce qui est de l'homme, sa taille s'amoindrit dès que

Le *Factory Act* de 1850 maintenant en vigueur accorde pour le jour moyen 10 heures, 12 heures pour les 5 premiers jours de la semaine, de 6 heures du matin à 6 heures du soir, sur lesquelles une demi-heure pour le déjeuner et une heure pour le dîner sont prises légalement, de sorte qu'il reste 10 heures et demie de travail — et huit heures pour le samedi, de 6 heures du matin à 2 heures de l'après-midi, dont une demi-heure est déduite pour le déjeuner. Restent 60 heures de travail, 10 heures et demie pour les 5 premiers jours de la semaine, 7 heures et demie pour le dernier[1]. Pour faire observer cette loi on a nommé des fonctionnaires spéciaux, les inspecteurs de fabrique, directement subordonnés au ministère de l'Intérieur dont les rapports sont publiés tous les six mois par ordre du Parlement. Ces rapports fournissent une statistique courante et officielle qui indique le degré de l'appétit capitaliste.

Écoutons un instant les inspecteurs[2] :

---

sa croissance régulière trouve des obstacles dans n'importe quelles circonstances, soit physiques, soit sociales. Dans tous les pays de l'Europe où règne la conscription, depuis son établissement, la taille moyenne des hommes faits s'est amoindrie et ils sont en général devenus moins propres au service militaire. Avant la Révolution (1789) la taille minimum du soldat d'infanterie en France était de 165 centimètres ; en 1818 (loi du 10 mars) de 157 ; enfin après la loi du 21 mars 1832, de 156 seulement. Plus de la moitié des hommes sont généralement déclarés impropres au service pour défaut de taille et vices de constitution. La taille militaire en Saxe était en 1780 de 178 centimètres ; elle est aujourd'hui de 155 ; en Prusse de 157. D'après les données fournies par le docteur Meyer dans la *Gazette de Bavière* du 9 mai 1862, il résulte d'une moyenne de neuf ans qu'en Prusse sur 1000 conscrits 716 sont impropres au service, trois cent dix-sept pour défaut de taille et 399 pour vices de constitution, etc. En 1858, Berlin ne put fournir son contingent pour la réserve, il manquait 156 hommes. » (J. V. Liebig : *La chimie dans son application à l'agriculture et à la physiologie*, 1862, 7e édition, v. I, p. 116, 118.)

[1] On trouvera l'histoire du *Factory Act* de 1850 dans le cours de ce chapitre.

[2] Je ne m'occupe que de temps à autre de la période qui s'étend du début de la grande industrie en Angleterre jusqu'en 1845, et sur cette matière je renvoie le lecteur au livre de Friedrich Engels sur la situation des classes ouvrières anglaises. (*Die Lage der arbeitenden Klasse in England, von Friedrich Engels*, Leipzig, 1845.) Les *Factory Reports, Reports on Mines*, etc., qui ont paru depuis 1845 témoignent de la profondeur avec laquelle il a saisi l'esprit du mode de production capitaliste, et la comparaison la plus superficielle de son écrit avec les rapports officiels de la « *Children's Employment Commission* » publiés vingt ans plus tard, montrent avec quel art admirable il a su peindre la situation dans tous ses détails. Ces derniers rapports traitent spécialement de branches d'industrie où la législation manufacturière n'était pas encore introduite en 1862 et en partie ne l'est même pas aujourd'hui. L'état des choses, tel que l'a dépeint Engels, n'y a donc pas subi de modification bien sensible. J'emprunte mes exemples principalement à la période de liberté commerciale qui a suivi 1848, à cette époque paradisiaque dont les commis voyageurs du libre-échange aussi terriblement bavards que pitoyablement ignorants racontent tant de mer-

« Le perfide fabricant fait commencer le travail environ quinze minutes, tantôt plus, tantôt moins, avant 6 heures du matin, et le fait terminer quinze minutes, tantôt plus, tantôt moins, après 6 heures de l'après-midi. Il dérobe 5 minutes sur le commencement et la fin de la demi-heure accordée pour le déjeuner et en escamote 10 sur le commencement et la fin de l'heure accordée pour le dîner. Le samedi, il fait travailler environ quinze minutes, après 2 heures de l'après-midi. Voici donc son bénéfice :

Avant 6 h du matin	15 m.	
Après 6h du soir	15 m.	
Sur le temps du déjeuner	10 m.	Somme en 5 jours : 300 m.
Sur le temps du dîner	20 m.	
	60 m.	

Le samedi		
Avant 6h du matin	15 m.	
Au déjeuner	10 m.	Profit de toute la semaine : 340 m.
Après 2h de l'après-midi	15 m.	
	40 m.	

Ou 5 heures 40 minutes, ce qui, multiplié par 50 semaines de travail, déduction faite de deux semaines pour jours de fête et quelques interruptions accidentelles, donne 27 journées de travail[1]. »

« La journée de travail est-elle prolongée de 5 minutes chaque jour au-delà de sa durée normale, cela fournit 2 jours et demi de production par an[2]. » « Une heure de plus, gagnée en attrapant par-ci par-là et à plusieurs reprises quelques lambeaux de temps, ajoute un treizième mois aux douze dont se compose chaque année[3]. »

Les crises, pendant lesquelles la production est suspendue, où on ne travaille que peu de temps et même très peu de jours de la semaine, ne changent naturellement rien au penchant qui porte le capital à prolonger la journée de travail. Moins il se fait d'affaires, plus le bénéfice doit être grand sur les affaires faites ; moins on travaille de temps, plus ce temps doit se composer de surtravail. C'est ce que prouvent les rapports des inspecteurs sur la période de crise de 1857-58 :

---

veilles. — Du reste, si l'Angleterre figure au premier rang, c'est qu'elle est la terre classique de la production capitaliste, et qu'elle possède seule une statistique continue et officielle des matières que nous traitons.

[1] « Suggestions, etc., by M. L. Horner, Inspector of Factories » dans le « *Factory Regulation act, ordered by the House of Commons to be printed*, 9 août 1859 », p. 4, 5.

[2] *Reports of the Insp. of Fact. for the hall-year ended*, 1856, p. 34.

[3] *Reports, etc., 30 April* 1858, p. 7.

« On peut trouver une inconséquence à ce qu'il y ait quelque part un travail excessif, alors que le commerce va si mal ; mais c'est précisément ce mauvais état du commerce qui pousse aux infractions les gens sans scrupules ; ils s'assurent par ce moyen un profit extra. » « Au moment même, dit Leonhard Horner, où 122 fabriques de mon district sont tout à fait abandonnées, où cent quarante-trois chôment et toutes les autres travaillent très peu de temps, le travail est prolongé au-delà des bornes prescrites par la loi[1]. » M. Howell s'exprime de la même manière : « Bien que dans la plupart des fabriques on ne travaille que la moitié du temps, à cause du mauvais état des affaires, je n'en reçois pas moins comme par le passé le même nombre de plaintes, sur ce que tantôt une demi-heure, tantôt trois quarts d'heure sont journellement extorqués (*snatched*) aux ouvriers sur les moments de répit que leur accorde la loi pour leurs repas et leurs délassements[2]. » Le même phénomène s'est reproduit sur une plus petite échelle pendant la terrible crise cotonnière de 1861-65[3].

« Quand nous surprenons des ouvriers en train de travailler pendant les heures de repas ou dans tout autre moment illégal, on nous donne pour prétexte qu'ils ne veulent pas pour rien au monde abandonner la fabrique, et que l'on est même obligé de les forcer à interrompre le travail (nettoyage des machines, etc.), particulièrement le samedi dans l'après-midi. Mais si « les bras » restent dans la fabrique quand les machines sont arrêtées, cela provient tout simplement de ce qu'entre 6 heures du matin et 6 heures du soir, dans les heures de travail légales, il ne leur a été accordé aucun moment de répit pour accomplir ces sortes d'opérations[4]. »

---

[1] *Reports*, etc., l. c., p. 43.

[2] *Reports*, etc., l. c., p. 25.

[3] *Reports, etc., for half year ending*, 30 th. April 1861. *V. Appendix n°2 ;* Reports, *etc., 31 st. Octob. 1862, p. 7, 52, 53. Les infractions deviennent plus nombreuses dans le dernier semestre de 1863.* Comp. Reports, etc., ending *31 Oct. 1863, p. 7.)*

[4] *Reports*, etc., 31 st. Oct. 1860, p. 23. Pour montrer avec quel fanatisme, d'après les dépositions des fabricants devant la justice, « leurs bras » s'opposent à toute interruption du travail dans la fabrique, il suffit de citer ce cas curieux : Au commencement de juin 1836, des dénonciations furent adressées aux magistrats de Dewsbury (Yorkshire) d'après lesquelles les propriétaires de huit grandes fabriques dans le voisinage de Butley auraient violé le *Factory Act*. Une partie de ces messieurs étaient accusés d'avoir exténué de travail 5 garçons âgés de 12 à 15 ans, depuis vendredi, 6 heures du matin jusqu'au samedi, 4 heures du soir, sans leur permettre le moindre répit excepté pour les repas, et une heure de sommeil vers minuit. Et ces enfants avaient eu à exécuter ce travail incessant de 30 heures dans le « shoddy hole », ainsi se nomme le bouge où les chiffons de laine sont mis en pièces et où une épaisse atmosphère de poussière force même le travailleur adulte à se couvrir constamment la, bouche avec des mouchoirs pour protéger ses poumons ! Les accusés certifièrent — en qualité de *quakers* ils étaient trop scrupuleusement religieux pour prêter serment — que dans leur

« Le profit extra que donne le travail prolongé au-delà du temps fixé par la loi semble être pour beaucoup de fabricants une tentation trop grande pour qu'ils puissent y résister. Ils comptent sur la chance de n'être pas surpris en flagrant délit et calculent que, même dans le cas où ils seraient découverts, l'insignifiance des amendes et des frais de justice leur assure encore un bilan en leur faveur[1]. »

« Quand le temps additionnel est obtenu dans le cours de la journée par une multiplication de petits vols (*a multiplication of small thefts*), les inspecteurs éprouvent, pour constater les délits et établir leurs preuves, des difficultés presque insurmontables[2]. » Ils désignent aussi ces petits vols du capital sur le temps des repas et les instants de délassement des travailleurs sous le nom de « *petty pilferings of minutes* », petits filoutages de minutes[3], « *snatching a few minutes* » escamotage de minutes[4] ; ou bien encore ils emploient les termes techniques des ouvriers : « *Nibbling and cribbling at mealtimes[5]* ».

On le voit, dans cette atmosphère, la formation de la plus-value par le surtravail ou le travail extra n'est pas un secret.

« Si vous me permettez, me disait un honorable fabricant, de faire travailler chaque jour 10 minutes de plus que le temps légal, vous mettrez chaque année 1000 liv. st. dans ma poche[6]. » « *Les atomes du temps sont les éléments du gain[7] !* »

Rien n'est plus caractéristique que la distinction entre les « *full times* » — les ouvriers qui travaillent la journée entière — et les « *half times[8]* » — les enfants au-dessous de treize ans, qui ne doivent travailler que six heures. Le travailleur n'est plus ici que du temps de travail personnifié. Toutes les différences individuelles se résolvent en une seule ; il n'y a plus que des « temps entiers » et des « demi-temps ».

---

grande compassion pour ces pauvres enfants ils leur avaient permis de dormir quatre heures, mais que ces entêtés n'avaient absolument pas voulu aller au lit. MM. les quakers furent condamnés à une amende de 20 liv. st. Dryden pressentait ces quakers, quand il disait :
« Renard tout fourré de sainteté,
Qui craint un serment, mais mentirait comme le diable,
Qui, avec un air de carême, roule pieusement des regards obliques, Et n'oserait commettre un péché, non ! sans avoir dit sa prière. »

[1] *Rep.*, etc., 31 Oct. 1856, p. 34.

[2] L. c., p. 35.

[3] L. c., p. 48.

[4] L. c.

[5] L. c.

[6] L. c., p.48

[7] « *Moments are the elements of Profit.* » *Rep. of the Inspect*, etc., 30 th., April 1860, p. 56

[8] Cette expression est admise officiellement, aussi bien dans la fabrique que dans les rapports des inspecteurs.

BUDAPEST
NÜRNBERG
ZÜRICH
BASEL
PARIS
LONDON

III

La journée de travail dans les branches de l'industrie
où l'exploitation n'est pas limitée par la loi

Jusqu'ici nous n'avons étudié l'excès de travail que là où les exactions monstrueuses du capital, à peine surpassées par les cruautés des Espagnols contre les Peaux-rouges de l'Amérique[1], l'ont fait enchaîner par la loi. Jetons maintenant un coup d'œil sur quelques branches d'industrie où l'exploitation de la force de travail est aujourd'hui sans entraves ou l'était hier encore.

« M. Broughton, magistrat de comté, déclarait comme président d'un meeting, tenu à la mairie de Nottingham le 14 janvier 1860, qu'il règne dans la partie de la population de la ville occupée à la fabrication des dentelles un degré de misère et de dénuement inconnu au reste du monde civilisé... Vers 2, 3 et 4 heures du matin, des enfants de 9 à 10 ans, sont arrachés de leurs lits malpropres et forcés à travailler pour leur simple subsistance jusqu'à 10, 11 et 12 heures de la nuit. La maigreur les réduit à l'état de squelettes, leur taille se rabougrit, les traits de leur visage s'effacent et tout leur être se raidit dans une torpeur telle que l'aspect seul en donne le frisson... Nous ne sommes pas étonnés que M. Mallet et d'autres fabricants se soient présentés pour protester contre toute espèce de discussion... Le système, tel que l'a décrit le Rév. M. Montagu Valpu, est un système d'esclavage sans limites, esclavage à tous les points de vue, social, physique, moral et intellectuel... Que doit-on penser d'une ville qui organise un meeting public pour demander que le temps de travail quotidien pour les adultes soit réduit à 18 heures ! ... Nous déclamons contre les planteurs de la Virginie et de la Caroline. Leur marché d'esclaves nègres avec toutes les horreurs des coups de fouet, leur trafic de chair humaine sont-ils donc plus horribles que cette lente immolation d'hommes qui n'a lieu que dans le but de fabriquer des voiles et des cols de chemise, pour le profit des capitalistes[2] ? »

La poterie de Staffordshire a pendant les 22 dernières années donné lieu à trois enquêtes parlementaires. Les résultats en sont contenus dans le rapport de M. Scriven adressé en 1841 aux « Children's Employ-

---

[1] C'est un économiste bourgeois qui s'exprime ainsi : « La cupidité des maîtres de fabriques leur fait commettre dans la poursuite du gain des cruautés que les Espagnols, lors de la conquête de l'Amérique, ont à peine surpassées dans leur poursuite de l'or. » John Wade : *History of the Middle and Working Classes*, 3e édit. Lond., 1835, p. 114. La partie théorique de cet ouvrage, sorte d'esquisse de l'économie politique, contient pour son époque, des choses originales, principalement sur les crises commerciales. La partie historique est trop souvent un impudent plagiat de l'ouvrage de Sir M. Eden, *History of the Poor*. London, 1799.

[2] *London Daily Telegraph* du 14 janvier 1860.

ment Commissioners », dans celui du docteur Greenhow publié en 1860 sur l'ordre du fonctionnaire médical du *Privy Council* (Public Health, 3 d. Report, 1, 102-113), enfin dans celui de M. Longe adjoint au *First Report of the Children's Employment Commission,* du 13 juin 1863. Il nous suffit pour notre but d'emprunter aux rapports de 1860 et 1863 quelques dépositions des enfants mêmes qui travaillaient dans la fabrique. D'après les enfants on pourra juger des adultes, et surtout des femmes et des jeunes filles, dans une branche d'industrie à côté de laquelle, il faut l'avouer, les filatures de coton, peuvent paraître des lieux admirablement sains et agréables[1].

Wilhelm Wood, âgé de neuf ans, « avait 7 ans et 10 mois quand il commença à travailler ». Il « ran moulds » (portait les pots dans le séchoir et rapportait ensuite le moule vide). C'est ce qu'il a toujours fait. Il vient chaque jour de la semaine vers 6 h. du matin et cesse de travailler environ vers 9 heures du soir. « Je travaille tous les jours jusqu'à 9h. du soir ; ainsi par exemple pendant les 7 à 8 dernières semaines. » Voilà donc un enfant qui, dès l'âge de sept ans, a travaillé quinze heures ! — J. Murray, un enfant de douze ans s'exprime ainsi : « I run moulds and turn th'jigger » (je porte les moules et tourne la roue). Je viens à 6 h., quelquefois à 4 h. du matin. J'ai travaillé toute la nuit dernière jusqu'à ce matin 8 heures. Je ne me suis pas couché depuis ; 8 ou 9 autres garçons ont travaillé comme moi toute cette nuit. Je reçois chaque semaine 3 sh. 6 pence (4 fr. 40 c). Je ne reçois pas davantage quand je travaille toute la nuit. J'ai travaillé deux nuits dans la dernière semaine. » — Ferryhough, un enfant de 10 ans : « Je n'ai pas toujours une heure pour le dîner ; je n'ai qu'une demi-heure, les jeudis, vendredis et samedis[2]. »

Le docteur Greenhow déclare que dans les districts de Stoke-upon-Trent et de Wolstanton, où se trouvent les poteries, la vie est extraordinairement courte. Quoiqu'il n'y ait d'occupés aux poteries dans le district de Stoke que 30.6 pour cent et dans celui de Woistanton que 30.4 pour cent de la population mâle au-dessus de 20 ans, plus de la moitié des cas de mort causés par les maladies de poitrine se rencontrent parmi les potiers du premier district, et environ les 2/5, parmi ceux du second.

Le docteur Boothroyd, médecin à Hanley, affirme de son côté que « chaque génération nouvelle des potiers est plus petite et plus faible que la précédente ». De même un autre médecin M. Mac Bean : « Depuis 25 ans que j'exerce ma profession parmi les potiers, la dégénérescence de cette classe s'est manifestée d'une manière frappante par la diminution de la taille et du poids du corps. » Ces dépositions sont empruntées au rapport du docteur Greenhow en 1860[3].

---

[1] Voy. Engels : *Lage,* etc., p. 249, 51.

[2] *Children's Employment Commission. First Report,* etc., 1863, *Appendix,* p. 16, 17, 18.

[3] *Public Health.* 3 d. *Report,* etc., p. 102, 104, 105.

Extrait du rapport des commissaires publié en 1863 : le docteur J. T. Ardlege, médecin en chef de la maison de santé du North Staffordshire, dit dans sa déposition :

« Comme classe, les potiers hommes et femmes... représentent une population dégénérée au moral et au physique. Ils sont en général de taille rabougrie, mal faits et déformés de la poitrine. Ils vieillissent vite et vivent peu de temps ; phlegmatiques et anémiques ils trahissent la faiblesse de leur constitution par des attaques opiniâtres de dyspepsie, des dérangements du foie et des reins, et des rhumatismes. Ils sont avant tout sujets aux maladies de poitrine, pneumonie, phthisie, bronchite et asthme. La scrofulose qui attaque les glandes, les os et d'autres parties du corps est la maladie de plus des deux tiers des potiers. Si la dégénérescence de la population de ce district n'est pas beaucoup plus grande, elle le doit exclusivement à son recrutement dans les campagnes avoisinantes et à son croisement par des mariages avec des races plus saines... »

M. Charles Pearson, chirurgien du même hospice, écrit entre autres dans une lettre adressée au commissaire Longe : « Je ne puis parler que d'après mes observations personnelles et non d'après la statistique ; mais je certifie que j'ai été souvent on ne peut plus révolté à la vue de ces pauvres enfants, dont la santé est sacrifiée, pour satisfaire par un travail excessif la cupidité de leurs parents et de ceux qui les emploient. » Il énumère les causes de maladies des potiers et clôt sa liste par la principale, « The Long Hauts » (les longues heures de travail). La commission dans son rapport exprime l'espoir « qu'une industrie qui a une si haute position aux yeux du monde, ne supportera pas plus longtemps l'opprobre de voir ses brillants résultats accompagnés de la dégénérescence physique, des innombrables souffrances corporelles et de la mort précoce de la population ouvrière par le travail et l'habileté de laquelle ils ont été obtenu[1]. » Ce qui est vrai des fabriques de poterie d'Angleterre, l'est également de celles d'Écosse[2].

La fabrication des allumettes chimiques date de 1833, époque où l'on a trouvé le moyen de fixer le phosphore sur le bois. Depuis 1845 elle s'est rapidement développée en Angleterre, où des quartiers les plus populeux de Londres elle s'est ensuite répandue à Manchester, Birmingham, Liverpool, Bristol, Norwich, Newcastle, Glasgow, accompagnée partout de cette maladie des mâchoires qu'un médecin de Vienne déclarait déjà en 1845 être spéciale aux faiseurs d'allumettes chimiques.

La moitié des travailleurs sont des enfants au-dessous de 13 ans et des adolescents au-dessous de 18. Cette industrie est tellement insalubre et répugnante, et par cela même tellement décriée, qu'il n'y a que la partie la plus misérable de la classe ouvrière qui lui fournisse des enfants,

---

[1] *Children's Employment Commission*, 1863, p. 22, et XI.
[2] L. c., p. XLVII.

« des enfants déguenillés, à moitié morts de faim et corrompus[1]. » Parmi les témoins que le commissaire White entendit (1863), il y en avait deux cent soixante-dix au-dessous de 18 ans, quarante au-dessous de 10, douze de 8 ans et cinq de 6 ans seulement. La journée de travail varie entre douze, quatorze et quinze heures ; on travaille la nuit ; les repas irréguliers se prennent la plupart du temps dans le local de la fabrique empoisonné par le phosphore. — Dante trouverait les tortures de son enfer dépassées par celles de ces manufactures.

Dans la fabrique de tapisseries, les genres les plus grossiers de tentures sont imprimés avec des machines, les plus fines avec la main (*block printing*). La saison la plus active commence en octobre et finit en avril. Pendant cette période le travail dure fréquemment et presque sans interruption de 6 h. du matin à 10 h. du soir et se prolonge même dans la nuit.

Écoutons quelques déposants. — J. Leach : « L'hiver dernier (1862), sur dix-neuf jeunes filles six ne parurent plus par suite de maladies causées par l'excès de travail. Pour tenir les autres éveillées je suis obligé de les secouer. » — W. Duffy : « Les enfants sont tellement fatigués qu'ils ne peuvent tenir les yeux ouverts, et en réalité souvent nous-mêmes nous ne le pouvons pas davantage. » — J. Lightbourne : « Je suis âgé de 13 ans… Nous avons travaillé l'hiver dernier jusqu'à 9 h. du soir et l'hiver précédent jusqu'à 10 h. Presque tous les soirs, cet hiver, mes pieds étaient tellement blessés, que j'en pleurais de douleur. » — G. Apsden : « Mon petit garçon que voici, j'avais coutume de le porter sur mon dos, lorsqu'il avait sept ans, aller et retour de la fabrique, à cause de la neige, et il travaillait ordinairement seize heures ! … Bien souvent je me suis agenouillé pour le faire manger pendant qu'il était à la machine, parce qu'il ne devait ni l'abandonner, ni interrompre son travail. » — Smith, l'associé gérant d'une fabrique de Manchester : « Nous (il veut dire ses « bras[2] » qui travaillent pour « nous ») travaillons sans suspension de travail pour les repas, de sorte que la journée habituelle de dix heures et demie est terminée vers 4 h. 1/2 de l'après-midi, et tout le reste est temps de travail en plus[3]. (On se demande si ce M. Smith ne prend réellement aucun repas pendant dix heures et demie !) Nous (le laborieux Smith) finissons rarement avant 6 heures du soir (de consommer « nos

---

[1] L. c., p. LIV.

[2] Dans la langue distinguée des fabricants anglais les ouvriers sont appelés « *hands* », littéralement « mains ». Quand ce mot se trouve dans nos citations anglaises, nous le traduisons toujours par « *bras* ».

[3] Ceci ne doit pas être pris dans le sens que nous avons donné au temps de surtravail. Ces messieurs considèrent les 10 h. 1/2 de travail comme constituant la journée normale, laquelle renferme aussi le surtravail normal. Alors commence ce « temps de travail en plus » qui est payé un peu plus cher ; mais on verra plus tard que, par contre, l'emploi de la force de travail pendant la prétendue journée normale est payé au- dessous de sa valeur.

machines humaines », veut-il dire), de sorte que nous (*iterum Crispinus*) travaillons en réalité toute l'année avec un excédent de travail... Les enfants et les adultes (152 enfants et adolescents au-dessous de dix-huit ans et 140 au-dessus) ont travaillé régulièrement et en moyenne pendant les derniers dix-huit mois pour le moins sept jours et cinq heures ou soixante-dix-huit heures et demie par semaine. Pour les six semaines finissant au 2 mai de cette année (1863), la moyenne était plus élevée : huit jours ou quatre-vingt-quatre heures par semaine ! Mais, — ajoute le susdit Smith avec un ricanement de satisfaction, « le travail à la machine n'est pas pénible. » Il est vrai que les fabricants qui emploient le *block printing* disent de leur côté : « Le travail manuel est plus sain que le travail à la machine. » En somme, messieurs les fabricants se prononcent énergiquement contre toute proposition tendant à arrêter les machines même pendant l'heure des repas. « Une loi, dit M. Otley, directeur d'une fabrique de tapisseries à Borough, une loi qui nous accorderait des heures de travail de 6 h. du matin à 9 h. du soir serait fort de notre goût ; mais les heures du *Factory Act* de 6 h. du matin à 6 h. du soir ne nous vont point... Nous arrêtons notre machine pendant le dîner (quelle générosité !). Pour ce qui est de la perte en papier et en couleur occasionnée par cet arrêt, il ne vaut pas la peine d'en parler ; « telle quelle cependant, observe-t-il d'un air bonhomme, je comprends qu'elle ne soit pas du goût de tout le monde. » Le rapport exprime naïvement l'opinion que la crainte de faire perdre quelque profit en diminuant quelque peu le temps du travail d'autrui n'est pas « une raison suffisante » pour priver de leur dîner pendant douze à seize heures des enfants au-dessous de treize ans et des adolescents au-dessous de dix-huit, ou pour le leur servir comme on sert à la machine à vapeur du charbon et de l'eau, à la roue de l'huile, etc., en un mot comme on fournit la matière auxiliaire à l'instrument de travail dans le cours de la production[1].

Abstraction faite de la fabrication du pain à la mécanique, encore toute récente, il n'y a pas d'industrie en Angleterre qui ait conservé un mode de production aussi suranné que la boulangerie, comme le prouverait plus d'un passage chez les poètes de l'empire romain. Mais le capital, nous en avons fait la remarque, s'inquiète fort peu du caractère technique du genre de travail dont il s'empare. Il le prend tout d'abord tel qu'il le trouve.

L'incroyable falsification du pain, principalement à Londres, fut mise en lumière pour la première fois (1855-56) par le comité de la Chambre des communes « sur la falsification des subsistances » et dans l'écrit du docteur Hassal : « *Adulterations détected*[2]. » Ces révélations eurent pour

---

[1] L. c. *Appendix*, p. 123, 124, 125, 140 et LIV.

[2] L'alun réduit en poudre fine, ou mêlé avec du sel, est un article ordinaire de commerce qui porte le nom significatif de « baker's stuff » (matière de boulanger).

conséquence la loi du 6 août 1860 : «*For preventing the adulteration of articles of food and drink*» (pour empêcher l'adultération des aliments et des boissons), — loi qui resta sans effet, attendu qu'elle est pleine de délicatesses pour tout libre-échangiste qui, par l'achat et la vente de marchandises falsifiées, se propose de ramasser un honnête magot «*to turn an honest penny*[1].» Le comité lui-même formula plus ou moins naïvement sa conviction, que commerce libre veut dire essentiellement commerce avec des matières falsifiées ou, selon la spirituelle expression des Anglais, «sophistiquées». Et en réalité, ce genre de sophistique s'entend mieux que Protagoras à rendre le blanc noir et le noir blanc, et mieux que les Éleates à démontrer *ad oculos* que tout n'est qu'apparence[2].

Dans tous les cas, le comité avait appelé l'attention du public sur ce «pain quotidien» et en même temps sur la boulangerie. Sur ces entrefaites, les clameurs des garçons boulangers de Londres à propos de leur travail excessif se firent entendre à la fois dans des meetings et dans des pétitions adressées au Parlement. Ces clameurs devinrent si pressantes que M. H. S. Tremenheere, déjà membre de la commission de 1863, mentionnée plus haut, fut nommé commissaire royal pour faire une enquête à ce sujet. Son rapport[3], et les dépositions qu'il contient, émurent non le cœur du public, mais son estomac. L'Anglais, toujours à califourchon sur la Bible, savait bien que l'homme est destiné à manger son pain à la sueur de son front, si la grâce n'a pas daigné faire de lui un capitaliste, un propriétaire foncier ou un budgétivore ; mais il ignorait qu'il fut condamné à manger chaque jour dans son pain «une certaine quantité de sueur humaine délayée avec des toiles d'araignées, des cadavres de can-

---

[1] Chacun sait que la suie est une forme très pure du carbone et constitue un engrais que des ramoneurs capitalistes vendent aux fermiers anglais. Or il y eut un procès en 1862, dans lequel le Jury anglais avait à décider si de la suie à laquelle se trouvent mêlés à l'insu de l'acheteur, 90 p. 100 de poussière et de sable, est de la suie « réelle » dans le sens « commercial » ou de la suie « falsifiée » dans le sens « légal ». Les jurés, « amis du commerce », décidèrent que c'était de la suie « réelle » du commerce et déboutèrent le fermier de sa plainte en lui faisant payer par-dessus le marché tous les frais du procès.

[2] Dans un traité sur les falsifications des marchandises, le chimiste français *Chevallier* passe en revue six cents et quelques articles et compte pour beaucoup d'entre eux dix, vingt, trente méthodes de falsification. Il ajoute qu'il ne connaît pas toutes les méthodes et ne mentionne pas toutes celles qu'il connaît. Il indique six espèces de falsifications pour le sucre, neuf pour l'huile d'olive, dix pour le beurre, douze pour le sel, dix-neuf pour le lait, vingt pour le pain, vingt-trois pour l'eau-de-vie, vingt-quatre pour la farine, vingt-huit pour le chocolat, trente pour le vin, trente-deux pour le café, etc. Même le bon Dieu n'est pas épargné comme le prouve l'ouvrage de M. *Ronard de Card : « De la falsification des substances sacramentelles*, Paris, 1856. »

[3] *Report, etc., relating to the Grievances complained of by the Journeymen Bakers*, etc. London, 1862, et *Second Report*, etc. London, 1863.

crelats, de la levure pourrie et des évacuations d'ulcères purulents, sans parler de l'alun, du sable et d'autres ingrédients minéraux tout aussi agréables». Sans égard pour sa Sainteté, «le Libre commerce», la «libre» boulangerie, fut soumise à la surveillance d'inspecteurs nommés par l'État (fin de la session parlementaire de 1863), et le travail de 9 h. du soir à 5 h. du matin fut interdit par le même acte du Parlement pour les garçons boulangers au-dessous de dix-huit ans. La dernière clause contient des volumes sur l'abus qui se fait des forces du travailleur dans cet honnête et patriarcal métier.

«Le travail d'un ouvrier boulanger de Londres commence régulièrement vers 11 h. du soir. Il fait d'abord le levain, opération pénible qui dure de une demi-heure à trois quarts d'heure, suivant la masse et la finesse de la pâte. Il se couche ensuite sur la planche qui couvre le pétrin et dort environ deux heures avec un sac de farine sous la tête et un autre sac vide sur le corps. Ensuite commence un travail rapide et ininterrompu de quatre heures pendant lesquelles il s'agit de pétrir, peser la pâte, lui donner une forme, la mettre au four, l'en retirer, etc. La température d'une boulangerie est ordinairement de 75 à 90 degrés, elle est même plus élevée quand le local est petit. Les diverses opérations qui constituent la fabrication du pain une fois terminées, on procède à sa distribution, et une grande partie des ouvriers, après leur dur travail de nuit, portent le pain pendant le jour dans des corbeilles, de maison en maison, ou le traînent sur des charrettes, ce qui ne les empêche pas de travailler de temps à autre dans la boulangerie. Suivant la saison de l'année et l'importance de la fabrication, le travail finit entre 1 et 4 h. de l'après-midi, tandis qu'une autre partie des ouvriers est encore occupée à l'intérieur, jusque vers minuit[1].» Pendant la saison à Londres, les ouvriers des boulangers «*full priced*» (ceux qui vendent le pain au prix normal) travaillent de 11 h. du soir à 8 h. du lendemain matin presque sans interruption ; on les emploie ensuite à porter le pain jusqu'à 4, 5, 6, même 7 heures, ou quelquefois à faire du biscuit dans la boulangerie. Leur ouvrage terminé, il leur est permis de dormir à peu près six heures ; souvent même ils ne dorment que cinq ou quatre heures. Le vendredi le travail commence toujours plus tôt, ordinairement à 10 h. du soir et dure sans aucun répit, qu'il s'agisse de préparer le pain ou de le porter, jusqu'au lendemain soir 8 h., et le plus souvent jusqu'à 4 ou 5 h. de la nuit qui précède le dimanche. Dans les boulangeries de premier ordre, où le pain se vend au «prix normal», il y a même le dimanche quatre ou cinq heures de travail préparatoire pour le lendemain. Les ouvriers des «underselling masters » (*boulangers qui vendent le pain au-dessous du prix normal) et ces derniers composent, ainsi que nous l'avons déjà fait remarquer, plus des trois quarts des boulangers de*

---

[1] *First Report*, l. c., p. XL.

Londres, sont soumis à des heures de travail encore plus longues; mais leur travail s'exécute presque tout entier dans la boulangerie, parce que leurs patrons, à part quelques livraisons faites à des marchands en détail, ne vendent que dans leur propre boutique. Vers « la fin de la semaine », c'est-à-dire le jeudi, le travail commence chez eux à 10 heures de la nuit et se prolonge jusqu'au milieu et plus de la nuit du dimanche[1].

En ce qui concerne les « *underselling masters* », le patron lui-même va jusqu'à reconnaître que c'est « le travail non payé » des ouvriers (*the unpaid labour, of the men*), qui permet leur concurrence[2]. Et le boulanger « *full priced* » dénonce ces « *underselling* » concurrents à la commission d'enquête comme des voleurs de travail d'autrui et des falsificateurs. « Ils ne réussissent, s'écrie-t-il, que parce qu'ils trompent le public et qu'ils tirent de leurs ouvriers dix-huit heures de travail pour un salaire de douze[3]. »

La falsification du pain et la formation d'une classe de boulangers vendant au-dessous du prix normal datent en Angleterre du commencement du dix-huitième siècle ; elles se développèrent dès que le métier perdit son caractère corporatif et que le capitaliste, sous la forme de meunier fit du maître boulanger son homme-lige[4]. Ainsi fut consolidée la base de la production capitaliste et de la prolongation outre mesure du travail de jour et de nuit, bien que ce dernier, même à Londres, n'ait réellement pris pied qu'en 1824[5].

On comprend d'après ce qui précède, que les garçons boulangers soient classés dans le rapport de la commission parmi les ouvriers dont la vie est courte et qui, après avoir par miracle échappé à la décimation ordinaire des enfants dans toutes les couches de la classe ouvrière, atteignent rarement l'âge de 42 ans. Néanmoins leur métier regorge toujours de postulants. Les sources d'approvisionnement de « ces forces de travail » pour Londres, sont l'Écosse, les districts agricoles de l'ouest de l'Angleterre et l'Allemagne.

---

[1] L. c., p. LXXI.

[2] George Read ; *The History of Baking*. London, 1848, p. 16.

[3] *First Report*, etc. *Evidence*. Déposition de M. Cheesman, boulanger « full priced ».

[4] George Read, l. c. À la fin du XVIIe siècle et au commencement du XVIIIe siècle on dénonçait officiellement comme une peste publique les agents ou hommes d'affaires qui se faufilent dans toutes les branches d'industrie. C'est ainsi, par exemple, que dans la session trimestrielle des juges de paix du comté de Somerset, le grand jury adressa à la Chambre des communes un « presentment » dans lequel, il est dit entre autres :
« Ces agents (les facteurs de Blackwell Hall) sont une calamité publique et portent préjudice au commerce des draps et vêtements ; on devrait les réprimer comme une peste. » (*The Case of our English Wool*, etc., London, 1685, p. 67.)

[5] *First Report*, etc., p. VIII.

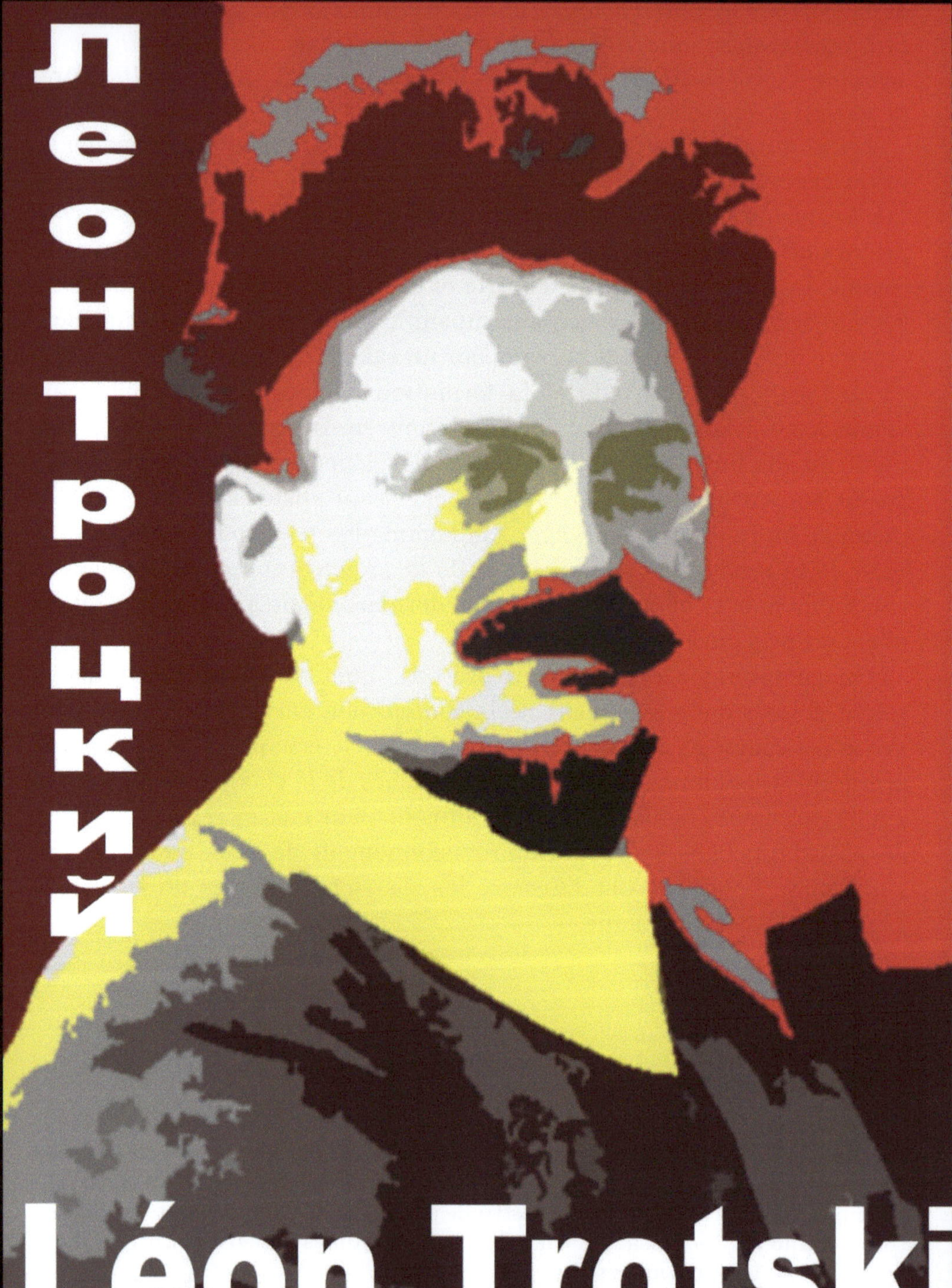

Леон Троцкий
Léon Trotski

Dans les années 1858-60, les garçons boulangers en Irlande organisèrent à leurs frais de grands meetings pour protester contre le travail de nuit et le travail du dimanche. Le public, conformément à la nature aisément inflammable de l'Irlandais, prit vivement parti pour eux en toute occasion, par exemple au meeting de mai à Dublin. Par suite de ce mouvement, le travail de jour exclusif fut établi en fait à Wexford, Kilkenny, Clonnel, Waterford, etc. À Limerick, où de l'aveu général, les souffrances des ouvriers dépassaient toute mesure, le mouvement échoua contre l'opposition des maîtres boulangers et surtout des boulangers meuniers. L'exemple de Limerik réagit sur Ennis et Tipperary. À Cork, où l'hostilité du public se manifesta de la manière la plus vive, les maîtres firent échouer le mouvement en renvoyant leurs ouvriers. À Dublin ils opposèrent la plus opiniâtre résistance et, en poursuivant les principaux meneurs de l'agitation, forcèrent le reste à céder et à se soumettre au travail de nuit et au travail du dimanche[1].

La commission du gouvernement anglais qui, en Irlande, est armé jusqu'aux dents, prodigua de piteuses remontrances aux impitoyables maîtres boulangers de Dublin, Limerik, Cork, etc.

« Le comité croit que les heures de travail sont limitées par des lois naturelles qui ne peuvent être violées impunément. Les maîtres, en forçant leurs ouvriers par la menace de les chasser, à blesser leurs sentiments religieux, à désobéir à la loi du pays et à mépriser l'opinion publique (tout ceci se rapporte au travail du dimanche), les maîtres sèment la haine entre le capital et le travail et donnent un exemple dangereux pour la religion, la moralité et l'ordre public... Le comité croit que la prolongation du travail au-delà de douze heures est une véritable usurpation, un empiétement sur la vie privée et domestique du travailleur, qui aboutit à des résultats moraux désastreux ; elle l'empêche de remplir ses devoirs de famille comme fils, frère, époux et père. Un travail de plus de douze heures tend à miner la santé de l'ouvrier ; il amène pour lui la vieillesse et la mort prématurées, et, par suite, le malheur de sa famille qui se trouve privée des soins et de l'appui de son chef au moment même où elle en a le plus besoin[2]. »

Quittons maintenant l'Irlande. De l'autre côté du canal, en Écosse, le travailleur des champs, l'homme de la charrue, dénonce ses treize et quatorze heures de travail dans un climat des plus rudes, avec un travail additionnel de quatre heures pour le dimanche (dans ce pays des sanctificateurs du sabbat[3] !), au moment même où devant un grand jury

---

[1] *Report of Committee on the Baking Trade in Ireland for 1861.*

[2] L. c.

[3] Meeting public des travailleurs agricoles à Lasswade, près de Glasgow, du 5 janvier 1866. (Voy. *Workman's Advocate* du 13 janv. 1866). La formation depuis la fin de 1865 d'une *Trade-Union* parmi les travailleurs agricoles, d'abord en

de Londres sont traînés trois ouvriers de chemins de fer, un simple employé, un conducteur de locomotive et un faiseur de signaux. Une catastrophe sur la voie ferrée a expédié dans l'autre monde une centaine de voyageurs. La négligence des ouvriers est accusée d'être la cause de ce malheur. Ils déclarent tous d'une seule voix devant les jurés que 10 ou 12 ans auparavant leur travail ne durait que 8 heures par jour. Pendant les 5 et 6 dernières années on l'a fait monter à 14, 18 et 20 heures, et dans certains moments de presse pour les amateurs de voyage, dans la période des trains de plaisir, etc., il n'est pas rare qu'il dure de 40 à 50 heures. Ils sont des hommes ordinaires, et non des Argus. À un moment donné, leur force de travail refuse son service ; la torpeur les saisit ; leur cerveau cesse de penser et leur œil de voir. Le respectable jury anglais leur répond par un verdict qui les renvoie pour « manslaughter » (homicide involontaire) devant les prochaines assises. Cependant il exprime dans un appendice charitable le pieux désir que messieurs les capitalistes, ces magnats des chemins de fer, voudront bien à l'avenir montrer plus de prodigalité dans l'achat d'un nombre suffisant de « forces de travail » et moins « d'abnégation » dans l'épuisement des forces payées[1].

Dans la foule bigarrée des travailleurs de toute profession, de tout âge et de tout sexe qui se pressent devant nous plus nombreux que les âmes des morts devant Ulysse aux enfers, et sur lesquels, sans ouvrir les Livres Bleus qu'ils portent sous le bras, on reconnaît au premier coup d'œil l'empreinte du travail excessif, saisissons encore au passage deux

---

Écosse, est un véritable événement historique.

[1] « *Reynolds's News Paper* » du 20 janv. 1866. Chaque semaine ce même journal publie avec des titres à sensation (sensational headings), tels que ceux-ci : « Fearful and fatal accidents », « Appallings tragedies » etc., toute une liste de nouvelles catastrophes de chemins de fer. Un ouvrier de la ligne de North Stafford fait à ce propos les observations suivantes :
« Chacun sait ce qui arrive quand l'attention du mécanicien et du chauffeur faiblit un instant. Et comment pourrait-il en être autrement, étant donné la prolongation démesurée du travail sans une pause ou un moment de répit ? Prenons pour exemple de ce qui arrive tous les jours, un cas qui vient de se passer : lundi dernier un chauffeur se mit à son travail le matin de très bonne heure. Il le termina après 14 heures 50 minutes. Avant qu'il eût eu le temps de prendre seulement son thé, il fut de nouveau appelé au travail et il lui fallut ainsi trimer 29 heures 15 minutes sans interruption. Le reste de son travail de la semaine se distribuait comme suit : Mercredi, 15 heures ; jeudi, 15 heures 35 minutes ; vendredi, 14 heures et demie ; samedi, 14 heures 10 minutes. Total pour toute la semaine, 88 heures 40 minutes. Et maintenant figurez- vous son étonnement lorsqu'il reçut une paye de 6 jours seulement. Notre homme était novice ; il demanda ce que l'on entendait par ouvrage d'une journée. Réponse : 13 heures, et conséquemment 78 heures par semaine. Mais alors où est la paye des 10 heures 40 minutes supplémentaires ? Après de longues contestations, il obtint une indemnité de 10 d. (1 fr.) ». l. c. n° du 10 février 1866.

figures dont le contraste frappant prouve que devant le capital tous les hommes sont égaux — une modiste et un forgeron.

Dans les dernières semaines de juin 1863, tous les journaux de Londres publiaient un article avec ce titre à sensation : « *Death from simple overwork* » (mort par simple excès de travail). Il s'agissait de la mort de la modiste Mary Anne Walkley, âgée de vingt ans, employée dans un très respectable atelier qu'exploitait une dame portant le doux nom d'Élise, fournisseuse de la cour. C'était la vieille histoire si souvent racontée[1]. Il était bien vrai que les jeunes ouvrières ne travaillaient en moyenne que 16 heures et 1/2 par jour, et pendant la saison seulement trente heures de suite sans relâche ; il était vrai aussi que pour ranimer leurs forces de travail défaillantes, on leur accordait quelques verres de Sherry, de Porto ou de café. Or on était en pleine saison. Il s'agissait de bâtir en un clin d'œil des toilettes pour de nobles ladies allant au bal donné en l'honneur de la princesse de Galles, fraîchement importée. Mary-Anne Walkley avait travaillé 26 heures et 1/2 sans interruption avec soixante autres jeunes filles. Il faut dire que ces jeunes filles se trouvaient 30 dans une chambre contenant à peine un tiers de la masse cubique d'air nécessaire, et la nuit dormaient à deux dans un taudis où chaque chambre à coucher était faite à l'aide de diverses cloisons en planches[2]. Et c'était là un des meilleurs ateliers de modes. Mary-Anne

---

[1] *Comp. Fr. Engels*, l. c. p. 253, 254.

[2] Dr Letheby, médecin employé au Board of Health déclarait alors...
« Le minimum d'air nécessaire à un adulte dans une chambre à coucher est de 300 pieds cubes, et dans une chambre d'habitation de 500. » Dr Richardson, médecin en chef d'un hôpital de Londres, dit : « Les couturières de toute espèce, modistes, tailleuses en robes, etc., sont frappées par trois fléaux : excès de travail, manque d'air et manque de nourriture ou manque de digestion. En général, ce genre (le travail convient mieux en toute circonstance aux femmes qu'aux hommes. Mais le malheur pour le métier, surtout à Londres, c'est qu'il a été monopolisé par 26 capitalistes qui, par des moyens coercitifs résultant du capital même « that spring from capital » économisent la dépense en prodiguant la force de travail. Cette puissance se fait sentir dans toutes les branches de la couture. Une tailleuse en robes par exemple parvient-elle à se faire un petit cercle de pratiques, la concurrence la force de travailler à mort pour le conserver, et d'accabler de travail ses ouvrières. Si ses affaires ne vont pas, ou qu'elle ne puisse s'établir d'une manière indépendante, elle s'adresse à un établissement où le travail n'est pas moindre, mais le payement plus sûr. Dans ces conditions elle devient une pure esclave, ballottée çà et là par chaque fluctuation de la société, tantôt chez elle, dans une petite chambre et mourant de faim ou peu s'en faut ; tantôt dans un atelier, occupée 15, 16 et 18 heures sur 24, dans une atmosphère à peine supportable, et avec une nourriture qui, fût-elle bonne, ne peut être digérée, faute d'air pur. Telles sont les victimes offertes chaque jour à la phtisie et qui perpétuent son règne ; car cette maladie n'a pas d'autre origine que l'air vicié. » (Dr Richardson : « *Death front simple overwork* » dans la « *Social Science Review* », juillet 1863).

Walkley tomba malade le vendredi et mourut le dimanche sans avoir, au grand étonnement de dame Élise, donné à son ouvrage le dernier point d'aiguille. Le médecin appelé trop tard au lit de mort,

M. Keys, déclara tout net devant le *Coroner's Jury* que : Marie-Anne Walkley était morte par suite de longues heures de travail dans un local d'atelier trop plein et dans une chambre à coucher trop étroite et sans ventilation. Le « Coroner's Jury », pour donner au médecin une leçon de savoir-vivre, déclara au contraire que : la défunte était morte d'apoplexie, mais qu'il y avait lieu de craindre que sa mort n'eût été accélérée par un excès de travail dans un atelier trop plein, etc. « Nos esclaves blancs, s'écria le *Morning Star,* l'organe des libres-échangistes Cobden et Bright, nos esclaves blancs sont les victimes du travail qui les conduit au tombeau ; ils s'épuisent et meurent sans tambour ni trompette[1]. »

« Travailler à mort, tel est l'ordre du jour, non seulement dans le magasin des modistes, mais encore dans n'importe quel métier. Prenons pour exemple le forgeron. Si l'on en croit les poètes, il n'y a pas d'homme plus robuste, plus débordant de vie et de gaieté que le forgeron. Il se lève de bon matin et fait jaillir des étincelles avant le soleil. Il mange et boit et dort comme pas un. Au point de vue physique, il se trouve en fait, si son travail est modéré, dans une des meilleures conditions humaines. Mais suivons-le à la ville et examinons quel poids de travail est chargé sur cet homme fort et quel rang il occupe sur la liste de mortalité de notre pays. À Marylebone (un des plus grands quartiers de Londres), les forgerons meurent dans la proportion de 31 sur 1000 annuellement, chiffre qui dépasse de 11 la moyenne de mortalité des adultes en Angleterre. Cette occupation, un art presque instinctif de l'humanité, devient

---

[1] *Morning Star*, 23 juin 1863. Le *Times* profita de la circonstance pour défendre les esclavagistes américains contre Bright et Cie. « Beaucoup d'entre nous, dit-il, sont d'avis que tant que nous ferons travailler à mort nos jeunes femmes, en employant l'aiguillon de la faim au lieu du claquement du fouet, nous aurons à peine le droit d'invoquer le fer et le feu contre des familles qui sont nées esclavagistes, et nourrissent du moins bien leurs esclaves et les font travailler modérément. » (*Times* 2 juillet 1863). Le *Standard*, journal Tory, sermonna de la même manière le *Rev. Newman Hall* : « Vous excommuniez, lui dit-il, les possesseurs d'esclaves, mais vous priez avec les braves gens qui sans remords font travailler seize heures par jour et pour un salaire dont un chien ne voudrait pas, les cochers et les conducteurs d'omnibus de Londres. » Enfin parla la Sibylle de Chelsea, Thomas Carlyle, l'inventeur du culte des génies (hero worship), à propos duquel j'écrivais déjà en 1850 : « Le génie s'en est allé au diable, mais le culte est resté. » Dans une piètre parabole il réduit le seul grand événement de l'époque actuelle, la guerre civile américaine, à ce simple fait : Pierre du Nord veut à toute force casser la tête à Paul du Sud, parce que Pierre du Nord loue son travailleur quotidiennement, tandis que Paul du Sud le loue pour la vie. (*Macmillian's Magazine. Ilias Americana in nuce* (livraison d'août 1863). Enfin les Tories ont dit le dernier mot de leur philanthropie : Esclavage !

par la simple exagération du travail, destructive de l'homme. Il peut frapper par jour tant de coups de marteau, faire tant de pas, respirer tant de fois, exécuter tant de travail et vivre en moyenne 50 ans. On le force à frapper tant de coups de plus, à faire un si grand nombre de pas en plus, à respirer tant de fois davantage, et le tout pris ensemble, à augmenter d'un quart sa dépense de vie quotidienne. Il l'essaie, quel en est le résultat ? C'est que pour une période limitée il accomplit un quart de plus de travail et meurt à 37 ans au lieu de 50[1]. »

IV

Travail de jour et nuit — Le système des relais

Les moyens de production, le capital constant, considérés au point de vue de la fabrication de la plus-value, n'existent que pour absorber avec chaque goutte de travail un quantum proportionnel de travail extra. Tant qu'ils ne s'acquittent pas de cette fonction, leur simple existence forme pour le capitaliste une perte négative, car ils représentent pendant tout le temps qu'ils restent, pour ainsi dire, en friche, une avance inutile de capital, et cette perte devient positive dès qu'ils exigent pendant les intervalles de repos des dépenses supplémentaires pour préparer la reprise de l'ouvrage. La prolongation de la journée de travail au-delà des bornes du jour naturel, c'est-à-dire jusque dans la nuit, n'agit que comme palliatif, n'apaise qu'approximativement la soif de vampire du capital pour le sang vivant du travail. La tendance immanente de la production capitaliste est donc de s'approprier le travail pendant les vingt-quatre heures du jour. Mais comme cela est physiquement impossible, si l'on veut exploiter toujours les mêmes forces sans interruption, il faut, pour triompher de cet obstacle physique, une alternance entre les forces de travail employées de nuit et de jour, alternance qu'on peut obtenir par diverses méthodes. Une partie du personnel de l'atelier peut, par exemple, faire pendant une semaine le service de jour et pendant l'autre semaine le service de nuit. Chacun sait que ce système de relais prédominait dans la première période de l'industrie cotonnière anglaise et qu'aujourd'hui même, à Moscou, il est en vigueur dans cette industrie. Le procès de travail non interrompu durant les heures de jour et de nuit est appliqué encore dans beaucoup de branches d'industrie de la Grande-Bretagne «libres» jusqu'à présent, entre autres dans les hauts fourneaux, les forges, les laminoirs et autres établissements métallurgiques d'Angleterre, du pays de Galles et d'Écosse. Outre les heures des jours ouvrables de la semaine, le procès de la production comprend encore les heures du dimanche. Le personnel se compose d'hommes et de femmes,

---

[1] Dr Richardson, l. c.

d'adultes et d'enfants des deux sexes. L'âge des enfants et des adolescents parcourt tous les degrés depuis huit ans (dans quelques cas six ans) jusqu'à dix-huit[1]. Dans certaines branches d'industrie, hommes, femmes, jeunes filles travaillent pêle-mêle pendant la nuit[2].

Abstraction faite de l'influence généralement pernicieuse du travail de nuit[3], la durée ininterrompue des opérations pendant 24 heures offre l'occasion toujours cherchée et toujours bienvenue de dépasser la limite nominale de la journée de travail. Par exemple dans les branches d'industrie extrêmement fatigantes que nous venons de citer, la journée de travail officielle comprend pour chaque travailleur douze heures au plus, heures de nuit ou heures de jour. Mais le travail en plus au-delà de cette limite est dans beaucoup de cas, pour nous servir des expressions

---

[1] « *Children's Employment Commission.* » *Third Report. London,* 1864, p. 4, 5, 6.
[2] « Dans le Staffordshire et le sud du pays de Galles, des jeunes filles et des femmes sont employées au bord des fosses et aux tas de coke, non seulement le jour, mais encore la nuit. Cette coutume a été souvent mentionnée dans des rapports présentés au Parlement comme entraînant à sa suite des maux notoires. Ces femmes employées avec les hommes, se distinguant à peine d'eux dans leur accoutrement, et toutes couvertes de fange et de fumée, sont exposées à perdre le respect d'elles-mêmes et par suite à s'avilir, ce que ne peut manquer d'amener un genre de travail si peu féminin. » L. c., 194, p. 36. Comp. *Fourth Report* (1865) 61, p. 13. Il en est de même dans les verreries.
[3] « Il semble naturel », remarque un fabricant d'acier qui emploie des enfants au travail de nuit, « que les jeunes garçons qui travaillent la nuit ne puissent ni dormir le jour, ni trouver un moment de repos régulier, mais ne cessent de rôder çà et là pendant le jour. » L. c. *Fourth Rep.*, 63, p. 13. Quant à l'importance de la lumière du soleil pour la conservation et le développement du corps, voici ce qu'en dit un médecin : « La lumière agit directement sur les tissus du corps auxquels elle donne à la fois solidité et élasticité. Les muscles des animaux que l'on prive de la quantité normale de lumière, deviennent spongieux et mous ; la force des nerfs n'étant plus stimulée perd son ton, et rien de ce qui est en travail de croissance n'arrive à bon terme. Pour ce qui est des enfants, l'accès d'une riche lumière et l'action directe des rayons du soleil pendant une partie du jour sont absolument indispensables à leur santé. La lumière favorise l'élaboration des aliments pour la formation d'un bon sang plastique et durcit la fibre une fois qu'elle est formée. Elle agit aussi comme stimulant sur gane gane de la vue et évoque par ce la même une plus grande activité dans les diverses fonctions du cerveau. » M. W. Strange, médecin en chef du « General Hospital » de Worcester, auquel nous empruntons ce passage de son livre sur *la Santé* (1864), écrit dans une lettre à l'un des commissaires d'enquête, M. White : « J'ai eu l'occasion dans le Lancashire d'observer les effets du travail de nuit sur les enfants employés dans les fabriques, et contradictoirement aux assertions intéressées de quelques patrons, je déclare et je certifie que la santé des enfants en souffre beaucoup. » (L. c., 284, p. 55). Il est vraiment merveilleux qu'un pareil sujet puisse fournir matière à des controverses sérieuses. Rien ne montre mieux l'effet de la production capitaliste sur les fonctions cérébrales de ses chefs et de leur domesticité.

du rapport officiel anglais, « réellement épouvantable » (truly fearful)[1]. « Aucun être humain, y est-il dit, ne peut réfléchir à la masse de travail qui, d'après les dépositions des témoins, est exécutée par des enfants de neuf à douze ans, sans conclure irrésistiblement que cet abus de pouvoir de la part des parents et des entrepreneurs ne doit pas être permis une minute de plus[2]. »

« La méthode qui consiste en général à faire travailler des enfants alternativement jour et nuit, conduit à une prolongation scandaleuse de la journée de travail, aussi bien quand les opérations sont pressées que lorsqu'elles suivent leur marche ordinaire. Cette prolongation est dans un grand nombre de cas non seulement cruelle, mais encore incroyable. Il arrive évidemment que pour une cause ou l'autre un petit garçon de relais fasse défaut çà et là. Un ou plusieurs de ceux qui sont présents et qui ont déjà terminé leur journée doivent alors prendre la place de l'absent. Ce système est si connu, que le directeur d'une laminerie auquel je demandais comment s'effectuait le remplacement des relayeurs absents me répondit : « Vous le savez aussi bien que moi », et il ne fit aucune difficulté pour m'avouer que les choses se passaient ainsi[3]. »

« Dans une laminerie où la journée de travail nominale pour chaque ouvrier était de 11 heures 1/2, un jeune garçon travaillait au moins quatre nuits par semaine jusqu'à 8 h. 1/2 du soir du jour suivant et cela dura pendant les six mois pour lesquels il était engagé. Un autre âgé de neuf ans travaillait jusqu'à trois services de relais successifs, de 12 heures chacun et à l'âge de dix ans deux jours et deux nuits de suite. Un troisième maintenant âgé de dix ans travaillait depuis 8 h. du matin jusqu'à minuit pendant trois nuits et jusqu'à 9 h. du soir les autres nuits de la semaine. Un quatrième maintenant âgé de treize ans travaillait depuis 6 h. du soir jusqu'au lendemain midi pendant toute une semaine et parfois trois services de relais l'un après l'autre depuis le matin du lundi jusqu'à la nuit du mardi. Un cinquième qui a aujourd'hui douze ans a travaillé dans une fonderie de fer à Stavely depuis 6 h. du matin jusqu'à minuit pendant quatorze jours ; il est incapable de continuer plus longtemps. George Allinsworth âgé de neuf ans : « Je suis venu ici vendredi dernier. Le lendemain nous devions commencer à trois heures du matin. Je suis donc resté toute la nuit ici. J'habite à cinq milles d'ici. J'ai dormi dans les champs avec un tablier de cuir sous moi et une petite jaquette par-dessus. Les deux autres jours j'étais ici vers 6h. du matin. Ah ! c'est un endroit où il fait chaud ! Avant de venir ici, j'ai travaillé également dans un haut fourneau pendant toute une année. C'était une bien grande usine dans la campagne. Je commençais aussi le samedi

---

[1] L. c. 57, p. 12.
[2] L. c. (4th. Report 1865) 58, p. 12.
[3] L. c.

matin à 3 h ; mais je pouvais du moins aller dormir chez moi, parce que ce n'était pas loin. Les autres jours je commençais à 6 heures du matin et finissais à 6 ou 7 heures du soir, etc.[1]. » Écoutons maintenant le capi-

---

[1] L. c., p. 13. Le degré de culture de ces « forces de travail » doit naturellement être tel que nous le montrent les dialogues suivants avec un des commissaires d'enquête : Jérémias Haynes, âge de douze ans :
« Quatre fois quatre fait huit, mais quatre quatre (quatre l'ours) font 16... Un roi est lui qui a tout l'or et tout l'argent. (*A king is him that has all the money and gold.*) Nous avons un roi, on dit que c'est une reine, elle s'appelle princesse Alexandra. On dit qu'elle a épousé le fils du roi. Une princesse est un homme. » Wm. Turner, âgé de douze ans : « Ne vit pas en Angleterre, pense qu'il y a bien un pays comme ça, n'en savait rien auparavant. » John Morris, quatorze ans : « J'ai entendu dire que Dieu a fait le monde et que tout le peuple a été noyé, excepté un ; j'ai entendu dire qu'il y en avait un qui était un petit oiseau. » William Smith, quinze ans : « Dieu a fait l'homme ; l'homme a fait la femme. » Edward Taylor, 15 ans : « Ne sait rien de Londres. » Henry Matthewmann, 17 ans : « Vais parfois à l'église. Un nom sur quoi ils prêchent, était un certain Jésus-Christ, mais je puis pas nommer d'autres noms et je puis pas non plus rien dire sur celui-là. Il ne fut pas massacré, mais mourut comme u un autre. D'une façon il n'était pas comme d'autres, parce qu'il était religieux d'une façon, et d'autres ne le sont pas. » (He was not the same as other people in some ways, because he was religious in some ways, and others, isn't. » (l. c. 74, p. 15.) « Le diable est un bon homme. Je ne sais pas où il vit. Christ était un mauvais gars. (The devil is a good person. I don't know where he lives. Christ was a wicked man.) » *Ch. Empl. Report Comm.* V. 1866, p. 55, n° 278, etc. Le même système règne dans les verreries et les papeteries tout comme dans les établissements métallurgiques que nous avons cités. Dans les papeteries où le papier est fait avec des machines, le travail de nuit est la règle pour toute opération, sauf pour le délissage des chiffons, Dans quelques cas le travail de nuit est continué, par relais, pendant la semaine entière, depuis la nuit du dimanche ordinairement jusqu'à minuit du samedi suivant. L'équipe d'ouvriers de la série de jour, travaille cinq jours de 12 heures et un jour de 18 heures, et l'équipe de la série de nuit travaille cinq nuits de 12 heures et une de 6 heures, chaque semaine. Dans d'autres cas chaque série travaille 24 heures alternativement Une série travaille 6 heures le lundi et 18 le samedi pour compléter les 24 heures. Dans d'autres cas encore on met en pratique un système intermédiaire, dans lequel tous ceux qui sont attachés à la machine des faiseurs de papier travaillent chaque jour de la semaine 15 à 16 heures. Ce système, dit un des commissaires d'enquête, M. Lord, paraît réunir tous les maux qu'entraînent les relais de 12 et de 24 heures. Des enfants au-dessous de treize ans, des adolescents au-dessous de dix-huit ans et des femmes sont employés dans ce système au travail de nuit. Maintes fois dans le système de 12 heures, il leur fallait travailler, par suite de l'absence des relayeurs, la double série de 24 heures. Les dépositions des témoins prouvent que des jeunes garçons et des jeunes filles sont très souvent accablés d'un travail extra qui ne dure pas moins de 24 et même 36 heures sans interruption. Dans les ateliers de vernissage on trouve des jeunes filles de douze ans qui travaillent quatorze heures par jour pendant le mois entier, sans autre répit régulier que deux ou trois demi-heures au plus pour les repas. Dans

tal lui-même exprimant sa manière de voir sur ce travail de 24 heures sans interruption. Les exagérations de ce système, ses abus, sa cruelle et incroyable prolongation de la journée, sont naturellement passés sous silence. Il ne parle du système que dans sa forme normale.

MM. Naylor et Wickers, fabricants d'acier, qui emploient de 600 à 700 personnes, dont 10% au-dessous de dix-huit ans, sur lesquels 20 petits garçons seulement font partie du personnel de nuit, s'expriment de la manière suivante :

« Les jeunes garçons ne souffrent pas le moins du monde de la chaleur. La température est probablement de 86 à 90 degrés Fahrenheit. À la forge et au laminoir, les bras travaillent jour et nuit en se relayant ; mais, par contre, tout autre ouvrage se fait le jour, de 6 heures du matin à 6 heures du soir. Dans la forge, le travail a lieu de midi à minuit. Quelques ouvriers travaillent continuellement de nuit sans alterner, c'est-à-dire jamais le jour. Nous ne trouvons pas que le travail, qu'il s'exécute le jour ou la nuit, fasse la moindre différence pour la santé (de MM. Naylor et Wickers bien entendu ?), et vraisemblablement les gens dorment mieux quand ils jouissent de la même période de repos que lorsque cette période varie... Vingt enfants environ travaillent la nuit avec les hommes... Nous ne pourrions bien aller (not well do) sans le travail de nuit de garçons au-dessous de dix-huit ans. Notre grande objection serait l'augmentation des frais de production... Il est difficile d'avoir des contremaîtres habiles et des « bras » intelligents : mais des jeunes garçons, on en obtient tant qu'on en veut... Naturellement, eu égard à la faible proportion de jeunes garçons que nous employons, une limitation du travail de nuit serait de peu d'importance ou de peu d'intérêt pour nous[1]. »

M. J. Ellis, de la maison John Brown et Cie, fabricants de fer et d'acier, employant trois mille ouvriers, hommes et jeunes garçons, «jour et nuit, par relais», pour la partie difficile du travail, déclare que dans la pénible fabrication de l'acier, les jeunes garçons forment le tiers ou la moitié des hommes. Leur usine en compte 500 au-dessous de dix-huit ans, dont un tiers ou 170 de moins de treize ans. Il dit, à propos de la réforme législative proposée : « Je ne crois pas qu'il y aurait beaucoup à redire (very objectionable) de ne faire travailler aucun adolescent au-dessous de dix-huit ans que 12 heures sur 24. Mais je ne crois pas qu'on puisse tracer une ligne quelconque de démarcation pour nous empêcher d'employer des garçons au-dessus de douze ans dans le travail de nuit.

---

quelques fabriques, où l'on a complètement renoncé au travail de nuit, le travail dure effroyablement au-delà du temps légitime, et « précisément là où il se compose des opérations les plus sales, les plus échauffantes et les plus monotones. » (*Children's Employment Commission Report IV*, 1865, p. 38 et 39.)

[1] *Fourth Report.* etc., 1865 79, p. XVI.

Nous, accepterions bien plutôt, ajoute-t-il dans le même style, une loi d'après laquelle il nous serait interdit d'employer la nuit des garçons au-dessous de treize et même de quatorze ans, qu'une défense de nous servir pour le travail de nuit de ceux que nous avons une bonne fois. Les garçons qui travaillent dans la série de jour doivent aussi alternativement travailler dans la série de nuit, parce que les hommes ne peuvent pas exécuter constamment le travail de nuit, cela ruinerait leur santé. Nous croyons cependant que le travail de nuit, quand il se fait à une semaine d'intervalle, ne cause aucun dommage (MM. Naylor et Wickers affirmaient le contraire pour justifier le travail de nuit sans intermittence, tel qu'il se pratique chez eux). Nous trouvons que les gens qui accomplissent le travail de nuit en alternant possèdent une santé tout aussi bonne que ceux qui ne travaillent que le jour... Nos objections contre le non-emploi de garçons au-dessous de dix-huit ans au travail de nuit seraient tirées de ce que nos dépenses subiraient une augmentation ; mais c'est aussi la seule raison (on ne saurait être plus naïvement cynique !). Nous croyons que cette augmentation serait plus grande que notre commerce (the trade), avec la considération que l'on doit à son exécution prospère, ne pourrait convenablement le supporter. (As the trade with due regard to, etc., could fairly bear !) (Quelle phraséologie !) Le travail est rare ici et pourrait devenir insuffisant par suite d'un règlement de ce genre. » (C'est-à-dire, Ellis, Brown et Cie pourraient tomber dans le fatal embarras d'être obligés de payer la force de travail tout ce qu'elle vaut[1].)

Les « forges cyclopéennes de fer et d'acier » de MM. Cammell et Cie sont dirigées de la même manière que les précédentes. Le directeur gérant avait remis de sa propre main son témoignage écrit au commissaire du gouvernement, M. White, mais plus tard il trouva bon de supprimer son manuscrit qu'on lui avait rendu sur le désir exprimé par lui de le réviser. M. White cependant a une mémoire tenace. Il se souvient très exactement que, pour messieurs les cyclopes, l'interdiction du travail de nuit des enfants et des adolescents est une « chose impossible ; ce serait vouloir arrêter tous leurs travaux », et cependant leur personnel compte un peu moins de 6% de garçons au-dessous de dix-huit ans, et 1% seulement au-dessous de treize[2] !

M. E. F. Sanderson, de la raison sociale Sanderson, Bros et Cie, fabrication d'acier, laminage et forge à Attercliffe, exprime ainsi son opinion sur le même sujet :

« L'interdiction du travail de nuit pour les garçons au-dessous de dix-huit ans ferait naître de grandes difficultés. La principale proviendrait de l'augmentation de frais qu'entraînerait nécessairement le remplacement des enfants par des hommes. À combien ces frais se monteraient-

---

[1] L. c. 80.
[2] L. c. 82.

ils ? Je ne puis le dire ; mais vraisemblablement ils ne s'élèveraient pas assez haut pour que le fabricant pût élever le prix de l'acier, et conséquemment toute la perte retomberait sur lui, attendu que les hommes (quel manque de dévouement) refuseraient naturellement de la subir. » Maître Sanderson ne sait pas combien il paye le travail des enfants, mais « peut-être monte-t-il jusqu'à quatre ou cinq shillings par tête et par semaine... Leur genre de travail est tel qu'en général (mais ce n'est pas toujours le cas) la force des enfants y suffit exactement, de sorte que la force supérieure des hommes ne donnerait lieu à aucun bénéfice pour compenser la perte, si ce n'est dans quelques cas peu nombreux, alors que le métal est difficile à manier. Aussi bien les enfants doivent commencer jeunes pour apprendre le métier. Le travail de jour seul ne les mènerait pas à ce but. » Et pourquoi pas ? Qu'est-ce qui empêcherait les jeunes garçons d'apprendre leur métier pendant le jour ? Allons ! Donne ta raison !

« C'est que les hommes, qui chaque semaine travaillent alternativement tantôt le jour, tantôt la nuit, séparés pendant ce temps des garçons de leur série, perdraient la moitié des profits qu'ils en tirent. La direction qu'ils donnent est comptée comme partie du salaire de ces garçons et permet aux hommes d'obtenir ce jeune travail à meilleur marché. Chaque homme perdrait la moitié de son profit. (En d'autres termes, les MM. Sanderson seraient obligés de payer une partie du salaire des hommes de leur propre poche, au lieu de le payer avec le travail de nuit des enfants. Le profit de MM. Sanderson diminuerait ainsi quelque peu, et telle est la vraie raison sandersonienne qui explique pourquoi les enfants ne pourraient pas apprendre leur métier pendant le jour)[1]. Ce n'est pas tout. Les hommes qui maintenant sont relayés par les jeunes garçons verraient retomber sur eux tout le travail de nuit régulier et ne pourraient pas le supporter. Bref, les difficultés seraient si grandes qu'elles conduiraient vraisemblablement à la suppression totale du travail de nuit. » — « Pour ce qui est de la production même de l'acier, dit E. F. Sanderson, ça ne ferait pas la moindre différence, mais ! » Mais MM. Sanderson ont autre chose à faire qu'à fabriquer de l'acier. La fabrication de l'acier est un simple prétexte pour la fabrication de la plus-value. Les fourneaux de forge, les laminoirs, etc., les constructions, les machines, le fer, le charbon ont autre chose à faire qu'à se transformer en acier. Ils sont là pour absorber du travail extra, et ils en absorbent naturellement plus en vingt-quatre heures qu'en douze. De par Dieu et de par le Droit ils donnent à tous les Sandersons une hypothèque de vingt-quatre heures pleines par jour sur le temps de travail d'un certain

---

[1] « Dans notre époque raisonneuse à outrance, il faut vraiment n'être pas fort pour ne pas trouver une bonne raison pour tout, même pour ce qu'il y a de pis et de plus pervers. Tout ce qui s'est corrompu et dépravé dans le monde s'est corrompu et dépravé pour de bonnes raisons. » (Hegel, l. c. p. 249.)

nombre de bras, et perdent leur caractère de capital, c'est-à-dire sont pure perte pour les Sandersons, dès que leur fonction d'absorber du travail est interrompue. « Mais alors il y aurait la perte de machines si coûteuses qui chômeraient la moitié du temps, et pour une masse de produits, telle que nous sommes capables de la livrer avec le présent système, il nous faudrait doubler nos bâtiments et nos machines, ce qui doublerait la dépense. » Mais pourquoi précisément ces Sandersons jouiraient-ils du privilège de l'exploitation du travail de nuit, de préférence à d'autres capitalistes qui ne font travailler que le jour et dont les machines, les bâtiments, les matières premières chôment par conséquent la nuit ? « C'est vrai, répond E. F. Sanderson au nom de tous les Sandersons, c'est très vrai. La perte causée par le chômage des machines atteint toutes les manufactures où l'on ne travaille que le jour. Mais l'usage des fourneaux de forge causerait dans notre cas une perte extra. Si on les entretenait en marche, il se dilapiderait du matériel combustible (tandis que maintenant c'est le matériel vital des travailleurs qui est dilapidé) ; si on arrêtait leur marche, cela occasionnerait une perte de temps pour rallumer le feu et obtenir le degré de chaleur nécessaire (tandis que la perte du temps de sommeil subie même par des enfants de huit ans est gain de travail pour la tribu des Sandersons) ; enfin les fourneaux eux-mêmes auraient à souffrir des variations de température », tandis que ces mêmes fourneaux ne souffrent aucunement des variations de travail[1].

---

[1] L. c., p. 85. Les scrupules semblables des tendres fabricants verriers d'après lesquels « les repas réguliers fiers des enfants sont impossibles parce qu'un certain quantum de chaleur rayonné pendant ce temps par les fourneaux serait pure perte pour eux », ne produisent aucun effet sur le commissaire d'enquête, M. White. « L'abstinence ou l'abnégation » ou « l'économie » avec laquelle les capitalistes dépensent leur argent et la « prodigalité » digne d'un Tamerlan avec laquelle ils gaspillent la vie des autres hommes, ne l'émeuvent pas comme elles ont ému MM. Ure, Senior, etc., et leurs plats plagiaires allemands, tels que Roscher et Cie. Aussi leur répond-il : « Il est possible qu'un peu plus de chaleur soit perdu par suite de l'établissement de repas réguliers ; mais même estimée en argent cette perte n'est rien en comparaison de la dilapidation de force vitale (*the waste of animal power*) causée dans le royaume par ci, fait que les enfants en voie de croissance, employés dans les verreries, ne trouvent aucun moment de repos pour prendre à l'aise leur nourriture et la digérer. » (L. c. p. XLV.) Et cela dans l'*année de progrès* 1865 ! Sans parler de la dépense de force qu'exige de leur part l'action de lever et de porter des fardeaux, la plupart des enfants, dans les verreries où l'on fait des bouteilles et du flintglass, sont obligés de faire en 6 heures, pour exécuter leur travail, de 15 à 20 milles anglais, et cela dure souvent 14 à 15 heures sans interruption. Dans beaucoup de ces verreries règne, comme dans les filatures de Moscou, le système des relais de 6 heures. « Pendant la semaine, la plus grande période de répit comprend au plus 6 heures, sur lesquelles il faut prendre le temps d'aller et de venir de la fabrique, de se laver, de s'habiller, de manger, etc., de sorte qu'il reste à peine un moment pour

V

Lois coercitives pour la prolongation de la journée de travail
depuis le milieu du quatorzième jusqu'à la fin du dix-septième siècle

Qu'est-ce qu'une journée de travail ? Quelle est la durée du temps pendant lequel le capital a le droit de consommer la force de travail dont il achète la valeur pour un jour ? Jusqu'à quel point la journée peut-elle être prolongée au-delà du travail nécessaire à la reproduction de cette force ? À toutes ces questions, comme on a pu le voir, le capital répond : la journée de travail comprend vingt-quatre heures pleines, déduction faite des quelques heures de repos sans lesquelles la force de travail refuse absolument de reprendre son service. Il est évident par soi-même que le travailleur n'est rien autre chose sa vie durant que force de travail, et qu'en conséquence tout son temps disponible est de droit et naturellement temps de travail appartenant au capital et à la capitalisation. Du temps pour l'éducation, pour le développement intellectuel, pour l'accomplissement de fonctions sociales, pour les relations avec parents et amis, pour le libre jeu des forces du corps et de l'esprit, même pour la célébration du dimanche, et cela dans le pays des sanctificateurs du dimanche[1], pure niaiserie ! Mais dans sa passion aveugle et démesurée,

---

se reposer. Pas un instant pour jouer, pour respirer l'air pur, si ce n'est aux dépens du sommeil si indispensable à des enfants qui exécutent de si durs travaux dans une atmosphère aussi brûlante... Le court sommeil lui-même est interrompu par cette raison que les enfants doivent s'éveiller eux-mêmes la nuit ou sont troublés dans le jour par le bruit extérieur. » M. White cite des cas où un jeune garçon a travaillé trente-six heures de suite, d'autres où des enfants de 12 ans s'exténuent jusqu'à 2 heures de la nuit et dorment ensuite jusqu'à 5 heures du matin (trois heures !) pour reprendre leur travail de plus belle. « La masse de travail, disent les rédacteurs du rapport général, Tremenheere et Turnell, que des enfants, des jeunes filles et des femmes exécutent dans le cours de leur incantation de jour et de nuit (*spell of labour*) est réellement fabuleuse. » (L. c., XLIII et XLIV.) Et cependant quelque nuit peut-être le capital verrier, pour prouver son abstinence, sort du club fort tard, la tête tournée par le vin de Porto ; il rentre chez lui en vacillant et fredonne comme un idiot : « *Britons never, never shall be slaves* ! (Jamais l'Anglais, non jamais l'Anglais ne sera esclave !) »
[1] En Angleterre, par exemple, on voit de temps à autre dans les districts ruraux quelque ouvrier condamné à la prison pour avoir profané le sabbat en travaillant devant sa maison dans son petit jardin. Le même ouvrier est puni pour rupture de contrat, s'il s'absente le dimanche de la fabrique, papeterie, verrerie, etc., même par dévotion. Le Parlement orthodoxe ne s'inquiète pas de la profanation du sabbat quand elle a lieu en l'honneur et dans l'intérêt du Dieu Capital. Dans un mémoire des journaliers de Londres employés chez des marchands de poisson et de volaille, où l'abolition du travail du dimanche est demandée (août 1863), il est dit que leur travail dure en moyenne 15 heures chacun des 6 premiers jours de la semaine et 8 à 10 heures le dimanche. On voit

dans sa gloutonnerie de travail extra, le capital dépasse non seulement les limites morales, mais encore la limite physiologique extrême de la journée de travail. Il usurpe le temps qu'exigent la croissance, le développement et l'entretien du corps en bonne santé. Il vole le temps qui devrait être employé à respirer l'air libre et à jouir de la lumière du soleil. Il lésine sur le temps des repas et l'incorpore, toutes les fois qu'il le peut, au procès même de la production, de sorte que le travailleur, rabaissé au rôle de simple instrument, se voit fournir sa nourriture comme on fournit du charbon à la chaudière, de l'huile et du suif à la machine. Il réduit le temps du sommeil, destiné à renouveler et à rafraichir la force vitale, au minimum d'heures de lourde torpeur sans lequel l'organisme épuisé ne pourrait plus fonctionner. Bien loin que ce soit l'entretien normal de la force de travail qui serve de règle pour la limitation de la journée de travail, c'est au contraire la plus grande dépense possible par jour, si violente et si pénible qu'elle soit, qui règle la mesure du temps de répit de l'ouvrier. Le capital ne s'inquiète point de la durée de la force de travail. Ce qui l'intéresse uniquement, c'est le maximum qui peut en être dépensé dans une journée. Et il atteint son but en abrégeant la vie du travailleur, de même qu'un agriculteur avide obtient de son sol un plus fort rendement en épuisant sa fertilité.

La production capitaliste, qui est essentiellement production de plus-value, absorption de travail extra, ne produit donc pas seulement par la prolongation de la journée qu'elle impose la détérioration de la force de travail de l'homme, en la privant de ses conditions normales de fonctionnement et de développement, soit au physique, soit au moral ; — elle produit l'épuisement et la mort précoce de cette force[1]. Elle prolonge la période productive du travailleur pendant un certain laps de temps en abrégeant la durée de sa vie.

Mais la valeur de la force de travail comprend la valeur des marchandises sans lesquelles la reproduction du salarié ou la propagation de sa classe seraient impossibles. Si donc la prolongation contre nature de la journée de travail, à laquelle aspire nécessairement le capital en raison de son penchant démesuré à se faire valoir toujours davantage, raccourcit la période vitale des ouvriers, et par suite la durée de leurs forces de

---

par ce mémoire que c'est surtout la gourmandise délicate des bigots aristocratiques de Exeter Hall qui encourage cette profanation du jour du Seigneur. Ces saints personnages si zélés « in cute curanda », autrement dit, dans le soin de leur peau, attestent leur qualité de chrétien par la résignation avec laquelle ils supportent le travail excessif, la faim et les privations d'autrui. *Obsequium ventris istis* (c'est-à-dire aux travailleurs) *perniciosius est.*

[1] « Nous avons donné dans nos rapports antérieurs l'opinion de plusieurs manufacturiers expérimentés au sujet des heures de travail extra... il est certain que d'après eux ces heures tendent à épuiser prématurément la force de travail de l'homme. » (L. c., 64, p. XIII.)

travail, la compensation des forces usées doit être nécessairement plus rapide, et en même temps la somme des frais qu'exige leur reproduction plus considérable, de même que pour une machine la portion de valeur qui doit être reproduite chaque jour est d'autant plus grande que la machine s'use plus vite. Il semblerait en conséquence que l'intérêt même du capital réclame de lui une journée de travail normale.

Le propriétaire d'esclaves achète son travailleur comme il achète son bœuf. En perdant l'esclave il perd un capital qu'il ne peut rétablir que par un nouveau déboursé sur le marché. Mais, « si fatale et si destructive que soit l'influence des champs de riz de la Géorgie et des marais du Mississipi sur la constitution de l'homme, la destruction qui s'y fait de la vie humaine n'y est jamais assez grande pour qu'elle ne puisse être réparée par le trop-plein des réservoirs de la Virginie et du Kentucky. Les considérations économiques qui pourraient jusqu'à un certain point garantir à l'esclave un traitement humain, si sa conservation et l'intérêt de son maître étaient identiques, se changent en autant de raisons de ruine absolue pour lui quand le commerce d'esclaves est permis. Dès lors, en effet, qu'il peut être remplacé facilement par des nègres étrangers, la durée de sa vie devient moins importante que sa productivité. Aussi est-ce une maxime dans les pays esclavagistes que l'économie la plus efficace consiste à pressurer le bétail humain (*human chaule*), de telle sorte qu'il fournisse le plus grand rendement possible dans le temps le plus court. C'est sous les tropiques, là même où les profits annuels de la culture égalent souvent le capital entier des plantations, que la vie des nègres est sacrifiée sans le moindre scrupule. C'est l'agriculture de l'Inde occidentale, berceau séculaire de richesses fabuleuses, qui a englouti des millions d'hommes de race africaine. C'est aujourd'hui à Cuba, dont les revenus se comptent par millions, et dont les planteurs sont des nababs, que nous voyons la classe des esclaves non seulement nourrie de la façon la plus grossière et en butte aux vexations les plus acharnées, mais encore détruite directement en grande partie par la longue torture d'un travail excessif et le manque de sommeil et de repos[1]. »

Mutato nomine de te fabula narratur ! *Au lieu de commerce d'esclaves lisez marché du travail, au lieu de Virginie et Kentucky, lisez Irlande et les districts agricoles d'Angleterre, d'Écosse et du pays de Galles ; au lieu d'Afrique, lisez Allemagne. Il est notoire que l'excès de travail moissonne les raffineurs de Londres, et néanmoins le marché du travail à Londres regorge constamment de candidats pour la raffinerie, allemands la plupart, voués à une mort prématurée. La poterie est également une des branches d'industrie qui fait le plus de victimes. Manque-t-il pour cela de potiers ? Josiah Wedgwood, l'inventeur de la poterie moderne, d'abord simple ouvrier lui-même, déclarait en 1785 devant la Chambre des com-*

---

[1] *Cairne*, l. c., p. 110, 111.

munes que toutes les manufactures occupaient de 15 à 20 000[1] personnes. En 1861, la population seule des sièges de cette industrie, disséminée dans les villes de la Grande-Bretagne, en comprenait 101 302. « L'industrie cotonnière date de 90 ans... En trois générations de la race anglaise, elle a dévoré neuf générations d'ouvriers[2]. » À vrai dire, dans certaines époques d'activité fiévreuse, le marché du travail a présenté des vides qui donnaient à réfléchir. Il en fut ainsi, par exemple, en 1834; mais alors messieurs les fabricants proposèrent aux Poor Law Commissioners *d'envoyer dans le Nord l'excès de population des districts agricoles, déclarant «qu'ils se chargeaient de les absorber et de les consommer[3]. » C'étaient leurs propres paroles. « Des agents furent envoyés à Manchester avec l'autorisation des* Poor Law Commissioners. *Des listes de travailleurs agricoles furent confectionnées et remises aux susdits agents. Les fabricants coururent dans les bureaux, et après qu'ils eurent choisi ce qui leur convenait, les familles furent expédiées du sud de l'Angleterre. Ces paquets d'hommes furent livrés avec des étiquettes comme des ballots de marchandises, et transportés par la voie des canaux, ou dans des chariots à bagages. Quelques-uns suivaient à pied, et beaucoup d'entre eux erraient çà et là égarés et demi-morts de faim dans les districts manufacturiers. La Chambre des communes pourra à peine le croire, ce commerce régulier, ce trafic de chair humaine ne fit que se développer, et les hommes furent achetés et vendus par les agents de Manchester aux fabricants de Manchester, tout aussi méthodiquement que les nègres aux planteurs des États du Sud... L'année 1860 marque le zénith de l'industrie cotonnière. Les bras manquèrent de nouveau, et de nouveau les fabricants s'adressèrent aux marchands de chair, et ceux-ci se mirent à fouiller les dunes de Dorset, les collines de Devon et les plaines de Wilts; mais l'excès de population était déjà dévoré. Le* Bury Guardian *se lamenta; après la conclusion du traité de commerce anglo-français, s'écria-t-il, 10 000 bras de plus pourraient être absorbés, et bientôt il en faudra 30 ou 40 000 encore! Quand les agents et sous-agents du commerce de chair humaine eurent parcouru à peu près sans résultat, en 1860, les districts agricoles, les fabricants envoyèrent une députation à M. Villiers, le président du* Poor Law Board, *pour obtenir de nouveau qu'on leur procurât comme auparavant des enfants pauvres ou des orphelins des Workhouses[4]. »*

---

[1] John Ward : *History of the Borough of Stoke-upon-Trent.* London, 1843, p. 42.

[2] Discours de Ferrand à la Chambre des communes, du 27 avril 1863.

[3] « That the manufacturers would absorb it and use it up. Those were the very words used by the cotton manufacturers. » l. c.

[4] L. c. M. Villiers, malgré la meilleure volonté du monde, était « légalement » forcé de repousser la demande des fabricants. Ces messieurs atteignirent néanmoins leur but grâce à la complaisance des administrations locales. M. A. Redgrave, inspecteur de fabrique, assure que cette fois le système d'après lequel

L'expérience montre en général au capitaliste qu'il y a un excès constant de population, c'est-à-dire excès par rapport au besoin momentané du capital, bien que cette masse surabondante soit formée de générations humaines mal venues, rabougries, promptes à s'éteindre, s'éliminant hâ-

---

les orphelins et les enfants des pauvres sont traités « légalement » comme apprentis ne fut pas accompagné des mêmes abus que par le passé. (Voy. sur ces abus Fred. Engels, l. c.) Dans un cas néanmoins « on abusa du système à l'égard de jeunes filles et de jeunes femmes qui des districts agricoles de l'Écosse furent conduites dans le Lancashire et le Cheshire... » — Dans ce système le fabricant passe un traité avec les administrateurs des maisons de pauvres pour un temps déterminé. Il nourrit, habille et loge les enfants et leur donne un petit supplément en argent. Une remarque de M. Redgrave, que nous citons plus loin, paraît assez étrange, si l'on prend en considération que parmi les époques de prospérité de l'industrie cotonnière anglaise l'année 1860 brille entre toutes et que les salaires étaient alors très élevés, parce que la demande extraordinaire de travail rencontrait toutes sortes de difficultés. L'Irlande était dépeuplée ; les districts agricoles d'Angleterre et d'Écosse se vidaient par suite d'une émigration sans exemple pour l'Australie et l'Amérique ; dans quelques districts agricoles anglais régnait une diminution positive de la population qui avait pour causes en partie une restriction voulue et obtenue de la puissance génératrice et en partie l'épuisement de la population disponible déjà effectué par les trafiquants de chair humaine. Et malgré tout cela M. Redgrave nous dit : « Ce genre de travail (celui des enfants des hospices) n'est recherché que lorsqu'on ne peut pas en trouver d'autre, car c'est un travail qui coûte cher (*high priced labour*). Le salaire ordinaire pour un garçon de treize ans est d'environ 4 sh. (5 fr.) par semaine. Mais loger, habiller, nourrir 50 ou 100 de ces enfants, les surveiller convenablement, les pourvoir des soins médicaux et leur donner encore une petite paie en monnaie, c'est une chose infaisable pour 4 sh. par tête et par semaine. » (*Report of the Insp. of Factories for* 30 th, April 1862, p. 27.) M. Redgrave oublie de nous dire comment l'ouvrier lui-même pourra s'acquitter de tout cela à l'égard de ses enfants avec leurs 4 sh. de salaire, si le fabricant ne le peut pas pour 50 ou 100 enfants qui sont logés, nourris et surveillés en commun. — Pour prévenir toute fausse conclusion que l'on pourrait tirer du texte, je dois faire remarquer ici que l'industrie cotonnière anglaise, depuis qu'elle est soumise au Factory Act de 1850, à son règlement du temps de travail, etc., peut être considérée comme l'industrie modèle en Angleterre. L'ouvrier anglais dans cette industrie est sous tous les rapports dans une condition supérieure à celle de son compagnon de peine sur le continent. « L'ouvrier de fabrique prussien travaille au moins 10 heures de plus par semaine que son rival anglais, et quand il est occupé chez lui à son propre métier, ses heures de travail n'ont même plus de limite. » (*Report of the Insp. Of Factories*, 31 Oct. 1855, p. 103.) L'inspecteur Redgrave cité plus haut fit un voyage sur le continent après l'exposition industrielle de 1851, spécialement en France et en Prusse, pour y étudier la situation manufacturière de ces deux pays. « L'ouvrier des manufactures prussiennes, nous dit-il, obtient un salaire suffisant pour le genre de nourriture simple et le peu de confort auxquels il est habitué et dont il se trouve satisfait... il vit plus mal et travaille plus durement que son rival anglais. » (Rep. Of Insp. Of Fact. 31 Oct 1853, p. 85.)

tivement les unes les autres et cueillies, pour ainsi dire, avant maturité[1]. L'expérience montre aussi, à l'observateur intelligent, avec quelle rapidité la production capitaliste qui, historiquement parlant, date d'hier, attaque à la racine même la substance et la force du peuple, elle lui montre comment la dégénérescence de la population industrielle n'est ralentie que par l'absorption constante d'éléments nouveaux empruntés aux campagnes, et comment les travailleurs des champs, malgré l'air pur et malgré le principe de « sélection naturelle » qui règne si puissamment parmi eux et ne laisse croître que les plus forts individus, commencent eux-mêmes à dépérir[2]. Mais le capital, qui a de si « bonnes raisons » pour nier les souffrances de la population ouvrière qui l'entoure, est aussi peu ou tout autant influencé dans sa pratique par la perspective de la pourriture de l'humanité et finalement de sa dépopulation, que par la chute possible de la terre sur le soleil. Dans toute affaire de spéculation, chacun sait que la débâcle viendra un jour, mais chacun espère qu'elle emportera son voisin après qu'il aura lui-même recueilli la pluie d'or au passage et l'aura mise en sûreté. Après moi le déluge ! Telle est la devise de tout capitaliste et de toute nation capitaliste. Le capital ne s'inquiète donc point de la santé et de la durée de la vie du travailleur, s'il n'y est pas contraint par la société[3]. À toute plainte élevée contre lui à propos de dégradation physique et intellectuelle, de mort prématurée, de tortures du travail excessif,

---

[1] « Les travailleurs soumis à un travail excessif meurent avec une rapidité surprenante ; mais les places de ceux qui périssent sont aussitôt remplies de nouveau, et un changement fréquent des personnes ne produit aucune modification sur la scène. » *England and America*, London, 1833 (par E. G. Wakefield).

[2] Voy. « *Public Health. Sixth Report of the Medical Officer of the Privy Council, 1863,* » publié à Londres en 1864. Ce rapport traite des travailleurs agricoles. « On a présenté le comté de Sutherland comme un comté où on a fait de grandes améliorations ; mais de nouvelles recherches ont prouvé que dans ces districts autrefois renommés pour la beauté des hommes et la bravoure des soldats, les habitants dégénérés ne forment plus qu'une race amaigrie et détériorée. Dans les endroits les plus sains, sur le penchant des collines qui regardent la mer, les visages de leurs enfants sont aussi amincis et aussi pâles que ceux que l'on peut rencontrer dans l'atmosphère corrompue d'une impasse de Londres. » (Thornton, l. c., p. 74, 75.) Ils ressemblent en réalité aux 30 000 « gallant Highlanders » que Glasgow fourre dans ses « wynds and closes » et accouple avec des voleurs et des prostituées.

[3] « Quoique la santé de la population soit un élément important du capital national, nous craignons d'être obligés d'avouer que les capitalistes ne sont pas disposés à conserver ce trésor et à l'apprécier à sa valeur. Les fabricants ont été contraints d'avoir des ménagements pour la santé du travailleur. » (*Times*, octobre 1861.) « Les hommes du *West Riding* sont devenus les fabricants de drap de l'humanité entière, la santé du peuple des travailleurs a été sacrifiée et deux générations auraient suffi pour faire dégénérer la race, s'il ne s'était pas opéré une réaction. Les heures de travail des enfants ont été limitées, etc. » (*Report of the Registrar General for October* 1861.)

il répond simplement : « Pourquoi nous tourmenter de ces tourments, puisqu'ils augmentent nos joies (nos profits)[1] ? » Il est vrai qu'à prendre les choses dans leur ensemble, cela ne dépend pas non plus de la bonne ou mauvaise volonté du capitaliste individuel. La libre concurrence impose aux capitalistes les lois immanentes de la production capitaliste comme lois coercitives externes[2].

L'établissement d'une journée de travail normale est le résultat d'une lutte de plusieurs siècles entre le capitaliste et le travailleur. Cependant l'histoire de cette lutte présente deux courants opposés. Que l'on compare, par exemple, la législation manufacturière anglaise de notre époque avec les statuts du travail en Angleterre depuis le quatorzième jusqu'au-delà de la moitié du dix-huitième siècle[3]. Tandis que la législation moderne raccourcit violemment la journée de travail, ces anciens statuts essayent violemment de la prolonger. Assurément les prétentions du capital encore à l'état d'embryon, alors qu'en train de grandir il cherche à s'assurer son droit à l'absorption d'un quantum suffisant de travail extra, non par la puissance seule des conditions économiques, mais avec l'aide des pouvoirs publics, nous paraissent tout à fait modestes, si nous les[4] comparons aux concessions que, une fois arrivé à l'âge mûr, il est contraint de faire en rechignant.

---

[1] Paroles de *Gœthe*.

[2] C'est pourquoi nous trouvons, par exemple, qu'au commencement de l'année 1863 vingt-six propriétaires de poteries importantes dans le Staffordshire, parmi lesquels MM. J. Wedgwood et fils, pétitionnaient dans un mémoire pour l'intervention autoritaire de l'État. « La concurrence avec les autres capitalistes ne nous permet pas de limiter volontairement le temps de travail des enfants, etc. » — « Si fort que nous déplorions les maux que nous venons de mentionner, il serait impossible de les empêcher au moyen de n'importe quelle espèce d'entente entre les fabricants... Tout bien considéré, nous sommes arrivés à la conviction qu'une loi coercitive est nécessaire. » *Children's Emp. Comm. Rep. 1*, 1863, p. 322. — Voici un exemple plus remarquable et de date toute récente ! L'élévation des prix du coton dans une époque d'activité industrielle fiévreuse avait engagé les propriétaires des manufactures de Blackburn à diminuer, d'une commune entente, le temps de travail dans leurs fabriques pendant une période déterminée, dont le terme arriva vers la fin de novembre 1871. Sur ces entrefaites les fabricants plus riches, à la fois manufacturiers et filateurs, mirent à profit le ralentissement de la production occasionné par cette entente, pour faire travailler à mort chez eux, étendre leurs propres affaires et réaliser de grands profits aux dépens des petits manufacturiers. Ces derniers aux abois firent appel aux ouvriers, les excitèrent à mener vivement et sérieusement l'agitation des neuf heures et promirent de contribuer à ce but de leur propre argent !

[3] Ces statuts du travail que l'on trouve aussi en France, dans les Pays-Bas, etc., ne furent abolis en Angleterre formellement qu'en 1813. Depuis longtemps les conditions de la production les avaient rendus surannés.

SPARTACUS EMBODIES THE ANCIENT BATTLE OF THE PROLETARIAT

Il faut, en effet, des siècles pour que le travailleur «libre», par suite du développement de la production capitaliste, se prête volontairement, c'est-à-dire soit contraint socialement à vendre tout son temps de vie active, sa capacité de travail elle-même, pour le prix de ses moyens de subsistance habituels, son droit d'aînesse pour un plat de lentilles. Il est donc naturel que la prolongation de la journée de travail, que le capital, depuis le milieu du quatorzième jusqu'à la fin du dix-septième siècle, cherche à imposer avec l'aide de l'État aux hommes, corresponde à peu de chose près à la limite du temps de travail que l'État décrète et impose çà et là dans la seconde moitié du dix-neuvième siècle pour empêcher la transformation du sang d'enfants en capital. Ce qui aujourd'hui, par exemple, dans le Massachusetts, tout récemment encore l'État le plus libre de l'Amérique du Nord, est proclamé la limite légale du temps de travail d'enfants au-dessous de douze ans, était en Angleterre, au milieu du dix-septième siècle, la journée de travail normale de vigoureux artisans, de robustes garçons de ferme et d'athlétiques forgerons[1].

Le premier «Statute of Labourers» (Edouard III, 1349) trouva son prétexte immédiat, — non sa cause, car la législation de ce genre dure des siècles après que le prétexte a disparu — dans la grande peste qui décima la population, à tel point que, suivant l'expression d'un écrivain Tory, «la difficulté de se procurer des ouvriers à des prix raisonnables, (c'est-à-dire à des prix qui laissassent à leurs patrons un quantum raisonnable de travail extra) devint en réalité insupportable[2]». En conséquence la loi se chargea de dicter des salaires raisonnables ainsi que de fixer la limite de la journée de travail. Ce dernier point qui nous intéresse seul ici est re-

---

[1] « Aucun enfant au-dessous de douze ans ne doit être employé dans un établissement manufacturier quelconque plus de dix heures par jour. » *General Statures of Massachusetts*, 63, ch. 12. (Les ordonnances ont été publiées de 1836 à 1858.) « Le travail exécuté pendant une période de 10 heures par jour dans les manufactures de coton, de laine, de soie, de papier, de verres et de lin, ainsi que dans les établissements métallurgiques doit être considéré comme journée de travail légale. Il est arrêté que désormais aucun mineur engagé dans une fabrique, ne doit être employé au travail plus de 10 heures par jour ou 60 heures par semaine, et que désormais aucun mineur ne doit être admis comme ouvrier au- dessous de dix ans dans n'importe quelle fabrique de cet État. » *State of New Jersey. An act to limit the hours of labour*, etc., 61 et 52 (loi du 11 mars 1855). « Aucun mineur qui a atteint l'âge de douze ans et pas encore celui de quinze, ne doit être employé dans un établissement manufacturier plus de onze heures par jour, ni avant 5 heures du matin, ni après 7 heures et demie du soir. » *Revised Statutes of Rhode Island*, etc., chap. XXXIX, § 23, (1er juillet 1857).

[2] *Sophisms of Free Trade*, 7e édit. Lond. 1850, p. 205. Le même Tory en convient d'ailleurs : « Les actes du Parlement sur le règlement des salaires faits contre les ouvriers en faveur de ceux qui les emploient, durèrent la longue période de quatre cent soixante-quatre ans. La population augmenta. Ces lois devinrent superflues et importunes. » (L. c. p. 206.)

produit dans le statut de 1496 (sous Henri VIII). La journée de travail pour tous les artisans (artificiers) et travailleurs agricoles, de mars en septembre, devait alors durer, ce qui cependant ne fut jamais mis à exécution, de 5 h. du matin à 7 h. et 8 h. du soir ; mais les heures de repas comprenaient une heure pour le déjeuner, une heure et demie pour le dîner et une demi-heure pour la collation vers quatre heures, c'est-à-dire précisément le double du temps fixé par le Factory Act aujourd'hui en vigueur[1]. En hiver le travail devait commencer à 5 h. du matin et finir au crépuscule du soir avec les mêmes interruptions. Un statut d'Elisabeth (1562) pour tous les ouvriers «loués par jour ou par semaine» laisse intacte la durée de la journée de travail, mais cherche à réduire les intervalles à deux heures et demie pour l'été et deux heures pour l'hiver. Le dîner ne doit durer qu'une heure, et «le sommeil d'une demi-heure l'après-midi» ne doit être permis que de la mi-mai à la mi-août. Pour chaque heure d'absence il est pris sur le salaire un d. (10 centimes). Dans la pratique cependant les conditions étaient plus favorables aux travailleurs que dans le livre des statuts. William Petty, le père de l'économie politique et jusqu'à un certain point l'inventeur de la statistique, dit dans un ouvrage qu'il publia dans le dernier tiers du dix-septième siècle : « Les travailleurs (labouring men, à proprement parler alors les travailleurs agricoles) travaillent dix heures par jour et prennent vingt repas par semaine, savoir trois les jours ouvrables et deux le dimanche. Il est clair d'après cela que s'ils voulaient jeûner le vendredi soir et prendre leur repas de midi en une heure et demie, tandis qu'ils y emploient maintenant deux heures, de 11 heures du matin à 1 heure, en d'autres termes s'ils travaillaient un vingtième de plus et consommaient un vingtième de moins, le dixième de l'impôt cité plus haut serait prélevable[2]. » Le docteur Andrew Ure n'avait-il pas raison de décrier le bill des 12 heures de 1833 comme un retour aux temps des ténèbres ? Les règlements contenus dans les statuts et mentionnés par Petty concernent bien aussi les apprentis ; mais on voit immédiatement par les plaintes suivantes où en était encore le travail des enfants même à la fin du dix-septième siècle :

---

[1] J. Wade fait à propos de ce statut une remarque fort juste : « Il résulte du statut de 1496 que la nourriture comptait comme l'équivalent du tiers de ce que recevait l'ouvrier, et des deux tiers de ce que recevait le travailleur agricole. Cela témoigne d'un plus haut degré d'indépendance parmi les travailleurs que celui qui règne aujourd'hui ; car la nourriture des ouvriers de n'importe quelle classe, représente maintenant une fraction bien plus élevée de leur salaire. » (J. Wade, l. c. p. 24, 25 et 577.) Pour réfuter l'opinion d'après laquelle cette différence serait due à la différence par exemple du rapport de prix entre les aliments et les vêtements, alors et aujourd'hui, il suffit de jeter le moindre coup d'œil sur le *Chronicon Pretiosum*, etc., par l'évêque Fletwood, 1re édit. London, 1707. 2e édit. London, 1745.

[2] W. Petty : *Political Anatomy of Ireland*, 1672, édit. 1691, p. 10.

« Nos jeunes garçons, ici en Angleterre, ne font absolument rien jusqu'au moment où ils deviennent apprentis, et alors ils ont naturellement besoin de beaucoup de temps (sept années) pour se former et devenir des ouvriers habiles. » Par contre l'Allemagne est glorifiée, parce que là les enfants sont dès le berceau « habitués au moins à quelque peu d'occupation[1]. »

Pendant la plus grande partie du XVIIIe siècle, jusqu'à l'époque de la grande industrie, le capital n'était pas parvenu en Angleterre, en payant la valeur hebdomadaire de la force de travail, à s'emparer du travail de l'ouvrier pour la semaine entière, à l'exception cependant de celui du travailleur agricole. De ce qu'ils pouvaient vivre toute une semaine avec le salaire de quatre jours, les ouvriers ne concluaient pas le moins du monde qu'ils devaient travailler les deux autres jours pour le capitaliste. Une partie des économistes anglais au service du capital dénonça cette obstination avec une violence extrême ; l'autre partie défendit les travailleurs. Écoutons par exemple la polémique entre Postlethwaite dont le

---

[1] *A discussion on the Necessity of Encouraging rnechanick Industry*, London, 1689, p. 13. Macaulay qui a falsifié l'histoire d'Angleterre dans l'intérêt Whig et bourgeois, se livre à la déclamation suivante : « L'usage de faire travailler les enfants prématurément, régnait au dix-septième siècle à un degré presque incroyable pour l'état de l'industrie d'alors. À Norwich, le siège principal de l'industrie cotonnière, un enfant de six ans était censé capable de travail. Divers écrivains de ce temps, dont quelques-uns passaient pour extrêmement bien intentionnés, mentionnent avec enthousiasme, « exultation » le fait que, dans cette ville seule, les garçons et les jeunes filles créaient une richesse qui dépassait chaque année de douze mille livres sterling les frais de leur propre entretien. Plus nous examinons attentivement l'histoire du passé, plus nous trouvons de motifs pour rejeter l'opinion de ceux qui prétendent que notre époque est fertile en maux nouveaux dans la société. Ce qui est vraiment nouveau, c'est l'intelligence qui découvre le mal, et l'humanité qui le soulage. » (*History of England*, v. I p. 419.) Macaulay aurait pu rapporter encore qu'au dix-septième siècle des amis du commerce « extrêmement bien intentionnés » racontent avec « exultation » comment, dans un hôpital de Hollande un enfant de quatre ans fut employé au travail, et comment cet exemple de « vertu mise en pratique » fut cité pour modèle dans tous les écrits des humanitaires à la Macaulay, jusqu'au temps d'Adam Smith. Il est juste de dire qu'à mesure que la manufacture prit la place du métier, on trouve des traces de l'exploitation des enfants. Cette exploitation a existé de tout temps dans une certaine mesure chez le paysan, d'autant plus développée, que le joug qui pèse sur lui est plus dur. La tendance du capital n'est point méconnaissable ; mais les faits restent encore aussi isolés que le phénomène des enfants à deux têtes. C'est pourquoi ils sont signalés avec « exultation » par des « amis du commerce » clairvoyants, comme quelque chose de particulièrement digne d'admiration, et recommandés à l'imitation des contemporains et de la postérité. Le même sycophante écossais, le beau diseur Macaulay ajoute : « On n'entend parler aujourd'hui que de rétrogradation, et l'on ne voit que progrès. » Quels yeux et surtout quelles oreilles !

dictionnaire de commerce jouissait alors de la même renommée qu'aujourd'hui ceux de Mac Culloch, de Mac Gregor etc., et l'auteur déjà cité de l'*Essay on Trade and Commerce*[1].

Postlethwaite dit entre autres : « Je ne puis terminer ces courtes observations sans signaler certaine locution triviale et malheureusement trop répandue. Quand l'ouvrier, disent certaines gens, peut dans cinq jours de travail obtenir de quoi vivre, il ne veut pas travailler six jours entiers. Et partant de là, ils concluent à la nécessité d'enchérir même les moyens de subsistance nécessaires par des impôts ou d'autres moyens quelconques pour contraindre l'artisan et l'ouvrier de manufacture à un travail ininterrompu de six jours par semaine. Je demande la permission d'être d'un autre avis que ces grands politiques tout prêts à rompre une lance en faveur de l'esclavage perpétuel de la population ouvrière de ce pays « *the perpetual slavery of the working people* »; ils oublient le proverbe : « *All work and no play*, etc. » (Rien que du travail et pas de jeu rend imbécile.) Les Anglais ne se montrent-ils pas tout fiers de l'originalité et de l'habileté de leurs artisans et ouvriers de manufactures qui ont procuré partout aux marchandises de la Grande- Bretagne crédit et renommée ? À quoi cela est-il dû, si ce n'est à la manière gaie et originale dont les travailleurs savent se distraire ? S'ils étaient obligés de trimer l'année entière, tous les six jours de chaque semaine, dans la répétition constante du même travail, leur esprit ingénieux ne s'émousserait-il pas ; ne deviendraient-ils pas stupides et inertes, et par un semblable esclavage perpétuel, ne perdraient-ils pas leur renommée, au lieu de la conserver ? Quel genre d'habileté artistique pourrions-nous attendre d'animaux si rudement menés ? « *hard driven animals* »... Beaucoup d'entre eux exécutent autant d'ouvrage en quatre jours qu'un Français dans cinq ou six. Mais si les Anglais sont forcés de travailler comme des bêtes de somme, il est à craindre qu'ils ne tombent (*degenerate*) encore au-dessous des Français. Si notre peuple est renommé par sa bravoure dans la guerre, ne disons-nous pas que ceci est dû d'un côté au bon roast-

---

[1] Parmi les accusateurs de la classe ouvrière, le plus enragé est l'auteur anonyme de l'écrit mentionné dans le texte : *An Essay on Trade and Commerce containing Observations on Taxation*, etc., London, 1770. Il avait déjà préludé dans un autre ouvrage : *Considerations on Taxes*, London, 1765. Sur la même ligne vient de suite le faiseur de statistiques, Polonius Arthur Young. Parmi les défenseurs on trouve au premier rang *Jacob Vanderlint*, dans son ouvrage : *Money answers all things*. London, 1734 ; *Rev. Nathaniel Forster, D. D*, dans : *An Enquiry into the Causes of the Prescrit Price of Provisions*. London, 1766 ; Dr Price, et aussi Postlethwaite dans un supplément à son « *Universal Dictionary of Trade and Commerce* », et dans : *Great Britain's Commercial Interest explained and improved*, 2e édit. London, 1775. Les faits eux-mêmes sont constatés par beaucoup d'autres auteurs contemporains, entre autres, par Rev. Josiah Tucker.

beef anglais et au pudding qu'il a dans le ventre, et de l'autre à son esprit de liberté constitutionnelle ? Et pourquoi l'ingéniosité, l'énergie et l'habileté de nos artisans et ouvriers de manufactures ne proviendraient-elles pas de la liberté avec laquelle ils s'amusent à leur façon ? J'espère qu'ils ne perdront jamais ces privilèges ni le bon genre de vie d'où découlent également leur habileté au travail et leur courage[1]. »

Voici ce que répond l'auteur de l'*Essay on Trade and Commerce* :

« Si c'est en vertu d'une ordonnance divine que le septième jour de la semaine est fêté, il en résulte évidemment que les autres jours appartiennent au travail (il veut dire au capital, ainsi qu'on va le voir plus loin), et contraindre à exécuter ce commandement de Dieu n'est point un acte que l'on puisse traiter de cruel. L'homme, en général, est porté par nature à rester oisif et à prendre ses aises ; nous en faisons la fatale expérience dans la conduite de notre plèbe manufacturière, qui ne travaille pas en moyenne plus de quatre jours par semaine, sauf le cas d'un enchérissement des moyens de subsistance... Supposons qu'un boisseau de froment représente tous les moyens de subsistance du travailleur, qu'il coûte 5 sh. et que le travailleur gagne 1 shilling tous les jours. Dans ce cas il n'a besoin de travailler que cinq jours par semaine ; quatre seulement, si le boisseau coûte 4 sh... Mais comme le salaire, dans ce royaume, est beaucoup plus élevé en comparaison du prix des subsistances, l'ouvrier de manufacture qui travaille quatre jours possède un excédent d'argent avec lequel il vit sans rien faire le reste de la semaine... J'espère avoir assez dit pour faire voir clairement qu'un travail modéré de six jours par semaine n'est point un esclavage. Nos ouvriers agricoles font cela, et d'après ce qu'il paraît, ils sont les plus heureux des travailleurs (*labouring poor*)[2]. Les Hollandais font de même dans les manufactures et paraissent être un peuple très heureux. Les Français, sauf qu'ils ont un grand nombre de jours fériés, travaillent également toute la semaine[3]... Mais notre plèbe manufacturière s'est mis dans la tête l'idée fixe qu'en qualité d'Anglais tous les individus qui la composent ont par droit de naissance le privilège d'être plus libres et plus indépendants que les ouvriers de n'importe quel autre pays de l'Europe. Cette idée peut avoir son utilité pour les soldats, dont elle stimule la bravoure, mais moins les ouvriers des manufactures en sont imbus, mieux cela vaut pour eux-mêmes et pour l'État. Des ouvriers ne devraient jamais se

---

[1] *Postlethwaite*, l. c., *First Preliminary Discourse*, p. 4.

[2] *An Essay*, etc. Il nous raconte lui-même, p. 96, en quoi consistait déjà en 1770 « le bonheur » des laboureurs anglais. « Leurs forces de travail (their working powers) sont tendues à l'extrême (on the stretch) ; ils ne peuvent pas vivre à meilleur marché qu'ils ne font (they cannot live cheaper than they do), ni travailler plus durement (nor work harder). »

[3] Le protestantisme joue déjà par la transformation qu'il opère de presque tous les jours fériés en jours ouvrables, un rôle important dans la genèse du capital.

tenir pour indépendants de leurs supérieurs. Il est extrêmement dangereux d'encourager de pareils engouements dans un État commercial
comme le nôtre, où peut-être les sept huitièmes de la population n'ont
que peu ou pas du tout de propriété[1]. La cure ne sera pas complète tant
que nos pauvres de l'industrie ne se résigneront pas à travailler six jours
pour la même somme qu'ils gagnent maintenant en quatre[2]. » Dans ce
but, ainsi que pour extirper la paresse, la licence, les rêvasseries de liberté chimérique, et de plus, pour « diminuer la taxe des pauvres, activer
l'esprit d'industrie et faire baisser le prix du travail dans les manufactures », notre fidèle champion du capital propose un excellent moyen, et
quel est-il ? C'est d'incarcérer les travailleurs qui sont à la charge de la
bienfaisance publique, en un mot les pauvres, dans une maison idéale de
travail « *an ideal Workhouse* ». Cette maison doit être une maison de terreur (*house of terror*). Dans cet idéal de Workhouse, on fera travailler
quatorze heures par jour, de telle sorte que le temps des repas soustrait,
il reste douze heures de travail pleines et entières[3].

Douze heures de travail par jour, tel est l'idéal, le nec plus ultra dans
le Workhouse modèle, dans la maison de terreur de 1770 ! Soixante-trois
ans plus tard, en 1833, quand le Parlement anglais réduisit dans quatre
industries manufacturières la journée de travail pour les enfants de
treize ans à dix-huit ans à douze heures de travail pleines, il sembla que
le glas de l'industrie anglaise sonnerait. En 1852, quand Louis Bona-
parte, pour s'assurer la bourgeoisie, voulut toucher à la journée de
travail légale, la population ouvrière française cria tout d'une voix : « La
loi qui réduit à douze heures la journée de travail est le seul bien qui
nous soit resté de la législation de la République[4]. » À Zurich, le travail
des enfants au-dessous de dix ans a été réduit à douze heures ; dans

---

[1] *An Essay*, etc., p. 15, 57, passim.

[2] L. c., p.69. Jacob Vanderlint déclarait déjà en 1734, que tout le secret des
plaintes des capitalistes à propos de la fainéantise de la population ouvrière
n'avait qu'un motif, la revendication de six jours de travail au lieu de quatre
pour le même salaire.

[3] L. c., p. 260 : « *Such ideal work house* must be made an *House of Terror* and
not an asylum for the poor, etc. In this ideal Workhouse the poor shall work
fourteen hours, in a day, allowing proper time for rneals, in such manner that
there shall rernain twelve hours of neat labour. *» Les Français, dit-il, rient de
nos idées enthousiastes de liberté. (L. c., p. 78.)*

[4] *Report of Insp. of. Fact.*, 31 oct. 1856, p. 80. La loi française des douze heures
du 5 septembre 1850, édition bourgeoise du décret du gouvernement provisoire
du 2 mars 1848, s'étend à tous les ateliers sans distinction. Avant cette loi, la
journée de travail en France n'avait pas de limites. Elle durait dans les fabriques quatorze, quinze heures et davantage. Voy. : *Des classes ouvrières en
France, pendant l'année 1848*, par M. Blanqui, l'économiste, non le révolutionnaire, qui avait été chargé par le gouvernement d'une enquête sur la situation
des travailleurs.

l'Argovie le travail des enfants entre treize et seize ans a été réduit, en 1862, de douze heures et demie à douze ; il en a été de même en Autriche, en 1860, pour les enfants entre quinze et seize ans[1]. « Quel progrès, depuis 1770 ! s'écrierait Macaulay avec « exultation ».

La « maison de terreur » pour les pauvres que l'âme du capital rêvait encore en 1770, se réalisa quelques années plus tard dans la gigantesque « maison de travail » bâtie pour les ouvriers manufacturiers, son nom était *Fabrique,* et l'idéal avait pâli devant la réalité.

VI

Lutte pour la journée de travail normale — La limitation légale du temps de travail — La législation manufacturière anglaise de 1833 à 1864

Après des siècles d'efforts quand le capital fut parvenu à prolonger la journée de travail jusqu'à sa limite normale maxima et au-delà jusqu'aux limites du jour naturel de douze heures[2], alors la naissance de la grande industrie amena dans le dernier tiers du dix-huitième siècle une perturbation violente qui emporta comme une avalanche toute barrière imposée par la nature et les mœurs, l'âge et le sexe, le jour et la nuit. Les notions mêmes de jour et de nuit, d'une simplicité rustique dans les anciens statuts, s'obscurcirent tellement qu'en l'an de grâce 1860, un juge anglais dut faire preuve d'une sagacité talmudique pour

---

[1] En ce qui regarde le règlement de la journée de travail, la Belgique maintient son rang d'État bourgeois modèle. Lord Howard de Welden, plénipotentiaire anglais à la cour de Bruxelles, écrit dans un rapport au *Foreign Office* du 12 mai 1862 : « Le ministre Rogier m'a déclaré que le travail des enfants n'était limité ni par une loi générale, ni par des règlements locaux ; que le gouvernement, pendant les trois dernières années, avait eu le dessein à chaque session, de présenter aux Chambres une loi à ce sujet, mais que toujours il avait trouvé un obstacle invincible dans l'inquiétude jalouse qu'inspire toute législation qui ne repose pas sur le principe de liberté absolue du travail. » Les soi-disant « socialistes belges », ne font que répéter, sous une forme amphigourique, ce mot d'ordre donné par leur bourgeoisie !

[2] « Il est certainement très regrettable qu'une classe quelconque de sonnes doive chaque jour s'exténuer pendant douze heures. Ajoute-t-on les repas et les aller et retour de l'atelier, c'est quatorze heures par jour sur 24... Question de santé à part, personne ne niera, je l'espère, qu'au point de vue moral, une absorption si complète du temps des classes travailleuses, sans relâche, depuis l'âge de 13 ans, et dans les branches d'industrie « libres » depuis un âge plus tendre encore ne constitue un mal extrêmement nuisible, un mal effroyable. Dans l'intérêt de la morale publique, dans le but d'élever une population solide et habile, et pour procurer à la grande masse du peuple une jouissance raisonnable de la vie, il faut exiger que dans toutes les branches d'industrie, une partie de chaque journée de travail soit réservée aux repas et au délassement. » (Leonhard Horner dans : *Insp. of Fact. Reports* 31 déc. 1841.)

pouvoir décider «en connaissance de cause» ce qu'était la nuit et ce qu'était le jour. Le capital était en pleine orgie[1].

Dès que la classe ouvrière abasourdie par le tapage de la production fut tant soit peu revenue à elle-même, sa résistance commença, et tout d'abord dans le pays même où s'implantait la grande industrie, c'est-à-dire en Angleterre, Mais pendant trente ans les concessions qu'elle arracha restèrent purement nominales. De 1802 à 1833 le Parlement émit trois lois sur le travail, mais il eut bien soin de ne pas voter un centime pour les faire exécuter[2] ; aussi restèrent-elles lettre morte. « Le fait est qu'avant la loi de 1833, les enfants et les adolescents étaient excédés de travail (were worked) toute la nuit, tout le jour, jour et nuit *ad libitum*[3]. »

C'est seulement à partir du *Factory Act* de 1833 s'appliquant aux manufactures de coton, de laine, de lin et de soie que date pour l'industrie moderne une journée de travail normale. Rien ne caractérise mieux l'esprit du capital que l'histoire de la législation manufacturière anglaise de 1833 à 1864.

La loi de 1833 déclare : « que la journée de travail ordinaire dans les fabriques doit commencer à 5 h. 1/2 du matin et finir à 8 h. 1/2 du soir. Entre ces limites qui embrassent une période de quinze heures, il est légal d'employer des adolescents (*young persons*, c'est-à-dire des personnes entre treize et dix-huit ans), dans n'importe quelle partie du jour ; mais il est sous-entendu qu'individuellement personne de cette catégorie ne doit travailler plus de douze heures dans un jour, à l'exception de certains cas spéciaux et prévus. » Le sixième article de cette loi arrête «que dans le cours de chaque journée il doit être accordé à chaque adolescent dont le temps de travail est limité, une heure et demie au moins pour les repas». L'emploi des enfants au-dessus de neuf ans, sauf une exception que nous mentionnerons plus tard, fut interdit : le travail des enfants de neuf à treize ans fut limité à huit heures par jour. Le travail de nuit, c'est-à-dire d'après cette loi, le travail entre 8 h. 1/2 du soir et 5 h. 1/2 du matin, fut interdit pour toute personne entre neuf et dix-huit ans.

---

[1] Voyez : *Judgment of M. J. H. Otwey. Belfast. Hilary Sessions*, 1860.

[2] Un fait qui caractérise on ne peut mieux le gouvernement de Louis- Philippe, le roi bourgeois, c'est que l'unique loi manufacturière promulguée sous son règne, la loi du 22 mars 1841 ne fut jamais mise en vigueur. Et cette loi n'a trait qu'au travail des enfants. Elle établit huit heures pour les enfants entre huit et douze ans, douze heures pour les enfants entre douze et seize ans, etc., avec un grand nombre d'exceptions qui accordent le travail de nuit, même pour les enfants de huit ans. Dans un pays où le moindre rat est administré policièrement, la surveillance et l'exécution de cette loi furent confiées à la bonne volonté « des amis du commerce ». C'est depuis 1853 seulement que le gouvernement paye un inspecteur dans un seul département, celui du Nord. Un autre fait qui caractérise également bien le développement de la société française, c'est que la loi de Louis-Philippe restait seule et unique jusqu'à la révolution de 1848, dans cette immense fabrique de lois qui, en France, enserre toutes choses.

[3] *Rep. of Insp. of Fact.*, 30 avril 1860, p. 51.

REVOLUTIONARY AND MARXIST
NADEJDA KROUPSKAÏA
(1869·1939)

Les législateurs étaient si éloignés de vouloir toucher à la liberté du capital dans son exploitation de la force de travail adulte, ou suivant leur manière de parler, à la liberté du travail, qu'ils créèrent un système particulier pour prévenir les conséquences effroyables qu'aurait pu avoir en ce sens le *Factory Act*.

« Le plus grand vice du système des fabriques, tel qu'il est organisé à présent, est-il dit dans le premier rapport du conseil central de la commission du 25 juin 1833, c'est qu'il crée la nécessité de mesurer la journée des enfants à la longueur de celle des adultes. Pour corriger ce vice sans diminuer le travail de ces derniers, ce qui produirait un mal plus grand que celui qu'il s'agit de prévenir, le meilleur plan à suivre semble être d'employer une double série d'enfants. » Sous le nom de système des relais (*system of relays*, ce mot désigne en anglais comme en français le changement des chevaux de poste à différentes stations), ce plan fut donc exécuté, de telle sorte par exemple que de 5 h. 1/2 du matin jusqu'à 1 h. 1/2 de l'après-midi une série d'enfants entre neuf et treize ans fut attelée au travail, et une autre série de 1 h. 1/2 de l'après-midi jusqu'à 8 h. 1/2 du soir et ainsi de suite.

Pour récompenser messieurs les fabricants d'avoir ignoré de la façon la plus insolente toutes les lois promulguées sur le travail des enfants pendant les vingt-deux dernières années, on se crut obligé de leur dorer encore la pilule. Le Parlement arrêta qu'après le 1er mars 1834 aucun enfant au-dessous de onze ans, après le 1er mars 1835 aucun enfant au-dessous de douze ans, et après le 1er mars 1836 aucun enfant au-dessous de treize ans ne devrait travailler plus de huit heures dans une fabrique. Ce « libéralisme » si plein d'égards pour le capital méritait d'autant plus de reconnaissance que le Dr Farre, Sir A. Carlisle, Sir C. Bell, M. Guthrie, etc., en un mot les premiers médecins et chirurgiens de Londres avaient déclaré dans leurs dépositions comme témoins devant la Chambre des communes que tout retard était un danger, *periculum in mora*! Le docteur Farre s'exprima d'une façon encore plus brutale : « Il faut une législation, s'écria-t-il, pour empêcher que la mort puisse être infligée prématurément sous n'importe quelle forme et celle dont nous parlons (celle à la mode dans les fabriques) doit être assurément regardée comme une des méthodes les plus cruelles de l'infliger[1]. » Le Parlement « réformé » qui, par tendresse pour messieurs les fabricants, condamnait pour de longues années encore des enfants au-dessous de treize ans, à 72 heures de travail par semaine dans l'enfer de la fabrique, ce même Parlement, dans l'acte d'émancipation où il versait aussi la liberté goutte à

---

[1] "Legislation is equally necessary for the prevention of death, in any form in which it can be prematurely inflicted, and certainly *this* must be viewed as a *most cruel* mode, of inflicting it."

goutte, défendait de prime abord aux planteurs de faire travailler aucun esclave nègre plus de 45 heures par semaine.

Mais le capital parfaitement insensible à toutes ces concessions, commença alors à s'agiter bruyamment et ouvrit une nouvelle campagne qui dura plusieurs années. De quoi s'agissait-il ? De déterminer l'âge des catégories qui sous le nom d'enfants ne devaient travailler que huit heures et étaient de plus obligées à fréquenter l'école. L'anthropologie capitaliste décréta que l'enfance ne devait durer que jusqu'à dix ans, tout au plus jusqu'à onze. Plus s'approchait le terme fixé pour l'entière mise en vigueur de l'acte de fabrique, la fatale année 1836, plus les fabricants faisaient rage. Ils parvinrent en fait à intimider le gouvernement à tel point que celui-ci proposa en 1835 d'abaisser la limite d'âge des enfants de treize à douze. Sur ces entrefaites la pression du dehors (*pressure from without*) devenait de plus en plus menaçante. La Chambre des communes sentit le cœur lui manquer. Elle refusa de jeter plus de huit heures par jour des enfants de treize ans sous la roue du Jagernaut capitaliste, et l'acte de 1833 fut appliqué. Il ne subit aucune modification jusqu'au mois de juin 1844.

Pendant les dix ans qu'il régla, d'abord en partie, puis complètement le travail des fabriques, les rapports officiels des inspecteurs fourmillent de plaintes concernant l'impossibilité de son exécution. Comme la loi de 1833 permettait aux seigneurs du capital de disposer des quinze heures comprises entre 5 h. 1/2 du matin et 8 h. 1/2 du soir, de faire commencer, interrompre ou finir le travail de douze ou de huit heures par tout enfant, et tout adolescent à n'importe quel moment, et même d'assigner aux diverses personnes des heures diverses pour les repas, ces messieurs inventèrent bientôt un « nouveau système de relais » d'après lequel les chevaux de peine au lieu d'être remplacés à des stations fixes étaient attelés toujours de nouveau à des stations nouvelles. Nous ne nous arrêterons pas à contempler la perfection de ce système, parce que nous devons y revenir plus tard. Mais on peut voir du premier coup d'œil qu'il supprimait entièrement la loi de fabrique, n'en respectant ni l'esprit ni la lettre. Comment les inspecteurs auraient-ils pu faire exécuter les articles de la loi concernant le temps de travail et les repas avec cette tenue de livres si complexe pour chaque enfant et chaque adolescent ? Dans un grand nombre de fabriques la même brutalité et le même scandale reprirent leur règne. Dans une entrevue avec le ministre de l'Intérieur (1844) les inspecteurs de fabrique démontrèrent l'impossibilité de tout contrôle avec le système de relais nouvellement mis en pratique[1]. Cependant les circonstances s'étaient grandement modifiées. Les ouvriers manufacturiers, surtout depuis 1838, avaient fait du bill des dix heures leur cri de ralliement économique, comme ils avaient fait de la Charte leur cri de

---

[1] *Rep. of Insp. of Fact,* 31 oct. 1849, p. 6.

ralliement politique. Même des fabricants qui avaient réglé leurs fabriques d'après la loi de 1833, adressèrent au Parlement mémoire sur mémoire pour dénoncer la « concurrence » immorale des « faux frères » auxquels plus d'impudence et des circonstances locales plus favorables permettaient de violer la loi. De plus, en dépit du désir que tout fabricant avait de lâcher bride à sa cupidité native, leur classe recevait comme mot d'ordre de ses directeurs politiques, de changer de manières et de langage à l'égard des ouvriers. Elle avait besoin en effet de leur appui pour triompher dans la campagne qui venait de s'ouvrir pour l'abolition de la loi sur les céréales. On promit donc non seulement de « doubler la ration de pain », mais encore d'appuyer le bill des dix heures, lequel ferait désormais partie du règne millénaire du libre-échange[1]. Dans ces circonstances il aurait été par trop imprudent de venir combattre une mesure seulement destinée à faire de la loi de 1833 une vérité. Menacés enfin dans leur intérêt le plus sacré, la rente foncière, les aristocrates furieux tonnèrent philanthropiquement contre les « abominables pratiques[2] » de leurs ennemis bourgeois.

Telle fut l'origine du *Factory Act* additionnel du 7 juin 1844, qui entra en vigueur le 10 septembre de la même année. Il place sous la protection de la loi une nouvelle catégorie de travailleurs, savoir les femmes au-dessus de dix-huit ans. Elles furent mises à tous égards sur un pied d'égalité avec les adolescents ; leur temps de travail fut limité à douze heures, le travail de nuit leur fut interdit, etc. Pour la première fois la législation se vit contrainte de contrôler directement et officiellement le travail de personnes majeures. Dans le rapport de fabrique de 1844-45 il est dit ironiquement : « Jusqu'ici nous n'avons point connaissance que des femmes parvenues à majorité se soient plaintes une seule fois de cette atteinte portée à leurs droits[3]. » Le travail des enfants au-dessous de treize ans fut réduit à six heures et demie par jour et, dans certains cas, à sept heures[4].

Pour écarter les abus du « faux système de relais », la loi établit quelques règlements de détail d'une grande importance, entre autres les suivants : « La journée de travail pour enfants et adolescents doit être comptée à partir du moment où, soit un enfant soit un adolescent, commence à travailler le matin dans la fabrique. » De sorte que si A par exemple commence son travail à 8 h. du matin et B à 10 h., la journée de travail pour B doit finir à la même heure que pour A. « Le commence-

---

[1] *Rep. of Insp. of Fact,* 31 oct. 1848, p. 98.

[2] Cette expression « nefarious practices », se trouve également dans le rapport officiel de Leonhard Horner (*Rep. of Insp. of Fact.*, 31 oct. 1859, p. 7).

[3] *Rep.* etc., *for* 30 th. sept. 1844, p. 15.

[4] L'acte permet d'employer des enfants pendant dix heures, quand au lieu de travailler tous les jours ils travaillent seulement un jour sur deux. En général, cette clause resta sans effet.

ment de la journée de travail doit être indiqué par une horloge publique, par l'horloge au chemin de fer voisin par exemple, sur lequel la cloche de la fabrique doit se régler. Il faut que le fabricant affiche dans la fabrique un avis imprimé en grosses lettres dans lequel se trouvent fixés le commencement, la fin et les pauses de la journée de travail. Les enfants qui commencent leur travail avant midi ne doivent plus être employés après 1 h. de l'après-midi. La série d'après-midi sera donc composée d'autres enfants que celle du matin. L'heure et demie pour les repas doit être octroyée à tous les travailleurs protégés par la foi aux mêmes périodes du jour, une heure au moins avant 3 h. de l'après-midi. Aucun enfant, ou adolescent ne doit être employé avant 1 h. de l'après-midi plus de cinq heures sans une pause d'une demi-heure au moins pour leur repas. Aucun enfant, adolescent, ou femme, ne doit rester pendant un repas quelconque dans l'atelier de la fabrique, tant qu'il s'y fait n'importe quelle opération, etc. »

On le voit, ces édits minutieux, qui règlent militairement et au son de la cloche la période, les limites et les pauses du travail, ne furent point le produit d'une fantaisie parlementaire. Ils naquirent des circonstances et se développèrent peu à peu comme lois naturelles du mode de production moderne. Il fallut une longue lutte sociale entre les classes avant qu'ils fussent formulés, reconnus officiellement et promulgués au nom de l'État. Une de leurs conséquences les plus immédiates fut que, dans la pratique, la journée de travail des ouvriers mâles adultes se trouva du même coup limitée, parce que dans la plupart des travaux de la grande industrie la coopération d'enfants, d'adolescents et de femmes est indispensable. La journée de travail de douze heures resta donc en vigueur généralement et uniformément pendant la période de 1844-47 dans toutes les fabriques soumises à la législation manufacturière.

Les fabricants ne permirent pas néanmoins ce « progrès », sans qu'il fût compensé par un « recul ». Sur leurs instances la Chambre des communes réduisit de neuf à huit ans l'âge minimum des exploitables, pour assurer au capital « l'approvisionnement additionnel d'enfants de fabrique », qui lui est dû de par Dieu et de par la Loi[1].

Les années 1846-47 font époque dans l'histoire économique de l'Angleterre. Abrogation de la loi des céréales, abolition des droits d'entrée sur le coton et autres matières premières, proclamation du libre-échange comme guide de la législation commerciale ! En un mot le règne millénaire commençait à poindre. D'autre part c'est dans les mêmes années que le mouvement chartiste et l'agitation des dix heures atteignirent leur point

---

[1] « Comme une réduction des heures de travail des enfants serait cause qu'un grand nombre d'entre eux serait employé, on a pensé qu'un approvisionnement additionnel d'enfants de huit à neuf ans couvrirait l'augmentation de la demande. » (L. c., p. 13.)

culminant. Ils trouvèrent des alliés dans les Tories qui ne respiraient que vengeance. Malgré la résistance fanatique de l'armée libre-échangiste parjure, en tête de laquelle marchaient Bright et Cobden, le bill des dix heures, objet de tant de luttes, fut adopté par le Parlement.

La nouvelle loi sur les fabriques du 8 juin 1847 établit qu'au 1er juillet de la même année la journée de travail serait préalablement réduite à onze heures pour « les adolescents » (de treize à dix-huit ans) et pour toutes les ouvrières, mais qu'au 1er mai 1848 aurait lieu la limitation définitive à dix heures. Pour le reste ce n'était qu'un amendement des lois de 1833 et 1844.

Le capital entreprit alors une campagne préliminaire dont le but était d'empêcher la mise en pratique de la loi au 1er mai 1848. C'étaient les travailleurs eux-mêmes qui censés instruits par l'expérience devaient, d'après le plan des maîtres, servir d'auxiliaires pour la destruction de leur propre ouvrage. Le moment était habilement choisi. « On doit se souvenir que par suite de la terrible crise de 1846-47, il régnait une profonde misère, provenant de ce qu'un grand nombre de fabriques avaient raccourci le travail et que d'autres l'avaient complètement suspendu. Beaucoup d'ouvriers se trouvaient dans la gêne et étaient endettés. Il y avait donc toute apparence qu'ils accepteraient volontiers un surcroît de travail pour réparer leurs pertes passées, payer leurs dettes, retirer leurs meubles engagés, remplacer leurs effets vendus, acheter de nouveaux vêtements pour eux-mêmes et pour leurs familles, etc.[1] » Messieurs les fabricants cherchèrent à augmenter l'effet naturel de ces circonstances en abaissant d'une manière générale le salaire de 10%. C'était pour payer la bienvenue de l'ère libre-échangiste. Une seconde baisse de 8 1/3% se fit lors de la réduction de la journée à onze heures et une troisième de 15% quand la journée descendit définitivement à dix heures. Partout où les circonstances le permirent, les salaires furent réduits d'au moins 25%[2]. Avec des chances si heureuses on commença à semer l'agitation parmi les ouvriers pour l'abrogation de la loi de 1847. Aucun des moyens que peuvent fournir le mensonge, la séduction et la menace ne fut dédaigné ; mais tout fut inutile. On réunit à grand-peine une demi-douzaine de pétitions où des ouvriers durent se plaindre « de l'oppression qu'ils subissaient en vertu de cette loi », mais les pétitionnaires eux-mêmes déclarèrent dans leurs interrogatoires qu'on les avait contraints à donner leurs signatures, « qu'en réalité ils étaient bien op-

---

[1] *Rep. of insp. of Fact.*, 31 st. oct. 1848, p. 16.

[2] « Je vis qu'on prélevait 1 sh. sur les gens qui avaient reçu 10 sh. par semaine, en raison de la baisse générale du salaire de10 pour 100, et 1 sh. 6 d. en plus, à cause de la diminution du temps de travail, soit en tout 2 sh. 6d. ; mais cela n'empêcha point le plus grand nombre de tenir ferme pour le bill des dix heures. » (L. c.)

primés, mais non point par la loi susdite[1] ». Les fabricants ne réussissant point à faire parler les ouvriers dans leur sens, se mirent eux-mêmes à crier d'autant plus haut dans la presse et dans le Parlement au nom des ouvriers. Ils dénoncèrent les inspecteurs comme une espèce de commissaires révolutionnaires qui sacrifiaient impitoyablement le malheureux travailleur à leurs fantaisies humanitaires. Cette manœuvre n'eut pas plus de succès que la première. L'inspecteur de fabrique, Leonhard Horner, en personne et accompagné de ses sous-inspecteurs, procéda dans le Lancashire à de nombreux interrogatoires. Environ 70% des ouvriers entendus se déclarèrent pour dix heures, un nombre peu considérable pour onze heures, et enfin une minorité tout à fait insignifiante pour les douze heures anciennes[2].

Une autre manœuvre à l'amiable consista à faire travailler de douze à quinze heures les ouvriers mâles adultes et à proclamer ce fait comme la véritable expression des désirs du cœur des prolétaires. Mais « l'impitoyable » Leonhard Horner revint de nouveau à la charge. La plupart de ceux qui travaillaient plus que le temps légal déclarèrent « qu'ils préféreraient de beaucoup travailler dix heures pour un moindre salaire, mais qu'ils n'avaient pas le choix ; un si grand nombre d'entre eux se trouvaient sans travail ; tant de fileurs étaient forcés de travailler comme simples rattacheurs (piecers), que s'ils se refusaient à la prolongation du temps de travail, d'autres prendraient aussitôt leur place, de sorte que la question pour eux se formulait ainsi : ou travailler plus longtemps ou rester sur le pavé[3]. »

Le ballon d'essai du capital creva et la loi de dix heures entra en vigueur le 1er mai 1848. Mais la défaite du parti chartiste dont les chefs furent emprisonnés et l'organisation détruite, venait d'ébranler la confiance de la classe ouvrière anglaise en sa force. Bientôt après, l'insurrection de Juin à Paris, noyée dans le sang, réunit sous le même drapeau, en Angleterre comme sur le continent, toutes les fractions des classes régnantes — propriétaires fonciers et capitalistes, loups de

---

[1] « En signant la pétition, je déclarai que je n'agissais pas bien. — Alors, pourquoi avez-vous signé ? — Parce qu'en cas de refus on m'aurait jeté sur le pavé. » Le pétitionnaire se sentait en réalité « opprimé » mais pas précisément par la loi sur les fabriques. » (L. c., p. 102.)

[2] P. 17, l. c. Dans le district de M. Horner, dix mille deux cent soixante- dix ouvriers adultes furent interrogés dans cent quatre-vingt-une fabriques. On trouve leurs dépositions dans l'appendice du rapport de fabrique semestriel d'octobre 1848. Ces témoignages offrent des matériaux qui ont beaucoup d'importance sous d'autres rapports.

[3] L. c. Voy. les dépositions rassemblées par Leonhard Horner lui-même, n° 69, 70, 71, 72, 92, 93, et celles recueillies par le sous-inspecteur A, n° 51, 52, 58, 59, 60, 62, 70 de l'Appendice. Un fabricant dit même la vérité toute nue. Voy. n° 14 après n° 265, l. c.

bourse et rats de boutique, protectionnistes et libre-échangistes, gouvernement et opposition, calotins et esprits forts, jeunes catins et vieilles nonnes, — et leur cri de guerre fut : sauvons la caisse, la propriété, la religion, la famille et la société. La classe ouvrière, déclarée criminelle, fut frappée d'interdiction et placée sous « la loi des suspects ». Messieurs les fabricants n'eurent plus dès lors besoin de se gêner. Ils se déclarèrent en révolte ouverte, non seulement contre la loi des dix heures, mais encore contre toute la législation qui depuis 1833 cherchait à refréner dans une certaine mesure la « libre » exploitation de la force de travail. Ce fut une rébellion esclavagiste (*Proslavery Rebellion*) en miniature, poursuivie pendant plus de deux ans avec l'effronterie la plus cynique, la persévérance la plus féroce et le terrorisme le plus implacable, à d'autant meilleur compte que le capitaliste révolté ne risquait que la peau de ses ouvriers.

Pour comprendre ce qui suit, il faut se souvenir que les lois de 1833, 1844 et 1847 sur le travail dans les fabriques, étaient toutes trois en vigueur, en tant du moins que l'une n'amendait pas l'autre ; qu'aucune ne limitait la journée de travail de l'ouvrier mâle âgé de plus de dix-huit ans, et que depuis 1833 la période de quinze heures, entre 5 h. 1/2 du matin et 8 h. 1/2 du soir, était restée le « jour » légal dans les limites duquel le travail des adolescents et des femmes, d'abord de douze heures, plus tard de dix, devait s'exécuter dans les conditions prescrites.

Les fabricants commencèrent par congédier çà et là une partie et parfois la moitié des adolescents et des ouvrières employés par eux ; puis ils rétablirent en revanche parmi les ouvriers adultes le travail de nuit presque tombé en désuétude. « La loi des dix heures, s'écrièrent-ils, ne nous laisse pas d'autre alternative[1]. »

Leur seconde agression eut pour objet les intervalles légaux prescrits pour les repas. Écoutons les inspecteurs :

« Depuis la limitation des heures de travail à dix, les fabricants soutiennent, bien que dans la pratique ils ne poussent pas leur manière de voir à ses dernières conséquences, que s'ils font travailler, par exemple, de 9 h. du matin à 7 h. du soir, ils satisfont aux prescriptions de la loi en donnant une heure et demie pour les repas de la façon suivante : une heure le matin avant 9 h. et une demi-heure le soir après 7 h. Dans certains cas ils accordent maintenant une demi-heure pour le dîner, mais ils prétendent en même temps que rien ne les oblige à accorder une partie quelconque de l'heure et demie légale dans le cours de la journée de travail de dix heures[2]. » Messieurs les fabricants soutenaient donc que les articles de la loi de 1844, qui règlent si minutieusement les heures de repas, donnaient tout simplement aux ouvriers la permission de manger

---

[1] *Reports, etc., for* 31 *st., october* 1848, p. 133. 134.
[2] *Reports, etc., for* 30 *th., october* 1848, p. 147.

et de boire avant leur entrée dans la fabrique et après leur sortie, c'est-à-dire de prendre leurs repas chez eux. Pourquoi, en effet, les ouvriers ne dîneraient-ils pas avant 9 h. du matin ? Les juristes de la couronne décidèrent pourtant que, le temps prescrit pour les repas devait être accordé pendant la journée de travail réelle, par intervalles, et qu'il était illégal de faire travailler sans interruption dix heures entières, de 9 h. du matin à 7 h. du soir[1].

Après ces aimables démonstrations, le capital préluda à sa révolte par une démarche qui était conforme à la loi de 1844 et par conséquent légale. La loi de 1844 défendait bien, passé 1 heure de l'après-midi, d'employer de nouveau les enfants de huit à treize ans qui avaient été occupés avant midi ; mais elle ne réglait en aucune manière les six heures et demie de travail des enfants qui se mettaient à l'ouvrage à midi ou plus tard. Des enfants de huit ans pouvaient donc, à partir de midi, être employés jusqu'à 1 h., puis de 2 h. à 4 h. et enfin de 5 h. à 8 h. 1/2, en tout six heures et demie, conformément à la loi ! Mieux encore. Pour faire coïncider leur travail avec celui des ouvriers adultes jusqu'à 8 h. 1/2 du soir, il suffisait aux fabricants de ne leur donner aucun ouvrage avant 2 h. de l'après-midi, et de les retenir ensuite, sans interruption dans la fabrique jusqu'à 8 h. 1/2.

« Aujourd'hui, l'on avoue expressément, que par suite de la cupidité des fabricants et de leur envie de tenir leurs machines en haleine pendant plus de dix heures, la pratique s'est glissée en Angleterre de faire travailler jusqu'à 8 h 30 du soir des enfants des deux sexes, de huit à treize ans, seuls avec les hommes, après le départ des adolescents et des femmes[2]. » Ouvriers et inspecteurs protestèrent au nom de la morale et de l'hygiène. Mais le capital pense comme Shylock : « Que le poids de mes actes retombe sur ma tête ! Je veux mon droit, l'exécution de mon bail et tout ce qu'il a stipulé. »

En réalité, d'après les chiffres produits devant la Chambre des communes le 26 juillet 1850, et malgré toutes les protestations, il y avait le 15 juillet 1850, trois mille sept cent quarante-deux enfants dans deux cent soixante-quinze fabriques soumis à cette « pratique » nouvelle[3]. Ce n'était pas encore assez ! L'œil de lynx du capital découvrit que la loi de 1844 défendait bien, il est vrai, de faire travailler plus de cinq heures avant midi sans une pause d'au moins trente minutes pour se restaurer, mais aussi qu'il ne prescrivait rien de pareil pour le travail postérieur. Il demanda donc et obtint la jouissance non seulement de faire trimer de 2 à 9 h. du soir, sans relâche, des enfants de huit ans, mais encore de les faire jeûner et de les affamer.

---

¹ *Reports, etc., for* 31 *st., october* 1848, p. 130.

² *Reports, etc.,* l. c. p. 42.

³ *Reports, etc., for* 31 *st., oct.* 1850, p. 5, 6.

1917 ГОД

« C'est la chair qu'il me faut, disait Shylock ; ainsi le porte le billet[1]. »

Cette façon de s'accrocher à la lettre de la loi, en tant qu'elle règle le travail des enfants, n'avait pour but que de préparer la révolte ouverte contre la même loi, en tant qu'elle règle le travail des adolescents et des femmes. On se souvient que l'objet principal de cette loi était l'abolition du faux système de relais. Les fabricants commencèrent leur révolte en déclarant tout simplement que les articles de la loi de 1844 qui défendent d'employer *ad libitum* les adolescents et les femmes en leur faisant suspendre et reprendre leur travail à n'importe quel moment de la journée, n'étaient qu'une bagatelle comparativement tant que le temps de travail demeurait fixé, à douze heures, mais que depuis la loi des dix heures il ne fallait plus parler de s'y soumettre[2]. Ils firent donc entendre aux inspecteurs avec le plus grand sang-froid qu'ils sauraient se placer au-dessus de la lettre de la loi et rétabliraient l'ancien système de leur propre autorité[3]. Ils agissaient ainsi, du reste, dans l'intérêt même des ouvriers mal conseillés, « pour pouvoir leur payer des salaires plus élevés ». « C'était en outre le seul et unique moyen de conserver, avec la loi des dix heures, la suprématie industrielle de la Grande Bretagne[4]. » « Possible que la pratique du système des relais rende quelque peu difficile la découverte des infractions à la loi ; mais quoi ? (What of that ?) Le grand intérêt manufacturier du pays doit-il être traité par-dessous la jambe, pour épargner un peu de peine (some little trouble) aux inspecteurs de fabrique et aux sous-inspecteurs[5] ? »

Toutes ces balivernes ne produisirent naturellement aucun effet. Les inspecteurs des fabriques procédèrent juridiquement. Mais bientôt le ministre de l'Intérieur, Sir George Grey, fut tellement bombardé de pétitions des fabricants, que dans une circulaire du 5 août 1848, il

---

[1] La nature du capital reste toujours la même, que ses formes soient à peine ébauchées ou développées complètement. Dans un code octroyé au territoire du Nouveau-Mexique, par les propriétaires d'esclaves, à la veille de la guerre civile américaine, on lit : « L'ouvrier, en tant que le capitaliste a acheté sa force de travail, est son argent (l'argent du capitaliste) « The labourer *is his* (the capitalist's) *money*. » La même manière de voir régnait chez les patriciens de Rome. L'argent qu'ils avaient avancé au débiteur plébéien, se transsubstantiait par l'intermédiaire des moyens de subsistance, dans la chair et le sang du malheureux. Cette « chair » et ce sang étaient donc « leur argent ». De là la loi des 12 tables, toute à la Shylock ! Nous passons naturellement sur l'hypothèse de Linguet, d'après laquelle les créanciers patriciens s'invitaient de temps à autre, de l'autre côté du Tibre, à des festins composés de la chair de débiteurs, cuite à point, ainsi que sur l'hypothèse de Daumer à propos de l'eucharistie chrétienne.

[2] *Reports, etc., for* 31 *st., oct.* 1848, p. 133

[3] C'est ce que fit, entre autres, le philanthrope Ashworth dans une lettre suintant le quakerisme, adressée à Leonhard Horner.

[4] L. c. p. 134.

[5] L. c. p. 140.

recommanda aux inspecteurs « de ne point intervenir pour violation de la lettre de la loi, tant qu'il ne serait pas prouvé suffisamment qu'on avait abusé du système des relais pour faire travailler des femmes et des adolescents plus de dix heures ». Aussitôt l'inspecteur de fabrique, J. Stuart, autorisa le susdit système dans toute l'Écosse, où il refleurit de plus belle. Les inspecteurs anglais, au contraire, déclarèrent que le ministre ne possédait aucun pouvoir dictatorial qui lui permît de suspendre les lois et continuèrent à poursuivre juridiquement les rebelles.

Mais à quoi bon traîner les capitalistes à la barre de la justice, puisque les *county magistrates[1]*, prononcent l'acquittement ? Dans ces tribunaux, messieurs les fabricants siégeaient comme juges de leur propre cause. Un exemple : un certain Eskrigge, filateur, de la raison sociale Kershaw, Leese et Cie, avait soumis à l'inspecteur de son district le plan d'un système de relais destiné à sa fabrique. Éconduit avec un refus, il se tint d'abord coi. Quelques mois plus tard un individu nommé Robinson, filateur de coton également, et dont le susdit Eskrigge était le parent, sinon le Vendredi, comparaissait devant le tribunal du bourg de Stockport, pour avoir mis à exécution un plan de relais ne différant en rien de celui qu'Eskrigge avait inventé. Quatre juges siégeaient, dont trois filateurs de coton, à la tête desquels l'inventif Eskrigge. Eskrigge acquitta Robinson, puis fut d'avis que ce qui était juste pour Robinson était équitable pour Eskrigge. S'appuyant donc sur son propre arrêt, il établit immédiatement le système dans sa propre fabrique[2]. La composition de ce tribunal était déjà assurément une violation flagrante de la loi[3].

« Ce genre de farces juridiques », s'écrie l'inspecteur Howell, « exige qu'on y mette bon ordre... Ou bien accommodez la loi à ces sortes de jugements, ou bien confiez-la à un tribunal moins sujet à faillir et qui sache mettre ses décisions en accord avec elle... Dans tous les cas semblables, combien ne désire-t-on pas un juge payé[4] ! »

Les juristes de la couronne déclarèrent absurde l'interprétation donnée par les fabricants à la loi de 1844, mais les sauveurs de la société ne s'émurent pas pour si peu. « Après avoir essayé en vain, rapporte Leonhard Horner, de faire exécuter la loi, au moyen de dix poursuites dans

---

[1] Ces « county magistrales », les « grands non-payés » (great unpaid), comme les nomme W. Cobbett, sont des juges de paix, pris parmi les notables des comtés et remplissant leurs fonctions gratuitement. Ils forment en réalité la juridiction patrimoniale des classes régnantes.

[2] *Reports, etc., for 30 th. april 1849*, p. 21, 22. V. des exemples semblables, *ibid.*, p. 4, 5.

[3] Par les art. 1 et 2, IV, ch. 24, p. 10, connus sous le nom de Factory Act de Sir John Hobhouse, il est défendu à n'importe quel propriétaire de filature ou de tisseranderie, et de même aux père, fils et frère d'un tel propriétaire, de fonctionner comme juges de paix dans les questions qui ressortissent du Factory Act.

[4] L. c.

sept circonscriptions judiciaires différentes, et n'avoir été soutenu qu'en un seul cas par les magistrats, je regarde toute poursuite pour entorse donnée à la loi comme désormais inutile. La partie de la loi qui a été rédigée pour créer l'uniformité dans les heures de travail, n'existe plus dans le Lancashire. D'autre part mes sous-agents et moi, nous ne possédons aucun moyen de nous assurer que les fabriques, où règne le système des relais, n'occupent pas les adolescents et les femmes au-delà de dix heures. Depuis la fin d'avril 1849, il y a déjà dans mon district 118 fabriques qui travaillent d'après cette méthode et leur nombre augmente tous les jours rapidement. En général elles travaillent maintenant 13 h. 1/2, de 6 h. du matin à 7 h. 1/2 du soir ; dans quelques cas 15 heures, de 5 h. 1/2 du matin à 8 h. 1/2 du soir[1]. » En décembre 1848, Leonhard Horner possédait déjà une liste de soixante-cinq fabricants et de vingt-neuf surveillants de fabrique qui déclaraient tous d'une voix, qu'avec le système des relais en usage, aucun système d'inspection ne pouvait empêcher le travail extra d'avoir lieu sur la plus grande échelle[2]. Les mêmes enfants et les mêmes adolescents étaient transférés (shifted) tantôt de la salle à filer dans la salle à tisser, tantôt d'une fabrique dans une autre[3]. Comment contrôler un système « qui abuse du mot relais pour mêler les « bras » comme des cartes les unes avec les autres en mille combinaisons diverses et pour varier chaque jour les heures de travail et de répit à tel point pour les différents individus, qu'un seul et même assortiment de « bras » complet ne travaille jamais à la même place et dans le même temps[4] ! »

Indépendamment de l'excès de travail qu'il créait, ce susdit système de relais était un produit de la fantaisie capitaliste, tel que Fourier n'a pu le dépasser dans ses esquisses les plus humoristiques « des courtes séances » ; mais il faut dire que le système remplaçait l'attraction du travail par l'attraction du capital. Il suffit, pour s'en assurer, de jeter un coup d'œil sur les cadres fournis par les fabricants, sur cette organisation que la presse honnête et modérée exaltait comme un modèle « de ce qu'un degré raisonnable de soin et de méthode peut accomplir » (what a reasonable degree of care and method can accomplish). Le personnel des travailleurs était divisé parfois en 12 et 14 catégories, dont les parties constitutives subissaient de nouveau des modifications continuelles. Pendant la période de 15 heures formant la journée de fabrique, le capital appelait l'ouvrier, maintenant pour 30 minutes, puis pour une heure, et le renvoyait ensuite pour le rappeler de nouveau et le renvoyer encore, le ballottant de côté et d'autre par lambeaux de temps disséminés, sans

---

[1] *Reports, etc., for* 30 *april* 1849, p. 5.

[2] *Reports, etc., for* 31 *oct.* 1849, p. 6.

[3] *Reports, etc., for* 30 *april* 1849, p. 21.

[4] *Reports, etc.*, 1er dec. 1848, p. 95.

jamais le perdre de l'œil ni de la main jusqu'à ce que le travail de dix heures fût accompli. Comme sur un théâtre les mêmes comparses avaient à paraître tour à tour dans les différentes scènes des différents actes. Mais de même qu'un acteur pendant toute la durée du drame appartient à la scène, de même les ouvriers appartenaient à la fabrique pendant quinze heures, sans compter le temps d'aller et de retour. Les heures de répit se transformaient ainsi en heures d'oisiveté forcée qui entraînaient le jeune ouvrier au cabaret et la jeune ouvrière au bordel. Chaque fois que le capitaliste inventait quelque chose de neuf — ce qui avait lieu tous les jours — pour tenir ses machines en haleine pendant douze ou quinze heures, sans augmenter son personnel, le travailleur était obligé, tantôt de perdre son temps, tantôt d'en profiter à la hâte pour avaler son repas. Lors de l'agitation des dix heures, les fabricants criaient partout que si la canaille ouvrière faisait des pétitions, c'était dans l'espoir d'obtenir un salaire de douze heures pour un travail de dix. Ils avaient maintenant retourné la médaille ; ils payaient un salaire de dix heures pour une exploitation de douze et quinze heures[1] ! Voilà comment la loi des dix heures était interprétée par les fabricants ! C'étaient cependant les mêmes hommes, les mêmes libre-échangistes confits d'onction, suant par tous les pores l'amour de l'humanité, qui pendant dix ans, tant que dura l'agitation contre la loi des céréales, ne se lassaient pas de démontrer aux ouvriers, par sous et liards, que dix heures de leur travail quotidien suffiraient amplement pour enrichir les capitalistes, si un nouvel essor était donné à l'industrie anglaise par la libre importation des grains[2].

La révolte du capital, après avoir duré deux années, fut enfin couronnée par l'arrêt d'une des quatre hautes cours d'Angleterre, *la cour de l'Échiquier*. À propos d'un cas qui lui fut présenté le 8 février 1850, cette cour décida que les fabricants agissaient, il est vrai, contre le sens de la loi de 1844, mais que cette loi elle-même contenait certains mots qui la rendaient absurde. « Par suite de cette décision la loi des dix heures fut en réalité abolie[3]. » Une foule de fabricants qui jusqu'alors n'avaient pas

---

[1] Voy. « *Reports, etc., for 30 th. april* 1849, p. 6, et l'explication détaillée du « Shifting system » donnée par les inspecteurs de fabrique Howell et Saunders dans les *Reports for 31 oct. 1848*. Voy. de même la pétition du clergé d'Ashton et des alentours, adressée à la reine (avril 1849) contre le « Shift system ».

[2] Comp. par ex. « *The Factory Question and the Ten Hours Bill. By R. H. Greg.*, 1837 ».

[3] F. Engels : *Die Englische Zehnstundenbill* (dans la *Neue Rh. Zeitung*, revue politique et économique, éditée par Karl Marx, liv. d'avril 1850, p. 13). Cette même « haute » cour découvrit aussi pendant la guerre civile américaine une ambiguïté de mots qui changeait complètement le sens de la loi dirigée contre l'armement des navires de pirates, et la transformait en sens contraire.

osé employer le système des relais pour les adolescents et les ouvrières, y allèrent désormais des deux mains à la fois[1].

Mais ce triomphe du capital en apparence définitif fut aussitôt suivi d'une réaction. Les travailleurs avaient opposé jusqu'alors une résistance passive, quoique indomptable et sans cesse renaissante. Ils se mirent maintenant à protester dans le Lancashire et le Yorkshire, par des meetings de plus en plus menaçants. « La prétendue loi des dix heures, s'écriaient-ils, n'aurait donc été qu'une mauvaise farce, une duperie parlementaire, et n'aurait jamais existé ? » Les inspecteurs de fabrique avertirent avec instances le gouvernement que l'antagonisme des classes était monté à un degré incroyable. Des fabricants eux-mêmes se mirent à murmurer. Ils se plaignirent de ce que « grâce aux décisions contradictoires des magistrats il régnait une véritable anarchie. Telle loi était en vigueur dans le Yorkshire, telle autre dans le Lancashire, telle autre dans une paroisse de ce dernier comté, telle autre enfin dans le voisinage immédiat. Si les fabricants des grandes villes pouvaient éluder la loi, il n'en était pas de même des autres qui ne trouvaient point le personnel nécessaire pour le système de relais et encore moins pour le ballottage des ouvriers d'une fabrique dans une autre, et ainsi de suite. » Or le premier droit du capital n'est-il pas *l'égalité dans l'exploitation de la force du travail ?*

Ces diverses circonstances amenèrent un compromis entre fabricants et ouvriers, lequel fut scellé parlementairement par la loi additionnelle sur les fabriques, le 5 août 1850. La journée de travail fut élevée de 10 heures à 10 heures et demie dans les cinq premiers jours de la semaine et restreinte à 7 heures et demie le samedi pour « les adolescents et les femmes ». Le travail doit avoir lieu de 6 h. du matin à 6 h. du soir[2], avec des pauses d'une heure et demie pour les repas, lesquelles doivent être accordées en même temps, conformément aux prescriptions de 1844, etc. Le système des relais fut ainsi aboli une fois pour toutes[3]. Pour ce qui est du travail des enfants, la loi de 1844 resta en vigueur.

Une autre catégorie de fabricants s'assura cette fois comme précédemment, des privilèges seigneuriaux sur les enfants des prolétaires. Ce furent les fabricants de soie. En 1833 ils avaient hurlé comminatoirement que « si on leur ôtait la liberté d'exténuer pendant dix heures par jour des enfants de tout âge, c'était arrêter leur fabrique (if the liberty of working children of any age for 10 hours a day was taken away, it would

---

[1] *Reports, etc., for* 30 *th. april* 1850.

[2] En hiver, de 7 heures du matin à 7 heures du soir, si l'on veut.

[3] « La présente loi (de 1850) a été un compromis par lequel les ouvriers employés livraient le bénéfice de la loi des dix heures en retour d'une période uniforme, pour le commencement et la fin du travail de ceux dont le travail est restreint. » (*Reports, etc., for* 30 *th. april* 1852, p. 14.)

stop their works) ; qu'il leur était impossible d'acheter un nombre suffisant d'enfants au-dessus de treize ans », et ils avaient ainsi extorqué le privilège désiré. Des recherches ultérieures démontrèrent que ce prétexte était un pur mensonge[1], ce qui ne les empêcha pas, dix années durant, de filer de la soie chaque jour pendant dix heures avec le sang d'enfants si petits qu'on était obligé de les mettre sur de hautes chaises pendant toute la durée de leur travail. La loi de 1844 les « dépouilla » bien, à vrai dire, de la « liberté » de faire travailler plus de six heures et demie des enfants au-dessous de onze ans, mais leur assura en retour le privilège d'employer pendant dix heures des enfants entre onze et treize ans, et de défendre à leurs victimes de fréquenter l'école obligatoire pour les enfants des autres fabriques. Cette fois le prétexte était que : « la délicatesse du tissu exigeait une légèreté de toucher qu'ils ne pouvaient acquérir qu'en entrant de bonne heure dans la fabrique[2]. » Pour la finesse des tissus de soie les enfants furent immolés en masse, comme les bêtes à cornes le sont dans le sud de la Russie pour leur peau et leur graisse. Le privilège accordé en 1844 fut enfin limité en 1850 aux ateliers de dévidage de soie ; mais ici, pour dédommager la cupidité de sa « liberté » ravie, le temps de travail des enfants de onze à treize ans fut élevé de dix heures à dix heures et demie. Sous quel nouveau prétexte ? « Parce que le travail est beaucoup plus facile dans les manufactures de soie que dans les autres et de beaucoup moins nuisible à la santé[3]. » Une enquête médicale officielle prouva ensuite que bien au contraire : « le chiffre moyen de mortalité, dans les districts où se fabrique la soie, est exceptionnellement élevé et dépasse même, pour la partie féminine de la population, celui des districts cotonniers du Lancashire[4]. » Malgré les

---

[1] *Reports, etc., for* 30 *th. sept.* 1844, p. 13. — 2. L. c.

[2] « The delicate texture of the fabric in which they were employed requiring a lightness of touch, only to be acquired by their early introduction to these factories. » (L. c., p. 20.)

[3] *Reports, etc., for* 31 *oct.* 1861, p.26.

[4] L. c., p. 27. En général la population ouvrière soumise à la loi des fabriques, s'est physiquement beaucoup améliorée. Néanmoins on trouve dans les rapports officiels du Dr Grennhow le tableau suivant :

TANT POUR 100 des adultes occupés dans les manufactures	CHIFFRE DE MORTALITÉ pour affection des poumons sur 100 000 hom.	NOM DU DISTRICT	CHIFFRE DE MORTALITÉ pour affection des poumons sur 100 000 fem.	TANT POUR 100 des femmes adultes occupées dans les manuf.	GENRE D'OCCUPATION
14,9	598	Wigan	644	18,0	Coton
42,6	708	Blackburn	734	34,9	—

protestations des inspecteurs renouvelées tous les six mois le même privilège dure encore[1].

La loi de 1850 ne convertit que pour «les adolescents et les femmes» la période de quinze heures, de 5 h. 1/2 du matin à 8 h. 1/2 du soir, en une période de douze heures, de 6 h. du matin à 6 h. du soir. Elle n'améliora en rien la condition des enfants qui pouvaient toujours être employés une demi-heure avant le commencement et deux heures et demie après la fin de cette période, bien que la durée totale de leur travail ne dût pas dépasser 6 heures et demie. Pendant la discussion de la loi les inspecteurs de fabrique présentaient au Parlement une statistique des abus infâmes auxquels donnait lieu cette anomalie. Mais tout fut inutile. L'intention secrète cachée au fond de ces manœuvres était, en mettant en jeu les enfants, de faire remonter à quinze heures pendant les années de prospérité, la journée de travail des ouvriers adultes. L'expérience des trois années suivantes fit voir qu'une semblable tentative échouerait contre la résistance de ces derniers[2]. La loi de 1850 fut donc complétée en 1853 par la défense « d'employer les enfants le matin avant et le soir après les adolescents et les femmes ». À partir de ce moment, la loi de 1850 régla, à peu d'exceptions près, la journée de travail de tous les ouvriers dans les branches d'industrie qui lui étaient soumises[3]. Depuis la publication du premier *Factory Act* il s'était écoulé un demi-siècle[1].

37,3	547	Halifax	564	20,4	Worsted (laine filée)
41,9	611	Bradford	606	30,0	—
31,0	691	Macclesfield	804	26,0	Soie
14,9	588	Leek	705	17,2	—
36,6	721	Stoke upon Trent	665	19,3	Poterie
30,4	726	Woolstanton	727	13,9	—
	305	Huit districts agricoles	340		

[1] On sait avec quelle répugnance les « libre-échangistes » anglais renoncèrent aux droits protecteurs des manufactures de soie. Le service que leur rendait la protection contre l'importation française, leur rend maintenant le manque de protection pour les enfants employés dans leurs fabriques.

[2] *Reports, etc., for 30 th. april* 1853, p. 31.

[3] Pendant les années de la plus haute prospérité pour l'industrie cotonnière anglaise, 1859 et 1860, quelques fabricants essayèrent, en offrant des salaires plus élevés pour le temps de travail extra, de déterminer les fileurs adultes, etc.,

La législation manufacturière sortit pour la première fois de sa sphère primitive par le *Printwork's act* de 1845 (loi concernant les fabriques de cotons imprimés). Le déplaisir avec lequel le capital accepta cette nouvelle « extravagance » perce à chaque ligne de la loi ! Elle restreint la journée de travail pour enfants et pour femmes, à seize heures comprises entre 6 h. du matin et 10 h. du soir sans aucune interruption légale pour les repas. Elle permet de faire travailler les ouvriers mâles, au-dessus de treize ans, tout le jour et toute la nuit à volonté[2]. C'est un avortement parlementaire[3].

Néanmoins, par la victoire dans les grandes branches d'industrie, qui sont la création propre du mode de production moderne, le principe avait définitivement triomphé. Leur développement merveilleux de 1853 à 1860 marchant de pair avec la renaissance physique et morale des travailleurs, frappa les yeux des moins clairvoyants. Les fabricants eux-mêmes, auxquels la limitation légale et les règlements de la journée de travail avaient été arrachés lambeaux par lambeaux par une guerre civile d'un demi-siècle, firent ressortir avec ostentation le contraste qui existait entre les branches d'exploitation encore « libres » et les établissements soumis à la loi[4]. Les pharisiens de « l'économie politique » se mirent à proclamer que la découverte nouvelle et caractéristique de leur « science » était d'avoir reconnu la nécessité d'une limitation légale de la

---

à accepter une prolongation de la journée. Ceux-ci mirent fin à toute tentative de ce genre par un mémoire adressé aux fabricants, dans lequel il est dit entre autres : « Pour dire toute la vérité, notre vie nous est à charge, et tant que nous serons enchaînés à la fabrique presque deux jours de plus (20 heures) par semaine que les autres ouvriers, nous nous sentirons comme des ilotes dans le pays, et nous nous reprocherons d'éterniser un système qui est une cause de dépérissement moral et physique pour nous et notre race... Nous vous avertissons donc respectueusement qu'à partir du premier jour de la nouvelle année, nous ne travaillerons plus une seule minute au-delà de soixante heures par semaine, de 5 h du matin à 6 h du soir, déduction faite des pauses légales d'une heure et demie. » (*Reports, etc., for 30 th. april* 1860, p. 30.)

[1] Sur les moyens que fournit la rédaction de cette loi pour sa propre violation, compulser le rapport parlementaire : « *Factory Regulations Acts* » (6 août 1859) et dans ce rapport les observations de Leonhard Horner « *Suggestions for Amending the Factory Acts to enable the Inspectors to prevent Illegal Working, now become very prevalent* ».

[2] « Des enfants de 8 ans et d'autres plus âgés ont été réellement exténués de travail dans mon district, de 6 heures du matin à 9 heures du soir pendant le dernier semestre de l'année 1857. » (*Reports, etc., for 31 oct.* 1857, p. 39)

[3] « Il est admis que le « Printwork's Act » est un avortement pour ce qui regarde soit ses règlements protecteurs, soit ses règlements sur l'éducation. » (*Reports, etc., for 31 oct.* 1862, p. 62.)

[4] Ainsi par ex. B. E. Potter dans une lettre adressée au *Times* du 24 mars 1863. Le *Times* lui rafraîchit la mémoire et lui rappelle la révolte des fabricants contre la loi des dix heures.

journée de travail[1]. On comprend facilement que lorsque les magnats de l'industrie se furent soumis à ce qu'ils ne pouvaient empêcher et se furent même réconciliés avec les résultats acquis, la force de résistance du capital faiblit graduellement, tandis que la force d'attaque de la classe ouvrière grandit avec le nombre de ses alliés dans les couches de la société qui n'avaient dans la lutte aucun intérêt immédiat. De là, comparativement, des progrès rapides depuis 1850.

Les teintureries et les blanchisseries[2] furent soumises en 1860, les fabriques de dentelles et les bonetiers en 1861, à la loi sur les fabriques de 1850. À la suite du premier rapport de la « Commission des enfants », les manufactures de toute espèce d'articles d'argile (non pas seulement les poteries) partagèrent le même sort, ainsi que les fabriques d'allumettes chimiques, de capsules, de cartouches, de tapis, et un grand nombre de procédés industriels compris sous le nom de « finishing », (dernier apprêt). En 1863, les blanchisseries en plein air[3] et les boulangeries furent

---

[1] Entre autres M. W. Newmarch, collaborateur et éditeur de « *L'Histoire des Prix* » de Tooke. Est-ce donc un progrès scientifique que de faire de lâches concessions à l'opinion publique ?

[2] La loi concernant les blanchisseries et les teintureries publiée en 1860, arrête que la journée de travail sera réduite provisoirement à douze heures le 1er août 1861, et à dix heures définitivement le 1er août 1862, C'est-à-dire dix heures et demie pour les jours ordinaires, et sept heures et demie pour les samedis. Or, lorsque arriva la fatale année 1862, la même vieille farce se renouvela. Messieurs les fabricants adressèrent au Parlement pétitions sur pétitions, pour obtenir qu'il leur fût permis, encore une petite année, pas davantage, de faire travailler douze heures les adolescents et les femmes... Dans la situation actuelle, disaient-ils (pendant la crise cotonnière), ce serait un grand avantage pour les ouvriers, si on leur permettait de travailler douze heures par jour et d'obtenir ainsi le plus fort salaire possible... La Chambre des communes était déjà sur le point d'adopter un bill dans ce sens ; mais l'agitation ouvrière dans les blanchisseries de l'Écosse l'arrêta. (*Reports, etc., for 31 oct.* 1862, p. 14, 15.) Battu par les ouvriers au nom desquels il prétendait parler, le capital empruntant les besicles des juristes découvrit que la foi de 1860, comme toutes les lois du Parlement « pour la protection du travail » était rédigée en termes équivoques qui lui donnaient un prétexte d'exclure de la protection de la loi les « calendreurs et les finisseurs » (finishers). La juridiction anglaise, toujours au service du capital, sanctionna la chicanerie par un arrêt de la cour des plaids communs (common pleas). « Cet arrêt souleva un grand mécontentement parmi les ouvriers, et il est très regrettable que les intentions manifestes de la législation soient éludées sous prétexte d'une définition de mots défectueuse. » (L. c. p. 18.)

[3] Les « blanchisseurs en plein air » s'étaient dérobés à la loi de 1860 sur les blanchisseries, en déclarant faussement qu'ils ne faisaient point travailler de femmes la nuit. Leur mensonge fut découvert par les inspecteurs de fabrique, et en même temps, à la lecture des pétitions ouvrières, le Parlement vit s'évanouir toutes les sensations de fraîcheur qu'il éprouvait à l'idée d'une « blanchisserie en plein air ». Dans cette blanchisserie aérienne on emploic des chambres à sécher de 90 à 100 degrés Fahrenheit dans lesquelles travaillent principalement

soumises également à deux lois particulières, dont la première défend le travail de nuit (de 8 h. du soir à 6 h. du matin) pour enfants, femmes et adolescents, et la seconde l'emploi de garçons boulangers au-dessous de dix-huit ans, entre 9 h. du soir et 5 h. du matin. Nous reviendrons plus tard sur les propositions ultérieures de la même commission, qui, à l'exception de l'agriculture, des mines et des transports, menacent de priver de leur « liberté » toutes les branches importantes de l'industrie anglaise[1].

---

des jeunes filles. « Cooling » (rafraîchissement), tel est le terme technique qu'elles emploient pour leur sortie de temps à autre du séchoir. » Quinze jeunes filles dans les séchoirs, chaleur de 80 à 90° pour la toile, de 100° et plus pour la batiste (cambrics). Douze jeunes filles repassent dans une petite chambre de dix pieds carrés environ, chauffée par un poêle complètement fermé. Elles se tiennent tout autour de ce poêle qui rayonne une chaleur énorme, et sèche rapidement la batiste pour les repasseuses. Le nombre des heures de travail de « ces bras » est illimité. Quand il y a de l'ouvrage, elles travaillent jusqu'à 9 heures du soir ou jusqu'à minuit plusieurs jours de suite. (*Reports, etc., for 31 oct.* 1862, p.56.) Un médecin fait cette déclaration : « Il n'y a point d'heures fixes pour le rafraîchissement, mais quand la température est insoutenable, ou que la sueur commence à salir les mains des ouvrières, on leur permet de sortir deux minutes... Mon expérience dans le traitement des maladies de ces ouvrières me force à constater que leur état de santé est fort au-dessous de celui des ouvrières en coton (et le capital, dans sa pétition au Parlement, les avait dépeintes comme plus roses et plus joufflues que les Flamandes de Rubens). Leurs maladies principales sont : la phtisie, la bronchite, les affections de l'utérus, l'hystérie sous sa forme la plus horrible et le rhumatisme. Elles proviennent toutes, selon moi, de l'atmosphère surchauffée de leurs chambres de travail et du manque de vêtements convenables qui puissent les protéger, quand elles sortent dans les mois d'hiver, contre l'air froid et humide. » (L. c., p. 56, 57.) Les inspecteurs de fabrique remarquent à propos de la loi arrachées ensuite en 1863, à ces joviaux blanchisseurs en plein air : « Cette loi non seulement n'accorde pas aux ouvriers la protection qu'elle semble accorder, mais elle est formulée de telle sorte, que sa protection n'est exigible que lorsqu'on surprend en flagrant délit de travail, après 8 heures du soir, des femmes et des enfants ; et même dans ce cas la méthode prescrite pour faire la preuve a des clauses telles, qu'il est à peine possible de sévir. » (L. c., p. 52.) « Comme loi se proposant un but humain et éducateur, elle est complètement manquée. Car enfin, on ne dira pas qu'il est humain d'autoriser des femmes et des enfants, ou, ce qui revient au même, de les forcer à travailler quatorze heures par jour et peut-être encore plus longtemps, avec ou sans repos, comme cela se rencontre, sans considération d'âge, de sexe, et sans égard pour les habitudes sociales des familles voisines des blanchisseries. » (*Reports, etc., for 30 th. april* 1863, p. 40.)

[1] Depuis 1866, époque à laquelle j'écrivais ceci, il s'est opéré une nouvelle réaction. Les capitalistes, dans les branches d'industrie menacées d'être soumises à la législation des fabriques, ont employé toute leur influence parlementaire pour soutenir leur « droit de citoyen » à l'exploitation illimitée de la force de travail. Ils ont trouvé naturellement dans le ministère libéral Gladstone des serviteurs de bonne volonté.

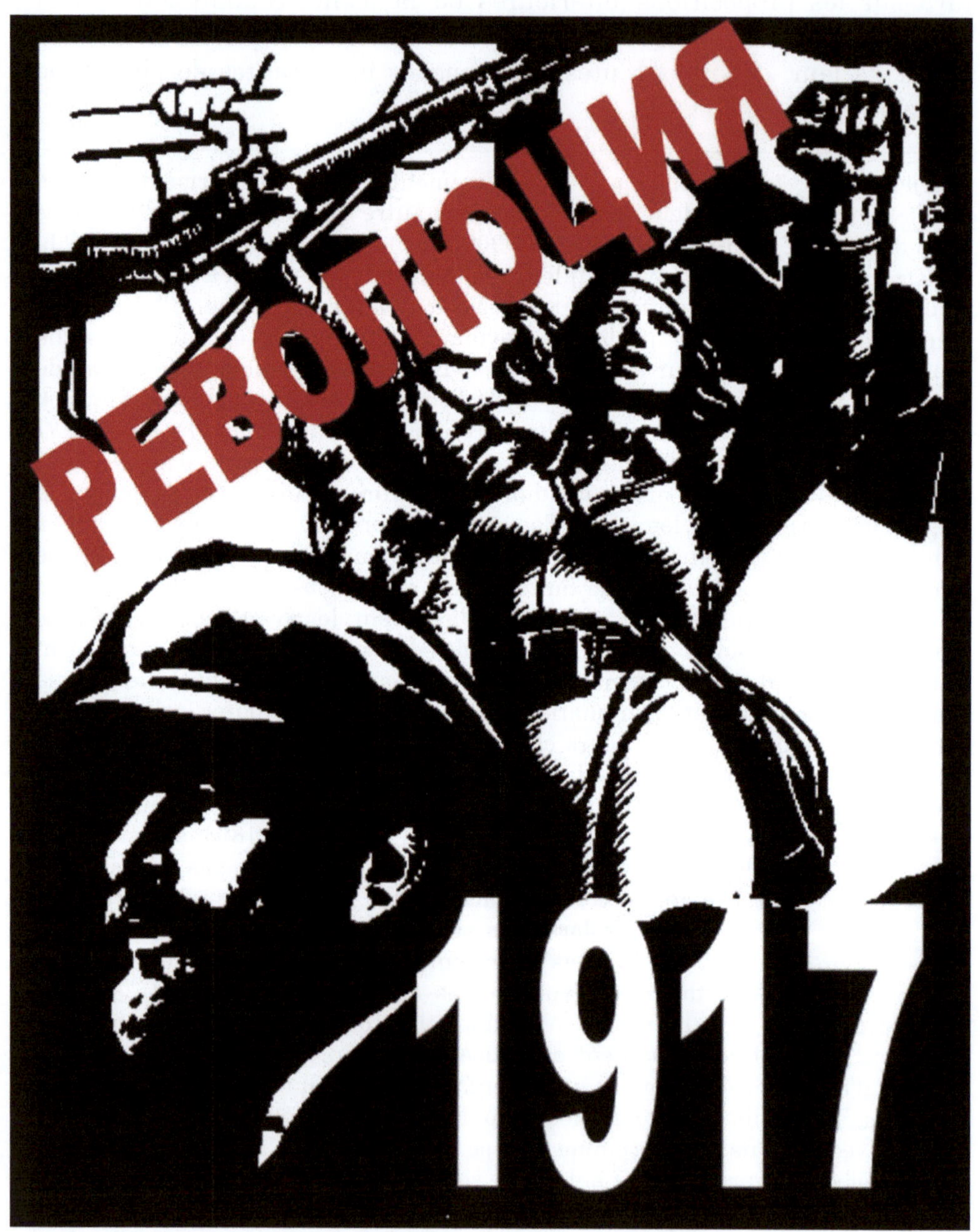
РЕВОЛЮЦИЯ
1917

VII

La lutte pour la journée de travail normale.
Contrecoup de la législation anglaise sur les autres pays

Le lecteur se souvient que l'objet spécial, le but réel de la production capitaliste, c'est la production d'une plus-value ou l'extorsion de travail extra, abstraction faite de tout changement dans le mode de production, provenant de la subordination du travail au capital. Il se souvient qu'au point de vue développé jusqu'ici, il n'y a que le travailleur indépendant, légalement émancipé, qui, en qualité de possesseur de marchandise, puisse passer contrat avec le capitaliste. Si dans notre esquisse historique nous avons donné un rôle important d'une part à l'industrie moderne, d'autre part au travail d'enfants et de personnes mineures physiquement et juridiquement, cette industrie n'était cependant pour nous qu'une sphère particulière, et ce travail qu'un exemple particulier de l'exploitation du travail. Cependant, sans empiéter sur les développements qui viendront plus tard, voici ce qui résulte du simple exposé des faits :

Premièrement, le penchant du capital à prolonger la journée de travail sans trêve ni merci, trouve d'abord à se satisfaire dans les industries révolutionnées par l'eau, la vapeur et la mécanique, dans les premières créations du mode de production moderne, telles que les filatures de coton, de laine, de lin et de soie. Les changements du mode matériel de production et les changements correspondants dans les rapports sociaux de production[1] sont la première cause de cette transgression démesurée qui réclame ensuite, pour lui faire équilibre, l'intervention sociale, laquelle, à son tour, limite et règle uniformément la journée de travail avec ses temps de repos légaux. Cette intervention ne se présente donc, pendant la première moitié du dix-neuvième siècle, que comme législation exceptionnelle[2]. À peine avait-elle conquis ce terrain primitif du mode de production nouveau, il se trouva, sur ces entrefaites, que non seulement beaucoup d'autres branches de production étaient entrées dans le régime de fabrique proprement dit, mais encore que des manufactures avec un genre d'exploitation plus ou moins suranné, telles que les verreries, les poteries, etc., des métiers de vieille roche, tels que la boulangerie, et enfin même les travaux à l'établi disséminés çà et là, tels

---

[1] « La conduite de chacune de ces classes (capitalistes et ouvriers) a été le résultat de la situation relative dans laquelle elles ont été placées. » (*Reports*, etc., for 31 st. Oct. 1848, p. 112.)

[2] « Deux conditions sont requises pour qu'une industrie soit sujette à être inspectée et que le travail puisse y être restreint ; il faut qu'on y fasse usage de la force d'eau ou de vapeur et qu'on y fabrique certains tissus spéciaux. » (*Reports*, etc., *for 31 october* 1864, p.8.)

que celui du cloutier[1], étaient tombés dans le domaine de l'exploitation capitaliste, tout aussi bien que la fabrique elle-même. La législation fut donc forcée d'effacer peu à peu son caractère exceptionnel, ou de procéder, comme en Angleterre, suivant la casuistique romaine, déclarant, d'après sa convenance, que n'importe quelle maison où l'on travaille est une fabrique (factory[2]).

Secondement : l'histoire de la réglementation de la journée de travail dans quelques branches de la production, et, dans les autres branches, la lutte qui dure encore au sujet de cette réglementation, démontrent jusqu'à l'évidence que le travailleur isolé, le travailleur, en tant que vendeur « libre » de sa force de travail, succombe sans résistance possible, dès que la production capitaliste a atteint un certain degré. La création d'une journée de travail normale est par conséquent le résultat d'une guerre civile longue, opiniâtre et plus ou moins dissimulée entre la classe capitaliste et la classe ouvrière. La lutte ayant commencé dans le domaine de l'industrie moderne, elle devait par conséquent être déclarée d'abord dans la patrie même de cette industrie, l'Angleterre[3]. Les ouvriers manufacturiers anglais furent les premiers champions de la classe ouvrière moderne et leurs théoriciens furent les premiers qui attaquèrent la théorie du capital[4]. Aussi le philosophe manufacturier, le docteur

---

[1] On trouve sur la situation de ce genre d'industrie de très nombreux renseignements dans les derniers rapports de la « *Children's employment commission.* »

[2] « Les lois de la dernière session (1864) embrassent une foule d'industries dont les procédés sont très différents, et l'usage de la vapeur pour mettre en mouvement les machines n'est plus comme précédemment un des éléments nécessaires pour constituer ce que légalement on nomme une fabrique. » (*Reports*, etc., for 31 oct. 1864, p.8.)

[3] La Belgique, ce paradis du libéralisme continental, ne laisse voir aucune trace de ce mouvement. Même dans ses houillères et ses mines de métal, des travailleurs des deux sexes et de tout âge sont consommés avec une « liberté » complète, sans aucune limite de temps. Sur 1000 personnes employées il y a 733 hommes, 88 femmes, 135 garçons et 44 jeunes filles au-dessous de 16 ans. Dans les hauts fourneaux sur 1000 également, il y a 688 hommes, 149 femmes, 98 garçons et 85 jeunes filles au-dessous de 16 ans. Ajoutons à cela que le salaire est peu élevé en comparaison de l'exploitation énorme des forces de travail parvenues ou non à maturité ; il est par jour en moyenne de 2 sh. 8 d. pour hommes, un 1 sh. 8 d. pour femmes et 2 ½ d. pour les garçons. Aussi la Belgique a-t-elle en 1863, comparativement avec 1850, à peu près doublé la quantité et la valeur de son exportation de charbon, de fer, etc.

[4] Quand Robert Owen, immédiatement après les dix premières années de ce siècle, soutint théoriquement non seulement la nécessité d'une limitation de la journée de travail, mais encore établit réellement la journée de dix-heures dans sa fabrique de New-Lamark, on se moqua de cette innovation comme d'une utopie communiste. On persifla son « union du travail productif avec l'éducation des enfants », et les coopérations ouvrières qu'il appela le premier à la vie. Aujourd'hui la première de ces utopies est une loi de l'Etat, la seconde figure

Ure, déclare-t-il que c'est pour la classe ouvrière anglaise une honte ineffaçable d'avoir inscrit sur ses drapeaux «l'esclavage des lois de fabrique», tandis que le capital combattait virilement pour «la liberté pleine et entière du travail[1].»

La France marche à pas lents sur les traces de l'Angleterre. Il lui faut la révolution de Février (1848) pour enfanter la loi des douze heures[2], bien plus défectueuse que son original anglais. Toutefois la méthode révolutionnaire française a aussi ses avantages particuliers. Elle dicte du même coup à tous les ateliers et à toutes les fabriques, sans distinction, une même limite de la journée de travail, tandis que la législation anglaise, cédant malgré elle à la pression des circonstances, tantôt sur un point, tantôt sur un autre, prend toujours le meilleur chemin pour faire éclore toute une nichée de difficultés juridiques[3]. D'autre part, la loi française proclame, au nom des principes, ce qui n'est conquis en Angleterre qu'au nom des enfants, des mineurs et des femmes, et n'a été réclamé que depuis peu de temps à titre de droit universel[4].

---

comme phrase officielle dans tous les *Factory Acts*, et la troisième va jusqu'à servir de manteau pour couvrir des manœuvres réactionnaires.

[1] *Ure*, trad. franc., *Philosophie des manufactures*. Paris, 1836, t. II, p. 39, 40, 67, etc.

[2] Dans le compte rendu du congrès international de statistique tenu à Paris en 1855, il est dit entre autres que la loi française, qui restreint à 12 heures la durée du travail quotidien dans les fabriques et les ateliers, n'établit pas d'heures fixes entre lesquelles ce travail doit s'accomplir. Ce n'est que pour le travail des enfants que la période entre 5 heures du matin et 9 heures du soir est prescrite. Aussi des fabricants usent-ils du droit que leur accorde ce fatal silence pour faire travailler sans interruption tous les jours, excepté peut-être le dimanche. Ils emploient pour cela deux séries différentes de travailleurs, dont aucune ne passe plus de douze heures à l'atelier; mais l'ouvrage, dans l'établissement, dure jour et nuit. « La loi est satisfaite, mais l'humanité l'est-elle également? » Outre l'influence destructrive du travail de nuit sur l'organisme humain, on y fait ressortir encore la fatale influence de la confusion pendant la nuit des deux sexes dans les mêmes ateliers très mal éclairés.

[3] « Dans mon district, par exemple, un même fabricant est, dans les mêmes établissements, blanchisseur et teinturier, et comme tel soumis à l'acte qui règle les blanchisseries et les teintureries de plus imprimeur, et comme tel soumis au « Printwork's Act »; enfin finisseur (finisher), et comme tel soumis au « Factory Act... » (Reports of M. Redgrave, dans Reports, etc., for 31 oct. 1861, p.20.) Après avoir énuméré les divers articles de ces lois et fait ressortir la complication qui en résulte, M. Redgrave ajoute : « On voit combien il doit être difficile d'assurer l'exécution de ces trois règlements parlementaires, s'il plait au fabricant d'éluder la loi. » Mais ce qui est assuré par là à MM. les juristes, ce sont les procès.

[4] Enfin les inspecteurs de fabrique se sentent le courage de dire : « Ces objections (du capital contre la limitation légale du temps de travail) doivent succomber devant le grand principe des droits du travail... Il y a un temps où le droit du patron sur le travail de son ouvrier cesse, et où celui-ci reprend possession de lui-même. » (*Reports*, etc., for 31 oct. 1862, p.54.)

Dans les États-Unis du nord de l'Amérique, toute velléité d'indépendance de la part des ouvriers est restée paralysée aussi longtemps que l'esclavage souillait une partie du sol de la République. Le travail sous peau blanche ne peut s'émanciper là où le travail sous peau noire est stigmatisé et flétri. Mais la mort de l'esclavage fit éclore immédiatement une vie nouvelle. Le premier fruit de la guerre fut l'agitation des huit heures, qui courut, avec les bottes de sept lieues de la locomotive, de l'océan Atlantique à l'océan Pacifique, depuis la Nouvelle-Angleterre jusqu'en Californie. Le congrès général des ouvriers à Baltimore (16 août 1866) fit la déclaration suivante : « Le premier et le plus grand besoin du présent, pour délivrer le travail de ce pays de l'esclavage capitaliste, est la promulgation d'une loi d'après laquelle la journée de travail doit se composer de huit heures dans tous les États de l'Union américaine. Nous sommes décidés à mettre en œuvre toutes nos forces jusqu'à ce que ce glorieux résultat soit atteint[1]. » En même temps (au commencement de septembre 1866) le congrès de l'Association Internationale des Travailleurs, à Genève, sur la proposition du Conseil général de Londres, prenait une décision semblable : « Nous déclarons que la limitation de la journée de travail est la condition préalable sans laquelle tous les efforts en vue de l'émancipation doivent échouer. Nous proposons 8 heures pour limite légale de la journée de travail. »

C'est ainsi que le mouvement de la classe ouvrière, né spontanément des deux côtés de l'Atlantique, des rapports mêmes de la production, sanctionne les paroles de l'inspecteur de fabrique anglais R. J. Saunders : « Il est impossible de faire un pas vers la réforme de la société, avec quelque espoir de réussite, si la journée de travail n'est pas d'abord limitée, et si la limitation prescrite n'est pas strictement et obligatoirement observée[2]. »

Notre travailleur, il faut l'avouer, sort de la serre chaude de la production autrement qu'il n'y est entré. Il s'était présenté sur le marché comme possesseur de la marchandise « force de travail », vis-à-vis de possesseurs d'autres marchandises, marchand en face de marchand. Le contrat par lequel il vendait sa force de travail semblait résulter d'un

---

[1] « Nous, les travailleurs de Dunkirk, déclarons que la longueur du temps de travail requise sous le système actuel est trop grande, et que, loin de laisser à l'ouvrier du temps pour se reposer et s'instruire, elle le plonge dans un état de servitude qui ne vaut guère mieux que l'esclavage (a condition of servitude but little better than slavery). C'est pourquoi nous décidons que huit heures suffisent pour une journée de travail et doivent être reconnues légalement comme suffisantes ; que nous appelons à notre secours la presse, ce puissant levier… et que nous considérons tous ceux qui nous refuseront cet appui comme ennemis de la réforme du travail et des droits du travailleur. » (*Décisions des travailleurs de Dunkirk*, État de New York, 1866).

[2] *Reports, etc., for 31 oct. 1848*, p. 112.

accord entre deux volontés libres, celle du vendeur et celle de l'acheteur. L'affaire une fois conclue, il se découvre qu'il n'était point « un agent libre » ; que le temps pour lequel il lui est permis de vendre sa force de travail est le temps pour lequel il est forcé de la vendre[1], et qu'en réalité le vampire qui le suce ne le lâche point tant qu'il lui reste un muscle, un nerf, une goutte de sang à exploiter[2]. Pour se défendre contre « le serpent de leurs tourments[3], » il faut que les ouvriers ne fassent plus qu'une tête et qu'un cœur ; que par un grand effort collectif, par une pression de classe, ils dressent une barrière infranchissable, un obstacle social qui leur interdise de se vendre au capital par « contrat libre », eux et leur progéniture, jusqu'à l'esclavage et la mort[4].

Le pompeux catalogue des « droits de l'homme » est ainsi remplacé par une modeste « grande charte » qui détermine légalement la journée de travail et « indique enfin clairement quand finit le temps que vend le travailleur, et quand commence le temps qui lui appartient[5]. » *Quantum mutatus ab illo !*

---

[1] « Ces procédés (les manœuvres du capital, par exemple, de 1848 à 1850) ont fourni des preuves incontestables de la fausseté de l'assertion si souvent mise en avant, d'après laquelle les ouvriers n'ont pas besoin de protection, mais peuvent être considérés comme des agents libres dans la disposition de la seule propriété qu'ils possèdent, le travail de leurs mains et la sueur de leurs fronts. » (*Reports, etc., for 30 th. april* 1851, p. 45.) (Le travail libre, si on peut l'appeler ainsi, même dans un pays libre, requiert le bras puissant de la loi pour le protéger. » (*Reports, etc., for 31 oct.* 1864, p. 34.) « Permettre, est la même chose que forcer… de travailler quatorze heures par jour, avec ou sans repos. » (*Reports, etc., for 30 th. april* 1863, p. 40.)

[2] *Friedrich Engels*, l. c. p. 5.

[3] Paroles de Henri Heine.

[4] « Dans les branches d'industrie qui lui sont soumises, le bill des dix heures a sauvé les ouvriers d'une dégénérescence complète et a protégé tout ce qui regarde leur condition physique. » (*Reports*, etc., for 31 oct. 1849, p. 47-52). « Le capital (dans les fabriques) ne peut jamais entretenir les machines en mouvement au-delà d'une période de temps déterminée sans porter atteinte à la santé et à la moralité des ouvriers, et ceux-ci ne sont point en position de se protéger eux-mêmes. » (L c., p. 8.)

[5] « Un bienfait encore plus grand, c'est la distinction enfin clairement établie entre le temps propre de l'ouvrier et celui de son maître. L'ouvrier sait maintenant quand le temps qu'il a vendu finit, et quand commence celui qui lui appartient ; et cette connaissance le met à même de disposer d'avance de ses propres minutes suivant ses vues et projets. » (L. c. p. 52.) « En constituant les ouvriers maîtres de leur propre temps, la législation manufacturière leur a donné une énergie morale qui les conduira un jour à la possession du pouvoir politique. » (L. c. p. 47). Avec une ironie contenue et en termes très circonspects, les inspecteurs de fabrique donnent à entendre que la loi actuelle des dix heures n'a pas été sans avantages pour le capitaliste. Elle l'a délivré, jusqu'à un certain point, de cette brutalité naturelle qui lui venait de ce qu'il n'était qu'une simple personnification du capital et lui a octroyé quelque loisir pour sa propre éduca-

CHAPITRE XI

TAUX ET MASSE DE LA PLUS-VALUE

Dans ce chapitre, comme dans les précédents, la valeur journalière de la force de travail, et par conséquent la partie de la journée où l'ouvrier ne fait que reproduire ou maintenir cette force, sont censées être des grandeurs constantes.

Posons que la valeur journalière d'une force de travail moyenne soit de 3 sh. ou 1 écu, et qu'il faut six heures par jour pour la reproduire. Pour acheter une telle force, le capitaliste doit donc avancer un écu. Combien de plus-value lui rapportera cet écu ? Cela dépend du *taux de la plus- value*. S'il est de 50%, la plus-value sera un demi-écu, représentant trois heures de surtravail ; s'il est de 100%, elle montera à un écu représentant six heures de surtravail. Le *taux de la plus-value* détermine donc la *somme de plus- value* produite par un ouvrier individuel, la valeur de sa force étant donnée.

Le capital variable est l'expression monétaire de la valeur de toutes les forces de travail que le capitaliste emploie à la fois. Sa valeur égale la valeur moyenne d'une force de travail multipliée par le nombre de ces forces individuelles ; la grandeur du capital variable est donc proportionnelle au nombre des ouvriers employés. Il se monte à 100 écus par jour, si le capitaliste exploite quotidiennement 100 forces, à n écus, s'il exploite n forces.

De même, si un écu, le prix d'une force de travail, produit une plus-value quotidienne d'un écu, un capital variable de 100 écus, produira une plus-value de 100 écus, un capital de n écus une plus-value de 1 écu x n. La somme de plus-value produite par un capital variable est donc déterminée, par le nombre des ouvriers qu'il paye, multipliée par la somme de plus-value que rapporte par jour l'ouvrier individuel ; et cette somme, étant connue la valeur de la force individuelle, dépend du taux de la plus-value, en d'autres termes, du rapport du surtravail de l'ouvrier à son travail nécessaire[1]. Nous obtenons donc cette loi : la somme de la plus-value produite par un capital variable, est égale à la valeur de ce capital avancé, multipliée par le taux de la plus-value, ou bien, elle est égale à la valeur d'une force de travail, multipliée par le degré de son exploitation, multipliée par le nombre des forces, employées conjointement.

---

tion. Auparavant « le maître n'avait de temps que pour l'argent ; le serviteur que pour le travail ». (L. c. p. 48.)

[1] Dans le texte, il est toujours supposé, non seulement que la valeur d'une force de travail moyenne est constante, mais encore que tous les ouvriers employés par un capitaliste ne sont que des forces moyennes. Il y a des cas exceptionnels où la plus-value produite n'augmente pas proportionnellement au nombre des ouvriers exploités, mais alors la valeur de la force de travail ne reste pas constante.

Ainsi, si nous nommons la somme de plus-value P, la plus-value quotidiennement produite par l'ouvrier individuel p, le capital variable avancé pour le payement d'un ouvrier v, la valeur totale du capital variable V, la valeur d'une force moyenne de travail f, son degré d'exploitation $\dfrac{t' \ (\textit{surtravail})}{t \ (\textit{travail nécessaire})}$ et le nombre des ouvriers employés n, nous aurons :

$$P = \begin{cases} \dfrac{p}{v} * V \\[2ex] f * \dfrac{t'}{t} * n \end{cases}$$

Or, un produit ne change pas de grandeur numérique, quand celle de ses facteurs change simultanément et en raison inverse.

Dans la production d'une masse déterminée de plus-value, le décroissement de l'un de ses facteurs peut donc être compensé par l'accroissement de l'autre.

Ainsi, une diminution du taux de la plus-value n'en affecte pas la masse produite, si le capital variable ou le nombre des ouvriers employés croissent proportionnellement.

Un capital variable de 100 écus, qui exploite 100 ouvriers au taux de 100%, produit 100 écus de plus-value. Diminuez de moitié le taux de la plus-value, et sa somme reste la même, si vous doublez en même temps le capital variable.

Par contre : la somme de plus-value reste la même quand le capital variable diminue, tandis que le taux de la plus-value augmente en proportion inverse. Supposez que le capitaliste paie quotidiennement 100 écus à 100 ouvriers, dont le temps de travail nécessaire s'élève à six heures et le surtravail à trois heures. Le capital avancé de 100 écus se fait valoir au taux de 50%, et produit une plus-value de 50 écus ou de 100 x 3 heures de travail = 300 heures. Si le capitaliste réduit maintenant ses avances de moitié, de 100 à 50 écus, ou n'embauche plus que 50 ouvriers ; s'il réussit en même temps à doubler le taux de la plus-value, ou, ce qui revient au même, à prolonger le surtravail de trois à six heures, il gagnera toujours la même somme, car 50 écus x (100/100) = 100 écus x (50/100) = 50 écus. Calculant par heures de travail, on obtient : 50 forces de travail x 6 heures = 100 forces de travail x 3 heures = 300 heures.

Une diminution du capital variable peut donc être compensée par une élévation proportionnelle du taux de la plus-value ou bien une diminution des ouvriers employés, par une prolongation proportionnelle de leur journée de travail. Jusqu'à un certain point, la quantité de travail exploitable par le capital devient ainsi indépendante du nombre des ouvriers[1].

Cependant, cette sorte de compensation rencontre une limite infranchissable. Le jour naturel de v24 heures est toujours plus grand que la journée moyenne de travail ; celle-ci ne peut donc jamais rendre une valeur quotidienne de 4 écus, si l'ouvrier moyen produit la valeur de 1/6 d'écu par heure ; car il lui faudrait vingt-quatre heures pour produire une valeur de 4 écus. Quant à la plus-value, sa limite est encore plus étroite. Si la partie de la journée nécessaire pour remplacer le salaire quotidien s'élève à six heures, il ne reste du jour naturel que dix-huit heures, dont les lois biologiques réclament une partie pour le repos de la force ; posons six heures comme limite *minima* de ce repos, en prolongeant la journée de travail à la limite maxima de dix-huit heures, le surtravail ne sera que de douze heures, et ne produira par conséquent qu'une valeur de 2 écus.

Un capital variable de 500 écus, qui emploie cinq cents ouvriers à un taux de plus-value de 100%, ou avec un travail de douze heures, dont six appartiennent au surtravail, produit chaque jour une plus-value de 500 écus ou 6 x 500 heures de travail. Un capital de 100 écus qui emploie chaque jour 100 ouvriers à un taux de plus-value de 200% ou avec une journée de travail de dix-huit heures, ne produit qu'une plus-value de 200 écus ou 12 x 100 heures de travail. Son produit en valeur totale ne peut jamais, par journée moyenne, atteindre la somme de 400 écus ou 24 x 100 heures de travail. Une diminution du capital variable ne peut donc être compensée par l'élévation du taux de la plus- value, ou, ce qui revient au même, une réduction du nombre des ouvriers employés, par une hausse du degré d'exploitation, que dans les limites physiologiques de la journée de travail, et, par conséquent, du surtravail qu'elle renferme.

Cette loi, d'une évidence absolue, est importante pour l'intelligence de phénomènes compliqués. Nous savons déjà que le capital s'efforce de produire le maximum possible de plus-value, et nous verrons plus tard qu'il tâche en même temps de réduire au minimum, comparativement aux dimensions de l'entreprise, sa partie variable ou le nombre d'ouvriers qu'il exploite. Ces tendances deviennent contradictoires dès que la diminution de l'un des facteurs qui déterminent la somme de la plus-value, ne peut plus être compensée par l'augmentation de l'autre.

Comme la valeur n'est que du travail réalisé, il est évident que la masse de valeur qu'un capitaliste fait produire dépend exclusivement de la quantité de travail qu'il met en mouvement. Il en peut mettre en mouvement plus ou moins, avec le même nombre d'ouvriers, selon que

---

[1] Cette loi élémentaire semble inconnue à messieurs les économistes vulgaires, qui, nouveaux Archimèdes mais à rebours, croient avoir trouvé dans la détermination des prix du marché du travail par l'offre et la demande le point d'appui au moyen duquel ils ne soulèveront pas le monde, mais le maintiendront en repos.

leur journée est plus ou moins prolongée. Mais, étant donné et la valeur de la force de travail et le taux de la plus-value, en d'autres termes — les limites de la journée et sa division en travail nécessaire et surtravail — la masse totale de valeur, y inclus la plus-value, qu'un capitaliste réalise, est exclusivement déterminée par le nombre des ouvriers qu'il exploite, et ce nombre lui-même dépend de la grandeur du capital variable qu'il avance.

Les masses de plus-value produites sont alors en raison directe de la grandeur des capitaux variables avancés. Or, dans les diverses branches d'industrie, la division proportionnelle du capital entier en capital variable et en capital constant diffère grandement. Dans le même genre d'entreprise cette division se modifie selon les conditions techniques et les combinaisons sociales du travail. Mais on sait que la valeur du capital constant reparaît dans le produit, tandis que la valeur ajoutée aux moyens de production ne provient que du capital variable, de cette partie du capital avancé qui se convertit en force de travail. De quelque manière qu'un capital donné se décompose en partie constante et en partie variable, que celle-là soit à celle-ci comme 2 est à 1, comme 10 est à 1, etc. ; que la valeur des moyens de production, comparée à la valeur des forces de travail employées, croisse, diminue, reste constante, qu'elle soit grande ou petite, peu importe ; elle reste sans la moindre influence sur la masse de valeur produite. Si l'on applique la loi émise plus haut aux différentes branches d'industries, quelle que puisse y être la division proportionnelle du capital avancé en partie constante et en partie variable, on arrive à la loi suivante : *La valeur de la force moyenne de travail et le degré moyen de son exploitation étant supposés égaux dans différentes industries, les masses de plus-value produites sont en raison directe de la grandeur des parties variables des capitaux employés, c'est-à-dire en raison directe de leurs parties converties en force de travail.*

Cette loi est en contradiction évidente avec toute expérience fondée sur les apparences. Chacun sait qu'un filateur, qui emploie relativement beaucoup de capital constant et peu de capital variable, n'obtient pas, à cause de cela, un bénéfice ou une plus-value moindre que le boulanger, qui emploie relativement beaucoup de capital variable et peu de capital constant. La solution de cette contradiction apparente exige bien des moyens termes, de même qu'en algèbre, il faut bien des moyens termes pour comprendre que 0/0 peut représenter une grandeur réelle. Bien que l'économie classique n'ait jamais formulé cette loi, elle y tient instinctivement, parce qu'elle découle de la nature même de la valeur. On verra plus tard[1] comment l'école de Ricardo est venue buter contre cette pierre d'achoppement. Quant à l'économie vulgaire, elle se targue ici comme partout des apparences pour nier la loi des phénomènes. Contrairement à Spinoza, elle croit que « l'ignorance est une raison suffisante ».

---

[1] Dans le livre quatrième.

Le travail qui est mis en mouvement, un jour portant l'autre, par tout le capital d'une société, peut être considéré comme une seule journée de travail. Le nombre des travailleurs est-il, par exemple, d'un million, et la journée de travail moyenne est-elle de dix heures, la journée de travail sociale consiste en dix millions d'heures. La longueur de cette journée étant donnée, que ses limites soient fixées physiquement ou socialement, la masse de la plus-value ne peut être augmentée que par l'augmentation du nombre des travailleurs, c'est-à-dire de la population ouvrière. L'accroissement de la population forme ici la limite mathématique de la production de la plus-value par le capital social. Inversement : étant donné la grandeur de la population, cette limite est formée par la prolongation possible de la journée de travail[1]. On verra dans le chapitre suivant que cette loi n'est valable que pour la forme de la plus-value traitée jusqu'à présent.

Il résulte de l'examen que nous venons de faire de la production de la plus-value, que toute somme de valeur ou de monnaie ne peut pas être transformée en capital. Cette transformation ne peut s'opérer sans qu'un minimum d'argent ou de valeur d'échange se trouve entre les mains du postulant à la dignité capitaliste. Le minimum du capital variable est le prix moyen d'une force de travail individuelle employée l'année entière à la production de plus-value. Si le possesseur de cette force était nanti de moyens de production à lui, et se contentait de vivre comme ouvrier, il lui suffirait de travailler le temps nécessaire pour payer ses moyens de subsistance, mettons huit heures par jour. Il n'aurait également besoin de moyens de production que pour huit heures de travail ; tandis que le capitaliste qui, outre ces huit heures, lui fait exécuter un surtravail de quatre heures, par exemple, a besoin d'une somme d'argent supplémentaire pour fournir le surplus des moyens de production. D'après nos données, il devrait déjà employer deux ouvriers, pour pouvoir vivre comme un seul ouvrier, de la plus-value qu'il empoche chaque jour, c'est-à-dire satisfaire ses besoins de première nécessité. Dans ce cas, le but de sa production serait tout simplement l'entretien de sa vie, et non l'acquisition de richesse ; or celle-ci est l'objet sous-entendu de la production capitaliste. Pour qu'il vécût seulement deux fois aussi bien qu'un ouvrier ordinaire, et transformât en capital la moitié de la plus-value produite, il lui faudrait augmenter de 8 fois le capital avancé, en même temps que le nombre des ouvriers. Assurément, il peut lui- même, comme son ouvrier, mettre la patte à l'œuvre mais alors il n'est plus

---

[1] « Le travail, qui est le temps économique de la société, est une quantité donnée, soit dix heures par jour d'un million d'hommes, ou dix millions d'heures... Le capital a sa limite d'accroissement. Cette limite peut, à toute période de l'année, être atteinte dans l'extension actuelle du temps économique employé. » *An Essay on the political Economy of nations.* London, 1821, p. 48, 49.

qu'un être hybride, qu'une chose intermédiaire entre capitaliste et travailleur, un « petit patron ». À un certain degré de développement, il faut que le capitaliste puisse employer à l'appropriation et à la surveillance du travail d'autrui et à la vente des produits de ce travail tout le temps pendant lequel il fonctionne comme capital personnifié[1]. L'industrie corporative du moyen âge cherchait à empêcher le maître, le chef de corps de métier, de se transformer en capitaliste, en limitant à un maximum très restreint le nombre des ouvriers qu'il avait le droit d'employer. Le possesseur d'argent ou de marchandises ne devient en réalité capitaliste que lorsque la somme minima qu'il avance pour la production dépasse déjà de beaucoup le maximum du moyen âge. Ici, comme dans les sciences naturelles, se confirme la loi constatée par Hegel dans sa Logique, loi d'après laquelle de simples changements dans la quantité, parvenus à un certain degré, amènent des différences dans la qualité[2].

Le minimum de la somme de valeur dont un possesseur d'argent ou de marchandise doit pouvoir disposer pour se métamorphoser en capitaliste, varie suivant les divers degrés de développement de la production. Le degré de développement donné, il varie également dans les différentes industries, suivant leurs conditions techniques particulières. À l'origine même de la production capitaliste, quelques-unes de ces industries exigeaient déjà un minimum de capital qui ne se trouvait pas encore dans les mains de particuliers. C'est ce qui rendit nécessaires les subsides d'État accordés à des chefs d'industrie privée, — comme en France du temps de Colbert, et comme de nos jours cela se pratique encore dans plusieurs principautés de l'Allemagne, — et la formation de sociétés avec monopole légal pour l'exploitation de certaines branches d'industrie et de commerce[3], autant d'avant-coureurs des sociétés modernes par actions.

------

[1] « Le fermier ne peut pas compter sur son propre travail ; et s'il le fait, je maintiens qu'il y perdra. Sa fonction est de tout surveiller. Il faut qu'il ait l'œil sur son batteur en grange, ses faucheurs, ses moissonneurs, etc. Il doit constamment faire le tour de ses clôtures et voir si rien n'est négligé, ce qui aurait lieu certainement s'il se confinait en une place quelconque. » (*An Enquiry into the Connection between, the Price of Provisions, and the Size of Farms*, etc., *by a Farmer*. London, 1773, p. 12). Cet écrit est très intéressant. On peut y étudier la genèse du « capitalist farmer » ou « merchant farmer », comme il est appelé en toutes lettres et y lire sa glorification vis-à-vis du « petit fermier » qui n'a qu'un souci, celui de sa subsistance. — « La classe des capitalistes est d'abord en partie et finalement tout à fait délivrée de la nécessité du travail manuel. » *Textbook of Lectures on rite Polit. Economy of Nations by the Rev.* Richard Jones. Hertford, 1852, lecture III.

[2] La théorie moléculaire de la chimie moderne, développée pour la première fois scientifiquement par Laurent et Gerhardt, a pour base cette loi.

[3] « *Compagnie monopolia* ». Tel est le nom que donne Martin Luther à ce genre d'institutions.

ЦАРИЦА

НИКОЛАЙ II

Le capital, comme nous l'avons vu, se rend maître du travail, c'est-à-dire parvient à courber sous sa loi la force de travail en mouvement ou le travailleur lui-même. Le capitaliste veille à ce que l'ouvrier exécute son ouvrage soigneusement et avec le degré d'intensité requis.

Le capital s'offre en outre comme rapport coercitif obligeant la classe ouvrière à exécuter plus de travail que ne l'exige le cercle resserré de ses besoins. Comme producteur et metteur en œuvre de l'activité d'autrui, comme exploiteur de la force de travail et soutireur de travail extra, le système capitaliste dépasse en énergie, en efficacité et en puissance illimitée tous les systèmes précédents de production fondés directement sur les différents systèmes de travaux forcés.

Le capital s'empare d'abord du travail dans les conditions techniques données par le développement historique. Il ne modifie pas immédiatement le mode de production. La production de plus-value, sous la forme considérée précédemment, par simple prolongation de la journée, s'est donc présentée indépendante de tout changement dans le mode de produire. De nos jours elle n'est pas moins active dans les boulangeries où s'appliquent encore des procédés primitifs, que dans les filatures automatiques. Quand nous examinions la production au simple point de vue de la valeur d'usage, les moyens de production ne jouaient point vis-à-vis de l'ouvrier le rôle de capital, mais celui de simples moyens et matériaux de son activité productive. Dans une tannerie, par exemple, il tanne le cuir et non le capital.

Il en a été autrement dès que nous avons considéré la production au point de vue de la plus-value. Les moyens de production se sont transformés immédiatement en moyens d'absorption du travail d'autrui. Ce n'est plus le travailleur qui les emploie, mais ce sont au contraire eux qui emploient le travailleur. Au lieu d'être consommés par lui comme éléments matériels de son activité productive, ils le consomment lui-même comme ferment indispensable à leur propre vie ; et la vie du capital ne consiste que dans son mouvement comme valeur perpétuellement en voie de multiplication. Les hauts fourneaux et les bâtiments de fabrique qui se reposent la nuit et n'absorbent aucun travail vivant, sont perte pure (a mere loss) pour le capitaliste. Voilà pourquoi les hauts fourneaux et les bâtiments de fabrique constituent « un titre, un droit au travail de nuit » des ouvriers. Inutile pour le moment d'en dire davantage. Montrons seulement par un exemple comment cette interversion des rôles qui caractérise la production capitaliste, comment ce renversement étrange du rapport entre le travail mort et le travail vivant, entre la valeur et la force créatrice de valeur, se reflète dans la conscience des seigneurs du capital.

Pendant la révolte des fabricants anglais de 1848-1860, le chef de la filature de lin et de coton de Paisley, une des raisons sociales les plus anciennes et les plus respectables de l'Écosse occidentale, de la société

Carlisle et fils, qui existe depuis 1752, et, de génération en génération, est toujours dirigée par la même famille, — ce gentleman possesseur d'une intelligence hors ligne, écrivit dans la « Glasgow Daily Mail » du 25 avril 1849 une lettre[1] intitulée : « Le système des relais », où se trouve, entre autres, le passage suivant, d'un grotesque naïf :

« Considérons les maux qui découlent d'une réduction du temps de travail de 12 heures à 10… ils portent le plus sérieux préjudice aux prérogatives et à la propriété du fabricant. Si, après avoir travaillé 12 heures (il veut dire : fait travailler ses bras), il ne travaillait plus que 10, alors chaque 12 machines ou broches, par exemple, de son établissement se rapetisseraient à 10 (then every 12 machines or spindles, in his etablishment, *shrink* to 10), et s'il voulait vendre sa fabrique, on ne les estimerait que 10 en réalité, de sorte que chaque fabrique, dans tout le pays, perdrait un sixième de sa valeur[2]. »

Pour cette forte tête d'Écosse, la valeur des instruments de production se confond entièrement, comme on le voit, avec la propriété qu'ils possèdent, en tant que capital, de se faire valoir ou de s'assimiler chaque jour un quantum déterminé de travail gratuit ; et ce chef de la maison Carlisle et Cie s'illusionne au point de croire que, dans la vente de sa fabrique, il lui est payé non seulement la valeur de ses machines, mais encore, par-dessus le marché, leur mise en valeur ; non seulement le travail qu'elles recèlent, et qui est nécessaire à la production de machines semblables, mais encore le surtravail qu'elles servent à soutirer chaque jour des braves Écossais de Paisley : et voilà pourquoi, selon lui, une réduction de deux heures de la journée de travail ferait réduire le prix de vente de ses machines. Une douzaine n'en vaudrait plus qu'une dizaine !

---

[1] *Reports of Insp. of Fact. for 30th.*, April 1849, p. 59.

[2] L. c., p. 60. L'inspecteur de fabrique Stuart, écossais lui-même, et contrairement aux inspecteurs anglais, tout à fait imbu de la manière de voir capitaliste, affirme expressément que cette lettre, qu'il annexe à son rapport, est « la communication la plus utile qui lui ait été faite par les fabricants qui emploient le système des relais, et qu'elle a principalement pour but d'écarter les préjugés et de lever les scrupules que soulève ce système ».

QUATRIÈME SECTION

PRODUCTION DE LA PLUE-VALUE RELATIVE

CHAPITRE XII

LA PLUS-VALUE RELATIVE

Jusqu'ici, nous avons considéré la partie de la journée de travail où l'ouvrier ne fait que compenser la valeur que le capitaliste lui paie, comme une grandeur constante, ce qu'elle est réalité dans des conditions de production invariables. Au-delà de ce temps nécessaire, le travail pouvait être prolongé de deux, trois, quatre, cinq, six, etc., heures. D'après la grandeur de cette prolongation, le taux de la plus-value et la longueur de la journée variaient. Si le temps de travail nécessaire était constant, la journée entière était au contraire variable.

Supposons maintenant une journée de travail dont les limites et la division en travail nécessaire et surtravail soient données. Que la ligne $a\,c$

$$a \text{———————} b \text{———} c$$

représente par exemple une journée de douze heures, la partie ab dix heures de travail nécessaire, et la partie bc deux heures de surtravail. Comment la production de plus-value peut-elle être augmentée, sans prolonger ac ?

Bien que la grandeur ac soit fixe, bc semble pouvoir être prolongé, sinon par son extension au-delà du point fixe c qui en même temps le point final de la journée, du moins en reculant son point initial b dans la direction de a.

Supposons que dans la ligne $a \text{——————————} b' \text{—} b \text{——} c$ bb' soit égale à la moitié de bc, c'est-à-dire à une heure de travail. Si maintenant dans ac le point b est reculé vers b', le surtravail devient $b'c$, il augmente de moitié, de deux à trois heures, bien que la journée entière ne compte toujours que douze heures. Cette extension du surtravail de bc à $b'c$, de deux à trois heures, est cependant impossible sans une contraction de ab à ab', du travail nécessaire de neuf à dix heures. Le raccourcissement du travail nécessaire correspondrait ainsi à la prolongation du surtravail, ou bien une partie du temps que jusqu'ici l'ouvrier consomme en réalité pour lui-même, se transformerait en temps de travail pour le capitaliste. Les limites de la journée ne seraient pas changées, mais sa division en travail nécessaire et surtravail.

D'autre part, la durée du surtravail est fixée dès que sont données les limites de la journée et la valeur journalière de la force de travail. Si celle-ci s'élève à cinq shillings — somme d'or où sont incorporées dix heures de travail alors l'ouvrier doit travailler dix heures par jour pour compenser la valeur de sa force payée quotidiennement par le capitaliste, ou pour produire un équivalent des subsistances qu'il lui faut pour son entretien quotidien. La valeur de ces subsistances détermine la valeur journalière de sa force[1], et la valeur de celle-ci détermine la durée quotidienne de son travail nécessaire. En soustrayant de la journée entière le temps de travail nécessaire, on obtient la grandeur du surtravail. Dix heures soustraites de douze, il en reste deux, et, dans les conditions données, il est difficile de voir comment le surtravail pourrait être prolongé au-delà de deux heures. Assurément, au lieu de 5 sh., le capitaliste peut ne payer à l'ouvrier que 4 sh. 6 d. ou moins encore. Neuf heures de travail suffiraient pour reproduire cette valeur de 4 sh. 6 d. ; le surtravail s'élèverait alors de 1/6 à 1/4 de la journée, et la plus-value de 1 sh. à 1 sh. 6 d. Ce résultat ne serait cependant obtenu qu'en abaissant le salaire de l'ouvrier au-dessous de la valeur de sa force de travail. Avec les 4 sh. 6 d. qu'il produit en neuf heures, il disposerait de 1/10 de moins qu'auparavant pour ses moyens de subsistance, et, par conséquent, ne reproduirait sa propre force que d'une manière défectueuse. Le surtravail serait prolongé, grâce à une transgression de sa limite normale *bc*, par un vol commis sur le temps de travail nécessaire.

Or, quoique cette pratique joue un rôle des plus importants dans le mouvement réel du salaire, elle n'a aucune place ici où l'on suppose que toutes les marchandises, et par conséquent aussi la force de travail, sont achetées et vendues à leur juste valeur. Ceci une fois admis, le temps de

---

[1] La valeur moyenne du salaire journalier est déterminée par ce dont le travailleur a besoin « pour vivre, travailler et engendrer ». (William Petty : *Political anatomy of Ireland*. 1672, p. 64.) « Le prix du travail se compose toujours du prix des choses absolument nécessaires à la vie… Le travailleur n'obtient pas un salaire suffisant toutes les fois que ce salaire ne lui permet pas d'élever *conformément* à son humble rang une famille telle qu'il semble que ce soit le lot de la plupart d'entre eux d'en avoir. » (L. Vanderlint, l. c., p. 19.) « Le simple ouvrier, qui n'a que ses bras et son industrie, n'a rien qu'autant qu'il parvient à vendre à d'autres sa peine… En tout genre de travail il doit arriver, et il arrive en effet que le salaire de l'ouvrier se borne à ce qui lui est nécessaire pour lui procurer la subsistance. » (Turgot : *Réflexions sur la formation et la distribution des richesses* (1766) *Œuvres*, édit Daire, t. I, p. 10.) « Le prix des choses nécessaires à la vie est en réalité ce que coûte le travail productif. » (Malthus : *Inquiry into*, etc., *Rent*. London, 1815, p. 48, note.)

travail nécessaire à l'entretien de l'ouvrier ne peut pas être abrégé en abaissant son salaire au- dessous de la valeur de sa force mais seulement en réduisant cette valeur même. Les limites à la journée étant données, la prolongation du surtravail doit résulter de la contraction du temps de travail nécessaire et non la contraction du travail nécessaire de l'expansion du surtravail. Dans notre exemple, pour que le travail nécessaire diminue de 1/10, descende de dix à neuf heures, et que par cela même le surtravail monte de deux à trois heures, il faut que la valeur de la force de travail tombe réellement de 1/10.

Une baisse de 1/10 suppose que la même masse de subsistances produite d'abord en dix heures, n'en nécessite plus que neuf —, chose impossible sans que le travail ne gagne en force productive. — Un cordonnier peut, par exemple, avec des moyens donnés faire en douze heures une paire de bottes. Pour qu'il en fasse dans le même temps deux paires, il faut doubler la force productive de son travail, ce qui n'arrive pas sans un changement dans ses instruments ou dans sa méthode de travail ou dans les deux à la fois. Il faut donc qu'une révolution s'accomplisse dans les conditions de production.

Par augmentation de la force productive ou de la productivité du travail, nous entendons en général un changement dans ses procédés, abrégeant le temps socialement nécessaire à la production d'une marchandise, de telle sorte qu'une quantité moindre de travail acquiert la force de produire plus de valeurs d'usage[1]. Le mode de production était censé donné quand nous examinions la plus-value provenant de la durée prolongée du travail. Mais dès qu'il s'agit de gagner de la plus-value par la transformation du travail nécessaire en surtravail, il ne suffit plus que le capital, tout en laissant intacts les procédés traditionnels du travail, se contente d'en prolonger simplement la durée. Alors il lui faut au contraire transformer les conditions techniques et sociales c'est-à-dire le mode de la production. Alors seulement il pourra augmenter la productivité du travail, abaisser ainsi la valeur de la force de travail et abréger par cela même le temps exigé pour la reproduire.

Je nomme *plus-value absolue* la plus-value produite par la simple prolongation de la journée de travail, et *plus-value relative* la plus-value qui provient au contraire de l'abréviation du temps de travail nécessaire et du changement correspondant dans la grandeur relative des deux parties dont se compose la journée.

---

[1] « Le perfectionnement de l'industrie n'est pas autre chose que la découverte de moyens nouveaux, à l'aide desquels on puisse achever un ouvrage *avec moins de gens ou* (ce qui est la même chose) *en moins de temps qu'auparavant* » (Galiani, l. c., p.159.) « L'économie sur les frais de production ne peut être autre chose que l'économie sur la quantité de travail employé pour produire » (Sismondi : *Études*, etc., t. I, p. 22.)

Pour qu'il fasse baisser la valeur de la force de travail, l'accroissement de productivité doit affecter des branches d'industrie dont les produits déterminent la valeur de cette force, c'est-à-dire des industries qui fournissent ou les marchandises nécessaires à l'entretien de l'ouvrier ou les moyens de production de ces marchandises. En faisant diminuer leur prix, l'augmentation de la productivité fait en même temps tomber la valeur de la force de travail. Au contraire, dans les branches d'industrie qui ne fournissent ni les moyens de subsistance ni leurs éléments matériels, un accroissement de productivité n'affecte point la valeur de la force de travail.

Le meilleur marché d'un article ne fait déprécier la force de travail que dans la proportion suivant laquelle il entre dans sa reproduction. Des chemises, par exemple, sont un objet de première nécessité, mais il y en a bien d'autres. La baisse de leur prix diminue seulement la dépense de l'ouvrier pour cet objet particulier. La somme totale des choses nécessaires à la vie ne se compose cependant que de tels articles provenant d'industries distinctes. La valeur de chaque article de ce genre entre comme quote-part dans la valeur de la force de travail dont la diminution totale est mesurée par la somme des raccourcissements du travail nécessaire dans toutes ces branches de production spéciales. Ce résultat final, nous le traitons ici comme s'il était résultat immédiat et but direct. Quand un capitaliste, en accroissant la force productive du travail, fait baisser le prix des chemises, par exemple, il n'a pas nécessairement l'intention de faire diminuer par-là la valeur de la force de travail et d'abréger ainsi la partie la journée où l'ouvrier travaille pour lui-même ; mais au bout du compte, ce n'est qu'en contribuant à ce résultat qu'il contribue à l'élévation du taux général de la plus-value[1]. Les tendances générales et nécessaires du capital sont à distinguer des formes sous lesquelles elles apparaissent.

Nous n'avons pas à examiner ici comment les tendances immanentes de la production capitaliste se réfléchissent dans le mouvement des capitaux individuels, se font valoir comme lois coercitives de la concurrence et par cela même s'imposent aux capitalistes comme mobiles de leurs opérations.

L'analyse scientifique de la concurrence présuppose en effet l'analyse de la nature intime du capital. C'est ainsi que le mouvement apparent des corps célestes n'est intelligible que pour celui qui connaît leur mouvement réel. Cependant, pour mieux faire comprendre la production de

---

[1] « Quand le fabricant, par suite de l'amélioration de ses machines, double ses produits... il gagne tout simplement (en définitive) parce que cela le met à même de vêtir l'ouvrier à meilleur marché, etc., et qu'ainsi une plus faible partie du produit total échoit à celui-ci. » (Ramsay, l. c., p.168.)

la plus-value relative, nous ajouterons quelques considérations fondées sur les résultats déjà acquis dans le cours de nos recherches.

Mettons que dans les conditions ordinaires du travail on fabrique, en une journée de douze heures, douze pièces (d'un article quelconque) valant douze shillings. Mettons encore qu'une moitié de cette valeur de douze shillings provienne du travail de douze heures, l'autre moitié des moyens de production consommés par lui. Chaque pièce coûtera alors 1 sh. ou 12 d. (pence), soit 6 d. pour matière première, et 6 d. pour la valeur ajoutée par le travail. Qu'un capitaliste réussisse grâce à un nouveau procédé à doubler la productivité du travail et à faire ainsi fabriquer en douze heures 24 pièces. La valeur des moyens de production restant la même, le prix de chaque pièce tombera à 9 d., soit 6 d. pour la matière première, et 3 d. pour la façon ajoutée par le dernier travail. Bien que la force productive soit doublée, la journée de travail ne crée toujours qu'une valeur de 6 shillings, mais c'est sur un nombre de produits double qu'elle se distribue maintenant. Il n'en échoit donc plus à chaque pièce que 1/24 au lieu de 1/12, 3 d. au lieu de 6 d. Au lieu d'une heure, il n'est plus ajouté qu'une demi-heure de travail aux moyens de production pendant leur métamorphose en produit. La valeur individuelle de chaque pièce, produite dans ces conditions exceptionnelles, va donc tomber au-dessous de sa valeur sociale, ce qui revient à dire qu'elle coûte moins de travail que la masse des mêmes articles produits dans les conditions sociales moyennes. La pièce coûte en moyenne un shilling ou représente deux heures de travail social ; grâce au nouveau procédé, elle ne coûte que neuf pence ou ne contient qu'une heure et demie de travail.

Or, valeur d'un article veut dire, non sa valeur individuelle, mais sa valeur sociale, et celle-ci est déterminée par le temps de travail qu'il coûte, non dans un cas particulier, mais en moyenne. Si le capitaliste qui emploie la nouvelle méthode, vend la pièce à sa valeur sociale de 1 sh., il la vend 3 d. au-dessus de sa valeur individuelle, et réalise ainsi une plus-value extra de 3 d. D'autre part, la journée de douze heures lui rend deux fois plus de produits qu'auparavant. Pour les vendre, il a donc besoin d'un double débit ou d'un marché deux fois plus étendu. Toutes circonstances restant les mêmes, ses marchandises ne peuvent conquérir une plus large place dans le marché qu'en contractant leurs prix. Aussi les vendra-t-il au-dessus de leur valeur individuelle, mais au-dessous de leur valeur sociale, soit à 10 d. la pièce. Il réalisera ainsi une plus-value extra de 1 d. par pièce. Il attrape ce bénéfice, que sa marchandise appartienne ou non au cercle des moyens de subsistance nécessaires qui déterminent la valeur de la force de travail. On voit donc qu'indépendamment de cette circonstance chaque capitaliste est poussé par son intérêt à augmenter la productivité du travail pour faire baisser le prix des marchandises.

Cependant, même dans ce cas, l'accroissement de la plus-value provient de l'abréviation du temps de travail nécessaire et de la prolongation correspondante du surtravail[1]. Le temps de travail nécessaire s'élevait à dix heures ou la valeur journalière de la force de travail à 5 sh. ; le surtravail était de deux heures, la plus-value produite chaque jour de 1 sh. Mais notre capitaliste produit maintenant vingt-quatre pièces qu'il vend chacune 10 d., ou ensemble 20 sh. Comme les moyens de production lui coûtent 12 sh., 14 2/5 pièces ne font que compenser le capital constant avancé. Le travail de douze heures s'incorpore donc dans les 9 3/5 pièces restantes, dont six représentent le travail nécessaire et 3 3/5 le surtravail. Le rapport de travail nécessaire au surtravail qui, dans les conditions sociales moyennes, était comme 5 est à 1, n'est ici que comme 5 est à 3.

On arrive au même résultat de la manière suivante : la valeur du produit de la journée de douze heures est pour notre capitaliste de 20 sh. sur lesquels douze appartiennent aux moyens de production dont la valeur ne fait que reparaître. Restent donc 8 sh. comme expression monétaire de la valeur nouvelle produite dans douze heures, tandis qu'en moyenne cette somme de travail ne s'exprime que par 6 sh. Le travail d'une productivité exceptionnelle compte comme travail complexe, ou crée dans un temps donné plus de valeur que le travail social moyen du même genre. Mais notre capitaliste continue à payer 5 sh. pour la valeur journalière de la force de travail dont la reproduction coûte maintenant à l'ouvrier sept heures et demie au lieu de dix, de sorte que le surtravail s'accroît de deux heures et demie, et que la plus-value monte de 1 à 3 sh.

Le capitaliste qui emploie le mode de production perfectionné s'approprie par conséquent sous forme de surtravail une plus grande partie de la journée de l'ouvrier que ses concurrents. Il fait pour son compte particulier ce que le capital fait en grand et en général dans la production de la plus-value relative. Mais d'autre part, cette plus-value extra disparaît dès que le nouveau mode de production se généralise et qu'en même temps s'évanouit la différence entre la valeur individuelle et la valeur sociale des marchandises produites à meilleur marché.

La détermination de la valeur par le temps de travail s'impose comme loi au capitaliste employant des procédés perfectionnés, parce qu'elle le force à vendre ses marchandises au-dessous de leur valeur sociale ; elle s'impose à ses rivaux, comme loi coercitive de la concurrence, en les forçant à adopter le nouveau mode de production[2]. Le taux général de la

---

[1] « Le profit d'un homme ne provient pas ce qu'il dispose *des produits* du travail d'autres hommes, mais de ce qu'il dispose du travail lui-même. S'il peut vendre ses articles à un plus haut prix, tandis que le salaire de ses ouvriers reste le même, il a un bénéfice clair et net... Une plus faible proportion de ce qu'il produit suffit pour mettre ce travail en mouvement, et une plus grande proportion lui en revient par conséquent. » (*Outlines of polit. econ.*, London, 1832, p. 49, 50.)

[2] « Si mon voisin, en faisant beaucoup avec peu de travail, peut vendre bon marché, il me faut imaginer un moyen de vendre aussi bon marché que lui. C'est

plus-value n'est donc affecté en définitive que lorsque l'augmentation de la productivité du travail fait baisser le prix des marchandises comprises dans le cercle des moyens de subsistance qui forment des éléments de la valeur de la force de travail.

La valeur des marchandises est en raison inverse de la productivité du travail d'où elles proviennent. Il en est de même de la force de travail, puisque sa valeur est déterminée par la valeur des marchandises. Par contre, la plus-value relative est en raison directe de la productivité du travail. Celle-là monte et descend avec celle-ci. Une journée de travail social moyenne dont les limites sont données, produit toujours la même valeur, et celle-ci, si l'argent ne change pas de valeur, s'exprime toujours dans le même prix, par exemple de 6 sh., quelle que soit la proportion dans laquelle cette somme se divise en salaire et plus-value. Mais les subsistances nécessaires deviennent-elles à meilleur marché par suite d'une augmentation de la productivité du travail, alors la valeur journalière de la force de travail subit une baisse, par exemple, de 5 à 3 sh. et la plus-value s'accroît de 2 sh. Pour reproduire la force de travail, il fallait d'abord dix heures par jour et maintenant six heures suffisent. Quatre heures sont ainsi dégagées et peuvent être annexées au domaine du surtravail. Le capital a donc un penchant incessant et une tendance constante à augmenter la force productive du travail pour baisser le prix des marchandises, et par suite - celui du travailleur[1].

---

que tout art, tout commerce, toute machine faisant œuvre à l'aide du travail de moins de mains, et conséquemment à meilleur marché, fait naître dans autres une espèce de nécessité et d'émulation qui les porte soit à employer les mêmes procédés, le même genre de trafic, la même machine, soit à en inventer de semblables afin que chacun reste sur un pied d'égalité et que personne ne puisse vendre à plus bas prix que ses voisins. » (*The advantages of the East India Trade to England*, London, 1720, p. 67.)

[1] « Dans quelque proportion que les dépenses du travailleur soient diminuées, son salaire sera diminué dans la même proportion, si l'on abolit en même temps toutes les restrictions posées à l'industrie. » (*Considerations concerning taking off the Bounty on Corn exported*, etc. London, 1752, p.7.) « L'intérêt du commerce requiert que le blé et toutes les subsistances soient à aussi bon marché que possible ; car tout ce qui les enchérit doit enchérir également le travail... Dans tous les pays où l'industrie n'est pas restreinte, le prix des subsistances doit affecter le prix du travail. Ce dernier sera toujours diminué quand les articles de première nécessité deviendront moins chers. » (L. c., p. 3.) « Le salaire *diminue* dans la même proportion que la *puissance de la production augmente*. Les machines, il est vrai, font baisser de prix les articles de première nécessité, mais elles *font par cela même baisser de prix le travailleur également*. » (*A Pricze essay on the comparative merits of competition and cooperation*. London, 1834, p. 27.)

ОТЕЧЕСТВЕННАЯ ВОЙНА

Considérée en elle-même, la valeur absolue des marchandises est indifférente au capitaliste. Ce qui l'intéresse, c'est seulement la plus-value qu'elle renferme et qui est réalisable par la vente. Réalisation de plus-value implique compensation faite de la valeur avancée. Or, comme la plus-value relative croît en raison directe du développement de la force productive du travail, tandis que la valeur des marchandises est en raison inverse du même développement ; puisqu'ainsi les mêmes procédés qui abaissent le prix des marchandises élèvent la plus-value qu'elles contiennent, on a la solution de la vieille énigme ; on n'a plus à se demander pourquoi le capitaliste qui n'a à cœur que la valeur d'échange s'efforce sans cesse de la rabaisser.

C'est là une contradiction qu'un des fondateurs de l'économie politique, le docteur *Quesnay*, jetait à la tête de ses adversaires, qui ne trouvaient rien à répondre :

« Vous convenez, disait-il, que plus on peut, sans préjudice, épargner de frais ou de travaux dispendieux dans la fabrication des ouvrages des artisans, plus cette épargne est profitable par la diminution des prix des ouvrages. Cependant, vous croyez que la production de richesse qui résulte des travaux des artisans consiste dans l'augmentation de la valeur vénale de leurs ouvrages[1]. »

Dans la production capitaliste, l'économie de travail au moyen du développement de la force productive[2] ne vise nullement à abréger la journée de travail. Là, il ne s'agit que de la diminution du travail qu'il faut pour produire une masse déterminée de marchandises. Que l'ouvrier, grâce à la productivité multipliée de son travail, produise dans une heure, par exemple, dix fois plus qu'auparavant, en d'autres termes, qu'il dépense pour chaque pièce de marchandise dix fois moins de travail, cela n'empêche point qu'on continue à le faire travailler douze heures 1200 pièces au lieu de 120, ou même qu'on prolonge sa journée à dix-huit heures, pour le faire produire 1800 pièces. Chez des économistes de la profondeur d'un Mac-Culloch, d'un Senior et *tutti quanti,* on peut donc lire à une page — que l'ouvrier doit des remerciements infinis au capital, qui, par le développement des forces productives, abrège le temps de travail

---

[1] Quesnay : *Dialogue sur le commerce et les travaux des artisans,* p.188, 189 (édit. Daire).

[2] « Ces spéculateurs, si économes du travail des ouvriers qu'il faudrait qu'ils payassent ! » (J. N. Bidault : *Du monopole qui s'établit dans les arts industriels et le commerce.* Paris, 1828, p. 13.) « L'entrepreneur met toujours son esprit à la torture pour trouver le moyen d'économiser le temps et le travail. » (Dugald Stewart : *Works ed. by Sir W. Hamilton.* Edinburgh, v. III, 1855. *Lectures on polit. Econ.,* p. 318.) « L'intérêt des capitalistes est que la force productive des travails soit la plus grande possible. Leur attention est fixée, presque exclusivement, sur les moyens d'accroître cette force. » (R. Jones, l. c. Lecture III.)

nécessaire — et à la page suivante, qu'il faut prouver cette reconnaissance en travaillant désormais quinze heures au lieu de dix heures.

Le développement de la force productive du travail, dans la production capitaliste, a pour but de diminuer la partie de la journée où l'ouvrier doit travailler pour lui-même, afin de prolonger ainsi l'autre partie de la journée où il peut travailler gratis pour le capitaliste. Dans certains cas, on arrive au même résultat sans aucune diminution du prix des marchandises, comme nous le montrera l'examen que nous allons faire des méthodes particulières de produire la plus- value relative.

CHAPITRE XIII

COOPÉRATION

La production capitaliste ne commence en fait à s'établir que là où un seul maître exploite beaucoup de salariés à la fois, où le procès de travail, exécuté sur une grande échelle, demande pour l'écoulement de ses produits un marché étendu. Une multitude d'ouvriers fonctionnant en même temps sous le commandement du même capital, dans le même espace (ou si l'on veut sur le même champ de travail), en vue de produire le même genre de marchandises, voilà le point de départ historique de la production capitaliste. C'est ainsi qu'à son début, la manufacture proprement dite se distingue à peine des métiers du moyen âge si ce n'est pas le plus grand nombre d'ouvriers exploités simultanément. L'atelier du chef de corporation n'a fait qu'élargir ses dimensions. La différence commence par être purement *quantitative*.

Le nombre des ouvriers exploités ne change en rien le degré d'exploitation, c'est-à-dire le taux de la plus-value que rapporte un capital donné. Et des changements ultérieurs qui affecteraient le mode de production, ne semblent pas pouvoir affecter le travail en tant qu'il crée de la valeur. La nature de la valeur le veut ainsi. Si une journée de douze heures se réalise en six shillings, cent journées se réaliseront en 6 sh. x 100 ; douze heures de travail étaient d'abord incorporées aux produits, maintenant 1200 le seront. Cent ouvriers travaillant isolément, produiront donc autant de valeur que s'ils étaient réunis sous la direction du même capital.

Néanmoins, en de certaines limites une modification a lieu. Le travail réalisé en valeur est du travail de qualité sociale moyenne, c'est-à-dire la manifestation d'une force moyenne. Une moyenne n'existe qu'entre grandeurs de même dénomination. Dans chaque branche d'industrie l'ouvrier isolé, Pierre ou Paul, s'écarte plus ou moins de l'ouvrier moyen. Ces écarts individuels ou ce que mathématiquement on nomme *erreurs* se compensent et s'éliminent dès que l'on opère sur un grand nombre d'ouvriers. Le célèbre sophiste et sycophante *Edmund Burke*, se basant sur sa propre expérience de fermier, assure que même « dans un *peloton* aussi réduit » qu'un groupe de cinq garçons de ferme, toute différence individuelle dans le travail disparaît, de telle sorte que cinq garçons de ferme anglais adultes pris ensemble font, dans un temps donné, autant de besogne que n'importe quel cinq autres[1]. Que cette observation soit exacte ou non, la journée d'un assez grand nombre d'ouvriers exploités simultanément constitue une journée de travail social, c'est-à-dire moyen. Supposons que le travail quotidien dure douze heures. Douze ouvriers travailleront alors 144 heures par jour, et quoique chacun d'eux s'écarte plus ou moins de la moyenne et exige par conséquent plus ou moins temps pour la même opération, leur journée collective comptant 144 heures possède la même qualité sociale moyenne. Pour le capitaliste qui exploite les douze ouvriers la journée de travail est de 144 heures et la journée individuelle de chaque ouvrier ne compte plus que comme quote-part de cette journée collective ; il importe peu que les douze coopèrent à un produit d'ensemble, ou fassent simplement la même besogne côte à côte. Mais si au contraire les douze ouvriers étaient répartis entre six petits patrons, ce serait pur hasard si chaque patron tirait de sa paire la même valeur et réalisait par conséquent le taux général de la plus-value. Il y aura des divergences. Si un ouvrier dépense dans la fabrication d'un objet beaucoup plus d'heures qu'il n'en faut socialement et qu'ainsi le temps de travail nécessaire pour lui individuellement s'écarte d'une manière sensible de la moyenne, alors son travail ne comptera plus comme travail moyen, ni sa force comme force moyenne ; elle se vendra au-dessous du prix courant ou pas du tout.

Un minimum d'habileté dans le travail est donc toujours sousentendu et nous verrons plus tard que la production capitaliste sait le mesurer. Il n'en est pas moins vrai que ce minimum s'écarte de la moyenne, et cependant la valeur moyenne de la force de travail doit être payée. Sur les six petits patrons l'un retirera donc plus, l'autre moins que le taux général de la plus-value. Les différences se compenseront pour la société, mais non pour le petit patron. Les lois de la production

---

[1] « Sans contredit, il y a beaucoup de différences entre la valeur du travail d'un homme et celle d'un autre, sous le rapport de la force, de la dextérité et de l'application consciencieuse. Mais je suis parfaitement convaincu, et d'après des expériences rigoureuses, que n'importe quels cinq hommes, étant donné les périodes de vie que j'ai fixées, fourniront la même quantité de travail que n'importe quels autres cinq hommes ; c'est-à-dire que parmi ces cinq hommes, un possédera toutes les qualités d'un bon ouvrier, un autre d'un mauvais, et les trois autres ne seront ni bons ni mauvais, mais entre les deux. Ainsi donc dans un si petit peloton que cinq hommes, vous trouverez tout ce que peuvent gagner cinq hommes. » E. Burke, l. c., p. 16. Consulter *Quetelet sur l'Homme moyen*.

de la valeur ne se réalisent donc complètement que pour le capitaliste qui exploite collectivement beaucoup d'ouvriers et met ainsi en mouvement du travail social moyen[1].

Même si les procédés d'exécution ne subissent pas de changements, l'emploi d'un personnel nombreux amène une révolution dans les conditions matérielles du travail. Les bâtiments, les entrepôts pour les matières premières et marchandises en voie de préparation, les instruments, les appareils de toute sorte, en un mot les moyens de production servent à plusieurs ouvriers simultanément : leur usage devient commun. Leur valeur échangeable ne s'élève pas parce qu'on en tire plus de services utiles mais parce qu'ils deviennent plus considérables. Une chambre où vingt tisserands travaillent avec vingt métiers doit être plus spacieuse que celle d'un tisserand qui n'occupe que deux compagnons. Mais la construction de dix ateliers pour vingt tisserands travaillant deux à deux coûte plus que celle d'un seul où vingt travailleraient en commun. En général, la valeur de moyens de production communs et concentrés ne croît pas proportionnellement à leurs dimensions et à leur effet utile. Elle est plus petite que la valeur de moyens de production disséminés qu'ils remplacent et de plus se répartit sur une masse relativement plus forte de produits. C'est ainsi qu'un élément du capital constant diminue et par cela même la portion de valeur qu'il transfère aux marchandises. L'effet est le même que si l'on avait fabriqué par des procédés moins coûteux les moyens de production. L'économie dans leur emploi ne provient que de leur consommation en commun. Ils acquièrent ce caractère de conditions sociales de travail, qui les distingue des moyens de production éparpillés et relativement plus chers, lors même que les ouvriers rassemblés ne concourent pas à un travail d'ensemble, mais opèrent tout simplement l'un à côté de l'autre dans le même atelier. Donc, avant le travail lui-même, ses moyens matériels prennent un caractère social.

L'économie des moyens de production se présente sous un double point de vue. Premièrement elle diminue le prix de marchandises et par cela même la valeur de la force de travail. Secondement, elle modifie le rapport entre la plus-value et le capital avancé, c'est-à-dire la somme de valeur de ses parties constantes et variables. Nous ne traiterons ce dernier point que dans le troisième livre de cet ouvrage. La marche de l'analyse nous commande ce morcellement de notre sujet ; il est d'ailleurs conforme à l'esprit de la production capitaliste. Là les conditions du travail apparaissent indépendantes du travailleur ; leur économie se présente donc comme

---

[1] Le professeur Roscher découvre qu'une couturière que madame son épouse occupe pendant deux jours fait plus de besogne que les deux couturières qu'elle occupe le même jour. Monsieur le professeur ferait bien de ne plus étudier le procès de production capitaliste dans la chambre de la nourrice, ni dans des circonstances où le personnage principal, le capitaliste, fait défaut.

quelque chose qui lui est étranger et tout à fait distinct des méthodes qui servent à augmenter sa productivité personnelle.

Quand plusieurs travailleurs fonctionnent ensemble en vue d'un but commun dans le même procès de production ou dans des procès différents mais connexes, leur travail prend la forme coopérative[1].

De même que la force d'attaque d'un escadron de cavalerie ou la force de résistance d'un régiment d'infanterie diffère essentiellement de la somme des forces individuelles, déployées isolément par chacun des cavaliers ou fantassins, de même la somme des forces mécaniques d'ouvriers isolés diffère de la force mécanique qui se développe dès qu'ils fonctionnent conjointement et simultanément dans une même opération indivise, qu'il s'agisse par exemple de soulever un fardeau, de tourner une manivelle ou d'écarter un obstacle[2]. Dans de telles circonstances le résultat du travail commun ne pourrait être obtenu par le travail individuel, ou ne le serait qu'après un long laps de temps ou sur une échelle tout à fait réduite. Il s'agit non-seulement d'augmenter les forces productives individuelles mais de créer par le moyen de la coopération une force nouvelle ne fonctionnant que comme force collective[3].

À part la nouvelle puissance qui résulte de la fusion de nombreuses forces en une force commune, le seul contact social produit une émulation et une excitation des esprits animaux (animal spirits) qui élèvent la capacité individuelle d'exécution assez pour qu'une douzaine de personnes fournissent dans leur journée combinée de 144 heures un produit beaucoup plus grand que douze ouvriers isolés dont chacun travaillerait douze heures, ou qu'un seul ouvrier qui travaillerait douze jours de suite[4]. Cela

---

[1] « Concours de forces. » (*Destutt de Tracy*, l. c., p. 78.)

[2] « Il y a une multitude d'opérations d'un genre si simple qu'elles n'admettent lent pas la moindre division parcellaire et ne peuvent être accomplies sans la coopération d'un grand nombre de mains : le chargement d'un gros arbre sur un chariot par exemple... en un mot tout ce qui ne peut être fait si des mains nombreuses ne s'aident pas entre elles dans le même acte indivis et dans le même temps. » (E. G. Wakefield : *A View of the Art of Colonization*. London, 1849, p. 168.)

[3] « Qu'il s'agisse de soulever un poids d'une tonne, un seul homme ne le pourra point, dix hommes seront obligés de faire des efforts ; mais cent hommes, y parviendront aisément avec le petit doigt. » (John Bellers : *Proposals for raising a college of industry*. Lond. 1696, p. 21.)

[4] « Il y a donc » (quand un même nombre de travailleurs est employé par un cultivateur sur 300 arpents au lieu de l'être par 10 cultivateurs sur 30 arpents) « un avantage dans la proportion des ouvriers, avantage qui ne peut être bien compris que par des hommes pratiques ; on est en effet porté à dire que comme 1 est à 4 ainsi 3 est à 12, mais ceci ne se soutient pas dans la réalité. Au temps de la moisson et à d'autres époques semblables, alors qu'il faut se hâter, l'ouvrage se fait plus vite et mieux si l'on emploie beaucoup de bras à la fois. Dans la moisson par exemple, 2 conducteurs, 2 chargeurs, 2 lieurs, 2 racleurs, et le reste au tas ou dans la grange, feront deux fois plus de besogne que n'en

vient de ce que l'homme est par nature, sinon un animal politique, suivant l'opinion d'Aristote, mais dans tous les cas un animal social[1].

Quand même des ouvriers opérant ensemble feraient en même temps la même besogne, le travail de chaque individu en tant que partie du travail collectif, peut représenter une phase différente dont l'évolution est accélérée par suite de la coopération. Quand douze maçons font la chaîne pour faire passer des pierres de construction du pied d'un échafaudage à son sommet, chacun d'eux exécute la même manœuvre et néanmoins toutes les manœuvres individuelles, parties continues d'une opération d'ensemble, forment diverses phases par lesquelles doit passer chaque pierre et les vingt-quatre mains du travailleur collectif la font passer plus vite que ne le feraient les deux mains de chaque ouvrier isolé montant et descendant l'échafaudage[2]. Le temps dans lequel l'objet de travail parcourt un espace donné, est donc raccourci.

Une combinaison de travaux s'opère encore, bien que les coopérants fassent la même besogne ou des besognes identiques, quand ils attaquent l'objet de leur travail de différents côtés à la fois. Douze maçons, dont la journée combinée compte 144 heures de travail, simultanément occupés aux différents côtés d'une bâtisse, avancent l'œuvre beaucoup plus rapidement que ne le ferait un seul maçon en douze jours ou en 144 heures de travail. La raison est que le travailleur collectif a des yeux et des mains par-devant et par derrière et se trouve jusqu'à un certain point présent partout. C'est ainsi que des parties différentes du produit, séparées par l'espace, viennent à maturité dans le même temps.

Nous n'avons fait que mentionner les cas où les ouvriers se complétant mutuellement, font la même besogne ou des besognes semblables. C'est la plus simple forme de la coopération, mais elle se retrouve, comme élément, dans la forme la plus développée.

Si le procès de travail est compliqué, le seul nombre des coopérateurs permet de répartir les diverses opérations entre différentes mains, de les faire exécuter simultanément et de raccourcir ainsi le temps nécessaire à la confection du produit[3].

---

ferait le même nombre de bras, s'il se distribuait entre différentes fermes. » (*An Inquiry into the Connection between the present price of provisions and the size of farms. By a Farmer.* Lond. 1773, p.7, 8.)

[1] La définition d'Aristote est à proprement parler celle-ci, que l'homme est par nature citoyen, c'est-à-dire habitant de ville. Elle caractérise l'antiquité classique tout aussi bien que la définition de Franklin : « L'homme est naturellement un fabricant d'outils », caractérise le Yankee.

[2] V. G. Skarbek : *Théorie des richesses sociales.* 2e édit. Paris, 1870, t. 1, p. 97, 98.

[3] « Est-il question d'exécuter un travail compliqué ? Plusieurs choses doivent être faites simultanément. L'un en fait une, pendant que l'autre en fait une aune, et tous contribuent à l'effet qu'un seul n'aurait pu produire. L'un rame

Dans beaucoup d'industries il y a des époques déterminées, des *moments critiques* qu'il faut saisir pour obtenir le résultat voulu. S'agit-il de tondre un troupeau de moutons ou d'engranger la récolte, la qualité et la quantité du produit dépendent de ce que le travail commence et finit à des termes fixes. Le laps de temps pendant lequel le travail doit s'exécuter est déterminé ici par sa nature même comme dans le cas de la pêche aux harengs.

Dans le jour naturel l'ouvrier isolé ne peut tailler qu'une journée de travail, soit une de douze heures ; mais la coopération de cent ouvriers entassera dans un seul jour douze cents heures de travail. La brièveté du temps disponible est ainsi compensée par la masse du travail jetée au moment décisif sur le champ de production. L'effet produit à temps dépend ici de l'emploi simultané d'un grand nombre de journées combinées et l'étendue de l'effet utile du nombre des ouvriers employés[1]. C'est faute d'une coopération de ce genre que dans l'ouest des États- Unis des masses de blé, et dans certaines parties de l'Inde où la domination anglaise a détruit les anciennes communautés, des masses de coton sont presque tous les ans dilapidées[2].

La coopération permet d'agrandir l'espace sur lequel le travail s'étend ; certaines entreprises, comme le dessèchement, l'irrigation du sol, la construction de canaux, de routes, de chemins de fer, etc., la réclament à ce seul point de vue. D'autre part, tout en développant l'échelle de la production, elle permet de rétrécir l'espace où le procès du travail s'exécute. Ce double effet, levier si puissant dans l'économie de faux frais, n'est dû qu'à l'agglomération des travailleurs, au rapprochement d'opérations diverses, mais connexes, et à la concentration des moyens de production[3].

---

pendant que l'autre tient le gouvernail, et qu'un troisième jette le filet ou harponne le poisson, et la pêche a un succès impossible sans ce concours. » (*Destutt de Tracy*, l. c.)

[1] « L'exécution du travail (en agriculture) précisément aux moments critiques, est d'une importance de premier ordre. » (*An Inquiry into the Connection between the present price* etc.) « En agriculture, il n'y a pas de facteur plus important que le temps. » (Liebig : *Ueber Theorie and Praxis in der Landwirthschaft*, 1856, p.23.)

[2] « Un mal que l'on ne s'attendrait guère à trouver dans un pays qui exporte le plus de travailleurs que tout autre au monde, à l'exception peut-être de la Chine et de l'Angleterre, c'est l'impossibilité de se procurer un nombre suffisant de mains pour nettoyer le coton. Il en résulte qu'une bonne part de la moisson n'est pas recueillie et qu'une autre partie une fois ramassée décolore et pourrit. De sorte que faute de travailleurs à la saison voulue, le cultivateur est forcé de subir la perte d'une forte part de cette récolte que l'Angleterre attend avec tant d'anxiété. » (*Bengal Hurcuru By Monthly Overland Summary of News, 22 July* 1861.)

[3] « Avec le progrès de la culture tout, et plus peut-être que tout le capital et le travail autrefois disséminés sur 500 arpents, sont aujourd'hui concentrés pour

Comparée à une somme égale de journées de travail individuelles et isolées, la journée de travail combinée rend plus de valeurs d'usage et diminue ainsi le temps nécessaire pour obtenir l'effet voulu. Que la journée de travail combinée acquière cette productivité supérieure en multipliant la puissance mécanique du travail, en étendant son action dans l'espace ou en resserrant le champ de production par rapport à son échelle, en mobilisant aux moments critiques de grandes quantités de travail, en développant l'émulation, en excitant les esprits animaux, en imprimant aux efforts uniformes de plusieurs ouvriers soit le cachet de la multiformité, soit celui de la continuité, en exécutant simultanément des opérations diverses, en économisant des instruments par leur consommation en commun, ou en communiquant aux travaux individuels le caractère de travail moyen ; la force productive spécifique de la journée combinée est une force sociale du travail ou une force du travail social. Elle naît de la coopération elle- même. En agissant conjointement avec d'autres dans un but commun et d'après un plan concerté, le travailleur efface les bornes de son individualité et développe sa puissance comme espèce[1].

En général, des hommes ne peuvent pas travailler en commun sans être réunis. Leur rassemblement est la condition même de leur coopération. Pour que des salariés puissent coopérer, il faut que le même capital, le même capitaliste les emploie simultanément et achète par conséquent à la fois leurs forces de travail. La valeur totale de ces forces ou une certaine somme de salaires pour le jour, la semaine, etc., doit être amassée dans la poche du capitaliste avant que les ouvriers soient réunis dans le procès de production. Le payement de trois cents ouvriers à la fois, ne fût-ce que pour un seul jour, exige une plus forte avance de capital que le payement

---

la culture perfectionnée de 100 arpents. » Bien que « relativement au montant du capital et du travail employés l'espace soit concentré, néanmoins la sphère de production est élargie, si on la compare à la sphère de production occupée ou exploitée auparavant par un simple producteur indépendant ». (R. Jones : *On Rent*. Lond., 1831, p. 191, 199.)

[1] « La force de chaque homme est très petite, mais la réunion de petites forces engendre une force totale plus grande que leur somme, en sorte que par le fait seul de leur réunion elles peuvent diminuer le temps et accroître l'espace de leur action. » (*G. R. Carli*, l. c., t. XV, p. 176, note.) « Le travail collectif donne des résultats que le travail individuel ne saurait jamais fournir. À mesure donc que l'humanité augmentera en nombre, les produits de l'industrie réunie excéderont de beaucoup la somme d'une simple addition calculée sur cette augmentation... Dans les arts mécaniques comme dans les travaux de la science, un homme peut actuellement faire plus dans un jour qu'un individu isolé pendant toute sa vie. L'axiome des mathématiciens, que le tout est égal aux parties, n'est plus vrai, appliqué à notre sujet. Quant au travail, ce grand pilier de l'existence humaine, on peut dire que le produit des efforts accumulés excède de beaucoup tout ce que des efforts individuels et séparés peuvent jamais produire. » (Th. Sadler : *The Law of Population*. London, 1850.)

d'un nombre inférieur d'ouvriers, par semaine, pendant toute une année. Le nombre des coopérants, ou l'échelle de la coopération, dépend donc en premier lieu de la grandeur du capital qui peut être avancé pour l'achat de forces de travail, c'est-à- dire de la proportion dans laquelle un seul capitaliste dispose des moyens de subsistance de beaucoup d'ouvriers.

Et il en est du capital constant comme du capital variable. Les matières premières, par exemple, coûtent trente fois plus au capitaliste qui occupe trois cents ouvriers qu'à chacun des trente capitalistes n'en employant que dix. Si la valeur et la quantité des instruments de travail usés en commun ne croissent pas proportionnellement au nombre des ouvriers exploités, elles croissent aussi cependant considérablement. La concentration des moyens de production entre les mains de capitalistes individuels est donc la condition matérielle de toute coopération entre des salariés.

Nous avons vu (ch. XI) qu'une somme de valeur ou d'argent, pour se transformer en capital, devait atteindre une certaine grandeur minima, permettant à son possesseur d'exploiter assez d'ouvriers pour pouvoir se décharger sur eux du travail manuel. Sans cette condition, le maître de corporation et le petit patron n'eussent pu être remplacés par le capitaliste, et la production même n'eût pu revêtir le caractère formel de production capitaliste. Une grandeur minima de capital entre les mains de particuliers se présente maintenant à nous sous un tout autre aspect ; elle est la concentration de richesses nécessitée pour la transformation des travaux individuels et isolés en travail social et combiné ; elle devient la base matérielle des changements que le mode de production va subir.

Aux débuts du capital, son commandement sur le travail a un caractère purement formel et presque accidentel. L'ouvrier ne travaille alors sous les ordres du capital que parce qu'il lui a vendu sa force ; il ne travaille pour lui que parce qu'il n'a pas les moyens matériels pour travailler à son propre compte. Mais dès qu'il y a coopération entre des ouvriers salariés, le commandement du capital se développe comme une nécessité pour l'exécution du travail, comme une condition réelle de production. Sur le champ de la production, les ordres du capital deviennent dès lors aussi indispensables que le sont ceux du général sur le champ de bataille.

Tout le travail social ou commun, se déployant sur une assez grande échelle, réclame une direction pour mettre en harmonie les activités individuelles. Elle doit remplir les *fonctions générales* qui tirent leur origine de la différence existante entre le mouvement d'ensemble du corps productif et les mouvements individuels des membres indépendants dont il se compose. Un musicien exécutant un solo se dirige lui-même, mais un orchestre a besoin d'un chef.

Cette fonction de direction, de surveillance et de médiation devient la fonction du capital dès que le travail qui lui est subordonné devient coopératif, et comme fonction capitaliste elle acquiert des caractères spéciaux.

АГИНАРОДА

L'aiguillon puissant, le grand ressort de la production capitaliste, c'est la nécessité de faire valoir le capital ; son but déterminant, c'est la plus grande extraction possible de plus-value[1], ou ce qui revient au même, la plus grande exploitation possible de la force de travail. À mesure que la masse des ouvriers exploitée simultanément grandit, leur résistance contre le capitaliste grandit, et par conséquent la pression qu'il faut exercer pour vaincre cette résistance. Entre les mains du capitaliste la direction n'est pas seulement cette fonction spéciale qui naît de la nature même du procès de travail coopératif ou social, mais elle est encore, et éminemment, la fonction d'exploiter le procès de travail social, fonction qui repose sur l'antagonisme inévitable entre l'exploiteur et la matière qu'il exploite.

De plus, à mesure que s'accroît l'importance des moyens de production qui font face au travailleur comme propriété étrangère, s'accroît la nécessité d'un contrôle, d'une vérification de leur emploi d'une manière convenable[2].

Enfin, la coopération d'ouvriers salariés n'est qu'un simple effet du capital qui les occupe simultanément. Le lien entre leurs fonctions individuelles et leur unité comme corps productif se trouve en dehors d'eux dans le capital qui les réunit et les retient. L'enchaînement de leurs travaux leur apparaît idéalement comme le plan du capitaliste et l'unité de leur corps collectif leur apparaît pratiquement comme son autorité, la puissance d'une volonté étrangère qui soumet leurs actes à son but.

Si donc la direction capitaliste, quant à son contenu, a une double face, parce que l'objet même qu'il s'agit de diriger, est d'un côté, procès de production coopératif, et d'autre côté, procès d'extraction de plus-value, — la forme de cette direction devient nécessairement despotique. — Les formes particulières de ce despotisme se développent à mesure que se développe la coopération.

Le capitaliste commence par se dispenser du travail manuel. Puis, quand son capital grandit et avec lui la force collective qu'il exploite, il se

---

[1] « Le profit... tel est le but unique du commerce. » (J. Vanderlint, l. c., p. 11.)

[2] Une feuille anglaise archi-bourgeoise, le *Spectateur* du 3 juin 1866, rapporte qu'à la suite de l'établissement d'une espèce de société entre capitalistes et ouvriers dans la « Wirework company » de Manchester, « le premier résultat apparent fut une diminution soudaine du dégât, les ouvriers ne voyant pas pourquoi ils détruiraient leur propriété, et le dégât est peut-être avec les mauvaises créances, la plus grande source de pertes pour les manufactures ». Cette même feuille découvre dans les essais coopératifs de Rochdale un défaut fondamental. « Ils démontrent que des associations ouvrières peuvent conduire et administrer avec succès des boutiques, des fabriques dans toutes les branches de l'industrie, et en même temps améliorer extraordinairement la condition des travailleurs, mais ! mais on ne voit pas bien quelle place elles laissent au capitaliste. » Quelle horreur !

démet de sa fonction de surveillance immédiate et assidue des ouvriers et des groupes d'ouvriers et la transfère à une espèce particulière de salariés. Dès qu'il se trouve à la tête d'une armée industrielle, il lui faut des officiers supérieurs (directeurs, gérants) et des officiers inférieurs (surveillants, inspecteurs, contremaîtres), qui, pendant le procès de travail, commandent au nom du capital. Le travail de la surveillance devient leur fonction exclusive. Quand l'économiste compare le mode de production des cultivateurs ou des artisans indépendants avec l'exploitation fondée sur l'esclavage, telle que la pratiquent les planteurs, il compte ce *travail de surveillance* parmi les *faux frais*[1]. Mais s'il examine le mode de production capitaliste, il identifie la fonction de direction et de surveillance, en tant qu'elle dérive de la nature du procès de travail coopératif, avec cette fonction, en tant qu'elle a pour fondement le caractère capitaliste et conséquemment antagonique de ce même procès[2]. Le capitaliste n'est point capitaliste parce qu'il est directeur industriel; il devient au contraire chef d'industrie parce qu'il est capitaliste. Le commandement dans l'industrie devient l'attribut du capital, de même qu'aux temps féodaux la direction de la guerre et l'administration de la justice étaient les attributs de la propriété foncière[3].

L'ouvrier est propriétaire de sa force de travail tant qu'il en débat le prix de vente avec le capitaliste, et il ne peut vendre que ce qu'il possède, sa force individuelle. Ce rapport ne se trouve en rien modifié, parce que le capitaliste achète cent forces de travail au lieu d'une, ou passe contrat non avec un, mais avec cent ouvriers indépendants les uns des autres et qu'il pourrait employer sans les faire coopérer. Le capitaliste paye donc à chacun des cent sa force de travail indépendante, mais il ne paye pas la force combinée de la centaine. Comme personnes indépendantes, les ouvriers sont des individus isolés qui entrent en rapport avec le même capital mais non entre eux. Leur coopération ne commence que dans le procès de travail; mais là ils ont déjà cessé de s'appartenir. Dès qu'ils y entrent, ils

---

[1] Après avoir démontré que la surveillance du travail est une des conditions essentielles de la production esclavagiste dans les États du Sud de l'Union américaine, le professeur Cairnes ajoute : « Le paysan propriétaire (du Nord) qui s'approprie le produit total de sa terre, n'a pas besoin d'un autre stimulant pour travailler. Toute surveillance est ici superflue. » (Cairnes, l. c., p. 48, 49.)

[2] Sir James Stewart, qui en général analyse avec une grande perspicacité les différences sociales caractéristiques des divers modes de production, fait la réflexion suivante : « Pourquoi l'industrie des particuliers est-elle ruinée par de grandes entreprises en manufactures, si ce n'est parce que celles-ci se rapprochent davantage de la simplicité du régime esclavagiste ? » (*Princ. of Econ.*, trad. franç. Paris, 1789, t. I, p. 308, 309.)

[3] Auguste Comte et son école ont cherché à démontrer l'éternelle nécessité des seigneurs du capital; ils auraient pu tout aussi bien et avec les mêmes raisons, démontrer celle des seigneurs féodaux.

sont incorporés au capital. En tant qu'ils coopèrent, qu'ils forment les membres d'un organisme actif, ils ne sont même qu'un mode particulier d'existence du capital. La force productive que des salariés déploient en fonctionnant comme travailleur collectif, est par conséquent force productive du capital. Les forces sociales du travail se développent sans être payées dès que les ouvriers sont placés dans certaines conditions et le capital les y place. Parce que la force sociale du travail ne coûte rien au capital, et que, d'un autre côté, le salarié ne la développe que lorsque son travail appartient au capital, elle semble être une force dont le capital est doué *par nature*, une force productive qui lui est immanente.

L'effet de la coopération simple éclate d'une façon merveilleuse dans les œuvres gigantesques des anciens Asiatiques, des Égyptiens, des Étrusques, etc. « Il arrivait à des époques reculées que ces États de l'Asie, leurs dépenses civiles et militaires une fois réglées, se trouvaient en possession d'un excédent de subsistances qu'ils pouvaient consacrer à des œuvres de magnificence et d'utilité. Leur pouvoir de disposer du travail de presque toute la population non agricole et le droit exclusif du monarque et du sacerdoce sur l'emploi de cet excédent, leur fournissaient les moyens d'élever ces immenses monuments dont ils couvraient tout le pays... Pour mettre en mouvement les statues colossales et les masses énormes dont le transport excite l'étonnement, on n'employait presque que du travail humain, mais avec la plus excessive prodigalité. Le *nombre des travailleurs et la concentration de leurs efforts* suffisaient. Ainsi voyons-nous des bancs énormes de corail surgir du fond de l'Océan, former des îles et de la terre ferme, bien que chaque individu qui contribue à les constituer soit faible, imperceptible et méprisable. Les travailleurs non agricoles d'une monarchie asiatique avaient peu de chose à fournir en dehors de leurs efforts corporels ; mais leur nombre était leur force, et la despotique puissance de direction sur ces masses donna naissance à leurs œuvres gigantesques. La concentration en une seule main ou dans un petit nombre de mains des revenus dont vivaient les travailleurs, rendit seule possible l'exécution de pareilles entreprises[1]. » Cette puissance des rois d'Asie et d'Égypte, des théocrates étrusques, etc., est, dans la société moderne, échue au capitaliste isolé ou associé par l'entremise des commandites, des sociétés par actions, etc.

La coopération, telle que nous la trouvons à l'origine de la civilisation humaine, chez les peuples chasseurs[2], dans l'agriculture des communau-

---

[1] R. Jones : *Textbook of Lectures*, etc., p. 77, 78. Les collections assyriennes, égyptiennes, etc., que possèdent les musées européens, nous montrent les procédés de ces travaux coopératifs.

[2] Linguet, dans sa *Théorie des lois civiles*, n'a peut-être pas tort de prétendre que la chasse est la première forme de coopération, et que la chasse à l'homme (la guerre) est une des premières formes de la chasse.

tés indiennes, etc., repose sur la propriété en commun des conditions de production et sur ce fait, que chaque individu adhère encore à sa tribu ou à la communauté aussi fortement qu'une abeille à son essaim. Ces deux caractères la distinguent de la coopération capitaliste. L'emploi sporadique de la coopération sur une grande échelle, dans l'antiquité, le moyen âge et les colonies modernes, se fonde sur des rapports immédiats de domination et de servitude, généralement sur l'esclavage. Sa forme capitaliste présuppose au contraire le travailleur libre, vendeur de sa force. Dans l'histoire, elle se développe en opposition avec la petite culture des paysans et l'exercice indépendant des métiers, que ceux-ci possèdent ou non la forme corporative[1]. En face d'eux la coopération capitaliste n'apparaît point comme une forme particulière de la coopération ; mais au contraire la coopération elle- même comme la forme particulière de la production capitaliste.

Si la puissance collective du travail, développée par la coopération, apparaît comme force productive du capital, la coopération apparaît comme mode spécifique de la production capitaliste. C'est là la première phase de transformation que parcourt le procès de travail par suite de sa subordination au capital. Cette transformation se développe spontanément. Sa base, l'emploi simultané d'un certain nombre de salariés dans le même atelier, est donnée avec l'existence même du capital, et se trouve là comme résultat historique des circonstances et des mouvements qui ont concouru à décomposer l'organisme de la production féodale.

Le mode de production capitaliste se présente donc comme nécessité historique pour transformer le travail isolé en travail social ; mais, entre les mains du capital, cette socialisation du travail n'en augmente les forces productives que pour l'exploiter avec plus de profit.

Dans sa forme élémentaire, la seule considérée jusqu'ici, la coopération coïncide avec la production sur une grande échelle. Sous cet aspect elle ne caractérise aucune époque particulière de la production capitaliste, si ce n'est les commencements de la manufacture encore professionnelle[2] et ce genre d'agriculture en grand qui correspond à la période manufacturière et se distingue de la petite culture moins par ses méthodes que par ses dimensions. La coopération simple prédomine aujourd'hui encore dans les

---

[1] La petite culture et le métier indépendant qui tous deux forment en partie la base du mode de production féodal, une fois celui-ci dissous, se maintiennent en partie à côté de l'exploitation capitaliste ; ils formaient également la base économique des communautés anciennes à leur meilleure époque, alors que la propriété orientale originairement indivise se fut dissoute, et avant que l'esclavage se fût emparé sérieusement de la production.

[2] « Réunir pour une même œuvre l'habileté, l'industrie et l'émulation d'un certain nombre d'hommes, n'est-ce pas le moyen de la faire réussir ? Et l'Angleterre aurait-elle pu d'une autre manière porter ses manufactures de drap à un aussi haut degré de perfection ? » (Berkeley : *The Querist*, Lond., 1750, p. 521)

entreprises où le capital opère sur une grande échelle, sans que la division du travail ou l'emploi des machines y jouent un rôle important.

Le *mode fondamental* de la production capitaliste, c'est la coopération dont la forme rudimentaire, tout en contenant le germe de formes plus complexes, ne reparaît pas seulement dans celles-ci comme un de leurs éléments, mais se maintient aussi à côté d'elles comme mode particulier.

CHAPITRE XIV

DIVISION DU TRAVAIL ET MANUFACTURE

I

Double origine de la manufacture

Cette espèce de coopération qui a pour base la division du travail revêt dans la manufacture sa forme classique et prédomine pendant la période manufacturière proprement dite, qui dure environ depuis la moitié du seizième jusqu'au dernier tiers du dix-huitième siècle.

La manufacture a une double origine.

Un seul atelier peut réunir sous les ordres du même capitaliste des artisans de métiers différents, par les mains desquels un produit doit passer pour parvenir à sa parfaite maturité. Un carrosse fut le produit collectif des travaux d'un grand nombre d'artisans indépendants les uns des autres tels que charrons, selliers, tailleurs, serruriers, ceinturiers, tourneurs, passementiers, vitriers, peintres, vernisseurs, doreurs, etc. La manufacture carrossière les a réunis tous dans un même local où ils travaillent en même temps et de la main à la main. On ne peut pas, il est vrai, dorer un carrosse avant qu'il soit fait ; mais si l'on fait beaucoup de carrosses à la fois, les uns fournissent constamment du travail aux doreurs tandis que les autres passent par d'autres procédés de fabrication. Jusqu'ici nous sommes encore sur le terrain de la coopération simple qui trouve tout préparé son matériel en hommes et en choses. Mais bientôt il s'y introduit une modification essentielle. Le tailleur, le ceinturier, le serrurier, etc., qui ne sont occupés qu'à la fabrication de carrosses, perdent peu à peu l'habitude et avec elle la capacité d'exercer leur métier dans toute son étendue. D'autre part, leur savoir-faire borné maintenant à une spécialité acquiert la forme la plus propre à cette sphère d'action rétrécie. À l'origine la manufacture de carrosses se présentait comme une combinaison de métiers indépendants. Elle devient peu à peu une division de la production carrossière en ses divers procédés spéciaux dont chacun se cristallise comme besogne particulière d'un travailleur et dont l'ensemble est exécuté par la réunion de ces travailleurs parcellaires. C'est ainsi que les manufactures de drap et un grand nombre d'autres sont sorties de l'agglomération de métiers différents sous le commandement d'un même capital[1].

Mais la manufacture peut se produire d'une manière tout opposée. Un grand nombre d'ouvriers dont chacun fabrique le même objet, soit du papier, des caractères d'imprimerie, des aiguilles, etc., peuvent être occupés simultanément par le même capital dans le même atelier. C'est la coopération dans sa forme la plus simple. Chacun de ces ouvriers (peut-être avec un ou deux compagnons) fait la marchandise entière en exécutant l'une après l'autre les diverses opérations nécessaires et en continuant à travailler suivant son ancien mode. Cependant des circonstances extérieures donnent bientôt lieu d'employer d'une autre façon la concentration des ouvriers dans le même local et la simultanéité de leurs travaux. Une quantité supérieure de marchandises doit par exemple être livrée dans un temps fixé. Le travail se divise alors. Au lieu de faire exécuter les diverses opérations par le même ouvrier les unes après les autres, on les sépare, on les isole, puis on confie chacune d'elles à un ouvrier spécial, et toutes ensemble sont exécutées simultanément et côte à côte par les coopérateurs. Cette division faite une première fois accidentellement se renouvelle, montre ses avantages particuliers et s'ossifie peu à peu en une division systématique du travail. De produit individuel d'un ouvrier indépendant faisant une foule de choses, la marchandise devient le produit social d'une réunion d'ouvriers dont chacun n'exécute constamment que la même opération de détail. Les mêmes opérations qui, chez le papetier d'un corps de métier allemand, s'engrenaient les unes dans les autres comme travaux successifs, se changeaient dans la manufacture hollandaise de papier en opérations de détail exécutées parallèlement par les divers membres d'un groupe coopératif. Le faiseur d'épingles de Nuremberg est l'élément fondamental de la manufacture d'épingles anglaise ; mais tandis que le premier parcourait une série de vingt opérations successives peut-être, vingt ouvriers dans celle-ci n'exécutèrent bientôt chacun

---

[1] Un exemple plus récent : « La filature de soie de Lyon et de Nîmes est toute patriarcale ; elle emploie beaucoup de femmes et d'enfants, mais sans les épuiser ni les corrompre ; elle les laisse dans leurs belles vallées de la Drôme, du Var, de l'Isère, de la Vaucluse, pour y élever des vers et dévider leurs cocons ; jamais elle n'entre dans une véritable fabrique. Pour être aussi bien observé... le principe de la division du travail s'y revêt d'un caractère spécial. Il y a bien des dévideuses, des moulineurs, des teinturiers, des encolleurs, puis des tisserands ; mais ils ne sont pas réunis dans un même établissement, ne dépendent pas d'un même maître : tous sont indépendants. » (A. Blanqui, Cours d'Économie industrielle, recueilli par A. Blaise. Paris, 1838 39, p. 44, 80, passim). Depuis que Blanqui a écrit cela, les divers ouvriers indépendants ont été plus ou moins réunis dans les fabriques.

qu'une seule de ces opérations qui, par suite d'expériences ultérieures, ont été subdivisées et isolées encore davantage.

L'origine de la manufacture, sa provenance du métier, présente donc une double face. D'un côté elle a pour point de départ la combinaison de métiers divers et indépendants que l'on désagrège et simplifie jusqu'au point où ils ne sont plus que des opérations partielles et complémentaires les unes des autres dans la production d'une seule et même marchandise ; d'un autre côté elle s'empare de la coopération d'artisans de même genre, décompose le même métier en ses opérations diverses, les isole et les rend indépendantes jusqu'au point où chacune d'elles devient la fonction exclusive d'un travailleur parcellaire. La manufacture introduit donc tantôt la division du travail dans un métier ou bien la développe ; tantôt elle combine des métiers distincts et séparés. Mais quel que soit son point de départ, sa forme définitive est la même — un organisme de production dont les membres sont des hommes.

Pour bien apprécier la division du travail dans la manufacture, il est essentiel de ne point perdre de vue les deux points suivants : premièrement, l'analyse du procès de production dans ses phases particulières se confond ici tout à fait avec la décomposition du métier de l'artisan dans ses diverses opérations manuelles. Composée ou simple, l'exécution ne cesse de dépendre de la force, de l'habileté, de la promptitude et de la sûreté de main de l'ouvrier dans le maniement de son outil. Le métier reste toujours la base. Cette base technique n'admet l'analyse de la besogne à faire que dans des limites très étroites. Il faut que chaque procédé partiel par lequel l'objet de travail passe, soit exécutable comme main-d'œuvre qu'il forme, pour ainsi dire, à lui seul un métier à part.

Précisément parce que l'habileté de métier reste le fondement de la manufacture, chaque ouvrier y est approprié à une fonction parcellaire pour toute sa vie.

Deuxièmement, la division manufacturière du travail est une coopération d'un genre particulier, et ses avantages proviennent en grande partie non de cette forme particulière, mais de la nature générale de la coopération.

II

Le travailleur parcellaire et son outil

Entrons dans quelques détails. Il est d'abord évident que l'ouvrier parcellaire transforme son corps tout entier en organe exclusif et automatique de la seule et même opération simple, exécutée par lui sa vie durant, en sorte qu'il y emploie moins de temps que l'artisan qui exécute toute une série d'opérations. Or le mécanisme vivant de la manufacture, le travailleur collectif, n'est composé que de pareils travailleurs parcellaires. Comparée au métier indépendant, la manufacture fournit donc plus de produits en moins de temps, ou, ce qui revient au même, elle multiplie la force productive du travail[1]. Ce n'est pas tout ; dès que le travail parcelle devient fonction exclusive, sa méthode se perfectionne. Quand on répète constamment un acte simple et concentre l'attention sur lui, on arrive peu à peu par l'expérience à atteindre l'effet utile voulu avec la plus petite dépense de force. Et comme toujours diverses générations d'ouvriers vivent et travaillent ensemble dans les mêmes ateliers, les procédés techniques acquis, ce qu'on appelle les ficelles du métier, s'accumulent et se transmettent[2]. La manufacture produit la virtuosité du travailleur de détail, en reproduisant et poussant jusqu'à l'extrême la séparation des métiers, telle qu'elle l'a trouvée dans les villes du moyen âge. D'autre part, sa tendance à transformer le travail parcelle en vocation exclusive d'un homme sa vie durant, répond à la propension des sociétés anciennes, à rendre les métiers héréditaires, à les pétrifier en castes, ou bien, lorsque des circonstances historiques particulières occasionnèrent une variabilité de l'individu, incompatible avec le régime des castes, à ossifier du moins en corporations les diverses branches d'industries. Ces castes et ces corporations se forment d'après la même loi naturelle qui règle la division des plantes et des animaux en espèces et en variétés, avec cette différence cependant, qu'un certain degré de développement une fois atteint, l'hérédité des castes et l'exclusivisme des corporations sont décrétés lois sociales[3].

« Les mousselines de Dakka, pour la finesse, les cotons et autres tissus de Coromandel pour la magnificence et la durée de leurs couleurs, n'ont jamais été dépassés. Et cependant ils sont produits sans capital, sans machines, sans division du travail, sans aucun de ces moyens qui constituent tant d'avantages en faveur de la fabrication européenne. Le

---

[1] « Plus une manufacture est divisée et plus toutes ses parts sont attribuées à des artisans différents, mieux l'ouvrage est exécuté, avec une expédition plus prompte, avec moins de perte en temps et travail. » (*The Advantages of the East India Trade*. London, 1720, p. 71.)

[2] « Travail facile est talent transmis. » (Th. Hodgskin, l. c., p. 125.)

[3] « Les arts aussi « sont arrivés en Égypte à un haut degré de perfection. Car c'est le seul pays où les artisans n'interviennent jamais dans les affaires d'une autre classe de citoyens, forcés qu'ils sont par la loi de remplir leur unique vocation héréditaire. Il arrive chez d'autres peuples que les gens de métier dispersent leur attention sur un trop grand nombre d'objets. Tantôt ils essayent de l'agriculture, tantôt du commerce, ou bien ils s'adonnent à plusieurs arts à la fois. Dans les États libres, ils courent aux assemblées du peuple. En Égypte, au contraire, l'artisan encourt des peines sévères, s'il se mêle des affaires de l'État ou pratique plusieurs métiers. Rien ne peut donc troubler les travailleurs dans leur activité professionnelle. En outre, ayant hérité de leurs ancêtres une foule de procédés, ils sont jaloux d'en inventer de nouveaux. » (*Diodorus Siculus*. Bibliothèque historique, l. I, c. LXXIV.)

tisserand est un individu isolé qui fait le tissu sur la commande d'une pratique, avec un métier de la construction la plus simple, composé parfois uniquement de perches de bois grossièrement ajustées. Il ne possède même aucun appareil pour tendre la chaîne, si bien que le métier doit rester constamment étendu dans toute sa longueur, ce qui le tellement ample et difforme qu'il ne peut trouver place dans la hutte du producteur. Celui-ci est donc obligé de faire son travail en plein air, où il est interrompu par chaque changement de température[1]. »

Ce n'est que l'aptitude spéciale, accumulée de génération en génération et transmise par héritage de père en fils qui prête à l'Indien comme à l'araignée cette virtuosité. Le travail d'un tisserand indien, comparé à celui des ouvriers de manufacture, est cependant très compliqué.

Un artisan qui exécute les uns après les autres les différents procès partiels qui concourent à la production d'une œuvre doit changer tantôt de place, tantôt d'instruments. La transition d'une opération à l'autre interrompt le cours de son travail forme pour ainsi dire des pores dans sa journée. Ces pores se resserrent dès qu'il emploie la journée entière à une seule opération continue, ou bien ils disparaissent à mesure que le nombre de ces changements d'opération diminue. L'accroissement de productivité provient ici soit d'une dépense de plus de force dans un espace de temps donné, c'est-à-dire de l'intensité accrue du travail, soit d'une diminution dans la dépense improductive de la force. L'excédent de dépense en force qu'exige chaque transition du repos au mouvement se trouve compensé si l'on prolonge la durée de la vitesse normale une fois acquise. D'autre part, un travail continu et uniforme finit par affaiblir l'essor et la tension des esprits animaux qui trouvent délassement et charme au changement d'activité.

La productivité du travail ne dépend pas seulement de la virtuosité de l'ouvrier, mais encore de la perfection de ses instruments. Les outils de même espèce, tels que ceux qui servent à forer, trancher, percer, frapper, etc., sont employés dans différents procès de travail, et de même un seul outil peut servir dans le même procès à diverses opérations. Mais dès que les différentes opérations d'un procès de travail sont détachées les unes des autres et que chaque opération partielle acquiert dans la main de l'ouvrier parcellaire la forme la plus adéquate, et par cela même exclusive, il devient nécessaire de transformer les instruments qui servaient auparavant à différents buts. L'expérience des difficultés que leur ancienne forme oppose au travail parcellé indique la direction des changements à faire. Les instruments de même espèce perdent alors leur forme commune. Ils se subdivisent de plus en plus en différentes espèces

---

[1] Historical and descriptive Account of Brit. India, etc., by Hugh Murray, James Wilson, etc. Edinburgh, 1832, v.11, p. 449. La chaîne du métier à tisser indien est tendue verticalement.

dont chacune possède une forme fixe pour un seul usage et ne prête tout le service dont elle est capable que dans la main d'un ouvrier spécial. Cette différenciation et spécialisation des instruments de travail caractérisent la manufacture. À Birmingham, on produit environ cinq cents variétés de marteaux, dont chacune ne sert qu'à un seul procès particulier de production, et grand nombre de ces variétés ne servent qu'à des opérations diverses du même procès. La période manufacturière simplifie, perfectionne et multiplie les instruments de travail en les accommodant aux fonctions séparées et exclusives d'ouvriers parcellaires[1]. Elle crée par cela même une des conditions matérielles de l'emploi des machines, lesquelles consistent en une combinaison d'instruments simples.

Le travailleur parcellaire et son outil, voilà les éléments simples de la manufacture dont nous examinerons maintenant le mécanisme général.

III

Mécanisme général de la manufacture. Ses deux formes fondamentales. Manufacture hétérogène et manufacture sérielle

La manufacture présente deux formes fondamentales qui, malgré leur entrelacement accidentel, constituent deux espèces essentiellement distinctes, jouant des rôles très différents lors de la transformation ultérieure de la manufacture en grande industrie. Ce double caractère provient de la nature du produit qui doit sa forme définitive ou à un simple ajustement mécanique de produits partiels indépendants, ou bien à une série de procédés et de manipulations connexes.

Une locomotive, par exemple, contient plus de cinq mille pièces complètement distinctes. Néanmoins elle ne peut pas servir de produit-échantillon de la première espèce de manufacture proprement dite, parce qu'elle provient de la grande industrie. Il en est autrement de la montre que déjà William Petty a choisie pour décrire la division manufacturière du travail. Primitivement œuvre individuelle d'un artisan de Nuremberg, la montre est devenue le produit social d'un nombre immense de travailleurs tels que faiseurs de ressorts, de cadrans, de pitons de spirale, de trous et leviers à rubis, d'aiguilles, de boîtes, de vis, doreurs, etc.

---

[1] Dans son ouvrage qui a fait époque sur l'origine des espèces, Darwin fait cette remarque à propos des organes naturels des plantes et des animaux : « Tant qu'un seul et même organe doit accomplir différents travaux, il n'est pas rare qu'il se modifie. La raison en est peut-être que la nature est moins soigneuse dans ce cas de prévenir chaque petit écart de sa forme primitive, que si cet organe avait une fonction unique. C'est ainsi par exemple que des couteaux destinés à couper toutes sortes de choses peuvent, sans inconvénient, avoir une forme commune, tandis qu'un outil destiné à un seul usage doit posséder pour tout autre usage une tout autre forme. »

ПЕРЕДЕЛ БЕЛЫХ РУССКИХ

Les sous-divisions foisonnent. Il y a, par exemple, le fabricant de roues (roues de laiton et roues d'acier séparément), les faiseurs de pignons, de mouvements, l'acheveur de pignon (qui assujettit les roues et polit les facettes), le faiseur de pivots, le planteur de finissage, le finisseur de barillet (qui dente les roues, donne aux trous la grandeur voulue, affermit l'arrêt), les faiseurs d'échappement, de roues de rencontre, de balancier, le planteur d'échappement, le repasseur de barillet (qui achève l'étui du ressort), le polisseur d'acier, le polisseur de roues, le polisseur de vis, le peintre de chiffres, le fondeur d'émail sur cuivre, le fabricant de pendants, le finisseur de charnière, le faiseur de secret, le graveur, le ciliceur, le polisseur de boîte, etc., enfin le repasseur qui assemble la montre entière et la livre toute prête au marché. Un petit nombre seulement des parties de la montre passe par diverses mains et tous ces membres disjoints, *membra disjecta*, se rassemblent pour la première fois dans la main qui en fera définitivement un tout mécanique. Ce rapport purement extérieur du produit achevé avec ses divers éléments rend ici, comme dans tout ouvrage semblable, la combinaison des ouvriers parcellaires dans un même atelier tout à fait accidentelle. Les travaux partiels peuvent même être exécutés comme métiers indépendants les uns des autres ; il en est ainsi dans les cantons de Waadt et de Neufchâtel, tandis qu'à Genève, par exemple, il y a pour la fabrication des montres de grandes manufactures, c'est-à- dire coopération immédiate d'ouvriers parcellaires sous le commandement d'un seul capital. Même dans ce cas, le cadran le ressort et la boîte sont rarement fabriqués dans la manufacture. L'exploitation manufacturière ne donne ici de bénéfices que dans des circonstances exceptionnelles, parce que les ouvriers en chambre se font la plus terrible concurrence, parce que le démembrement de la production en une foule de procès hétérogènes n'admet guère de moyens de travail d'un emploi commun, et parce que le capitaliste économise les frais d'atelier, quand la fabrication est disséminée[1]. Il faut remarquer que la condition de ces ouvriers de détail qui

---

[1] En 1854, Genève a produit 80 000 montres, à peine un cinquième de la production du canton de Neufchâtel. Chaux-de-Fonds, que l'on peut regarder comme une seule manufacture, livre chaque année deux fois autant que Genève. De 1850 à 1861 cette dernière ville a expédié 750 000 montres. Voyez *Report from Geneva on the Watch Trade* dans les *Reports by H. M's Secretaries of Embassy and Legation on the Manufactures, Commerce,* etc. n°6, 1863. Ce n'est pas seulement l'absence de rapport entre les opérations particulières dans lesquelles se décompose la production d'ouvrages simplement ajustés, qui rend très- difficile la transformation de semblables manufactures en grande industrie mécaniques ; dans le cas qui nous occupe, la fabrication de la montre, deux obstacles nouveaux se présentent, à savoir la petitesse et la délicatesse des divers éléments et leur caractère de luxe, conséquemment leur variété, si bien que dans les meilleurs maisons de Londres, par exemple, il se fait à peine dans une an

travaillent chez eux, mais pour un capitaliste (fabricant, établisseur), diffère du tout au tout de celle de l'artisan indépendant qui travaille pour ses propres pratiques[1].

La seconde espèce de manufacture, c'est-à-dire sa forme parfaite, fournit des produits qui parcourent des phases de développement connexes, toute une série de procès gradués, comme, par exemple, dans la manufacture d'épingles, le fil de laiton passe par les mains de soixante-douze et même de quatre-vingt-douze ouvriers dont pas deux n'exécutent la même opération.

Une manufacture de ce genre, en tant qu'elle combine des métiers primitivement indépendants, diminue l'espace entre les phases diverses de la production. Le temps exigé pour la transition du produit d'un stade à l'autre est ainsi raccourci, de même que le travail de transport[2]. Comparativement au métier, il y a donc gain de force productive, et ce gain provient du caractère coopératif de la manufacture. D'autre part, la division du travail qui lui est propre réclame l'isolement des différentes opérations, et leur indépendance les unes vis-à-vis des autres. L'établissement et le maintien du rapport d'ensemble entre les fonctions isolées nécessite des transports incessants de l'objet de travail d'un ouvrier à l'autre, et d'un procès à l'autre. Cette source de faux frais constitue un des côtés inférieurs de la manufacture comparée à l'industrie mécanique[3].

Avant de parvenir à sa forme définitive, l'objet de travail, des chiffons, par exemple, dans la manufacture de papier, ou du laiton dans celle d'épingles, parcourt toute une série d'opérations successives. Mais, comme mécanisme d'ensemble, l'atelier offre à l'œil l'objet de travail dans toutes ses phases d'évolution à la fois. Le travailleur collectif, Briarée, dont les mille mains sont armées d'outils divers, exécute en même temps la coupe des fils de laiton, la façon des têtes d'épingles, l'aiguisement de leurs pointes, leur attache, etc. Les diverses opérations connexes, successives dans le temps, deviennent simultanées dans l'espace, combinaison qui

---

une douzaine de montres qui se ressemblent. La fabrique de montres de Vacheron et Constantin, dans laquelle on emploie la machine avec succès, fournit tout au plus trois ou quatre variétés pour la grandeur et pour la forme.

[1] La fabrication des montres est un exemple classique de la manufacture hétérogène. On peut y étudier très exactement cette différentiation et cette spécialisation des instruments de travail dont il a été question ci- dessus.

[2] « Quand les gens sont ainsi rapprochés les uns des autres, il se perd nécessairement moins de temps entre les diverses opérations. » (*The Advantages of the East India Trade*, p. 166)

[3] « La séparation des travaux différents dans la manufacture, conséquence forcée de l'emploi du travail manuel, ajoute immensément aux frais de production ; car la principale perte provient du temps employé à passer d'un prcès à un autre. » (*The Industry of Nations*, London, 1855, Part. II, p. 200)

permet d'augmenter considérablement la masse de marchandises fournies dans un temps donné[1].

Cette simultanéité provient de la forme coopérative du travail ; mais la manufacture ne s'arrête pas aux conditions préexistantes de la coopération : elle en crée de nouvelles par la décomposition qu'elle opère dans les métiers. Elle n'atteint son but qu'en rivant pour toujours l'ouvrier à une opération de détail.

Comme le produit partiel de chaque travailleur parcellaire n'est en même temps qu'un degré particulier de développement de l'ouvrage achevé, chaque ouvrier ou chaque groupe d'ouvriers fournit à l'autre sa matière première. Le résultat du travail de l'un forme le point de départ du travail de l'autre. Le temps de travail nécessaire pour obtenir dans chaque procès partiel l'effet utile voulu est établi expérimentalement, et le mécanisme total de la manufacture ne fonctionne qu'à cette condition, que dans un temps donné un résultat donné est obtenu. Ce n'est que de cette manière que les travaux divers et complémentaires les uns des autres peuvent marcher côte à côte, simultanément et sans interruption. Il est clair que cette dépendance immédiate des travaux et des travailleurs force chacun à n'employer que le temps nécessaire à sa fonction, et que l'on obtient ainsi une continuité, une régularité, une uniformité et surtout une intensité du travail qui ne se rencontrent ni dans le métier indépendant ni même dans la coopération simple[2]. Qu'une marchandise ne doive coûter que le temps du travail socialement nécessaire à sa fabrication, cela apparaît dans la production marchande en général l'effet de la concurrence, parce que, à parler superficiellement, chaque producteur particulier est forcé de vendre la marchandise à son prix de marché. Dans la manufacture, au contraire, la livraison d'un quantum de produit donné dans un temps de travail donné devient une loi technique du procès de production lui-même[3].

Des opérations différentes exigent cependant des longueurs de temps inégales et fournissent, par conséquent, dans des espaces de temps égaux, des quantités inégales de produits partiels. Si donc le même ou-

---

[1] « En scindant l'ouvrage en différentes parties qui peuvent être mises à exécution dans le même moment, la division du travail produit donc une économie de temps... Les différentes opérations qu'un seul individu devrait exécuter séparément étant entreprises à la fois, il devient possible de produire par exemple une multitude d'épingles tout achevées dans le même temps qu'il faudrait pour en couper ou en appointer une seule. » (Dugald Steward, l.., p. 319.)

[2] « Plus il y a de variété entre les artisans d'une manufacture... Plus il y a d'ordre et de régularité ans chaque opération, moins il faut de temps et de travail. » (*The Advatages*, etc. p. 68)

[3] Dans beaucoup de branches cependant l'industrie manufacturière n'atteint pas ce résultat qu'imparfaitement, parce qu'elle ne sait ps contrôler avec certitude les conditions physiques et chimiques générales du procès de production.

vrier doit, jour par jour, exécuter toujours une seule et même opération, il faut, pour des opérations diverses, employer des ouvriers en proportion diverse : quatre fondeurs, par exemple, pour deux casseurs et un frotteur dans une manufacture de caractères d'imprimerie ; le fondeur fond par heure deux mille caractères, tandis que le casseur en détache quatre mille et que le frotteur en polit huit mille. Le principe de la coopération dans sa forme la plus simple reparaît : occupation simultanée d'un certain nombre d'ouvriers à des opérations de même espèce ; mais il est maintenant l'expression d'un rapport organique. La division manufacturière du travail simplifie donc et multiplie en même temps non seulement les organes qualitativement différents du travailleur collectif ; elle crée, de plus, un rapport mathématique fixe qui règle leur quantité, c'est-à-dire le nombre relatif d'ouvriers ou la grandeur relative du groupe d'ouvriers dans chaque fonction particulière.

Le nombre proportionnel le plus convenable des différents groupes de travailleurs parcellaires est-il une fois établi expérimentalement pour une échelle donnée de la production, on ne peut étendre cette échelle qu'en employant un multiple de chaque groupe spécial[1]. Ajoutons à cela que le même individu accomplit certains travaux tout aussi bien en grand qu'en petit, le travail de surveillance, par exemple, le transport des produits partiels d'une phase de la production dans une autre, etc. Il ne devient donc avantageux d'isoler ces fonctions ou de les confier à des ouvriers spéciaux, qu'après avoir augmenté le personnel de l'atelier ; mais alors cette augmentation affecte proportionnellement tous les groupes.

Quand le groupe isolé se compose d'éléments hétérogènes, d'ouvriers employés à la même fonction parcellaire, il forme un organe particulier du mécanisme total. Dans diverses manufactures, cependant, le groupe est un travailleur collectif parfaitement organisé, tandis que le mécanisme total n'est formé que par la répétition ou la multiplication de ces organismes producteurs élémentaires. Prenons, par exemple, la manufacture de bouteilles. Elle se décompose en trois phases essentiellement différentes : premièrement, la phase préparatoire où se fait la composition du verre, le mélange de chaux, de sable, etc., et la fusion de cette composition en une masse fluide[2]. Dans cette première phase, des ou-

---

[1] « Quand l'expérience, suivant la nature particulière des produits de chaque manufacture, a un fois appris à connaître le mode le plus avantageux de scinder la fabrication en opérations partielles, et le nombre de travailleurs que chacune d'elles exige, tous les établissements qui n'emploient pas un multiple exact de ce nombre, fabriquent avec moins d'économie... C'est là un des causes de l'extension colossale de certains établissements industriels » (Ch. Babbage, *On the Economy of Machinery*, 2ᵉ édit. Lonf., 1832, ch XX.)

[2] En Angleterre le fourneau à fondre est séparé du four de verrerie où se fait la préparation du verre. En Belgique, par exemple, le même fourneau sert pour les deux opérations.

vriers parcellaires de divers genres sont occupés ainsi que dans la phase définitive, qui consiste dans l'enlèvement des bouteilles hors des fours à sécher, dans leur triage, leur mise en paquets, etc. Entre les deux phases a lieu la fabrication du verre proprement dite, ou la manipulation de la masse fluide. À l'embouchure d'un même fourneau travaille un groupe qui porte, en Angleterre, le nom de *hole* (trou), et qui se compose d'un *bottle-maker*, faiseur de bouteilles ou finisseur, d'un *blower*, souffleur, d'un *gatherer*, d'un *putter-up* ou *whetter-of* et d'un *taker-in*. Ces cinq ouvriers forment autant d'organes différents d'une force collective de travail, qui ne fonctionne que comme unité, c'est-à-dire par coopération immédiate des cinq. Cet organisme se trouve paralysé dès qu'il lui manque un seul de ses membres. Le même fourneau a diverses ouvertures, en Angleterre de quatre à six, dont chacune donne accès à un creuset d'argile rempli de verre fondu, et occupe son groupe propre de cinq ouvriers. L'organisme de chaque groupe repose ici sur la division du travail, tandis que le lien entre les divers groupes analogues consiste en une simple coopération qui permet d'économiser un des moyens de production, le fourneau, en le faisant servir en commun.

Un fourneau de ce genre, avec ses quatre à six groupes, forme un petit atelier, et une manufacture de verre comprend un certain nombre de ces ateliers avec les ouvriers et les matériaux dont ils ont besoin pour les phases de production préparatoires et définitives.

Enfin la manufacture, de même qu'elle provient en partie d'une combinaison de différents métiers, peut à son tour se développer en combinant ensemble des manufactures différentes. C'est ainsi que les verreries anglaises d'une certaine importance fabriquent elles-mêmes leurs creusets d'argile, parce que la réussite du produit dépend en grande partie de leur qualité. La manufacture d'un moyen de production est ici unie à la manufacture du produit. Inversement, la manufacture du produit peut être unie à des manufactures où il entre comme matière première, ou au produit desquelles il se joint plus tard. C'est ainsi qu'on trouve des manufactures de flintglass combinées avec le polissage des glaces et la fonte du cuivre, cette dernière opération ayant pour but l'enchâssure ou la monture d'articles de verres variés. Les diverses manufactures combinées forment alors des départements plus ou moins séparés de la manufacture totale, et en même temps des procès de production indépendants, chacun avec sa division propre du travail. Malgré les avantages que présente la manufacture combinée, elle n'acquiert néanmoins une véritable unité technique, tant qu'elle repose sur sa propre base. Cette unité ne surgit qu'après la transformation de l'industrie manufacturière en industrie mécanique.

Dans la période manufacturière on ne tarda guère à reconnaître que son principe n'était que la diminution du temps de travail nécessaire à la production des marchandises, et on s'exprima sur ce point très clairement[1]. Avec la manufacture se développa aussi çà et là l'usage des machines, surtout pour certains travaux préliminaires simples qui ne peuvent être exécutés qu'en grand et avec une dépense de force considérable. Ainsi, par exemple, dans la manufacture de papier, la trituration des chiffons se fit bientôt au moyen de moulins ad hoc, de même que dans les établissements métallurgiques l'écrasement du minerai au moyen de moulins dits *brocards*[2]. L'empire romain avait transmis avec le *moulin à eau* la forme élémentaire de toute espèce de machine productive[3]. La période des métiers avait légué les grandes inventions de la boussole, de la poudre à canon, de l'imprimerie et de l'horloge automatique. En général, cependant, les machines ne jouèrent dans la période manufacturière que ce rôle secondaire qu'Adam Smith leur assigne à côté de la division du travail[4]. Leur emploi sporadique devint très important au dix-septième siècle, parce qu'il fournit aux grands mathématiciens de cette époque un point d'appui et un stimulant pour la création de la mécanique moderne.

C'est le travailleur collectif formé par la combinaison d'un grand nombre d'ouvriers parcellaires qui constitue le mécanisme spécifique de la période manufacturière. Les diverses opérations que le producteur d'une marchandise exécute tour à tour et qui se confondent dans l'ensemble de son travail, exigent, pour ainsi dire, qu'il ait plus d'une corde à son arc. Dans l'une, il doit déployer plus d'habileté, dans l'autre

---

[1] C'est ce que l'on voit entre autres chez W. Petty, John Bellers, Andrew Yarranton, *The Advantages of the East India Trade*, et J. Vanderlint.

[2] Vers la fin du seizième siècle, on se servait encore en France de mortiers et de cribles pour écraser et laver le minerai.

[3] L'histoire des moulins à grains permet de suivre pas à pas le développement du machinisme en général. En Angleterre, la fabrique porte encore le nom de *mill* (moulin). En Allemagne, on trouve encore ce nom *mühle* employé dans les écrits technologiques des trente premières années de ce siècle pour désigner non-seulement toute machine mue par des forces naturelles, mais encore toute manufacture qui emploie des appareils mécaniques. En français, le mot *moulin*, appliqué primitivement à la mouture des grains, fut par la suite employé pour toute machine qui, mue par une force extérieure, donne une violente impression sur un corps, moulin à poudre, à papier, à tan, à foulon, à retordre le fil, à forge, à monnaie, etc.

[4] Comme on pourra le voir dans le quatrième livre de cet ouvrage, Adam Smith n'a pas établi une seule proposition nouvelle concernant la division du travail. Mais à cause de l'importance qu'il lui donna il mérite d'être considéré comme l'économiste qui caractérise le mieux la période manufacturière. Le rôle subordonné qu'il assigne aux machines souleva dès les commencements de la grande industrie la polémique de Lauderdale, et plus tard celle de Ure. Adam Smith confond aussi la différenciation des instruments, due en grande partie aux ouvriers manufacturiers, avec l'invention des machines. Ceux qui joue un rôle ici, ce ne sont pas les ouvriers de manufacture, mais des savants, des artistes, même des paysans (Brindley), etc.

plus de force, dans une troisième plus d'attention, etc., et le même individu ne possède pas toutes ces facultés à un degré égal. Quand les différentes opérations sont une fois séparées, isolées et rendues indépendantes, les ouvriers sont divisés, classés et groupés d'après les facultés qui prédominent chez chacun d'eux. Si leurs particularités naturelles constituent le sol sur lequel croit la division du travail, la manufacture une fois introduite, développe des forces de travail qui ne sont aptes qu'à des fonctions spéciales. Le travailleur collectif possède maintenant toutes les facultés productives au même degré de virtuosité et les dépense le plus économiquement possible, en n'employant ses organes, individualisés dans des travailleurs ou des groupes de travailleurs spéciaux, qu'à des fonctions appropriées à leur qualité[1]. En tant que membre du travailleur collectif, le travailleur parcellaire devient même d'autant plus parfait qu'il est plus borné et plus incomplet[2]. L'habitude d'une fonction unique le transforme en organe infaillible et spontané de cette fonction, tandis que l'ensemble du mécanisme le contraint d'agir avec la régularité d'une pièce de machine[3]. Les fonctions diverses du travailleur collectif étant plus ou moins simples ou complexes, inférieures ou élevées ; ses organes, c'est-à-dire les forces de travail individuelles, doivent aussi être plus ou moins simples ou complexes ; elles possèdent par conséquent des valeurs différentes. La manufacture crée ainsi une hiérarchie des forces de travail à laquelle correspond une échelle graduée des salaires. Si le travailleur individuel est approprié et annexé sa vie durant à une seule et unique fonction, les opérations diverses sont accommodées à cette hiérarchie d'habiletés et de spécialités naturelles et acquises[4]. Chaque procès de production exige

---

[1] « Dès que l'on divise la besogne en plusieurs opérations diverses, dont chacune exige des degrés différents de force et d'habileté, le directeur de la manufacture peut se procurer le quantum d'habileté et de force que réclame chaque opération. Mais si l'ouvrage devait être fait par un seul ouvrier, il faudrait que le même individu possédât assez d'habilité pour les opérations les plus délicates et assez de force pour les plus pénibles. » (Ch. Babbage, l. c., ch. XIX)

[2] Lorsque par exemple, ses muscles sont plus développés dans un sens que dans l'autre, ses os déformés et contournés d'une certaine façon, etc.

[3] À cette question du commissaire d'enquête : "Comment pouvez-vous maintenir toujours actifs les jeunes garçons que vous occupez ?", le directeur général d'une verrerie, M. W. Marschall, répond fort justement : "Il leur est impossible de négliger leur besogne ; une fois qu'ils ont commencé, nul moyen de s'arrêter ; ils ne sont rien autre chose que des parties d'une machine." (*Child. Empl. Comm. Fourth Report*, 1868, p. 247)

[4] Le Dr Ure, dans son apothéose de la grande industrie, fait bien mieux ressortir les caractères particuliers de la manufacture que les économistes ses devanciers, moins entraînés que lui à la polémique, et même que ses contemporaines, par exemple, Babbage, qui lui est de beaucoup supérieur comme mathématicien et mécanicien, mais ne comprend cependant la grande industrie qu'au point de

certaines manipulations dont le premier venu est capable. Elles aussi sont détachées de leur rapport mobile avec les moments plus importants de l'activité générale et ossifiées en fonctions exclusives. La manufacture produit ainsi dans chaque métier dont elle s'empare une classe de simples manouvriers que le métier du moyen âge écartait impitoyablement. Si elle développe la spécialité isolée au point d'en faire une virtuosité aux dépens de la puissance de travail intégrale, elle commence aussi à faire une spécialité du défaut de tout développement. À côté de la gradation hiérarchique prend place une division simple des travailleurs en habiles et inhabiles. Pour ces derniers les frais d'apprentissage disparaissent ; pour les premiers ils diminuent comparativement à ceux qu'exige le métier ; dans les deux cas la force de travail perd de sa valeur[1] ; cependant la décomposition du procès de travail donne parfois naissance à des fonctions générales qui, dans l'exercice du métier, ne jouaient aucun rôle ou un rôle inférieur. La perte de valeur relative de la force de travail provenant de la diminution ou de la disparition des frais d'apprentissage entraîne immédiatement pour le capital accroissement de plus-value, car tout ce qui raccourcit le temps nécessaire à la production de la force de travail agrandit *ipso facto* le domaine du surtravail.

IV

Division du travail dans la manufacture et dans la société

Nous avons vu comment la manufacture est sortie de la coopération ; nous avons étudié ensuite ses éléments simples, l'ouvrier parcellaire et son outil, et en dernier lieu son mécanisme d'ensemble. Examinons maintenant le rapport entre la division manufacturière du travail et sa division sociale, laquelle forme la base générale de toute production marchande.

Si l'on se borne à considérer le travail lui-même, on peut désigner la séparation de la production sociale en ses grandes branches, industrie, agriculture, etc., sous le nom de division du travail en général, la séparation de ces genres de production en espèces et variétés sous celui de division du travail en particulier, et enfin la division dans l'atelier sous le nom du travail en détail[2].

---

vue manufacturier. Ure dit fort bien : « L'appropriation des travailleurs à chaque opération séparée forme l'essence de la distribution des travaux. » Il définit cette distribution "une accommodation des travaux aux diverses facultés individuelle" et caractérise enfin le système entier de la manufacture comme un système de gradations, comme une division du travail d'après les divers degrés de l'habileté, etc. (Ure, l. c., t. I, p. 28, 35, *passim*.)

[1] « Un ouvrier, en se perfectionnant par la pratique sur un seul et même point, devient... moins coûteux » (Ure, l. c., p. 28)

[2] « La division du travail a pour point de départ la séparation des professions les

La division du travail dans la société et la limitation correspondante des individus à une sphère ou à une vocation particulière, se développent, comme la division du travail dans la manufacture, en partant de points opposés. Dans une famille, et dans la famille élargie, la tribu, une division spontanée de travail s'ente sur les différences d'âge et de sexe, c'est-à-dire sur une base purement physiologique. Elle gagne plus de terrain avec l'extension de la communauté, l'accroissement de la population et surtout le conflit entre les diverses tribus et la soumission de l'une par l'autre. D'autre part, ainsi que nous l'avons déjà remarqué, l'échange des marchandises prend d'abord naissance sur les points où diverses familles, tribus, communautés entrent en contact ; car ce sont des collectivités et non des individus qui, à l'origine de la civilisation, s'abordent et traitent les uns avec les autres en pleine indépendance. Diverses communautés trouvent dans leur *entourage naturel* des moyens de production et des moyens de subsistance différents. De là une différence dans leur mode de production, leur genre de vie et leurs produits. Des relations entre des communautés diverses une fois établies, l'échange de leurs produits réciproques se développe bientôt et les convertit peu à peu en marchandises. L'échange ne crée pas la différence des sphères de production ; il ne fait que les mettre en rapport entre elles et les transforme ainsi en branches plus ou moins dépendantes de l'ensemble de la production sociale. Ici la division sociale du travail provient de l'échange entre sphères de production différentes et indépendantes les unes des autres. Là où la *division physiologique* du travail forme le point de départ, ce sont au contraire les organes particuliers d'un tout compact qui se détachent les uns des autres, se décomposent, principalement en vertu de l'impulsion donnée par l'échange avec des communautés étrangères, et s'isolent jusqu'au point où le lien entre les différents travaux n'est plus maintenu que par l'échange de leurs produits.

---

plus diverses, et marche progressivement jusqu'à cette division dans laquelle plusieurs travailleurs se partagent la confection d'un seul et même produit, comme dans la manufacture. » (Storch., l. c, t. I, p. 173.) « Nous rencontrons chez les peuples parvenus à un certaine degré de civilisation trois genres de division d'industrie : la première que nous nommons générale, amène la distinction des producteurs en agriculteurs, manufacturiers et commerçants ; elle se rapporte aux trois principales branches d'industrie national ; la seconde qu'on pourrait appeler spéciale, est la division de chaque genre d'industrie en espèces... la troisième division d'industrie, celle enfin qu'on devrait qualifier de division de la besogne ou travail proprement dit, et celle qui s'établit dans les arts et les métiers séparés..., qui s'établit dans la plupart des manufactures et des ateliers. » (Skarbeck, l. c., p. 84, 86.)

СТАХАНОВИЗМ

Toute division du travail développée qui s'entretient par l'intermédiaire de l'échange des marchandises a pour base fondamentale la séparation de la ville et de la campagne[1]. On peut dire que l'histoire économique de la société roule sur le mouvement de cette antithèse, à laquelle cependant nous ne nous arrêterons pas ici.

De même que la division du travail dans la manufacture suppose comme base matérielle un certain nombre d'ouvriers occupés en même temps, de même la division du travail dans la société suppose une certaine grandeur de la population, accompagnée d'une certaine densité, laquelle remplace l'agglomération dans l'atelier[2]. Cette densité cependant est quelque chose de relatif. Un pays dont la population est proportionnellement clairsemée, possède néanmoins, si ses voies de communication sont développées, une population plus dense qu'un pays plus peuplé, dont les moyens de communication sont moins faciles. Dans ce sens, les États du nord de l'Union américaine possèdent une population bien plus dense que les Indes[3].

La division manufacturière du travail ne prend racine que là où sa division sociale est déjà parvenue à un certain degré de développement, division que par contrecoup elle développe et multiplie. À mesure que se différencient les instruments de travail, leur fabrication va se divisant en différents métiers[4].

L'industrie manufacturière prend-elle possession d'un métier qui jusque-là était connexe avec d'autres comme occupation principale ou accessoire, tous étant exercés par le même artisan, immédiatement ces métiers se séparent et deviennent indépendants ; s'introduit-elle dans

---

[1] C'est Sir James Steuart qui a le mieux traité cette question. Son ouvrage, qui a précédé de dix ans celui d'Adam Smith, est aujourd'hui encore à peine connu. La preuve en est que les admirateurs de Malthus ne savent même pas que dans la première édition de soit écrit sur la population, abstraction faite de la partie purement déclamatoire, il ne fait guère que copier James Steuart, auquel il faut ajouter Wallace et Townsend.

[2] « Il faut une certaine densité de population soit pour les communications sociales, soit pour la combinaison des puissances par le moyen desquelles le produit du travail est augmenté. » (James Mill, l. c. p. 50.) « À mesure que le nombre des travailleurs augmente, le pouvoir productif de la société augmente aussi en raison composée de cette augmentation multipliée par les effets de la division du travail. » (Th. Hodgskin, l. c., p. 125, 126.)

[3] Par suite de la demande considérable de coton depuis 1861, la production du coton dans quelques districts de l'Inde d'ailleurs très peuplés, a été développée aux dépens de la production du riz. Il en est résulté une famine dans une grande partie du pays, les moyens défectueux de communication ne permettant pas de compenser le déficit de riz dans un district par une importation assez rapide des autres districts.

[4] C'est ainsi que la fabrication des navettes de tisserand formait en Hollande déjà au dix-septième siècle une branche d'industrie spéciale.

une phase particulière de la production d'une marchandise, aussitôt les autres phases constituent autant d'industries différentes. Nous avons déjà remarqué que là où le produit final n'est qu'une simple composition de produits partiels et hétérogènes, les différents travaux parcellés dont ils proviennent peuvent se désagréger et se transformer en métiers indépendants. Pour perfectionner la division du travail dans une manufacture on est bientôt amené à subdiviser une branche de production suivant la variété de ses matières premières, ou suivant les diverses formes que la même matière première peut obtenir, en manufactures différentes et pour une bonne part entièrement nouvelles. C'est ainsi que déjà dans la première moitié du dix-huitième on tissait en France plus de cent espèces d'étoffes de soie, et qu'à Avignon par exemple une loi ordonna que « chaque apprenti ne devait se consacrer qu'à un seul genre de fabrication et n'apprendre jamais à tisser qu'un seul genre d'étoffes ». La division territoriale du travail qui assigne certaines branches de production à certains districts d'un pays reçoit également une nouvelle impulsion de l'industrie manufacturière qui exploite partout les spécialités[1]. Enfin l'expansion du marché universel et le système colonial qui font partie des conditions d'existence générales de la période manufacturière lui fournissent de riches matériaux pour la division du travail dans la société. Ce n'est pas ici le lieu de montrer comment cette division infesta non seulement la sphère économique mais encore toutes les autres sphères sociales, introduisant partout ce développement des spécialités, ce morcellement de l'homme qui arracha au maître d'Adam Smith, à A. Ferguson, ce cri : « Nous sommes des nations entières d'ilotes et nous n'avons plus de citoyens libres[2]. »

Malgré les nombreuses analogies et les rapports qui existent entre la division du travail dans la société et la division du travail dans l'atelier, il y a cependant entre elles une différence non pas de degré mais d'essence. L'analogie apparaît incontestablement de la manière la plus frappante là où un lien intime entrelace diverses branches d'industrie. L'éleveur de bétail par exemple produit des peaux ; le tanneur les transforme en cuir ; le cordonnier du cuir fait des bottes. Chacun fournit ici un produit gradué et la forme dernière et définitive est le produit collectif de leurs travaux spéciaux. Joignons à cela les diverses branches de travail qui fournissent des instruments, etc., à l'éleveur de bétail, au tanneur et au cordonnier. On peut facilement se figurer avec Adam Smith que cette division sociale

---

[1] « Les manufactures de laine d'Angleterre ne sont-elles pas divisées eu branches distinctes, dont chacune a un siège spécial où se fait uniquement ou principalement la fabrication : les draps fins dans le Somersetshire, les draps communs dans le Yorkshire, les crêpes à Norwich, les brocatelles à Kendal, les couvertures à Whitney, et ainsi de suite. » (Berkeley, The Querist, 1750, p. 520.)
[2] *A. Fergusson: History of Civil Society.* Part. IX, ch. II.

du travail ne se distingue de la division manufacturière que subjective-
ment, c'est-à-dire que l'observateur voit ici d'un coup d'œil les différents
travaux partiels à la fois, tandis que là leur dispersion sur un vaste espace et le grand nombre des ouvriers occupés à chaque travail
particulier ne lui permettent pas de saisir leurs rapports d'ensemble[1].
Mais qu'est-ce qui constitue le rapport entre les travaux indépendants
de l'éleveur de bétail, du tanneur et du cordonnier ? C'est que leurs produits respectifs sont des marchandises. Et qu'est-ce qui caractérise au
contraire la division manufacturière du travail ? C'est que les travailleurs parcellaires ne produisent pas de marchandises[2]. Ce n'est que leur
produit collectif qui devient marchandise[3]. L'intermédiaire des travaux

---

[1] Dans les manufactures proprement dites « la totalité des ouvriers qui y sont
employés est nécessairement peu nombreuse, et ceux qui sont est nécessairement peu nombreuse, et ceux qui sont occupés à chaque différente branche de
l'ouvrage, peuvent souvent être réunis dans le même atelier, et placés à la fois
sous les yeux de l'observateur. Au contraire, dans ces grandes manufactures (!)
destinés à fournir les objets de consommation du peuple, chaque branche de
l'ouvrage emploie un si grand nombre d'ouvriers, qu'il est impossible de les réunir dans le même atelier... La division y est moins sensible, et, par cette raison,
a été moins bien observé. » (A. Smith : *Wealth of Nations*, l. I, ch. I. Le célèbre
passage dans le même chapitre qui commence par ces mots : « Observez dans un
pays civilisé et florissant, ce qu'est le mobilier d'un simple journalier ou du dernier des manœuvres, » etc., et qui déroule ensuite le tableau des innombrables
travaux sans l'aide et le concours desquels « le plus petit particulier, dans un
pays civilisé, ne pourrait pas être vêtu et meublé » : — ce passage est presque
littéralement copié des Remarques par B. de Mandeville à son ouvrage : *The
Fable of the Bees, or Private Vices, Publick Benefits, 1re édition sans remarques,
1706 ; édition avec des remarques, 1714.*
[2] « Il n'y a plus rien que l'on puisse nommer la récompense du travail individuel.
Chaque travailleur ne produit plus qu'une partie d'un tout, et chaque n'ayant ni
valeur ni utilisé par elle-même, il n'y a rien que le travailleur puisse s'attribuer,
rien dont il puisse dire : ceci est mon produit, je veux la garder pour moi-même.
» (*Labour defended against the claims of Capital.* Lond., 1825, p. 25.) L'auteur
de cet écrit remarquable est Ch. Hodgskin, déjà cité.
[3] C'est ce qui a été démontré d'une manière singulière aux Yankees. Parmi les
nombreux et nouveaux impôts imaginés à Washington pendant la guerre civile,
figurait une accise de 60/0 sur les produits industriels. Or, qu'est-ce qu'un produit industriel ? À cette question posée par les circonstances la sagesse
législative répondit : « Une chose devient produit quand elle est faite « when it
is made », et elle faite dès qu'elle bonne à la vente. » Citons maintenant un
exemple entre mille. Dans les manufactures de parapluies et de parasols, à
New-York et à Philadelphie, ces articles étaient d'abord fabriqués en atelier,
bien qu'en réalité ils soient d'abord des *mixta composita* de choses complètement hétérogènes. Plus tard les différentes parties qui les consitituent
devinrent l'objet d'autant de fabrications spéciales disséminées en divers lieux,
c'est-à- dire que la division du travail, de manufacturière qu'elle était, devint
sociale. Les produits des divers travaux partiels forment donc maintenant au-

indépendants dans la société c'est l'achat et la vente de leurs produits ; le rapport d'ensemble des travaux partiels de la manufacture a pour condition la vente de différentes forces de travail à un même capitaliste qui les emploie comme force de travail collective. La division manufacturière du travail suppose une concentration de moyens de production dans la main d'un capitaliste ; la division sociale du travail suppose leur dissémination entre un grand nombre de producteurs marchands indépendants les uns des autres. Tandis que dans la manufacture la loi de fer de la proportionnalité soumet des nombres déterminés d'ouvriers à des fonctions déterminées, le hasard et l'arbitraire jouent leur jeu déréglé dans la distribution des producteurs et de leurs moyens de production entre les diverses branches du travail social.

Les différentes sphères de production tendent, il est vrai, à se mettre constamment en équilibre. D'une part, chaque producteur marchand doit produire une valeur d'usage, c'est-à-dire satisfaire un besoin social déterminé ; or, l'étendue de ces besoins diffère quantitativement et un lien intime les enchaîne tous en un système qui développe spontanément leurs proportions réciproques ; d'autre part la loi de la valeur détermine combien de son temps disponible la société peut dépenser à la production de chaque espèce de marchandise. Mais cette tendance constante des diverses sphères de la production à s'équilibrer n'est qu'une réaction contre la destruction continuelle de cet équilibre. Dans la division manufacturière de l'atelier le nombre proportionnel donné d'abord par la pratique, puis par la réflexion, gouverne a priori à titre de règle la masse d'ouvriers attachée à chaque fonction particulière ; dans la division sociale du travail il n'agit qu'a posteriori, comme nécessité fatale, cachée, muette, saisissable seulement dans les variations barométriques des prix du marché, s'imposant et dominant par des catastrophes l'arbitraire déréglé des producteurs marchands.

La division manufacturière du travail suppose l'autorité absolue du capitaliste sur des hommes transformés en simples membres d'un mécanisme qui lui appartient. La division sociale du travail met en face les uns des autres des producteurs indépendants qui ne reconnaissent en fait d'autorité que celle de la concurrence, d'autre force que la pression exercée sur eux par leurs intérêts réciproques, de même que dans le règne animal la guerre de tous contre tous, *bellum omnium contra omnes*, entretient plus ou moins les conditions d'existence de toutes les

---

tant de marchandises qui entrent dans la manufacture de parapluies et de parasols pour y être tout simplement réunis en tout. Les Yankees ont baptisé ces produits du nom d'articles assemblés (assembled articles), nom qu'ils méritent d'ailleurs à cause des impôts qui s'y trouvent réunis. Le parapluie paye ainsi 60/0 d'accise sur le prix de chacun de ses éléments qui entre comme une marchandise dans sa manufacture et de plus 60/0 sur son propre prix total.

espèces. Et cette conscience bourgeoise qui exalte la division manufacturière du travail, la condamnation à perpétuité du travailleur à une opération de détail et sa subordination passive au capitaliste, elle pousse des hauts cris et se pâme quand on parle de contrôle, de réglementation sociale du procès de production ! Elle dénonce toute tentative de ce genre comme une attaque contre les droits de la Propriété, de la Liberté, du Génie du capitaliste. « Voulez-vous donc transformer la société en une fabrique ? » glapissent alors ces enthousiastes apologistes du système de fabrique. Le régime des fabriques n'est bon que pour les prolétaires !

Si l'anarchie dans la division sociale et le despotisme dans la division manufacturière du travail caractérisent la société bourgeoise, des sociétés plus anciennes où la séparation des métiers s'est développée spontanément, puis s'est cristallisée et enfin a été sanctionnée légalement, nous offrent par contre l'image d'une organisation sociale du travail régulière et autoritaire tandis que la division manufacturière y est complètement exclue, ou ne se présente que sur une échelle minime, ou ne se développe que sporadiquement et accidentellement[1].

Ces petites communautés indiennes, dont on peut suivre les traces jusqu'aux temps les plus reculés, et qui existent encore en partie, sont fondées sur la possession commune du sol, sur l'union immédiate de l'agriculture et du métier et sur une division du travail invariable, laquelle sert de plan et de modèle toutes les fois qu'il se forme des communautés nouvelles. Établies sur un terrain qui comprend de cent à quelques milles acres, elles constituent des organismes de production complets se suffisant à elles-mêmes. La plus grande masse du produit est destinée à la consommation immédiate de la communauté ; elle ne devient point marchandise, de manière que la production est indépendante de la division du travail occasionnée par l'échange dans l'ensemble de la société indienne. L'excédent seul des produits se transforme en marchandise, et va tout d'abord entre les mains de l'État auquel, depuis les temps les plus reculés, en revient une certaine partie à titre de rente en nature. Ces communautés revêtent diverses formes dans différentes parties de l'Inde. Sous sa forme la plus simple, la communauté cultive le sol en commun et partage les produits entre ses membres, tandis que chaque famille s'occupe chez elle de travaux domestiques, tels que filage, tissage, etc. À côté de cette masse occupée d'une manière uniforme nous trouvons « l'habitant principal » juge, chef de police et receveur d'impôts,

---

[1] « On peut... établir en règle générale que moins l'autorité présidé à la division du travail dans l'intérieur de la société, plus la division du travail se développe dans l'intérieur de l'atelier, et plus elle y est soumise à l'autorité d'un seul. Ainsi l'autorité dans l'atelier et celle dans la société, par rapport à la division du travail, sont en raison inverse l'une de l'autre. » (Karl Marx, *Misère de la Philosophie*, p. 130, 131.)

le tout en une seule personne ; le teneur de livres qui règle les comptes de l'agriculture et du cadastre et enregistre tout ce qui s'y rapporte ; un troisième employé qui poursuit les criminels et protège les voyageurs étrangers qu'il accompagne d'un village à l'autre, l'homme-frontière qui empêche les empiètements des communautés voisines ; l'inspecteur des eaux qui fait distribuer pour les besoins de l'agriculture l'eau dérivée des réservoirs communs ; le bramine qui remplit les fonctions du culte ; le maître d'école qui enseigne aux enfants de la communauté à lire et à écrire sur le sable ; le bramine calendrier qui en qualité d'astrologue indique les époques des semailles et de la moisson ainsi que les heures favorables ou funestes aux divers travaux agricoles ; un forgeron et un charpentier qui fabriquent et réparent tous les instruments d'agriculture ; le potier qui fait toute la vaisselle du village ; le barbier, le blanchisseur, l'orfèvre et çà et là le poète qui dans quelques communautés remplace l'orfèvre et dans d'autres, le maître d'école. Cette douzaine de personnages est entretenue aux frais de la communauté entière. Quand la population augmente, une communauté nouvelle est fondée sur le modèle des anciennes et s'établit dans un terrain non cultivé. L'ensemble de la communauté repose donc sur une division du travail régulière, mais la division dans le sens manufacturier est impossible puisque le marché reste immuable pour le forgeron, le charpentier, etc., et que tout au plus, selon l'importance des villages, il s'y trouve deux forgerons ou deux potiers au lieu d'un[1]. La loi qui règle la division du travail de la communauté agit ici avec l'autorité inviolable d'une loi physique, tandis que chaque artisan exécute chez lui, dans son atelier, d'après le mode traditionnel, mais avec indépendance et sans reconnaître aucune autorité, toutes les opérations qui sont de son ressort. La simplicité de l'organisme productif de ces communautés qui se suffisent à elles-mêmes, se reproduisent constamment sous la même forme, et une fois détruites accidentellement se reconstituent au même lieu et avec le même nom[2], nous fournit la clef l'immutabilité des sociétés asiatiques, immutabilité qui contraste d'une

---

[1] Lieut. Col. Mark Wilks : *Historical Sketches of the South of India.*, Lond., 1810 17, v. I, p. 118, 120.) On trouve une bonne exposition des différentes formes de la communauté indienne dans l'ouvrage de George Campbell : Modern India. Lond., 1852.

[2] « Sous cette simple forme... les habitants du pays ont vécu depuis un temps immémorial. Les limites des villages ont été rarement modifiées, et quoique les villages eux-mêmes aient eu souvent à souffrir de la guerre, de la famine et des maladies, ils n'en ont pas moins gardé d'âge en âge les mêmes noms, les mêmes limites, les mêmes intérêts et jusqu'aux mêmes familles. Les habitants ne s'inquiètent jamais des révolutions et des divisions des royaumes. Pourvu que le village reste entier, peu leur importe à qui passe le pouvoir ; leur économie intérieure n'en éprouve le moindre changement. » (Th. Stamford Raffles, late Lieut. Gov. of Java : *The History of Java.* Lond. 1817, v. II, p. 285, 286.)

manière si étrange avec la dissolution et reconstruction incessantes des États asiatiques, les changements violents de leurs dynasties. La structure des éléments économiques fondamentaux de la société, reste hors des atteintes de toutes les tourmentes de la région politique.

Les lois des corporations du moyen âge empêchaient méthodiquement la transformation du maître en capitaliste, en limitant par des édits rigoureux le nombre maximum des compagnons qu'il avait le droit d'employer, et encore on lui interdisait l'emploi de compagnons dans tout genre de métier autre que le sien. La corporation se gardait également avec un zèle jaloux contre tout empiétement du capital marchand, la seule forme libre du capital qui lui faisait vis-à-vis. Le marchand pouvait acheter toute sorte de marchandises, le travail excepté. Il n'était souffert qu'à titre de débitant de produits. Quand des circonstances extérieures nécessitaient une division du travail progressive, les corporations existantes se subdivisaient en sous-genres, ou bien il se formait des corporations nouvelles à côté des anciennes, sans que des métiers différents fussent réunis dans un même atelier. L'organisation corporative excluait donc la division manufacturière du travail, bien qu'elle en développât les conditions d'existence en isolant et perfectionnant les métiers. En général le travailleur et ses moyens de production restaient soudés ensemble comme l'escargot et sa coquille. Ainsi la base première de la manufacture, c'est-à-dire la forme capital des moyens de production, faisait défaut.

Tandis que la division sociale du travail, avec ou sans échange de marchandises, appartient aux formations économiques des sociétés les plus diverses, la division manufacturière est une création spéciale du mode de production capitaliste.

V

Caractère capitaliste de la manufacture

Un nombre assez considérable d'ouvriers sous les ordres du même capital, tel est le point de départ naturel de la manufacture, ainsi que de la coopération simple. Mais la division du travail, tel que l'exige la manufacture, fait de l'accroissement incessant des ouvriers employés une nécessité technique. Le nombre minimum qu'un capitaliste doit employer, lui est maintenant prescrit par la division du travail établie.

Pour obtenir les avantages d'une division ultérieure, il faut non seulement augmenter le nombre des ouvriers, mais l'augmenter par multiple, c'est-à-dire d'un seul coup, selon des proportions fixes, dans tous les divers groupes de l'atelier. De plus, l'agrandissement de la partie variable du capital nécessite celui de sa partie constante, des avances en outils, instruments, bâtiments, etc., et surtout en matières premières dont la quantité requise croît bien plus vite que le nombre des ouvriers employés. Plus se développent les forces productives du travail par suite de sa division, plus il consomme de matières premières dans un temps donné. L'accroissement progressif du capital minimum nécessaire au capitaliste, ou la transformation progressive des moyens sociaux de subsistance et de production en capital, est donc une loi imposée par le caractère technique de la manufacture[1].

Le corps de travail fonctionnant dans la manufacture et dont les membres sont des ouvriers de détail, appartient au capitaliste ; il n'est qu'une forme d'existence du capital. La force productive, issue de la combinaison des travaux, semble donc naître du capital.

La manufacture proprement dite ne soumet pas seulement le travailleur aux ordres et à la discipline du capital, mais établit encore une gradation hiérarchique parmi les ouvriers eux-mêmes. Si, en général, la coopération simple n'affecte guère le mode de travail individuel, la manufacture le révolutionne de fond en comble et attaque à sa racine la force de travail. Elle estropie le travailleur, elle fait de lui quelque chose de monstrueux en activant le développement factice de sa dextérité de détail, en sacrifiant tout un monde de dispositions et d'instincts producteurs, de même que dans les États de la Plata, on immole un taureau pour sa peau et son suif.

Ce n'est pas seulement le travail qui est divisé, subdivisé et réparti entre divers individus, c'est l'individu lui-même qui est morcelé et métamorphosé en ressort automatique d'une opération exclusive[2], de sorte que l'on trouve réalisée la fable absurde de Menennius Agrippa, représentant un homme comme fragment de son propre corps[3].

---

[1] « Il ne suffit pas que le capital nécessaire à la subdivision des opérations nouvelles se trouve disponible dans la société ; il faut de plus qu'il soit accumulé entre les mains des entrepreneurs en masses suffisantes pour les mettre en état de faire travailler sur une grande échelle... À mesure que la division s'augmente, l'occupation constante d'un même nombre de travailleurs exige un capital de plus en plus considérable en matières premières, outils, etc. » (Storch, l. c., p. 250, 251.) « La concentration des instruments de production et la division du travail sont aussi inséparables l'une de l'autre que le sont, dans le régime politique, la concentration des pouvoirs publics et la division des intérêts privés. » (Karl Marx, l. c., p.134.)

[2] Dugald Stewart appelle les ouvriers de manufacture « des automates vivants employés dans les détails d'un ouvrage. » (L. c., p. 318.)

[3] Chez les coraux, chaque individu est l'estomac de son groupe ; mais cet estomac procure des aliments pour toute la communauté, au lieu de lui en dérober comme le faisait le patriciat romain.

Originairement l'ouvrier vend au capital sa force de travail, parce que les moyens matériels de la production lui manquent. Maintenant sa force de travail refuse tout service sérieux si elle n'est pas vendue. Pour pouvoir fonctionner, il lui faut ce milieu social qui n'existe que dans l'atelier du capitaliste[1]. De même que le peuple élu portait écrit sur son front qu'il était la propriété de Jéhovah, de même l'ouvrier de manufacture est marqué comme au fer rouge du sceau de la division du travail qui le revendique comme propriété du capital.

Les connaissances, l'intelligence et la volonté que le paysan et l'artisan indépendants déploient, sur une petite échelle, à peu près comme le sauvage pratique tout l'art de la guerre sous forme de ruse personnelle, ne sont désormais requises que pour l'ensemble de l'atelier. Les puissances intellectuelles de la production se développent d'un seul côté parce qu'elles disparaissent sur tous les autres. Ce que les ouvriers parcellaires perdent, se concentre en face d'eux dans le capital[2]. La division manufacturière leur oppose les puissances intellectuelles de la production comme la propriété d'autrui et comme pouvoir qui les domine. Cette scission commence à poindre dans la coopération simple où le capitaliste représente vis-à-vis du travailleur isolé l'unité et la volonté du travailleur collectif ; elle se développe dans la manufacture qui mutile le travailleur au point de le réduire à une parcelle de lui-même ; elle s'achève enfin dans la grande industrie qui fait de la science une force productive indépendante du travail et l'enrôle au service du capital[3].

Dans la manufacture l'enrichissement du travailleur collectif, et par suite du capital, en forces productives sociales a pour condition l'appauvrissement du travailleur en forces productives individuelles.

« L'ignorance est la mère de l'industrie aussi bien que de la superstition. La réflexion et l'imagination sont sujettes à s'égarer ; mais l'habitude de mouvoir le pied ou la main ne dépend ni de l'une, ni de l'autre. Aussi pourrait-on dire, que la perfection, à l'égard des manufactures, consiste à pouvoir se passer de l'esprit, de manière que, sans effort de tête, l'atelier

---

[1] « L'ouvrier, qui porte dans ses mains tout un métier, peut aller partout exercer son industrie et trouver des moyens de subsister ; l'autre (celui des manufactures), n'est qu'un accessoire qui, séparé de ses confrères, n'a plus ni capacité ni indépendance, et qui se trouve forcé d'accepter la loi qu'on juge à propos de lui imposer. » (Storch, l. c., édit. de Pétersb., 1815, t. I, p. 204.)

[2] A. Ferguson, l. c., trad. franç. 1783, t. II, p. 135, 136. « L'un peut avoir gagné ce que l'autre a perdu. »

[3] « Le savant et le travailleur sont complètement séparés l'un de l'autre, et la science dans les mains de ce dernier, au lieu de développer à son avantage ses propres forces productives, s'est presque partout tournée contre lui... La connaissance devient un instrument susceptible d'être séparé du travail et de lui être oppose. » (W. Thompson : *An Inquiry into the Principles of the Distribution of Wealth*. Lond., 1824, p. 274.)

puisse être considéré comme une machine dont les parties sont des hommes[1]. » Aussi un certain nombre de manufactures, vers le milieu du dix-huitième siècle, employaient de préférence pour certaines opérations formant des secrets de fabrique, des ouvriers à moitié idiots[2].

« L'intelligence de la plupart des hommes », dit A. Smith, « se forme nécessairement par leurs occupations ordinaires. Un homme dont toute la vie se passe à exécuter un petit nombre d'opérations simples... n'a aucune occasion de développer son intelligence ni d'exercer son imagination... Il devient en général aussi ignorant et aussi stupide qu'il soit possible à une créature humaine de le devenir. » Après avoir dépeint l'engourdissement de l'ouvrier parcellaire, A. Smith continue ainsi :

« L'uniformité de sa vie stationnaire corrompt naturellement la vaillance de son esprit... elle dégrade même l'activité de son corps et le rend incapable de déployer sa force avec quelque vigueur et quelque persévérance, dans tout autre emploi que celui auquel il a été élevé. Ainsi sa dextérité dans son métier est une qualité qu'il semble avoir acquise aux dépens de ses vertus intellectuelles, sociales et guerrières. Or, dans toute société industrielle et civilisée tel est l'état où doit tomber nécessairement l'ouvrier pauvre (the labouring poor), c'est-à-dire la grande masse du peuple[3]. » Pour porter remède à cette détérioration complète, qui résulte de la division du travail, A. Smith recommande l'instruction populaire obligatoire, tout en conseillant de l'administrer avec prudence et à doses homéopathiques. Son traducteur et commentateur français, G. Garnier, ce sénateur prédestiné du premier Empire, a fait preuve de logique en combattant cette idée. L'instruction du peuple, selon lui, est en contradiction avec les lois de la division du travail, et l'adopter « serait proscrire tout notre système social... Comme toutes les autres divisions du travail, celle qui existe entre le travail mécanique et le travail intellectuel[4] se prononce d'une manière plus forte et plus tranchante

---

[1] A. Ferguson, l. c., p. 134, 135.

[2] J. D. Tuckett : *A History of the Past and Present State of the Labouring Population.* Lond., 1846, v. I, p.149.

[3] A. Smith : *Wealth of Nations*, l. V, ch. I, art. 11. En sa qualité d'élève de A. Ferguson, Adam Smith savait à quoi s'en tenir sur les conséquences funestes de la division du travail fort bien exposées par son maître. Au commencement de son ouvrage, alors qu'il célèbre *ex professo* la division du travail, il se contente de l'indiquer en passant comme la source des inégalités sociales. Dans le dernier livre de son ouvrage, il reproduit les idées de Ferguson. Dans mon écrit, Misère de la philosophie, etc., j'ai déjà expliqué suffisamment le rapport historique entre Ferguson, A. Smith, Lemontey et Say, pour ce qui regarde leur critique de la division du travail, et j'ai démontré en même temps pour la première fois, que la division manufacturière du travail est une forme spécifique du mode de production capitaliste. (L. c., p. 122 et suiv.)

[4] Ferguson dit déjà : « L'art de penser, dans une période où tout est séparé, peut lui-même former un métier à part. »

à mesure que la société avance vers un état plus opulent. (Garnier applique ce mot *société* d'une manière très correcte au capital, à la propriété foncière et à l'État qui est leur.) Cette division comme toutes les autres, est un effet des progrès passés et une cause des progrès à venir... Le gouvernement doit-il donc travailler à contrarier cette division de travail, et à la retarder dans sa marche naturelle ? Doit-il employer une portion du revenu public pour tâcher de confondre et de mêler deux classes de travail qui tendent d'elles-mêmes à se diviser[1] ? »

Un certain rabougrissement de corps et d'esprit est inséparable de la division du travail dans la société. Mais comme la période manufacturière pousse beaucoup plus loin cette division sociale en même temps que par la division qui lui est propre elle attaque l'individu à la racine même de sa vie, c'est elle qui la première fournit l'idée et la matière d'une pathologie industrielle[2].

« Subdiviser un homme, c'est l'exécuter, s'il a mérité une sentence de mort ; c'est l'assassiner s'il ne la mérite pas. La subdivision du travail est l'assassinat d'un peuple[3]. »

La coopération fondée sur la division du travail, c'est-à-dire la manufacture, est à ses débuts une création spontanée et inconsciente. Dès qu'elle a acquis une certaine consistance et une base suffisamment large, elle devient la forme reconnue et méthodique de la production capitaliste. L'histoire de la manufacture proprement dite montre comment la division du travail qui lui est particulière acquiert expérimentalement, pour ainsi dire à l'insu des acteurs, ses formes les plus avantageuses, et comment ensuite, à la manière des corps de métier, elle s'efforce de maintenir ces formes traditionnellement, et réussit quelquefois à les

---

[1] G. Garnier, t. V de sa traduction, p. 2, 5.

[2] Ramazzini, professeur de médecine pratique à Padoue, publia en 1713 son ouvrage : *De morbis artificum*, traduit en français en 1781, réimprimé en 1841

dans l'*Encyclopédie des sciences médicales*. 7e Disc. *Auteurs classiques*. Son catalogue des maladies des ouvriers a été naturellement très augmenté par la période de la grande industrie. Voy. entre autres : *Hygiène physique et morale de l'ouvrier dans les grandes villes en général, et dans la ville de Lyon en particulier*, par le Dr A. L. Fonterel. Paris, 1858 ; *Die Krankheiten welche verschiedenen Stünden Altern und Geschlechtern eigenthümlich sind*. 6 vol. Ulm, 1861, et l'ouvrage de Edouard Reich : *M. D. Ueber den Ursprung der Entartung des Menschen*. Erlangen, 1868. La *Society of Arts* nomma en 1854 une commission d'enquête sur la pathologie industrielle. La liste des documents rassemblés par cette commission se trouve dans le catalogue du *Twickenham Economic Museum*. Les rapports officiels sur *Public Health* ont comme de juste une grande importance.

[3] D. Urquhart : *Familiar Words*. London, 1855, p. 119. Hegel avait des opinions très hérétiques sur la division du travail. « Par hommes cultivés, dit-il dans sa philosophie du droit, on doit d'abord entendre ceux qui peuvent faire tout ce que font les autres. »

maintenir pendant plus d'un siècle. Cette forme ne change presque jamais, excepté dans les accessoires, que par suite d'une révolution survenue dans les instruments de travail. La manufacture moderne (je ne parle pas de la grande industrie fondée sur l'emploi des machines) ou bien trouve, dans les grandes villes où elle s'établit, ses matériaux tout prêts quoique disséminés et n'a plus qu'à les rassembler, la manufacture des vêtements par exemple ; ou bien le principe de la division du travail est d'une application si facile qu'on n'a qu'à approprier chaque ouvrier exclusivement à une des diverses opérations d'un métier, par exemple de la reliure des livres. L'expérience d'une semaine suffit amplement dans de tels cas pour trouver le nombre proportionnel d'ouvriers qu'exige chaque fonction[1].

Par l'analyse et la décomposition du métier manuel, la spécialisation des instruments, la formation d'ouvriers parcellaires et leur groupement dans un mécanisme d'ensemble, la division manufacturière crée la différenciation qualitative et la proportionnalité quantitative des procès sociaux de production. Cette organisation particulière du travail en augmente les forces productives.

La division du travail dans sa forme capitaliste — et sur les bases historiques données, elle ne pouvait revêtir aucune autre forme — n'est qu'une méthode particulière de produire de la plus-value relative, ou d'accroître aux dépens du travailleur le rendement du capital, ce qu'on appelle *Richesse nationale (Wealth of Nations)*. Aux dépens du travailleur elle développe la force collective du travail pour le capitaliste. Elle crée des circonstances nouvelles qui assurent la domination du capital sur le travail. Elle se présente donc et comme un progrès historique, une phase nécessaire dans la formation économique de la société, et comme un moyen civilisé et raffiné d'exploitation.

L'économie politique, qui ne date comme science spéciale que de l'époque des manufactures, considère la division sociale du travail en général du point de vue de la division manufacturière[2] ; elle n'y voit qu'un moyen de produire plus avec moins de travail, de faire baisser par conséquent le prix des marchandises et d'activer l'accumulation du capital. Les écrivains de l'antiquité classique, au lieu de donner tant d'importance à la quantité et la valeur d'échange, s'en tiennent exclusi-

---

[1] La foi naïve au génie déployé a priori par le capitaliste dans la division du travail, ne se rencontre plus que chez des professeurs allemands, tels que Roscher par exemple, qui pour récompenser le capitaliste de ce que la division du travail sort toute faite de son cerveau olympien, lui accorde « plusieurs salaires différents ». L'emploi plus ou moins développé de la division du travail dépend de la grandeur de la bourse, et non de la grandeur du génie.

[2] Les prédécesseurs d'Adam Smith, tels que Petty, l'auteur anonyme de « *Advantages of the East India Trade* », ont mieux que lui pénétré le caractère capitaliste de la division manufacturière du travail.

vement à la qualité et à la valeur d'usage[1]. Pour eux, la séparation des branches sociales de la production n'a qu'un résultat : c'est que les produits sont mieux faits et que les penchants et les talents divers des hommes peuvent se choisir les sphères d'action qui leur conviennent le mieux[2], car si l'on ne sait pas se limiter, il est impossible de rien produire d'important[3]. La division du travail perfectionne donc le produit et le producteur. Si, à l'occasion, ils mentionnent aussi l'accroissement de la masse des produits, ils n'ont en vue que l'abondance de valeurs d'usage, d'objets utiles, et non la valeur d'échange ou la baisse dans le prix des marchandises. Platon[4], qui fait de la division du travail la base

---

[1] Parmi les modernes, quelques écrivains du dix-huitième siècle, Beccaria et James Harris, par exemple, sont les seuls qui s'expriment sur la division du travail à peu près comme les anciens. « L'expérience apprend à chacun, dit Beccaria, qu'en appliquant la main et l'intelligence toujours au même genre d'ouvrage et aux mêmes produits, ces derniers sont plus aisément obtenus, plus abondants et meilleurs que si chacun faisait isolément et pour lui seul toutes les choses nécessaires à sa vie... Les hommes se divisent de cette manière en classes et conditions diverses pour l'utilité commune et privée. » (Cesare Beccaria : *Elementi di Econ. Publica ed. Custodi, Parte Moderna*, t. XI, p. 28.) James Harris, plus tard comte de Malmesbury, dit lui-même dans une note de son *Dialogue concerning Happiness*. Lond., 1772 : « L'argument dont je me sers pour prouver que la société est naturelle (en se fondant sur la division des travaux et des emplois), est emprunté tout entier au second livre de la République de Platon. »

[2] Ainsi dans l'Odyssée, XIV, 228 : « Ἄλλος γὰρ 7' ἄλλοτοτν ἀνὴρ ἐπτ7έρπε7at ἔpγotς » et Archiloque cité par Sextus Empiricus : « Ἄλλος ἄλλῳ ἐπ' ἔpγῳ Μαpδιbν ἰαivε7at. » À chacun son métier et tout le monde est content.

[3] « Πολλὰ ἠπιό7a7o ἔpγa, ΜαΜῶς δ' ἠπιό7a7o πάv7a » Qui trop embrasse mal étreint. Comme producteur marchand, l'Athénien se sentait supérieur au spartiate, parce que ce dernier pour faire la guerre avait bien des hommes à sa disposition, mais non de l'argent ; comme le fait dire Thucydide à Périclès dans la harangue où celui-ci excite les Athéniens à la guerre du Péloponnèse : « Σώμασi 7ε ἑ7otμό7εpot oἱ aὐ7oupγoὶ 7ῶv ἀvθpώπωv ἢ χpήμασt πoλεμεῖv » (Thuc. l. 1, c. XLI). Néanmoins, même dans la production matérielle, l'autarcemeia, la faculté de se suffire, était l'idéal de l'Athénien, « παp' ὧv γὰp 7ò εὗ, παpὰ 7oύ7ωv Μαὶ 7ò aὗ7apΜες. Ceux-ci ont le bien, qui peuvent se suffire à eux-mêmes. » Il faut dire que même à l'époque de la chute des trente tyrans il n'y avait pas encore cinq mille Athéniens sans propriété foncière.

[4] Platon explique la division du travail au sein de la communauté par la diversité des besoins et la spécialité des facultés individuelles. Son point de vue principal, c'est que l'ouvrier doit se conformer aux exigences de son œuvre, et non l'œuvre aux exigences de l'ouvrier. Si celui-ci pratique plusieurs arts à la fois, il négligera nécessairement l'un pour l'autre. (V. *Rép.*, l. II). Il en est de même chez *Thucydide* I, C. c. XLII : « La navigation est un art comme tout autre, et il n'est pas de cas où elle puisse être traitée comme un hors-d'œuvre ; elle ne souffre pas même que l'on s'occupe à côté d'elle d'autres métiers. » Si l'œuvre doit attendre l'ouvrier, dit Platon, le moment critique de la production scra souvent manqué et la besogne gâchée ; « ἔpγou Μatpòv διoλλu7at » On re-

de la séparation sociale des classes, est là-dessus d'accord avec Xénophon[1], qui avec son instinct bourgeois caractéristique, touche déjà de plus près la division du travail dans l'atelier. La république de Platon, en tant du moins que la division du travail y figure comme principe constitutif de l'État, n'est qu'une idéalisation athénienne du régime des castes égyptiennes. L'Égypte, d'ailleurs, passait pour le pays industriel modèle aux yeux d'un grand nombre de ses contemporains, d'Isocrate, par exemple[2], et elle resta telle pour les Grecs de l'empire romain[3].

---

trouve cette idée platonique dans la protestation des blanchisseurs anglais contre l'article de la loi de fabrique qui établit une heure fixe pour les repas de tous leurs ouvriers. Leur genre d'opérations, s'écrient-ils, ne permet pas qu'on les règle d'après ce qui peut convenir aux ouvriers ; « une fois en train de chauffer, de blanchir, de calendrer ou de teindre, aucun d'eux ne peut être arrêté à un moment donné sans risque de dommage. Exiger que tout ce peuple de travailleurs dîne à la même heure, ce serait dans certains cas exposer de grandes valeurs à un risque certain, les opérations restant inachevées. » Où diable le platonisme va t il se nicher !

[1] Ce n'est pas seulement un honneur, dit Xénophon, d'obtenir des mets de la table du roi des Perses ; ces mets sont, en effet, bien plus savoureux que d'autres, « et il n'y a là rien d'étonnant ; car de même que les arts en général sont surtout perfectionnés dons les grandes villes, de même les mets du grand roi sont préparés d'une façon tout à fait spéciale. En effet dans les petites villes, c'est le même individu qui fait portes, charrues, lits, tables, etc. ; souvent même il construit des maisons et se trouve satisfait s'il peut ainsi suffire à son entretien. Il est absolument impossible qu'un homme qui fait tant de choses les fasse toutes bien. Dans les grandes villes, au contraire, où chacun isolément trouve beaucoup d'acheteurs, il suffit d'un métier pour nourrir son homme. Il n'est pas même besoin d'un métier complet, car l'un fait des chaussures pour hommes, et l'autre pour femmes. On en voit qui, pour vivre, n'ont qu'à tailler des habits, d'autres qu'à ajuster les pièces, d'autres qu'à les coudre. Il est de toute nécessité que celui qui t'ait l'opération la plus simple, soit aussi celui qui s'en acquitte le mieux. Et il en est de même pour l'art de la cuisine. » (Xénophon, *Cyrop.*, l. VIII, c. II.) C'est la bonne qualité de la valeur d'usage et le moyen de l'obtenir, que Xénophon a ici exclusivement en vue, bien qu'il sache fort bien que l'échelle de la division du travail dépend de l'étendue et de l'importance du marché.

[2] « Il (Busiris) divisa tous les habitants en castes particulières... et ordonna que les mêmes individus fissent toujours le même métier, parce qu'il savait que ceux qui changent d'occupation ne deviennent parfaits dans aucune, tandis que ceux qui s'en tiennent constamment au même genre de travail exécutent à la perfection tout ce qui s'y rapporte. Nous verrons également que pour ce qui est de l'art et de l'industrie, les Égyptiens sont autant au-dessus de leurs rivaux que le maître est au-dessus du bousilleur. De même, encore, les institutions par lesquelles ils maintiennent la souveraineté royale et le reste de la constitution de l'État sont tellement parfaites, que les philosophes les plus célèbres qui ont entrepris de traiter ces matières, ont toujours placé la constitution égyptienne audessus de toutes les autres. » (*Isocr. Busiris*, c. VIII.)

[3] V. *Diodore de Sicile*.

Pendant la période manufacturière proprement dite, c'est-à-dire pendant la période où la manufacture resta la forme dominante du mode de production capitaliste, des obstacles de plus d'une sorte s'opposent à la réalisation de ses tendances. Elle a beau créer, comme nous l'avons déjà vu, à côté de la division hiérarchique des travailleurs, une séparation simple entre ouvriers habiles et inhabiles, le nombre de ces derniers reste très circonscrit, grâce à l'influence prédominante des premiers. Elle a beau adapter les opérations parcellaires aux divers degrés de maturité, de force et de développement de ses organes vivants de travail et pousser ainsi à l'exploitation productive des enfants et des femmes, cette tendance échoue généralement contre les habitudes et la résistance des travailleurs mâles. C'est en vain qu'en décomposant les métiers, elle diminue les frais d'éducation, et par conséquent la valeur de l'ouvrier ; les travaux de détail difficiles exigent toujours un temps assez considérable pour l'apprentissage ; et lors même que celui- ci devient superflu, les travailleurs savent le maintenir avec un zèle jaloux. L'habileté de métier restant la base de la manufacture, tandis que son mécanisme collectif ne possède point un squelette matériel indépendant des ouvriers eux- mêmes, le capital doit lutter sans cesse contre leur insubordination. « La faiblesse de la nature humaine est telle, s'écrie l'ami Ure, que plus un ouvrier est habile, plus il devient opiniâtre et intraitable, et par conséquent moins il est propre à un mécanisme, à l'ensemble duquel ses boutades capricieuses peuvent faire un tort considérable[1]. » Pendant toute la période manufacturière, on n'entend que plaintes sur plaintes à propos de l'indiscipline des travailleurs[2]. Et n'eussions-nous pas les témoignages des écrivains de cette époque, le simple fait que, depuis le seizième siècle jusqu'au moment de la grande industrie, le capital ne réussit jamais à s'emparer de tout le temps disponible des ouvriers manufacturiers, que les manufactures n'ont pas la vie dure, mais sont obligées de se déplacer d'un pays à l'autre suivant les émigrations ouvrières, ces faits, dis-je, nous tiendraient lieu de toute une bibliothèque. « Il faut que l'ordre soit établi d'une manière ou d'une autre », s'écrie, en 1770, l'auteur souvent cité de l'*Essay on Trade and Commerce*. L'ordre, répète soixante-six ans plus tard le docteur Andrew Ure, « l'ordre faisait défaut dans la manufacture basée sur le dogme scolastique de la division du travail, et Arkwright a créé l'ordre. »

Il faut ajouter que la manufacture ne pouvait ni s'emparer de la production sociale dans toute son étendue, ni la bouleverser dans sa profondeur. Comme œuvre d'art économique, elle s'élevait sur la large base des corps de métiers des villes et de leur corollaire, l'industrie domestique des campagnes. Mais dès qu'elle eut atteint un certain degré

---

[1] Ure, l. c., p. 31.
[2] Ceci est beaucoup plus vrai pour l'Angleterre que pour la France et pour la France que pour la Hollande.

de développement, sa base technique étroite entra en conflit avec les besoins de production qu'elle avait elle-même créés.

Une de ses œuvres les plus parfaites fut l'atelier de construction où se fabriquaient les instruments de travail et les appareils mécaniques plus compliqués, déjà employés dans quelques manufactures. « Dans l'enfance de la mécanique », dit Ure, « un atelier de construction offrait à l'œil la division des travaux dans leurs nombreuses gradations : la lime, le foret, le tour, avaient chacun leurs ouvriers par ordre d'habileté. »

Cet atelier, ce produit de la division manufacturière du travail, enfanta à son tour les machines. Leur intervention supprima la main-d'œuvre comme principe régulateur de la production sociale. D'une part, il n'y eut plus nécessité technique d'approprier le travailleur pendant toute sa vie à une fonction parcellaire ; d'autre part, les barrières que ce même principe opposait encore à la domination du capital, tombèrent.

CHAPITRE XV

MACHINISME ET GRANDE INDUSTRIE

I

Développement des machines et de la production mécanique

« Il reste encore à savoir », dit John Stuart Mill, dans ses *Principes d'économie politique,* « si les inventions mécaniques faites jusqu'à ce jour ont allégé le labeur quotidien d'un être humain quelconque[1]. » Ce n'était pas là leur but. Comme tout autre développement de la force productive du travail, l'emploi capitaliste des machines ne tend qu'à diminuer le prix des marchandises, à raccourcir la partie de la journée où l'ouvrier travaille pour lui-même, afin d'allonger l'autre où il ne travaille que pour le capitaliste. C'est une méthode particulière pour fabriquer de la plus-value relative.

La force de travail dans la manufacture et le moyen de travail dans la production mécanique sont les points de départ de la révolution industrielle. Il faut donc étudier comment le moyen de travail s'est transformé d'outil en machine et par cela même définir la différence qui existe entre la machine et l'instrument manuel. Nous ne mettrons en relief que les traits caractéristiques : pour les époques historiques, comme pour les époques géologiques, il n'y a pas de ligne de démarcation rigoureuse.

---

[1] Mill aurait dû ajouter « qui ne vit pas du travail d'autrui », car il est certain que les machines ont grandement augmenté le nombre des oisifs ou ce qu'on appelle les gens comme il faut.

Владимир Ильич Ульянов, известный как «Ленин»

Des mathématiciens et des mécaniciens, dont l'opinion est reproduite par quelques économistes anglais, définissent l'outil une machine simple, et la machine un outil composé. Pour eux, il n'y a pas de différence essentielle et ils donnent même le nom de machines aux puissances mécaniques élémentaires telles que le levier, le plan incliné, la vis, le coin, etc.[1]. En fait, toute machine se compose de ces puissances simples, de quelque manière qu'on déguise et combine. Mais cette définition ne vaut rien au point de vue social, parce que l'élément historique y fait défaut.

Pour d'autres, la machine diffère de l'outil en ce que la force motrice de celui-ci est l'homme et celle de l'autre l'animal, l'eau, le vent, etc.[2]. À ce compte, une charrue attelée de bœufs, instrument commun aux époques de production les plus différentes, serait une machine, tandis que le *Circular Loom* de Claussen, qui, sous la main d'un seul ouvrier, exécute 96 000 mailles par minute, serait un simple outil. Mieux encore, ce même *loom* serait outil, si mû par la main ; machine, si mû par la vapeur. L'emploi de la force animale étant une des premières inventions de l'homme, la production mécanique précéderait donc le métier. Quand *John Wyalt*, en 1735, annonça sa machine à filer, et, avec elle, la révolution industrielle du dix-huitième siècle, il ne dit mot de ce que l'homme serait remplacé comme moteur par l'âne, et cependant c'est à l'âne que ce rôle échut. Une machine pour « filer sans doigts », tel fut son prospectus[3].

---

[1] V. par exemple Hutton's *Course of mathematics*.

[2] « On peut à ce point de vue tracer une ligne précise de démarcation entre outil et machine : la pelle, le marteau, le ciseau, etc., les vis et les leviers, quel que soit le degré d'art qui s'y trouve atteint, du moment que l'homme est leur seule force motrice, tout cela est compris dans ce que l'on entend par outil. La charrue au contraire mise en mouvement par la force de l'animal, les moulins à vent, à eau, etc., doivent être comptés parmi les machines. » (Wilhelm Schulz : *Die Bewegung der Production*. Zurich, 1843, p. 38.) Cet écrit mérite des éloges sous plusieurs rapports.

[3] On se servait déjà avant lui de machines pour filer, très imparfaites, il est vrai ; et c'est en Italie probablement qu'ont paru les premières. Une histoire critique de la technologie ferait voir combien il s'en faut généralement qu'une invention quelconque du dix-huitième siècle appartienne à un seul individu. Il n'existe aucun ouvrage de ce genre. Darwin a attiré l'attention sur l'histoire de la *technologie naturelle*, c'est- à-dire sur la formation des organes des plantes et des animaux considérés comme moyens de production pour leur vie. L'histoire des organes productifs de l'homme social, base matérielle de toute organisation sociale, ne serait-elle pas digne de semblables recherches ? Et ne serait-il pas plus facile de mener cette entreprise à bonne fin, puisque, comme dit Vico, l'histoire de l'homme se distingue de l'histoire de la nature en ce que nous avons fait celle-là et non celle-ci ? La technologie met à nu le mode d'action de l'homme vis-à-vis de la nature, le procès de production de sa vie matérielle, et, par conséquent, l'origine des rapports sociaux et des idées ou conceptions intellectuelles qui en découlent. L'histoire de la religion elle-même, si l'on fait abstraction de cette base matérielle, manque de critérium. Il est en effet bien plus facile de

Tout mécanisme développé se compose de trois parties essentiellement différentes : moteur, transmission et machine d'opération. Le moteur donne l'impulsion à tout le mécanisme. Il enfante sa propre force de mouvement comme la machine à vapeur, la machine électro-magnétique, la machine calorique, etc., ou bien reçoit l'impulsion d'une force naturelle externe, comme la roue hydraulique d'une chute d'eau, l'aile d'un moulin à vent des courants d'air.

La transmission, composée de balanciers, de roues circulaires, de roues d'engrenage, de volants, d'arbres moteurs, d'une variété infinie de cordes, de courroies, de poulies, de leviers, de plans inclinés, de vis, etc., règle le mouvement, le distribue, en change la forme, s'il le faut, de rectangulaire en rotatoire et vice versa, et le transmet à la machine-outil.

Les deux premières parties du mécanisme n'existent, en effet, que pour communiquer à cette dernière le mouvement qui lui fait attaquer l'objet de travail et en modifier la forme. C'est la machine-outil qui inaugure au dix-huitième siècle la révolution industrielle ; elle sert encore de point de départ toutes les fois qu'il s'agit de transformer le métier ou la manufacture en exploitation mécanique.

En examinant la machine-outil, nous retrouvons en grand, quoique sous des formes modifiées, les appareils et les instruments qu'emploie l'artisan ou l'ouvrier manufacturier, mais d'instruments manuels de l'homme ils sont devenus instruments mécaniques d'une machine. Tantôt la machine entière n'est qu'une édition plus ou moins revue et corrigée du vieil instrument manuel, — c'est le cas pour le métier à tisser mécanique[1], — tantôt les organes d'opération, ajustés à la charpente de la machine-outil, sont d'anciennes connaissances, comme les fuseaux de la Mule-Jenny, les aiguilles du métier à tricoter des bas, les feuilles de scie de la machine à scier, le couteau de la machine à hacher, etc. La plupart de ces outils se distinguent par leur origine même de la machine dont ils forment les organes d'opération. En général on les produit aujourd'hui encore par le métier ou la manufacture, tandis que la machine, à laquelle ils sont ensuite incorporés, provient de la fabrique mécanique[2].

---

trouver par l'analyse, le contenu, le noyau terrestre des conceptions nuageuses des religions, que de faire voir par une voie inverse comment les conditions de la vie réelle revêtent peu à peu une forme éthérée. C'est là la seule méthode matérialiste, par conséquent scientifique. Pour ce qui est du matérialisme abstrait des sciences naturelles, qui ne fait aucun cas du développement historique, ses défauts éclatent dans la manière de voir abstraite et idéologique de ses porte-parole, dès qu'ils se hasardent à faire un pas hors de leur spécialité.

[1] Dans la première forme mécanique du métier à tisser, on reconnaît au premier coup d'œil l'ancien métier. Dans sa dernière forme moderne cette analogie a disparu.

[2] Ce n'est que depuis vingt ans environ qu'un nombre toujours croissant de ces outils mécaniques sont fabriqués mécaniquement en Angleterre, mais dans

La machine-outil est donc un mécanisme qui, ayant reçu le mouvement convenable, exécute avec ses instruments les mêmes opérations que le travailleur exécutait auparavant avec des instruments pareils. Dès que l'instrument, sorti de la main de l'homme, est manié par un mécanisme, la machine-outil a pris la place du simple outil. Une révolution s'est accomplie alors même que l'homme reste le moteur. Le nombre d'outils avec lesquels l'homme peut opérer en même temps est limité par le nombre de ses propres organes. On essaya, au dix-huitième siècle, en Allemagne de faire manœuvrer simultanément deux rouets par un fileur. Mais cette besogne a été trouvée trop pénible. Plus tard on inventa un rouet à pied avec deux fuseaux ; mais les virtuoses capables de filer deux fils à la fois étaient presque aussi rares que des veaux à deux têtes. La *Jenny*, au contraire, même dans sa première ébauche, file avec douze et dix-huit fuseaux ; le métier à bas tricote avec plusieurs milliers d'aiguilles. Le nombre d'outils qu'une même machine d'opération met en jeu simultanément est donc de prime abord émancipé de la limite organique que ne pouvait dépasser l'outil manuel.

Il y a bien des instruments dont la construction même met en relief le double rôle de l'ouvrier comme simple force motrice comme exécuteur de la main-d'œuvre proprement dite. Prenons, par exemple, le rouet. Sur sa marchette, le pied agit simplement comme moteur, tandis que les doigts filent en travaillant au fuseau. C'est précisément cette dernière partie de l'instrument, l'organe de l'opération manuelle, que la révolution industrielle saisit tout d'abord, laissant à l'homme, à côté de nouvelle besogne de surveiller la machine et d'en corriger les erreurs de sa main, le rôle purement mécanique de moteur.

Il y a une autre classe d'instruments sur lesquels l'homme agit toujours comme simple force motrice, en tournant, par exemple, la manivelle d'un moulin[1], en manœuvrant une pompe, en écartant et rapprochant les bras d'un soufflet, en broyant des substances dans un mortier, etc. Là aussi l'ouvrier commence à être remplacé comme force motrice par des animaux, le vent, l'eau[2]. Beaucoup de ces instruments se transforment en

---

d'autres ateliers de construction que les charpentes des machines d'opération. Parmi les machines qui servent à la fabrication d'outils mécaniques, on peut citer l'automatique *bobbin-making engine*, le *card-setting engine*, les machines à forger les broches des mules et des métiers continus, etc.

[1] « Tu ne dois pas, dit Moïse d'Égypte, lier les naseaux du bœuf qui bat le grain. » Les très pieux et très chrétiens seigneurs germains, pour se conformer aux préceptes bibliques, mettaient un grand carcan circulaire en bois autour du cou du serf employé à moudre, pour l'empêcher de porter la farine à sa bouche avec la main.

[2] Le manque de cours d'eau vive et la surabondance d'eaux stagnantes forcèrent les Hollandais à user le vent comme force motrice. Ils empruntèrent le moulin à vent à l'Allemagne, on cette invention avait provoqué une belle brouille entre la

machines longtemps avant et pendant la période manufacturière sans cependant révolutionner le mode de production. Dans l'époque de la grande industrie, il devient évident qu'ils sont des machines en germe, même sous leur forme primitive d'outils manuels.

Les pompes, par exemple, avec lesquelles les Hollandais mirent à sec le lac de Harlem en 1836-37, étaient construites sur le principe des pompes ordinaires, sauf que leurs pistons étaient soulevés par d'énormes machines à vapeur au lieu de l'être à force de bras. En Angleterre, le soufflet ordinaire et très imparfait du forgeron est assez souvent transformé en pompe à air ; il suffit pour cela de mettre son bras en communication avec une machine à vapeur. La machine à vapeur elle-même, telle qu'elle exista, pendant la période manufacturière, à partir de son invention vers la fin du dix-huitième siècle[1] jusqu'au commencement de 1780, n'amena aucune révolution dans l'industrie. Ce fut au contraire la création des machines- outils qui rendit nécessaire la machine à vapeur révolutionnée. Dès que l'homme, au lieu d'agir avec l'outil sur l'objet de travail, n'agit plus que comme moteur d'une machine-outil, l'eau, le vent, la vapeur peuvent le remplacer, et le déguisement de la force motrice sous des muscles humains devient purement accidentel. Il va sans dire qu'un changement de ce genre exige souvent de grandes modifications techniques dans le mécanisme construit primitivement pour la force humaine. De nos jours toutes les machines qui doivent faire leur chemin, telles que machines à coudre, machines à pétrir, etc., et dont le but n'exige pas de grandes dimensions, sont construites de double façon, selon que l'homme ou une force mécanique est destiné à les mouvoir.

La machine, point de départ de la révolution industrielle, remplace donc le travailleur qui manie un outil par un mécanisme qui opère à la fois avec plusieurs outils semblables, et reçoit son impulsion d'une force unique, quelle qu'en soit la forme[2]. Une telle machine-outil n'est cependant que l'élément simple de la production mécanique.

Pour développer les dimensions de la machine d'opération et le nombre de ses outils, il faut un moteur plus puissant, et pour vaincre la force d'inertie du moteur, il faut une force d'impulsion supérieure à celle de

---

noblesse, la prêtraille et l'empereur, pour savoir à qui des trois le vent appartenait. L'air asservit l'homme, disait-on en Allemagne, tandis que le vent constituait la liberté de la Hollande et rendait le Hollandais propriétaire de son sol. En 1836, on fut encore obligé d'avoir recours à douze mille moulins à vent d'une force de six mille chevaux, pour empêcher les deux tiers du pays de revenir à l'état marécageux.

[1] Elle fut, il est vrai, très améliorée par Watt, au moyen de la machine à vapeur dite à simple effet ; mais sous cette dernière forme elle resta toujours simple machine à soulever l'eau.

[2] « La réunion de tous ces instruments simples, mis en mouvement par un moteur unique, forme une machine. » (Babbage, l. c.)

l'homme, sans compter que l'homme est un agent très imparfait dans la production d'un mouvement continu et uniforme. Dès que l'outil est remplacé par une machine mue par l'homme, il devient bientôt nécessaire de remplacer l'homme dans le rôle de moteur par d'autres forces naturelles.

De toutes les forces motrices qu'avait léguées la période manufacturière, le cheval était la pire ; le cheval a, comme on dit, *sa tête*, son usage est dispendieux et ne peut trouver place dans les fabriques que d'une manière restreinte[1]. Néanmoins, la force-cheval fut employée fréquemment dans les débuts de la grande industrie, ainsi qu'en témoignent les lamentations des agronomes de cette époque et l'expression «force de cheval» usitée encore aujourd'hui pour désigner la force mécanique. Le vent était trop inconstant et trop difficile à contrôler ; d'ailleurs l'emploi de l'eau comme force motrice, même pendant la période manufacturière, prédominait en Angleterre, ce pays natal de la grande industrie. On avait essayé au dix-huitième siècle de mettre en mouvement, au moyen d'une seule roue hydraulique, deux meules et deux tournants. Mais le mécanisme de transmission devenu trop pesant rendit la force motrice de l'eau insuffisante, et ce fut là une des circonstances qui conduisirent à l'étude plus approfondie des lois du frottement. L'action inégale de la force motrice dans les moulins mus par percussion et traction conduisit d'autre part à la théorie[2] et à l'emploi du volant qui joue plus tard un rôle si important dans la grande industrie dont les premiers éléments scientifiques et techniques furent ainsi peu à peu développés pendant

---

[1] Dans un mémoire « sur les forces employées en agriculture » lu en janvier 1861 dans la *Society of Arts*, M. John C. Morton dit : « Toute amélioration qui a pour résultat de niveler et de rendre uniforme le sol, facilite l'emploi de la machine à vapeur pour la production de simple force mécanique... On ne peut se passer du cheval là où des haies tortueuses et d'autres obstacles empêchent l'action uniforme. Ces obstacles disparaissent chaque jour de plus en plus, Dans les opérations qui exigent plus de volonté que de force, la seule force qui puisse être employée est celle que dirige de minute en minute l'esprit de l'homme, c'est-à-dire la force humaine. » M. Morton ramène ensuite la force- vapeur, la force-cheval et la force humaine à l'unité de mesure employée ordinairement pour les machines à vapeur, autrement dit à la force capable d'élever 33 000 livres à la hauteur d'un pied dans une minute ; et calcule que les frais du cheval-vapeur appliqué à la machine, sont de 3 d. par heure, ceux du cheval de 5 1/2 d. En outre, le cheval, si on veut l'entretenir en bonne santé, ne peut travailler que 8 heures par jour. Sur un terrain cultivé la force-vapeur permet d'économiser pendant toute l'année au moins trois chevaux sur sept, et ses frais ne s'élèvent qu'à ce que les chevaux remplacés coûtent pendant les trois ou quatre mois où ils font leur besogne. Enfin, dans les opérations agricoles où elle peut être employée, la vapeur fonctionne beaucoup mieux que le cheval. Pour faire l'ouvrage de la machine à vapeur, il faudrait 66 hommes à 15 sh. par heure, et pour faire celui des chevaux 32 hommes à 8 sh. par heure.

[2] Faulhebr 1625, De Cous 1688.

l'époque des manufactures. Les filatures par métiers continus (*throstle mills*) d'Arkwright furent, dès leur origine, mus par l'eau. Mais l'emploi presque exclusif de cette force offrit des difficultés de plus en plus grandes. Il était impossible de l'augmenter à volonté ou de suppléer à son insuffisance. Elle se refusait parfois et était de nature purement locale[1]. Ce n'est qu'avec la machine à vapeur à double effet de Watt que fut découvert un premier moteur capable d'enfanter lui- même sa propre force motrice en consommant de l'eau et du charbon et dont le degré de puissance est entièrement réglé par l'homme. Mobile et moyen de locomotion, citadin et non campagnard comme la roue hydraulique, il permet de concentrer la production dans les villes au lieu de la disséminer dans les campagnes[2]. Enfin, il est universel dans son application technique, et son usage dépend relativement peu des circonstances locales. Le grand génie de Watt se montre dans les considérants du brevet qu'il prit en 1784. Il n'y dépeint pas sa machine comme une invention destinée à des fins particulières, mais comme l'agent général de la grande industrie. Il en fait pressentir des applications, dont quelques-unes, le marteau à vapeur par exemple, ne furent introduites qu'un demi-siècle plus tard. Il doute cependant que la machine à vapeur puisse être appliquée à la navigation. Ses successeurs, Boulton et Watt, exposèrent au palais de l'industrie de Londres, en 1851, une machine à vapeur des plus colossales pour la navigation maritime.

Une fois les outils transformés d'instruments manuels de l'homme en instruments de l'appareil mécanique, le moteur acquiert de son côté une forme indépendante, complètement émancipée des bornes de la force humaine. La machine- outil isolée, telle que nous l'avons étudiée jusqu'ici, tombe par cela même au rang d'un simple organe du mécanisme d'opération. Un seul moteur peut désormais mettre en mouvement plusieurs machines-outils. Avec le nombre croissant des machines-outils auxquelles il doit simultanément donner la propulsion, le

---

[1] L'invention moderne des *turbines* fait disparaître bien des obstacles, qui s'opposaient auparavant à l'emploi de l'eau comme force motrice.

[2] « Dans les premiers jours des manufactures textiles, l'emplacement de la fabrique dépendait de l'existence d'un ruisseau possédant une chute suffisante pour mouvoir une roue hydraulique, et quoique l'établissement des moulins à eau portât le premier coup au système de l'industrie domestique, cependant les moulins situés sur des courants et souvent à des distances considérables les uns des autres, constituaient un système plutôt rural que citadin. Il a fallu que la puissance de la vapeur se substituât à celle de l'eau, pour que les fabriques fussent rassemblées dans les villes et dans les localités où l'eau et le charbon requis pour la production de la vapeur se trouvaient en quantité suffisante. L'engin à vapeur est le père des villes manufacturières. » (A. Redgrave, dans *Reports of the Insp. of Fact. 30 th. April* 1860, p. 36.)

moteur grandit tandis que la transmission se métamorphose en un corps aussi vaste que compliqué.

L'ensemble du mécanisme productif nous présente alors deux formes distinctes : ou la coopération de plusieurs machines homogènes ou un système de machines. Dans le premier cas, la fabrication entière d'un produit se fait par la même machine-outil qui exécute toutes les opérations accomplies auparavant par un artisan travaillant avec un seul instrument, comme le tisserand avec son métier, ou par plusieurs ouvriers, avec différents outils, soit indépendants, soit réunis dans une manufacture[1]. Dans la manufacture d'enveloppes, par exemple, un ouvrier doublait le papier avec le plioir., un autre appliquait la gomme, un troisième renversait la lèvre qui porte la devise, un quatrième bosselait les devises, etc. ; à chaque opération partielle, chaque enveloppe devait changer de mains. Une seule machine exécute aujourd'hui, du même coup, toutes ces opérations, et fait en une heure 3 000 enveloppes et même davantage. Une machine américaine pour fabriquer des cornets, exposée à Londres en 1862, coupait le papier, collait, pliait et finissait 18 000 cornets par heure. Le procès de travail qui, dans la manufacture, était divisé et exécuté successivement, est ici accompli par une seule machine agissant au moyen de divers outils combinés.

Dans la *fabrique* (*factory*) — et c'est là la forme propre de l'atelier fondé sur l'emploi des machines — nous voyons toujours reparaître la coopération simple. Abstraction faite de l'ouvrier, elle se présente d'abord comme agglomération de machines-outils de même espèce fonctionnant dans le même local et simultanément. C'est sa forme exclusive là où le produit sort tout achevé de chaque machine-outil, que celle-ci soit la simple reproduction d'un outil manuel complexe ou la combinaison de divers instruments ayant chacun sa fonction particulière.

Ainsi une fabrique de tissage est formée par la réunion d'une foule de métiers à tisser mécaniques, etc. Mais il existe ici une véritable unité technique, en ce sens que les nombreuses machines-outils reçoivent uniformément et simultanément leur impulsion du moteur commun, impulsion transmise par un mécanisme qui leur est également commun en partie puisqu'il n'est relié à chacune que par des embranchements

---

[1] Au point de vue de la division manufacturière, le tissage n'était point un travail simple, mais un travail de métier très compliqué, et c'est pourquoi le métier à tisser mécanique est une machine qui exécute des opérations très variées. En général, c'est une erreur de croire que le machinisme moderne s'empare à l'origine précisément des opérations que la division manufacturière du travail avait simplifiées. Le tissage et le filage furent bien décomposés en genres de travail nouveaux, pendant la période des manufactures ; les outils qu'on y employait furent variés et perfectionnés, mais le procès de travail lui-même resta indivis et affaire de métier. Ce n'est pas le travail, mais le moyen de travail qui sert de point de départ à la machine.

particuliers. De même que de nombreux outils forment les organes d'une machine-outil, de même de nombreuses machines-outils forment autant d'organes homogènes d'un même mécanisme moteur.

Le système de machines proprement dit ne remplace la machine indépendante que lorsque l'objet de travail parcourt successivement une série de divers procès gradués exécutés par une chaîne de machines-outils différentes mais combinées les unes avec les autres. La coopération par division du travail qui caractérise la manufacture, reparaît ici comme combinaison de machines d'opération parcellaires. Les outils spéciaux des différents ouvriers dans une manufacture de laine par exemple, ceux du batteur, du cardeur, du tordeur, du fileur, etc., se transforment en autant de machines-outils spéciales dont chacune forme un organe particulier dans le système du mécanisme combiné. La manufacture elle-même fournit au système mécanique, dans les branches où il est d'abord introduit, l'ébauche de la division et, par conséquent, de l'organisation du procès productif[1]. Cependant une différence essentielle se manifeste immédiatement. Dans la manufacture, chaque procès partiel doit pouvoir être exécuté comme opération manuelle par des ouvriers travaillant isolément ou en groupes avec leurs outils. Si l'ouvrier est ici approprié à une opération, l'opération est déjà d'avance accommodée à l'ouvrier. Ce principe subjectif de la division n'existe plus dans la production mécanique. Il devient objectif, c'est-à- dire émancipé des facultés individuelles de l'ouvrier ; le procès total est considéré en lui-même, analysé dans ses principes constituants et ses différentes phases, et le problème qui consiste à exécuter chaque procès partiel et à relier les divers procès partiels entre eux, est

---

[1] Avant l'époque de la grande industrie, la manufacture de laine était prédominante en Angleterre. C'est elle qui, pendant la première moitié du dix-huitième siècle, donna lieu à la plupart des essais et des expérimentations. Les expériences faites sur la laine profitèrent au coton, dont le maniement mécanique exige des préparations moins pénibles, de même que plus tard et inversement le tissage et le filage mécaniques du coton servirent de base à l'industrie mécanique de la laine. Quelques opérations isolées de la manufacture de laine, par exemple le cardage n'ont été incorporées que depuis peu au système de fabrique. « L'application de la mécanique au cardage de la laine... pratiquée sur une grande échelle depuis l'introduction de la machine à carder, celle de Lister spécialement, a eu indubitablement pour effet de mettre hors de travail un grand nombre d'ouvriers. Auparavant la laine était cardée à la main, le plus souvent dans l'habitation du cardeur. Elle est maintenant cardée dans la fabrique, et le travail à la main est supprimé, excepté dans quelques genres d'ouvrages particuliers où la laine cardée à la main est encore préférée. Nombre de cardeurs à la main trouvent de l'emploi dans les fabriques ; mais leurs produits sont si peu de chose comparativement à ceux que fournit la machine, qu'il ne peut plus être question d'employer ces ouvriers en grande proportion. » (*Rep. of Insp. of Fact, for* 31 *st. Oct.* 1856, p. 16.)

résolu au moyen de la mécanique, de la chimie, etc.[1], ce qui n'empêche pas naturellement que la conception théorique ne doive être perfectionnée par une expérience pratique accumulée sur une grande échelle. Chaque machine partielle fournit à celle qui la suit sa matière première, et, comme toutes fonctionnent en même temps et de concert, le produit se trouve ainsi constamment aux divers degrés de sa fabrication et dans la transition d'une phase à l'autre. De même que dans la manufacture, la coopération immédiate des ouvriers parcellaires crée certains nombres proportionnels déterminés entre les différents groupes, de même dans le système de machines l'occupation continuelle des machines partielles les unes par les autres crée un rapport déterminé entre leur nombre, leur dimension et leur célérité. La machine d'opération combinée, qui forme maintenant un système articulé de différentes machines- outils et de leurs groupes, est d'autant plus parfaite que son mouvement d'ensemble est plus continu, c'est-à-dire que la matière première passe avec moins d'interruption de sa première phase à sa dernière, d'autant plus donc que le mécanisme et non la main de l'homme lui fait parcourir ce chemin. Donc si le principe de la manufacture est l'isolement des procès particuliers par la division du travail, celui de la fabrique est au contraire la continuité non interrompue de ces mêmes procès.

Qu'il se fonde sur la simple coopération de machines- outils homogènes, comme dans le tissage, ou sur une combinaison de machines différentes, comme dans la filature, un système de machinisme forme par lui-même un grand automate, dès qu'il est mis en mouvement par un premier moteur qui se meut lui-même. Le système entier peut cependant recevoir son impulsion d'une machine à vapeur, quoique certaines machines-outils aient encore besoin de l'ouvrier pour mainte opération. C'est ce qui avait lieu dans la filature pour certains mouvements exécutés aujourd'hui par la mule automatique, et dans les ateliers de construction où certaines parties des machines-outils avaient besoin d'être dirigées comme de simples outils par l'ouvrier, avant la transformation du *slide rest* en facteur- automate. Dès que la machine-outil exécute tous les mouvements nécessaires au façonnement de la matière première sans le secours de l'homme et ne le réclame qu'après coup, dès lors il y a un véritable système automatique, susceptible cependant de constantes améliorations de détail. C'est ainsi que l'appareil qui fait arrêter le laminoir (*drawing frame*) de lui-même, dès qu'un fil se casse, et le *self-acting stop* qui arrête le métier à tisser à vapeur dès que la duite s'échappe de la bobine de la navette, sont des inventions tout à fait modernes. La fabrique de papier moderne peut servir d'exemple aussi bien pour la continuité de la production que pour la mise en œuvre du prin-

---

[1] « Le principe du système automatique est donc... de remplacer la division du travail parmi les artisans, par l'analyse du procédé dans ses principes constituants. » (Ure, l. c., t. I, p. 30.)

cipe automatique. En général, la production du papier permet d'étudier avantageusement et en détail la différence des modes productifs basée sur la différence des moyens de produire, de même que le rapport entre les conditions sociales de la production et ses procédés techniques. En effet, la vieille fabrication allemande du papier nous fournit un modèle de la production de métier, la Hollande, au dix-huitième siècle, et la France au dix- huitième siècle nous mettent sous les yeux la manufacture proprement dite, et l'Angleterre d'aujourd'hui la fabrication automatique ; on trouve encore dans l'Inde et dans la Chine différentes formes primitives de cette industrie.

Le système des machines-outils automatiques recevant leur mouvement par transmission d'un automate central, est la forme la plus développée du machinisme productif. La machine isolée a été remplacée par un monstre mécanique qui, de sa gigantesque membrure, emplit des bâtiments entiers ; sa force démoniaque, dissimulée d'abord par le mouvement cadencé et presque solennel de ses énormes membres, éclate dans la danse fiévreuse et vertigineuse de ses innombrables organes d'opération.

Il y avait des métiers mécaniques, des machines à vapeur, etc., avant qu'il y eût des ouvriers occupés exclusivement à leur fabrication. Les grandes inventions de Vaucanson, d'Arkwright, de Watt, etc., ne pouvaient être appliquées que parce que la période manufacturière avait légué un nombre considérable d'ouvriers mécaniciens habiles. Ces ouvriers étaient des artisans indépendants et de diverses professions, ou se trouvaient réunis dans des manufactures rigoureusement organisées d'après le principe de la division du travail. À mesure que les inventions et la demande de machines s'accrurent, leur construction se subdivisa de plus en plus en branches variées et indépendantes, et la division du travail se développa proportionnellement dans chacune de ces branches. La manufacture forme donc historiquement la base technique de la grande industrie.

Dans les sphères de production où l'on introduit les machines fournies par la manufacture, celle-ci, à l'aide de ses propres machines, est supplantée par la grande industrie. L'industrie mécanique s'élève sur une base matérielle inadéquate qu'elle élabore d'abord sous sa forme traditionnelle, mais qu'elle est forcée de révolutionner et de conformer à son propre principe dès qu'elle a atteint un certain degré de maturité.

De même que la machine-outil reste chétive tant que l'homme reste son moteur, et que le système mécanique progresse lentement tant que les forces motrices traditionnelles, l'animal, le vent, et même l'eau ne sont pas remplacés par la vapeur, de même la grande industrie est retardée dans sa marche tant que son moyen de production caractéristique, la machine elle-même, doit son existence à la force et l'habileté humaines, et dépend ainsi du développement musculaire, du coup d'œil et de la dextérité manuelle de l'artisan indépendant du métier et de l'ouvrier parcellaire de la manufacture, maniant leurs instruments nains.

Советский голод
1921-1922 гг.

À part la cherté des machines fabriquées de cette façon et cela est affaire du capitaliste industriel - le progrès d'industries déjà fondées sur le mode de production mécanique et son introduction dans des branches nouvelles, restèrent tout à fait soumis à une seule condition, l'accroissement d'ouvriers spécialistes dont le nombre, grâce à la nature presque artistique de travail, ne pouvait s'augmenter que lentement.

Ce n'est pas tout : à un certain degré de son développement, la grande industrie entra en conflit, même au point de vue technologique, avec sa base donnée par le métier et la manufacture.

Les dimensions croissantes du moteur et de la transmission, la variété des machines-outils, leur construction de plus en plus compliquée, la régularité mathématique qu'exigeaient le nombre, la multiformité et la délicatesse de leurs éléments constituants à mesure qu'elles s'écartèrent du modèle fourni par le métier et devenu incompatible avec les formes prescrites par leurs fonctions purement mécaniques[1], le progrès du système automatique et l'emploi d'un matériel difficile à manier, du fer, par exemple, à la place du bois — la solution de tous ces problèmes, que les circonstances faisaient éclore successivement, se heurta sans cesse contre les bornes personnelles dont même le travailleur collectif de la manufacture ne sait se débarrasser. En effet, des machines, telles que la presse d'impression moderne, le métier à vapeur et la machine à carder, n'auraient pu être fournies par la manufacture.

Le bouleversement du mode de production dans une sphère industrielle entraîne un bouleversement analogue dans une autre. On s'en aperçoit d'abord dans les branches d'industrie, qui s'entrelacent comme phases d'un procès d'ensemble, quoique la division sociale du travail les ait séparées, et métamorphosé leurs produits en autant de marchandises indépendantes. C'est ainsi que la filature mécanique a rendu nécessaire le tissage mécanique, et que tous deux ont amené la révolution mécanico-chimique de la blanchisserie, de l'imprimerie et de la teinturerie. De même encore la révolution dans le filage du coton a provoqué l'invention du gin pour séparer les fibres de cette plante de sa graine, invention qui a rendu possible la production du coton sur l'immense échelle qui est

---

[1] Le métier à tisser mécanique dans sa première forme se compose principalement de bois ; le métier moderne perfectionné est en fer. Pour juger combien à l'origine la vieille forme du moyen de production influe sur la forme nouvelle, il suffit de comparer superficiellement le métier moderne avec l'ancien, les souffleries modernes dans les fonderies de fer avec la première reproduction mécanique de lourde allure du soufflet ordinaire, et mieux encore, de se rappeler qu'une des premières locomotives essayées, avait deux pieds qu'elle levait l'un après l'autre, comme un cheval. Il faut une longue expérience pratique et une science plus avancée, pour que la forme arrive à être déterminée complètement par le principe mécanique, et par suite complètement émancipée de la forme traditionnelle de l'outil.

aujourd'hui devenue indispensable[1]. La révolution dans l'industrie et l'agriculture a nécessité une révolution dans les conditions générales du procès de production social, c'est-à-dire dans les moyens de communication et de transport. Les moyens de communication et de transport d'une société qui avait pour pivot, suivant l'expression de Fourier, la petite agriculture, et comme corollaire, l'économie domestique et les métiers des villes, étaient complètement insuffisants pour subvenir aux besoins de la production manufacturière, avec sa division élargie du travail social, sa concentration d'ouvriers et de moyens de travail, ses marchés coloniaux, si bien qu'il a fallu les transformer. De même les moyens de communication et de transport légués par la période manufacturière devinrent bientôt des obstacles insupportables pour la grande industrie avec la vitesse fiévreuse de sa production centuplée, son lancement continuel de capitaux et de travailleurs d'une sphère de production dans une autre et les conditions nouvelles du marché universel qu'elle avait créé. À part les changements radicaux introduits dans la construction des navires à voiles, le service de communication et de transport fut peu à peu approprié aux exigences de la grande industrie, au moyen d'un système de bateaux à vapeur, de chemins de fer et de télégraphes. Les masses énormes de fer qu'il fallut dès lors forger, braser, trancher, forer et modeler exigèrent des machines monstres dont la création était interdite au travail manufacturier.

La grande industrie fut donc obligée de s'adapter son moyen caractéristique de production, la machine elle- même, pour produire d'autres machines. Elle se créa ainsi une base technique adéquate et put alors marcher sans lisières. À mesure que dans le premier tiers du dix- neuvième siècle elle s'accrut, le machinisme s'empara peu à peu de la fabrication des machines-outils, et dans le second tiers seulement l'immense construction des voies ferrées et la navigation à vapeur océanique firent naître les machines cyclopéennes consacrées à la construction des premiers moteurs.

La condition *sine qua non* de la fabrication des machines par des machines, était un moteur susceptible de tout degré de puissance et en même temps facile à contrôler. Il existait déjà dans la machine à vapeur. Mais il s'agissait en même temps de produire mécaniquement ces formes strictement géométriques telles que la ligne, le plan, le cercle, le cône et la sphère qu'exigeaient certaines parties des machines. Au commencement de ce siècle, Henry Maudsley résolut ce problème par l'invention du *slide rest*,

---

[1] Le *cottongin* du Yankee Eli Whitney avait subi jusqu'à nos jours moins de modifications essentielles que n'importe quelle autre machine du dix- huitième siècle. Mais depuis une vingtaine d'années un autre Américain, M. Emery d'Albany, New York, au moyen d'un perfectionnement aussi simple qu'efficace, a fait mettre la machine de Whitney au rebut.

qui fut bientôt rendu automatique ; du banc du tourneur pour lequel il était d'abord destiné, il passa ensuite à d'autres machines de construction. Cet engin ne remplace pas seulement un outil particulier, mais encore la main de l'homme qui ne parvient à produire des formes déterminées qu'en dirigeant et en ajustant le tranchant de son outil contre l'objet de travail. On réussit ainsi « à produire les formes géométriques voulues avec un degré d'exactitude, de facilité et de vitesse qu'aucune expérience accumulée ne pourrait prêter à la main de l'ouvrier le plus habile[1]. »

Si nous considérons maintenant dans le mécanisme employé à la construction, la partie qui constitue ses organes d'opération proprement dits, nous retrouvons l'instrument manuel, mais dans des proportions gigantesques. L'opérateur de la machine à forer, par exemple, est un foret de dimension énorme mis en mouvement par une machine à vapeur, et sans lequel les cylindres des grandes machines à vapeur et des presses hydrauliques ne pourraient être percés. Le tour à support mécanique n'est que la reproduction colossale du tour ordinaire ; la machine à raboter représente, pour ainsi dire, un charpentier de fer qui travaille dans le fer avec les mêmes outils que le charpentier dans le bois ; l'outil qui, dans les chantiers de Londres, tranche les plaques qui blindent la carcasse des navires est une espèce de rasoir cyclopéen, et le marteau à vapeur opère avec une tête de marteau ordinaire, mais d'un poids tel que le dieu Thor lui-même ne pourrait le soulever[2]. Un de ces marteaux à vapeur, de l'invention de Nasmyth, pèse au-delà de six tonnes et tombe sur une enclume d'un poids de trente-six tonnes avec une chute verticale de sept pieds. Il pulvérise d'un seul coup un bloc de granit et enfonce un clou dans du bois tendre au moyen d'une série de petits coups légèrement appliqués[3].

Le moyen de travail acquiert dans le machinisme une existence matérielle qui exige le remplacement de la force de l'homme par des forces naturelles et celui de la routine par la science. Dans la manufacture, la division du procès de travail est purement subjective ; c'est une combinaison d'ouvriers parcellaires. Dans le système de machines, la grande industrie crée un organisme de production complètement objectif ou im-

---

[1] *The Industry of Nations.* Lond., 1855, Part. II, p. 239. « Si simple et si peu important, y est-il dit, que puisse sembler extérieurement cet accessoire du tour, on n'affirme rien de trop en soutenant que son influence sur le perfectionnement et l'extension donnée au machinisme a été aussi grande que l'influence des améliorations apportées par Watt à la machine à vapeur. Son introduction a eu pour effet de perfectionner toutes les machines, d'en faire baisser le prix et de stimuler l'esprit d'invention. »

[2] Une de ces machines employée à Londres pour forger des *paddle-wheel shafts* porte le nom de « Thor ». Elle forge un shaft d'un poids de 16 1/2 tonnes et demie avec la même facilité qu'un forgeron un fer à cheval.

[3] Les machines qui travaillent dans le bois et peuvent aussi être employées dans des travaux d'artisan, sont la plupart d'invention américaine.

personnel, que l'ouvrier trouve là, dans l'atelier, comme la condition matérielle toute prête de son travail. Dans la coopération simple et même dans celle fondée sur la division du travail, la suppression du travail isolé par le travailleur collectif semble encore plus ou moins accidentelle. Le machinisme, à quelques exceptions près que nous mentionnerons plus tard, ne fonctionne qu'au moyen d'un travail socialisé ou commun. Le caractère coopératif du travail y devient une nécessité technique dictée par la nature même de son moyen.

II

Valeur transmise par la machine au produit

On a vu que les forces productives résultant de la coopération et de la division du travail ne coûtent rien au capital. Ce sont les forces naturelles du travail social. Les forces physiques appropriées à la production telles que l'eau, la vapeur, etc., ne coûtent rien non plus. Mais de même que l'homme a besoin d'un poumon pour respirer, de même il a besoin d'organes façonnés par son industrie pour consommer productivement les forces physiques. Il faut une roue hydraulique pour exploiter la force motrice de l'eau, une machine à vapeur pour exploiter l'élasticité de la vapeur. Et il en est de la science comme des forces naturelles. Les lois des déviations de l'aiguille aimantée dans le cercle d'action d'un courant électrique, et de la production du magnétisme dans le fer autour duquel un courant électrique circule, une fois découvertes, ne coûtent pas un liard[1]. Mais leur application à la télégraphie, etc., exige des appareils très coûteux et de dimension considérable. L'outil, comme on l'a vu, n'est point supprimé par la machine ; instrument nain dans les mains de l'homme, il croît et se multiplie en devenant l'instrument d'un mécanisme créé par l'homme. Dès lors le capital fait travailler l'ouvrier, non avec un outil à lui, mais avec une machine maniant ses propres outils.

Il est évident au premier coup d'œil que l'industrie mécanique, en s'incorporant la science et des forces naturelles augmente d'une manière merveilleuse la productivité du travail, on peut cependant demander si ce qui est gagné d'un côté n'est pas perdu de l'autre, si l'emploi de machines économise plus de travail que n'en coûtent leur construction et leur entre-

---

[1] La science ne coûte en général absolument rien au capitaliste, ce qui ne l'empêche pas de l'exploiter. La science d'autrui est incorporée au capital tout comme le travail d'autrui. Or appropriation « capitaliste » et appropriation personnelle, soit de la science, soit de la richesse, sont choses complètement étrangères l'une à l'autre. Le Dr Ure lui-même déplore l'ignorance grossière de la mécanique qui caractérise ses chers fabricants exploiteurs de machines savantes. Quant à l'ignorance en chimie des fabricants de produits chimiques, Liebig en cite des exemples à faire dresser les cheveux.

tien. Comme tout autre élément du capital constant, la machine ne produit pas de valeur, mais transmet simplement la sienne à l'article qu'elle sert à fabriquer. C'est ainsi que sa propre valeur entre dans celle du produit. Au lieu de le rendre meilleur marché, elle l'enchérit en proportion de ce qu'elle vaut. Et il est facile de voir que ce moyen de travail caractéristique de la grande industrie est très coûteux, comparé aux moyens de travail employés par le métier et la manufacture.

Remarquons d'abord que la machine entre toujours tout entière dans le procès qui crée le produit, et par fractions seulement dans le procès qui en crée la valeur. Elle ne transfère jamais plus de valeur que son usure ne lui en fait perdre en moyenne. Il y a donc une grande différence entre la valeur de la machine et la portion de valeur qu'elle transmet périodiquement à son produit, entre la machine comme élément de valeur et la machine comme élément de production. Plus grande est la période pendant laquelle la même machine fonctionne, plus grande est cette différence. Tout cela, il est vrai, s'applique également à n'importe quel autre moyen de travail. Mais la différence entre l'usage et l'usure est bien plus importante par rapport à la machine que par rapport à l'outil. La raison en est que la machine, construite avec des matériaux plus durables, vit par cela même plus longtemps, que son emploi est réglé par des lois scientifiques précises, et qu'enfin son champ de production est incomparablement plus large que celui de l'outil.

Déduction faite des frais quotidiens de la machine et de l'outil, c'est-à-dire de la valeur que leur usure et leur dépense en matières auxiliaires telles que charbon, huile, etc., transmettent en moyenne au produit journalier, leur aide ne coûte rien. Mais ce service gratuit de l'une et de l'autre est proportionné à leur importance respective. Ce n'est que dans l'industrie mécanique que l'homme arrive à faire fonctionner sur une grande échelle les produits de son travail passé comme forces naturelles, c'est-à-dire gratuitement[1].

L'étude de la coopération et de la manufacture nous a montré que des moyens de production tels que bâtisses, etc., deviennent moins dispen-

---

[1] Ricardo porte parfois son attention si exclusivement sur cet effet des machines (dont il ne se rend d'ailleurs pas plus compte que de la différence générale entre le procès de travail et le procès de formation de la plus-value) qu'il oublie la portion de valeur transmise par les machines au produit, et les met sur le même pied que les forces naturelles. « Adam Smith, dit-il par exemple, ne prise jamais trop bas les services que nous rendent les machines et les forces naturelles ; mais il distingue très exactement la nature de la valeur qu'elles ajoutent aux utilités… comme elles accomplissent leur œuvre gratuitement, l'assistance qu'elles nous procurent n'ajoute rien à la valeur d'échange. » (Ric., l. c., p. 336, 337.) L'observation de Ricardo est naturellement très juste si on l'applique à J. B. Say, qui se figure que les machines rendent le « service » de créer une valeur qui forme une part du profit du capitaliste.

dieux par leur usage en commun et font ainsi diminuer le prix du produit. Or, dans l'industrie mécanique, ce n'est pas seulement la charpente d'une machine d'opération qui est usée en commun par ses nombreux outils, mais le moteur et une partie de la transmission sont usés en commun par de nombreuses machines d'opération.

Étant donné la différence entre la valeur d'une machine et la quote-part de valeur que son usure quotidienne lui fait perdre et transférer au produit, celui-ci sera enchéri par ce transfert en raison inverse de sa propre quantité. Dans un compte rendu publié en 1858, M. Baynes de Blackburn estime que chaque force de cheval mécanique met en mouvement 450 broches de la mule automatique ou 200 broches du *throstle*, ou bien encore 15 métiers pour 40 *inch cloth* avec l'appareil qui tend la chaîne, etc. Dans le premier cas, les frais journaliers d'un cheval-vapeur et l'usure de la machine qu'il met en mouvement se distribuent sur le produit de 450 broches de la mule ; dans le second, sur le produit de 200 broches du *throstle*, et dans le troisième, sur celui de 15 métiers mécaniques, de telle sorte qu'il n'est transmis à une once de filés ou à un mètre de tissu qu'une portion de valeur imperceptible. Il en est de même pour le marteau à vapeur cité plus haut. Comme son usure de chaque jour, sa consommation de charbon, etc., se distribuent sur d'énormes masses de fer martelées, chaque quintal de fer n'absorbe qu'une portion minime de valeur ; cette portion serait évidemment considérable, si l'instrument-cyclope ne faisait qu'enfoncer de petits clous.

Étant donné le nombre d'outils, ou quand il s'agit de force, la masse d'une machine, la grandeur de son produit dépendra de la vitesse de ses opérations, de la vitesse par exemple avec laquelle tourne la broche, ou du nombre de coups que le marteau frappe une minute. Quelques-uns de ces marteaux colosses donnent 70 coups par minute ; la machine de Ryder, qui emploie des marteaux à vapeur de moindre dimension pour forger des broches assène jusqu'à 700 coups par minute.

Étant donné la proportion suivant laquelle la machine transmet de la valeur au produit, la grandeur de cette quote-part dépendra de la valeur originaire de la machine[1]. Moins elle contient de travail, moins elle ajoute de valeur au produit. Moins elle transmet de valeur, plus elle est productive et plus le service qu'elle rend se rapproche de celui des forces naturelles. Or la production de machines au moyen de machines dimi-

---

[1] Le lecteur imbu de la manière de voir capitaliste, doit s'étonner naturellement qu'il ne soit pas ici question de « l'intérêt » que la machine ajoute au produit au prorata de sa valeur-capital. Il est facile de comprendre cependant, que la machine, attendu qu'elle ne produit pas plus de valeur nouvelle que n'importe quelle autre partie du capital constant, ne peut en ajouter aucune sous le nom « d'intérêt ». Nous expliquerons dans le troisième livre de cet ouvrage le mode de comptabilité capitaliste, lequel semble absurde au premier abord et en contradiction avec les lois de la formation de la valeur.

nue évidemment leur valeur, proportionnellement à leur extension à leur efficacité.

Une analyse comparée du prix des marchandises produites mécaniquement et de celles produites par le métier ou la manufacture, démontre qu'en général cette portion de valeur que le produit dérive du moyen de travail, croît dans l'industrie mécanique relativement, tout en décroissant absolument.

En d'autres termes, sa grandeur diminue absolument, mais elle augmente par rapport à la valeur du produit total, d'une livre de filés, par exemple[1].

Il est clair qu'un simple déplacement de travail a lieu, c'est-à-dire que la somme totale de travail qu'exige la production d'une marchandise n'est pas diminuée, ou que la force productive du travail n'est pas augmentée, si la production d'une machine coûte autant de travail que son emploi en économise. La différence cependant entre le travail qu'elle coûte et celui qu'elle économise ne dépend pas du rapport de sa propre valeur à celle de l'outil qu'elle remplace. Cette différence se maintient tant que le travail réalisé dans la machine et la portion de valeur, elle ajoute par conséquent au produit, restent inférieurs à la valeur que l'ouvrier avec son outil, ajouterait à l'objet de travail. La productivité de

---

[1] Cette portion de valeur ajoutée par la machine diminue absolument et relativement, là où elle supprime des chevaux et en général des animaux de travail, qu'on n'emploie que comme forces motrices. Descartes, en définissant les animaux de simples machines, partageait le point de vue de la période manufacturière, bien différent de celui du moyen âge défendu depuis par de Haller dans sa *Restauration des sciences politiques*, et d'après lequel l'animal est l'aide et le compagnon de l'homme. Il est hors de doute que Descartes, aussi bien que Bacon croyait qu'un changement dans la méthode de penser amènerait un changement dans le mode de produire, et la domination pratique de l'homme sur la nature. On lit dans son *Discours sur la méthode* : « Il est possible (au moyen de la méthode nouvelle) de parvenir à des connaissances fort utiles à la vie, et qu'au lieu de cette philosophie spéculative qu'on enseigne dans les écoles, on en peut trouver une pratique, par laquelle, connaissant la force et les actions du feu, de l'eau, de l'air, des astres, et de tous les autres corps qui nous environnent, aussi distinctement que nous connaissons les divers métiers de nos artisans, nous les pourrions employer en même façon à tous les usages auxquels ils sont propres, et ainsi nous rendre comme maîtres et possesseurs de la nature, etc., contribuer au perfectionnement de la vie humaine. » Dans la préface des *Discourses upon Trade*, de Sir Dudley North (1691), il est dit que la méthode de Descartes appliquée à l'économie politique, a commencé de la délivrer des vieilles superstitions et des vieux contes débités sur l'argent, le commerce, etc. La plupart des économistes anglais de ce temps se rattachaient cependant à la philosophie de Bacon et de Hobbes, tandis que Locke est devenu plus tard le philosophe de l'économie politique par excellence pour l'Angleterre, la France et l'Italie.

la machine a donc pour mesure la proportion suivant laquelle elle remplace l'homme. D'après M. Baynes, il y a deux ouvriers et demi par quatre cent cinquante broches, y compris l'attirail mécanique, le tout mû par un cheval-vapeur[1], et chaque broche de la mule automatique fournit dans une journée de dix heures treize onces de filés (numéro moyen), de sorte que 2 1/2 ouvriers fournissent par semaine 365 5/8 livres de filés. Dans leur transformation en filés, 366 livres de coton (pour plus de simplicité, nous ne parlons pas du déchet) n'absorbent donc que 150 heures de travail ou 15 journées de 10 heures. Avec le rouet, au contraire, si le fileur livre en soixante heures treize onces de filés, la même quantité de coton absorberait deux mille sept cents journées de 10 heures ou 27 000 heures de travail[2]. Là où la vieille méthode du *blockprinting* ou de l'impression à la main sur toiles de coton a été remplacée par l'impression mécanique, une seule machine imprime avec l'aide d'un homme autant de toiles de coton à quatre couleurs en une heure qu'en imprimaient auparavant 200 hommes[3]. Avant qu'Eli Whitney inventât le cottongin en 1793, il fallait, en moyenne, une journée de travail pour détacher une livre de coton de sa graine. Grâce à cette découverte, une négresse peut en détacher cent livres par jour, et l'efficacité du gin a été depuis considérablement accrue. On emploie dans l'Inde, pour la même opération, un instrument moitié machine, la churka, avec lequel un homme et une femme nettoient 28 livres de coton par jour. Le Dr Forbes a, depuis quelques années, inventé une churka qui permet à un homme et à une femme d'en nettoyer 750 livres par jour. Si l'on emploie des bœufs, l'eau ou la vapeur comme force motrice, il suffit de quelques jeunes garçons ou jeunes filles pour alimenter la machine. Seize machines de ce genre, mues par des bœufs exécutent chaque jour un ouvrage qui exigeait auparavant une journée moyenne de 750 hommes[4].

---

[1] D'après un compte rendu annuel de la Chambre de commerce d'Essen (octobre 1863), la fabrique d'acier fondu de Krupp, employant 161 fourneaux de forge, de fours à rougir les métaux et de fours à ciment, 32 machines à vapeur (c'était à peu près le nombre des machines employées à Manchester en 1800) et 14 marteaux à vapeur qui représentent ensemble 1236 chevaux, 49 chaufferies, 203 machines-outils, et environ 2400 ouvriers, a produit treize millions de livres d'acier fondu. Cela ne fait pas encore 2 ouvriers par cheval.

[2] Babbage calcule qu'à Java le filage à lui seul ajoute environ 117% à la valeur du coton, tandis qu'en Angleterre, à la même époque (1832), la valeur totale ajoutée au coton par la machine et le filage, se montait environ à 33% de la valeur de la matière première. (*On the Economy of Machinery*, p. 214.)

[3] L'impression à la machine permet en outre d'économiser la couleur.

[4] *Comp. Paper read by Dr Watson, Reporter on Products to the Government of India, before the Society of Arts*, 17 April 1860.

ПОСЕТИТЕ
ЛЕНИНГРАД

Nous avons vu qu'une charrue à vapeur, dont les dépenses s'élèvent à trois pence ou un quart de shilling par heure, fait autant de besogne que soixante-six laboureurs coûtant quinze shillings par heure. Il est important ici de faire disparaître un malentendu assez commun. Ces quinze shillings ne sont pas l'expression monétaire de tout le travail dépensé dans une heure par les soixante-six hommes. Si le rapport de leur surtravail à leur travail nécessaire est de cent pour cent, les soixante-six laboureurs ajoutent au produit par leur heure collective soixante-six heures de travail ou une valeur de trente shillings dont leur salaire ne forme que la moitié. Or, ce n'est pas leur salaire que la machine remplace, mais leur travail.

En supposant donc que trois mille livres sterling soient le prix ou de cent soixante ouvriers ou de la machine qui les déplace, cette somme d'argent, par rapport à la machine, exprime tout le travail — travail nécessaire et surtravail — réalisé en elle, tandis que par rapport aux ouvriers elle n'exprime que la partie payée de leur travail. Une machine aussi chère que la force du travail qu'elle remplace, coûte donc toujours moins de travail qu'elle n'en remplace[1].

Considéré exclusivement comme moyen de rendre le produit meilleur marché, l'emploi des machines rencontre une limite. Le travail dépensé dans leur production doit être moindre que le travail supplanté par leur usage. Pour le capitaliste cependant cette limite est plus étroite. Comme il ne paye pas le travail mais la force de travail qu'il emploie ; il est dirigé dans ses calculs par la différence de valeur entre les machines et les forces de travail qu'elles peuvent déplacer. La division de la journée en travail nécessaire et surtravail diffère, non seulement en divers pays, mais aussi dans le même pays à diverses périodes, et dans la même période en diverses branches d'industrie. En outre, le salaire réel du travailleur monte tantôt au-dessus, et descend tantôt au-dessous de la valeur de sa force. De toutes ces circonstances, il résulte que la différence entre le prix d'une machine et celui de la force de travail peut varier beaucoup, lors même que la différence entre le travail nécessaire à la production de la machine, et la somme de travail qu'elle remplace reste constante. Mais c'est la première différence seule qui détermine le prix de revient pour le capitaliste, et dont la concurrence le force à tenir compte. Aussi voit-on aujourd'hui des machines inventées en Angleterre qui ne trouvent leur emploi que dans l'Amérique du Nord. Pour la même raison, l'Allemagne aux XVIe et XVIIe siècles, inventait des machines dont la Hollande seule se servait ; et mainte invention française du XVIIIe siècle n'était exploitée que par l'Angleterre.

---

[1] « Ces agents muets (les machines) sont toujours le produit d'un travail beaucoup moindre que celui qu'ils déplacent, lors même qu'ils sont de la même valeur monétaire. » (Ricardo, l. c., p. 40.)

En tout pays d'ancienne civilisation, l'emploi des machines dans quelques branches d'industrie produit dans d'autres une telle surabondance de travail (*redundancy of labour*, dit Ricardo), que la baisse du salaire au-dessous de la valeur de la force de travail, met ici obstacle à leur usage et le rend superflu, souvent même impossible au point de vue du capital, dont le gain provient en effet de la diminution, non du travail qu'il emploie, mais du travail qu'il paye.

Pendant les dernières années, le travail des enfants a été considérablement diminué, et même çà et là presque supprimé, dans quelques branches de la manufacture de laine anglaise. Pourquoi ? L'acte de fabrique forçait d'employer une double série d'enfants dont l'une travaillait six heures, l'autre quatre, ou chacune cinq heures seulement. Or, les parents ne voulurent point vendre les *demi-temps* (half times) meilleur marché que les *temps entiers* (full times). Dès lors les demi-temps furent remplacés par une machine[1]. Avant l'interdiction du travail des femmes et des enfants (au-dessous de dix ans) dans les mines, le capital trouvait la méthode de descendre dans les puits des femmes, des jeunes filles et des hommes nus liés ensemble, tellement d'accord avec son code de morale et surtout avec son grand-livre que ce n'est qu'après l'interdiction qu'il eut recours à la machine et supprima ces *mariages capitalistes*. Les Yankees ont inventé des machines pour casser et broyer les pierres. Les Anglais ne les emploient pas parce que le « misérable » (« *wretch* », tel est le nom que donne l'économie politique anglaise à l'ouvrier agricole) qui exécute ce travail reçoit une si faible partie de ce qui lui est dû, que l'emploi de la machine enchérirait le produit pour le capitaliste[2]. En Angleterre, on se sert encore, le long des canaux, de femmes au lieu de chevaux pour le halage[3], parce que les frais des chevaux et des machines sont des quantités données mathématiquement, tandis que ceux des femmes rejetées dans la lie de la population, échappent à tout calcul.

---

[1] « Ce n'est que par nécessité que les maîtres retiennent deux séries d'enfants au-dessous de treize ans… En fait, une classe de manufacturiers, les filateurs de laine, emploient rarement des enfants au- dessous de treize ans, c'est-à-dire des demi-temps. Ils ont introduit des machines nouvelles et perfectionnées de diverses espèces, qui leur permettent de s'en passer. Pour donner un exemple de cette diminution dans le nombre des enfants, je mentionnerai un procès de travail dans lequel, grâce à l'addition aux machines existantes d'un appareil appelé piercing machine, le travail de six ou de quatre demi-temps, suivant la particularité de chaque machine, peut être exécuté par une jeune personne (au-dessus de treize ans)… C'est le système des demi-temps qui a suggéré l'invention de la piercing machine. » (*Reports of Insp. of Fact. for oct.* 1858.)
[2] « Il arrive souvent que la machine ne peut être employée à moins que le travail (il veut dire le salaire) ne s'élève. » (Ricardo l. c., p. 479.)
[3] Voy. : *Report of the Social Science Congress at Edinburgh. October 1863.*

Aussi c'est en Angleterre, le pays des machines, que la force humaine est prodiguée pour des bagatelles avec le plus de cynisme.

III

Réaction immédiate de l'industrie mécanique sur le travailleur

Il a été démontré que le point de départ de la grande industrie est le moyen de travail qui une fois révolutionné revêt sa forme la plus développée dans le système mécanique de la fabrique. Avant d'examiner de quelle façon le matériel humain y est incorporé, il convient d'étudier les effets rétroactifs les plus immédiats de cette révolution sur l'ouvrier.

A. Appropriation des forces de travail supplémentaires. Travail des femmes et des enfants.

En rendant superflue la force musculaire, la machine permet d'employer des ouvriers sans grande force musculaire, mais dont les membres sont d'autant plus souples qu'ils sont moins développés. Quand le capital s'empara de la machine, son cri fut : du travail de femmes, du travail d'enfants ! Ce moyen puissant de diminuer les labeurs de l'homme, se changea aussitôt en moyen d'augmenter le nombre des salariés ; il courba tous les membres de la famille, sans distinction d'âge et de sexe, sous le bâton du capital. Le travail forcé pour le capital usurpa la place des jeux de l'enfance et du travail libre pour l'entretien de la famille ; et le support économique des mœurs de famille était ce travail domestique[1].

La valeur de la force de travail était déterminée par les frais d'entretien de l'ouvrier et de sa famille. En jetant la famille sur le marché, en distribuant ainsi sur plusieurs forces la valeur d'une seule, la machine la déprécie. Il se peut que les quatre forces, par exemple, qu'une famille ouvrière vend maintenant, lui rapportent plus que jadis la seule force de son chef ; mais aussi quatre journées de travail en ont remplacé

---

[1] Le docteur Edward Smith, pendant la crise cotonnière qui accompagna la guerre civile américaine, fut envoyé par le gouvernement anglais dans le Lancashire, le Cheshire, etc., pour faire un rapport sur l'état de santé des travailleurs. On lit dans ce rapport : « Au point de vue hygiénique, et abstraction faite de la délivrance de l'ouvrier de l'atmosphère de la fabrique, la crise présente divers avantages. Les femmes des ouvriers ont maintenant assez de loisir pour pouvoir offrir le sein à leurs nourrissons au lieu de les empoisonner avec le cordial de Godfrey. Elles ont aussi trouvé le temps d'apprendre à faire la cuisine. » Malheureusement elles acquirent ce talent culinaire au moment où elles n'avaient rien à manger, mais on voit comment le capital en vue de son propre accroissement avait usurpé le travail que nécessite la consommation de la famille. La crise a été aussi utilisée dans quelques écoles pour enseigner la couture aux ouvrières. Il a donc fallu une révolution américaine et une crise universelle pour que des ouvrières qui filent pour le monde entier apprissent à coudre.

une seule, et leur prix a baissé en proportion de l'excès du surtravail de quatre sur le surtravail d'un seul. Il faut maintenant que quatre personnes fournissent non seulement du travail, mais encore du travail extra au capital, afin qu'une seule famille vive. C'est ainsi que la machine, en augmentant la matière humaine exploitable, élève en même temps le degré d'exploitation[1].

L'emploi capitaliste du machinisme altère foncièrement le contrat, dont la première condition était que capitaliste et ouvrier devaient se présenter en face l'un de l'autre comme personnes libres, marchands tous deux, l'un possesseur d'argent ou de moyens de production, l'autre possesseur de force de travail. Tout cela est renversé dès que le capital achète des mineurs. Jadis, l'ouvrier vendait sa propre force de travail dont il pouvait librement disposer, maintenant il vend femme et enfants ; il devient marchand d'esclaves[2]. Et en fait, la demande du travail

---

[1] « L'accroissement numérique des travailleurs a été considérable par suite de la substitution croissante des femmes aux hommes et surtout des enfants aux adultes. Un homme d'âge mûr dont le salaire variait de 18 à 45 shillings par semaine, est maintenant remplacé par 3 petites filles de 13 ans payées de 6 à 8 shillings. » (Th. de Quincey : *The Logic of Politic Econ. Lond.* 1845. Note de la p. 147.) Comme certaines fonctions de la famille, telles que le soin et l'allaitement des enfants, ne peuvent être tout à fait supprimées, les mères de famille confisquées par le capital sont plus ou moins forcées de louer des remplaçantes. Les travaux domestiques, tels que la couture, le raccommodage, etc., doivent être remplacés par des marchandises toutes faites. À la dépense amoindrie en travail domestique correspond une augmentation de dépense en argent. Les frais de la famille du travailleur croissent par conséquent et balancent le surplus de la recette. Ajoutons à cela qu'il y devient impossible de préparer et de consommer les subsistances avec économie et discernement. — Sur tous ces faits passés sous silence par l'économie politique officielle on trouve de riches renseignements dans les rapports des inspecteurs de fabrique, de la « *Children's Employment Commission* » de même que dans les « *Reports on Public Health* ».

[2] En contraste avec ce grand fait que ce sont les ouvriers mâles qui ont forcé le capital à diminuer le travail des femmes et des enfants dans les fabriques anglaises, les rapports les plus récents de la « *Children's Employment Commission* » contiennent des traits réellement révoltants sur les procédés esclavagistes de certains parents dans le trafic sordide de leurs enfants. Mais comme on peut le voir par ces rapports, le pharisien capitaliste dénonce lui-même la bestialité qu'il a créée, qu'il éternise et exploite et qu'il a baptisée du nom de Liberté du travail. « Le travail des enfants a été appelé en aide... même pour payer leur pain quotidien ; sans force pour supporter un labeur si disproportionné, sans instruction pour diriger leur vie dans l'avenir, ils ont été jetés dans une situation physiquement et moralement souillée. L'historien juif, à propos de la destruction de Jérusalem par Titus a donné à entendre qu'il n'était pas étonnant qu'elle eût subi une destruction si terrible, puisqu'une mère inhumaine avait sacrifie son propre fils pour apaiser les tourments d'une faim irrésistible. » (*Public Economy concentrated.* Carlisle, 1833, p. 56). Dans le « *Bulletin de la Société industrielle de Mulhouse* » (31 mai 1837), le docteur Perrot dit : « La

des enfants ressemble souvent, même pour la forme, à la demande d'esclaves nègres telle qu'on la rencontra dans les journaux américains. «Mon attention, dit un inspecteur de fabrique anglais, fut attirée par une annonce de la feuille locale d'une des plus importantes villes manufacturières de mon district, annonce dont voici le texte : « *On demande de 12 à 20 jeunes garçons, pas plus jeunes que ce qui peut passer pour 13 ans. Salaire, quatre shillings par semaine. S'adresser, etc.*[1]» Le passage souligné se rapporte à un article du *Factory Act*, déclarant que les enfants au-dessous de treize ans ne doivent travailler que six heures. Un médecin *ad hoc* (certifying surgeon) est chargé de vérifier l'âge. Le fabricant demande donc des jeunes garçons qui aient l'air d'avoir déjà treize ans. La statistique anglaise des vingt dernières années a témoigné parfois d'une diminution subite dans le nombre des enfants au-dessous de cet âge employés dans les fabriques. D'après les dépositions des inspecteurs, cette diminution était en grande partie l'œuvre du trafic sordide des parents protégés par les médecins vérificateurs (*certifying surgeons*) qui exagéraient l'âge des enfants pour satisfaire l'avidité d'exploitation des capitalistes. Dans le district de Bethnal Green, le plus malfamé de Londres, se tient tous les lundis et mardis matin un marché public où des enfants des deux sexes, à partir de neuf ans, se vendent eux-mêmes aux fabricants de soie. « Les conditions ordinaires sont de 1 sh. 8 d. par semaine (qui appartiennent aux parents), plus 2 d. pour moi, avec le thé », dit un enfant dans sa déposition. Les contrats ne sont valables que pour la semaine. Pendant toute la durée du marché, on assiste à des scènes et on entend un langage qui révolte[2]. Il arrive encore en Angleterre que des grippe-sous femelles prennent des enfants dans les workhouses et les louent à n'importe quel acheteur pour 2 sh. 6 d. par semaine[3]. Malgré la législation, le nombre des petits garçons vendus par leurs propres parents pour servir de machines à ramoner les cheminées (bien qu'il existe des machines pour les remplacer) atteint le chiffre d'au moins 2000[4].

Le machinisme bouleversa tellement le rapport juridique entre l'acheteur et le vendeur de la force de travail, que la transaction entière perdit même l'apparence d'un contrat entre personnes libres. C'est ce qui fournit plus tard au Parlement anglais le prétexte juridique pour l'intervention de l'État dans le régime des fabriques. Toutes les fois que la loi impose la limite de dix heures pour le travail des enfants dans les

misère engendre quelquefois chez les pères de famille un odieux esprit de spéculation sur leurs enfants, et des chefs d'établissement sont souvent sollicités pour recevoir dans leurs ateliers des enfants au-dessous de l'âge même où on les admet ordinairement. »

[1] A. Redgrave dans « *Reports of Insp. of Fact for 31 oct. 1858* », p. 40, 41.

[2] « *Children's Employment Commission.* » Voy. Report. Lond. 1866, p. 81, n. 31.

[3] « *Child. Employm. Comm. III Report.* » Lond. 1864, p. 53, et 15.

[4] L. c. V. Report., p. XXII, n. 137.

branches d'industrie non réglementées, on entend retentir de nouveau les plaintes des fabricants. Nombre de parents, disent-ils, retirent leurs enfants des industries dès qu'elles sont soumises à la loi, pour les vendre à celles où règne encore « la Liberté du travail », c'est-à-dire où les enfants au-dessous de 13 ans sont forcés de travailler comme des adultes et se vendent plus cher. Mais comme le capital est de sa nature niveleur, il exige, au nom de son Droit inné, que dans toutes les sphères de production les conditions de l'exploitation du travail soient égales pour tous. La limitation légale du travail des enfants dans une branche d'industrie entraîne donc sa limitation dans une autre.

Nous avons déjà signalé la détérioration physique des enfants et des jeunes personnes, ainsi que des femmes d'ouvriers que la machine soumet d'abord directement à l'exploitation du capital dans les fabriques dont elle est la base, et ensuite indirectement dans toutes les autres branches d'industrie. Nous nous contenterons ici d'insister sur un seul point, l'énorme mortalité des enfants des travailleurs dans les premières années de leur vie. Il y a en Angleterre 16 districts d'enregistrement ou sur 100 000 enfants vivants, il n'y a en moyenne que 9000 cas de mort par année (dans un district 7047 seulement); dans vingt- quatre districts on constate 10 à 11 000 cas de mort, dans 39 districts 11 à 12 000, dans 48 districts 12 à 13 000, dans 22 districts plus de 20 000, dans 25 districts plus de 21 000, dans 17 plus de 22 000, dans 11 plus de 23 000, dans ceux de Hoo, Wolverhampton, Ashton-under-Lyne et Preston plus de 24 000, dans ceux de Nottingham, Stockport et Bradford plus de 25 000, dans celui de Wisbeach vingt-six mille, et à Manchester 26 215[1]. Une enquête médicale officielle de 1861 a démontré qu'abstraction faite de circonstances locales, les chiffres les plus élevés de mortalité sont dus principalement à l'occupation des mères hors de chez elles. Il en résulte, en effet, que les enfants sont négligés, maltraités, mal nourris ou insuffisamment, parfois alimentés avec des opiats, délaissés par leurs mères qui en arrivent à éprouver pour eux une aversion contre nature. Trop souvent ils sont les victimes de la faim ou du poison[2]. Dans les districts

---

[1] « *Sixth Report on Public Health. Lond.* 1864, p. 34. » Dans les villes ouvrières en France la mortalité des enfants d'ouvriers au-dessous d'un an est de 20) 22% (chiffre de Roubaix). À Mulhouse elle a atteint 33% en 1863. Elle y dépasse toujours 30%. Dans un travail présenté à l'Académie de médecine, M. Devilliers, établit que la mortalité des enfants des familles aisées étant de 10%, celle des enfants d'ouvriers tisseurs est au minimum de 35%. (Discours de M. Boudet à l'Académie de médecine, séance du 27 novembre 1866.) Dans son 28e *Bulletin*, la Société industrielle de Mulhouse constate le « dépérissement t effrayant de la génération qui se développe. »

[2] « Elle (l'enquête de 1861)... a démontré que d'une part, dans les circonstances que nous venons de décrire, les enfants périssent par suite de la négligence et du dérèglement qui résultent des occupations de leurs mères, et d'autre part

agricoles, « où le nombre des femmes ainsi occupées est à son minimum, le chiffre de la mortalité est aussi le plus bas[1]. »   La commission d'enquête de 1861 fournit cependant ce résultat inattendu que dans quelques districts purement agricoles des bords de la mer du Nord le chiffre de mortalité des enfants au-dessous d'un an, atteint presque celui des districts de fabrique les plus malfamés. Le docteur Julian Hunter fut chargé d'étudier ce phénomène sur les lieux. Ses conclusions sont enregistrées dans le VIe *Rapport* sur la *Santé publique*[2]. On avait supposé jusqu'alors que la malaria et d'autres fièvres particulières à ces contrées basses et marécageuses décimaient les enfants. L'enquête démontra le contraire, à savoir « que la même cause qui avait chassé la malaria, c'est-à-dire la transformation de ce sol, marais en hiver et lande stérile en été, en féconde terre à froment, était précisément la cause de cette mortalité extraordinaire[3]. » Les soixante-dix médecins de ces districts, dont le docteur Hunter recueillit les dépositions, furent « merveilleusement d'accord sur ce point. » La révolution dans la culture du sol y avait en effet introduit le système industriel. « Des femmes mariées travaillant par bandes avec des jeunes filles et des jeunes garçons sont mises à la disposition d'un fermier pour une certaine somme par un homme qui porte le nom chef de bande (gangmaster) et qui ne vend les bandes qu'entières. Le champ de travail de ces bandes ambulantes est souvent situé à plusieurs lieues de leurs villages. On les trouve matin et soir sur les routes publiques, les femmes vêtues de cotillons courts et de jupes à l'avenant, avec des bottes et parfois des pantalons, fortes et saines, mais corrompues par leur libertinage habituel, et n'ayant nul souci des suites funestes que leur goût pour ce genre de vie actif et nomade entraîne pour leur progéniture qui reste seule à la maison et y dépérit[4]. » Tous les phénomènes observés dans les districts de fabrique, entre autres l'"infanticide dissimulé et le traitement des enfants avec des opiats, se reproduisent ici à un degré bien supérieur[5]. « Ce que je sais là-dessus, dit

---

que les mères elles-mêmes deviennent de plus en plus dénaturées ; à tel point qu'elles ne se troublent plus de la mort de leurs enfants, et quelquefois même prennent des mesures directes pour assurer cette mort. » (L. c.)

[1] L. c., p. 454.

[2] L. c., p. 454-463. « *Report by Dr. Henry Julian Humer on the excessive mortality of infants in some rural districts of England.* »

[3] L. c., p. 35 et p. 455, 456.

[4] L. c. p. 456.

[5] « La consommation de l'opium se propage chaque jour parmi les travailleurs adultes et les ouvrières dans les districts agricoles comme dans les districts manufacturiers. Pousser la vente des opiats, tel est l'objet des efforts de plus d'un marchand en gros. Pour les droguistes c'est l'article principal. » (L. c. p. 459.) « Les nourrissons qui absorbaient des opiats devenaient rabougris comme de vieux petits hommes ou se ratatinaient à l'état de petits singes. » (L. c., p. 460.) Voilà la terrible vengeance que l'Inde et la Chine tirent de l'Angleterre.

le docteur Simon, fonctionnaire du *Privy Council* et rédacteur en chef des rapports sur la *Santé publique,* doit excuser l'horreur profonde que j'éprouve toutes les fois qu'il est question d'occupation industrielle, dans le sens emphatique du mot, des femmes adultes[1]. » — « Ce sera, s'écrie l'inspecteur R. Baker dans un rapport officiel, ce sera un grand bonheur pour les districts manufacturiers de l'Angleterre, quand il sera interdit à toute femme mariée et chargée de famille de travailler dans n'importe quelle fabrique[2]. »

Fr. Engels, dans son ouvrage sur la *Situation des classes ouvrières en Angleterre,* et d'autres écrivains ont dépeint si complètement la détérioration morale qu'amène l'exploitation capitaliste du travail des femmes et des enfants, qu'il me suffit ici d'en faire mention. Mais le vide intellectuel produit artificiellement par la métamorphose d'adolescents en voie de formation en simples machines à fabriquer de la plus-value, et qu'il faut bien distinguer de cette ignorance naïve qui laisse l'esprit en friche sans attaquer sa faculté de développement, sa fertilité naturelle, ce vide fatal, le Parlement anglais se crut enfin forcé d'y remédier en faisant de l'instruction élémentaire la condition légale de la consommation productive des enfants au- dessous de quatorze ans dans toutes les industries soumises aux lois de fabrique. L'esprit de la production capitaliste éclate dans la rédaction frivole des articles de ces lois concernant cette soi-disant instruction, dans le défaut de toute inspection administrative qui rend illusoire en grande partie l'enseignement forcé, l'opposition des fabricants à cette loi, et dans leurs subterfuges et faux-fuyants pour l'éluder dans la pratique. « La législation seule est à blâmer, parce qu'elle a promulgué une loi menteuse qui, sous l'apparence de prendre soin de l'éducation des enfants, ne contient en réalité aucun article de nature à assurer la réalisation de ce prétendu but. Elle ne détermine rien, sinon que les enfants devront être renfermés un certain nombre d'heures (3 heures) par jour entre les quatre murs d'un local appelé école, et que ceux qui les emploient auront à en obtenir le certificat chaque semaine d'une personne qui le signera à titre de maître ou de maîtresse d'école[3]. » Avant la promulgation de la loi de fabrique révisée de 1844, une foule de ces certificats d'école signés d'une croix prouvaient que les instituteurs ou institutrices ne savaient pas écrire. « Dans une visite que je fis à une école semblable, je fus tellement choqué de l'ignorance du maître que je lui dis : «Pardon, Monsieur, mais savez-vous lire ? — *Ih jeh summat.* » telle fut sa réponse ; mais pour se justifier, il ajouta : «Dans tous les cas, je surveille les écoliers.» Pendant la pré-

---

[1] L. c. p. 37.

[2] « *Reports of Insp. of Fact. for* 31 *st. Oct.* 1862, p. 59. » Cet inspecteur de fabrique était médecin.

[3] Leonhard Horner dans « *Reports of Insp. of. Fact. for* 10 *th. June* 1857 », p. 17.

paration de la loi de 1844, les inspecteurs de fabrique dénoncèrent l'état piteux des prétendues écoles dont ils devaient déclarer les certificats irréprochables au point de vue légal. Tout ce qu'ils obtinrent, c'est qu'à partir de 1844, les chiffres inscrits sur les certificats, ainsi que les noms et prénoms des instituteurs, devaient être écrits de la propre main de ces derniers[1]. Sir John Kincaid, inspecteur de fabrique de l'Écosse, cite maints faits du même genre. « La première école que nous visitâmes était tenue par une certaine Mrs. Ann Killin. Invitée par moi à épeler son nom, elle commit tout d'abord une bévue en commençant par la lettre C ; mais elle se corrigea aussitôt, et dit que son nom commençait par un K. En examinant sa signature dans les livres de certificats, je remarquai cependant qu'elle l'épelait de diverses manières et que son écriture ne laissait aucun doute sur son incapacité. Elle avoua elle-même qu'elle ne savait pas tenir son registre... Dans une seconde école je trouvai une salle longue de 15 pieds et large de 10, où je comptai 75 écoliers qui piaillaient un baragouin inintelligible[2]. » Et ce n'est pas seulement dans ces taudis piteux que les enfants obtiennent des certificats mais non de l'instruction ; il y a beaucoup d'écoles où le maître est compétent ; mais ses efforts échouent presque complètement contre le fouillis inextricable d'enfants de tout âge au-dessus de trois ans. « Ses appointements, dans le meilleur cas, misérables, dépendent du nombre de pence qu'il reçoit, de la quantité d'enfants qu'il lui est possible de fourrer dans une chambre. Et pour comble, un misérable ameublement, un manque de livres et de tout autre matériel d'enseignement, et l'influence pernicieuse d'un air humide et vicié sur les pauvres enfants. Je me suis trouvé dans beaucoup d'écoles semblables où je voyais des rangées d'enfants qui ne faisaient absolument rien ; et c'est là ce qu'on appelle fréquenter l'école, et ce sont de tels enfants qui figurent comme éduqués (educated) dans la statistique officielle[3]. » En Écosse, les fabricants cherchent à se passer le plus possible des enfants qui sont obligés de fréquenter l'école. « Cela suffit pour démontrer la grande aversion que leur inspirent les articles de la loi à ce sujet[4]. » Tout cela devient d'un grotesque effroyable dans les imprimeries sur coton, laine, etc., qui sont réglées par une loi spéciale. D'après les arrêtés de la loi, chaque enfant avant d'entrer dans une fabrique de ce genre doit avoir fréquenté l'école au moins trente jours et pas moins de cent cinquante heures pendant les six mois qui précèdent le premier jour de son emploi. Une fois au travail, il doit également fréquenter l'école trente jours et cent cinquante heures dans le courant d'un des deux semestres de l'année.

---

[1] Id. dans « *Rep. of. Fact. for* 31 *st. Oct.* 1855 », p. 18, 19.

[2] Sir John Kincaid dans « *Rep. of Insp. of Fact. for* 31 *st. Oct.* 1858 », p. 31, 32.

[3] Leonhard Horner dans « *Reports, etc., for* 31 *st. October* 1856, p. 17. ».

[4] Id. l. c. p. 66.

Николай Кондратьев Расстрелян
в 1938 году

Son séjour à l'école doit avoir lieu entre 8 heures du matin et 6 heures du soir. Aucune leçon de moins de 2 heures 1/2 ou de plus de 5 heures dans le même jour ne doit être comptée comme faisant partie des 150 heures. « Dans les circonstances ordinaires les enfants vont à l'école avant et après midi pendant 30 jours, 5 heures par jour, et après ces 30 jours quand la somme des 150 heures est atteinte, quand, pour parler leur propre langue, ils ont fini leur livre, ils retournent à la fabrique où ils restent 6 mois jusqu'à l'échéance d'un nouveau terme, et alors ils retournent à l'école jusqu'à ce que leur livre soit de nouveau fini, et ainsi de suite... Beaucoup de garçons qui ont fréquenté l'école pendant les 150 heures prescrites ne sont pas plus avancés au bout des 6 mois de leur séjour dans la fabrique qu'auparavant ; ils ont naturellement oublié tout ce qu'ils avaient appris. Dans d'autres imprimeries sur coton, la fréquentation de l'école dépend absolument des exigences du travail dans la fabrique. Le nombre d'heures de rigueur y est acquitté dans chaque période de 6 mois par des acomptes de 3 à 4 heures à la fois disséminées sur tout le semestre. L'enfant par exemple se rend à l'école un jour de 8 à 11 heures du matin, un autre jour de 1 à 4 heures de l'après-midi, puis il s'en absente pendant toute une série de jours pour y revenir ensuite de 3 à 6 heures de l'après-midi pendant 3 ou 4 jours de suite ou pendant une semaine. Il disparaît de nouveau trois semaines ou un mois, puis revient pour quelques heures, dans certains jours de chômage, quand par hasard ceux qui l'emploient n'ont pas besoin de lui. L'enfant est ainsi ballotté (buffeted) de l'école à la fabrique et de la fabrique à l'école, jusqu'à ce que la somme des 150 heures soit acquittée[1]. »

Par l'annexion au personnel de travail combiné d'une masse prépondérante d'enfants et de femmes, la machine réussit enfin à briser la résistance que le travailleur mâle opposait encore dans la manufacture au despotisme du capital[2].

---

[1] A. Redgrave dans « Reports of Insp. of Fact. for *10* th. June *1857, p. 41, 42* ». *Dans les branches de l'industrie anglaise où règne depuis assez longtemps la loi des fabriques proprement dite (qu'il ne faut pas confondre avec le Print Work's Act), les obstacles que rencontraient les articles sur l'instruction ont été surmontés dans une certaine mesure. Quant aux industries non soumises à la loi, la manière de voir qui y prédomine est celle exprimée par le fabricant verrier J. Geddes devant le commissaire d'enquête M. White : « Autant que je puis en juger, le supplément d'instruction accordé à une partie de la classe ouvrière dans ces dernières années est un mal. Il est surtout dangereux, en ce qu'il la rend trop indépendante. »* Children's Empl. Commission. IV Report. London. *1865, p. 253.*

[2] « M. E... fabricant m'a fait savoir qu'il emploie exclusivement des femmes à ses métiers mécaniques ; il donne la préférence aux femmes mariées ; surtout à celles qui ont une famille nombreuse ; elles sont plus attentives et plus disciplinables que les femmes non mariées, et de plus sont forcées de travailler jusqu'à extinction pour se procurer les moyens de subsistance nécessaires. C'est ainsi que les vertus qui caractérisent le mieux la femme tournent à son préjudice. Ce

B. *Prolongation de la journée de travail.*

Si la machine est le moyen le plus puissant d'accroître la productivité du travail, c'est-à-dire de raccourcir le temps nécessaire à la production des marchandises, elle devient comme support du capital, dans les branches d'industrie dont elle s'empare d'abord, le moyen le plus puissant de prolonger la journée de travail au-delà de toute limite naturelle. Elle crée et des conditions nouvelles qui permettent au capital de lâcher bride à cette tendance constante qui le caractérise, et des motifs nouveaux qui intensifient sa soif du travail d'autrui.

Et tout d'abord le mouvement et l'activité du moyen de travail devenu machine se dressent indépendants devant le travailleur. Le moyen de travail est dès lors un *perpetuum mobile* industriel qui produirait indéfiniment, s'il ne rencontrait une barrière naturelle dans ses auxiliaires humains, dans la faiblesse de leur corps et la force de leur volonté. L'automate, en sa qualité de capital, est fait homme dans la personne du capitaliste. Une passion l'anime : il veut tendre l'élasticité humaine et broyer toutes ses résistances[1].

La facilité apparente du travail à la machine et l'élément plus maniable et plus docile des femmes et des enfants l'aident dans cette œuvre d'asservissement[2].

---

qu'il y a de tendresse et de moralité dans sa nature devient l'instrument de son esclavage et de sa misère. » *Ten Hours'Factory Bill. The speech of Lord Ashley. Lond.* 1844 ; p. 20.

[1] « Depuis l'introduction en grand de machines coûteuses, on a voulu arracher par force à la nature humaine beaucoup plus qu'elle ne pouvait donner. » (Robert Owen : *Observations on the effects of the manufacturing system. 2me éd. Lond.* 1817.)

[2] Les Anglais qui aiment à confondre la raison d'être d'un fait social avec les circonstances historiques dans lesquelles il s'est présente originairement, se figurent souvent qu'il ne faut pas chercher la cause des longues heures de travail des fabriques ailleurs que dans l'énorme vol d'enfants, commis dès l'origine du système mécanique par le capital à la façon d'Hérode sur les maisons de pauvres et d'orphelins, vol par lequel il s'est incorporé un matériel humain dépourvu de toute volonté. Évidemment, dit par exemple Fielden, un fabricant anglais, « les longues heures de travail ont pour origine cette circonstance que le nombre d'enfants fournis par les différentes parties du pays a été si considérable, que les maîtres se sentant indépendants, ont une bonne fois établi la coutume au moyen du misérable matériel qu'ils s'étaient procuré par cette voie, et ont pu ensuite l'imposer à leurs voisins avec la plus grande facilite. » (J. Fielden : « *The Curse of the Factory system.* » *Lond.* 1836). Pour ce qui est du travail des femmes, l'inspecteur des fabriques Saunders dit dans son rapport de 1844 : « Parmi les ouvrières il y a des femmes qui sont occupées de 6 heures du matin à minuit pendant plusieurs semaines de suite, à peu de jours près, avec de deux heures pour les repas, de sorte que pour cinq jours de la semaine, sur les 24 heures de la journée, il ne leur en reste que 6 pour aller chez elles, s'y reposer et en revenir. »

La productivité de la machine est, comme nous l'avons vu, en raison inverse de la part de valeur qu'elle transmet au produit. Plus est longue la période pendant laquelle elle fonctionne, plus grande est la masse de produits sur laquelle se distribue la valeur qu'elle ajoute et moindre est la part qui en revient à chaque marchandise. Or la période de vie active de la machine est évidemment déterminée par la longueur de la journée de travail ou par la durée du procès de travail journalier multipliée par le nombre de jours pendant lesquels ce procès se répète.

L'usure des machines ne correspond pas avec une exactitude mathématique au temps pendant lequel elles servent. Et cela même supposé, une machine qui sert seize heures par jour pendant sept ans et demi embrasse une période de production aussi grande et n'ajoute pas plus de valeur au produit total que la même machine qui pendant quinze ans ne sert que huit heures par jour. Mais dans le premier cas la valeur de la machine se serait reproduite deux fois plus vite que dans le dernier, et le capitaliste aurait absorbé par son entremise autant de surtravail en sept ans et demi qu'autrement en quinze.

L'usure matérielle des machines se présente sous un double aspect. Elles s'usent d'une part en raison de leur emploi, comme les pièces de monnaie par la circulation, d'autre pari par leur inaction, comme une épée se rouille dans le fourreau. Dans ce dernier cas elles deviennent la proie des éléments. Le premier genre d'usure est plus ou moins en raison directe, le dernier est jusqu'à un certain point en raison inverse de leur usage[1].

La machine est en outre sujette à ce qu'on pourrait appeler son usure morale. Elle perd de sa valeur d'échange à mesure que des machines de la même construction sont reproduites à meilleur marché, ou à mesure que des machines perfectionnées viennent lui faire concurrence[2]. Dans les deux cas, si jeune et si vivace qu'elle puisse être, sa valeur n'est plus déterminée par le temps de travail réalisé en elle, mais par celui qu'exige sa reproduction ou la reproduction des machines perfectionnées. Elle se trouve en conséquence plus ou moins dépréciée. Le danger de son usure morale est d'autant moindre que la période où sa valeur totale se reproduit est plus courte, et cette période est d'autant plus courte que la journée de travail est plus longue. Dès la première introduction d'une machine dans une branche de production quelconque, on voit se succéder coup sur coup des méthodes nouvelles pour la reproduire à meilleur

---

[1] « On connaît le dommage que cause l'inaction des machines à des pièces de métal mobiles et délicates. » (Ure, l. c., t. II, p. 8.)

[2] Le *Manchester Spinner*, déjà cité (*Times*, 26 nov. 1862) dit : « cela (c'est-à-dire l'allocation pour la détérioration des machines) a pour but de couvrir la perte qui résulte constamment du remplacement des machines, avant qu'elles ne soient usées, par d'autres de construction nouvelle et meilleure. »

marché[1], puis viennent des améliorations qui n'atteignent pas seulement des parties ou des appareils isolés, mais sa construction entière. Aussi bien est-ce là le motif qui fait de sa première période de vie, période aiguë de la prolongation du travail[2].

La journée de travail étant donnée et toutes circonstances restant les mêmes, l'exploitation d'un nombre double d'ouvriers exige une avance double de capital constant en bâtiments, machines, matières premières, matières auxiliaires, etc. Mais la prolongation de la journée permet d'agrandir l'échelle de la production sans augmenter la portion de capital fixée en bâtiments et en machine[3]. Non seulement donc la plus-value augmente, mais les dépenses nécessaires pour l'obtenir diminuent. Il est vrai que cela a lieu plus ou moins toutes les fois qu'il y a prolongation de la journée ; mais c'est ici d'une tout autre Importance, parce que la partie du capital avancé en moyens de travail pèse davantage dans la balance[4]. Le développement de la production mécanique fixe en effet une partie toujours croissante du capital sous une forme où il peut d'une part être constamment mis en valeur, et perd d'autre part valeur d'usage et valeur d'échange dès que son contact avec le travail vivant est interrompu. « Si un laboureur », dit M. Ashworth, un des cotton lords d'Angleterre, faisant la leçon au professeur Nassau W. Senior, « si un laboureur dépose sa pioche, il rend inutile pour tout ce temps un capital de douze pence (1 fr. 25 c.). Quand un de nos hommes abandonne la fabrique, il rend inutile un capital qui a coûté cent mille livres sterling (2 500 000

---

[1] « On estime en gros qu'il faut cinq fois autant de dépense pour construire une seule machine d'après un nouveau modèle, que pour reconstruire la même machine sur le même modèle. » (Babbage l. c., p. 349.)

[2] « Depuis quelques années il a été apporté à la fabrication des tulles des améliorations si importantes et si nombreuses, qu'une machine bien conservée, du prix de 1200 liv. st., a été vendue quelques années plus tard, 60 liv. st.... Les améliorations se sont succédé avec tant de rapidité que des machines sont restées inachevées dans les mains de leurs constructeurs mises au rebut par suite de l'invention de machines meilleures. Dans cette période d'activité dévorante, les fabricants de tulle prolongèrent naturellement le temps de travail de 8 heures à 24 heures en employant le double d'ouvriers. » (L. c., p. 377, 378 et 389.)

[3] « Il est évident que dans le flux et reflux du marché et parmi les expansions et contractions alternatives de la demande, il se présente constamment des occasions dans lesquelles le manufacturier peut employer un capital flottant additionnel sans employer un capital fixe additionnel... si des quantités supplémentaires de matières premières peuvent être travaillées sans avoir recours à une dépense supplémentaire pour bâtiments et machines. » (R. Torrens : *On wages and combination*. Lond., 1834, p. 63.)

[4] Cette circonstance n'est ici mentionnée que pour rendre l'exposé plus complet, car ce n'est que dans le troisième livre de cet ouvrage que je traiterai la question du taux du profit, c'est-à-dire le rapport de la plus- value au total du capital avancé.

francs)[1]. » Il suffit d'y penser ! rendre inutile, ne fût-ce que pour une seconde, un capital de 100 000 liv. st. ! C'est à demander vengeance au ciel quand un de nos hommes se permet de quitter la fabrique ! Et le susdit Senior renseigné par Ashworth finit par reconnaître que la proportion toujours croissante du capital fixé en machines rend une prolongation croissante de la journée de travail tout à fait « désirable[2] ».

La machine produit une plus-value relative, non seulement en dépréciant directement la force de travail et en la rendant indirectement meilleur marché par la baisse de prix qu'elle occasionne dans les marchandises d'usage commun, mais en ce sens que pendant la période de sa première introduction sporadique, elle transforme le travail employé par le possesseur de machines en travail puissancié dont le produit, doué d'une valeur sociale supérieure à sa valeur individuelle, permet au capitaliste de remplacer la valeur journalière de la force de travail par une moindre portion du rendement journalier. Pendant cette période de transition où l'industrie mécanique reste une espèce de monopole, les bénéfices sont par conséquent extraordinaires et le capitaliste cherche à exploiter à fond cette lune de miel au moyen de la plus grande prolongation possible de la journée. La grandeur du gain aiguise l'appétit.

À mesure que les machines se généralisent dans une même branche de production, la valeur sociale du produit mécanique descend à sa valeur individuelle. Ainsi se vérifie la loi d'après laquelle la plus-value provient non des forces de travail que le capitaliste remplace par la machine, mais au contraire de celles qu'il y occupe. La plus-value ne provient que de la partie variable du capital, et la somme de la plus-value est déterminée par deux facteurs : son taux et le nombre des ouvriers occupés simultanément. Si la longueur de la journée est donnée, sa division proportionnelle en surtravail et travail nécessaire détermine le taux de la plus-value, mais le nombre des ouvriers occupés dépend du rapport du capital variable au capital constant. Quelle que soit la proportion suivant laquelle, par l'accroissement des forces productives, l'industrie mécanique augmente le surtravail aux dépens du travail né-

---

[1] Senior : *Letters on the Factory act.* Lond. 1837, p. 13, 14.

[2] « La grande proportion du capital fixe au capital circulant... rend désirables les longues heures de travail. À mesure que le machinisme se développe etc. les motifs de prolonger les heures de travail deviennent de plus en plus grands, car c'est le seul moyen de rendre profitable une grande proportion du capital fixe. » (Senior l. c., p. 11-13.) « Il y a dans une fabrique différentes dépenses qui restent constantes, que la fabrique travaille plus ou moins de temps, par exemple la rente pour les bâtiments, les contributions locales et générales l'assurance contre l'incendie, le salaire des ouvriers qui restent là en permanence, les frais de détérioration des machines, et une multitude d'autres charges dont la proportion vis-à-vis du profit croit dans le même rapport que l'étendue de la production augmente. » (*Reports of the Insp. of Face. for* 31 *st. oct.* 1862, p. 19.)

cessaire, il est clair qu'elle n'obtient cependant ce résultat qu'en diminuant le nombre des ouvriers occupés, par un capital donné. Elle transforme en machines, en élément constant qui ne rend point de plus-value, une partie du capital qui était variable auparavant, c'est-à-dire se convertissait en force de travail vivante. Il est impossible par exemple d'obtenir de deux ouvriers autant de plus-value que de vingt-quatre. Si chacun des vingt-quatre ouvriers ne fournit sur douze heures qu'une heure de surtravail, ils fourniront tous ensemble vingt-quatre heures de surtravail, tandis que le travail total des deux ouvriers n'est jamais que de vingt-quatre heures, les limites de la journée étant fixées à douze heures. L'emploi des machines dans le but d'accroître la plus-value recèle donc une contradiction, puisque des deux facteurs de la plus-value produite par un capital de grandeur donnée, il n'augmente l'un, le taux de la plus-value, qu'en diminuant l'autre, le nombre des ouvriers. Cette contradiction intime éclate, dès qu'avec la généralisation des machines dans une branche d'industrie la valeur du produit mécanique règle la valeur sociale de toutes les marchandises de même espèce, et c'est cette contradiction qui entraîne instinctivement[1] le capitaliste à prolonger la journée de travail avec la plus extrême violence, pour compenser le décroissement du nombre proportionnel des ouvriers exploités par l'accroissement non seulement du surtravail relatif, mais encore du surtravail absolu.

La machine entre les mains du capital crée donc des motifs nouveaux et puissants pour prolonger sans mesure la journée de travail ; elle transforme le mode de travail et le caractère social du travailleur collectif, de manière à briser tout obstacle qui s'oppose à cette tendance ; enfin, en enrôlant sous le capital des couches de la classe ouvrière jusqu'alors inaccessibles, et en mettant en disponibilité les ouvriers déplacés par la machine, elle produit une population ouvrière surabondante[2] qui est forcée de se laisser dicter la loi. De là ce phénomène merveilleux dans l'histoire de l'industrie moderne, que la machine renverse toutes les limites morales et naturelles de la journée de travail. De là ce paradoxe économique, que le moyen le plus puissant de raccourcir le temps de travail devient par un revirement étrange le moyen le plus infaillible de transformer la vie entière du travailleur et de sa famille en temps disponible pour la mise en valeur du capital. « Si chaque outil », tel était le rêve d'Aristote, le plus grand penseur de l'antiquité, « si chaque outil

---

[1] On verra dans les premiers chapitres du livre III, pourquoi ni le capitaliste, ni l'économie politique qui partage sa manière de voir, n'ont conscience de cette contradiction.

[2] Sismondi et Ricardo ont le mérite d'avoir compris que la machine est un moyen de produire non seulement des marchandises, mais encore la surpopulation « redundant population ».

pouvait exécuter sur sommation, ou bien de lui-même, sa fonction propre, comme les chefs-d'œuvre de Dédale se mouvaient d'eux- mêmes, ou comme les trépieds de Vulcain se mettaient spontanément à leur travail sacré ; si, par exemple, les navettes des tisserands tissaient d'elles-mêmes, le chef d'atelier n'aurait plus besoin d'aides, ni le maître d'esclaves[1]. » Et Antiparos, un poète grec du temps de Cicéron, saluait l'invention du moulin à eau pour la mouture des grains, cette forme élémentaire de tout machinisme productif, comme l'aurore de l'émancipation des femmes esclaves et le retour de l'âge d'or[2] ! Ah ces païens ! Maître Bastiat, après son maître Mac Culloch, a découvert qu'ils n'avaient aucune idée de l'économie politique ni du christianisme. Ils ne comprenaient point, par exemple, qu'il n'y a rien comme la machine pour faire prolonger la journée de travail. Ils excusaient l'esclavage des uns parce qu'elle était la condition du développement intégral des autres ; mais pour prêcher l'esclavage des masses afin d'élever au rang d'« éminents filateurs », de « grands banquiers » et d' « influents marchands de cirage perfectionné », quelques parvenus grossiers ou à demi décrottés, la bosse de la charité chrétienne leur manquait.

c) *Intensification du travail*[3]

La prolongation démesurée du travail quotidien produite par la machine entre des mains capitalistes finit par amener une réaction de la société qui, se sentant menacée jusque dans la racine de sa vie, décrète des limites légales à la journée : dès lors l'*intensification* du travail, phénomène que nous avons déjà rencontré, devient prépondérante.

L'analyse de la plus-value absolue avait trait à la durée du travail, tandis qu'un degré moyen de son intensité était sous-entendu. Nous allons maintenant examiner la conversion d'un genre de grandeur dans l'autre, de l'extension en intensité.

Il est évident qu'avec le progrès mécanique et l'expérience accumulée d'une classe spéciale d'ouvriers consacrée à la machine, la rapidité et par cela même l'intensité du travail s'augmentent naturellement. C'est ainsi que dans les fabriques anglaises la prolongation de la journée et l'accroissement dans l'intensité du travail marchent de front pendant un demi-siècle.

---

[1] F. Biese : *Die Philosophie des Aristoteles*. Zweiter Band., Berlin, 1842, p.408.

[2] « Épargnez le bras qui fait tourner la meule, ô meunières, et dormez paisiblement ! Que le coq vous avertisse en vain qu'il fait jour ! Dao a imposé aux nymphes le travail des filles et les voilà qui sautillent allégrement sur la roue et voilà que l'essieu ébranlé roule avec ses rais, faisant tourner le poids de la pierre roulante. Vivons de la vie de nos pères et oisifs, réjouissons-nous des dons que la déesse accorde. » (Antiparos.)

[3] Par le mot *intensification* nous désignons les procédés qui rendent le travail plus intense.

Русские ремесла

On comprend cependant que là où il ne s'agit pas d'une activité spasmodique, mais uniforme, régulière et quotidienne, on arrive fatalement à un point où l'extension et l'intensité du travail s'excluent l'une l'autre, si bien qu'une prolongation de la journée n'est plus compatible qu'avec un degré d'intensité moindre, et inversement un degré d'intensité supérieure qu'avec une journée raccourcie.

Dès que la révolte grandissante de la classe ouvrière força l'État à imposer une journée normale, en premier lieu à la fabrique proprement dite, c'est-à-dire à partir du moment où il interdit la méthode d'accroître la production de plus-value par la multiplication progressive des heures de travail, le capital se jeta avec toute son énergie et en pleine conscience sur la *production de la plus-value relative* au moyen du développement accéléré du système mécanique.

En même temps ce genre de plus-value subit un changement de caractère. En général la plus-value relative est gagnée par une augmentation de la fertilité du travail qui permet à l'ouvrier de produire davantage dans le même temps avec la même dépense de force. Le même temps de travail continue alors à rendre la même valeur d'échange, bien que celle-ci se réalise en plus de produits dont chacun, pris séparément, est par conséquent d'un prix moindre.

Mais cela change avec le raccourcissement légal de la journée. L'énorme impulsion qu'il donne au développement du système mécanique et à l'économie des frais contraint l'ouvrier aussi à dépenser, au moyen d'une tension supérieure, plus d'activité dans le même temps, à resserrer les pores de sa journée, et à condenser ainsi le travail à un degré qu'il ne saurait atteindre sans ce raccourcissement.

Dès lors on commence à évaluer la grandeur du travail doublement, d'après sa durée ou son extension, et d'après son degré d'intensité, c'est-à-dire la masse qui en est comprimée dans un espace de temps donné, une heure par exemple[1]. L'heure plus dense de la journée de dix heures contient autant ou plus de travail, plus de dépense en force vitale, que l'heure plus poreuse de la journée de douze heures. Une heure de celle-là produit par conséquent autant ou plus de valeur qu'une heure et un cinquième de celle-ci. Trois heures et un tiers de surtravail sur six heures et deux tiers de travail nécessaire fournissent donc au capitaliste au moins la même masse de plus-value relative qu'auparavant quatre heures de surtravail sur huit heures de travail nécessaire.

---

[1] Différents genres de travail réclament souvent par leur nature même différents degrés d'intensité et il se peut, ainsi que l'a déjà démontré Adam Smith, que ces différences se compensent par d'autres qualités particulières à chaque besogne. Mais comme mesure de la valeur, le temps de travail n'est affecté que dans les cas où la grandeur extensive du travail et son degré d'intensité constituent *deux expressions de la même quantité* qui s'excluent mutuellement.

Comment le travail est-il rendu plus intense ?

Le premier effet du raccourcissement de la journée procède de cette loi évidente que la capacité d'action de toute force animale est en raison inverse du temps pendant lequel elle agit. Dans certaines limites, on gagne en efficacité ce qu'on perd en durée.

Dans les manufactures, telles que la poterie par exemple, où le machinisme ne joue aucun rôle ou un rôle insignifiant, l'introduction des lois de fabrique a démontré d'une manière frappante qu'il suffit de raccourcir la journée pour augmenter merveilleusement la régularité, l'uniformité, l'ordre, la continuité et l'énergie du travail[1]. Ce résultat paraissait cependant douteux dans la fabrique proprement dite, parce que la subordination de l'ouvrier au mouvement continu et uniforme de la machine y avait créé depuis longtemps la discipline la plus sévère. Lors donc qu'il fut question en 1844 de réduire la journée au-dessous de douze heures, les fabricants déclarèrent presque unanimement « que leurs contremaîtres veillaient dans les diverses salles à ce que leurs bras ne perdissent pas de temps », « que le degré de vigilance et d'assiduité déjà obtenu était à peine susceptible d'élévation », et que toutes les autres circonstances, telles que marche des machines, etc., restant les mêmes, « c'était une absurdité d'attendre dans des fabriques bien dirigées le moindre résultat d'une augmentation de la vigilance, etc., des ouvriers[2] ». Cette assertion réfutée par les faits. M. *R. Gardner* fit travailler dans ses deux grandes fabriques à Preston, à partir du 20 avril 1844, onze heures au lieu de douze par jour. L'expérience d'un an environ, démontra que « le même *quantum* de produit était obtenu aux mêmes frais et qu'en onze heures les ouvriers ne gagnaient pas un salaire moindre qu'auparavant en douze heures[3] ». Je ne mentionne pas les expériences faites dans les salles de filage et de cardage, attendu que la vitesse des machines y avait été augmentée de deux pour cent. Dans le département du tissage au contraire, où l'on fabriquait diverses sortes d'articles de fantaisie et à ramage, les conditions matérielles de la production n'avaient subi aucun changement. Le résultat fut celui-ci : « Du 6 janvier au 20 avril 1844, la journée de travail étant de douze heures, chaque ouvrier reçut par semaine un salaire moyen 10 sh. 1/2, et du 20 avril au 29 juin, la journée de travail étant de onze heures, un salaire moyen 10 sh. 3 1/2 d. par semaine[4]. » En onze heures il fut donc produit plus qu'auparavant en douze, et cela était dû exclusivement à l'activité

---

[1] Voy : « *Reports of Insp. of Fact. for 31 st. Oct.* 1865. »

[2] « *Reports of Insp. of Fact. for 1844 and the quarter ending 30 th. april 1845* » p. 20, 21.

[3] L. c., p. 19. Comme chaque mètre fourni était payé aux ouvriers au même taux qu'auparavant, le montant de leur salaire hebdomadaire dépendait du nombre de mètres tissés.

[4] L. c. p. 20.

plus soutenue et plus uniforme des ouvriers ainsi qu'à l'économie de leur temps. Tandis qu'ils obtenaient le même salaire et gagnaient une heure de liberté, le capitaliste de son côté obtenait la même masse de produits et une économie d'une heure sur sa consommation de gaz, de charbon, etc. Des expériences semblables furent faites avec le même succès dans les fabriques de MM. Horrocks et Jacson[1].

Dès que la loi abrège la journée de travail, la machine se transforme aussitôt entre les mains du capitaliste en moyen systématique d'extorquer à chaque moment plus de labeur. Mais pour que le machinisme exerce cette pression supérieure sur ses servants humains, il faut le perfectionner, sans compter que le raccourcissement de la journée force le capitaliste à tendre tous les ressorts de la production et à en économiser les frais.

En perfectionnant l'engin à vapeur on réussit à augmenter le nombre de ses coups de piston par minute et, grâce à une savante économie de force, à chasser par un moteur du même volume un mécanisme plus considérable sans augmenter cependant la consommation du charbon. En diminuant le frottement des organes de transmission, en réduisant le diamètre et le poids des grands et petits arbres moteurs, des roues, des tambours, etc., à un minimum toujours décroissant, on arrive à faire transmettre avec plus de rapidité la force d'impulsion accrue du moteur à toutes les branches du mécanisme d'opération. Ce mécanisme lui-même est amélioré. Les dimensions des machines-outils sont réduites tandis que leur mobilité et leur efficacité sont augmentées, comme dans le métier à tisser moderne ; ou bien leurs charpentes sont agrandies avec la dimension et le nombre des outils qu'elles mènent, comme dans la machine à filer. Enfin ces outils subissent d'incessantes modifications de détail comme celles qui, il y a environ quinze ans, accrurent d'un cinquième la vélocité des broches de la mule automatique.

La réduction de la journée de travail à douze heures date en Angleterre de 1833. Or, un fabricant anglais déclarait déjà en 1836 : « Comparé à celui d'autrefois le travail à exécuter dans les fabriques est aujourd'hui considérablement accru, par suite de l'attention et de l'activité supérieures que la vitesse très augmentée des machines exige du travailleur[2]. » En 1844 Lord *Ashley*, aujourd'hui comte Shaftesbury, dans son discours sur le bill de dix heures, communiqua a la Chambre des communes les faits suivants :

---

[1] L'élément moral joua un grand rôle dans ces expériences. « Nous travaillons avec plus d'entrain », dirent les ouvriers à l'inspecteur de la fabrique, « nous avons devant nous la perspective de partir de meilleure heure et une joyeuse ardeur au travail anime la fabrique depuis le plus jeune jusqu'au plus vieux, de sorte que nous pouvons nous aider considérablement les uns les autres. » l. c.

[2] John Fielden, l. c., p. 32.

« Le travail des ouvriers employés dans les opérations de fabrique est aujourd'hui trois fois aussi grand qu'il l'était au moment où ce genre d'opérations a été établi. Le système mécanique a sans aucun doute accompli une œuvre qui demanderait les tendons et les muscles de plusieurs millions d'hommes ; mais il a aussi prodigieusement (prodigiously) augmenté le travail de ceux qui sont soumis à son mouvement terrible. Le travail qui consiste à suivre une paire de *mules*, aller et retour, pendant douze heures, pour filer des filés n° 40, exigeait en 1815 un parcours de 8 milles ; en 1832 la distance à parcourir était de 20 milles et souvent plus considérable[1]. En 1825 le fileur avait à faire dans l'espace de douze heures 820 *stretches* pour chaque mule ce qui pour la paire donnait une somme de 1640. En 1832 il en faisait 2, 200 pour chaque mule ou 4, 400 par jour ; en 1844, 2, 400 pour chaque mule, ensemble 4, 800 ; et dans quelques cas la somme de travail (amount of labour) exigé est encore plus considérable. En estimant les fatigues d'une journée de travail il faut encore prendre en considération la nécessité de retourner quatre ou cinq mille fois le corps dans une direction opposée[2] aussi bien que les efforts continuels d'inclinaison et d'érection... J'ai ici dans les mains un autre document daté de 1842, qui prouve que le travail augmente progressivement, non seulement parce que la distance à parcourir est plus grande, mais parce que la quantité des marchandises produites s'accroît tandis qu'on diminue en proportion le nombre des bras, et que le coton filé est de qualité inférieure, ce qui rend le travail plus pénible... Dans le cardage le travail a subi également un grand surcroît. Une personne fait aujourd'hui la besogne que deux se partageaient... Dans le tissage où un grand nombre de personnes, pour la plupart du sexe féminin, sont occupées, le travail s'est accru de 10% pendant les dernières années par suite de la vitesse accélérée des machines. En 1838 le nombre des écheveaux filés par semaine était de 18,000 ; en 1843 il atteignit le chiffre de 21,000. Le nombre des *picks* au métier à tisser était en 1819 de 60 par minute, il s'élevait à 140 en 1842, ce qui indique un grand surcroît de travail[3]. »

Cette intensité remarquable que le travail avait déjà atteinte en 1844 sous le régime de la loi de douze heures, parut justifier les fabricants anglais déclarant que toute diminution ultérieure de la journée entraînerait nécessairement une diminution proportionnelle dans la production. La justesse apparente de leur point vue est prouvée par le témoignage de

---

[1] Les mules que l'ouvrier doit suivre avancent et reculent alternativement ; quand elles avancent, les écheveaux sont étirés en fils allongés. Le rattacheur doit saisir le moment où le chariot est proche du porte-système pour rattacher des filés cassés ou casser des filés mal venus. Les calculs cités par Lord Ashley étaient faits par un mathématicien qu'il avait envoyé à Manchester dans ce but.
[2] Il s'agit d'un fileur qui travaille à la fois à deux mules se faisant vis-à- vis.
[3] Lord Ashley, l. c. *passim*.

leur impitoyable censeur, l'inspecteur *Leonhard Horner* qui à la même
époque s'exprima ainsi sur ce sujet :

« La quantité des produits étant réglée par la vitesse de la machine,
l'intérêt des fabricants doit être d'activer cette vitesse jusqu'au degré
extrême qui peut s'allier avec les conditions suivantes : préservation des
machines d'une détérioration trop rapide, maintien de la qualité des articles fabriqués et possibilité pour l'ouvrier de suivre le mouvement sans
plus de fatigue qu'il n'en peut supporter d'une manière continue. Il arrive souvent que le fabricant exagère le mouvement. La vitesse est alors
plus que balancée par les pertes que causent la casse et la mauvaise besogne et il est bien vite forcé de modérer la marche des machines. Or,
comme un fabricant actif et intelligent sait trouver le maximum normal,
j'en ai conclu qu'il est impossible de produire autant en onze heures
qu'en douze. De plus, j'ai reconnu que l'ouvrier payé à la pièce s'astreint
aux plus pénibles efforts pour endurer d'une manière continue le même
degré de travail[1]. » Horner conclut donc malgré les expériences de Gardner, etc., qu'une réduction de la journée de travail au-dessous de 12
heures diminuerait nécessairement la quantité du produit[2]. Dix ans
après il cite lui-même ses scrupules de 1845 pour démontrer combien il
soupçonnait peu encore à cette époque l'élasticité du système mécanique
et de la force humaine susceptibles d'être tous deux tendus à l'extrême
par la réduction forcée de la journée de travail.

Arrivons maintenant à la période qui suit 1847, depuis l'établissement
de la loi des 10 heures dans les fabriques anglaises de laine, de lin, de soie
et de coton.

« Les broches des métiers continus (*Throstles*) font 500, celles des
mules 1000 révolutions de plus par minute, c'est- à-dire que la vélocité
des premières étant de 4500 révolutions par minute en 1839 est maintenant (1862) de 5000, et celle des secondes qui était de 5000 révolutions
est maintenant de 6000 ; dans le premier cas c'est un surcroît de vitesse
de 1/10 et dans le second de 1/5[3]. » J. Nasmyth, le célèbre ingénieur civil
de Patricroft près de Manchester détailla dans une lettre adressée en
1862 à Leonhard Horner les perfectionnements apportés à la machine à
vapeur. Après avoir fait remarquer que dans la statistique officielle des
fabriques la force de cheval-vapeur est toujours estimée d'après son ancien effet de l'an 1828[4], qu'elle n'est plus que nominale et sert tout

---

[1] « *Reports of Insp. of Fact. for 1845* », p. 20.

[2] L. c. p. 22.

[3] *Rep. of Insp. of Fact. for 31 st. Oct. 1862*, p. 62.

[4] Il n'en est plus de même à partir du « Parliamentary Return » de 1862. Ici la
force-cheval réelle des machines et des roues hydrauliques modernes remplace
la force nominale. Les broches pour le tordage ne sont plus confondues avec les
broches proprement dites (comme dans les Returns de 1839, 1850 et 1856) ; en
outre, on donne pour les fabriques de laine le nombre des « *gigs* » ; une sépara-

simplement d'indice de la force réelle, il ajoute entre autres : « Il est hors de doute qu'une machine à vapeur du même poids qu'autrefois et souvent même des engins identiques auxquels on s'est contenté d'adapter les améliorations modernes, exécutent en moyenne 50% plus d'ouvrage qu'auparavant et que, dans beaucoup de cas, les mêmes engins à vapeur qui, lorsque leur vitesse se bornait à 220 pieds par minute, fournissaient 50 chevaux-vapeur, en fournissent aujourd'hui plus de 100 avec une moindre consommation de charbon... L'engin à vapeur moderne de même force nominale qu'autrefois reçoit une impulsion bien supérieure grâce aux perfectionnements apportés à sa construction, aux dimensions amoindries et à la construction améliorée de sa chaudière, etc. C'est pourquoi, bien que l'on occupe le même nombre de bras qu'autrefois proportionnellement à la force nominale, il y a cependant moins de bras employés proportionnellement aux machines- outils[1]. »

En 1850 les fabriques du Royaume-Uni employèrent une force nominale de 134 217 chevaux pour mettre en mouvement 25 638 716 broches et 301 495 métiers à tisser.

En 1856 le nombre des broches atteignait 33 503 580 et celui des métiers 369 205. Il aurait donc fallu une force de 175 000 chevaux en calculant d'après la base de 1850 ; mais les documents officiels n'en accusent que 161 435, c'est-à-dire plus de 10 000 de moins[2]. « Il résulte des faits établis par le dernier *return* (statistique officielle) de 1856, que le système de fabrique s'étendit rapidement, que le nombre des bras a diminué proportionnellement aux machines, que l'engin à vapeur par suite d'économie de force et d'autres moyens meut un poids mécanique supérieur et que l'on obtient un quantum de produit plus considérable grâce au perfectionnement des machines- outils, au changement de méthodes de fabrication, à l'augmentation de vitesse et à bien d'autres causes[3]. »

« Les grandes améliorations introduites dans les machines de toute espèce ont augmenté de beaucoup leur force productive. Il est hors de doute que c'est le raccourcissement de la journée de travail qui a stimulé ces améliorations. Unies aux efforts plus intenses de l'ouvrier, elles ont amené ce résultat que dans une journée réduite de deux heures ou d'un sixième, il se fait pour le moins autant de besogne qu'autrefois[4]. »

Un seul fait suffit pour démontrer combien les fabricants se sont enrichis à mesure que l'exploitation de la force de travail est devenue plus

---

tion est introduite entre les fabriques de *jute* et de chanvre d'une part et celles de lin de l'autre, enfin la bonneterie est pour la première fois mentionnée dans le rapport.

[1] « *Reports of Insp. of Fact. for 31 st. Oct 1856* », p. 11.

[2] L. c. p. 14, 15.

[3] L. c. p. 20.

[4] *Reports, etc., for* 31 *st. Oct.* 1858, p. 9, 10. *Comp. Reports, etc., for 30 th. April* 1860, p. 30 et suiv.

intense : c'est que le nombre des fabriques anglaises de coton s'est accru en moyenne de 32% de 1838 à 1850, et de 86% de 1850 à 1856.

Si grand qu'ait été le progrès de l'industrie anglaise dans les huit années comprises entre 1848 et 1856, sous le règne des 10 heures, il a été de beaucoup dépassé dans la période des six années suivantes de 1856 à 1862. Dans la fabrique de soie par exemple on comptait en 1856, 1 093 799 broches et 9 260 métiers ; en 1862, 1 388 544 broches et 10 709 métiers. Mais en 1862 on n'y comptait que 52,429 ouvriers au lieu de 56, 131 et un occupés en 1856. Le nombre broches s'est donc accru de 26.9% et celui des métiers de 15.6% ; tandis que le nombre de travailleurs a décru de 7% dans le même temps. En 1858 ; il fut employé dans les fabriques de *worsted* (longue laine) 875 830 broches, en 1856, 1 324 549 (augmentation de 51,2%) et en 1862, 1 289 172 (diminution de 2,7%.). Mais si l'on compte les broches à tordre qui dans le dernier chiffre ne figurent pas comme dans le premier, le nombre des broches est resté à peu près stationnaire depuis 1856. Par contre leur vitesse ainsi que celle des métiers a en beaucoup de cas doublé depuis 1850. Le nombre des métiers à vapeur dans la fabrique de *worsted* était en 1850 de : 32 617, en 1856 de : 38 956 et en 1862 de : 43 048. Ils occupaient en 1850, 79 737 personnes ; en 1856, 87 794 et en 1862, 86 063, sur lesquelles il y avait en 1850, 9 956, en 1856, 11 228 et 1862, 13 718 enfants au-dessous de 14 ans. Malgré la grande augmentation du nombre des métiers, on voit en comparant 1862 à 1856, que le nombre total des ouvriers a diminué considérablement quoique celui des enfants exploités se soit accru[1].

Le 27 avril 1863 un membre du Parlement, M. Ferrand, fit la déclaration suivante dans la Chambre des communes :

« Une délégation d'ouvriers de seize districts de Lancashire et Cheshire, au nom de laquelle je parle, m'a certifié que le travail augmente constamment dans les fabriques, par suite du perfectionnement des machines. Tandis qu'autrefois une seule personne avec deux aides faisait marcher deux métiers, elle en fait marcher trois maintenant sans aucun aide, et il n'est pas rare qu'une seule personne suffise pour quatre, etc. Il résulte des faits qui me sont communiqués que douze heures de travail sont maintenant condensées en moins de dix heures. Il est donc facile de comprendre dans quelle énorme proportion le labeur des ouvriers de fabrique s'est accru depuis les dernières années[2]. » Bien que les inspecteurs

---

[1] *Reports of Insp. of Fact. for* 31 *st. Oct.* 1862, p. 100 et 130.

[2] Avec le métier à vapeur moderne un tisserand fabrique aujourd'hui, en travaillant sur deux métiers soixante heures par semaine, vingt-six pièces d'une espèce particulière de longueur et largeur données, tandis que sur l'ancien métier à vapeur il n'en pouvait fabriquer que quatre. Les frais d'une pièce semblable étaient déjà tombés au commencement de 1850 de trois francs quarante à cinquante-deux centimes.

« Il y a 30 ans (1841) on faisait surveiller par un fileur et deux aides dans les

de fabrique ne se lassent pas, et avec grande raison, de faire ressortir les résultats favorables de la législation de 1844 et de 1850, ils sont néanmoins forcés d'avouer que le raccourcissement de la journée a déjà provoqué une condensation de travail qui attaque la santé de l'ouvrier et par conséquent sa force productive elle-même.

« Dans la plupart des fabriques de coton, de soie, etc., l'état de surexcitation qu'exige le travail aux machines, dont le mouvement a été extraordinairement accéléré dans les dernières années, parait être une des causes de la mortalité excessive par suite d'affection, pulmonaires que le docteur Greenhow a signalée dans son dernier et admirable rapport[1]. » Il n'y a pas le moindre doute que la tendance du capital à se rattraper sur l'intensification systématique du travail (dès que la prolongation de la journée lui est définitivement interdite par la loi), et à transformer chaque perfectionnement du système mécanique en un nouveau moyen d'exploitation, doit conduire à un point où une nouvelle diminution des heures de travail deviendra inévitable[2]. D'un autre côté, la période de 10 heures de travail qui date de 1848, dépasse, par le mouvement ascendant de l'industrie anglaise, bien plus la période de 12 heures, qui commence en 1833 et finit en 1847, que celle-ci ne dépasse le demi-siècle écoulé depuis l'établissement du système de fabrique, c'est-à-dire la période de la journée illimitée[3].

---

fabriques de coton une paire de mules avec trois cents à trois cent vingt-quatre broches. Aujourd'hui le fileur avec cinq aides doit surveiller des mules dont le nombre de broches est de deux mille deux cents et qui produisent pour le moins sept fois autant de filés qu'en 1841. » (*Alexandre Redgrave*, inspecteur de fabrique, dans le « *Journal of the Society of Arts* », January 5, 1872.)

[1] *Rep. etc. 31 st. Oct.* 1861, p. 25, 26.

[2] L'agitation des huit heures commença en 1867 dans le Lancashire parmi les ouvriers de fabrique.

[3] Les quelques chiffres suivants mettent sous les yeux le progrès des fabriques proprement dites dans le Royaume-Uni depuis 1848 :

DÉSIGNATION	QUANTITÉ EXPORTÉE 1848		QUANTITÉ EXPORTÉE 1851	
FABRIQUE DE COTON				
Coton filé	liv.	135,831,162	liv.	143,966,106
Fil à coudre	yard (=0,914mét.)		l.	4,392,176
Tissus de coton	y.	1,091,373,930	y.	1,543,161,789
FABRIQUE DE LIN ET DE CHANVRE				
Filé	l.	11,722,182	l.	18,841,326
Tissus	y.	88,901,519	y.	129,106,753
FABRIQUE DE SOIE				
Filé de différentes sortes	l.	466,825	l.	462,513

Tissus	y.		y.	1,181,455
FABRIQUE DE LAINE				
Laine filée	q. (quintal.)		l.	14,670,880
Tissus	y.		y.	241,120,973

DÉSIGNATION	VALEUR EXPORTÉE 1848	VALEUR EXPORTÉE 1851
FABRIQUE DE COTON	*liv. st.*	*liv. st.*
Coton filé	15,927,831	6,634,026
Tissus	16,753,369	23,454,810
FABRIQUE DE LIN ET DE CHANVRE		
Filé	493,449	951,426
Tissus	2,802,789	4,107,396
FABRIQUE DE SOIE		
Filés divers	77,789	195,380
Tissus		1,130,398
FABRIQUE DE LAINE		
Laine filée	776,975	1,484,544
Tissus	5,733,828	8,377,183

DÉSIGNATION	QUANTITÉ EXPORTÉE 1860		QUANTITÉ EXPORTÉE 1865	
FABRIQUE DE COTON				
Coton filé	l.	197,343,655	l.	103,751,455
Fil à coudre	l.	6,297,554	l.	4,648611
Tissus de coton	y.	2,776,218,427	y.	2,015,237,851
FABRIQUE DE LIN ET DE CHANVRE				
Filé	l.	31,210,612	l.	36,777,334
Tissus	y.	43,996,773	y.	247,012,529
FABRIQUE DE SOIE				
Filé de différentes sortes	l.	897,402	l.	812,589
Tissus	y.	1,307,293	y.	2,869,837
FABRIQUE DE LAINE				
Laine filée	l.	27,533,968	l.	31,669,267
Tissus	y.	190,381,537	y.	278,837,438

DÉSIGNATION	VALEUR EXPORTÉE 1860	VALEUR EXPORTÉE 1865
FABRIQUE DE COTON	*liv. st.*	*liv. st.*
Coton filé	9,870,875	10,351,049
Tissus	42,141,505	46,903,793
FABRIQUE DE LIN ET DE CHANVRE		
Filé	1,801,272	2,505,497

IV

La fabrique

Au commencement de ce chapitre nous avons étudié le *corps* de la fabrique, le machinisme ; nous avons montré ensuite comment entre les mains capitalistes il augmente et le matériel humain exploitable et le degré de son exploitation en s'emparant des femmes et des enfants, en confisquant la vie entière de l'ouvrier par la prolongation outre mesure de sa journée et en rendant son travail de plus en plus intense, afin de produire en un temps toujours décroissant une quantité toujours croissante de valeurs. Nous jetterons maintenant un coup d'œil sur l'ensemble de la fabrique dans sa forme la plus élaborée.

Le Dr Ure, le Pindare de la fabrique en donne deux définitions. Il la dépeint d'une part « comme une coopération de plusieurs classes d'ouvriers, adultes et non-adultes, surveillant avec adresse et assiduité un système de mécaniques productives mises continuellement en action par une force centrale, le premier moteur ». Il la dépeint d'autre part comme « un vaste automate composé de nombreux organes mécaniques et intellectuels, qui opèrent de concert et sans interruption, pour produire un même objet, tous ces organes étant subordonnés à une puissance motrice qui se meut d'elle-même ». Ces deux définitions ne sont pas le moins du monde identiques. Dans l'une le travailleur collectif

Tissus	4,804,803	9,155,318
FABRIQUE DE SOIE		
Filés divers	918,342	768,067
Tissus	1,587,303	1,409,221
FABRIQUE DE LAINE		
Laine filée	3,843,450	5,424,017
Tissus	12,156,998	20,102,259

(Voy. les livres bleus : *Statistical Abstract for the U. Kingd., n. 8 et n. 13. Lond.,* 1861 *et* 1866.) Dans le Lancashire le nombre des fabriques s'est accru entre 1839 et 1850 seulement de 4%, entre 1850 et 1856 de 19%, entre 1856 et 1862 de 33%, tandis que dans les deux périodes de onze ans le nombre des personnes employées a grandi absolument et diminué relativement, c'est-à-dire comparé à la production et au nombre des machines. *Comp. Rep. of Insp. of Fact. for* 31 *st. Oct.* 1862, *p.* 63. Dans le Lancashire c'est la fabrique de coton qui prédomine. Pour se rendre compte de la place proportionnelle qu'elle occupe dans la fabrication des filés et des tissus en général, il suffit de savoir qu'elle comprend 45.2% de toutes les fabriques de ce genre en Angleterre, en Écosse et en Irlande, 81.4% de toutes les broches du Royaume-Uni, 83.3% de tous les métiers à vapeur, 72.6% de toute la force motrice et 52.8% du nombre total des personnes employées. (L. c., p. 62, 63.)

403

ou le corps de travail social apparaît comme le *sujet* dominant et l'automate mécanique comme son *objet*. Dans l'autre, c'est l'automate même qui est le sujet et les travailleurs sont tout simplement adjoints comme organes conscients à ses organes inconscients et avec eux subordonnés à la force motrice centrale. La première définition s'applique à tout emploi possible d'un système de mécaniques ; l'autre caractérise son emploi capitaliste et par conséquent la fabrique moderne. Aussi maître Ure se plaît-il à représenter le moteur central, non seulement comme automate, mais encore comme *autocrate*.

« Dans ces vastes ateliers, dit-il, le pouvoir bienfaisant de la peur appelle autour de lui ses myriades de sujets, et assigne à chacun sa tâche obligée[1]. »

Avec l'outil, la virtuosité dans son maniement passe de l'ouvrier à la machine. Le fonctionnement des outils étant désormais émancipé des bornes personnelles de la force humaine, la base technique sur laquelle repose la division manufacturière du travail se trouve supprimée. La gradation hiérarchique d'ouvriers spécialisés qui la caractérise est remplacée dans la fabrique automatique par la tendance à égaliser ou à niveler les travaux incombant aux aides du machinisme[2]. À la place des différences artificiellement produites entre les ouvriers parcellaires, les différences naturelles de l'âge et du sexe deviennent prédominantes.

Dans la fabrique automatique la division du travail reparaît tout d'abord comme distribution d'ouvriers entre les machines spécialisées, et de masses d'ouvriers, ne formant pas cependant des groupes organisés, entre les divers départements de la fabrique, où ils travaillent à des machines-outils homogènes et rangées les unes à côté des autres. Il n'existe donc entre eux qu'une coopération simple. Le groupe organisé de la manufacture est remplacé par le lien entre l'ouvrier principal et ses aides, par exemple le fileur et les rattacheurs.

La classification fondamentale devient celle de travailleurs aux machines-outils (y compris quelques ouvriers chargés de chauffer la chaudière à vapeur) et de manœuvres, presque tous enfants, subordonnés aux premiers. Parmi ces manœuvres se rangent plus ou moins tous les « feeders » (alimenteurs) qui fournissent aux machines leur matière première. À côté de ces classes principales prend place un personnel numériquement insignifiant d'ingénieurs, de mécaniciens, de menuisiers, etc., qui surveillent le mécanisme général et pourvoient aux réparations nécessaires. C'est une classe supérieure de travailleurs, les uns formés scientifiquement, les autres ayant un métier placé en dehors

---

[1] Ure, l. c. p. 19, 20, 26.
[2] L. c. p. 31. — Karl Marx, l. c. p. 140, 141.

du cercle des ouvriers de fabrique auxquels ils ne sont qu'agrégés[1]. Cette division du travail est purement technologique.

Tout enfant apprend très facilement à adapter ses mouvements au mouvement continu et uniforme de l'automate. Là, où le mécanisme constitue un système gradué de machines parcellaires, combinées entre elles et fonctionnant de concert, la coopération, fondée sur ce système, exige une distribution des ouvriers entre les machines ou groupes de machines parcellaires. Mais il n'y a plus nécessité de consolider cette distribution en enchaînant, comme dans les manufactures, pour toujours le même ouvrier à la même besogne[2]. Puisque le mouvement d'ensemble de la fabrique procède de la machine et non de l'ouvrier, un changement continuel du personnel n'amènerait aucune interruption dans le procès de travail. La preuve incontestable en a été donnée par le système de relais dont se servirent les fabricants anglais pendant leur révolte de 1848-50. Enfin la rapidité avec laquelle les enfants apprennent le travail à la machine, supprime radicalement la nécessité de le convertir en vocation exclusive d'une classe particulière de travailleurs[3]. Quant aux

---

[1] La législation de fabrique anglaise exclut expressément de son cercle d'action les travailleurs mentionnés les derniers dans le texte comme n'étant pas des ouvriers de fabrique, mais les « Returns » publiés par le Parlement comprennent expressément aussi dans la catégorie des ouvriers de fabrique non seulement les ingénieurs, les mécaniciens, etc., mais encore les directeurs, les commis, les inspecteurs de dépôts, les garçons qui font les courses, les emballeurs, etc. ; en un mot tous les gens à l'exception du fabricant — tout cela pour grossir le nombre apparent des ouvriers occupés par les machines.

[2] Ure en convient lui-même. Après avoir dit que les ouvriers, en cas d'urgence peuvent passer d'une machine à l'autre à la volonté du directeur, il s'écrie d'un ton de triomphe : « De telles mutations sont en contradiction flagrante avec l'ancienne routine qui divise le travail et assigne à tel ouvrier la tâche de façonner la tête d'une épingle et à tel autre celle d'en aiguiser la pointe. » Il aurait du bien plutôt se demander pourquoi dans la fabrique automatique cette « ancienne routine » n'est abandonnée qu'en « cas d'urgence ».

[3] En cas d'urgence comme par exemple pendant la guerre civile américaine, l'ouvrier de fabrique est employé par le bourgeois aux travaux les plus grossiers, tels que construction de routes, etc. Les ateliers nationaux anglais de 1862 et des années suivantes pour les ouvriers de fabrique en chômage se distinguent des *ateliers nationaux* français de 1848 en ce que dans ceux-ci les ouvriers avaient à exécuter des travaux improductifs aux frais de l'État tandis que dans ceux-là ils exécutaient des travaux productifs au bénéfice des municipalités et de plus à meilleur marché que les ouvriers réguliers avec lesquels on les mettait ainsi en concurrence. « L'apparence physique des ouvriers des fabriques de coton s'est améliorée. J'attribue cela... pour ce qui est des hommes à ce qu'ils sont employés à l'air libre à des travaux publics. » (Il s'agit ici des ouvriers de Pres-

services rendus dans la fabrique par les simples manœuvres, la machine peut les suppléer en grande partie, et en raison de leur simplicité, ces services permettent le changement périodique et rapide des personnes chargées de leur exécution[1].

Bien qu'au point de vue technique le système mécanique mette fin à l'ancien système de la division du travail, celui-ci se maintient néanmoins dans la fabrique, et tout d'abord comme tradition léguée par la manufacture; puis le capital s'en empare pour le consolider et le reproduire sous une forme encore plus repoussante, comme moyen systématique d'exploitation. La spécialité qui consistait à manier pendant toute sa vie un outil parcellaire devient la spécialité de servir sa vie durant une machine parcellaire. On abuse du mécanisme pour transformer l'ouvrier dès sa plus tendre enfance en parcelle d'une machine qui fait elle-même partie d'une autre[2]. Non seulement les frais qu'exige sa reproduction se trouvent ainsi considérablement diminués, mais sa dépendance absolue de la fabrique et par cela même du capital est consommée. Ici comme partout il faut distinguer entre le surcroît de productivité dû au développement du procès de travail social et celui qui provient de son exploitation capitaliste.

Dans la manufacture et le métier, l'ouvrier se sert de son outil; dans la fabrique il sert la machine. Là le mouvement de l'instrument de travail part de lui; ici il ne fait que le suivre. Dans la manufacture les ouvriers forment autant de membres d'un mécanisme vivant. Dans la fabrique ils sont incorporés à un mécanisme mort qui existe indépendamment d'eux.

---

ton que l'on faisait travailler à l'assainissement des marais de cette ville.) (*Rep. of Insp. of Fact., oct.* 1865, p. 59.).

[1] Exemple : Les nombreux appareils mécaniques qui ont été introduits dans la fabrique de laine depuis la loi de 1844 pour remplacer le travail des enfants. Dès que les enfants des fabricants eux-mêmes auront à faire leur école comme manœuvres cette partie à peine encore explorée de la mécanique prendra aussitôt un merveilleux essor. « Les mules automatiques sont des machines des plus dangereuses. La plupart des accidents frappent les petits enfants rampant à terre au-dessous des mules en mouvement pour balayer le plancher... L'invention d'un balayeur automatique quelle heureuse contribution ne serait-elle à nos mesures protectrices ! » (*Rep. of Insp. of Fact., for 31 st. oct.* 1866, p. 63.)

[2] Après cela on pourra apprécier l'idée ingénieuse de Proudhon qui voit dans la machine une synthèse non des instruments de travail, mais « une manière de réunir diverses particules du travail, que la division avait séparées. » Il fait en outre cette découverte aussi historique que prodigieuse que « la période des machines se distingue par un caractère particulier, c'est le *salariat* ».

ГОСУДАРСТВО РОССІЙСКОЕ.
КАЗНАЧЕЙСКІЙ ЗНАКЪ
ПЯТЬДЕСЯТЬ
Теория бизнес-циклов

« La fastidieuse uniformité d'un labeur sans fin occasionnée par un travail mécanique, toujours le même, ressemble au supplice de Sisyphe ; comme le rocher le poids du travail retombe toujours et sans pitié sur le travailleur épuisé[1]. » En même temps que le travail mécanique surexcite au dernier point le système nerveux, il empêche le jeu varié des muscles et comprime toute activité libre du corps et de l'esprit[2]. La facilité même du travail devient une torture en ce sens que la machine ne délivre pas l'ouvrier du travail mais dépouille le travail de son intérêt. Dans toute production capitaliste en tant qu'elle ne crée pas seulement des choses utiles mais encore de la plus-value, les conditions du travail maîtrisent l'ouvrier, bien loin de lui être soumises, mais c'est le machinisme qui le premier donne à ce renversement une réalité technique. Le moyen de travail converti en automate se dresse devant l'ouvrier pendant le procès de travail même sous forme de capital, de travail mort qui domine et pompe sa force vivante.

La grande industrie mécanique achève enfin, comme nous l'avons déjà indiqué, la séparation entre le travail manuel et les puissances intellectuelles de la production qu'elle transforme en pouvoirs du capital sur le travail. L'habileté de l'ouvrier apparaît chétive devant la science prodigieuse, les énormes forces naturelles, la grandeur du travail social incorporées au système mécanique, qui constituent la puissance du *Maître*. Dans le cerveau de ce maître, son monopole sur les machines se confond avec l'existence des machines. En cas de conflit avec ses bras il leur jette à la face ces paroles dédaigneuses :

« Les ouvriers de fabrique feraient très bien de se souvenir que leur travail est des plus inférieurs ; qu'il n'en est pas de plus facile à apprendre et de mieux payé, vu sa qualité, car il suffit du moindre temps et du moindre apprentissage pour y acquérir toute l'adresse voulue. Les machines du maître jouent en fait un rôle bien plus important dans la production que le travail et l'habileté de l'ouvrier qui ne réclament qu'une éducation de six mois, et qu'un simple laboureur peut apprendre[3]. »

La subordination technique de l'ouvrier à la marche uniforme du moyen de travail et la composition particulière du travailleur collectif

---

[1] F. Engels, *l. c.*, p. 217. Même un libre-échangiste des plus ordinaires et optimiste par vocation, M. Molinari, fait cette remarque : « Un homme s'use plus vite en surveillant quinze heures par jour l'évolution d'un mécanisme, qu'en exerçant dans le même espace de temps sa force physique. Ce travail de surveillance, qui servirait peut-être d'utile gymnastique à l'intelligence, s'il n'était pas trop prolongé, détruit à la longue, par son excès, et l'intelligence et le corps même. » (G. de Molinari : *Études économiques.* Paris, 1846.)

[2] F. Engels, l. c., p. 216.

[3] « *The Master Spinners'and Manufacturers'Defence Fund. Report of the Committee. Manchester 1854* », p. 17. On verra plus tard que le « Maître » chante sur un autre ton, dès qu'il est menacé de perdre ses automates « vivants ».)

d'individus des deux sexes et de tout âge créent une discipline de caserne, parfaitement élaborée dans le régime de fabrique. Là, le soi-disant travail de surveillance et la division des ouvriers en simples soldats et sous-officiers industriels, sont poussés à leur dernier degré de développement.

« La principale difficulté ne consistait pas autant dans l'invention d'un mécanisme automatique... la difficulté consistait surtout dans la discipline nécessaire, pour faire renoncer les hommes à leurs habitudes irrégulières dans le travail et les identifier avec la régularité invariable du grand automate. Mais inventer et mettre en vigueur avec succès un code de discipline manufacturière convenable aux besoins et à la célérité du système automatique, voilà une entreprise digne d'Hercule, voilà le noble ouvrage d'Arkwright! Même aujourd'hui que ce système est organisé dans toute sa perfection, il est presque impossible, parmi les ouvriers qui ont passé l'âge de puberté, de lui trouver d'utiles auxiliaires[1]. »

Jetant aux orties la division des pouvoirs d'ailleurs si prônée par la bourgeoisie et le système représentatif dont elle raffole, le capitaliste formule en législateur privé et d'après son bon plaisir son pouvoir autocratique sur ses bras dans son code de fabrique. Ce code n'est du reste qu'une caricature de la régulation sociale, telle que l'exigent la coopération en grand, et l'emploi de moyens de travail communs, surtout des machines. Ici, le fouet du conducteur d'esclaves est remplacé par le livre de punitions du contremaître. Toutes ces punitions se résolvent naturellement en amendes et en retenues sur le salaire, et l'esprit retors des Lycurgues de fabrique fait en sorte qu'ils profitent encore plus de la violation que de l'observation de leurs lois[2].

---

[1] Ure, l. c., p. 22, 23. Celui qui connaît la vie d'Arkwright ne s'avisera jamais de lancer l'épithète de « noble » à la tête de cet ingénieux barbier. De tous les grands inventeurs du 18ᵉ siècle, il est sans contredit le plus grand voleur des inventions d'autrui.

[2] « L'esclavage auquel la bourgeoisie a soumis le prolétariat, se présente sous son vrai jour dans le système de la fabrique. Ici toute liberté cesse de fait et de droit. L'ouvrier doit être le matin dans la fabrique à 5 heures et demie ; s'il vient deux minutes trop tard, il encourt une amende ; s'il est en retard de dix minutes, on ne le laisse entrer qu'après le déjeuner, et il perd le quart de son salaire journalier. Il lui faut manger, boire et dormir sur commande... La cloche despotique lui fait interrompre son sommeil et ses repas. Et comment se passent les choses à l'intérieur de la fabrique? Ici le fabricant est législateur absolu. Il fait des règlements, comme l'idée lui en vient, modifie et amplifie son code suivant son bon plaisir, et s'il y introduit l'arbitraire le plus extravagant, les tribunaux disent aux travailleurs : Puisque vous avez accepté volontairement ce contrat, il faut vous y soumettre... Ces travailleurs sont condamnés à être ainsi tourmentés physiquement et moralement depuis leur neuvième année jusqu'à leur mort. » (*Fr. Engels, l. c., p. 227 et suiv.*) Prenons deux cas pour exemples de ce que « disent les tribunaux ». Le premier se passe à Sheffield, fin

de 1866. Là un ouvrier s'était loué pour deux ans dans une fabrique métallurgique. À la suite d'une querelle avec le fabricant, il quitta la fabrique et déclara qu'il ne voulait plus y rentrer à aucune condition. Accusé de rupture de contrat, il est condamné à deux mois de prison. (Si le fabricant lui-même viole le contrat, il ne peut être traduit que devant les tribunaux civils et ne risque qu'une amende.) Les deux mois finis, le même fabricant lui intime l'ordre de rentrer dans la fabrique d'après l'ancien contrat. L'ouvrier s'y refuse alléguant qu'il a purgé sa peine. Traduit de nouveau en justice, il est de nouveau condamné par le tribunal, quoique l'un des juges, M. *Shee*, déclare publiquement que c'est une énormité juridique, qu'un homme puisse être condamné périodiquement pendant toute sa vie pour le même crime ou délit. Ce jugement fut prononcé non par les « Great Unpaid », les Ruraux provinciaux, mais par une des plus hautes cours de justice de Londres. — Le second cas se passe dans le Wiltshire, fin novembre 1863. Environ 30 tisseuses au métier à vapeur occupées par un certain Harrupp, fabricant de draps de Leower's Mill, Westbury Leigh, se mettaient en grève parce que le susdit Harrup avait l'agréable habitude de faire une retenue sur leur salaire pour chaque retard le matin. Il retenait 6 d. pour 2 minutes, 1 sh. pour 3 minutes et 1 sh. 6 d. pour 10 minutes. Cela fait à 12 fr. 1/5 c. par heure, 112 fr. 50 c. par jour, tandis que leur salaire en moyenne annuelle ne dépassait jamais 12 à 14 francs par semaine. Harrupp avait aposté un jeune garçon pour sonner l'heure de la fabrique. C'est ce dont celui-ci s'acquittait parfois avant 6 heures du matin, et dès qu'il avait cessé, les portes étaient fermées et toutes les ouvrières qui étaient dehors subissaient une amende. Comme il n'y avait pas d'horloge dans cet établissement, les malheureuses étaient à la merci du petit drôle inspiré par le maître. Les mères de famille et les jeunes filles comprises dans la grève déclarèrent qu'elles se remettraient à l'ouvrage dès que le sonneur serait remplacé par une horloge et que le tarif des amendes serait plus rationnel. Harrupp cita dix-neuf femmes et filles devant les magistrats, pour rupture de contrat. Elles furent condamnées chacune à 6 d. d'amende et à 2 sh. pour les frais, à la grande stupéfaction de l'auditoire. Harrupp, au sortir du tribunal, fut salué des sifflets de la foule. — Une opération favorite des fabricants consiste à punir leurs ouvriers des défauts du matériel qu'ils leur livrent en faisant des retenues sur leur salaire. Cette méthode provoqua en 1866 une grève générale dans les poteries anglaises. Les rapports de la « *Child. Employm. Commiss.* » (1863-1866) citent des cas où l'ouvrier, au lieu de recevoir un salaire, devient par son travail et en vertu des punitions réglementaires, le débiteur de son bienfaisant maître. La dernière disette de coton a fourni nombre de traits édifiants de l'ingéniosité des philanthropes de fabrique en matière de retenues sur le salaire. « J'ai eu moi-même tout récemment, dit l'inspecteur de fabrique *R. Baker*, à faire poursuivre juridiquement un fabricant de coton parce que, dans ces temps difficiles et malheureux, il retenait à quelques jeunes garçons (au-dessus de 13 ans) dix pence pour le certificat d'âge du médecin, lequel ne lui coûte que 6 d. et sur lequel la loi ne permet de retenir que 3 d., l'usage étant même de ne faire aucune retenue… Un autre fabricant, pour atteindre le même but, sans entrer en conflit avec la loi, fait payer un shilling à chacun des pauvres enfants qui travaillent pour lui, à titre de frais d'apprentissage du mystérieux art de filer, dès que le témoignage du médecin les déclare mûrs pour cette occupation. Il est, comme on le voit, bien des détails cachés qu'il faut connaître pour se rendre compte de phénomènes aussi extraordinaires que les grèves par le temps qui court (il s'agit

Nous ne nous arrêterons pas ici aux conditions matérielles dans lesquelles le travail de fabrique s'accomplit. Tous les sens sont affectés à la fois par l'élévation artificielle de la température, par une atmosphère imprégnée de particules de matières premières, par le bruit assourdissant des machines, sans parler des dangers encourus au milieu d'un mécanisme terrible vous enveloppant de tous côtés et fournissant, avec la régularité des saisons, son bulletin de mutilations et d'homicides industriels[1].

L'économie des moyens collectifs de travail, activée et mûrie comme en serre chaude par le système de fabrique, devient entre les mains du capital un système de vols commis sur les conditions vitales de l'ouvrier pendant son travail, sur l'espace, l'air, la lumière et les mesures de protection personnelle contre les circonstances dangereuses et insalubres du procès de production, pour ne pas mentionner les arrangements que le confort et la commodité de l'ouvrier réclamaient[2]. Fourier a-t-il donc tort de nommer les fabriques des *bagnes modérés[1]* ?

---

d'une grève dans la fabrique de Darwen, juin 1863, parmi les tisseurs à la mécanique). » *Reports of Insp. of Fact., for 30 th. April* 1863. (Les rapports de fabrique s'étendent toujours au-delà de leur date officielle.)

[1] « Les lois pour protéger les ouvriers contre les machines dangereuses n'ont pas été sans résultats utiles. « Mais il existe maintenant de nouvelles sources d'accidents inconnus il y a vingt ans, surtout la vélocité augmentée des machines. Roues, cylindres, broches et métiers à tisser sont chassés par une force d'impulsion toujours croissante ; les doigts doivent saisir les filés cassés avec plus de rapidité et d'assurance ; s'il y a hésitation ou imprévoyance, ils sont sacrifiés... Un grand nombre d'accidents est occasionné par l'empressement des ouvriers à exécuter leur besogne aussi vite que possible. Il faut se rappeler qu'il est de la plus haute importance pour les fabricants de faire fonctionner leurs machines sans interruption, c'est-à-dire de produire des filés et des tissus. L'arrêt d'une minute n'est pas seulement une perte en force motrice, mais aussi en production. Les surveillants, ayant un intérêt monétaire dans la quantité du produit, excitent les ouvriers à faire vite et ceux-ci, payés d'après le poids livré ou à la pièce n'y sont pas moins intéressés. Quoique formellement interdite dans la plupart des fabriques, la pratique de nettoyer des machines en mouvement est générale. Cette seule cause a produit pendant les derniers six mois, 906 accidents funestes. Il est vrai qu'on nettoie tous les jours, mais le vendredi et surtout le samedi sont plus particulièrement fixés pour cette opération qui s'exécute presque toujours durant le fonctionnement des machines... Comme c'est une opération qui n'est pas payée, les ouvriers sont empressés d'en finir. Aussi, comparés aux accidents des jours précédents, ceux du vendredi donnent un surcroît moyen de 12 p. 100, ceux du samedi un surcroît de vingt-cinq et même de plus de 50 p. 100, si on met en ligne de compte que le travail ne dure le samedi que sept heures et demie. » (*Reports of Insp. of Fact. for 31 st. Oct.* London 1867, p. 9, 15, 16, 17.)

[2] Dans le premier chapitre du livre III je rendrai compte d'une campagne d'entrepreneurs anglais contre les articles de la loi de fabrique relatifs à la protection des ouvriers contre les machines. Contentons-nous d'emprunter ici une

V

Lutte entre travailleur et machine

La lutte entre le capitaliste et le salarié date des origines mêmes du capital industriel et se déchaîne pendant la période manufacturière[2], mais le travailleur n'attaque *le moyen de travail* que lors de l'introduction de la machine. Il se révolte contre cette forme particulière de l'instrument où il voit l'incarnation technique du capital.

Au dix-huitième siècle, dans presque toute l'Europe des soulèvements ouvriers éclatèrent contre une machine à tisser des rubans et des galons appelée *Bandmühle* ou *Mühlenstuhl*. Elle fut inventée en Allemagne. L'abbé italien Lancelotti raconte dans un livre, écrit en 1579 et publié à Venise en 1636 que : « Anton Müller de Dantzig a vu dans cette ville, il y a à peu près cinquante ans, une machine très ingénieuse qui exécutait quatre à six tissus à la fois. Mais le magistrat craignant que cette invention ne convertît nombre d'ouvriers en mendiants, la supprima et fit étouffer ou noyer l'inventeur. »

---

citation d'un rapport officiel de l'inspecteur Leonhard Horner : « J'ai entendu des fabricants parler avec une frivolité inexcusable de quelques-uns des accidents, dire par exemple que la perte d'un doigt est une bagatelle. La vie et les chances de l'ouvrier dépendent tellement de ses doigts qu'une telle perte a pour lui les conséquences les plus fatales. Quand j'entends de pareilles absurdités, je pose immédiatement cette question : Supposons que vous ayez besoin d'un ouvrier supplémentaire et qu'il s'en présente deux également habiles sous tous les rapports, lequel choisiriez-vous ? Ils n'hésitaient pas un instant à se décider pour celui dont la main est intacte... Ces messieurs les fabricants ont des faux préjugés contre ce qu'ils appellent une législation pseudo-philanthropique. » (*Reports of Insp. of Fact for 31 st. Oct.* 1855.) Ces fabricants sont de madrés compères et ce n'est pas pour des prunes qu'ils acclamèrent avec exaltation la révolte des esclavagistes américains.

[1] Cependant dans les établissements soumis le plus longtemps à la loi de fabrique, bien des abus anciens ont disparu. Arrive à un certain point le perfectionnement ultérieur du système mécanique exige lui-même une construction perfectionnée des bâtiments de fabrique laquelle profite aux ouvriers. (V. *Report. etc. for 31 st oct.* 1863, p. 109.)

[2] Voy entre autres : *John Houghton : Husbandry and Trade improved.* Lond., 1727, *The advantages of the East India Trade* 1720, *John Bellers l. c.* « Les maîtres et les ouvriers sont malheureusement en guerre perpétuelle les uns contre les autres. Le but invariable des premiers est de faire exécuter l'ouvrage le meilleur marché possible et ils ne se font pas faute d'employer toute espèce d'artifices pour y arriver tandis que les seconds sont à l'affût de toute occasion qui leur permette de réclamer des salaires plus élevés. » An Inquiry into the causes of the Present High Prices of Provision, London, 1767. Le Rév. Nathaniel Forster est l'auteur de ce livre anonyme sympathique aux ouvriers.

En 1629, cette même machine fut pour la première fois, employée à Leyde où les émeutes des passementiers forcèrent les magistrats de la proscrire. « Dans cette ville », dit à ce propos Boxhorn, « quelques individus inventèrent il y a une vingtaine d'années un métier à tisser, au moyen duquel un seul ouvrier peut exécuter plus de tissus et plus facilement que nombre d'autres dans le même temps. De là des troubles et des querelles de la part des tisserands qui firent proscrire par les magistrats l'usage de cet instrument[1]. » Après avoir lancé contre ce métier à tisser des ordonnances plus ou moins prohibitives en 1632, 1639, etc., les États généraux de la Hollande en permirent enfin l'emploi, sous certaines conditions, par l'ordonnance du 15 décembre 1661.

Le *Bandstuhl* fut proscrit à Cologne en 1676 tandis que son introduction en Angleterre vers la même époque y provoqua des troubles parmi les tisserands. Un édit impérial du 19 février 1865 interdit son usage dans toute l'Allemagne. À Hambourg il fut brûlé publiquement par ordre du magistrat. L'empereur Charles VI renouvela en février 1719 l'édit de 1685 et ce n'est qu'en 1765 que l'usage public en fut permis dans la Saxe électorale.

Cette machine qui ébranla l'Europe fut le précurseur des machines à filer et à tisser et préluda à la révolution industrielle du dix-huitième siècle. Elle permettait au garçon le plus inexpérimenté de faire travailler tout un métier avec ses navettes en avançant et en retirant une perche et fournissait, dans sa forme perfectionnée, de quarante à cinquante pièces à la fois.

Vers la fin du premier tiers du dix-huitième siècle une scierie à vent, établie par un Hollandais dans le voisinage de Londres, fut détruite par le peuple. Au commencement du dix-huitième siècle les scieries à eau ne triomphèrent que difficilement de la résistance populaire soutenue par le Parlement. Lorsque Everet en 1758 construisit la première machine à eau pour tondre la laine, cent mille hommes mis par elle hors de travail la réduisirent en cendres. Cinquante mille ouvriers gagnant leur vie par le cardage de la laine accablèrent le Parlement de pétitions contre les machines à carder et les *scribblings mills*, inventés par Arkwright. La destruction de nombreuses machines dans les districts manufacturiers anglais pendant les quinze premières années du dix-neuvième siècle, connue sous le nom du mouvement des Luddites, fournit au gouvernement anti-jacobin d'un Sidmouth, d'un Castlereagh et de leurs pareils, le prétexte de violences ultra-réactionnaires.

---

[1] « In hac orbe ante hos viginti circiter annos instrumentum quidam invenerunt textorium, quo solus quis plus parmi et facilius conficere poterat, quam plures aequali tempore. Hinc turboe ortoe et queruloe textorum, tanderrique usus hujus instrumenti a magistratu prohibitus est. » *Boxhorn : Inst. Pol.* 1663.

Il faut du temps et de l'expérience avant que les ouvriers, ayant appris à distinguer entre la machine et son emploi capitaliste, dirigent leurs attaques non contre le moyen matériel de production, mais contre son mode social d'exploitation[1].

Les ouvriers manufacturiers luttèrent pour hausser leurs salaires et non pour détruire les manufactures ; ce furent les chefs des corporations et les villes privilégiées (corporate towns) et non les salariés qui mirent des entraves à leur établissement.

Dans la division du travail les écrivains de la période manufacturière voient un moyen virtuel de suppléer au manque d'ouvriers, mais non de déplacer des ouvriers occupés. Cette distinction saute aux yeux. Si l'on dit qu'avec l'ancien rouet il faudrait en Angleterre deux cents millions d'hommes pour filer le coton que filent aujourd'hui cinquante mille, cela ne signifie point que les machines à filer ont déplacé ces millions d'Anglais qui n'ont jamais existé, mais tout simplement qu'il faudrait un immense surcroît de population ouvrière pour remplacer ces machines. Si l'on dit au contraire qu'en Angleterre le métier à vapeur a jeté huit cent mille tisserands sur le payé, alors on ne parle pas de machines existantes dont le remplacement par le travail manuel réclamerait tant d'ouvriers, mais d'une multitude d'ouvriers, autrefois occupés, qui ont été réellement déplacés ou supprimés par les machines.

Le métier, comme nous l'avons vu, reste pendant la période manufacturière la base de l'industrie.

Les ouvriers des villes, légués par le moyen âge, n'étaient pas assez nombreux pour suppléer la demande des nouveaux marchés coloniaux, et les manufactures naissantes se peuplèrent en grande partie de cultivateurs expropriés et expulsés du sol durant la décadence du régime féodal. Dans ces temps-là ce qui frappa surtout les yeux, c'était donc le côté positif de la coopération et de la division du travail dans les ateliers, leur propriété de rendre plus productifs les labeurs des ouvriers occupés[2].

---

[1] La révolte brutale des ouvriers contre les machines s'est renouvelée de temps en temps encore dans des manufactures de vieux style, p. ex. en 1865 parmi les polisseurs de limes à Sheffield.

[2] Sir James Steuart comprend de cette manière l'effet des machines. « Je considère donc les machines comme des moyens d'augmenter (virtuellement) le nombre des gens industrieux qu'on n'est pas obligé de nourrir... En quoi l'effet d'une machine diffère-t-il de celui de nouveaux habitants ? » (Traduct. franç. t. I, l. 1, ch. XIX.) Bien plus naïf est Petty qui prétend qu'elle remplace la « Polygamie ». Ce point de vue peut, tout au plus être admis pour quelques parties des États-Unis. D'un autre côté : « Les machines ne peuvent que rarement être employées avec succès pour abréger le travail d'un individu : il serait perdu plus de temps à les construire qu'il n'en serait économisé par leur emploi. Elles ne sont réellement utiles que lorsqu'elles agissent sur de grandes masses, quand une seule machine peut assister le travail de milliers d'hommes. C'est conséquemment dans les pays les plus populeux, là où il y a le plus d'hommes oisifs,

Sans doute, longtemps avant la période de la grande industrie, la coopération et la concentration des moyens de travail, appliquées à l'agriculture, occasionnèrent des changements grands, soudains et violents dans le mode de produire et, par conséquent, dans les conditions de vie et les moyens d'occupation de la population rurale. Mais la lutte que ces changements provoquèrent, se passe entre les grands et les petits propriétaires du sol plutôt qu'entre le capitaliste et le salarié. D'autre part, quand des laboureurs furent jetés hors d'emploi par des moyens de production agricoles, par des chevaux, des moutons, etc., c'étaient des actes de violence immédiate qui dans ces cas-là rendirent possible la révolution économique. On chassa les laboureurs des champs pour leur substituer des moutons. C'est l'usurpation violente du sol, telle qu'en Angleterre elle se pratiquait sur une large échelle, qui prépara en premier lieu le terrain de la grande agriculture. Dans ses débuts ce bouleversement agricole a donc l'apparence d'une révolution politique plutôt qu'économique.

Sous sa forme-machine au contraire le moyen de travail devient immédiatement le concurrent du travailleur[1]. Le rendement du capital est dès lors en raison directe du nombre d'ouvriers dont la machine anéantit les conditions d'existence. Le système de la production capitaliste repose en général sur ce que le travailleur vend sa force comme marchandise. La division du travail réduit cette force à l'aptitude de détail à manier un outil fragmentaire. Donc, dès que le maniement de l'outil échoit à la machine, la valeur d'échange de la force de travail s'évanouit en même temps que sa valeur d'usage. L'ouvrier comme un assignat démonétisé n'a plus de cours. Cette partie de la classe ouvrière que la machine convertit ainsi en population superflue, c'est-à-dire inutile pour les besoins momentanés de l'exploitation capitaliste, succombe dans la lutte inégale de l'industrie mécanique contre le vieux métier et la manufacture, ou encombre toutes les professions plus facilement accessibles où elle déprécie la force de travail.

Pour consoler les ouvriers tombés dans la misère, on leur assure que leurs souffrances ne sont que des « inconvénient, temporaires » (*a temporary inconvenience*) et que la machine en n'envahissant que par degrés un champ de production, diminue l'étendue et l'intensité de ses effets destructeurs. Mais ces deux fiches de consolation se neutralisent.

---

qu'elles abondent le plus. Ce qui en réclame et en utilise l'usage, ce n'est pas la rareté d'hommes, mais la facilité avec laquelle on peut en faire travailler des masses. » *Piercy Ravenstone : Thoughts on the Funding System and its Effects.* Lond., 1824, p.45.

[1] « La machine et le travail sont en concurrence constante. » (*Ricardo*, l. c. p. 479.)

Primär antikommunistisch

Là où la marche conquérante de la machine progresse lentement, elle afflige de la misère chronique les rangs ouvriers forcés de lui faire concurrence ; là où elle est rapide, la misère devient aigüe et fait des ravages terribles.

L'histoire ne présente pas de spectacle plus attristant que celui de la décadence des tisserands anglais qui, après s'être traînée en longueur pendant quarante ans, s'est enfin consommée en 1838. Beaucoup de ces malheureux moururent de faim ; beaucoup végétèrent longtemps avec leur famille n'ayant que 25 centimes par jour[1]. Dans l'Inde au contraire l'importation des calicots anglais fabriqués mécaniquement amena une crise des plus spasmodiques. « Il n'y a pas d'exemple d'une misère pareille dans l'histoire du commerce » dit, dans son rapport de 1834-35, le gouverneur général ; « *les os des tisserands blanchissent les plaines de l'Inde.* » En lançant ces tisserands dans l'éternité[2], la machine à tisser ne leur avait évidemment causé que des « inconvénients temporaires ». D'ailleurs les effets passagers des machines sont permanents en ce qu'elles envahissent sans cesse de nouveaux champs de production.

Le caractère d'indépendance que la production capitaliste imprime en général aux conditions et au produit du travail vis-à-vis de l'ouvrier, se développe donc avec la machine jusqu'à l'antagonisme le plus prononcé[3].

---

[1] Ce qui avant l'établissement de la loi des pauvres (en 1833) fit en Angleterre prolonger la concurrence entre le tissu à la main et le tissu à la mécanique, c'est que l'on faisait l'appoint des salaires tombés par trop au-dessous du minimum, au moyen de l'assistance des paroisses. « Le Rév. Turner était en 1827, dans le Cheshire, recteur de Wilmslow, district manufacturier. Les questions du comité d'émigration et les réponses de M. Turner montrent comment on maintenait la lutte du travail humain contre les machines. *Question* : L'usage du métier mécanique n'a-t-il pas remplace celui du métier à la main ? *Réponse* : Sans aucun doute ; et il l'aurait remplacé bien davantage encore, si les tisseurs à la main n'avaient pas été mis en état de pouvoir se soumettre à une réduction de salaire. *Question* : Mais en se soumettant ainsi, ils acceptent des salaires insuffisants, et ce qui leur manque pour s'entretenir, ils l'attendent de l'assistance paroissiale ? *Réponse* : Assurément, et la lutte entre le métier à la main et le métier à la mécanique est en réalité maintenue par la taxe des pauvres. Pauvreté dégradante ou expatriation, tel est donc le bénéfice que recueillent les travailleurs de l'introduction des machines. D'artisans respectables et dans une certaine mesure indépendants ils deviennent de misérables esclaves qui vivent du pain avilissant de la charité. C'est ce qu'on appelle un inconvénient temporaire. » *A Price Essay on the comparative merits of Competition and Cooperation.* Lond., 1834, p. 9.

[2] Lancer quelqu'un dans l'éternité — *to launch somebody into eternity* — est l'expression euphémique que les journaux anglais emploient pour annoncer les hauts faits du bourreau.

[3] « La même cause qui peut accroître *le revenu du pays*, (c'est-à-dire, comme Ricardo l'explique au même endroit, *les revenus des Landlords et des capitalistes*, dont la richesse, au point de vue des économistes, forme la richesse nationale) cette même cause peut en même temps rendre la population sura-

C'est pour cela que, la première, elle donne lieu à la révolte brutale de l'ouvrier contre le moyen de travail.

Le moyen de travail accable le travailleur. Cet antagonisme direct éclate surtout lorsque des machines nouvellement introduites viennent faire la guerre aux procédés traditionnels du métier et de la manufacture. Mais dans la grande industrie elle-même, le perfectionnement du machinisme et le développement du système automatique ont des effets analogues.

« Le but constant du machinisme perfectionné est de diminuer le travail manuel, ou d'ajouter un anneau de plus à l'enchainure productive de la fabrique en substituant des appareils de fer à des appareils humains[1]. »

« L'application de la vapeur ou de la force de l'eau à des machines qui jusqu'ici n'étaient mues qu'avec la main, est l'événement de chaque jour... Les améliorations de détail ayant pour but l'économie de la force motrice, le perfectionnement de l'ouvrage, l'accroissement du produit dans le même temps, ou la suppression d'un enfant, d'une femme ou d'un homme sont constantes, et bien que peu apparentes, elles ont néanmoins des résultats importants[2]. » « Partout où un procédé exige beaucoup de dextérité et une main sûre, on le retire au plus tôt des mains de l'ouvrier trop adroit, et souvent enclin à des irrégularités de plusieurs genres pour en charger un mécanisme particulier, dont l'opération automatique est si bien réglée qu'un enfant peut la surveiller[3]. » « D'après le système automatique le talent de l'artisan se trouve progressivement remplacé

---

bondante et détériorer la condition du travailleur. » Ricardo, l. c. p. 469. « Le but constant et la tendance de tout perfectionner des machines est de se passer du travail de l'homme ou de *diminuer son prix* en substituant le travail des femmes et des enfants à celui des adultes, ou le travail d'ouvriers grossiers et inhabiles à celui d'ouvriers habiles. » (Ure, l. c. t. I, p. 35.)

[1] « *Reports of Insp. of Fact. 31 Oct. 1858* », p. 43.

[2] « *Reports etc., 31 Oct. 1856* », p. 15.

[3] *Ure,* l. c., t. I. p. 29 : « Le grand avantage des machines pour la cuite des briques, c'est qu'elles rendent les patrons tout à fait indépendants des ouvriers habiles. » (*Child. Employm. Comm. V. Report. London,* 1866 p. 180, n. 46. — M. A. Sturreck, surveillant du département des machines du *Great Northern Railway,* dit au sujet de la construction des machines (locomotives, etc.) devant la Commission royale d'enquête : « Les ouvriers dispendieux sont de jour en jour moins employés. En Angleterre la productivité des ateliers est augmentée par l'emploi d'instruments perfectionnés et ces instruments sont à leur tour fabriqués par une classe inférieure d'ouvriers. » Auparavant « il fallait des ouvriers habiles pour produire toutes les parties des machines ; maintenant ces parties de machines sont produites par un travail de qualité inférieure, mais avec de bons instruments... Par instruments, j'entends les machines employées à la construction de machines. » (*Royal Commission on Railways, Minutes of Evidence.* N° 17 863. *London,* 1867.)

par de simples surveillants de mécaniques[1]. » « Non seulement les machines perfectionnées n'exigent pas l'emploi d'un aussi grand nombre d'adultes, pour arriver à un résultat donné, mais elles substituent une classe d'individus à une autre, le moins adroit au plus habile, les enfants aux adultes, les femmes aux hommes. Tous ces changements occasionnent des fluctuations constantes dans le taux du salaire[2]. » « La machine rejette sans cesse des adultes[3]. »

La marche rapide imprimée au machinisme par la réduction de la journée de travail nous a montré l'élasticité extraordinaire dont il est susceptible, grâce à une expérience pratique accumulée, à l'étendue des moyens mécaniques déjà acquis et aux progrès de la technologie. En 1860, alors que l'industrie cotonnière anglaise était à son zénith, qui aurait soupçonné les perfectionnements mécaniques et le déplacement correspondant du travail manuel qui, sous l'aiguillon de la guerre civile américaine, révolutionnèrent cette industrie ? Contentons-nous d'en citer un ou deux exemples empruntés aux rapports officiels des inspecteurs de fabrique. « Au lieu de soixante-quinze machines à carder, dit un fabricant de Manchester, nous n'en employons plus que douze, et nous obtenons la même quantité de produit en qualité égale sinon meilleure… L'économie en salaires se monte à dix livres sterling par semaine et le déchet du coton a diminué de dix pour cent. » Dans une filature de la même ville le mouvement accéléré des machines et l'introduction de divers procédés automatiques ont permis de réduire dans un département le nombre des ouvriers employés d'un quart et dans un autre de plus de la moitié. Un autre filateur estime qu'il a réduit de dix pour cent le nombre de ses « bras. »

Les MM. Gilmore, filateurs à Manchester, déclarent de leur côté :

« Nous estimons que dans le nettoyage du coton l'économie de bras et de salaires résultant des machines nouvelles se monte à un bon tiers… Dans deux autres procédés préliminaires la dépense a diminué d'un tiers environ en salaires et autres frais, dans la salle à filer d'un tiers. Mais ce n'est pas tout ; quand nos filés passent maintenant aux tisserands, ils sont tellement améliorés qu'ils fournissent plus de tissus de meilleure qualité que les anciens filés mécaniques[4]. »

L'inspecteur A. Redgrave, remarque à ce propos : « La diminution dans le nombre d'ouvriers, en même temps que la production s'augmente, progresse rapidement. Dans les fabriques de laine on a depuis peu commencé à réduire le nombre des bras et cette réduction continue. Un maître

---

[1] Urc, l. c. p. 30.

[2] L. c. t. II, p. 67.

[3] L. c.

[4] *Rep. of Insp. of Fact.* 31 st. oct. 1863, p. 108 et suiv.

d'école qui habite Rochdale me disait, il y a quelques jours, que la grande diminution dans les écoles de filles n'était pas due seulement à la pression de la crise mais aux changements introduits dans les mécaniques des fabriques de laine, par suite desquels une réduction moyenne de 79 demi-temps avait eu lieu[1]. »

Le résultat général des perfectionnements mécaniques amenés dans les fabriques anglaises de coton par la guerre civile américaine, est résumé dans la table suivante :

Statistique des fabriques de coton du Royaume-Uni en 1858, 1861 et 1868.

NOMBRE DE FABRIQUES		
	1858	**1861**	**1868**
Angleterre et Pays de Galles	2,046	2,715	2,405
Écosse	152	163	131
Irlande	12	9	13
Royaume-Uni	2,210	2,887	2,549

NOMBRE DES MÉTIERS À TISSER À VAPEUR		
Angleterre et Pays de Galles	275,590	368,125	344,719
Écosse	21,624	30,110	31,864
Irlande	1,633	1,757	2,746
Royaume-Uni	298,847	399,992	379,329

NOMBRE DES BROCHES À FILER		
Angleterre et Pays de Galles	25,818,576	28,352,152	30,478,228
Écosse	2,041,129	1,915,398	1,397,546
Irlande	150,512	119,944	124,240
Royaume-Uni	28,010,217	30,387,467	32,000,014

---

[1] *L. c.*, p. 109. Le perfectionnement rapide des machines pendant la crise cotonnière permit aux fabricants anglais, une fois la guerre civile américaine terminée, de pouvoir encombrer de nouveau tous les marchés du monde. Dans les derniers six mois de 1866 les tissus étaient déjà devenus presque invendables quand les marchandises envoyées en commission aux Indes et à la Chine vinrent rendre l'encombrement encore plus intense. Au commencement de 1867 les fabricants eurent recours à leur expédient ordinaire, l'abaissement du salaire. Les ouvriers s'y opposèrent et déclarèrent, avec raison au point de vue théorique que le seul remède était de travailler peu de temps, quatre jours par semaine. Après plus ou moins d'hésitations les capitaines d'industrie durent accepter ces conditions, ici avec, là sans réduction des salaires de 5%.

NOMBRE DES PERSONNES EMPLOYÉES			
Angleterre et Pays de Galles	341,170	407,598	357,052
Écosse	34,098	41,237	39,809
Irlande	3,345	2,734	4,203
Royaume-Uni	379,213	451,569	401,064

En 1861-1868 disparurent donc trois cent trente-huit fabriques de coton, c'est-à-dire qu'un machinisme plus productif et plus large se concentra dans les mains d'un nombre réduit de capitalistes ; les métiers à tisser mécaniques décrurent de 20, 663, et comme en même temps leur produit alla augmentant, il est clair qu'un métier amélioré suffit pour faire la besogne de plus d'un vieux métier à vapeur ; enfin, les broches augmentèrent de 1, 612, 541, tandis que le nombre d'ouvriers employés diminua de 50, 505. Les misères « temporaires » dont la crise cotonnière accabla les ouvriers, furent ainsi rendues plus intenses et consolidées par le progrès rapide et continu du système mécanique.

Et la machine n'agit pas seulement comme un concurrent dont la force supérieure est toujours sur le point de rendre le salarié superflu.

C'est comme puissance ennemie de l'ouvrier que le capital l'emploie, et il le proclame hautement. Elle devient l'arme de guerre la plus irrésistible pour réprimer les grèves, ces révoltes périodiques du travail contre l'autocratie du capital[1]. D'après Gaskell, la machine à vapeur fut dès le début un antagoniste de la « force de l'homme » et permit au capitaliste d'écraser les prétentions croissantes des ouvriers qui menaçaient d'une crise le système de fabrique à peine naissant[2]. On pourrait écrire toute une histoire au sujet des inventions faites depuis 1830 pour défendre le capital contre les émeutes ouvrières.

Dans son interrogatoire devant la commission chargée de l'enquête sur les *Trades Unions*, M. Nasmyth, l'inventeur du marteau à vapeur, énumère les perfectionnements du machinisme auxquels il a eu recours par suite de la longue grève des mécaniciens en 1851.

« Le trait caractéristique, dit-il, de nos perfectionnements mécaniques modernes, c'est l'introduction d'outils automatiques Tout ce qu'un ouvrier mécanicien doit faire, et que chaque garçon peut faire, ce n'est pas travailler, mais surveiller le beau fonctionnement de la machine. Toute cette

---

[1] « Les rapports entre maîtres et ouvriers dans les opérations du soufflage du flintglass et du verre de bouteille, sont caractérisés par une grève chronique. » De là l'essor de la manufacture de verre pressé dans laquelle les opérations principales sont exécutées mécaniquement. Une raison sociale de Newcastle qui produisait annuellement 350, 000 livres de flintglass soufflé, produit maintenant à leur place 3, 000, 500 livres de verre pressé. *Ch. Empl. Comm. IV Report.* 1865, p. 262, 263.

[2] *Gaskell : The Manufacturing population of England. Lond.*, 1833, p. 3, 4

classe d'hommes dépendant exclusivement de leur dextérité a été écartée. J'employais quatre garçons sur un mécanicien. Grâce à ces nouvelles combinaisons mécaniques, j'ai réduit le nombre des hommes adultes de 1500 à 750. Le résultat fut un grand accroissement dans mon profit[1]. »

Enfin, s'écrie Ure, à propos d'une machine pour l'impression des indiennes, « enfin les capitalistes cherchèrent à s'affranchir de cet esclavage insupportable (c'est-à-dire des conditions gênantes du contrat de travail), en s'aidant des ressources de la science, et ils furent réintégrés dans leurs droits légitimes, ceux de la tête sur les autres parties du corps. Dans tous les grands établissements, aujourd'hui, il y a des machines à quatre et a cinq couleurs, qui rendent l'impression en calicot un procédé, expéditif et infaillible ».

Il dit d'une machine pour parer la chaîne des tissus, qu'une grève avait fait inventer :

« La horde des mécontents, qui se croyaient retranchés d'une manière invincible derrière les anciennes lignes de la division du travail, s'est vue prise en flanc, et ses moyens de défense ayant été annulés par la tactique moderne des machinistes, elle a été forcée de se rendre à discrétion. »

Il dit encore à propos de la mule automatique qui marque une nouvelle époque dans le système mécanique : « Cette création, *l'homme de fer*, comme l'appellent avec raison les ouvriers, était destinée à rétablir l'ordre parmi les classes industrielles. La nouvelle de la naissance de cet Hercule- fileur répandit la consternation parmi les sociétés de résistance ; et longtemps avant d'être sorti de son berceau, il avait déjà étouffé l'hydre de la sédition… Cette invention vient à l'appui de la doctrine déjà développée par nous ; c'est que lorsque le capital enrôle la science, la main rebelle du travail apprend toujours à être docile[2]. »

Bien que le livre de Ure date de trente-sept ans, c'est-à- dire d'une époque où le système de fabrique n'était encore que faiblement développé, il n'en reste pas moins l'expression classique de l'esprit de ce système, grâce à son franc cynisme et à la naïveté avec laquelle il divulgue les absurdes contradictions qui hantent les caboches des MM. du capital. Après avoir développé par exemple la doctrine citée plus haut, que le capital, avec l'aide de la science prise à sa solde parvient toujours à enchaîner la main rebelle du travail, il s'étonne de ce que quelques raisonneurs « ont accusé la science physico-mécanique de se prêter à l'ambition de riches capitalistes et de servir d'instrument pour opprimer la classe indigente[3] ». Après avoir prêché et démontré à qui veut

---

[1] Par suite de grèves dans son atelier de construction M. Fairbairn a été amené à faire d'importantes applications mécaniques pour la construction des machines.

[2] *Ure*, l. c., t. 11, p. 141, 142, 140.

[3] L. c. t. I, p. 10.

l'entendre que le développement rapide du machinisme est on ne peut plus avantageux aux ouvriers, il avertit ceux-ci comminatoirement, que par leur résistance, leurs grèves, etc., ils ne font qu'activer ce développement. « De semblables révoltes, dit-il, montrent l'aveuglement humain sous aspect le plus méprisable, celui d'un homme qui se fait son propre bourreau. » Quelques pages auparavant il a dit au contraire : « Sans les collisions et les interruptions violentes causées par les vues erronées des ouvriers, le système de fabrique se serait développé encore plus rapidement et plus avantageusement qu'il ne l'a fait jusqu'à ce jour pour toutes les parties intéressées. » Dix lignes après il s'écrie de nouveau : « Heureusement pour la population des villes de la Grande-Bretagne, les perfectionnements en mécanique sont gradués, ou du moins ce n'est que successivement qu'on arrive à en rendre l'usage général. » C'est à tort, dit-il encore, que l'on accuse les machines de réduire le salaire des adultes parce qu'elles les déplacent et créent par conséquent une demande de travail qui surpasse l'offre. « Certainement il y a augmentation d'emploi pour les enfants, et le gain des adultes n'en est que plus considérable. » De l'autre côté ce consolateur universel défend le taux infime du salaire des enfants, sous prétexte que « les parents sont ainsi empêchés de les envoyer trop tôt dans les fabriques ». Tout son livre n'est qu'une apologie de la journée de travail illimitée et son âme libérale se sentit refoulée dans « les ténèbres des siècles passés » lorsqu'il vit la législation défendre le travail forcé des enfants de treize ans, pendant plus de douze heures par jour. Cela ne l'empêche point d'inviter les ouvriers de fabrique à adresser des actions de grâces à la providence, et pourquoi ? parce qu'au moyen des machines elle leur a procuré des « loisirs pour méditer sur leurs intérêts éternels[1]. »

VI

Théorie de la compensation

Une phalange d'économistes bourgeois, James Mill, Mac Culloch, Torrens, Senior, J.-St. Mill, etc., soutiennent qu'en déplaçant des ouvriers engagés, la machine dégage par ce fait même un capital destiné à les employer de nouveau à une autre occupation quelconque[2].

Mettons[3] que dans une fabrique de tapis on emploie un capital de 6000 l. st. dont une moitié est avancée en matières premières (il est fait

---

[1] L. c., t. II, p. 143, 5, 6, 68, 67, 33.

[2] Ricardo partagea d'abord cette manière de voir ; mais il la rétracta plus tard expressément avec cette impartialité scientifique et cet amour de la vérité qui le caractérisent. V. ses *Princ. of Pol. Ec.*, ch. XXXI, on *Machinery*.

[3] *Nota bene.* — Cet exemple est dans le genre de ceux des économistes que je

423

abstraction des bâtiments, etc.) et l'autre moitié consacrée au payement de cent ouvriers, chacun recevant un salaire annuel de 30 l. st. À un moment donné le capitaliste congédie cinquante ouvriers et les remplace par une machine de la valeur de 1500 l. st.

Dégage-t-on un capital par cette opération ? Originairement la somme totale de 6000 l. st. se divisait en un capital constant de 3000 l. st. et un capital variable de 3000 l. st. Maintenant elle consiste en un capital constant de 4500 l. st. — 3000 l. st. pour matières premières et 1500 l. st. pour la machine — et un capital variable de 1500 l. st. pour la paye de cinquante ouvriers. L'élément variable est tombé de la moitié à un quart du capital total. Au lieu d'être dégagé, un capital de 1500 l. st. se trouve engagé sous une forme où il cesse d'être échangeable contre la force de travail, c'est-à-dire que de variable il est devenu constant. À l'avenir le capital total de 6000 l. st. n'occupera jamais plus de cinquante ouvriers et il en occupera moins à chaque perfectionnement de la machine.

Pour faire plaisir aux théoriciens de la compensation, nous admettrons que le prix de la machine est moindre que la somme des salaires supprimés, qu'elle ne coûte que 1000 l. st. au lieu de 1500 l. st.

Dans nos nouvelles données le capital de 1500 l. st., autrefois avancé en salaires, se divise maintenant comme suit : 1000 l. st. engagées sous forme de machines et 500 l. st. dégagées de leur emploi dans la fabrique de tapis et pouvant fonctionner comme nouveau capital. Si le salaire reste le même, voilà un fonds qui suffirait pour occuper environ seize ouvriers, tandis qu'il y en a cinquante de congédiés, mais il en occupera beaucoup moins de seize, car, pour se transformer en capital, les cinq cents livres sterling doivent en partie être dépensées en instruments, matières, etc., en un mot renfermer un élément constant, inconvertible en salaires.

Si la construction de la machine donne du travail à un nombre additionnel d'ouvriers mécaniciens, serait-ce là la *compensation* des tapissiers jetés sur le pavé ? Dans tous les cas sa construction occupe moins d'ouvriers que son emploi n'en déplace. La somme de 1500 l. st. qui, par rapport aux tapissiers renvoyés, ne représentait que leur salaire, représente, par rapport à la machine, et la valeur des moyens de production nécessaires pour sa construction, et le salaire des mécaniciens, et la plus-value dévolue à leur maître. Encore, une fois faite, la machine n'est à refaire qu'après sa mort, et pour occuper d'une manière permanente le nombre additionnel de mécaniciens, il faut que les manufactures de tapis l'une après l'autre déplacent des ouvriers par des machines.

Aussi ce n'est pas ce dada qu'enfourchent les doctrinaires la compensation. Pour eux, la grande affaire, c'est les subsistances des ouvriers congédiés. En dégageant nos cinquante ouvriers de leur salaire de 1500 l. st., la machine dégage de leur consommation 1500 l. st. de subsistances.

---

viens de nommer.

Voilà le fait dans sa triste réalité ! Couper les vivres à l'ouvrier, messieurs les ventrus appellent cela rendre des vivres *disponibles* pour l'ouvrier comme nouveau fonds d'emploi dans une autre industrie. On le voit, tout dépend de la manière de s'exprimer. *Nominibus mollire licet mala[1].*

D'après cette doctrine, les 1500 l. st. de subsistances étaient un capital mis en valeur par le travail des cinquante ouvriers tapissiers congédiés, et qui perd par conséquent son emploi dès que ceux-ci chôment, et n'a ni trêve ni repos tant qu'il n'a pas rattrapé « un nouveau placement » où les mêmes travailleurs pourront de nouveau le consommer productivement. Un peu plus tôt, un peu plus tard ils doivent donc se retrouver ; et alors il y aura compensation. Les souffrances des ouvriers mis hors d'emploi par la machine sont donc passagères comme les biens de cette terre.

Les 1500 l. st. qui fonctionnaient comme *capital,* vis-à- vis des tapissiers déplacés, ne représentaient pas en réalité le prix des subsistances qu'ils avaient coutume de consommer, mais le salaire qu'ils recevaient avant la conversion de ces mille cinq cents livres sterling en machine. Cette somme elle-même ne représentait que la quote-part des tapis fabriqués annuellement par eux qui leur était échue à titre de salaires, non en nature, mais en argent. Avec cet argent — forme-monnaie d'une portion de leur propre produit — ils achetaient des subsistances. Celles-ci existaient pour eux non comme capital, mais comme marchandises, et eux-mêmes existaient pour ces marchandises non comme salariés, mais comme acheteurs. En les dégageant de leurs moyens d'achat, la machine les a convertis d'acheteurs en non-acheteurs. Et par ce fait leur demande comme consommateurs cesse.

Si cette baisse dans la demande des subsistances nécessaires n'est pas compensée par une hausse d'un autre côté, leur prix va diminuer. Est-ce là par hasard une raison pour induire le capital employé dans la production de ces subsistances, à engager comme ouvriers additionnels nos tapissiers désœuvrés ? Bien au contraire, on commencera à réduire le salaire des ouvriers de cette partie, si la baisse des prix se maintient quelque temps. Si le déficit dans le débit des subsistances nécessaires se consolide, une partie du capital consacré à leur production s'en retirera et cherchera à se placer ailleurs. Durant ce déplacement et la baisse des prix qui l'a produite les producteurs des vivres passeront à leur tour par des « inconvénients temporaires ». Donc, au lieu de prouver qu'en privant des ouvriers de leurs subsistances, la machine convertit en même temps celles-ci en nouveau fonds d'emploi pour ceux-là, l'apologiste prouve au contraire, d'après sa loi de l'offre et de la demande, qu'elle frappe non seulement les ouvriers qu'elle remplace, mais aussi ceux dont ils consommaient les produits.

---

[1] On a bien le droit de pallier des maux avec des mots.

CYCLE THEORY

Les faits réels, travestis par l'optimisme économiste, les voici :

Les ouvriers que la machine remplace sont rejetés de l'atelier sur le marché de travail où ils viennent augmenter les forces déjà disponibles pour l'exploitation capitaliste. Nous verrons plus tard, dans la section VII, que cet effet des machines, présenté comme une compensation pour la classe ouvrière en est au contraire le plus horrible fléau. Mais pour le moment passons outre.

Les ouvriers rejetés d'un genre d'industrie peuvent certainement chercher de l'emploi dans un autre, mais s'ils le trouvent, si le lien entre eux et les vivres rendus disponibles avec eux est ainsi renoué, c'est grâce à un nouveau capital qui s'est présenté sur le marché de travail, et non grâce au capital déjà fonctionnant qui s'est converti en machine. Encore leurs chances sont des plus précaires.

En dehors de leur ancienne occupation, ces hommes, rabougris par la division du travail, ne sont bons qu'à peu de chose et ne trouvent accès que dans des emplois inférieurs, mal payés, et à cause de leur simplicité même toujours surchargés de candidats[1].

De plus, chaque industrie, la tapisserie par exemple, attire annuellement un nouveau courant d'hommes qui lui apporte le contingent nécessaire à suppléer les forces usées et à fournir l'excédent de forces que son développement régulier réclame. Du moment où la machine rejette du métier ou de la manufacture une partie des ouvriers jusque-là occupés, ce nouveau flot de conscrits industriels est détourné de sa destination et va peu à peu se décharger dans d'autres industries, mais les premières victimes pâtissent et périssent pendant la période de transition.

La machine est innocente des misères qu'elle entraîne ; ce n'est pas sa faute si, dans notre milieu social, elle sépare l'ouvrier de ses vivres. Là où elle est introduite elle rend le produit meilleur marché et plus abondant. Après comme avant son introduction, la société possède donc toujours au moins la même somme de vivres pour les travailleurs déplacés, abstraction faite de l'énorme portion de son produit annuel gaspillé par les oisifs.

C'est surtout dans l'interprétation de ce fait que brille l'esprit courtisanesque des économistes.

---

[1] Un Ricardien relève à ce propos les fadaises de J. B. Say : « Quand la division du travail est très développée, l'aptitude des ouvriers ne trouve son emploi que dans la branche spéciale de travail pour laquelle ils ont été formés ; ils ne sont eux-mêmes qu'une espèce de machine. Rien de plus absurde que de répéter sans cesse comme des perroquets que les choses ont une tendance à trouver leur niveau. Il suffit de regarder autour de soi pour voir qu'elles ne peuvent de longtemps trouver ce niveau, et que si elles le trouvent, il est beaucoup moins élevé qu'au point de départ. » (*An Inquiry into those principles respecting the Nature of Demand*, etc. London, 1821, p. 72.)

D'après ces messieurs-là, les contradictions et les antagonismes inséparables de l'emploi des machines dans le milieu bourgeois, *n'existent pas* parce qu'ils proviennent non de la machine, mais de son exploitation capitaliste !

Donc, parce que la machine, triomphe de l'homme sur les forces naturelles, devient entre les mains capitalistes l'instrument de l'asservissement de l'homme à ces mêmes forces ; parce que, moyen infaillible pour raccourcir le travail quotidien, elle le prolonge entre les mains capitalistes ; parce que, baguette magique pour augmenter la richesse du producteur, elle l'appauvrit entre les mains capitalistes, parce que... l'économiste bourgeois déclare imperturbablement que toutes ces contradictions criantes ne sont que fausses apparences et vaines chimères et que dans la réalité, et pour cette raison dans la théorie, elles n'existent pas.

Certes, ils ne nient pas les inconvénients temporaires, mais quelle médaille n'a pas son revers ! Et pour eux l'emploi capitaliste des machines en est le seul emploi possible. L'exploitation du travailleur par la machine c'est la même chose que l'exploitation des machines par le travailleur. Qui expose les réalités de l'emploi capitaliste des machines, s'oppose donc à leur emploi et au progrès social[1]. Ce raisonnement ne rappelle-t-il pas le plaidoyer de Bill Sykes, l'illustre coupe-jarret ?

« Messieurs les jurés, dit-il, la gorge d'un commis-voyageur a sans doute été coupée. Le fait existe, mais ce n'est pas ma faute, c'est celle du couteau. Et voulez-vous supprimer le couteau à cause de ces inconvénients temporaires ? Réfléchissez-y. Le couteau est un des instruments les plus utiles dans les métiers et l'agriculture, aussi salutaire en chirurgie que savant en anatomie et joyeux compagnon dans les soupers. En condamnant le couteau vous allez nous replonger en pleine sauvagerie[2] ! »

Quoiqu'elle supprime plus ou moins d'ouvriers dans les métiers et les manufactures où elle vient d'être introduite, la machine peut néanmoins occasionner un surcroît d'emploi dans d'autres branches de production, mais cet effet n'a rien de commun avec la soi-disant théorie de compensation.

Tout produit mécanique, un mètre de tissu exécuté au métier à vapeur, par exemple, étant meilleur marché que le produit manuel auquel il fait concurrence, nous obtenons évidemment cette loi :

---

[1] « S'il est avantageux de développer de plus en plus l'habileté de l'ouvrier de manière à le rendre capable de produire un quantum de marchandises toujours croissant avec un quantum de travail égal ou inférieur, il doit être également avantageux que l'ouvrier se serve des moyens mécaniques qui l'aident avec le plus d'efficacité à atteindre ce résultat. » (Mac Culloch, *Princ. of Pol. Econ.*, Lond., 1830, p. 166.)

[2] « L'auteur de la machine à filer le coton a ruiné l'Inde, *ce qui nous touche peu.* » *A. Thiers : De la Propriété.* L'éminent homme d'État confond la machine à filer avec la machine à tisser, ce qui d'ailleurs *nous touche peu.*

Si la quantité totale d'un article, produit mécaniquement, reste égale à celle de l'article manuel qu'il remplace, alors la somme totale du travail employé diminue. Si non, l'ouvrage mécanique coûterait autant, si ce n'est davantage, que l'ouvrage manuel.

Mais, en fait, la somme des articles fabriqués, au moyen des machines, par un nombre d'ouvriers réduit, dépasse de beaucoup la somme des articles du même genre fournis auparavant par le métier ou la manufacture. Mettons que 1 000 000 de mètres de tissu à la main soient remplacés par 4 000 000 de mètres de tissu à la mécanique. Ceux-ci contiennent quatre fois plus de matière première, de laine par exemple, que ceux-là. Il faut donc quadrupler la production de la laine. Quant aux moyens de travail proprement dits que le tissage mécanique consomme, tels que machines, bâtisses, charbon, etc., le travail employé dans leur production va s'accroître suivant que s'accroît la différence entre la masse du tissu mécanique et celle du tissu manuel qu'un ouvrier peut livrer en moyenne dans le même temps. Néanmoins, quel que soit ce surcroît de travail, il doit toujours rester moindre que le décroissement de travail effectué par l'usage de la machine.

À mesure donc que l'emploi de machines s'étend dans une industrie, il faut que d'autres industries d'où elle tire ses matières premières, etc., augmentent leurs produits. Dans quelle proportion vont-elles alors augmenter le nombre de leurs ouvriers ? Au lieu de l'augmenter, elles n'augmentent peut-être que l'intensité et la durée du travail. Mais celles-ci étant données, tout dépendra de la composition du capital employé, c'est-à-dire de la proportion de sa partie variable avec sa partie constante. Sa partie variable sera relativement d'autant plus petite, que le machinisme s'est emparé davantage des industries qui produisent les matières premières, etc.

Avec le progrès de la production mécanique en Angleterre, le nombre de gens condamnés aux mines de houille et de métal s'élève énormément. D'après le recensement de 1861, il y avait : 46 613 mineurs, dont 73 545 au-dessous et 173 067 au-dessus de vingt ans. Parmi les premiers étaient 835 de cinq à dix, 30 701 de dix à quinze, 42 010 de quinze à dix-neuf ans. Le nombre des ouvriers employés dans les mines de fer, de cuivre, de plomb, de zinc et autres métaux s'élevait à 319, 222[1].

Les machines font éclore une nouvelle espèce d'ouvriers exclusivement vouée à leur construction. En Angleterre elle comptait en 1861 à peu près 70, 000 personnes[2]. Nous savons déjà que le machinisme s'empare de cette branche d'industrie sur une échelle de plus en plus étendue. Quant aux matières premières[3], il n'y a pas le moindre doute

---

[1] *Census of* 1861, vol. II, Lond., 1863.

[2] Il y avait 3329 ingénieurs civils.

[3] Comme le fer est une des matières premières les plus importantes, remar-

que la marche triomphante des filatures de coton a donné une impulsion immense à la culture du coton dans les États-Unis, stimulant à la fois la traite des nègres en Afrique et leur élève dans les *Border Slaves States*[1]. En 1790, lorsque l'on fit aux États-Unis le premier recensement des esclaves, leur nombre atteignit le chiffre de 697 000 ; en 1861 il s'était élevé à 4 millions. D'un autre côté il n'est pas moins certain que la prospérité croissante de la filature mécanique de la laine provoqua en Angleterre la conversion progressive des terres de labour en pacage qui amena l'expulsion en masse des laboureurs agricoles rendus surnuméraires. L'Irlande subit encore dans ce moment cette opération douloureuse qui déprime sa population déjà réduite de moitié depuis vingt ans au bas niveau correspondant aux besoins de ses propriétaires fonciers et de messieurs les Anglais fabricants de laine.

Si le machinisme s'empare de procédés préliminaires ou intermédiaires par lesquels doit passer un objet de travail avant d'arriver à sa forme finale, les métiers ou les manufactures où le produit mécanique entre comme élément, vont être plus abondamment pourvus de matériel et absorberont plus de travail. Avant l'invention des machines à filer, les tisserands anglais chômaient souvent à cause de l'insuffisance de leur matière première, mais le filage mécanique du coton leur fournit les filés en telle abondance et à si bon marché, que vers la fin du dernier siècle et au commencement du nôtre une famille de quatre adultes avec deux enfants pour dévider, en travaillant dix heures par jour, gagnait quatre livres sterling en une semaine. Quand le travail pressait, elle pouvait gagner davantage[2].

Les ouvriers affluaient alors dans le tissage du coton à la main jusqu'au moment où les 800,000 tisserands créés par la *Jenny*, la *Mule* et le *Throstle* furent écrasés par le métier à vapeur. De même le nombre des tailleurs, des modistes, des couturières, etc., alla en augmentant avec l'abondance des étoffes fournies par les machines, jusqu'à ce que la machine à coudre fit son apparition.

À mesure que les machines, avec un nombre d'ouvriers relativement faible, font grossir la masse de matières premières, de produits à demi façonnés, d'instruments de travail, etc., les industries qui usent ces matières premières, etc., se subdivisent de plus en plus en différentes et nombreuses branches. La division sociale du travail reçoit ainsi une impulsion plus puissante que par la manufacture proprement dite.

---

quons que l'Angleterre (y compris le pays de Galles) occupait en 1861 : 125 771 fondeurs, dont 123 430 hommes et 2 341 femmes. Parmi les premiers 30 810 avaient moins et 92 620 plus de vingt ans.

[1] On appela *Border Slaves States* les États esclavagistes intermédiaires entre les États du Nord et ceux du Sud auxquels ils vendaient des nègres élevés pour l'exportation comme du bétail.

[2] *Gaskell*, l. c. p. 25-27.

Le système mécanique augmente en premier lieu la plus- value et la masse des produits dans lesquels elle se réalise. À mesure que croît la substance matérielle dont la classe capitaliste et ses parasites s'engraissent, ces espèces sociales croissent et multiplient. L'augmentation de leur richesse, accompagnée comme elle l'est d'une diminution relative des travailleurs engagés dans la production des marchandises de première nécessité, fait naître avec les nouveaux besoins de luxe de nouveaux moyens de les satisfaire. Une partie plus considérable du produit social se transforme en produit net et une plus grande part de celui-ci est livrée à la consommation sous des formes plus variées et plus raffinées. En d'autres termes, la production de luxe s'accroît[1].

Le raffinement et la multiplicité variée des produits proviennent également des nouveaux rapports du marché des deux mondes créés par la grande industrie. On n'échange pas seulement plus de produits de luxe étrangers contre les produits indigènes, mais plus de matières premières, d'ingrédients, de produits à demi fabriqués provenant de toutes les parties du monde, etc., entrent comme moyens de production dans l'industrie nationale. La demande de travail augmente ainsi dans l'industrie des transports qui se subdivise en branches nouvelles et nombreuses[2].

L'augmentation des moyens de travail et de subsistance et la diminution progressive dans le nombre relatif des ouvriers que leur production réclame poussent au développement d'entreprises de longue haleine et dont les produits tels que canaux, docks, tunnels, ponts, etc., ne portent de fruits que dans un avenir plus ou moins lointain.

Soit directement sur la base du système mécanique, soit par suite des changements généraux qu'il entraîne dans la vie économique, des industries tout à fait nouvelles surgissent, autant de nouveaux champs de travail. La place qu'ils prennent dans la production totale n'est pas cependant très large, même dans les pays les plus développés, et le nombre d'ouvriers qu'ils occupent est en raison directe du travail manuel le plus grossier dont ils font renaître le besoin.

Les principales industries de ce genre sont aujourd'hui les fabriques de gaz, la télégraphie, la photographie, la navigation à vapeur et les chemins de fer. Le recensement de 1861 (pour l'Angleterre et la principauté de Galles) accuse dans l'industrie du gaz (usines, production d'appareils mécaniques, agents des compagnies) 15 211 ; dans la télégraphie deux mille trois cent quatre-vingt-dix- neuf ; dans la photographie 2 366, dans le ser-

---

[1] F. Engels, dans son ouvrage déjà cité sur la situation des classes ouvrières, démontre l'état déplorable d'une grande partie de ces ouvriers de luxe. On trouve de nouveaux et nombreux documents sur ce sujet dans les rapports de la « *Child. Employm. Commission* ».

[2] En Angleterre y compris le pays de Galles, il y avait en 1861, dans la marine de commerce 94,665 marins.

vice des bateaux à vapeur 3 570 et dans les chemins de fer 70 599. Ce dernier nombre renferme environ 28 000 terrassiers employés d'une manière plus ou moins permanente et tout le personnel commercial et administratif. Le chiffre total des individus occupés dans ces cinq industries nouvelles était donc de 94 145.

Enfin l'accroissement extraordinaire de la productivité dans les sphères de la grande industrie, accompagné comme il l'est d'une exploitation plus intense et plus extensive de la force de travail dans toutes les autres sphères de la production, permet d'employer progressivement une partie plus considérable de la classe ouvrière à des services improductifs et de reproduire notamment en proportion toujours plus grande sous le nom de classe domestique, composée de laquais, cochers, cuisinières, bonnes, etc., les anciens esclaves domestiques. D'après le recensement de 1861, la population de l'Angleterre et du pays de Galles comprenait 20,066,244 personnes dont 9,776, 259 du sexe masculin et 10,289,965 du sexe féminin. Si l'on en déduit ce qui est trop vieux ou trop jeune pour travailler, les femmes, les adolescents et enfants improductifs, puis les professions « idéologiques » telles que gouvernement, police, clergé, magistrature, armée, savants, artistes, etc., ensuite les gens exclusivement occupés à manger le travail d'autrui sous forme de rente foncière, d'intérêt, de dividendes, etc., et enfin les pauvres, les vagabonds, les criminels, etc., il reste en gros huit millions d'individus des deux sexes et de tout âge, y compris les capitalistes fonctionnant dans la production, le commerce, la finance, etc. Sur ces huit millions on compte :

Travailleurs agricoles (y compris les bergers, les valets et les filles de ferme, habitant chez les fermiers).. 1 098 261

Ouvriers des fabriques de coton, de laine, de *worsted*, de lin, de chanvre, de soie, de dentelle, et ceux des métiers à bas..................................642 607 [1]

Ouvriers des mines de charbon et de métal............................565 835

Ouvriers employés dans les usines métalliques (hauts fourneaux, laminoirs, etc.) et dans les manufactures de métal de toute espèce...............396 998 [2]

Classe servante...1 208 648 [3]

Si nous additionnons les travailleurs employés dans les fabriques textiles et le personnel des mines de charbon et de métal, nous obtenons le

---

[1] Dont 177 596 seulement du sexe masculin au-dessus de 13 ans.

[2] Dont 30 501 du sexe féminin.

[3] Dont 137 447 du sexe masculin. — De ce nombre de 1 208 658 est exclu tout le personnel qui sert dans les hôtels et autres lieux publics. De 1861 à 1870 le nombre des gens du service mâles avait presque doublé. Il atteignait le chiffre de 267 671. Il y avait en 1847 (pour les parcs et garennes aristocratiques) 1 694 gardes-chasse, mais en 1869 il y en avait 4 961. Les jeunes filles de service engagées dans la petite classe moyenne s'appellent à Londres du nom caractéristique de « slaveys » (petites esclaves).

chiffre de 1 208 442 ; si nous additionnons les premiers et le personnel de toutes les usines et de toutes les manufactures de métal, nous avons un total de 1 039 605, c'est-à-dire chaque fois un nombre plus petit que celui des esclaves domestiques modernes. Voilà le magnifique résultat de l'exploitation capitaliste des machines[1].

VII

Répulsion et attraction des ouvriers par la fabrique.
Crises de l'industrie cotonnière

Tous les représentants sérieux de l'économie politique conviennent que l'introduction des machines est une calamité pour les ouvriers manufacturiers et les artisans avec lesquels elles entrent en concurrence ; presque tous déplorent l'esclavage des ouvriers de fabrique.

Et pourtant, quel est leur grand argument ? C'est que les désastres qui accompagnent la période d'inauguration et de développement une fois consommés, les machines augmentent en dernier lieu le nombre des esclaves du travail, au lieu de le diminuer ! Oui, le nectar dont l'économie politique s'enivre est ce théorème philanthropique :

Qu'après une période de transition et d'accroissement plus ou moins rapide, le régime de fabrique courbe sous son joug de fer plus de travailleurs qu'à son début il n'en avait affamés par le chômage forcé.

M. Ganilh fait exception. D'après lui, les machines ont pour résultat définitif de réduire le nombre des salariés, aux frais desquels va dès lors augmenter le nombre des « gens honnêtes », développant à leur aise cette « perfectibilité perfectible » raillée avec tant de verve par Fourier. Si peu initié qu'il soit dans les mystères de la production capitaliste, M. Ganilh sent néanmoins le machinisme serait une chose des plus fatales si, tout en écrasant par son introduction des ouvriers occupés, il multipliait les esclaves du travail par son développement. Du reste, le crétinisme de son point de vue ne peut être exprimé que par ses propres paroles.

« Les *classes condamnées à produire et à consommer* diminuent, et les classes qui dirigent le travail, qui soulagent, consolent et éclairent toute la population, se multiplient... *et s'approprient tous les bienfaits* qui résultent de la diminution des frais du travail, de l'abondance des productions et du bon marché des consommations. Dans cette direction, l'espèce humaine s'élève aux plus hautes conceptions du génie, *pénètre dans les profondeurs mystérieuses de la religion*, établit les principes salutaires *de*

---

[1] « La proportion suivant laquelle la population d'un pays est employée comme domestique, au service des classes aisées, indique son progrès en richesse nationale et civilisation. » R. M. Martin : « Ireland before and after the Union » 3e édit., Lond., 1848, p. 179.

433

la morale (qui consiste à s'approprier tous les bienfaits, etc.), les lois salutaires de la liberté (sans doute pour *les classes condamnées à produire*) et du pouvoir, de l'obéissance et de la justice, du devoir et de l'humanité[1]. »

Nous avons déjà démontré, par l'exemple des fabriques anglaises de *worsted*, de soie, etc., qu'à un certain degré de développement un progrès extraordinaire dans la production peut être accompagné d'une diminution non seulement relative mais absolue du nombre des ouvriers employés.

D'après un recensement spécial de toutes les fabriques du Royaume-Uni, fait en 1860 sur l'ordre du Parlement, la circonscription échue à l'inspecteur R. Baker, celle des districts de Lancashire, Cheshire et Yorkshire, comptait 652 fabriques. Sur ce nombre, 570 fabriques contenaient 85 622 métiers à vapeur et 6 819 146 broches (non compris les broches à tordre) ; les engins à vapeur représentaient une force de 27 439 chevaux, les roues hydrauliques une force de 1 390, et le personnel comprenait 94 119 ouvriers. En 1865, au contraire, ces mêmes fabriques contenant 95 163 métiers, 7 025 031 broches et 30 370 forces-cheval, dont 28 725 pour les engins à vapeur et 1 445 pour les roues hydrauliques, n'occupaient que 88 913 ouvriers.

De 1860 à 1865, il y avait donc une augmentation de 11% en métiers à vapeur, de 3% en broches, de 5% en force de vapeur, en même temps que le nombre des ouvriers avait diminué de 5.5%[2].

De 1852 à 1862, l'industrie lainière s'accrut considérablement en Angleterre, tandis que le nombre des ouvriers qu'elle occupait resta presque stationnaire.

« Ceci fait voir dans quelle large mesure les machines nouvellement introduites avaient déplacé le travail des périodes précédentes[3]. » Dans certains cas, le surcroît des ouvriers employés n'est qu'apparent, c'est-à-dire qu'il provient, non pas de l'extension des fabriques déjà éta-

---

[1] Cet affreux charabia se trouve dans l'ouvrage : « *Des systèmes d'économie politique, etc.* » par M. Ch. Ganihl. 2ᵉ éd., Paris, 1821, t. II, p. 224. Comp. Ibid., p. 212.

[2] *Reports of Insp. of Fact.*, 31 oct. 1865, p. 58 et suiv. En même temps, il est vrai, 110 nouvelles fabriques, comptant 11 625 métiers à tisser, 628 756 broches, 2 695 forces-cheval en engins et roues hydrauliques, étaient prêtes à se mettre en train.

[3] « *Reports, etc., for* 31 st. *oct.* 1862 », p.79. L'inspecteur de fabrique A. Redgrave dit, dans un discours prononcé en décembre 1871 dans la *New Mechanics Institution*, à Bradford : « Ce qui m'a frappé depuis quelque temps, ce sont les changements survenus dans les fabriques de laine. Autrefois elles étaient remplies de femmes et d'enfants ; aujourd'hui les machines semblent exécuter toute la besogne. Un fabricant, que j'interrogeais à ce sujet, m'a fourni l'éclaircissement suivant : « Avec l'ancien système j'occupais 63 personnes ; depuis j'ai installé les machines perfectionnées et j'ai pu réduire le nombre de mes bras à 33. Dernièrement enfin, par suite de changements considérables, j'ai été mis à même de le réduire de 33 à 13. »

blies, mais de l'annexion graduelle de branches non encore soumises au régime mécanique. « Pendant la période de 1838-58, l'augmentation des métiers à tisser mécaniques et du nombre des ouvriers occupés par eux n'était due qu'au progrès des fabriques anglaises de coton ; dans d'autres fabriques, au contraire, elle provenait de l'application récente de la vapeur aux métiers à tisser la toile, les rubans, les tapis, etc., mus auparavant par la force musculaire de l'homme[1]. » Dans ces derniers cas, l'augmentation des ouvriers de fabrique n'exprima donc qu'une diminution du nombre total des ouvriers occupés. Enfin, il n'est ici nullement fait mention que partout, sauf dans l'industrie métallurgique, le personnel de fabrique est composé, pour la plus grande partie, d'adolescents, d'enfants et de femmes.

Quelle que soit d'ailleurs la masse des travailleurs que les machines déplacent violemment ou remplacent virtuellement, en comprend cependant qu'avec l'établissement progressif de nouvelles fabriques et l'agrandissement continu des anciennes, le nombre des ouvriers de fabrique puisse finalement dans telle ou telle branche d'industrie, dépasser celui des ouvriers manufacturiers ou des artisans qu'ils ont supplantés.

Mettons qu'avec l'ancien mode de production on emploie hebdomadairement un capital de 500 l. st., dont deux cinquièmes ou 200 l. st. forment la partie constante, avancée en matières premières, instruments, etc., et trois cinquièmes ou 300 l. st., la partie variable, avancée en salaires, soit 1 l. st. par ouvrier. Dès que le système mécanique est introduit, la composition de ce capital change : sur quatre cinquièmes ou 400 l. st. de capital constant, par exemple, il ne contient plus que 100 l. st. de capital variable, convertible en force de travail. Deux tiers des ouvriers jusque-là occupés sont donc congédiés. Si la nouvelle fabrique fait de bonnes affaires, s'étend et parvient à élever son capital de 500 à 1500 l. st., et que les autres conditions de la production restent les mêmes, elle occupera alors autant d'ouvriers qu'avant la révolution industrielle, c'est-à-dire 300. Le capital employé s'élève-t-il encore jusqu'à 2000 l. st., c'est 400 ouvriers qui se trouvent dès lors occupés, un tiers de plus qu'avec l'ancien mode d'exploitation. Le nombre des ouvriers s'est ainsi accru de 100 ; mais relativement, c'est-à-dire proportionnellement au capital avancé, il s'est abaissé de 800, car, avec l'ancien mode de production, le capital de 2000 l. st. aurait enrôlé 1200 ouvriers au lieu de 400. Une diminution relative des ouvriers employés est donc compatible avec leur augmentation absolue, et dans le système mécanique, leur nombre ne croit jamais absolument sans diminuer relativement à la grandeur du capital employé et à la masse des marchandises produites.

---

[1] « *Reports, etc., for* 31 *st. oct.* 1856 », p. 16.

23. August 1939
Deutsch-Sowjetischer
Nichtangriffspakt

Nous venons de supposer que l'accroissement du capital total n'amène pas de changement dans sa composition, parce qu'il ne modifie pas les conditions de la production. Mais on sait déjà qu'avec chaque progrès du machinisme, la partie constante du capital, avancée en machines, matières premières, etc., s'accroît, tandis que la partie variable dépensée en force de travail diminue ; et l'on sait en même temps que dans aucun autre mode de production les perfectionnements ne sont si continuels, et par conséquent, la composition du capital si sujette à changer. Ces changements sont cependant toujours plus ou moins interrompus par des points d'arrêt et par une extension purement quantitative sur la base technique donnée, et c'est ce qui fait augmenter le nombre des ouvriers occupés. C'est ainsi que, dans les fabriques de coton, de laine, de *worsted*, de lin et de soie du Royaume-Uni, le nombre total des ouvriers employés n'atteignait en 1835 que le chiffre de 354 684, tandis qu'en 1861, le nombre seul des tisseurs à la mécanique (des deux sexes et de tout âge à partir de huit ans) s'élevait à 230, 654. Cet accroissement, il est vrai, était acheté en Angleterre par la suppression de huit cent mille tisserands à la main, pour ne pas parler des déplacés de l'Asie et du continent européen[1].

Tant que l'exploitation mécanique s'étend dans une branche d'industrie aux dépens du métier ou de la manufacture, ses succès sont aussi certains que le seraient ceux d'une armée pourvue de fusils à aiguille contre une armée d'arbalétriers. Cette première période pendant laquelle la machine doit conquérir son champ d'action est d'une importance décisive, à cause des profits extraordinaires qu'elle aide à produire. Ils ne constituent pas seulement par eux-mêmes un fonds d'accumulation accélérée ; ils attirent, en outre, une grande partie du capital social additionnel, partout en voie de formation, et à la recherche de nouveaux placements dans les sphères de production privilégiées. Les avantages particuliers de la première période d'activité fiévreuse se renouvellent partout où les machines viennent d'être introduites. Mais dès que la fabrique a acquis une certaine assiette et un certain degré de maturité ; dès que sa base technique, c'est-à-dire la machine, est reproduite au moyen de machines ; dès que le mode d'extraction du charbon et du fer, ainsi que la manipulation des métaux et les voies de transport, ont été révolutionnés ; en un mot, dès que les conditions générales de production sont adaptées aux exigences de la grande industrie, dès lors ce genre

---

[1] « Les souffrances des tisseurs à la main (soit de coton soit de matières mêlées avec le coton) ont été l'objet d'une enquête de la part d'une Commission royale ; mais quoique l'on ait reconnu et plaint profondément leur misère, on a abandonné au hasard et aux vicissitudes du temps l'amélioration de leur sort. Il faut espérer qu'aujourd'hui (vingt ans plus tard !) ces souffrances sont *à peu près* (nearly) effacées, résultat auquel, selon toute vraisemblance, la grande extension des métiers à vapeur a beaucoup contribué. » (L. c., p. 15.)

d'exploitation acquiert une élasticité et une faculté de s'étendre soudainement et par bonds qui ne rencontrent d'autres limites que celles de la matière première et du débouché.

D'une part, les machines effectuent directement l'augmentation de matières premières, comme, par exemple, le *cotton-gin* a augmenté la production du coton[1], d'autre part, le bas prix des produits de fabrique et le perfectionnement des voies de communication et de transport fournissent des armes pour la conquête des marchés étrangers. En ruinant par la concurrence leur main-d'œuvre indigène, l'industrie mécanique les transforme forcément en champs de production des matières premières dont elle a besoin. C'est ainsi que l'Inde a été contrainte de produire du coton, de la laine, du chanvre, de l'indigo, etc., pour la Grande-Bretagne[2].

En rendant surnuméraire là où elle réside une partie de la classe productive, la grande industrie nécessite l'émigration, et par conséquent, la colonisation de contrées étrangères qui se transforment en greniers de matières premières pour la mère-patrie ; c'est ainsi que l'Australie est devenue un immense magasin de laine pour l'Angleterre[3].

Une nouvelle division internationale du travail, imposée par les sièges principaux de la grande industrie, convertit de cette façon une partie du globe en champ de production agricole pour l'autre partie, qui devient par excellence le champ de production industriel[4].

---

[1] On donnera d'autres exemples dans le livre III.

[2] *Coton exporté de l'Inde en Grande-Bretagne.*

1864 (livres)	34,540,143
1860 (livres)	204,141,168
1865 (livres)	445,947,600

Laine exportée de l'Inde en Grande-Bretagne.

1846 (livres)	4,570,581
1860 (livres)	20,114,173
1865 (livres)	20,679,111

[3] *Laine exportée du cap de Bonne-Espérance en Grande-Bretagne.*

1846 (livres)	2,958,457
1860 (livres)	16,574,345
1865 (livres)	29,220,623

Laine exportée d'Australie en Grande-Bretagne.

1846 (livres)	21,789,346
1860 (livres)	59,166,616
1865 (livres)	109,734,261

[4] Au mois de février 1867, la Chambre des Communes ordonna, sur la demande de M. Gladstone, une publication de la statistique des grains de tout sorte im-

portés dans le Royaume-Uni de 1831 à 1866. En voici le résumé où la farine est réduite à des *quarters* de grains (1 quarter = poids de kilos 12 699)

Périodes quinquennales de l'année 1831 à l'année 1866.

DÉSIGNATION	1831-35	1836-40	1841-45	1846-50
MOYENNE ANNUELLE Importation......grs.	1,096,373	2,389,729	2,843,865	8,776,552
Exportation......grs.	225,263	251,770	139,056	155,461
Excès de l'importation sur l'exportation......grs.	874,110	2,137,959	2,704,809	8,621,091
POPULATION Moyenne annuelle dans chaque période......grs.	24,621,107	25,929,507	27,262,559	27,797,598
QUANTITÉ MOYENNE DE GRAINS, ETC. En quarters annuellement consommés par l'individu moyen, en excès sur la population indigène........grs.	0,036	0,082	0,099	0,310

Périodes quinquennales de l'année 1831 à l'année 1866.

DÉSIGNATION	1851-55	1856-60	1861-65	1866
MOYENNE ANNUELLE Importation......grs.	834,237	10,913,621	15,009,871	16,457,340
Exportation......grs.	307,491	341,150	302,734	216,218
Excès de l'importation sur l'exportation......grs.	8,037,746	10,572,462	14,707,117	16,241,122
POPULATION Moyenne annuelle dans chaque période......grs.	27,572,923	28,391,544	29,381,760	29,935,404
QUANTITÉ MOYENNE DE GRAINS, ETC. En quarters annuellement consommés par l'individu moyen, en excès sur la population indigène........grs.	0,291	0,372	0,501	0,543

Cette révolution va de pair avec des bouleversements dans l'agriculture, sur lesquels nous ne nous arrêterons pas en ce moment[1].

L'expansibilité immense et intermittente du système de fabrique jointe à sa dépendance du marché universel, enfante nécessairement une production fiévreuse suivie d'un encombrement des marchés dont la contraction amène la paralysie. La vie de l'industrie se transforme ainsi en série de périodes d'activité moyenne, de prospérité, de surproduction, de crise et de stagnation. L'incertitude et l'instabilité auxquelles l'exploitation mécanique soumet le travail finissent par se consolider et par devenir l'état normal de l'ouvrier, grâce à ces variations périodiques du cycle indus-

---

[1] Le développement économique des États-Unis est lui-même un produit de la grande industrie européenne, et plus particulièrement de l'industrie anglaise. Dans leur forme actuelle on doit les considérer encore comme une colonie de l'Europe.

Coton exporté des États- Unis en Grande-Bretagne.

1846 (livres)	401,949,393
1852 (livres)	765,630,544
1859 (livres)	961,707,264
1860 (livres)	1,115,890,608

Exportation de grains des États-Unis en Grande-Bretagne
(1850 et 1862, en quintaux).

Froment	1850	16,202,312
	1862	41,033,506
Orge	1850	3,669,653
	1862	6,624,800
Avoine	1850	3,174,801
	1862	4,426,994
Seigle	1850	388,749
	1862	7,108
Farine de froment	1850	3,819,440
	1862	7,207,113
Blé noir	1850	1,054
	1862	19,571
Maïs	1850	5,473,161
	1862	11,694,818
Bere ou Bigg (Orge qualité sup.)	1850	2,039
	1862	7,675
Pois	1850	811,620
	1862	1,024,722
Haricots	1850	1,822,972
	1862	2,037,137
Total	**1850**	**34,365,801**
	1862	**74,083,351**

triel. À part les époques de prospérité, la lutte la plus acharnée s'engage entre les capitalistes pour leur place au marché et leurs profits personnels, qui sont en raison directe du bas prix de leurs produits. C'est donc à qui emploiera les machines les plus perfectionnées pour supplanter l'ouvrier, et les méthodes de production les plus savantes. Mais cela même ne suffit pas, et il arrive toujours un moment où ils s'efforcent d'abaisser le prix des marchandises en déprimant le salaire au-dessous de la valeur de la force de travail[1].

L'accroissement dans le nombre des ouvriers de la fabrique a pour condition un accroissement proportionnellement beaucoup plus rapide du capital qui s'y trouve engagé. Mais ce mouvement ne s'accomplit que dans les périodes de flux et de reflux du cycle industriel. Il est, en outre, toujours interrompu par le progrès technique qui tantôt remplace des ouvriers virtuellement, et tantôt les supprime actuellement. Ce changement qualitatif dans l'industrie mécanique, éloigne sans cesse des ouvriers de la fabrique ou en ferme la porte aux nouvelles recrues qui se présentent, tandis que l'extension quantitative des fabriques engloutit,

---

[1] Dans un appel fait en juillet 1866, « aux *sociétés de résistance anglaises* », par des ouvriers que les fabricants de chaussures de Leicester avaient jetés sur le pavé (locked out), il est dit : « Depuis environ vingt ans la cordonnerie a été bouleversée en Angleterre, par suite du remplacement de la couture par la rivure. On pouvait alors gagner de bons salaires. Bientôt cette nouvelle industrie prit une grande extension. Une vive concurrence s'établit entre les divers établissements, c'était à qui fournirait l'article du meilleur goût. Mais il s'établit peu après une concurrence d'un genre détestable ; c'était maintenant à qui vendrait au plus bas prix. On en vit bientôt les funestes conséquences dans la réduction du salaire, et la baisse de prix du travail fut si rapide que beaucoup d'établissements ne paient encore aujourd'hui que la moitié du salaire primitif. Et cependant, bien que les salaires tombent de plus en plus, les profits semblent croître avec chaque changement de tarif du travail. » Les fabricants tirent même parti des périodes défavorables de l'industrie pour faire des profits énormes au moyen d'une réduction exagérée des salaires, c'est-à-dire au moyen d'un vol direct commis sur les moyens d'existence les plus indispensables au travailleur. Un exemple : il s'agit d'une crise dans la fabrique de tissus de soie de Coventry : « Il résulte de renseignements que j'ai obtenus aussi bien de fabricants que d'ouvriers, que les salaires ont été réduits dans une proportion bien plus grande que la concurrence avec des producteurs étrangers ou d'autres circonstances ne le rendaient nécessaire. La majorité des tisseurs travaille pour un salaire réduit de 30 à 40%. Une pièce de rubans pour laquelle le tisseur obtenait, cinq ans auparavant, 6 ou 7 sh. ne lui rapporte plus que 3 sh. 3 d. ou 3 sh. 6 d. D'autres travaux payés d'abord 4 sh. et 4 sh. 3 d., ne le sont plus que 2 sh. ou 2 sh. 3 d. La réduction du salaire est bien plus forte qu'il n'est nécessaire pour stimuler la demande. C'est un fait que pour beaucoup d'espèces de rubans la réduction du salaire n'a pas entraîné la moindre réduction dans le prix de l'article. » (*Rapport du commissaire F. Longe* dans « *Child. Empl. Comm. V. Report* 1866 », p. 114, n° 1.)

avec les ouvriers jetés dehors, les nouveaux contingents. Les ouvriers sont ainsi alternativement attirés et repoussés, ballottés de côté et d'autre, et ce mouvement de répulsion et d'attraction est accompagné de changements continuels dans l'âge, le sexe et l'habileté des enrôlés.

Pour apprécier les vicissitudes de l'ouvrier de fabrique, rien ne vaut comme un coup d'œil rapide jeté sur les vicissitudes de l'industrie cotonnière anglaise.

De 1770 à 1815 l'industrie cotonnière subit cinq années de malaise ou de stagnation. Pendant cette première période de quarante-cinq ans, les fabricants anglais possédaient le monopole des machines et du marché universel. De 1815 à 1821, malaise ; 1822 à 1823, prospérité ; 1824, les lois de coalition sont abolies ; les fabriques prennent de tous côtés une grande extension ; 1825, crise ; 1826, grande misère et révoltes parmi les ouvriers ; 1827, légère amélioration ; 1828, grand accroissement dans le nombre des métiers à vapeur et dans l'exportation ; 1829, l'exportation, pour l'Inde particulièrement, dépasse celle de toutes les années précédentes ; 1830, encombrement des marchés, grande détresse ; de 1831 à 1833, malaise persistant ; le commerce de l'Asie orientale (Inde et Chine) est arraché au monopole de la Compagnie des Indes ; 1834, grand accroissement des fabriques et des machines, manque de bras ; la nouvelle loi des pauvres active la migration des ouvriers agricoles dans les districts manufacturiers ; rafle d'enfants dans les comtés ruraux, commerce d'esclaves blancs ; 1835, grande prospérité, mais en même temps les tisseurs à la main meurent de faim ; 1836, point culminant ; 1837 et 1838, décadence, malaise, crise ; 1839, reprise ; 1840, grande dépression, révoltes, intervention de la force armée ; 1841 et 1842, souffrances terribles des ouvriers de fabrique ; 1842, les fabricants de Manchester chassent les ouvriers des fabriques pour obtenir le rappel des lois sur les céréales. Les ouvriers refoulés par les soldats se jettent par milliers dans le Yorkshire, et leurs chefs comparaissent devant le tribunal de Lancaster ; 1843, grande misère ; 1844, amélioration ; 1845, grande prospérité ; 1846, le mouvement ascendant continue d'abord, symptômes de réaction à la fin ; abrogation des lois sur les céréales ; 1847, crise ; réduction générale des salaires de dix pour cent et davantage pour fêter le « big loaf ». (Le pain d'une grosseur immense que messieurs les libre-échangistes avaient promis pendant leur agitation contre les lois céréales.) 1848, gêne persistante ; Manchester protégé par les soldats ; 1849, reprise ; 1850, prospérité ; 1851, baisse de prix des marchandises, salaires réduits, grèves fréquentes ; 1852, commencement d'amélioration, les grèves continuent, les fabricants menacent de faire venir des ouvriers étrangers ; 1853, exportation croissante ; grève de huit mois et grande misère à Preston ; 1854, prospérité ; 1855, encombrement des marchés ; des banqueroutes nombreuses sont annoncées des États-Unis, du Canada et de l'Asie orientale ; 1856, grande prospérité ; 1857, crise ; 1858, amélioration ; 1859, grande prospérité, augmentation du nombre des fabriques ; 1860, zénith de l'industrie cotonnière anglaise : les marchés de l'Inde, de l'Australie et d'autres contrées sont tellement encombrés que c'est à peine si, en 1863, ils ont absorbé toute cette pacotille ; traité de commerce anglo-français, énorme développement des fabriques et du machinisme ; 1861, prospérité momentanée ; réaction ; guerre civile américaine, crise cotonnière ; de 1862 à 1863, écroulement complet.

L'histoire de la disette de coton (*coton famine*) est trop caractéristique pour que nous ne nous y arrêtions pas un instant. La statistique des marchés de 1860 à 1861 montre que la crise cotonnière arriva fort à propos pour les fabricants et leur fut très avantageuse. Le fait a été reconnu dans les rapports de la Chambre de commerce de Manchester, proclamé dans le Parlement par Lord Palmerston et Lord Derby, confirmé enfin par les événements[1]. En 1861, parmi les deux mille huit cent quatre-vingt-sept fabriques de coton du Royaume-Uni, il y en avait assurément beaucoup de petites. D'après le rapport de l'inspecteur *A. Redgrave*, dont la circonscription administrative comprenait 2109 fabriques, 392 ou 19% de celles-ci employaient une force de moins de dix chevaux- vapeur, 345 ou 16% une force entre dix et vingt chevaux, et 1372 au contraire une force de vingt chevaux et davantage[2]. La plus grande partie des petites fabriques avait été établie pendant la période de prospérité depuis 1858, en général par des spéculateurs dont l'un fournissait les filés, l'autre les machines, un troisième les bâtiments, et elles étaient dirigées par d'anciens contremaîtres ou par d'autres gens sans moyens. Presque tous ces petits patrons furent ruinés. Bien qu'ils formassent un tiers du nombre des fabricants, leurs ateliers n'absorbaient qu'une part comparativement très faible du capital engagé dans l'industrie cotonnière.

En ce qui regarde l'étendue de la crise, il est établi, par des évaluations authentiques, qu'en octobre 1862, 60% des broches, et 58% des métiers ne marchaient plus. Ceci n'a trait qu'à l'ensemble de cette branche d'industrie, et se trouvait naturellement modifié dans les districts pris isolément. Un petit nombre de fabriques seulement travaillaient le temps entier, 60 heures par semaine ; le reste ne fonctionnait que de temps à autre.

Même les quelques ouvriers qui travaillaient tout le temps et pour le salaire aux pièces ordinaire, voyaient leur revenu hebdomadaire se réduire infailliblement par suite du remplacement d'une qualité supérieure de coton par une qualité inférieure, du Sea Island par celui d'Égypte, de ce dernier et de celui d'Amérique par le Surate, et du coton pur par un mélange de Surate et de déchet. La fibre plus courte du Surate, sa nature crasseuse, la plus grande fragilité de ses filés, l'emploi de

---

[1] Voy. « *Reports of insp. of Fact. for 31 st. oct.* 1862, pag. 30. »
[2] L. c., p. 19

toute espèce d'ingrédients excessivement lourds à la place de la farine pour l'encollage du fil de la chaîne, etc., diminuaient la rapidité de la machine ou le nombre des métiers qu'un tisseur pouvait surveiller, augmentaient le travail en raison des difficultés mécaniques et réduisaient le salaire en même temps que la masse des produits. La perte des ouvriers causée par l'emploi du Surate, se montait à vingt ou trente pour cent et même davantage, bien qu'ils fussent occupés tout leur temps. Or la plupart des fabricants abaissaient alors aussi le taux du salaire de 5, 7 1/2 et 10 pour 100.

On pourra donc se représenter la situation des ouvriers qui n'étaient occupés que trois, trois et demi, quatre jours par semaine ou six heures par jour. En 1863, alors que l'état des choses s'était déjà relativement amélioré, les salaires hebdomadaires des tisseurs, fileurs, etc., étaient de 3 sh. 4 d., 4 sh. 10 d., 4 sh. 6d., 5 sh. 1 d., etc.[1]. Au milieu de ces circonstances malheureuses, le génie inventeur des fabricants abondait en prétextes pour imaginer des retenues sur ces maigres salaires. C'étaient parfois des amendes que l'ouvrier avait à payer pour les défauts de la marchandise dus à la mauvaise qualité du coton, à l'imperfection des machines, etc. Mais lorsque le fabricant était propriétaire des cottages des ouvriers, il commençait par se payer le prix du loyer sur le salaire nominal. L'inspecteur *Redgrave* parle de *self-acting minders* (ouvriers qui surveillent une paire de mules automatiques), lesquels gagnaient 8 sh. 11 d. après quinze jours pleins de travail. Sur cette somme était d'abord déduit le loyer, dont le fabricant rendait cependant la moitié à titre de *don gratuit*, de sorte que les ouvriers rentraient chez eux avec 6 sh. 11 d. pour tout potage. Le salaire hebdomadaire des tisseurs n'était souvent que de 2 sh. 6 d. pendant les derniers mois de 1862[2]. Alors même que les bras ne travaillaient que peu de temps, le loyer n'en était pas moins fort souvent retenu sur le salaire[3]. Rien d'étonnant si, dans quelques parties du Lancashire, une sorte de peste de famine venait à se déclarer. Mais quelque chose d'encore plus affreux, c'est la manière dont les changements dans les procédés de production s'effectuaient aux dépens de l'ouvrier. C'étaient de véritables expériences in *corpore vili*, comme celles des vivisecteurs sur les grenouilles et autres animaux à expériences. «Bien que j'aie fait connaître les recettes réelles des ouvriers dans beaucoup de fabriques, dit l'inspecteur Redgrave, il ne faut pas croire qu'ils perçoivent la même somme par semaine. Ils subissent les fluctuations les plus considérables par suite des expérimentations

---

[1] Voy. *Reports of insp. of Fact. for 31st. oct. 1862*, page. 41, 51.

[2] « *Rep., etc., for 31 oct.* 1862, » p. 41, 42.

[3] L. c., p. 57.

(experimentalizing) continuelles des fabricants... leurs salaires s'élèvent et s'abaissent suivant la qualité des mélanges faits avec le coton ; tantôt ils ne s'écartent que de 15% de leur taux normal, et une ou deux semaines après, l'écart est de 50 à 60%[1]. » Et ces essais ne coûtaient pas seulement à l'ouvrier une bonne partie de ses vivres, il les lui fallait payer encore avec les souffrances de ses cinq sens à la fois. « Ceux qui sont chargés de nettoyer le coton m'assurent que l'odeur insupportable qui s'en dégage les rend malades... Dans la salle où l'on carde et où l'on fait les mélanges, la poussière et la saleté causent des irritations dans toutes les ouvertures de la tête, excitent la toux et rendent la respiration difficile... Pour l'encollage des filés dont les fibres sont courtes, on emploie au lieu de la farine d'abord usitée une multitude de matières différentes. C'est là une cause de nausée et de dyspepsie chez les tisseurs. La poussière occasionne des bronchites, des inflammations de la gorge, et les saletés contenues dans le Surate engendrent des maladies cutanées par suite de l'irritation de la peau. »

D'autre part les matières substituées à la farine étaient pour les fabricants, grâce au poids qu'elles ajoutaient aux filés, un vrai sac de Fortunatus. « Grâce à elles, 15 livres de matières premières une fois tissées pesaient 20 livres[2]. » On lit dans les rapports des inspecteurs de fabrique du 30 avril 1864. « L'industrie exploite aujourd'hui cette source de profits d'une manière vraiment indécente. Je sais de bonne source qu'un tissu de huit livres est fait avec cinq livres de coton et deux livres trois quarts de colle. Il entrait deux livres de colle dans un autre tissu de cinq livres un quart. C'étaient des chemises ordinaires pour l'exportation. Dans d'autres espèces de tissus la colle constituait parfois 50% du tout, de sorte que les fabricants pouvaient se vanter et se vantaient, en effet, de devenir riches en vendant des tissus pour moins d'argent que n'en coûtaient nominalement les filés qu'ils contenaient[3]. » Mais les ouvriers n'avaient pas seulement à souffrir des expériences des fabricants et des municipalités, du manque de travail et de la réduction des salaires, de la pénurie et de l'aumône, des éloges des lords et des membres de la Chambre des communes. « De malheureuses filles, sans occupation par suite de la crise cotonnière, devinrent le rebut de la société et restèrent telles... Le nombre des jeunes prostituées s'est plus accru que depuis les vingt-cinq dernières années[4]. »

---

[1] L. c., p. 50, 51.

[2] L. c., p. 62, 63.

[3] « *Reports, etc, 30 th. April* 1864, » p.27

[4] Extrait d'une lettre du chef constable Harris de Bolton dans « *Reports of Insp. of Fact.*, 31 *st. oct.* 1865 », p.61, 62.

On ne trouve donc dans les quarante-cinq premières années de l'industrie cotonnière anglaise, de 1770 à 1815, que cinq années de crise et de stagnation ; mais c'était alors l'époque de son monopole sur le monde entier. La seconde période de quarante-huit ans, de 1815 à 1863, ne compte que vingt années de reprise et de prospérité contre vingt- huit de malaise et de stagnation. De 1815 à 1830, commence la concurrence avec l'Europe continentale et les États-Unis. À partir de 1833 les marchés de l'Asie sont conquis et développés au prix « de la destruction de la race humaine ». Depuis l'abrogation de la loi des céréales, de 1846 à 1863, pour huit années d'activité et de prospérité on en compte neuf de crise et de stagnation. Quant à ce qui est de la situation des ouvriers adultes de l'industrie cotonnière, même pendant les temps de prospérité, on peut en juger par la note ci-dessous[1].

---

[1] On lit dans un *appel des ouvriers cotonniers*, du printemps de 1863 pour la formation d'une société d'émigration : « Il ne se trouvera que bien peu de gens pour nier qu'une grande émigration d'ouvriers de fabrique soit aujourd'hui absolument nécessaire, et les faits suivants démontreront qu'en tout temps, sans un courant d'émigration continu, il nous est impossible de maintenir notre position dans les circonstances ordinaires. En 1814, la valeur officielle des cotons exportés (laquelle n'est qu'un indice de la quantité), se montait à 17 665 378 liv. st. ; leur valeur de marché réelle, au contraire, était de 20 070 824 liv. st. En 1858, la valeur officielle des cotons exportés étant de 182 221 681 liv. st., leur valeur de marché ne s'éleva pas au-dessus de 43 001 322 liv. st., en sorte que pour une quantité décuple, l'équivalent obtenu ne fut guère plus que double. Diverses causes concoururent à produire ce résultat si ruineux pour le pays en général et pour les ouvriers de fabrique en particulier... Une des principales, c'est qu'il est indispensable pour cette branche d'industrie, d'avoir constamment à sa disposition plus d'ouvriers qu'il n'en est exigé en moyenne, car, il lui faut, sous peine d'anéantissement, un marché s'étendant tous les jours davantage. Nos fabriques de coton peuvent être arrêtées d'un moment à l'autre par cette stagnation périodique du commerce qui, dans l'organisation actuelle, est aussi inévitable que la mort. Mais l'esprit d'invention de l'homme ne s'arrête pas pour cela. On peut évaluer au moins à six millions le nombre des émigrés dans les vingt-cinq dernières années ; néanmoins, par suite d'un déplacement constant de travailleurs en vue de rendre le produit meilleur marché, il se trouve même dans les temps les plus prospères, un nombre proportionnellement considérable d'hommes adultes hors d'état de se procurer, dans les fabriques, du travail de n'importe quelle espèce et à n'importe quelles conditions. » (*Reports of Insp. of Fact. 30 th. april 1863*, p. 51, 52.) On verra dans un des chapitres suivants, comment messieurs les fabricants, pendant la terrible crise cotonnière, ont cherché à empêcher l'émigration de leurs ouvriers par tous les moyens, même par la force publique.

VIII

*Révolution opérée dans la manufacture,
le métier et le travail à domicile par la grande industrie*

*A.   Suppression de la coopération fondée sur le métier et la division
du travail.*

Nous avons vu comment l'exploitation mécanique supprime la coopération fondée sur le métier et la manufacture basée sur la division du travail manuel. La machine à faucher nous fournit un exemple du premier mode de suppression. Elle remplace la coopération d'un certain nombre de faucheurs. La machine à fabriquer les épingles nous fournit un exemple frappant du second. D'après Adam Smith, dix hommes fabriquaient de son temps, au moyen de la division du travail, plus de 48,000 épingles par jour. Une seule machine en fournit aujourd'hui 145,000 dans une journée de travail de onze heures. Il suffit d'une femme ou d'une jeune fille pour surveiller quatre machines semblables et pour produire environ 600,000 épingles par jour et plus de 3,000,000 par semaine[1].

Quand une machine-outil isolée prend la place de la coopération ou de la manufacture, elle peut elle-même devenir la base d'un nouveau métier. Cependant cette reproduction du métier d'un artisan sur la base de machines ne sert que de transition au régime de fabrique, qui apparaît d'ordinaire dès que l'eau ou la vapeur remplacent les muscles humains comme force motrice. Çà et là la petite industrie peut fonctionner transitoirement avec un moteur mécanique, en louant la vapeur, comme dans quelques manufactures de Birmingham, ou en se servant de petites machines caloriques, comme dans certaines branches du tissage, etc.[2]

À Coventry, l'essai des *Cottage-Factories* (fabriques dans des cottages) se développa d'une manière spontanée pour le tissage de la soie. Au milieu de rangées de cottages bâtis en carré, on construisit un local dit *Engine-House* (maison-machine) pour l'engin à vapeur, mis en communication par des arbres avec les métiers à tisser des cottages. Dans tous les cas, la vapeur était louée, par exemple, à 2 1/2 sh. par métier. Ce loyer était payable par semaine, que les métiers fonctionnassent ou non. Chaque cottage contenait de deux à six métiers, appartenant aux travailleurs, achetés à crédit ou loués. La lutte entre la fabrique de ce genre

---

[1] « *Ch. Empl. Comm. IV. Report, 1864* », p. 108, n. 447.

[2] Aux États-Unis il arrive fréquemment que le métier se reproduit ainsi en prenant pour base l'emploi des machines. Sa conversion ultérieure en fabrique étant inévitable, la concentration s'y effectuera avec une rapidité énorme, comparativement à l'Europe et même à l'Angleterre.

et la fabrique proprement dite dura plus de douze ans ; elle se termina par la ruine complète des trois cents *Cottage-Factories*[1].

Quand le procès de travail n'exigeait pas par sa nature même la production sur une grande échelle, les industries écloses dans les trente dernières années, telles que, par exemple, celles des enveloppes, des plumes d'acier, etc., passaient régulièrement, d'abord par l'état de métier, puis par la manufacture, comme phases de transition rapide, pour arriver finalement au régime de fabrique. Cette métamorphose rencontre les plus grandes difficultés, lorsque le produit manufacturier, au lieu de parcourir une série d'opérations graduées, résulte d'une multitude d'opérations disparates. Tel est l'obstacle qu'eut à vaincre la fabrication des plumes d'acier. On a inventé néanmoins, il y a environ une vingtaine d'années, un automate exécutant d'un seul coup six de ces opérations.

En 1820, les premières douzaines de plumes d'acier furent fournies par le métier au prix de 7 liv. st. 4 sh. ; en 1830, la manufacture les livra pour huit shillings, et la fabrique les livre aujourd'hui au commerce en gros au prix de 2 à 6 d.[2].

B.   Réaction de la fabrique sur la manufacture et le travail à domicile.

À mesure que la grande industrie se développe et amène dans l'agriculture une révolution correspondante, on voit non seulement l'échelle de la production s'étendre dans toutes les autres branches d'industrie, mais encore leur caractère se transformer. Le principe du système mécanique qui consiste à analyser le procès de production dans ses phases constituantes et à résoudre les problèmes ainsi éclos au moyen de la mécanique, de la chimie, etc., en un mot, des sciences naturelles, finit par s'imposer partout. Le machinisme s'empare donc tantôt de tel procédé, tantôt de tel autre dans les anciennes manufactures où son intrusion entraîne des changements continuels et agit comme un dissolvant de leur organisation due à une division de travail presque cristallisée. La composition du travailleur collectif ou du personnel de travail combiné est aussi bouleversée de fond en comble. En contraste avec la période manufacturière, le plan de la division de travail se base dès lors sur l'emploi du travail des femmes, des enfants de tout âge, des ouvriers inhabiles, bref, du *cheap labour* ou du travail à bon marché,

---

[1] Comp. « *Reports of Insp. of Fact. 31 oct. 1865* », p. 64.

[2] La première manufacture de plumes d'acier sur une grande échelle a été fondée à Birmingham, par M. Gillot. Elle fournissait déjà, en 1851, plus de cent quatre-vingts millions de plumes et consommait, par an, cent vingt tonnes d'acier en lames. Birmingham monopolisa cette industrie dans le Royaume-Uni et produit maintenant, chaque année, des milliards de plumes d'acier. D'après le recensement de 1861, le nombre des personnes occupées était de mille quatre cent vingt-huit ; sur ce nombre il y avait mille deux cent soixante-huit ouvrières enrôlées à partir de l'âge de cinq ans.

comme disent les Anglais. Et ceci ne s'applique pas seulement à la production combinée sur une grande échelle, qu'elle emploie ou non des machines, mais encore à la soi-disant industrie à domicile, qu'elle se pratique dans la demeure privée des ouvriers ou dans de petits ateliers. Cette prétendue industrie domestique n'a rien de commun que le nom avec l'ancienne industrie domestique qui suppose le métier indépendant dans les villes, la petite agriculture indépendante dans les campagnes, et, par-dessus tout, un foyer appartenant à la famille ouvrière. Elle s'est convertie maintenant en département externe de la fabrique, de la manufacture ou du magasin de marchandises. Outre les ouvriers de fabrique, les ouvriers manufacturiers et les artisans qu'il concentre par grandes masses dans de vastes ateliers, où il les commande directement, le capital possède une autre armée industrielle, disséminée dans les grandes villes et dans les campagnes, qu'il dirige au moyen de fils invisibles ; exemple : la fabrique de chemises de MM. Tillie, à Londonderry, en Irlande, laquelle occupe mille ouvriers de fabrique proprement dits et neuf mille ouvriers à domicile disséminés dans la campagne[1].

L'exploitation de travailleurs non parvenus à maturité, ou simplement à bon marché, se pratique avec plus de cynisme dans la manufacture moderne que dans la fabrique proprement dite, parce que la base technique de celle-ci, le remplacement de la force musculaire par des machines, fait en grande partie défaut dans celle-là. Ajoutons que les organes de la femme ou de l'enfant y sont exposés sans le moindre scrupule à l'action pernicieuse de substances délétères, etc. Dans l'industrie à domicile, cette exploitation devient plus scandaleuse encore que dans la manufacture, parce que la faculté de résistance des travailleurs diminue en raison de leur dispersion, et que toute une bande de ces parasites se faufile entre l'entrepreneur et l'ouvrier. Ce n'est pas tout : le travail à domicile lutte partout dans sa propre branche d'industrie avec les machines ou du moins avec la manufacture ; l'ouvrier trop pauvre ne peut s'y procurer les conditions les plus nécessaires de son travail, telles que l'espace, l'air, la lumière, etc., et, enfin, c'est là, dans ce dernier refuge des victimes de la grande industrie et de la grande agriculture que la concurrence entre travailleurs atteint nécessairement son maximum.

On a vu que l'industrie mécanique développe et organise pour la première fois d'une manière systématique l'économie des moyens de production, mais dans le régime capitaliste cette économie revêt un caractère double et antagonique. Pour atteindre un effet utile avec le minimum de dépense, on a recours au machinisme et aux combinaisons sociales de travail qu'il fait éclore. De l'autre côté dès l'origine des fabriques, l'économie des frais se fait simultanément par la dilapidation la plus effrénée de la force de travail, et la lésinerie la plus éhontée sur les

---

[1] « *Child. Empl. Comm. II. Rep.* 1864 », p. LXVIII n. 415.

conditions normales de son fonctionnement. Aujourd'hui, moins est développée la base technique de la grande industrie dans une sphère d'exploitation capitaliste, plus y est développé ce côté négatif et homicide de l'économie des frais.

C. *La manufacture moderne.*

Nous allons maintenant éclaircir par quelques exemples les propositions qui précèdent, dont le lecteur a, du reste, déjà trouvé de nombreuses preuves dans le chapitre sur la journée de travail.

Les manufactures de métal à Birmingham et aux environs emploient, pour un travail presque toujours très rude, 30,000 enfants et adolescents, avec environ 10,000 femmes. Ce personnel se trouve dans des fonderies en cuivre, des manufactures de boutons, des ateliers de vernissage, d'émaillure et autres tout aussi insalubres[1]. L'excès de travail des adultes et des adolescents dans quelques imprimeries de Londres pour livres et journaux a valu à ces établissements le nom glorieux d'*abattoirs*[2]. Dans les ateliers de reliure, on rencontre les mêmes excès et les mêmes victimes, surtout parmi les jeunes filles et les enfants. Le travail est également dur pour les adolescents dans les corderies ; les salines, les manufactures de bougies et d'autres produits chimiques font travailler la nuit, et le tissage de la soie sans l'aide des machines est une besogne meurtrière pour les jeunes garçons employés à tourner les métiers[3]. Un des travaux les plus sales, les plus infâmes et les moins payés, dont on charge de préférence des femmes et des jeunes filles, c'est le délissage des chiffons. On sait que la Grande-Bretagne, indépendamment de la masse innombrable de ses propres guenilles, est l'entrepôt du commerce des haillons pour le monde entier. Ils y arrivent du Japon, des États les plus éloignés de l'Amérique du Sud et des Canaries. Mais les sources principales d'approvisionnement sont l'Allemagne, la France, la Russie, l'Italie, l'Égypte, la Turquie, la Belgique et la Hollande. Ils servent aux engrais, à la fabrication de bourre pour les matelas, et comme matière première du papier. Les délisseuses de chiffons servent de *mediums* pour colporter la petite vérole et d'autres pestes contagieuses dont elles sont les premières victimes[4].

À côté de l'exploitation des mines et des houilles, l'Angleterre fournit un autre exemple classique d'un travail excessif, pénible et toujours accompagné de traitements brutaux à l'égard des ouvriers qui y sont enrôlés dès leur plus tendre enfance, la fabrication des tuiles ou des briques, où l'on n'emploie guère les machines nouvellement inventées. De mai à septembre, le travail dure de 5 heures du matin à 8 heures du

---

[1] On trouve même, à Sheffield, des enfants pour le polissage des limes !

[2] « *Child. Empl. Comm.* V, *Rep.* 1866, », p. 3, n. 24, p. 6, n. 55, 56, p. 7, n. 59, 60.

[3] L. c., p. 114, 115, n. 6-7. Le commissaire fait cette remarque fort juste, que si ailleurs la machine remplace l'homme, ici l'adolescent remplace la machine.

[4] V. le rapport sur le commerce des chiffons et de nombreux documents ce sujet : « *Public Health VIII, Report*, London 1866. » *Appendix*, p. 196- 208.

soir, et quand le séchage a lieu en plein air, de 4 heures du matin à 9 heures du soir. La journée de travail de 5 heures du matin à 7 heures du soir passe pour une journée « réduite », « modérée ». Des enfants des deux sexes sont embauchés à partir de l'âge de six et même de quatre ans. Ils travaillent le même nombre d'heures que les adultes, et souvent davantage. La besogne est pénible et la chaleur du soleil augmente encore leur épuisement. À Mosley, par exemple, dans une tuilerie, une fille de vingt-quatre ans faisait deux mille tuiles par jour, n'ayant pour l'aider que deux autres filles, à peine sorties de l'enfance, qui portaient la terre glaise et empilaient les carreaux. Ces jeunes filles traînaient par jour dix tonnes sur les parois glissantes de la fosse, d'une profondeur de cinquante pieds à une distance de deux cent dix. « Il est impossible, pour des enfants, de passer par ce purgatoire sans tomber dans une grande dégradation morale... Le langage ignoble qu'ils entendent dès l'âge le plus tendre, les habitudes dégoûtantes, obscènes et dévergondées au milieu desquelles ils grandissent et s'abrutissent sans le savoir, les rendent pour le reste de leur vie dissolus, abjects, libertins... Une source terrible de démoralisation, c'est surtout le mode d'habitation. Chaque *moulder* (c'est-à-dire l'ouvrier expérimenté et chef d'un groupe de briquetiers) fournit à sa troupe de sept personnes le logement et la table dans sa cabane. Qu'ils appartiennent ou non à sa famille, hommes, garçons, filles dorment dans ce taudis, composé ordinairement de deux chambres, de trois au plus, le tout au rez-de-chaussée et avec peu d'ouvertures. Les corps sont si épuisés par leur grande transpiration pendant le jour, que toute précaution pour la santé y est complètement négligée, aussi bien que la propreté et la décence. Un grand nombre de ces bicoques sont de vrais modèles de désordre et de saleté... Le pire côté de ce système, c'est que les jeunes filles qu'il emploie à ce genre de travail sont dès leur enfance et pour toute leur vie associées à la canaille la plus abjecte. Elles deviennent de vrais gamins grossiers et mal embouchés (rough, foul-mouthed boys), avant que la nature leur ait appris qu'elles sont femmes. Vêtues de quelques sales haillons, les jambes nues jusqu'au-dessus du genou, le visage et les cheveux couverts de boue, elles en arrivent à rejeter avec dédain tout sentiment de modestie et de pudeur.

Pendant les repas, elles restent étendues de leur long sur le sol ou regardent les garçons qui se baignent dans un canal voisin. Leur rude labeur de la journée une fois terminé, elles s'habillent plus proprement et accompagnent les hommes dans les cabarets. Quoi d'étonnant que l'ivrognerie règne au plus haut degré dans ce milieu ? Le pis, c'est que les briquetiers désespèrent d'eux-mêmes. Vous feriez tout aussi bien, disait un des meilleurs d'entre eux au chapelain de Southallfields, de tenter de relever et d'améliorer le diable qu'un briquetier (You might as well try raise and improve the devil as a brickle, sir.)[1]. »

---

[1] « *Child. Empl. Comm.* V *Report.* 1866 », XVI, n. 86-97 et p. 130, n. 39-71. V. *aussi ibid.* III *Rep.* 1864, p. 48, 56.

On trouve dans le « *IVᵉ Rapport sur la santé publique* » (1861) et dans le VIᵉ (1864) les renseignements officiels les plus détaillés, sur la manière dont le capital économise les conditions du travail dans la manufacture moderne, laquelle comprend, excepté les fabriques proprement dites, tous les ateliers établis sur une grande échelle. La description des ateliers, surtout de ceux des imprimeurs et des tailleurs de Londres, dépasse de beaucoup tout ce que les romanciers ont pu imaginer de plus révoltant. Leur influence sur la santé des ouvriers se comprend d'elle-même. Le docteur Simon, l'employé médical supérieur du *Privy Council*, et l'éditeur officiel des « *Rapports sur la santé publique* », dit : « J'ai montré dans mon quatrième rapport (1863) comment il est pratiquement impossible aux travailleurs de faire valoir ce qu'on peut appeler leur *droit à la santé*, c'est-à-dire d'obtenir que, quel que soit l'ouvrage pour lequel on les rassemble, l'entrepreneur débarrasse leur travail, autant que cela est en lui, de toutes les conditions insalubres qui peuvent être évitées. J'ai démontré que les travailleurs, pratiquement incapables de se procurer par eux-mêmes cette justice sanitaire, n'ont aucune aide efficace à attendre des administrateurs de la police sanitaire... La vie de myriades d'ouvriers et d'ouvrières est aujourd'hui inutilement torturée et abrégée par les souffrances physiques interminables qu'engendre seul leur mode d'occupation[1]. » Pour démontrer *ad oculos* l'influence qu'exerce l'atelier sur la santé des ouvriers, le docteur Simon présente la liste de mortalité qui suit :

Nombre de personnes de tout âge employées dans les industries ci-contre	Industries comparées sous le rapport de la santé	Chiffre de normalité sur 100 000 hommes dans ces industries		
		De 25 à 35 ans	*De 35 à 45 ans*	*De 45 à 55 ans*
958,265	Agriculture en Angleterre et le comté de Galles	743	805	1145
22,301 hommes 12,379 femmes	Tailleurs de Londres	958	1262	2093
13,803	Imprimeurs de Londres	894	1747	2367[2]

---

[1] *Public Health, VI Report. Lon.*, 1864, p. 31.

[2] L. c., p. 30. Le Dʳ Simon fait remarquer que la mortalité des tailleurs et imprimeurs de Londres de vingt-cinq à trente-cinq ans est en réalité beaucoup plus grande, parce que ceux qui les emploient font venir de la campagne un grand nombre de jeunes gens jusqu'à l'âge d'environ 30 ans, à titre d'apprentis et « d'*improvers* » (les gens qui veulent se perfectionner dans leur métier). Ces derniers figurent dans le recensement comme étant de Londres et grossissent le nombre de têtes sur lequel se calcule le taux de la mortalité dans cette ville, sans contribuer proportionnellement au nombre des cas de mort qu'on y constate. La plupart d'entre eux retournent à la campagne, principalement quand ils sont atteints de maladies graves.

D.   Le travail moderne à domicile.

Examinons maintenant le prétendu travail à domicile. Pour se faire une idée de cette sphère d'exploitation capitaliste qui forme l'arrière-train de la grande industrie, il suffit de jeter un coup d'œil sur un genre de travail presque idyllique en apparence, celui de la clouterie, tel qu'il se pratique en Angleterre, dans quelques villages reculés[1]. Les exemples que nous allons citer sont empruntés à ces branches de la fabrication de la dentelle et de la paille tressée où l'on n'emploie pas encore les machines, ou bien qui sont en concurrence avec des fabriques mécaniques et des manufactures.

Des 150 000 personnes qu'occupe en Angleterre la production des dentelles, 10 000 environ sont soumises à l'acte de fabrique de 1861. L'immense majorité des 140 000 qui restent se compose de femmes, d'adolescents et d'enfants des deux sexes, bien que le sexe masculin n'y soit que faiblement représenté. L'état de santé de ce matériel d'exploitation à bon marché est dépeint dans le tableau suivant du docteur Trueman, médecin du dispensaire général de Nottingham. Sur 686 dentellières, âgées pour la plupart de dix-sept à vingt-quatre ans, le nombre des phtisiques était :

1852	1 sur 45	1855	1 sur 18	1858	1 sur 15
1853	1 sur 28	1856	1 sur 15	1859	1 sur 9
1854	1 sur 17	1857	1 sur 13	1860	1 sur 8
				1861	1 sur 8[2]

Ce progrès dans la marche de la phtisie doit satisfaire le progressiste le plus optimiste et le plus effronté commis-voyageur du libre-échange.

La loi de fabrique de 1861 règle la fabrication des dentelles, en tant qu'elle s'effectue au moyen des machines. Les branches de cette industrie que nous allons examiner brièvement, et seulement par rapport aux soi-disant ouvriers à domicile, se réduisent à deux sections. L'une comprend ce qu'on nomme le *lace finishing* (c'est-à-dire la dernière manipulation des dentelles fabriquées à la mécanique, et cette catégorie contient elle-même des sous-divisions nombreuses) ; l'autre le tricotage des dentelles.

Le *lace finishing* est exécuté comme travail à domicile, soit dans ce qu'on nomme des « *mistresses houses* » (maisons de patronnes), soit par des femmes, seules ou aidées de leurs enfants, dans leurs chambres. Les femmes qui tiennent les « mistresses houses » sont pauvres. Le local de travail constitue une partie de leur habitation. Elles reçoivent des commandes des fabricants, des propriétaires de magasins, etc., et emploient

---

[1] Il s'agit de clous faits au marteau et non de ceux qui sont fabriqués à la machine. V. « *Child. Empl.* III, *Report.* », p. XI, p. XIX, n. 125-130, p. 53, n. 11, p. 114, n. 487, p. 137, n. 674.

[2] « *Child. Empl. Comm.* II, *Report.* », p. XXII, n. 166.

des femmes, des enfants, des jeunes filles, suivant la dimension de leurs logements et les fluctuations de la demande dans leur partie. Le nombre des ouvrières occupées varie de vingt à quarante dans quelques-uns de ces ateliers, de dix à vingt dans les autres. Les enfants commencent en moyenne vers six ans, quelques-uns même au-dessous de cinq. Le temps de travail ordinaire dure de huit heures du matin à huit heures du soir, avec une heure et demie pour les repas qui sont pris irrégulièrement et souvent même dans le taudis infect de l'atelier. Quand les affaires vont bien le travail dure souvent de huit heures, quelquefois de six heures du matin jusqu'à dix, onze heures du soir et minuit.

Dans les casernes anglaises, l'espace prescrit pour chaque soldat comporte de 500 à 600 pieds cubes, dans les lazarets militaires : 200. Dans ces affreux taudis il revient à chaque personne de 67 à 100 pieds cubes. L'oxygène de l'air y est en outre dévoré par le gaz. Pour tenir les dentelles propres, les enfants doivent souvent ôter leurs souliers, même en hiver, quoique le plancher soit carrelé de dalles ou de briques. « Il n'est pas rare de voir à Nottingham quinze ou vingt enfants empilés comme des harengs dans une petite chambre qui n'a pas plus de 12 pieds carrés, occupés quinze heures sur vingt-quatre à un travail d'une monotonie écrasante et au milieu de toutes les conditions funestes à la santé... Même les plus jeunes d'entre eux travaillent avec une attention soutenue et une célérité qui étonnent, ne permettant jamais à leurs doigts d'aller moins vite ou de se reposer. Si on leur adresse des questions, ils ne lèvent pas les yeux de leur travail, de crainte de perdre un seul instant. » Les patronnes ne dédaignent pas d'employer « un grand bâton » pour entretenir l'activité, suivant que le temps de travail est plus ou moins prolongé. « Les enfants se fatiguent peu à peu et deviennent d'une agitation fébrile et perpétuelle vers la fin de leur long assujettissement à une occupation toujours la même qui fatigue la vue et épuise le corps par l'uniformité de position qu'elle exige. C'est en fait un travail d'esclave (*Their work like slavery*)[1]. » Là où les femmes travaillent chez elles avec leurs enfants, c'est-à-dire dans une chambre louée, fréquemment dans une mansarde, la situation est encore pire, si c'est possible. Ce genre de travail se pratique dans un cercle de quatre-vingts milles aux environs de Nottingham. Quand l'enfant occupé dans un magasin le quitte vers neuf ou dix heures du soir, on lui donne souvent un trousseau à terminer chez lui.

« C'est pour la maman », dit en se servant de la phrase consacrée, le valet salarié qui représente le pharisien capitaliste ; mais il sait fort bien que le pauvre enfant devra veiller et faire sa part de l'ouvrage[2].

---

[1] « *Child. Empl. Comm.* II Rep. 1864 », p. XIX, XX, XXI.
[2] L. c., p. XXI, XXVI.

Le tricotage des dentelles se pratique principalement dans deux districts agricoles anglais, le district de Honiton, sur vingt à trente milles le long de la côte sud du Devonshire, y compris quelques localités du Nord Devon, et dans un autre district qui embrasse une grande partie des comtés de Buckingham, Bedford, Northampton et les parties voisines de Oxfordshire et Humingdonshire. Le travail se fait généralement dans les cottages de journaliers agricoles. Quelques manufacturiers emploient plus de trois mille de ces ouvriers à domicile, presque tous enfants ou adolescents, du sexe féminin sans exception. L'état de choses décrit à propos du *lace finishing* se reproduit ici, avec cette seule différence que les maisons des patronnes sont remplacées par de soi-disant écoles de tricot (*lace schools*), tenues par de pauvres femmes dans leurs chaumières. À partir de leur cinquième année, quelquefois plus tôt, jusqu'à douze ou quinze ans, les enfants travaillent dans ces écoles ; les plus jeunes dans la première année triment de 4 à 8 heures, et plus tard de 6 heures du matin jusqu'à 8 et 10 heures du soir. Les chambres sont en général telles qu'on les trouve ordinairement dans les petits *cottages* ; la cheminée est bouchée pour empêcher tout courant d'air et ceux qui les occupent n'ont souvent pour se réchauffer, même en hiver, que leur propre chaleur animale. Dans d'autres cas ces prétendues écoles ressemblent à des offices, sans foyer ni poêle. L'encombrement de ces espèces de trous en empeste l'air. Ajoutons à cela l'influence délétère de rigoles, de cloaques, de matières en putréfaction et d'autres immondices qui se trouvent ordinairement aux abords des petits cottages. « Pour ce qui est de l'espace, j'ai vu, dit un inspecteur, dans une de ces écoles, dix-huit jeunes filles avec la maîtresse ; 35 pieds cubes pour chaque personne ; dans une autre où la puanteur était insupportable, dix-huit personnes étaient rassemblées ; 24 1/2 pieds cubes par tête. On trouve dans cette industrie des enfants employés à partir de deux ans et deux ans et demi[1]. »

Dans les comtés de Buckingham et de Bedford là où cesse le tricotage des dentelles, commence le tressage de la paille. Cette industrie s'étend sur une grande partie de Hertfordshire et sur les parties ouest et nord de Essex. En 1861, avec la confection des chapeaux de paille, elle occupait quarante mille quarante-trois personnes. Sur ce nombre il y en avait trois mille huit cent quinze du sexe masculin à tout degré d'âge, et le reste, tout du sexe féminin, comprenait quatorze mille neuf cent treize jeunes filles au-dessous de vingt ans, dont sept mille enfants environ. Au lieu d'écoles de tricot, nous avons affaire ici à des « straw plait schools » ou écoles de tressage de la paille. Les enfants commencent leur apprentissage à partir de leur quatrième année et quelquefois plus tôt. Ils ne reçoivent naturellement aucune instruction. Ils appellent eux-mêmes les écoles élémentaires « natural schools » (écoles naturelles), pour les dis-

---

[1] L. c., p. XXIX, XXX.

tinguer de ces institutions vampires où ils sont retenus au travail pour exécuter tout simplement l'ouvrage, ordinairement de deux mille sept cent quatre-vingt-deux mètres par jour, qui leur est prescrit par leurs mères presque exténuées de faim. Ensuite ces mères les font souvent encore travailler chez elles jusqu'à 10 et 11 heures du soir et même jusqu'à minuit. La paille leur coupe les doigts et les lèvres avec lesquelles ils l'humectent constamment. D'après l'opinion générale des médecins de Londres consultés à cet effet, résumée par le docteur Ballard, il faut au moins trois cents pieds cubes pour chaque personne dans une chambre à coucher ou dans une chambre de travail. Dans ces écoles de tressage l'espace est mesuré plus parcimonieusement encore que dans les écoles de tricot ; il y revient par tête douze deux tiers, dix-sept, dix-huit et demi et rarement vingt-deux pieds cubes. « Les plus petits de ces nombres, dit le commissaire White, représentent moins d'espace que la moitié de celui qu'occuperait un enfant empaqueté dans une boîte de trois pieds sur toutes les dimensions. » Telle est la vie dont jouissent les enfants jusqu'à leur douzième ou quatorzième année. Leurs parents affamés et abrutis par la misère ne songent qu'à les pressurer. Aussi une fois grands les enfants se moquent d'eux et les abandonnent.

« Rien d'étonnant que l'ignorance et le vice surabondent dans une population élevée sous une telle discipline... La moralité y est au plus bas... Un grand nombre de femmes ont des enfants illégitimes et quelquefois si prématurément que même les familiers de la statistique criminelle s'en épouvantent[1]. »

Et la patrie de ces familles modèles, est l'Angleterre, le pays chrétien modèle de l'Europe, comme dit le comte Montalembert, grande autorité en pareille matière. Le salaire, généralement pitoyable dans ces branches d'industrie (car les enfants qui tressent la paille obtiennent au plus et exceptionnellement trois shillings par semaine), est encore abaissé de beaucoup au-dessous de son montant nominal au moyen d'un système répandu surtout dans les districts dentelliers, le système du troc ou du payement en marchandises[2].

E.   Passage de la manufacture moderne et du travail à domicile à la grande industrie.

La dépréciation de la force de travail par le seul emploi abusif de femmes et d'enfants, par la brutale spoliation des conditions normales de vie et d'activité, par le simple effet de l'excès de travail et du travail nocturne, se heurte à la fin contre des obstacles physiologiques infranchissables. Là s'arrêtent aussi par conséquent la réduction du prix des marchandises obtenue par ces procédés et l'exploitation capitaliste fondée sur eux. Pour atteindre ce point il faut de longues années ; alors

---

[1] L. c., p. XL, XLI.

[2] « *Child. Empl. Comm.* I *Rep.* 1863 », p. 185.

sonne l'heure des machines et de la transformation désormais rapide du travail domestique et de la manufacture en fabrique.

La production des articles d'habillement (Wearing Apparel), nous fournit l'exemple le plus étonnant de cette transformation. D'après la classification de la Commission royale, chargée de l'enquête sur l'emploi des femmes et des enfants, cette industrie comprend des faiseurs de chapeaux de paille, de chapeaux de dames, de capuchons, de chemises, des tailleurs, des modistes, des couturières, des gantiers, des corsetières, des cordonniers et une foule de petites branches accessoires comme la fabrication des cravates, des faux cols, etc. Le nombre de femmes employées dans cette industrie en Angleterre et dans le comté de Galles, s'élevait en 1861 à cinq cent quatre-vingt-six mille deux cent quatre-vingt-dix-huit, dont cent quinze mille deux cent quarante-deux au moins au-dessous de vingt ans et seize mille six cent cinquante au-dessous de quinze. Dans la même année, ce genre d'ouvrières formait dans le Royaume-Uni un total de sept cent cinquante mille trois cent trente-quatre personnes. Le nombre des ouvriers mâles occupés en même temps en Galles et en Angleterre à la fabrication des chapeaux, des gants, des chaussures et à la confection des vêtements était de quatre cent trente-sept mille neuf cent soixante-neuf, dont quatorze mille neuf cent soixante-quatre au-dessous de quinze ans, quatre-vingt-neuf mille deux cent quatre-vingt-cinq âgés de quinze à vingt ans et trois cent trente-trois mille cent dix-sept au-dessus de vingt. Beaucoup de petites industries du même genre ne sont pas comprises dans ces données. Mais en prenant les chiffres tels quels, on obtient, d'après le recensement de 1861, pour l'Angleterre et le pays de Galles seuls, une somme de un million vingt-quatre mille deux cent soixante-dix-sept personnes, c'est-à-dire environ autant qu'en absorbent l'agriculture et l'élève du bétail. On commence à comprendre à quoi servent les énormes masses de produits fournis par la magie des machines, et les énormes masses de travailleurs qu'elles rendent disponibles.

La production des articles d'habillement est exploitée par des manufactures, qui dans leur intérieur ne font que reproduire la division du travail dont elles ont trouvé tout prêts les membres épars, par des artisans petits patrons qui travaillent non plus comme auparavant pour des consommateurs individuels, mais pour des manufactures et des magasins, si bien que des villes entières et des arrondissements entiers exercent comme spécialité certaines branches, telles que la cordonnerie, etc., et enfin sur la plus grande échelle par des travailleurs dits à domicile, qui forment comme le département externe des manufactures, des magasins et même des petits ateliers[1].

---

[1] En Angleterre tout ce qui regarde les modes est exécuté en grande partie dans les ateliers de l'entrepreneur par des ouvrières qui logent chez lui, et par

La masse des éléments de travail, des matières premières, des produits à demi façonnés est fournie par la fabrique mécanique, et ce sont les ouvriers déplacés par elle et par la grande agriculture qui fournissent le matériel humain à bon marché, taillable à merci et miséricorde. Les manufactures de ce genre durent leur origine principalement au besoin des capitalistes, d'avoir sous la main une armée proportionnée à chaque fluctuation de la demande et toujours mobilisée[1]. À côté d'elles se maintient cependant comme base le métier et le travail à domicile.

La grande production de plus-value dans ces branches d'industrie et le bon marché de leurs articles provenaient et proviennent presque exclusivement du minimum de salaire qu'elles accordent, suffisant à peine pour faire végéter, joint au maximum de temps de travail que l'homme puisse endurer. C'est en effet précisément le bon marché de la sueur humaine et du sang humain transformés en marchandises qui élargissait le débouché et l'élargit chaque jour encore. C'est ce même avilissement de prix qui, pour l'Angleterre surtout, étendit le marché colonial, où d'ailleurs les habitudes et le goût anglais prédominent. Vint le moment fatal où la base fondamentale de l'ancienne méthode, l'exploitation *simpliste* du matériel humain accompagnée d'une division du travail plus ou moins développée, ne put suffire plus longtemps à l'étendue du marché et à la concurrence des capitalistes grandissant plus rapidement encore. L'heure des machines sonna, et la machine révolutionnaire qui attaque à la fois les branches innombrables de cette sphère de production, chapellerie, cordonnerie, couture, etc., c'est la machine à coudre.

Son effet immédiat sur les ouvriers est à peu de chose près celui de tout machinisme qui dans la période de la grande industrie s'empare de nouvelles branches. Les enfants du plus bas âge sont mis de côté. Le salaire des travailleurs à la machine s'élève proportionnellement à celui des ouvriers à domicile, dont beaucoup appartiennent aux « plus pauvres d'entre les pauvres » (« the poorest of the poor »). Le salaire des artisans placés dans de meilleures conditions et auxquels la machine fait concurrence, baisse. Les travailleurs aux machines sont exclusivement des jeunes filles et des jeunes femmes. À l'aide de la puissance mécanique elles anéantissent le monopole des ouvriers mâles dans les ouvrages difficiles, et chassent des plus faciles une masse de vieilles femmes et de jeunes enfants. Quant aux manouvriers les plus faibles, la concurrence les écrase. Le nombre des victimes de la mort de faim (*death from starvation*)

---

d'autres salariées qui habitent au-dehors.

[1] Le commissaire White visita entre autres une manufacture d'habits militaires qui occupait de 100 à 1200 personnes, presque toutes du sexe féminin, et une fabrique de chaussures avec mille trois cents personnes, dont presque la moitié se composait de jeunes filles et d'enfants. (*Child. Empl. Comm.* II *Rep.*, p. XVII, n. 319.)

s'accroît à Londres pendant les seize dernières années en raison du développement de la couture à la mécanique[1]. Obligées, suivant le poids, les dimensions et la spécialité de la machine à coudre, de la mouvoir avec la main et le pied ou avec la main seule, assises ou debout, les nouvelles recrues font une énorme dépense de force. En raison de la durée de leur besogne elle devient nuisible à la santé, bien qu'elle soit ordinairement moins prolongée que dans l'ancien système. Quand la machine à coudre est introduite dans des ateliers étroits et gorgés de monde, comme cela a lieu pour la confection des chapeaux, des corsets, des chaussures, etc., les conditions d'insalubrité sont naturellement augmentées.

« L'impression que l'on ressent, dit le commissaire Lord, en entrant dans un pareil local, où trente ou quarante ouvrières travaillent ensemble, est réellement insupportable... La chaleur qui provient des fourneaux où l'on chauffe les fers à repasser est à faire frémir... Même dans les ateliers où règne un travail dit modéré, c'est-à-dire de huit heures du matin à six heures du soir, trois ou quatre personnes s'évanouissent chaque jour régulièrement[2]. »

La machine à coudre s'adapte indifféremment à tous les modes sociaux d'exploitation.

Dans l'atelier de modes, par exemple, où le travail était déjà en grande partie organisé, surtout sous forme de coopération simple, elle ne fit d'abord qu'apporter un facteur nouveau à l'exploitation manufacturière. Chez les cordonniers, les tailleurs, les chemisiers et une foule d'autres industriels concourant à la confection des articles d'habillement, tantôt nous la rencontrons comme base technique de la fabrique proprement dite ; tantôt des marchandeurs auxquels le capitaliste entrepreneur fournit les matières premières, entassent autour d'elle dans des chambres, des mansardes, dix à cinquante salariés et même davantage ; tantôt, comme cela arrive en général quand le machinisme ne forme pas un système gradué et peut fonctionner sous un petit format, des artisans ou des ouvriers à domicile l'exploitent pour leur propre compte avec l'aide de leur famille ou de quelques compagnons[3]. En Angleterre le système le plus en vogue aujourd'hui est celui-ci : le capitaliste fait exécuter le travail à la machine dans son atelier et en

---

[1] Pour la semaine finissant le 26 février 1864, le rapport hebdomadaire officiel de la mortalité énumère cinq cas de mort par inanition à Londres. Le même jour le *Times* constate un cas additionnel.

[2] « *Child. Empl. Comm.* II Rep. », p. LXVII, n. 406-9, p. 84, n. 124, p. LXXIII, n. 441, p. 66, n. 6, p. 84, n. 126, p. 78, n. 85, p. 76, n. 69, p. LXXII, n. 483.

[3] Ceci n'a pas lieu dans la ganterie, où les ouvriers se distinguent à peine des *paupers* et n'ont pas les moyens d'acquérir des machines à coudre. — Par *pauper*, les Anglais désignent le pauvre secouru par la bienfaisance publique.

distribue les produits, pour leur élaboration ultérieure, parmi l'armée des travailleurs à domicile[1].

Or, si nous voyons la machine à coudre fonctionner au milieu des combinaisons sociales les plus diverses, ce pêle-mêle de modes d'exploitation n'appartient évidemment qu'à une période de transition qui laisse de plus en plus entrevoir sa tendance fatale à transformer en fabrique proprement dite les manufactures, les métiers et le travail à domicile où s'est glissé le nouvel agent mécanique.

Ce dénouement est accéléré en premier lieu par le caractère technique de la machine à coudre dont l'applicabilité variée pousse à réunir dans le même atelier et sous les ordres du même capital des branches d'industrie jusque-là séparées ; de même quelques opérations préliminaires, telles que des travaux d'aiguille, s'exécutent le plus convenablement au siège de la machine.

Une autre circonstance décisive est l'expropriation inévitable des artisans et des travailleurs à domicile employant des machines à eux. C'est l'événement de chaque jour. La masse toujours croissante de capitaux placés dans les machines à coudre, — en 1868, à Leicester, la cordonnerie seule en employait déjà huit cents, — amène des excès de production ; de là encombrement des marchés, oscillations violentes dans les prix des articles, chômage — autant de causes qui forcent les travailleurs à domicile à vendre leurs machines. Les machines mêmes sont construites en telle abondance que leurs fabricants, empressés à trouver un débouché, les louent à la semaine et créent ainsi une concurrence terrible aux ouvriers possesseurs de machines[2]. Ce n'est pas tout ; les perfectionnements continuels et la réduction progressive de prix déprécient sans cesse les machines existantes et n'en permettent l'exploitation profitable qu'entre les mains de capitalistes qui les achètent en masse et à des prix dérisoires.

Enfin, comme dans toute révolution industrielle de ce genre, le remplacement de l'homme par l'engin à vapeur donne le dernier coup. Les obstacles que l'application de la vapeur rencontre à son début, tels que l'ébranlement des machines, leur détérioration trop rapide, la difficulté de régler leur vitesse, etc., sont purement techniques et l'expérience les a bientôt écartés, comme l'on peut s'en convaincre dans le dépôt d'habillements militaires à Pimlico, Londres, dans la fabrique de chemises de MM. Tillie et Henderson à Londonderry, dans la fabrique de

---

[1] L. c., p. 122. Le taux des loyers joue un rôle important. Comme il est très élevé à Londres, « c'est aussi dans la métropole que le vieux système de marchandage ou le travail à domicile s'est maintenu le plus longtemps, et c'est là aussi qu'on y est revenu le plus tôt ». (L. c., p. 83.) La dernière partie de cette citation se rapporte exclusivement à la cordonnerie.

[2] L. c. p. 84, n. 124.

vêtements de la maison Tait, à Limerick, où environ douze cents personnes sont employées.

Si la concentration de nombreuses machines-outils dans de grandes manufactures pousse à l'emploi de la vapeur, la concurrence de celle-ci avec la force musculaire de l'homme accélère de son côté le mouvement de concentration des ouvriers et des machines-outils dans de grandes fabriques.

C'est ainsi que l'Angleterre subit à présent, dans la vaste sphère des articles d'habillement et dans la plupart des autres industries, la transformation de la manufacture, du métier et du travail à domicile en régime de fabrique, après que ces vieux modes de production, altérés, décomposés et défigurés sous l'influence de la grande industrie, ont depuis longtemps reproduit et même exagéré ses énormités sans s'approprier ses éléments positifs de développement[1].

La marche de cette révolution industrielle est forcée par l'application des lois de fabrique à toutes les industries employant des femmes, des adolescents et des enfants. La régularisation légale de la journée de travail, le système des relais pour les enfants, leur exclusion au-dessous d'un certain âge, etc., obligent l'entrepreneur à multiplier le nombre de ses machines[2] et à substituer comme force motrice la vapeur aux muscles[3]. D'autre part, afin de gagner dans l'espace ce qu'on perd dans le temps, on est forcé de grossir les moyens de production collectifs tels que fourneaux, bâtiments, etc., de manière que leur plus grande concentration devient le corollaire obligé d'une agglomération croissante de salariés. En fait, toutes les fois qu'une manufacture est menacée de la loi de fabrique, on s'égosille à démontrer que, pour continuer l'entreprise sur le même pied, il faudrait avoir recours à des avances plus considérables de capital. Quant au travail à domicile et aux ateliers

---

[1] « *Tendency to factory system.* » (L. c., p. LXVII.) « Cette industrie tout entière est aujourd'hui en état de transition et subit les mêmes changements qui se sont effectués dans celles des dentelles, des tissus », etc. (L. c., n. 405.) « C'est une révolution complète. » (L. c., p. XLVI, n. 318). La bonneterie était encore, en 1840, un métier manuel. Depuis 1840, il y a été introduit des machines diverses, mues aujourd'hui par la vapeur. La bonneterie anglaise occupait, en 1862, environ cent vingt mille personnes des deux sexes et de tout âge, à partir de trois ans. Dans ce nombre, d'après le *Parliamentary Return* du 11 février 1862, il n'y en avait que quatre mille soixante-trois sous la surveillance de la loi.

[2] Ainsi, par exemple, dans la poterie : « pour maintenir notre quantité de produits, dit la maison Cochrane de la Britain Pottery, Glasgow, nous avons eu recours à l'emploi en grand de machines qui rendent superflus les ouvriers habiles, et chaque jour nous démontre que nous pouvons produire beaucoup plus qu'avec l'ancienne méthode ». (*Reports of Insp. of Fact.*, 31 oct. 1865, p. 13.) « La foi de fabrique a pour effet de pousser à l'introduction de machines. » (L. c., p. 13, 14.)

[3] Ainsi, après l'établissement de la loi de fabrique dans les poteries, les tours à main ont été en grande partie remplacés par des tours mécaniques.

intermédiaires entre lui et la manufacture, leur seule arme, offensive et défensive, dans la guerre de la concurrence, c'est l'exploitation sans bornes des forces de travail à bon marché. Dès que la journée est limitée et le travail des enfants restreint, ils sont donc condamnés à mort.

Le régime de fabrique, surtout après qu'il est soumis à la régularisation légale du travail, réclame comme première condition que le résultat à obtenir se prête à un calcul rigoureux, de telle sorte qu'on puisse compter sur la production d'un quantum donné de marchandises dans un temps donné. Les intervalles de loisir prescrits par la loi supposent en outre que l'intermittence périodique du travail ne porte pas préjudice à l'ouvrage commencé. Cette certitude du résultat et cette faculté d'interruption sont naturellement bien plus faciles à obtenir du travail dans des opérations purement mécaniques que là où des procès chimiques et physiques interviennent, comme dans les poteries, les blanchisseries, les boulangeries, etc., et la plupart des manufactures métalliques.

La routine du travail illimité, du travail de nuit et de la dilapidation sans limites et sans gêne de la vie humaine, a fait considérer le premier obstacle venu comme une barrière éternelle imposée par la nature des choses. Mais il n'y a pas d'insecticide aussi efficace contre la vermine que l'est la législation de fabrique contre ces prétendues « barrières naturelles ». Personne qui exagérât plus ces « impossibilités » que les patrons potiers ; or la loi de fabrique leur ayant été appliquée en 1864, seize mois après, toutes les « impossibilités » avaient déjà disparu. Les améliorations provoquées par cette loi « telles que la méthode perfectionnée de substituer la pression à l'évaporation, la construction de fourneaux nouveaux pour sécher la marchandise humide, etc., sont autant d'événements d'une importance exceptionnelle dans l'art de la poterie et y signalent un progrès supérieur à tous ceux du siècle précédent... La température des fours est considérablement diminuée et la consommation de charbon est moindre, en même temps que l'action sur la pâte est plus rapide[1]. » En dépit de toutes les prédictions de mauvais augure, ce ne fut pas le prix, mais la quantité des articles qui augmenta, si bien que l'exportation de l'année commençant en décembre 1864, fournit un excédent de valeur de cent trente-huit mille six cent vingt-huit livres sterling sur la moyenne des trois années précédentes.

Dans la fabrication des allumettes chimiques, il fut tenu pour loi de la nature que les jeunes garçons, au moment même où ils avalaient leur dîner, plongeassent des baguettes de bois dans une composition de phosphore réchauffée dont les vapeurs empoisonnées leur montaient à la tête.

---

[1] L. c. p. 96 et 127.

En obligeant à économiser le temps, la loi de fabrique de 1864 amena l'invention d'une machine à immersion (*dipping machine*) dont les vapeurs ne peuvent plus atteindre l'ouvrier[1].

De même on entend encore affirmer dans ces branches de la manufacture des dentelles, qui jusqu'ici n'ont pas encore perdu leur *liberté*, « que les repas ne pourraient être réguliers à cause des longueurs de temps différentes qu'exigent pour sécher les diverses matières, différences qui varient de trois minutes à une heure et même davantage ». Mais, répondent les commissaires de l'enquête sur l'emploi des enfants et des femmes dans l'industrie, « les circonstances sont exactement les mêmes que dans les fabriques de tapis où les principaux fabricants faisaient vivement valoir qu'en raison de la nature des matériaux employés et de la variété des opérations, il était impossible, sans un préjudice considérable, d'interrompre le travail pour les repas... En vertu de la sixième clause de la sixième section du *Factory Acts extension Act* de 1864, on leur accorda, à partir de la promulgation de cette loi, un sursis de dix-huit mois, passé lequel ils devaient se soumettre aux interruptions de travail qui s'y trouvaient spécifiées[2]. » Qu'arriva-t-il ? La loi avait à peine obtenu la sanction parlementaire que messieurs les fabricants reconnaissaient s'être trompés : « Les inconvénients que l'introduction de la loi de fabrique nous faisait craindre ne se sont pas réalisés. Nous ne trouvons pas que la production soit le moins du monde paralysée ; en réalité nous produisons davantage dans le même temps[3]. »

On le voit, le Parlement anglais que, personne n'osera taxer d'esprit aventureux, ni de génie transcendant, est arrivé par l'expérience seule à cette conviction, qu'une simple loi coercitive suffit pour faire disparaître tous les obstacles prétendus naturels qui s'opposent à la régularisation et à la limitation de la journée de travail. Lorsqu'il soumet à la loi de fabrique une nouvelle branche d'industrie, il se borne donc à accorder un sursis de six à dix-huit mois pendant lequel c'est l'affaire des fabricants de se débarrasser des difficultés techniques. Or, la technologie moderne peut s'écrier avec Mirabeau : « Impossible ! ne me dites jamais cet imbécile de mot ! »

Mais en activant ainsi le développement des éléments matériels nécessaires à la transformation du régime manufacturier en régime de fabrique, la loi, dont l'exécution entraîne des avances considérables, accélère simul-

---

[1] L'introduction de cette machine avec d'autres dans les fabriques d'allumettes chimiques a, dans un seul département, fait remplacer deux cent trente adolescents par trente-deux garçons et filles de quatorze à dix-sept ans. Cette économie d'ouvriers a été poussée encore plus loin en 1865 par suite de l'emploi de la vapeur.

[2] « *Child. Empl. Comm. II Rep.*, 1864 », p. {{sc[|ix}}, n. 50.

[3] « *Rep. of Insp. of Fact.*, 31 oct. 1865 », p. 22.

tanément la ruine des petits chefs d'industrie et la concentration des capitaux[1].

Outre les difficultés purement techniques qu'on peut écarter par des moyens techniques, la réglementation de la journée de travail en rencontre d'autres dans les habitudes d'irrégularité des ouvriers eux-mêmes, surtout là où prédomine le salaire aux pièces et où le temps perdu une partie du jour ou de la semaine peut être rattrapé plus tard par un travail extra ou un travail de nuit. Cette méthode qui abrutit l'ouvrier adulte, ruine ses compagnons d'un âge plus tendre et d'un sexe plus délicat[2].

Bien que cette irrégularité dans la dépense de la force vitale soit une sorte de réaction naturelle et brutale contre l'ennui d'un labeur fatigant par sa monotonie, elle provient à un bien plus haut degré de l'anarchie de la production qui, de son côté, présuppose l'exploitation effrénée du travailleur.

À côté des variations périodiques, générales, du cycle industriel, et des fluctuations du marché particulières à chaque branche d'industrie, il y a encore ce qu'on nomme la *saison*, qu'elle repose sur la mode, sur la périodicité de la navigation ou sur la coutume des commandes soudaines et imprévues qu'il faut exécuter dans le plus bref délai, coutume qu'ont surtout développée les chemins de fer et la télégraphie.

« L'extension dans tout le pays du système des voies ferrées, dit à ce sujet un fabricant de Londres, a mis en vogue les ordres à courte échéance. Venant tous les quinze jours de Glasgow, de Manchester et d'Édimbourg, les acheteurs en gros s'adressent aux grands magasins de la Cité, auxquels nous fournissons des marchandises. Au lieu d'acheter au dépôt, comme cela se faisait jadis, ils donnent des ordres qui doivent être immédiatement exécutés. Dans les années précédentes nous étions toujours à même de travailler d'avance pendant les moments de calme

---

[1] « Dans un grand nombre d'anciennes manufactures, les améliorations nécessaires ne peuvent être pratiquées sans un déboursé de capital qui dépasse de beaucoup les moyens de leurs propriétaires actuels... L'introduction des actes de fabrique est nécessairement accompagnée d'une désorganisation passagère qui est en raison directe de la grandeur des inconvénients auxquels il faut remédier. » (L. c., p. 96, 97.)

[2] Dans les hauts fourneaux, par exemple, « le travail est généralement très prolongé vers la fin de la semaine, en raison de l'habitude qu'ont les hommes de faire le lundi et de perdre aussi tout ou partie du mardi ». (*Child. Empl. Comm. IV Rep.*, p. VI.) « Les petits patrons ont en général des heures très irrégulières. Ils perdent deux ou trois jours et travaillent ensuite toute la nuit pour réparer le temps perdu... Ils emploient leurs propres enfants quand ils en ont. » (L. c., p. VII.) « Le manque de régularité à se rendre au travail est encouragé par la possibilité et par l'usage de tout réparer ensuite en travaillant plus longtemps. » (L. c., p. XVIII.) « Énorme perte de temps à Birmingham... tel jour oisiveté complète, tel autre travail d'esclave. » (L. c., p. XI.)

pour la saison la plus proche ; mais aujourd'hui personne ne peut prévoir quel article sera recherché pendant la saison[1]. »

Dans les fabriques et les manufactures non soumises à la loi, il règne périodiquement pendant la saison, et irrégulièrement à l'arrivée de commandes soudaines, un surcroît de travail réellement effroyable.

Dans la sphère du travail à domicile, où d'ailleurs l'irrégularité forme la règle, l'ouvrier dépend entièrement pour ses matières premières et son occupation des caprices du capitaliste, qui là n'a à faire valoir aucun capital avancé en constructions, machines, etc., et ne risque, par l'intermittence du travail, absolument rien que la peau de ses ouvriers. Là, il peut donc recruter d'une manière systématique une armée industrielle de réserve, toujours disponible, que décime l'exagération du travail forcé pendant une partie de l'année et que, pendant l'autre, le chômage forcé réduit à la misère.

« Les entrepreneurs, dit la *Child. Employm. Commission*, exploitent l'irrégularité habituelle du travail à domicile, pour le prolonger, aux moments de presse extraordinaire, jusqu'à onze, douze, deux heures de la nuit, en un mot à toute heure, comme disent les hommes d'affaires », et cela dans des locaux « d'une puanteur à vous renverser (*the stench is enough to knock you down*). Vous allez peut-être jusqu'à la porte, vous l'ouvrez et vous reculez en frissonnant[2]. » « Ce sont de drôles d'originaux que nos patrons », dit un des témoins entendus, un cordonnier ; « ils se figurent que cela ne fait aucun tort à un pauvre garçon de trimer à mort pendant une moitié de l'année et d'être presque forcé de vagabonder pendant l'autre[3]. »

De même que les obstacles techniques que nous avons mentionnés plus haut, ces pratiques que la routine des affaires a implantées (*usages which have grown with the growth of trade*) ont été et sont encore présentées par les capitalistes intéressés comme des barrières naturelles de la production. C'était là le refrain des doléances des lords du coton dès qu'ils se voyaient menacés de la loi de fabrique ; quoique leur industrie dépende plus que toute autre du marché universel et, par conséquent, de la navigation, l'expérience leur a donné un démenti. Depuis ce temps-là les inspecteurs des fabriques anglaises traitent de fariboles toutes ces difficultés *éternelles* de la routine[4].

---

[1] *Child. Empl. Comm. IV Rep.*, p. XXXII, XXXIII

[2] *Child. Empl. Comm. II Rep.*, p. XXXV, n. 235 et 237.

[3] L. c. 127, n. 56.

[4] « Quant aux pertes que leur commerce éprouverait à cause de l'exécution retardée de leurs commandes, je rappelle que c'était là l'argument favori des maîtres de fabrique en 1832 et 1833. Sur ce sujet on ne peut rien avancer aujourd'hui qui aurait la même force que dans ce temps-là, lorsque la vapeur n'avait pas encore diminué de moitié toutes les distances et fait établir de nouveaux règlements pour le transit. Si à cette époque cet argument ne résistait pas à l'épreuve, il n'y résisterait certainement pas aujourd'hui. » (*Reports of Insp. of Fact. 31 st. oct. 1862*, p. 54, 55.)

Les enquêtes consciencieuses de la *Child. Empl. Comm.*, ont démontré par le fait que dans quelques industries la réglementation de la journée de travail a distribué plus régulièrement sur l'année entière la masse de travail déjà employée[1], qu'elle est le premier frein rationnel imposé aux caprices frivoles et homicides de la mode, incompatibles avec le système de la grande industrie[2], que le développement de la navigation maritime et des moyens de communication en général ont supprimé à proprement parler la raison technique du travail de saison[3], et qu'enfin toutes les autres circonstances qu'on prétend ne pouvoir maîtriser, peuvent être éliminées au moyen de bâtisses plus vastes, de machines supplémentaires, d'une augmentation du nombre des ouvriers employés simultanément[4], et du contrecoup de tous ces changements dans l'industrie sur le système de commerce en gros[5]. Néanmoins, comme il l'avoue lui- même par la bouche de ses représentants, le capital ne se prêtera jamais à ces mesures si ce n'est « sous la pression d'une loi géné-

---

[1] « *Child. Empl. Comm. IV Rep.* », p. XVIII, n. 118.

[2] « L'incertitude des modes, disait John Bellers déjà en 1696, accroît le nombre des pauvres nécessiteux. Elle produit en effet deux grands maux : 1° les journaliers sont misérables en hiver par suite de manque de travail, les merciers et les maîtres tisseurs n'osant pas dépenser leurs fonds pour tenir leurs gens employés avant que le printemps n'arrive et qu'ils ne sachent quelle sera la mode ; 2° dans le printemps, les journaliers ne suffisent pas et les maîtres tisseurs doivent recourir à mainte pratique pour pouvoir fournir le commerce du royaume dans un trimestre ou une demi-année. Il résulte de tout cela que les charrues sont privées de bras, les campagnes de cultivateurs, la Cité en grande partie encombrée de mendiants, et que beaucoup meurent de faim parce qu'ils ont honte de mendier. » (*Essays about the Poor*, Manufactures, etc., p. 19.)

[3] *Child. Empl. Comm. V Rep.*, p. 171, n. 31.

[4] On lit par exemple dans les dépositions de quelques agents d'exportation de Bradford cités comme témoins : « Il est clair que dans ces circonstances il est inutile de faire travailler dans les magasins les jeunes garçons plus longtemps que depuis huit heures du matin jusqu'à sept heures du soir. Ce n'est qu'une question de dépense extra et de nombre de bras extra. Les garçons n'auraient pas besoin de travailler si tard dans la nuit si quelques patrons n'étaient pas aussi affamés de profit. Une machine extra ne coule que seize ou dix-huit livres sterling — Toutes les difficultés proviennent de l'insuffisance d'appareils et du manque d'espace. » (L. c., p. 171, n. 35 et 38.)

[5] L. c. Un fabricant de Londres, qui considère d'ailleurs la réglementation de la journée de travail comme un moyen de protéger non seulement les ouvriers contre les fabricants, mais encore les fabricants contre le grand commerce, s'exprime ainsi ; « La gêne dans nos transactions est occasionnée par les marchands exportateurs qui veulent, par exemple, envoyer des marchandises par un navire à voiles, pour se trouver en lieu et place dans une saison déterminée, et, de plus, pour empêcher la différence du prix de transport entre le navire à voiles et le navire à vapeur, ou bien qui de deux navires à vapeur choisissent celui qui part le premier pour arriver avant leurs concurrents sur le marché étranger. » (L. c. p. 8, n. 32.)

rale du Parlement[1] », imposant une journée de travail normale à toutes les branches de la production à la fois.

IX

Législation de fabrique

La législation de fabrique, cette première réaction consciente et méthodique de la société contre son propre organisme tel que l'a fait le mouvement spontané de la production capitaliste, est, comme nous l'avons vu, un fruit aussi naturel de la grande industrie que les chemins de fer, les machines automates et la télégraphie électrique. Avant d'examiner comment elle va se généraliser en Angleterre, il convient de jeter un coup d'œil sur celles de ses clauses qui n'ont pas trait à la durée du travail.

La réglementation sanitaire, rédigée d'ailleurs de telle sorte que le capitaliste peut aisément l'éluder, se borne en fait à des prescriptions pour le blanchiment des murs, et à quelques autres mesures de propreté, de ventilation et de précaution contre les machines dangereuses.

Nous reviendrons dans le troisième livre sur la résistance fanatique des fabricants contre les articles qui leur imposent quelques déboursés pour la protection des membres de leurs ouvriers. Nouvelle preuve incontestable du dogme libre-échangiste d'après lequel dans une société fondée sur l'antagonisme des intérêts de classes, chacun travaille fatalement pour l'intérêt général en ne cherchant que son intérêt personnel !

Pour le moment, un exemple nous suffira. Dans la première période des trente dernières années l'industrie linière et avec elle les *scutching mills* (fabriques où le lin est battu et brisé) ont pris un grand essor en Irlande. Il y en avait déjà en 1864 plus de dix-huit cents. Chaque printemps et chaque hiver on attire de la campagne des femmes et des adolescents, fils, filles et femmes des petits fermiers du voisinage, gens d'une ignorance grossière en tout ce qui regarde le machinisme, pour les employer à fournir le lin aux laminoirs des *scutching mills*. Dans l'histoire des fabriques il n'y a pas d'exemple d'accidents si nombreux et si affreux. Un seul *scutching mill* à Kildinan (près de Cork) enregistra pour son compte de 1852 à 1856 six cas de mort et soixante mutilations graves qu'on aurait pu facilement éviter au moyen de quelques appareils très peu coûteux. Le docteur M. White, chirurgien des fabriques de Downpatrick, déclare dans un rapport officiel du 15 décembre 1865 :

---

[1] « On pourrait obvier à cela, dit un fabricant, au prix d'un agrandissement des locaux de travail sous la *pression d'une loi générale du Parlement*. » (L. c., p. X, n. 38.)

« Les accidents dans les *sculching mills* sont du genre le plus terrible. Dans beaucoup de cas c'est un quart du corps entier qui est séparé du tronc. Les blessures ont pour conséquence ordinaire soit la mort, soit un avenir d'infirmité et de misère. L'accroissement du nombre des fabriques dans ce pays ne fera naturellement qu'étendre davantage d'aussi affreux résultats. Je suis convaincu qu'avec une surveillance convenable de la part de l'État ces sacrifices humains seraient en grande partie évités[1]. »

Qu'est-ce qui pourrait mieux caractériser le mode de production capitaliste que cette nécessité de lui imposer par des lois coercitives et au nom de l'État les mesures sanitaires les plus simples ?

« La loi de fabrique de 1864 a déjà fait blanchir et assainir plus de deux cents poteries où pendant vingt ans on s'était consciencieusement abstenu de toute opération de ce genre ! (Voilà *l'abstinence* du capital.) Ces établissements entassaient vingt-sept mille huit cents ouvriers, exténués de travail la nuit et le jour, et condamnés à respirer une atmosphère méphitique imprégnant de germes de maladie et de mort une besogne d'ailleurs relativement inoffensive. Cette loi a multiplié également les moyens de ventilation[2]. »

Cependant, elle a aussi prouvé qu'au-delà d'un certain point le système capitaliste est incompatible avec toute amélioration rationnelle. Par exemple, les médecins anglais déclarent d'un commun accord que, dans le cas d'un travail continu, il faut au moins cinq cents pieds cubes d'air pour chaque personne, et que même cela suffit à peine. Eh bien, si par toutes ses mesures coercitives, la législation pousse d'une manière indirecte au remplacement des petits ateliers par des fabriques, empiétant par-là sur le droit de propriété des petits capitalistes et constituant aux grands un monopole assuré, il suffirait d'imposer à tout atelier l'obligation légale de laisser à chaque travailleur une quantité d'air suffisante, pour exproprier d'une manière directe et d'un seul coup des milliers de petits capitalistes ! Cela serait attaquer la racine même de la production capitaliste, c'est-à-dire la mise en valeur du capital, grand ou petit, au moyen du *libre* achat et de la *libre* consommation de la force de travail. Aussi ces cinq cents pieds d'air suffoquent la législation de fabrique. La police de l'hygiène publique, les commissions d'enquêtes industrielles et les inspecteurs de fabrique en reviennent toujours à la nécessité de ces cinq cents pieds cubes et à l'impossibilité de les imposer au capital. Ils déclarent ainsi en fait que la phtisie et les autres affections pulmonaires du travailleur sont des conditions de vie pour le capitaliste[3].

---

[1] L. c. p. XV, n. 74 et suiv.

[2] *Rep. of Insp. of Fact.*, 31 oct. 1865, p. 96

[3] On a trouvé par expérience qu'un individu moyen et bien portant consomme environ vingt-cinq pouces cubes d'air à chaque respiration d'intensité moyenne et respire à peu près vingt fois par minute. La masse d'air consommée en vingt-

Si minces que paraissent dans leur ensemble les articles de la loi de fabrique sur l'éducation, ils proclament néanmoins l'instruction primaire comme condition obligatoire du travail des enfants[1]. Leur succès était la première démonstration pratique de la possibilité d'unir l'enseignement et la gymnastique avec le travail manuel et *vice versa* le travail manuel avec l'enseignement et la gymnastique[2]. En consultant les maîtres d'école, les inspecteurs de fabrique reconnurent bientôt que les enfants de fabrique qui fréquentent l'école seulement pendant une moitié du jour, apprennent tout autant que les élèves réguliers et souvent même davantage. « Et la raison en est simple. Ceux qui ne sont retenus qu'une demi-journée à l'école sont toujours frais, dispos et ont plus d'aptitude et meilleure volonté pour profiter des leçons. Dans le système mi-travail et mi-école, chacune des deux occupations repose et délasse de l'autre, et l'enfant se trouve mieux que s'il était cloué constamment à l'une d'elles. Un garçon qui est assis sur les bancs depuis le matin de bonne heure, et surtout par un temps chaud, est incapable de rivaliser avec celui qui arrive tout dispos et allègre de son travail[3]. » On trouve de plus amples renseignements sur ce sujet dans le discours de Senior au Congrès sociologique d'Edimbourg en 1853. Il y démontre

---

quatre heures par un individu serait, d'après cela, d'environ 720 000 pouces cubes ou de 416 pieds cubes. Or, on sait que l'air une fois expiré ne peut plus servir au même procès avant d'avoir été purifié dans le grand atelier de la nature. D'après les expériences de Valentin et de Branner, un homme bien portant parait expirer environ treize cents pouces cubes d'acide carbonique par heure. Il s'ensuivrait que les poumons rejettent en vingt-quatre heures environ huit onces de carbone solide. — Chaque homme, dit Huxley, devrait avoir au moins huit cents pieds cubes d'air.

[1] D'après la loi de fabrique, les parents ne peuvent envoyer leurs enfants audessous de quatorze ans dans les fabriques « contrôlées » sans leur faire donner en même temps l'instruction élémentaire. Le fabricant est responsable de l'exécution de la loi. « L'éducation de fabrique est obligatoire, elle est une condition du travail. » (*Rep. of Insp. of Fact.*, 31 oct. 1865, p. 11.)

[2] Pour ce qui est des résultats avantageux de l'union de la gymnastique (et des exercices militaires pour les garçons) avec l'instruction obligatoire des enfants de fabrique et dans les écoles des pauvres, voir le discours de N. W. Senior au septième congrès annuel de la « *National Association for the Promotion of social science* », dans les « *Reports of Proceedings* », etc., (London, 1863, p. 63, 64), de même le rapport des inspecteurs de fabrique pour le 31 oct. 1865, p. 118, 119, 120, 126 et suiv.

[3] « *Rep. of Insp. of Fact.* (L. c. p. 118.) Un fabricant de soie déclare naïvement aux commissaires d'enquête de la *Child. Empl. Comm.* : « Je suis convaincu que le vrai secret de la production d'ouvriers habiles consiste à faire marcher ensemble dès l'enfance le travail et l'instruction. Naturellement le travail ne doit ni exiger trop d'efforts, ni être répugnant ou malsain. Je désirerais que mes propres enfants pussent partager leur temps entre l'école d'un côté et le travail de l'autre. » (*Child. Empl. Comm. V Rep.*, p. 82, n. 36.)

combien la journée d'école longue, monotone et stérile des enfants des classes supérieures augmente inutilement le travail des maîtres «tout en faisant perdre aux enfants leur temps, leur santé et leur énergie, non seulement sans fruit mais à leur absolu préjudice[1] ». Il suffit de consulter les livres de Robert Owen, pour être convaincu que le système de fabrique a le premier fait germer l'éducation de l'avenir, éducation qui unira pour tous les enfants au-dessus d'un certain âge le travail productif avec l'instruction et la gymnastique, et cela non seulement comme méthode d'accroître la production sociale, mais comme la seule et unique méthode de produire des hommes complets.

On a vu que tout en supprimant au point de vue technique la division manufacturière du travail où un homme tout entier est sa vie durant enchaîné à une opération de détail, la grande industrie, dans sa forme capitaliste, reproduit néanmoins cette division plus monstrueusement encore, et transforme l'ouvrier de fabrique en accessoire conscient d'une machine partielle. En dehors de la fabrique, elle amène le même résultat en introduisant dans presque tous les ateliers l'emploi sporadique de machines et de travailleurs à la machine, et en donnant partout pour base nouvelle à la division du travail l'exploitation des femmes, des enfants et des ouvriers à bon marché[2].

---

[1] Pour juger combien la grande industrie, arrivée à un certain développement, est susceptible, par le bouleversement qu'elle produit dans le matériel de la production et dans les rapports sociaux qui en découlent, de bouleverser également les têtes, il suffit de comparer le discours de N. W. Senior en 1863 avec sa philippique contre l'acte de fabrique de 1833, ou de mettre en face des opinions du congrès que nous venons de citer ce fait que, dans certaines parties de l'Angleterre, il est encore défendu à des parents pauvres de faire instruire leurs enfants sous peine d'être exposés à mourir de faim. Il est d'usage, par exemple, dans le Somersetshire, ainsi que le rapporte M. Snell, que toute personne qui réclame des secours de la paroisse doive retirer ses enfants de l'école. M. Wollaston, pasteur à Feltham, cite des cas où tout secours a été refuse à certaines familles parce qu'elles faisaient instruire leurs enfants !

[2] Là où des machines construites pour des artisans et mues par la force de l'homme sont en concurrence directe ou indirecte avec des machines plus développées et supposant par cela même une force motrice mécanique, un grand changement a lieu par rapport au travailleur qui meut la machine. À l'origine, la machine à vapeur remplaçait l'ouvrier ; mais dans les cas mentionnés, c'est lui qui remplace la machine. La tension et la dépense de sa force deviennent conséquemment monstrueuses, et combien doivent-elles l'être pour les adolescents condamnés à cette torture ! Le commissaire Longe a trouvé à Coventry et dans les environs des garçons de dix à quinze ans employés à tourner des métiers à rubans, sans parler d'enfants plus jeunes qui avaient à tourner des métiers de moindre dimension. « C'est un travail extraordinairement pénible ; le garçon est un simple remplaçant de la force de la vapeur. » (*Child. Empl. Comm. V. Rep.*, 1866, p. 114, n. 6.) Sur les conséquences meurtrières « *de ce système d'esclavage* », ainsi que le nomme le rapport officiel, V. l. c., pages suiv.

La contradiction entre la division manufacturière du travail et la nature de la grande industrie se manifeste par des phénomènes subversifs, entre autres par le fait qu'une grande partie des enfants employés dans les fabriques et les manufactures modernes reste attachée indissolublement, dès l'âge le plus tendre et pendant des années entières, aux manipulations les plus simples, sans apprendre le moindre travail qui permette de les employer plus tard n'importe où, fût-ce dans ces mêmes fabriques et manufactures. Dans les imprimeries anglaises, par exemple, les apprentis s'élevaient peu à peu, conformément au système de l'ancienne manufacture et du métier, des travaux les plus simples aux travaux les plus complexes. Ils parcouraient plusieurs stages avant d'être des typographes achevés. On exigeait de tous qu'ils sussent lire et écrire. La machine à imprimer a bouleversé tout cela. Elle emploie deux sortes d'ouvriers : un adulte qui la surveille et deux jeunes garçons âgés, pour la plupart, de onze à dix-sept ans, dont la besogne se borne à étendre sous la machine une feuille de papier et à l'enlever dès qu'elle est imprimée. Ils s'acquittent de cette opération fastidieuse, à Londres notamment, quatorze, quinze et seize heures de suite, pendant quelques jours de la semaine, et souvent trente-six heures consécutives avec deux heures seulement de répit pour le repas et le sommeil[1]. La plupart ne savent pas lire. Ce sont, en général, des créatures informes et tout à fait abruties. « Il n'est besoin d'aucune espèce de culture intellectuelle pour les rendre aptes à leur ouvrage ; ils ont peu d'occasion d'exercer leur habileté et encore moins leur jugement ; leur salaire, quoiqu'assez élevé pour des garçons de leur âge, ne croît pas proportionnellement à mesure qu'ils grandissent, et peu d'entre eux ont la perspective d'obtenir le poste mieux rétribué et plus digne de surveillant, parce que la machine ne réclame pour quatre aides qu'un surveillant[2]. » Dès qu'ils sont trop âgés pour leur besogne enfantine, c'est-à-dire vers leur dix-septième année, on les congédie et ils deviennent autant de recrues du crime. Leur ignorance, leur grossièreté et leur détérioration physique et intellectuelle ont fait échouer les quelques essais tentés pour les occuper ailleurs.

Ce qui est vrai de la division manufacturière du travail à l'intérieur de l'atelier l'est également de la division du travail au sein de la société. Tant que le métier et la manufacture forment la base générale de la production sociale, la subordination du travailleur à une profession exclusive, et la destruction de la variété originelle de ses aptitudes et de ses occupations[3]

---

[1] L. c. p. 3, n. 24.

[2] L. c. p. 7, n. 59, 60.

[3] D'après le *Statistical Account*, on vit jadis, dans quelques parties de la haute Écosse, arriver avec femmes et enfants un grand nombre de bergers et de petits paysans chaussés de souliers qu'ils avaient faits eux-mêmes après en avoir tanné le cuir, vêtus d'habits qu'aucune autre main que la leur n'avait touchés, dont la matière était empruntée à la laine tondue par eux sur les moutons ou au lin

peuvent être considérées comme des nécessités du développement historique. Sur cette base chaque industrie s'établit empiriquement, se perfectionne lentement et devient vite stationnaire, après avoir atteint un certain degré de maturité. Ce qui de temps en temps provoque des changements, c'est l'importation de marchandises étrangères par le commerce et la transformation successive de l'instrument de travail. Celui- ci aussi, dès qu'il a acquis une forme plus ou moins convenable, se cristallise et se transmet souvent pendant des siècles d'une génération à l'autre.

Un fait des plus caractéristiques, c'est que jusqu'au dix- huitième siècle les métiers portèrent le nom de mystères. Dans le célèbre *Livre des métiers* d'Étienne Boileau, on trouve entre autres prescriptions celle-ci : « Tout compagnon lorsqu'il est reçu dans l'ordre des maîtres, doit prêter serment d'aimer fraternellement ses frères, de les soutenir, chacun dans l'ordre de son métier, c'est-à-dire *de ne point divulguer volontairement les secrets du métier[1]*. »

En fait, les différentes branches d'industrie, issues spontanément de la division du travail social, formaient les unes vis-à-vis des autres autant d'enclos qu'il était défendu au profane de franchir. Elles gardaient avec une jalousie inquiète les secrets de leur routine professionnelle dont la théorie restait une énigme même pour les initiés.

Ce voile, qui dérobait aux regards des hommes le fondement matériel de leur vie, la production sociale, commença à être soulevé durant l'époque manufacturière et fut entièrement déchiré à l'avènement de la grande industrie. Son principe qui est de considérer chaque procédé en lui-même et de l'analyser dans ses mouvements constituants, indépendamment de leur exécution par la force musculaire ou l'aptitude manuelle de l'homme, créa la science toute moderne de la technologie. Elle réduisit les configurations de la vie industrielle, bigarrées, stéréotypées et sans lien apparent, à des applications variées de la science naturelle, classifiées d'après leurs différents buts d'utilité.

La technologie découvrit aussi le petit nombre de formes fondamentales dans lesquelles, malgré la diversité des instruments employés, tout mouvement productif du corps humain doit s'accomplir, de même que le machinisme le plus compliqué ne cache que le jeu des puissances mécaniques simples.

---

qu'ils avaient eux-mêmes cultivé. Dans la confection des vêtements, il était à peine entré un article acheté, à l'exception des alertes, des aiguilles, des dés et de quelques parties de l'outillage en fer employé pour le tissage. Les femmes avaient extrait elles-mêmes les couleurs d'arbustes et de plantes indigènes, etc. (*Dugald Stewart*, l. c., p. 327.)

[1] Il doit aussi jurer qu'il ne fera point connaître à l'acheteur, pour faire valoir ses marchandises, les défauts de celles mal confectionnées, dans l'intérêt commun de la corporation.

L'industrie moderne ne considère et ne traite jamais comme définitif le mode actuel d'un procédé. Sa base est donc révolutionnaire, tandis que celle de tous les modes de production antérieurs était essentiellement conservatrice[1]. Au moyen de machines, de procédés chimiques et d'autres méthodes, elle bouleverse avec la base technique de la production les fonctions des travailleurs et les combinaisons sociales du travail, dont elle ne cesse de révolutionner la division établie en lançant sans interruption des masses de capitaux et d'ouvriers d'une branche de production dans une autre.

Si la nature même de la grande industrie nécessite le changement dans le travail, la fluidité des fonctions, la mobilité universelle du travailleur, elle reproduit d'autre part, sous sa forme capitaliste, l'ancienne division du travail avec ses particularités ossifiées. Nous avons vu que cette contradiction absolue entre les nécessités techniques de la grande industrie et les caractères sociaux qu'elle revêt sous le régime capitaliste, finit par détruire toutes les garanties de vie du travailleur, toujours menacé de se voir retirer avec le moyen de travail les moyens d'existence[2] et d'être rendu lui-même superflu par la suppression de sa fonction parcellaire ; nous savons aussi que cet antagonisme fait naître la monstruosité d'une armée industrielle de réserve, tenue dans la misère afin d'être toujours disponible pour la demande capitaliste ; qu'il aboutit aux hécatombes périodiques de la classe ouvrière, à la dilapidation la plus effrénée des forces de travail et aux ravages de l'anarchie sociale, qui fait de chaque progrès économique une calamité publique. C'est là le côté négatif. Mais si la variation dans le travail ne s'impose encore qu'à la façon d'une loi physique, dont l'action, en se heurtant partout à des obstacles[3], les brise aveuglément, les catastrophes mêmes que

---

[1] La bourgeoisie ne peut exister sans révolutionner constamment les instruments de travail et par cela même les rapports de la production et tout l'ensemble des rapports sociaux. Le maintien de leur mode traditionnel de production était au contraire la première condition d'existence de toutes les classes industrielles antérieures. Ce qui distingue donc l'époque bourgeoise de toutes les précédentes, c'est la transformation incessante de la production, l'ébranlement continuel des situations sociales, l'agitation et l'incertitude éternelles. Toutes les institutions fixes, rouillées, pour ainsi dire, se dissolvent avec leur cortège d'idées et de traditions que leur antiquité rendait respectables, toutes les nouvelles s'usent avant d'avoir pu se consolider. Tout ce qui paraissait solide et fixe s'évapore, tout ce qui passait pour saint est profané, et les hommes sont enfin forcés d'envisager d'un œil froid leurs diverses positions dans la vie et leurs rapports réciproques. » (*F. Engels und Karl Marx : Manifest der Kommunistischen Partei.* London, 1848, p. 5.)

[2] « Tu prends ma vie si tu me ravis les moyens par lesquels je vis. » (*Shakespeare.*)

[3] Un ouvrier français écrit à son retour de San Francisco : « Je n'aurais jamais cru que je serais capable d'exercer tous les métiers que j'ai pratiqués en Califor-

fait naître la grande industrie imposent la nécessité de reconnaître le travail varié et, par conséquent, le plus grand développement possible des diverses aptitudes du travailleur, comme une loi de la production moderne, et il faut à tout prix que les circonstances s'adaptent au fonctionnement normal de cette loi. C'est une question de vie ou de mort. Oui, la grande industrie oblige la société sous peine de mort à remplacer l'individu morcelé, porte-douleur d'une fonction productive de détail, par l'individu intégral qui sache tenir tête aux exigences les plus diversifiées du travail et ne donne, dans des fonctions alternées, qu'un libre essor à la diversité de ses capacités naturelles ou acquises.

La bourgeoisie, qui en créant pour ses fils les écoles polytechniques, agronomiques, etc., ne faisait pourtant qu'obéir aux tendances intimes de la production moderne, n'a donné aux prolétaires que l'ombre de *l'Enseignement professionnel*. Mais si la législation de fabrique, première concession arrachée de haute lutte au capital, s'est vue contrainte de combiner l'instruction élémentaire, si misérable qu'elle soit, avec le travail industriel, la conquête inévitable du pouvoir politique par la classe ouvrière va introduire l'enseignement de la technologie, pratique et théorique, dans les écoles du peuple[1]. Il est hors de doute que de tels ferments de transformation, dont le terme final est la suppression de l'ancienne division du travail, se trouvent en contradiction flagrante avec le mode capitaliste de l'industrie et le milieu économique où il place l'ouvrier. Mais la seule voie réelle, par laquelle un mode de production et l'organisation sociale qui lui correspond, marchent à leur dissolution et à leur métamorphose, est le développement historique de leurs antagonismes immanents. C'est là le secret du mouvement historique que les doctrinaires, optimistes ou socialistes, ne veulent pas comprendre.

---

nie. J'étais convaincu qu'en dehors de la typographie je n'étais bon à rien… Une fois au milieu de ce monde d'aventuriers qui changent de métier plus facilement que de chemise, je fis, ma foi, comme les autres. Comme le travail dans les mines ne rapportait pas assez, je le plantai là et me rendis à la ville où je fus tour à tour typographe, couvreur, fondeur en plomb, etc. Après avoir ainsi fait l'expérience que je suis propre à toute espèce de travail, je me sens moins mollusque et plus homme. »

[1] Vers la fin du dix-septième siècle, *John Bellers*, l'économiste le plus éminent de son temps, disait de l'éducation qui ne renferme pas le travail productif :
« La science oisive ne vaut guère mieux que la science (le *l'oisiveté*… Le travail du corps est une institution divine, primitive… Le travail est aussi nécessaire au corps pour le maintenir en santé que le manger pour le maintenir en vie ; la peine qu'un homme s'épargne en prenant ses *aises*, il la retrouvera en *malaises*… Le travail remet de l'huile dans la lampe de la vie ; la pensée y met la flamme. Une besogne enfantine et niaise laisse à l'esprit des enfants sa niaiserie. » (*John Bellers : Proposals for raising a College of Industry of all useful Trades and Husbandry*. London, 1696, p. 12, 14, 18.)

Ne sutor ultra crepidam ! Savetier, reste à la savate ! Ce *nec plus ultra* de la sagesse du métier et de la manufacture, devient démence et malédiction le jour où l'horloger Watt découvre la machine à vapeur, le barbier Arkwright le métier continu, et l'orfèvre Fulton le bateau à vapeur.

Par les règlements qu'elle impose aux fabriques, aux manufactures, etc., la législation ne semble s'ingérer que dans les droits seigneuriaux du capital, mais dès qu'elle touche au travail à domicile, il y a empiètement direct, avoué, sur la *patria potestas,* en phrase moderne, sur l'autorité des parents, et les pères conscrits du Parlement anglais ont longtemps affecté de reculer avec horreur devant cet attentat contre la sainte institution de la famille. Néanmoins, on ne se débarrasse pas des faits par des déclamations. Il fallait enfin reconnaître qu'en sapant les fondements économiques de la famille ouvrière, la grande industrie en a bouleversé toutes les autres relations. Le droit des enfants dut être proclamé.

« C'est un malheur », est-il dit à ce sujet dans le rapport final de la *Child. Empl. Commission,* publié en 1866, « c'est un malheur, mais il résulte de l'ensemble des dispositions des témoins, que les enfants des deux sexes n'ont contre personne autant besoin de protection que contre leurs parents. » Le système de l'exploitation du travail des enfants en général et du travail à domicile en particulier, se perpétue, par l'autorité arbitraire et funeste, sans frein et sans contrôle, que les parents exercent sur leurs jeunes et tendres rejetons... Il ne doit pas être permis aux parents de pouvoir, d'une manière absolue, faire de leurs enfants de pures machines, à seule fin d'en tirer par semaine tant et tant de salaire... Les enfants et les adolescents ont le droit d'être protégés par la législation contre l'abus de l'autorité paternelle qui ruine prématurément leur force physique et les fait descendre bien bas sur l'échelle des êtres moraux et intellectuels[1]. »

Ce n'est pas cependant l'abus de l'autorité paternelle qui a créé l'exploitation de l'enfance, c'est tout au contraire l'exploitation capitaliste qui a fait dégénérer cette autorité en abus. Du reste, la législation de fabrique, n'est-elle pas l'aveu officiel que la grande industrie a fait de l'exploitation des femmes et des enfants par le capital, de ce dissolvant radical de la famille ouvrière d'autrefois, une nécessité économique, l'aveu qu'elle a converti l'autorité paternelle en un appareil du mécanisme social, destiné à fournir, directement ou indirectement, au capitaliste les enfants du prolétaire lequel, sous peine de mort, doit jouer son rôle d'entremetteur et de marchand d'esclaves ? Aussi tous les efforts de cette législation ne prétendent-ils qu'à réprimer les excès de ce système d'esclavage.

---

[1] « *Child. Empl. Comm. V Rep..* », p. XXV, n. 162, et *II Rep.,* p. XXXVIII, n. 285, 289, p. XXXV, n. 191.

Si terrible et si dégoûtante que paraisse dans le milieu actuel la dissolution des anciens liens de famille[1], la grande industrie, grâce au rôle décisif qu'elle assigne aux femmes et aux enfants, en dehors du cercle domestique, dans des procès de production socialement organisés, n'en crée pas moins la nouvelle base économique sur laquelle s'élèvera une forme supérieure de la famille et des relations entre les sexes. Il est aussi absurde de considérer comme absolu et définitif le mode germano-chrétien de la famille que ses modes oriental, grec et romain, lesquels forment d'ailleurs entre eux une série progressive. Même la composition du travailleur collectif par individus de deux sexes et de tout âge, cette source de corruption et d'esclavage sous le règne capitaliste, porte en soi les germes d'une nouvelle évolution sociale[2]. Dans l'histoire, comme dans la nature, la pourriture est le laboratoire de la vie.

La nécessité de généraliser la loi de fabrique, de la transformer d'une loi d'exception pour les filatures et les tissanderies mécaniques, en loi de la production sociale, s'imposait à l'Angleterre, comme on l'a vu, par la réaction que la grande industrie exerçait sur la manufacture, le métier et le travail à domicile contemporains.

Les barrières mêmes que l'exploitation des femmes et des enfants rencontra dans les industries *réglementées*, poussèrent à l'exagérer d'autant plus dans les industries soi- disant *libres*[3].

Enfin, les « réglementés » réclament hautement l'égalité légale dans la concurrence, c'est-à-dire dans le droit d'exploiter le travail[4].

Écoutons à ce sujet deux cris partis du cœur. MM. W. Cooksley, fabricants de clous, de chaînes, etc., à Bristol, avaient adopté volontairement les prescriptions de la loi de fabrique. « Mais comme l'ancien système irrégulier se maintient dans les établissements voisins, ils sont exposés au désagrément de voir les jeunes garçons qu'ils emploient attirés (enticed) ailleurs à une nouvelle besogne après 6 heures du soir. C'est là, s'écrient-ils naturellement, une injustice à notre égard et de plus une perte pour nous, car cela épuise une partie des forces de notre jeunesse dont le profit entier nous appartient[5]. » M. J. Simpson (fabricant de boîtes et de sacs de papier, à Londres) déclare aux commissaires de la *Child. Empl. Comm.* « qu'il veut bien signer toute pétition pour l'introduction des lois de fabrique. Dans l'état actuel, après la fermeture de son atelier, il sent du malaise et son sommeil est troublé par la pen-

---

[1] V. *F. Engels* l. c. p. 162, 178-83.

[2] « Le travail de fabrique peut être pur et bienfaisant comme l'était jadis le travail domestique, et même à un plus haut degré. » (*Reports of Insp. of Fact. 31 st. oct. 1865, p.127.*)

[3] L. c. p. 27, 32.

[4] On trouve là-dessus de nombreux documents dans les « *Reports of Insp. of Fact.* »

[5] « *Child. Empl. Comm. V Rep.* », p. IX, n. 35.

sée que d'autres font travailler plus longtemps et lui enlèvent les commandes à sa barbe[1]. » « Ce serait une injustice à l'égard des grands entrepreneurs », dit, en se résumant, la Commission d'enquête « que de soumettre leurs fabriques au règlement, tandis que dans leur propre partie la petite industrie n'aurait à subir aucune limitation légale du temps de travail. Les grands fabricants n'auraient pas seulement à souffrir de cette inégalité dans les conditions de la concurrence au sujet des heures de travail, leur personnel de femmes et d'enfants serait en outre détourné à leur préjudice vers les ateliers épargnés par la loi. Enfin cela pousserait à la multiplication des petits ateliers qui, presque sans exception, sont les moins favorables à la santé, au confort, à l'éducation et à l'amélioration générale du peuple[2]. »

La Commission propose, dans son rapport final de 1866, de soumettre à la loi de fabrique plus de 1 400 000 enfants, adolescents et femmes dont la moitié environ est exploitée par la petite industrie et le travail à domicile. « Si le Parlement, dit-elle, acceptait notre proposition dans toute son étendue, il est hors de doute qu'une telle législation exercerait l'influence la plus salutaire, non seulement sur les jeunes et les faibles dont elle s'occupe en premier lieu, mais encore sur la masse bien plus considérable des ouvriers adultes qui tombent directement (les femmes) et indirectement (les hommes) dans son cercle d'action. Elle leur imposerait des heures de travail régulières et modérées, les amenant ainsi à économiser et accumuler cette réserve de force physique dont dépend leur prospérité aussi bien que celle du pays ; elle préserverait la génération nouvelle des efforts excessifs dans un âge encore tendre, qui minent leur constitution et entraînent une décadence prématurée ; elle offrirait enfin aux enfants, du moins jusqu'à leur treizième année, une instruction élémentaire qui mettrait fin à cette ignorance incroyable dont les rapports de la Commission présentent une si fidèle peinture et qu'on ne peut envisager sans une véritable douleur et un profond sentiment d'humiliation nationale[3]. »

Vingt-quatre années auparavant une autre Commission d'enquête sur le travail des enfants avait déjà, comme le remarque Senior, « déroulé dans son rapport de 1842, le tableau le plus affreux de la cupidité, de l'égoïsme et de la cruauté des parents et des capitalistes, de la misère, de la dégradation et de la destruction des enfants et des adolescents... On croirait que le rapport décrit les horreurs d'une époque reculée... Ces horreurs durent toujours, plus intenses que jamais... Les abus dénoncés

---

¹ L. c. n. 28.

² L. c. n. 165-167. — *Voy.* Sur les avantages de la grande industrie comparée à la petite, « *Child. Empl. Comm. III Rep.* », p. 13, n. 144 ; p. 25, n. 121 ; p. 26, n. 125 ; p. 27, n. 140, etc.

³ *Child. Empl. Comm. V Rep.*, 1866, p. XXV, n. 169.

en 1842 sont aujourd'hui (octobre 1863) en pleine floraison... Le rapport de 1842 fut empilé avec d'autres documents, sans qu'on en prît autrement note, et il resta là vingt années entières pendant lesquelles ces enfants écrasés physiquement, intellectuellement et moralement purent devenir les pères de la génération actuelle[1]. »

Les conditions sociales ayant changé, on n'osait plus débouter par une simple fin de non-recevoir les demandes de la Commission d'enquête de 1862 comme on l'avait fait avec celles de la Commission de 1840. Dès 1864, alors que la nouvelle Commission n'avait encore publié que ses premiers rapports, les manufactures d'articles de terre (y inclus les poteries), de tentures, d'allumettes chimiques, de cartouches, de capsules et la coupure de la futaine (*fustian cutting*) furent soumis à la législation en vigueur pour les fabriques textiles. Dans le discours de la couronne du 5 février 1867, le ministère Tory d'alors annonça des bills puisés dans les propositions ultérieures de la Commission qui avait fini ses travaux en 1866.

Le 15 août 1867, fut promulgué le *Factory Acts extension Act*, loi pour l'extension des lois de fabrique, et le 21 août, le *Workshop Regulation Act*, loi pour la régularisation des ateliers, l'une ayant trait à la grande industrie, l'autre à la petite.

La première réglemente les hauts fourneaux, les usines à fer et à cuivre, les ateliers de construction de machines à l'aide de machines, les fabriques de métal, de gutta percha et de papier, les verreries, les manufactures de tabac, les imprimeries (y inclus celles des journaux), les ateliers de relieurs, et enfin *tous les établissements industriels* sans exception, où cinquante individus ou davantage sont simultanément occupés, au moins pour une période de cent jours dans le cours de l'année.

Pour donner une idée de l'étendue de la sphère que la « *Loi sur la régularisation des ateliers* » embrassait dans son action, nous en citerons les articles suivants :

Art. 4. « Par *métier* on entend : Tout travail manuel exercé comme profession ou dans un but de gain et qui concourt à faire un article quelconque ou une partie d'un article, à le modifier, le réparer, l'orner, lui donner le fini (*finish*), ou à l'adapter de toute autre manière pour la vente. »

« Par *atelier* (*workshop*), on entend toute espèce de place, soit couverte, soit en plein air, où un métier quelconque est exercé par un enfant, un adolescent ou une femme, et où la personne par laquelle l'enfant, l'adolescent ou la femme est *employé*, a le droit d'accès et de direction (*the right of access and control*). »

« Par être *employé*, on entend être occupé dans un métier quelconque, moyennant salaire ou non, sous un patron ou *sous un parent*. »

---

[1] *Sensor*, l. c. p. 320.

« Par *parent,* on entend tout parent, tuteur ou autre personne ayant sous sa garde ou sous sa direction un enfant ou adolescent. »

L'*art.* 7, contenant les clauses pénales pour contravention à cette loi, soumet à des amendes non seulement le patron, parent ou non, mais encore « le *parent* ou la personne qui tire un bénéfice direct du travail de l'enfant, de l'adolescent ou de la femme, ou qui l'a sous son contrôle. »

La loi affectant les grands établissements, le *Factory Acts extension Act,* déroge à la loi de fabrique par une foule d'exceptions vicieuses et de lâches compromis avec les entrepreneurs.

La « *loi pour la régularisation des ateliers,* » misérable dans tous ses détails, resta lettre morte entre les mains des autorités municipales et locales, chargées de son exécution. Quand, en 1871, le Parlement leur retira ce pouvoir pour le conférer aux inspecteurs de fabrique, au ressort desquels il joignit ainsi d'un seul coup plus de cent mille ateliers et trois cents briqueteries, on prit en même temps soin de n'ajouter que *huit subalternes* à leur corps administratif déjà beaucoup trop faible[1].

Ce qui nous frappe donc dans la législation anglaise de 1867, c'est d'un côté la nécessité imposée au Parlement des classes dirigeantes d'adopter en principe des mesures si extraordinaires et sur une si large échelle contre les excès de l'exploitation capitaliste, et de l'autre côté l'hésitation, la répugnance et la mauvaise foi avec lesquelles il s'y prêta dans la pratique.

La Commission d'enquête de 1862 proposa aussi une nouvelle réglementation de l'industrie minière, laquelle se distingue des autres industries par ce caractère exceptionnel que les intérêts du propriétaire foncier (*landlord*) et de l'entrepreneur capitaliste s'y donnent la main. L'antagonisme de ces deux intérêts avait été favorable à la législation de fabrique et, par contre, son absence suffit pour expliquer les lenteurs et les faux-fuyants de la législation sur les mines.

La Commission d'enquête de 1840 avait fait des révélations si terribles, si *shocking,* et provoquant un tel scandale en Europe que, par acquit de conscience, le Parlement passa le *Mining Act* (loi sur les mines) de 1842, où il se borna à interdire le travail sous terre, à l'intérieur des mines, aux femmes et aux enfants au-dessous de dix ans.

Une nouvelle loi, « *The Mines Inspecting Act* » (loi sur l'inspection des mines) de 1860, prescrit que les mines seront inspectées par des fonctionnaires publics, spécialement nommés à cet effet, et que de dix à douze ans, les jeunes garçons ne pourront être employés qu'à la condi-

---

[1] Ce personnel se composait de deux inspecteurs, deux inspecteurs adjoints et quarante et un sous-inspecteurs. Huit sous-inspecteurs additionnels furent nommés en 1871. Tout le budget de cette administration qui embrasse l'Angleterre, l'Écosse et l'Irlande, ne s'élevait en 1871-72 qu'à 25 347 l. st., y inclus les frais légaux causes par des poursuites judiciaires des patrons en contravention.

tion d'être munis d'un certificat d'instruction ou de fréquenter l'école pendant un certain nombre d'heures. Cette loi resta sans effet à cause de l'insuffisance dérisoire du personnel des inspecteurs, des limites étroites de leurs pouvoirs et d'autres circonstances qu'on verra dans la suite.

Un des derniers livres bleus sur les mines : « *Report from the select committee on Mines,* etc., *together with evidence* », 13 juillet 1866, est l'œuvre d'un comité parlementaire choisi dans le sein de la chambre des Communes et autorisé à citer et à interroger des témoins. C'est un fort in-folio où le rapport du comité ne remplit que cinq lignes, rien que cinq lignes à cet effet qu'on n'a rien à dire et qu'il faut de plus amples renseignements ! Le reste consiste en interrogatoires des témoins.

La manière d'interroger rappelle les *cross examinations* (interrogatoires contradictoires) des témoins devant les tribunaux anglais où l'avocat, par des questions impudentes, imprévues, équivoques, embrouillées, faites à tort et à travers, cherche à intimider, à surprendre, à confondre le témoin et à donner une entorse aux mots qu'il lui a arrachés. Dans l'espèce les avocats, ce sont messieurs du Parlement, chargés de l'enquête, et comptant parmi eux des propriétaires et des exploiteurs de mines ; les témoins, ce sont les ouvriers des houillères. La farce est trop caractéristique pour que nous ne donnions pas quelques extraits de ce rapport. Pour abréger, nous les avons rangés par catégorie. Bien entendu, la question et la réponse correspondante sont numérotées dans les livres bleus anglais.

I.   *Occupation des garçons à partir de dix ans dans les mines.* - Dans les mines, le travail, y compris l'aller et le retour, dure ordinairement de quatorze à quinze heures, quelquefois même de 3, 4, 5 heures du matin jusqu'à 4 et 5 heures du soir (n°s 6, 452, 83). Les adultes travaillent en deux tournées, chacune de huit heures, mais il n'y a pas d'alternance pour les enfants, affaire d'économie (n°s 80, 203, 204). Les plus jeunes sont principalement occupés à ouvrir et fermer les portes dans les divers compartiments de la mine ; les plus âgés sont chargés d'une besogne plus rude, du transport du charbon, etc. (n°s 122, 739, 1747). Les longues heures de travail sous terre durent jusqu'à la dix- huitième ou vingt-deuxième année ; alors commence le travail des mines proprement dit (n° 161). Les enfants et les adolescents sont aujourd'hui plus rudement traités et plus exploités qu'à aucune autre période antérieure (n°s 1663-67). Les ouvriers des mines sont presque tous d'accord pour demander du Parlement une loi qui interdise leur genre de travail jusqu'à l'âge de quatorze ans. Et voici *Vivian Hussey* (un exploiteur de mines) qui interroge : « Ce désir n'est-il pas subordonné à la plus ou moins grande pauvreté des parents ? Ne serait-ce pas une cruauté, là où le père est mort, estropié, etc., d'enlever cette ressource à la famille ? Il doit pourtant y avoir une règle générale.

Voulez-vous interdire le travail des enfants *sous terre* jusqu'à quatorze ans dans tous les cas ? » *Réponse* : « *Dans tous les cas* » (n°s 107-110). Hussey : « Si le travail avant quatorze ans était interdit dans les mines, les parents n'enverraient-ils pas leurs enfants dans les fabriques ? — Dans la règle, non » (n° 174). Un ouvrier : « L'ouverture et la fermeture des portes semble chose facile. C'est en réalité une besogne des plus fatigantes. Sans parler du courant d'air continuel, les garçons sont réellement comme des prisonniers qui seraient condamnés à une prison cellulaire sans jour. » *Bourgeois Hussey* : « Le garçon ne peut-il pas lire en gardant la porte, s'il a une lumière ? » — « D'abord il lui faudrait acheter des bougies et on ne le lui permettrait pas. Il est là pour veiller à sa besogne, il a un devoir à remplir ; je n'en ai jamais vu lire un seul dans la mine » (n°s 141-160).

II. *Éducation.* — Les ouvriers des mines désirent des lois pour l'instruction obligatoire des enfants, comme dans les fabriques. Ils déclarent que les clauses de la loi de 1860, qui exigent un certificat d'instruction pour l'emploi de garçons de dix à douze ans, sont parfaitement illusoires. Mais voilà où l'interrogatoire des juges d'instruction capitalistes devient réellement drôle. « Contre qui la loi est-elle le plus nécessaire ? contre les entrepreneurs ou contre les parents ? — Contre les deux » (n° 116). « Plus contre ceux-ci que contre ceux-là ? — Comment répondre à cela ? » (n° 137).

« Les entrepreneurs montrent-ils le désir d'organiser les heures de travail de manière à favoriser la fréquentation de l'école ? — Jamais » (n° 211). « Les ouvriers des mines améliorent-ils après coup leur instruction ? — Ils se dégradent généralement et prennent de mauvaises habitudes ; ils s'adonnent au jeu et à la boisson et se perdent complètement » (n° 109). « Pourquoi ne pas envoyer les enfants aux écoles du soir ? — Dans la plupart des districts houillers il n'en existe aucune ; mais le principal, c'est qu'ils sont tellement épuisés du long excès de travail, que leurs yeux se ferment de lassitude... Donc, conclut le bourgeois, vous êtes contre l'éducation ? — Pas le moins du monde, etc. » (n° 443). « Les exploiteurs des mines, etc., ne sont-ils pas forcés par la loi de 1860 de demander des certificats d'école, pour les enfants entre dix et douze ans ? La loi l'ordonne, c'est vrai ; mais ils ne le font pas » (n° 444). « D'après vous, cette clause de la loi n'est donc pas généralement exécutée ? — Elle ne l'est pas du tout » (n° 717). « Les ouvriers des mines s'intéressent-ils beaucoup à cette question de l'éducation ? — La plus grande partie » (n° 718). « Désirent-ils ardemment l'application forcée de la loi ? — Presque tous » (n° 720). « Pourquoi donc n'emportent-ils pas de haute lutte cette application ? — Plus d'un ouvrier désirerait refuser un garçon sans certificat d'école ; mais alors c'est un *homme signalé* (a marked man) » (n° 721). « Signalé par qui ? — par son patron » (n° 722). « Vous croyez donc que les patrons persécuteraient quelqu'un parce qu'il aurait obéi à la loi ? — Je crois qu'ils le feraient » (n° 723). « Pourquoi les ouvriers ne se refusent-ils pas à employer les garçons qui sont dans ce cas ? — Cela n'est pas laissé à leur choix » (n° 1634).

« Vous désirez l'intervention du Parlement ? — On ne fera jamais quelque chose d'efficace pour l'éducation des enfants des mineurs, qu'en vertu d'un acte du Parlement et par voie coercitive » (n° 1636). « Ceci se rapporte-t-il aux enfants de tous les travailleurs de la Grande-Bretagne ou seulement à ceux des ouvriers des mines ? — Je suis ici seulement pour parier au nom de ces derniers » (n° 1638).

« Pourquoi distinguer les enfants des mineurs des autres ? — Parce qu'ils forment une exception à la règle » (n° 1639). « Sous quel rapport ? — Sous le rapport physique » (n° 1640). « Pourquoi l'instruction aurait-elle plus de valeur pour eux que pour les enfants d'autres classes ? — Je ne prétends pas cela ; mais à cause de leur excès de travail dans les mines, ils ont moins de chances de pouvoir fréquenter les écoles de la semaine et du dimanche » (n° 1644). « N'est-ce pas, il est impossible de traiter ces questions d'une manière absolue ? » (n° 1646). « Y a-t-il assez d'écoles dans les districts ? — Non » (n° 1647). « Si l'État exigeait que chaque enfant fût envoyé à l'école, où pourrait-on trouver assez d'écoles pour tous les enfants ? — Je crois que, dès que les circonstances l'exigeront, les écoles naîtront d'elles-mêmes. La plus grande partie non seulement des enfants mais encore des ouvriers adultes dans les mines ne sait ni lire ni écrire » (n°ˢ 705, 726).

III.   *Travail des femmes.* — Depuis 1842, les ouvrières ne sont plus employées sous terre, mais bien *au-dessus*, à charger et trier le charbon, à traîner les cuves vers les canaux et les wagons de chemins de fer, etc. Leur nombre s'est considérablement accru dans les trois ou quatre dernières années (n° 1727). Ce sont en général des femmes, des filles et des veuves de mineurs, depuis douze jusqu'à cinquante et soixante ans (n°ˢ 645, 1779 ; n° 648). « Que pensent les ouvriers mineurs du travail des femmes dans les mines ? — Ils le condamnent généralement » (n° 649).

« Pourquoi ? — Ils le trouvent humiliant et dégradant pour le sexe. Les femmes portent des vêtements d'hommes. Il y en a qui fument. Dans beaucoup de cas, toute pudeur est mise de côté. Le travail est aussi sale que dans les mines. Dans le nombre se trouvent beaucoup de femmes mariées qui ne peuvent remplir leurs devoirs domestiques. » (n°ˢ 651 et n°ˢ 709) « Les veuves pourraient-elles trouver ailleurs une occupation aussi bien rétribuée (8 ou 10 sh. par semaine) ? — Je ne puis rien dire là-dessus. » (n° 710) « Et pourtant vous seriez décidé à leur couper ce moyen de vivre ? (cœur de pierre !) — Assurément. » (n° 1715)

« D'où vous vient cette disposition ? — Nous, mineurs, nous avons trop de respect pour le sexe pour le voir ainsi condamné à la fosse à charbon... Ce travail est généralement très pénible. Beaucoup de ces jeunes filles soulèvent dix tonnes par jour. » (n° 1732) « Croyez-vous que les ouvrières occupées dans les mines sont plus immorales que celles employées dans les fabriques ? — Le nombre des mauvaises est plus grand chez nous qu'ailleurs. » (n° 1733) « Mais n'êtes-vous pas non plus satisfait de l'état de la moralité dans les fabriques ? — Non. » (n° 1734) « Voulez-vous donc interdire aussi dans les fabriques le travail des femmes ? — Non, je ne le veux pas. » (n° 1735) « Pourquoi pas ? — Le travail y est plus honorable et plus convenable pour le sexe féminin. » (n° 1736) « Il est cependant funeste à leur moralité, pensez-vous ? — Mais pas autant, il s'en faut de beaucoup, que le travail dans les mines. Je ne parle pas d'ailleurs seulement au point de vue moral, mais encore au point de vue physique et social. La dégradation sociale des jeunes filles est extrême et lamentable. Quand ces jeunes filles deviennent les femmes des ouvriers mineurs, les hommes souffrent profondément de leur dégradation, et cela les entraîne à quitter leur foyer et à s'adonner à la boisson. » (n° 1737) « Mais n'en est-il pas de même des femmes employées dans les usines ? — Je ne puis rien dire des autres branches d'industrie. » (n° 1740) « Mais quelle différence y a-t-il entre les femmes occupées dans les mines et celles occupées dans les usines ? — Je ne me suis pas occupé de cette question. » (n° 1741) « Pouvez-vous découvrir une différence entre l'une et l'autre classe ? — Je ne me suis assuré de rien à ce sujet, mais je connais par des visites de maison en maison l'état ignominieux des choses dans notre district. » (n° 1750) « N'auriez-vous pas grande envie d'abolir le travail des femmes partout où il est dégradant ? — Bien sûr... Les meilleurs sentiments des enfants doivent avoir leur source dans l'éducation maternelle. » (n° 1751) « Mais ceci s'applique également aux travaux agricoles des femmes ? — Ils ne durent que deux saisons ; chez nous, les femmes travaillent pendant les quatre saisons, quelquefois jour et nuit, mouillées jusqu'à la peau ; leur constitution s'affaiblit et leur santé se ruine. » (n° 1753) « Cette question (de l'occupation des femmes), vous ne l'avez pas étudiée d'une manière générale ? — J'ai jeté les yeux autour de moi, et tout ce que je puis dire, c'est que nulle part je n'ai rien trouvé qui puisse entrer en parallèle avec le travail des femmes dans les mines de charbon... C'est un travail d'homme et d'homme fort... La meilleure classe des mineurs qui cherche à s'élever et à s'humaniser, bien loin de trouver un appui dans leurs femmes, se voit au contraire par elles toujours entraînée plus bas. » Après une foule d'autres questions, à tort et à travers, de messieurs les bourgeois, le secret de leur compassion pour les veuves, les familles pauvres, etc., se révèle enfin : « Le patron charge certains *gentlemen* de la surveillance, et ceux-ci, afin de gagner sa bonne grâce, suivent la politique de tout mettre sur le pied le plus économique possible ; les jeunes filles occupées n'obtiennent que 1 sh. à 1 sh. 6 d. par jour, tandis qu'il faudrait donner à un homme 2 sh. 6 d. » (n° 1816)

IV. *Jury pour les morts occasionnées par les accidents dans les mines.* — « Pour ce qui est des enquêtes du *coroner* dans vos districts, les ouvriers sont-ils satisfaits de la manière dont la justice procède quand des accidents surviennent ? — Non, ils ne le sont point du tout. » (n° 361)

« Pourquoi pas ? — Principalement parce qu'on fait entrer dans le jury des gens qui n'ont pas la moindre notion des mines. On n'appelle jamais les ouvriers, si ce n'est comme témoins. Nous demandons qu'une partie du jury soit composée de mineurs. À présent, le verdict est presque toujours en contradiction avec les dépositions des témoins. » (n° 378) « Les jurys ne doivent-ils pas être impartiaux ? — Mais pardon, ils devraient l'être. » (n° 379)

« Les travailleurs le seraient-ils ? — Je ne vois pas de motifs pour qu'ils ne le fussent pas. Ils jugeraient en connaissance de cause. » (n° 380) « Mais n'auraient-ils pas une tendance à rendre des jugements injustes et trop sévères en faveur des ouvriers et dans leur intérêt ? — Non, je ne le crois pas. »

V. *Faux poids et fausse mesure*, etc. — Les ouvriers demandent à être payés toutes les semaines et non tous les quinze jours ; ils veulent que l'on mesure les cuves au poids ; ils réclament contre l'usage de faux poids, etc., (n° 1071). « Quand la mesure des cuves est grossie frauduleusement, l'ouvrier n'a-t-il pas le droit d'abandonner la mine, après en avoir donné avis quinze jours d'avance ?

— Oui, mais s'il va à un autre endroit, il retrouve la même chose. » (n° 1072) « Mais il peut bien quitter la place là où l'injustice est commise ? — Cette injustice règne partout. » (n° 1073) « Mais l'homme peut toujours quitter chaque fois la place après un avertissement de quinze jours ? — Oui. » Après cela il faut tirer l'échelle !

VI. *Inspection des mines.* — Les ouvriers n'ont pas seulement à souffrir des accidents causés par l'explosion des gaz (n°s 234 et suiv.). « Nous avons également à nous plaindre de la mauvaise ventilation des houillères ; on peut à peine y respirer et on devient incapable de faire n'importe quoi. Maintenant, par exemple, dans la partie de la mine où je travaille, l'air pestilentiel qui y règne a rendu malades beaucoup de personnes qui garderont le lit plusieurs semaines. Les conduits principaux sont assez aérés, mais non pas précisément les endroits où nous travaillons. Si un homme se plaint de la ventilation à un inspecteur, il est congédié et, de plus, « signalé » ce qui lui ôte tout espoir de trouver ailleurs de l'occupation. Le « *Mining Inspecting Act* » de 1860 est un simple morceau de papier. L'inspecteur, et le nombre de ces messieurs est beaucoup trop petit, fait peut-être en sept ans une seule visite pour la forme. Notre inspecteur, septuagénaire invalide, surveille plus de cent trente mines de charbon. Outre les inspecteurs, il nous faudrait encore des sous-inspecteurs. » (n° 280) « Le gouvernement doit-il donc entretenir une armée d'inspecteurs suffisante à faire tout sans le secours, sans les informations des ouvriers eux-mêmes ? — Cela est impossible, mais ils devraient venir prendre leurs informations dans les mines mêmes. » (n° 285) « Ne croyez-vous pas que le résultat de tout cela serait de détourner la *responsabilité* des propriétaires et exploiteurs de mines sur les fonctionnaires du gouvernement ? — Pas du tout ; leur affaire est d'exiger l'exécution des lois déjà existantes. » (n° 294) « Quand vous parlez de sous-inspecteurs, avez-vous en vue des gens moins bien rétribués que les inspecteurs actuels et d'un caractère inférieur ? — Je ne les désire pas le moins du monde inférieurs, si vous pouvez trouver mieux. » (n° 295)

« Voulez-vous plus d'inspecteurs ou une classe inférieure de gens comme inspecteurs ? — Il nous faut des gens qui circulent dans les mines, des gens qui ne tremblent pas pour leur peau. » (n° 296) « Si l'on vous donnait, d'après votre désir, des inspecteurs d'espèce différente, leur manque d'habileté n'engendrerait-il pas quelques dangers ? etc. — Non, c'est l'affaire du gouvernement de mettre en place des sujets capables. » Ce genre d'examen finit par paraître insensé au président même du comité d'enquête. « Vous voulez, dit-il en interrompant son compère, des gens pratiques qui visitent les mines eux-mêmes et fassent ensuite un rapport à l'inspecteur, afin que celui-ci puisse alors appliquer *sa science supérieure* ? » (n° 531) « La ventilation de toutes ces vieilles galeries n'occasionnera- t-elle pas beaucoup de frais ? — Les frais pourraient augmenter, mais bien des vies d'hommes seraient sauvegardées. » (n° 581) Un mineur proteste contre la dix- septième section de l'acte de 1860 : « À présent, quand l'inspecteur trouve une partie quelconque de la mine dans un état tel qu'on ne peut travailler, il doit en avertir le propriétaire et le ministre de l'Intérieur ; après quoi le propriétaire a vingt jours de réflexion ; passé ce sursis de vingt jours, il peut se refuser à toute espèce de changement. Mais s'il fait cela, il doit en écrire au ministre de l'Intérieur et lui proposer cinq ingénieurs des mines parmi lesquels le ministre a à choisir les arbitres. Nous soutenons que, dans ce cas, le propriétaire nomme lui-même son juge. » (n° 586) *L'examinateur bourgeois*, propriétaire de machines lui- même : « Ceci est une objection purement spéculative. » (n° 588) « Vous avez donc une bien faible idée de la loyauté des ingénieurs des mines ? — Je dis que cela est peu équitable et même injuste. » (n° 589) « Les ingénieurs ne possèdent- ils pas une, sorte de caractère public qui élève leurs décisions au-dessus de la partialité que vous craignez de leur part ? — Je refuse de répondre à toute question sur le caractère personnel de ces gens-là. Je suis convaincu qu'ils agissent partialement dans beaucoup de cas, et qu'on devrait leur ôter cette puissance, là où la vie humaine est enjeu. » Le même bourgeois a l'impudence de dire :

« Croyez-vous donc que les propriétaires de mines n'éprouvent aucune perte dans les explosions ? — Enfin, ne pouvez-vous pas, vous, ouvriers, prendre en main vos propres intérêts, sans faire appel au secours du gouvernement ? — Non. » (n° 1042)

Il y avait, en 1865, dans la Grande-Bretagne, trois mille deux cent dix-sept mines de charbon et douze inspecteurs. Un propriétaire de mines du Yorkshire (*Times*, 26 janvier 1867), calcule lui-même qu'en laissant de côté les travaux de bureau qui absorbent tout leur temps, ces inspecteurs ne pourraient visiter chaque mine qu'une fois tous les dix ans. Rien d'étonnant que dans ces dernières années les catastrophes aient augmenté progressivement sous le rapport du nombre et de la gravité, parfois de deux à trois cents victimes !

La loi très défectueuse passée par le Parlement en 1872 règle la première le temps de travail des enfants occupés dans les mines et rend les exploiteurs et propriétaires dans une certaine mesure responsables pour les prétendus accidents.

Une Commission royale, chargée en 1867 de l'enquête sur l'emploi des enfants, des adolescents et des femmes dans l'agriculture, a publié des rapports très importants. Plusieurs tentatives faites dans le but d'appliquer aussi à l'agriculture, quoique sous une forme modifiée, les lois de fabrique, n'ont jusqu'ici abouti à aucun résultat. Tout ce que nous avons à signaler ici, c'est la tendance irrésistible qui doit en amener l'application générale.

Cette généralisation, devenue indispensable pour protéger la classe ouvrière physiquement et moralement, hâte en même temps, comme nous l'avons déjà indiqué, la métamorphose du travail isolé, disséminé et exécuté sur une petite échelle, en travail socialement organisé et combiné en grand, et, par conséquent, aussi la concentration des capitaux et le régime exclusif de fabrique. Elle détruit tous les modes traditionnels et de transition, derrière lesquels se dissimule encore en partie le pouvoir du capital, pour les remplacer par son autocratie immédiate. Elle généralise en même temps la lutte directe engagée contre cette domination. Tout en imposant à chaque établissement industriel, pris à part, l'uniformité, la régularité, l'ordre et l'économie, elle multiplie, par l'énorme impulsion que la limitation et la régularisation de la journée de travail donnent au développement technique, l'anarchie et les crises de la production sociale, exagère l'intensité du travail et augmente la concurrence entre l'ouvrier et la machine. En écrasant la petite industrie et le travail à domicile, elle supprime le dernier refuge d'une masse de travailleurs, rendus chaque jour surnuméraires, et par cela même la soupape de sûreté de tout le mécanisme social. Avec les conditions matérielles et les combinaisons sociales de la production, elle développe en même temps les contradictions et les antagonismes de sa forme capitaliste, avec les éléments de formation d'une société nouvelle, les forces destructives de l'ancienne[1].

X

Grande industrie et agriculture

Plus tard, nous rendrons compte de la révolution provoquée par la grande industrie dans l'agriculture et dans les rapports sociaux de ses agents de production. Il nous suffit d'indiquer ici brièvement et par anticipation quelques résultats généraux. Si l'emploi des machines dans l'agriculture est exempt en grande partie des inconvénients et des dangers physiques auxquels il expose l'ouvrier de fabrique, sa tendance à supprimer, à déplacer le travailleur, s'y réalise avec beaucoup plus d'intensité et sans contrecoup[2]. Dans les comtés de Suffolk et de Cambridge, par exemple, la superficie des terres cultivées s'est considérablement augmentée pendant les derniers vingt ans, tandis que la population rurale a subi une diminution non seulement relative, mais absolue. Dans les Etats-Unis du Nord de l'Amérique, les machines agricoles remplacent l'homme virtuellement, en mettant un nombre égal de travailleurs à même de cultiver une plus grande superficie, mais elles ne le chassent pas encore actuellement. En Angleterre, elles dépeuplent les campagnes. C'est se tromper étrangement que de croire que le nouveau travail agricole à la machine fait compensation. En 1861, il n'y avait que mille deux cent cinq ouvriers ruraux occupés aux machines agricoles, engins à vapeur et machines-outils, dont la fabrication employait un nombre d'ouvriers industriels à peu près égal.

Dans la sphère de l'agriculture, la grande industrie agit plus révolutionnairement que partout ailleurs en ce sens qu'elle fait disparaître le

---

[1] *Robert Owen*, le père des fabriques et des boutiques coopératives, qui cependant, comme nous l'avons déjà remarqué, était loin de partager les illusions de ses imitateurs sur la portée de ces éléments de transformation isolés, ne prit pas seulement le système de fabrique pour point de départ de ses essais ; il déclara en outre que c'était là théoriquement le point de départ de ta révolution sociale. *M. Vissering*, professeur d'économie politique à l'Université de Leyde, semble en avoir quelque pressentiment ; car on le voit dans son ouvrage « *Handboek van Praktische Staatshuiskunde* » (1860-1862), lequel reproduit sous une forme ad hoc les platitudes de l'économie vulgaire, prendre fait et cause pour le métier contre la grande industrie.

[2] On trouve une exposition détaillée des machines employées par l'agriculture anglaise, dans l'ouvrage du *Dr W. Hamm : « Die lanirthschaftlichen Geräthe und Maschinen Englands* », 2e édit., 1856. Son esquisse du développement de l'agriculture anglaise n'est qu'une reproduction sans critique du travail de M. Léonce de Lavergne.

489

paysan, le rempart de l'ancienne société, et lui substitue le salarié. Les besoins de transformation sociale et la lutte des classes sont ainsi ramenés dans les campagnes au même niveau que dans les villes.

L'exploitation la plus routinière et la plus irrationnelle est remplacée par l'application technologique de la science. Le mode de production capitaliste rompt définitivement entre l'agriculture et la manufacture le lien qui les unissait dans leur enfance ; mais il crée en même temps les conditions matérielles d'une synthèse nouvelle et supérieure, c'est-à-dire l'union de l'agriculture et de l'industrie sur la base du développement que chacune d'elles acquiert pendant la période de leur séparation complète. Avec la prépondérance toujours croissante de la population des villes qu'elle agglomère dans de grands centres, la production capitaliste d'une part accumule la force motrice historique de la société ; d'autre part elle détruit non seulement la santé physique des ouvriers urbains et la vie intellectuelle des travailleurs rustiques[1], mais trouble encore la circulation matérielle entre l'homme et la terre, en rendant de plus en plus difficile la restitution de ses éléments de fertilité, des ingrédients chimiques qui lui sont enlevés et usés sous forme d'aliments, de vêtements, etc. Mais en bouleversant les conditions dans lesquelles une société arriérée accomplit presque spontanément cette circulation, elle force de la rétablir d'une manière systématique, sous une forme appropriée au développement humain intégral et comme loi régulatrice de la production sociale.

Dans l'agriculture comme dans la manufacture, la transformation capitaliste de la production semble n'être que le martyrologue du producteur, le moyen de travail que le moyen de dompter, d'exploiter et d'appauvrir le travailleur, la combinaison sociale du travail que l'oppression organisée de sa vitalité, de sa liberté et de son indépendance individuelles. La dissémination des travailleurs agricoles sur de plus grandes surfaces brise leur force de résistance, tandis que la concentration augmente celle des ouvriers urbains. Dans l'agriculture moderne, de même que dans l'industrie des villes, l'accroissement de productivité et le rendement supérieur du travail s'achètent au prix de la destruction et du tarissement de la force de travail. En outre, chaque progrès de l'agriculture capitaliste est un progrès non seulement dans l'art d'exploiter le travailleur, mais encore dans l'art de dépouiller le sol ; chaque progrès dans l'art d'accroître sa fertilité pour un temps, un pro-

---

[1] « Vous divisez le peuple en deux camps hostiles, l'un de rustres balourds, l'autre de nains émasculés. Bon Dieu ! une nation divisée en intérêts agricoles et en intérêts commerciaux, qui prétend être dans son bon sens, bien mieux, qui va jusqu'à se proclamer éclairée et civilisée, non pas en dépit, mais à cause même de cette division monstrueuse, antinaturelle ! » (*David Urquhart*, l. c., p. 119). Ce passage montre à la fois le fort et le faible d'un genre de critique qui sait, si l'on veut, juger et condamner le présent, mais non le comprendre.

grès dans la ruine de ses sources durables de fertilité. Plus un pays, les États-Unis du nord de l'Amérique, par exemple, se développe sur la base de la grande industrie, plus ce procès de destruction s'accomplit rapidement[1]. La production capitaliste ne développe donc la technique et la combinaison du procès de production sociale qu'en épuisant en même temps les deux sources d'où jaillit toute richesse :

La terre et le travailleur.

---

[1] Voyez *Liebig : « Die Chemie in ihrer Anwendung auf Agricultur und Physiologie »*, 7e édit., 1862, surtout dans le premier volume, « l'*Introduction* aux lois naturelles de ta culture du sol ». C'est un des mérites immortels de Liebig d'avoir fait ressortir amplement le côté négatif de l'agriculture moderne au point de vue scientifique. Ses aperçus historiques sur le développement de l'agriculture, quoique entachés d'erreurs grossières, éclairent plus d'une question. Il est à regretter qu'il lance au hasard des assertions telles que celle-ci : « La circulation de l'air dans l'intérieur des parties poreuses de la terre est rendue d'autant plus active que les labours sont plus fréquents et la pulvérisation plus complète ; la surface du sol sur laquelle l'air doit agir est ainsi augmentée et renouvelée ; mais il est facile de comprendre que le surplus de rendement du sol ne peut être proportionnel au travail qui y a été dépensé et qu'il n'augmente au contraire que dans un rapport bien inférieur. Cette loi, ajoute Liebig, a été proclamée pour la première fois par *J. St. Mill* dans ses *Principes d'écon. pol.*, v. 1, p. 17 et dans les termes suivants :
« La loi générale de l'industrie agricole est que les produits augmentent, toutes choses restant égales, en raison décroissante de l'augmentation du nombre des travailleurs employés. » (M. Mill reproduit ici la loi de Ricardo sous une formule fausse ; dès lors, en effet, que le nombre des ouvriers agricoles a constamment diminué en Angleterre, l'agriculture faisant toujours des progrès, la loi trouvée en Angleterre et pour l'Angleterre n'aurait, du moins dans ce pays-là, aucune application.) Ceci est assez curieux, remarque Liebig, car M. Mill n'en connaissait pas la raison. » (*Liebig*, l. c., v. 1, p. 143, note.) Abstraction faite de l'interprétation erronée du mot travail, sous lequel Liebig comprend autre chose que l'économie politique, qui entend par travail aussi bien la fumure que l'action mécanique sur le sol, il est en tout cas « assez curieux » qu'il attribue à M. J. St. Mill le premier, l'énonciation d'une loi que *James Anderson* a fait connaître à l'époque d'Adam Smith et reproduite dans divers écrits jusque dans les premières années de ce siècle, que *Malthus*, ce plagiaire modèle (sa théorie entière de la population est un monstrueux plagiat), s'est annexée en 1815, que *West* a développée à la même époque, indépendamment d'Anderson, que Ricardo, en 1817, a mise en harmonie avec la théorie générale de la valeur et qui a fait sous son nom le tour du monde, qui enfin, après avoir été vulgarisée en 1820 par *James Mill*, le père de J. St. Mill, a été répétée par ce dernier comme un dogme d'école devenu déjà lieu commun. Il est indéniable que M. J. St. Mill doit à de semblables quiproquos l'autorité en tout cas « curieuse » dont il jouit.

Yoann Laurent Rouault est le directeur littéraire et artistique de la maison d'édition JDH. Maître des Beaux-Arts, ancien des métiers de la publicité et de la communication, ancien dessinateur de presse, il est aujourd'hui illustrateur, auteur, biographe, producteur, éditorialiste et rédacteur en chef de la revue littéraire *L'Édredon* de JDH Éditions. Voici un aperçu de ses publications les plus récentes et de quelques-unes de ses collaborations.

Les livres illustrés par Yoann Laurent-Rouault pour JDH Éditions

- JDH ÉDITIONS. **Le collector 1984**, d'après George Orwell.
- JDH ÉDITIONS. **Trois siècles de pensée économique**, de Nicolas Piluso, collection « Les Pros de l'Éco ».
- JDH ÉDITIONS. **La belle équipe du football français**, de Y. Laurent-Rouault, J.-D. Haddad & B. Rousseau, collection « Sporting Club ».
- JDH ÉDITIONS. **Bourse de Paris : 10 grands patrons, 10 grandes histoires**, de Y. Laurent-Rouault, J.-D. Haddad et B. Rousseau, collection « Les Pros de l'Éco ».
- JDH ÉDITIONS. **L'ombre d'Ulysse** (haïkus), de Jean-Hughes Chevy, collection « Nouvelles Pages » (à paraître).
- JDH ÉDITIONS. **Mona Nova**, C. Fourrier, collection « Nouvelles pages ».

Romans, théâtre et pamphlets écrits par Y. Laurent-Rouault

- JDH ÉDITIONS. **Le conard nu**, roman, collection « Magnitudes ».
- JDH ÉDITIONS. **Tu n'iras pas à l'école mon fils**, pamphlet, collection « Uppercut ».
- JDH ÉDITIONS. **Coronavirus, la dictature sanitaire**, pamphlet (collectif), collection « Uppercut ».
- JDH ÉDITIONS. **Le roman en pièce ou la petite cuillère de porcelaine rouge**, théâtre., collection « Drôles de pages ».
- JDH ÉDITIONS. **Les 84 marches**, roman d'anticipation, collection « Black Files ».
- JDH ÉDITIONS. **L'anatomie de la Marguerite**, recueil, collection « My Feel Good »
- 6 nouvelles sur différents collectifs et thématiques.

Adaptation :

- JDH ÉDITIONS. **La tragédie de Fidel Castro**, de João Cerqueira. Winner USA Best Book Awards & Beverly Hills Book Awards, collection « Magnitudes ».

Les Livres sur mesure/Livres d'entreprises
écrits par Yoann Laurent-Rouault chez JDH Éditions

- ➤ JDH ÉDITIONS. **Immigration mon amour**, biographie de Lamia Aamou, collection « Baraka ».
- ➤ JDH ÉDITIONS. **Biographie d'Adnan El Bakri**, chirurgien et président de la commission sur l'intelligence artificielle en médecine, collection « Baraka » (à paraître).
- ➤ JDH ÉDITIONS. **Biographie de Fares Zlitni** (à paraître).
- ➤ JDH ÉDITIONS. **Plongeurs démineurs**, Guillaume Garnier.
- ➤ JDH ÉDITIONS. **De Bocuse à la Corrèze : Itinéraire d'un enfant gourmand**, Benoit Ducher.

Dossiers documentaires (illustrés) et préfaces documentées
Collection « Les Atemporels »

- ➤ 16 titres sur des œuvres classiques de Gide (x2), Alain, Éluard, Fitzgerald, Guénon, Verne, Zola, Baudelaire, Rousseau, Allais, Pouchkine, Apollinaire, De Coubertin, Daudet et Kardec, parus ou à paraître.

Diffusé par JDH Éditions
www.jdheditions.fr